노마디즘 2

노마디즘 2

천의 고원을 넘나드는 유쾌한 철학적 유목

이진경 지음

Humanist

■일러두기

이 책 전체에 걸쳐서 《천의 고원》 인용은 불어본과 번역본 두 가지로 하였다. 불어본은 Deleuze/Guattari, Mille Plateaux, Minuit, 1980인데, 이 책에서는 MP로 약하여 표기했고, 쪽수를 적어넣었다(MP, 9~10). 번역본은 이진경, 권해원 외 역, 《천의 고원》(1, 2)를 인용하였다. 번역본의 표기는 Ⅰ, 128 또는 Ⅱ, 96 등으로 하였다. 이 번역본의 파일은 www.transs.pe.kr에서 자료실에 가면 다운로드 받을 수 있다. 부적절한 번역은 수정하였는데, 특별한 경우가 아니면 따로 언급하지 않았다.

서문

> 친구가 될 수 없다면 진정한 스승이 아니고,
> 스승이 될 수 없다면 진정한 친구가 아니다.
> —이탁오

    이 책은 들뢰즈·가타리와의 우정을 기념하기 위한 책이다. 물론 이 말에 의혹과 불신을 가질 사람이 적지 않으리라는 것을 잘 안다. 실제로 나는 들뢰즈도, 가타리도 만난 적이 없다. 솔직한 고백을 하자면, 일전에 독일에 살던 시절에 들뢰즈를 만나고 싶다는 생각을 한 적이 있었다. 그러나 그것을 본격적으로 추진하려 할 무렵, 그가 자살했다는 비보를 들어야 했다. 그래서 나는 자랑할 만한 사진은커녕 친필 편지 한 장 주고받은 것이 없다.

    그럼에도 불구하고 그들과의 우정을 기념한다는 말은 결코 거짓말도, 농담도 아니다. 아니, 좀더 강하게 말해서 이 책은 그들과 나의 '우정의 기록'이라고 해도 좋을 것이다. 우정의 기록이란, 함께 찍은 사진이나 서로 주고받은 서명된 편지만을 뜻하진 않는다. 비록 멀리 떨어져 있지만, 심지어 만난 적도 없지만, 서로 간에 호의를 갖고 무언가를 주고받았고, 그것을 통해 삶이나 사유에 어떤 변화가 야기되었다면, 그것으로 우정을 나누었다고 말하기에 충분하지 않을까?

그래서 우리는 서로 만난 적도, 동일한 시간대에 살았던 적도 없으면서 많은 것을 주거나 받는 사람들을 본다. 아마도 들뢰즈에게는 에피쿠로스가 그랬을 것이고, 스피노자가 그랬을 것이며, 니체가 그랬을 것이고, 베르그송이 그랬을 것이다. 《철학이란 무엇인가?》에서 들뢰즈와 가타리는 "철학이란 친구들과 하는 것"이라고 말한 적이 있다. 그렇다면 들뢰즈에게 스피노자나 니체보다 친한 친구를 찾을 수 있을까? (물론 여기에 들뢰즈의 친구 푸코 또한 포함시켜야 한다.) 이런 점에서 들뢰즈가 그들 각각에 대해 쓴 책은 들뢰즈와 그들 간의 우정을 전하는 우정의 기록들이다.

나는 《천의 고원》을 통해서, 아니 들뢰즈와 가타리가 함께 쓴 저작이나 각각이 혼자 쓴 수많은 저작을 통해서 그들과 철학적 우정을 나누었고, 그들과 함께 사유했으며, 그들의 사유를 통해서 이전에 보거나 생각하지 못했던 많은 것을 보고 생각할 수 있었다. 그것은 나의 삶이 펼쳐지는 여정에 아주 중요한 문턱 중 하나가 되었다. 그리고 그들을 통해서 니체나 스피노자 같은 새로운 친구들을 알게 되었고, 그들과 함께 철학적 우정을 나눌 기회를 얻을 수 있었다. 그들은 나에게 진실로 스승 같은 친구였고, 동시에 친구 같은 스승이었다.

이 책은 《천의 고원》에 대한 책이다. 〈수유연구실+연구공간 '너머'〉에서 그 책에 대해 강의했던 것을 기초로 하여 씌어진 책이다. 그렇지만 단지 그 책에 대한 책만은 아니다. 그보다는 그 책을 통해 내가 말했던 기록이고, 그 책과 더불어 내가 사유했던 기록이며, 그 책-기계를 이용해서 내가 알게 된 것, 만들어낸 것들의 기록이다. 또한 그 책을 통해서 내가 그들의 사유와 섞이며 끄집어낸 것들의 모음이다. 요컨대 그 책을 따라가면서 그들과 내가 만나고 헤어졌던 흔적들의 집합이다. 따라서 이 책은 《천의 고원》에 대한 책이지만,

그들과 나의 우정의 기록이라고 하기에 충분하다.

　이 책은 《천의 고원》이나 들뢰즈의 철학을 좀더 쉽게 해명하려는 안내서고 그 책-기계를 이용하는 '설명서(manual)'임을 자처하지만, 동시에 내가 그들의 책을 통해 어느새 말려-들어갔던(involution) 들뢰즈·가타리-되기의 기록이고, 이로 인해 뭇 사람들을 들뢰즈·가타리-되기의 선으로 끌어-들이려는 유인과 촉발의 시도다. 그런 만큼 그것은 들뢰즈·가타리로 하여금 무언가 다른-것이-되게 하는 성분을 포함하고 있음이 틀림없다. 인간의 동물-되기가 동물의 다른-것-되기를 필경 포함하게 마련이듯이 말이다.

　아마도 독자들은 들뢰즈·가타리가 스스로 끌어들인 것들 가운데 일부분이 더욱더 크고 넓게 확장되면서 들뢰즈·가타리의 원래 영토를 침식하는 것을 보게 될 것이다. 혹은 그들이 생각하지 않았던 것, 말하지 않았던 것이 어느새 그들이 만든 배치들, 그 기계들 틈새로 끼어들며 또 다른 탈영토화의 선을 그리는 것을 보게 될지도 모른다. 그러나 새로운 탈영토화의 선이 그려지지 않고서 대체 어떻게 한 권의 책이 새로 씌어질 수 있을 것인가?

　나는 이질적인 어떤 것과 만나 만들어지는 그 새로운 생성의 선에 대해, 다른 것들과 만나 그들 자신이 다른-것이-되는 그 변이의 선에 대해 그들이 비난하거나 반대할 것이라곤 생각하지 않는다. 거꾸로 나는 그것이 그들이 기꺼이 반길 만한 생성이요 창안임을 확신한다. 왜냐하면 그것이 바로 그들이 나에게 알려준 사유와 행동의 '기술'이며, 철학하는 '방법'이기 때문이다.

　그러나 그것이 아무 거나 제멋대로 섞는 그런 혼합이나 혼성은 결코 아니다. 내가 한 것은 그들이 문을 연 방향에서, 그들이 끌어들이고자 했던 것을 좀더 강하게 끌어들인 것에 불과하다. 외부와의 만남/접속, 유목과 혁명, 의미화와 주체화에서 벗어나는 탈지층화의 선, 일관성의 구도, 그리고 내재성 등. 내가 좀더 밀고 들어간 것은 모두 이 문들을 통해서 이미 반쯤 들어선 것들이었다. 하지만 그것만으로도 그들이 만들어놓은 책의 배치 안에 무언가 변이가 발생한 것은 틀림없다. 그것을 통해 나는 '천의 고원', 아니 '수천의 고원'에 포함될 또 하나의 새로운 '고원'을 추가할 수 있다고 생각했다. 〈무아의 철학과 코뮨주의〉라는 제목을 단 마지막 장이 그것이다.

  이 장은 그 앞의 장들과 다른 스타일로 씌어졌지만, 그 차이를 그대로 둔 것은 그것이 강의한 것이 아니어서 그런 것만은 아니다. 그런 식으로 나를 통해 만나고 변성된 것을 새로운 하나의 고원으로 만들어 돌려주고 싶었기 때문이다. 그 장은 내가 《천의 고원》을 여행한, 아니 《천의 고원》에 이르기까지 그들과 함께 여행하여 도달한 곳이면서, 동시에 새로운 탈영토화가 시작되는 곳, 혹은 이렇게 표현해도 좋다면, '내가 《천의 고원》에서 나가는 출구'라고 말해도 좋을 것이다. 그렇게 '천의 고원'이 수천의 고원, 수만의 고원으로 증식되기를! 그렇게 새로운 탈주선, 탈영토화의 선이 범람하기를! 그렇게 생성의 선들이 차이의 반복으로 한없이 이어지기를!

  들뢰즈와 가타리는 《천의 고원》 각각의 고원을 독립적으로 읽을 수 있을 거라고 말한 바 있다. 이 책 역시 그 점에선 동일하다. 내 생각에 이 책이나 《천의 고원》을 읽는 아마도 가장 미련한 방법은 우직하게 처음부터 읽다가 지쳐서 뒤쪽에 있는 풍요로운 고원을 보지 못하는 것이 아닐까 싶다. 특히 유목주의의 다양한 잠재성을 탐색하면서 그것의 정치적 함축을 명확하게 언명하고 있는 12, 13장, 그리고 생성의 또 다른 번역어인 '되기'의 문제를 다룬 10장을 읽지 않고는 그 책, 아니 이 책을 읽었다고 하기 힘들지 않을까 싶다.

앞서 말했듯이 《천의 고원》에 대한 강의를 담고 있는 이 책은 1998년 겨울에 시작한 이후, 매년 한 번씩은 했던 연구실 강의에 기초하고 있다. 굳이 '기초하고 있다'라는 말을 쓴 것은, 녹취한 시기와 출간을 준비하던 시기 사이에 또다시 수많은 만남과 인연의 선들이 끼어들어 '나'의 생각을 다르게 변성시켰기에, 출간하기 위해선 거의 대부분을 다시 써야 했기 때문이다. 덕분에 출간은 예정보다 훨씬 늦어졌고 훨씬 힘든 일이 되었다. 게다가 보다시피 분량이 많아서 모든 일정을 가능한 한 뒤로 미루고 작업했음에도 불구하고 많은 시간이 지나갔다.

그래도 그럭저럭 책이 나올 수 있었던 것은 많은 사람들의 도움이 있었기 때문이다. 강의 기획자와 강의를 들어준 수강생들, 책을 만들도록 부추긴 사람, 녹취하는 작업을 해준 사람들, 교열과 교정 작업을 도와준 사람들, 도판을 구하거나 필요한 '잡학'을 제공하고 보충해준 사람들, 그 와중에 내 생각과 내 삶에 끼어든 사람들, 그리고 원고를 곱게 책으로 만들어준 사람들 등등, 수많은 인연의 선이 모이고 중첩되어 이 책이 만들어질 수 있었다. 이런 의미에서 이 책은 그들 모두와의 우정의 기록이기도 하다. 직접 거명하기엔 너무 많은 그 모든 분들에게 이 자리를 빌려 감사의 인사를 올린다. 이 책으로 인해 그들 모두와, 아니 이 책이 만나게 될 모든 외부와 새로운 우정을 나눌 계기가 만들어지기를…….

2002년 10월 29일
이진경

차례　노마디즘 2

10장 생성 혹은 되기: 동물-되기에서 모든-것이-되기에 이르는 길

26　1. 생성, 혹은 되기의 '철학적' 문제
　　　1) 존재의 철학과 생성의 철학 | 2) 되기와 변용

43　2. 되기와 기억들
　　　1) 되기와 반-기억 | 2) 되기-고원의 기억들

57　3. 동물-되기
　　　1) '윌라드'의 쥐-되기 | 2) 유비적 표상과 구조적 동형성
　　　3) 동물이 되는 방법 | 4) 동물-되기, 되기 | 5) 동물-되기의 세 가지 원리 (1) 다양체의 원리 (2) 별종, 혹은 예외적 개체 (3) 변환 혹은 되기의 문턱들

87　4. 분자-되기, 음악-되기
　　　1) 분자-되기, 혹은 되기의 분자들 | 2) 되기의 블록
　　　3) 되기와 모방 | 4) 분자-되기와 소수-화

120　5. 지각-불가능하게-되기와 비밀
　　　1) 지각-불가능하게-되기 | 2) 비밀-화, 혹은 비밀의 세 유형

136　6. 음악-되기의 원소들은 어디로 가는가?
　　　1) 목소리의 기악-화 | 2) 분자-화, 이온-화, 원소-화
　　　3) 음악-되기의 블록, 혹은 일관성의 구도 | 4) 탈영토화에 관한 정리들

176　7. 일관성과 특개성
　　　1) 되기와 차이 개념 | 2) 기준, 혹은 일관성의 구도
　　　3) 신체의 경도와 위도 | 4) 특개성 | 5) 두 개의 구도

11장 음향과 배치: 리토르넬로에 대하여

215   1. 리토르넬로란 무엇인가
         1) 음악에서의 리토르넬로 | 2) 리듬적 인물과 선율적 풍경
         3) 음향과 배치

230   2. 리토르넬로의 세 가지 측면
         1) 방향적 성분 | 2) 차원적 성분 | 3) 이행적 성분

237   3. 배치와 리토르넬로
         1) 카오스에서 환경으로 | 2) 영토와 표현 | 3) 영토와 스타일
         4) 배치와 이행 | 5) 네 가지 리토르넬로

253   4. 배치와 일관성
         1) 일관성 | 2) 일관성과 이질성 | 3) 배치와 기계 및 생명

269   5. 음악에서 세 가지 배치
         1) 고전주의 | 2) 낭만주의 | 3) 모던

286   6. 리토르넬로와 민중

12장 유목의 철학, 전쟁기계의 정치학

295   1. 전쟁기계란 무엇인가?
         1) 전쟁기계와 전쟁 | 2) 전쟁과 국가장치

309   2. 전쟁기계는 국가장치에 외부적이다
         1) 신화에서 전쟁기계의 외부성 | 2) 장기와 바둑
         3) 국가장치와 전쟁기계

321   3. 국가장치의 구성을 저지할 방법이 있는가?
         1) 국가장치를 저지하는 요인 | 2) 국가장치와 교환
         3) '원국가'와 국가 저지 메커니즘

339   4. 유목적 과학과 국가적 과학
        1) 유목과학의 특징 ① 유체와 흐름의 이론 ② 생성과 이질성의 모델 ③ 소용돌이형의 모델 ④ 문제설정적이다
        2) 유목과학과 국가과학의 관계

358   5. 사유의 두 가지 양상
        1) 사유의 국가적 모델 | 2) 대항사유

366   6. 전쟁기계와 공간 : 전쟁기계의 공간적 측면
        1) 점과 선
        ① 점과 선의 관계 ② 선의 기능의 차이
        2) 유목민의 공간
        ① 탈영토화의 공간 ② 촉감적 공간
        ③ 국지적 절대 ④ 매끄러운 공간
        3) 국가장치와 홈파기

391   7. 전쟁기계와 수 : 전쟁기계의 수적 측면
        1) 조직의 세 유형 | 2) 유목민과 수 | 3) '세는 수'의 특징
        4) 유목민과 역사

410   8. 전쟁기계와 무기 : 전쟁기계의 감응적 측면
        1) 무기와 도구 ① 투척와 투입 ② 속도와 중력 ③ 자유행동과 노동 ④ 감응과 감정 ⑤ 기호와 보석 | 2) 무기와 노동의 동맹

430   9. 전쟁기계와 야금술
        1) 무기와 기계적 계통 2) 야금술과 구멍 뚫린 공간

448   10. 전쟁기계와 전쟁
        1) 전투와 전쟁 | 2) 전쟁과 전쟁기계
        3) 전쟁기계의 국가적 영유 | 4) 전쟁기계와 전쟁의 변화 양상

13장 포획장치와 자본주의: 다시, 국가와 혁명에 관하여

473   1. 국가의 두 극들
         1) 마법사-황제와 판관-사제 ǀ 2) 국가는 전쟁기계를 어떻게 포획하는가

482   2. 어느 것이 일차적인가?
         1) 극한과 문턱 ǀ 2) 잉여와 스톡 ǀ 3) 예견-방지 메커니즘
         4) 두 개의 문턱 ǀ 5) 자본주의와 예견-방지 메커니즘

504   3. 포획
         1) 포획이란? ǀ 2) 교환과 스톡 ǀ 3) 포획장치 ǀ 4) 지대의 포획
         5) 이윤의 포획 ǀ 6) 세금의 포획 ǀ 7) 포획장치의 추상기계
         8) 포획장치와 폭력

535   4. 국가와 그 형태들
         1) 제국적 고대국가 ǀ 2) 진화된 제국의 국가적 극 ǀ 3) 근대 국민국가
         4) 공리계와 실현 모델 ǀ 5) 기계적 노예화와 사회적 예속화

571   5. 공리계와 현재의 상황
         1) 추가와 제거 ǀ 2) 포화 ǀ 3) 모델과 동형성 ǀ 4) 능력
         5) 포함된 제3항 ǀ 6) 소수자들 ǀ 7) 결정 불가능한 명제

14장 매끄러운 공간, 홈 패인 공간

618   1. 기술적 모델

620   2. 음악적 모델

623   3. 해양적 모델

630   4. 수학적 모델

642   5. 물리적 모델

658   6. 미학적 모델
         1) 근거리 상과 촉감적 공간 ǀ 2) 포괄성과 국지성
         3) 구상적 선과 추상적 선

15장 무아의 철학과 코뮨주의

710   1. 경이: "무엇이 과학자들을 당혹하게 하는가?"

714   2. 인식: "레아는 누구인가?"

717   3. 존재: "솔라리스란 무엇인가?"

721   4. 윤리: "솔라리스의 '손님'들은 상인가 벌인가?"

726   5. '나'의 죽음, 혹은 인간의 죽음

- 찾아보기
735   주제어 찾아보기
763   인명 찾아보기

차례　노마디즘 1

0장 차이의 철학과 역사유물론

1. 《천의 고원》, 혹은 철학적 음악?

2. 들뢰즈＋가타리

3. 《천의 고원》에 이르는 길
    1) 1968년 이전 | 2) 《안티 오이디푸스》: '정신분석학 비판을 위하여'
    3) 《카프카》: '욕망'에서 '배치'로 | 4) 《천의 고원》: 새로운 역사유물론?

1장 리좀: 내재성, 혹은 외부의 사유

1. 책에 관하여
    1) 책이란 무엇인가? | 2) 책과 외부 | 3) 책의 유형들

2. 리좀의 몇 가지 특징들
    1) 접속의 원리 | 2) 이질성의 원리 | 3) 다양성의 원리
    4) 비의미적 단절의 원리 | 5) 지도그리기와 전사술

3. 수목적 사유와 리좀적 사유
    1) 수목적 체계와 위계적 체계 | 2) 초월성과 내재성
    3) 리좀 속의 수목, 수목 속의 리좀

2장 무의식과 욕망: 욕망하는 기계에서 욕망의 다양체로

1. 분열분석의 대상

2. 《안티 오이디푸스》: 욕망으로서의 무의식
   1) 정신분석학에서 욕망의 개념 | 2) 《안티 오이디푸스》에서 욕망의 개념 | 3) 분열분석의 네 가지 명제 | 4) 분열분석의 과제

3. 《천의 고원》: 다양체로서 무의식
   1) 변화의 요소들 | 2) 무의식, 혹은 늑대의 무리
   3) 무의식, 리좀적 다양체

4. 분열분석이란 무엇인가?

3장 이중분절, 혹은 지질학적 역사유물론

1. 지층화와 이중분절
   1) 지층과 지층화 | 2) 이중분절 (1) 1차 분절과 2차 분절
   (2) 내용과 표현 차원에서의 분절

2. 지층과 추상기계
   1) 추상 기계 (1) 형식의 추상과 탈형식적 추상 (2) 탈형식화의 추상기계 | 2) 지층과 그 외부 | 3) 지층화와 탈지층화 (1) 탈코드화/재코드화, 탈영토화/재영토화 (2) 상대적 운동과 절대적 탈영토화

3. 내용과 표현 : 구별의 유형들
   1) 구별의 세 가지 유형 | 2) 실재적-형식적 구별
   3) 실재적-실재적 구별 | 4) 실재적-본질적 구별

4. 내용과 표현의 관계
   1) 내용/표현은 기의/기표 관계로 환원되지 않는다
   2) 내용/표현은 내용/형식 관계로 환원되지 않는다 | 3) 내용과 표현의 상이한 형식에 진화적 단계를 설정하는 것은 불가능하다

5. 지층과 배치, 추상기계
   1) 지층과 배치 | 2) 배치와 추상기계의 관계

4장 언어학의 외부: 반음계주의적 언어학을 위하여

1. 언어는 정보적이고 소통적이리라
    1) 언어활동 : 명령과 훈육 | 2) 언표와 언표행위 | 3) 명령어
    4) 주파수와 공명 | 5) 비신체적 변환 | 6) 화용론

2. '외생적인' 어떤 요소에 호소하지 않는, 언어라는 추상적 기계가 존재하리라
    1) 내용과 표현 | 2) 배치의 4가성 | 3) 언어학의 외부

3. 언어를 동질적인 체계로 정의할 수 있게 해줄 보편성과 항상성이 존재하리라
    1) 상수들의 체계와 변수들의 체계 | 2) 일반화된 반음계주의
    3) 언어 속의 언어들 | 4) 언어를 더듬거리게 하기

4. 다수적인, 혹은 표준적인 언어 아래서만 언어는 과학적으로 연구될 수 있으리라
    1) 표준어, 혹은 언어의 권력 | 2) 다수적 언어와 소수적 언어
    3) 명령어와 탈주선

5장 기호체제들: 기호계는 어떻게 작동하는가?

1. 기호체제의 개념
    1) 기호체제와 미시정치학 | 2)기호체제의 개념

2. 네 가지 기호체제
    1) 기표적 기호체제 | 2) 전기표적 기호체제 | 3) 반기표적 기호체제
    4) 탈기표적 기호체제

3. 주체화 체제와 이중체
    1) 주체화 체제의 얼굴 | 2) 코기토의 의식적 이중체
    3) 커플의 정염적 이중체 | 4) 두 가지 잉여성 | 5) 탈지층화의 선

4. 기호체제의 혼성과 변환
    1) 기호체제의 혼성성 | 2) 기호계의 변환/번역 가능성,
    혹은 변환의 유형들 | 3) 기호계의 성분들

6장 기관 없는 신체에 관하여: "인간은 자신이 본래 무엇이라고 생각하는가?"

1. 기관 없는 신체란 어떤 것인가?
    1) 금이 그어진 알 | 2) 뭉개진 얼굴 | 3) 요가, 혹은 '본래면목(本來面目)'

2. 잔혹연극과 기관 없는 신체

3. 기관 없는 신체가 왜 '문제'인가?

4. 어떻게 기관 없는 신체를 만들 것인가?

5. 기관 없는 신체 위에선 무슨 일이 벌어지는가?
    1) 기관 없는 신체와 강밀도 | 2) 기관 없는 신체와 욕망 | 3) 욕망과 내재성

6. 세 가지 지층, 세 가지 기관 없는 신체
    1) 세 가지 지층 | 2) 탈지층화와 위험 | 3) 기관 없는 신체의 세 가지 유형

7. 기관 없는 신체와 일관성의 구도

7장 얼굴의 정치학: 얼굴의 권력, 권력의 얼굴

1. '얼굴'과 '시선'의 현상학

2. 얼굴의 미시정치학
    1) 표현기계 | 2) 얼굴과 권력

3. 얼굴과 신체
    1) 얼굴과 언어 | 2) 머리와 얼굴 | 3) 얼굴과 풍경

4. 탈영토화에 관한 4개의 정리

5. 얼굴은 어떻게 만들어지고 작동하는가?
    1) 안면성의 추상기계 | 2) 얼굴과 가면 | 3) 안면성-기계의 작동방식
    4) 이항적 관계의 확장

6. 얼굴의 극한
    1) 두 개의 극한적 얼굴과 클로즈업 | 2) 얼굴의 해체 혹은 탈안면화

8장 사건의 철학과 분열분석

1. 사건과 계열화
    1) 사건이란 무엇인가? | 2) 점적(點的) 사유와 선적(線的) 사유

2. 소설과 사건

3. 세 가지 삶, 세 가지 선

4. 절단, 균열, 단절

5. 두 종류의 감시자

6. 분열분석과 선의 배치
    1) 선의 배치 | 2) 세 가지 선:혼합, 이행 그리고 위험

9장 미시정치학과 선분성: 거시정치와 미시정치

1. 선분성의 양상들
    1) 선분성 | 2) 선분성의 세 형태

2. 선분성의 두 유형
    1) 이항적 선분성의 두 유형 | 2) 원환적 선분성의 두 유형
    3) 선형적 선분성의 두 유형

3. 거시정치와 미시정치
    1) 두 개의 성, N개의 성 | 2) 계급과 대중 | 3) 관료제 | 4) 전체주의와 파시즘 | 5) 유연한 선분성에 대한 오류 | 6) 68년 5월 혁명

4. 선분성과 권력 중심
    1) 선분적인 선과 양자화된 흐름 | 2) 화폐대중의 흐름과 선분화
    3) 믿음·욕망의 흐름과 권력 | 4) 권력 중심에 대한 명제들

5. 세 가지 선과 네 가지 위험
    1) 두 가지 추상기계 | 2) 세 가지 선 | 3) 네 가지 위험
    ① 공포 ② 명확성 ③ 권력 ④ 혐오 혹은 멸망의 정염

- 찾아보기
    주제어 찾아보기 | 인명 찾아보기

10장 | 생성 혹은 되기: 동물-되기에서 모든-것이-되기에 이르는 길

10

생성 혹은 되기: 동물-되기에서 모든-것이-되기에 이르는 길

《천의 고원》의 열 번째 고원은 생성 내지 '되기'를 다루고 있습니다. '유목론'에 대한 고원과 더불어 이 책에서 가장 분량이 많은 '장'이고, 들뢰즈가 초기부터 추구한 '생성의 철학'을 직접적으로 다룬 '장'이란 점에서 매우 중요한 고원임을 알 수 있습니다. 하지만 여기서 생성에 대한 일반적인 철학적 고찰을 볼 수 있으리라고 기대한다거나, 그와 반대로 '존재의 철학' 내지 '존재의 형이상학'에 대한 비판을 읽을 수 있으리라고 기대하진 않는 게 좋습니다. 그거라면 《의미의 논리》나 《차이와 반복》을 읽는 편이 좋습니다. 여기서는 말 그대로 구체적인 '되기'의 문제를 다루며, 되기와 결부된 다양한 요소들을 다룹니다. 그러나 이미 '동물-되기'나 '흑인-되기', '소수-되기' 등과 같은 개념들을 접한 적이 있으므로, 이 장에서 다루는 주제가 결코 생소하진 않을 겁니다.

번역어에 대해 잠시 말하자면, 생성 내지 '되기'라고 번역한 말은 불어로는 'devenir', 영어로는 'become(becoming)', 독일어로는 'werden'이란 단어로 표시됩니다. 그들의 언어에서 이 단어는 모두 '~가 되다'라는 동사고, 그것의 부정법(不定法)을 써서 '~되기'라는 식의 용법으로 사용하고 있지요. 통상 독일어 Werden을 '생성'이라고 번역하므로, 그런 점에서 devenir나 becoming도 그렇게 번역할 수 있을 겁니다. 그것이 개념어로서 적절한 형태를 갖는 것처럼 보이지요. '생성'을 사유한다고 할 때, 그것은 바로 이런 의미에서 devenir나 Werden에 해당되는 개념이라고 할 수 있지요.

들뢰즈와 가타리가 생성을 사유하고자 하며, 생성을 핵심적인 화두로 삼고 있다는 점은 굳이 다시 말하지 않아도 좋을 겁니다. 그래서 이들이 사용하는 devenir란 말을 생성이라고 번역해도 좋습니다. 그런데 난점은 그것을 단순히 이런 명사화된 용법으로만 사용하지 않으며, 단독으로 사용하지 않는 경우가 훨씬 더 많다는 사실입니다. 이미 익숙해지도록 많이 사용되었지만, devenir-femme(여성-되기, 여성-화), devenir-animal(동물-되기, 동물-화), devenir-enfant(아이-되기, 아이-화)처럼 명사와 결합되어 동사적인 의미에서 '~이 되다'라는 의미의 개념어로 사용될 뿐만 아니라, devenir-mineur(소수-되기, 소수-화), devenir-intense(강밀하게-되기, 강밀-화), devenir-imperceptible(지각-불가능하게-되기)처럼 형용사와 결합되어 사용되기도 합니다. 이 모든 경우에 devenir는 '~이 되다'를 뜻하는 개념이며, 명사적인 용법으로 이해하여 '~되기'라고 번역하거나, 한자말을 이용해 '~화'라고 번역하면 적절합니다.

그런데 문제는 devenir란 단어가 뒤에 붙은 단어 없이 단독으로 사용되어 이 모든 것을 포괄하는 일반적인 개념으로 이용되기도 한다는 점입니다. 이것이 '화'라는 말로 번역하기 곤란하게 만드는 이유고, 반대로 '생성'이란 말로 번역하고 싶은 유혹을 느끼게 하는 이유지요. 그런데 만약 devenir를 '생성'으로 번역하는 일반적인 철학적 어법에 따라 번역하면, 위와 같이 다른 단어와 결합되어 있는 경우 '여성-생성', '동물-생성', '소수-생성', '강밀 생성' 등으로 번역해야 합니다. 이는 일단 어법 자체가 우스울 뿐만 아니라, 개념적인 내용 또한 거의 표현하지 못하는 단어가 되고 맙니다. 그리고 단독으로 사용하는 경우에도 이와 같이 무언가 다른 것이 '되는 것'을 뜻하는 개념으로 사용하기 때문에, '생성'이라고 번역하는 것보다는 '되기'라고 번역하는 것이 더 적절합니다. 이 고원의 제목을 devenir라는 한 단어로 표시하지 않고 'devenir-animal, devenir-intense, devenir-imperceptible……' 등과 같이 무한한('……'으로 표시되지요) 사례들로 이어질 수 있는 구체적인 '되기들'로 표시한 것은 이를 다른 식으로 보여주는 거라고 하겠지요.

이런 이유에서 devenir란 말을 일관되게 '되기'라고 번역했습니다. 다만 이처럼 동사의 부정법을 번역하여 개념어로 사용하는 것이 익숙하지 않아서, 처음에 이런 식의 어법을 들으면 매우 생소하고 어색하겠지만, 자주 쓰다 보면 그것도 개념어를 만들거나 사용하는 한 방법일 수 있겠다고 느끼게 될 겁니다. 사실 개념어가 꼭 명사여야 할 이유는 없지요. '생성' 또한 무에서 유가 나오는 것이 아니라, 단지 어떤 것이 변하여 다른 것이 되는 것인 한 '되기'라는 개념에 부합되며, 차라리 더 현실감 있는 내용을 전해주기도 합니다.

1. 생성, 혹은 되기의 '철학적' 문제
1) 존재의 철학과 생성의 철학

이 책에서 저자들은 '되기' 내지 '생성'이란 개념을 철학적인 차원에서 다루지는 않지만, 우리는 철학적 배경에 대해서 약간이나마 알고 갈 필요가 있습니다. 하이데거의 책들을 통해 잘 알려진 것처럼, 플라톤 이래 서양의 철학, 아니 서양의 형이상학은 모든 것(존재자)의 원천이자 근거가 되는 본질적이고 불변적인 실체에 대해 사유하고 그것을 규명하고자 했습니다. 이를 한마디로 요약하면, 근거(Grund, fondement)에 대한 추구라고 할 수 있습니다.

그래서 가령 존재하는 모든 것의 원인, 다시 말해 존재하는 모든 것을 존재하게 만든 것을 플라톤주의자들은 이데아와 같은 근원적인 '일자(一者)'에서 찾고자 했고, 신학자들은 만물을 창조한 '창조주' 하느님에서 찾았습니다. 존재하는 다른 모든 것의 '원인'이지만 그 자신은 어떤 것에 의해서도 창조되지 않은 것, 바로 그것이 존재자의 근거요 원인이었지요. 그래서 이를 《성서》의 말을 인용해 "스스로 존재하는 자"라고 정의하기도 했습니다.

이러한 '근거' 내지 '기초'에 대한 추구는 '존재'의 첫번째 원인을 찾는 것에 국한되지 않았습니다. 가령 모든 '운동'의 첫번째 원인 또한 마찬가지 방식으로 찾고자 했습니다. 아리스토텔레스는 그것을 다른 모든 것을 움직이게 했지만 스스로는 운동하지 않는 것(운동한다면 그것을 운동하게 한 또 다른 원인을 찾아야 하니까요)이란 의미에서 '부동(不動)의 동자(動子)'라고 했습니다.

이는 단지 철학에서만 그런 것이 아닙니다. 과학이고자 하는 것, 아니 진리이고자 하는 모든 것은 최초의 원인(원리)을 찾고자 했고,

진리임을 보장해주는 확고한 근거 위에 서고자 했습니다. 가령 현대 수학은 수학 전반을 기초짓고 있는 근거 내지 기초에 대해 넓은 관심을 갖고 있었으며, 그 결과 19세기 이래 모든 수학적인 것을 산수나 자연수처럼 안정적이고 확고한 '기초' 위에 올려놓으려는 시도들이 반복하여 행해졌습니다.

그런데 이런 사고방식은 세계를 '존재하는 것'들로 보고, 그런 세계의 존재원인을 찾아 하나의 '근거'로 거슬러 올라가는 그런 태도를 공통적으로 포함하고 있습니다. 이런 태도를 형이상학이라고 부르지요.

> 형이상학은 존재자를 존재자로서, 즉 그것의 보편적인 성격에 있어서 사유한다. 형이상학은 존재자를 존재자로서, 즉 그 전체에 있어서 사유한다. 형이상학은 존재자의 존재를 가장 일반적인 것의……근거를 캐내는 통일성에 있어서 사유할 뿐만 아니라 그 모두를 정초하는 통일성에 있어서 사유한다. 그리하여 존재자의 존재는 근거짓는 근거로서 사유된다. 따라서 모든 형이상학은 근본적으로 철두철미 근거에 관하여 설명하고 근거를 알려주면서 궁극적으로는 근거의 해명을 추구하는 근거지움이다.[1]

하이데거는 이러한 시도들 또한 '존재자(seiende)'들의 근거인 '존재(Sein)', 다시 말해 존재자들을 존재하게 한 존재에 대한 탐구라고 이해합니다. 그런 점에서 모든 형이상학은 존재론적 질문에 대

---

(1) 하이데거, 신상희 역, 《동일성과 차이(Identit t und Differenz)》, 민음사, 2000, 50쪽.

한 답을 추구하는 것이 되는 셈이지요. 그러나 하이데거가 보기에 그렇게 거슬러 올라가서 찾은 답은 '존재'가 아니라 또 다른 '존재자'였습니다. 이데아든 신이든, 혹은 부동의 동자든, 모두 '존재자'지 '존재'가 아니니까 말입니다. 그는 존재와 존재자를 구별하지 못한 것, 그리고 존재자의 원인을 또 다른 존재자로 귀착시킨 것, 바로 이것이 서양 형이상학이 오랫동안 해온 것이며, 동시에 '존재'에 대한 해명은 물론 이전에 존재에 대한 질문을 던지는 데 오랫동안 실패한 이유라고 봅니다.[2] 그리고 그는 이런 식의 태도가, 존재자의 원인을 찾아 그 창조자인 신이라는 근원적인 '존재자'로 거슬러 올라가는 것이었다는 점에서 근본적으로 '신학적인 것' 이었다고 말합니다.[3]

여기서 하이데거가 선 지점은 절묘한 것으로 보입니다. 즉 그는 마찬가지로 모든 존재자의 근거가 되는 것, 존재자를 '존재'하게 만드는 것은 '존재' 라는 점을 강조하면서, 이 '존재'란 무엇인가를 질문합니다. "존재는 근거라는 본질양식 속에서 나타난다. 그러므로 사유의 사태, 즉 근거로서의 존재는 그 근거가 최초의 근거로서, 즉 프로테 아르케($πρώιη \, αρχή$)로서 표상될 경우에만 근본적으로 사유된다. ……근거라는 의미에서 존재자의 존재는 근본적으로는 오직 자기원인으로서만 표상된다."[4]

이런 점에서 그는 '근거'에 대한 추구라는 서양 형이상학 전통에 잇닿아 있으며, 이로 인해 서양 형이상학의 역사는, 결국은 하이데거

---

(2) 하이데거, 이기상 역, 《존재와 시간(Sein und Zeit)》, 까치, 1998, 19~24쪽.
(3) 하이데거, 《동일성과 차이》, 51쪽.
(4) 같은 책, 51~52쪽.

자신의 철학으로 귀착되는 존재론의 역사라고 말할 수 있었습니다. 그렇지만 그는 그 역사 전체가 존재자와 존재의 차이(이를 '존재자' 간의 차이인 '존재적(ontogische) 차이'와 구별하여 '존재론적(ontologische) 차이'라고 말합니다)를 구별하지 못한 채 존재를 존재자로 대체해왔다고 말합니다. 그로 인해 존재는 존재자에 가려 망각되었고, 형이상학의 역사 속에서 존재론의 역사는 아이러니컬하게도 '존재망각의 역사'가 되었다고 합니다.

그는 존재자의 '근거'에 대한 추구를 통해서, 근거의 자리에 있던 '존재자'를 치움으로써 존재를 발견하려고 했지만, 존재자와 구별되는 존재를 포착할 수는 없는 일이라고 하지요. 존재를 포착하려면, 하이데거 식으로 말해 '존재의 일어남(Ereignis)을 보고 존재의 목소리를 들으려면', "하나의 특성으로서 동일성을 전제하는 그런 근본명제(Grundsatz)의 형식"에서 근본적인 비약(grund satz)이 필요하다고 해요. "이러한 도약은 존재를 존재자의 근거로서 간주하려는 태도를 버리고 심연(Abgrund) 속으로 뛰어들어가는 행위"[5]라고 합니다.

존재자와 구별되는 존재에 대한 질문을 통해서 그는 '근거(Grund)'가 아닌 '심연(Abgrund)'을 발견한 셈이지요. 심연, 그것은 바닥(Grund)이 없는(ab) 것이고, 바닥에서 벗어나(ab)버린 것입니다. 근거에 대한 추구의 답이 심연과도 같은 '근거의 사라짐'이었던 겁니다. 부재의 형식으로 존재하는 근거라고나 할까요? 그러나 "이러한 심연은 텅 빈 무(無)나 어두운 혼란이 아니라 일어남([사건],

---

(5) 하이데거, 《동일성과 차이》, 30쪽.

Ereignis)이다."[6]

거기서 그는 이제 그 심연에서 나오는 존재의 '일어남[사건]'을 보자고, '존재의 목소리'에 귀를 기울이자고 합니다. 그리고 존재자들의 근거를 추구했으면서도 또 다른 존재자에 사로잡혀 존재의 목소리를 잊은 형이상학들을 해체(Destruktion)함으로써, 그 안에 잊혀진 채 새겨진 존재의 흔적을 읽어낼 수 있으리라고 합니다. 그것은 기존의 형이상학들을 해체하여 존재의 목소리를 들려주는 것으로 재구성하려는 기획을 의미하기도 합니다.[7] 이것이 데리다가 말하는 해체(déconstruction)와 다르지 않다는 것을 아는 건 그리 어렵지 않습니다.

서양 형이상학의 역사는 '존재하는 모든 것'의 원인을 찾아냄으로써 세계에 대해 해명하고자 했던 것이란 점에서 '존재의 철학' 내지 '존재의 형이상학'이라고 할 수 있습니다. 하이데거는 그 존재의 철학에서 시작했지만, 존재자와 존재의 구별을 통해서 서구 형이상학적 사유 전체가 빠져 있던 함정을 발견하고 그것을 넘어서 '존재자들의 근거'를 발견하고자 합니다. 이런 점에서 하이데거는 '존재의 철학' 전통에 서서 그것을 부정하고 있는 셈이며, '존재의 철학' 안에서 그것을 해체하여 새로이 완성하려는 것이라고 할 수 있을 듯합니다. 그가 '존재론'이라는 말을 강한 의미로 사용할 때, 혹은 그것에서 더 나아가 '현존재(Dasein)'를 통해 존재론의 기초를 세우

---

(6) 같은 책, 30쪽.
(7) 하이데거, 《존재와 시간》, 38~47쪽. "해체란……과거에 대해서 그것을 부정하는 관계를 맺지 않는다. ……해체는 과거를 무 속에 파묻어버리려는 것이 아니다. 그것은 긍정적인 의도를 가지고 있다."(같은 책, 42쪽)

려는 자신의 기획에 '기초존재론'이라는 이름을 붙일 때, 이런 양상을 어렵지 않게 볼 수 있습니다. 물론 그가 숲길을 걸으며 듣고 찾아낸 대답을, 통상적인 '존재의 철학'과 연속적이라고 하긴 어렵다는 점을 추가해두어야겠지만 말입니다.

들뢰즈에게 하이데거의 영향이 없었다고 말한다면 그것은 옳지 않을 겁니다. 어떤 식으로든 그는 하이데거의 영향을 받지 않을 수 없는 시대를 살았으며, 《차이와 반복》의 서문에서 말하듯이, 하이데거의 새로운 존재론이 강하게 영향을 미치던 시대에 철학을 했으니까요.[8] 그러나 들뢰즈가 하이데거에게 호의적이었던 것은 아니었음 역시 분명합니다. "철학이 만들어지는 것은 숲속에서나 오솔길에서가 아니라 도시와 거리에서, 그리고 이들이 만들어내는 보다 인위적인 것들 안에서다"[9]라는 말이, 고향의 숲과 오솔길을 좋아했을 뿐만 아니라 자신의 저작들에 '숲길(Holzweg)'이니 '들길(Feldweg)'이니 하는 제목을 즐겨 사용했던 하이데거를 겨냥한 것임은 의문의 여지가 없습니다.

다른 한편 비록 하이데거가 말하는 대문자 존재(Sein)는 아니라 해도, 그가 사물의 상태를 표시하는 '임(être, sein)'과 '됨(devenir)'

---

(8) "여기에서 서술되는 주제는 명백히 시대적 분위기 안에 있다. 사람들은 그러한 분위기의 징표들을 거론할 수 있을 것이다. 하이데거가 점차적으로 강조했던 존재론적 〈차이〉의 철학으로의 방향 설정, 공존의 공간 안에서 변별적 특성들의 분배에 기초한 구조주의의 실행, 가장 추상적인 성찰에서뿐만 아니라 실제적인 기교에서까지 차이와 반복의 주위를 맴도는 현대소설의 기법, 모든 종류의 영역에서 이루어진 반복의 고유한 힘의 발견, 동시에 무의식·언어·예술의 힘이기도 한 반복의 힘의 발견, 이 모든 징표들은 반헤겔주의로 일반화될 수 있다."(G. Deleuze, *Différence et répétition*, PUF, 1968, 1쪽)
(9) 들뢰즈, 이정우 역, 《의미의 논리(*Logique du sens*)》, 한길사, 1999, 422쪽.

을 구별하고, '임'이 아닌 '됨'의 차원에서 의미의 논리를 사유하고자 할 때,[10] 혹은 존재와 존재자의 차이라는 '근본적인' 차이보다는 개체들의 접속에 의해 생성되는 '차이'를 사유하고자 할 때, 그리하여 존재를 표시하는 동사 est(être 동사의 3인칭 현재인데, '에'라고 읽습니다)와, 개체들의 접속을 표시하는 접속사 et(영어의 and에 해당되는 접속사인데, '에'라고 읽습니다)를 대비하여 전자를 '나무'에 귀속시키고 후자를 '리좀'에 귀속시킬 때(MP, 36; I, 31), 그는 하이데거와 대립한다고는 할 수 없어도 분명히 그와 다른 지점에 서고자 하는 셈이고,[11] 그와 다른 방식으로 질문하고 다른 방식으로 답하려는 것임이 분명합니다.

들뢰즈가, 하이데거가 존재론적 사유의 발원처로 주목하는 파르메니데스(Parmenides)에 대해선 무관심한 반면 그가 전혀 관심을 보이지 않았던 에피쿠로스(Epicuros)에 주목했던 점, 하이데거가 형이상학의 정점으로 주목했던 셸링이나 헤겔에 대해선 무관심하거나(셸링) 첫번째 적대자(헤겔)로 설정했던 점, 그리고 하이데거가

(10) 같은 책, 48쪽 이하.
(11) 하이데거의 《동일성과 차이》를 염두에 둔 것처럼 보이는 제목의 책 《차이와 반복》에서 들뢰즈는 하이데거가 차이의 철학에 관해 새로이 제기한 명제들을 요약한 뒤, 하이데거가 사르트르 등이 존재론적 차이 개념을 오해했다고 비난했던 것에 대해 논평하면서 이렇게 말합니다. "하이데거가 자신의 '무(無)' 개념을 통해, 다시 말해 비-존재의 '비'를 괄호치는 대신 존재를 '말소함(barrer)'으로 인해 스스로 그러한 오해들을 조장했던 것은 아닌지 묻게 될 것이다. 게다가 원래의 차이를 사유하고 그것을 매개로부터 떼어놓기 위해서 동일자(Le Même)와 동일성(l'identique)을 대립시키는 것으로 충분한가? ……그가 말하는 [존재론적] 전환은, 일의적 존재가 오직 차이에 대해서만 말해져야 하는, 그런 의미에서 그것이 존재자의 주변을 회전해야 하는 그런 전환을 작동시키는가? 그는 존재자가 재현의 동일성과 대면하게 될 모든 종속으로부터 진정으로 벗어나는 방식으로 존재자를 인식하는가? 니체의 영원회귀에 대한 그의 비판을 보면 그런 것 같지 않다(G. Deleuze, *Différence et répétition*, 91쪽)."

결국은 서구 형이상학 전통 안에 밀어넣었던 니체를 정반대로 그것의 진정한 파괴자로, 혹은 전혀 새로운 선을 그리는 사상사의 특이점들 가운데 특히 중요한 하나로 끄집어내 자신의 중요한 자원(資源)으로 삼았던 점은 이와 무관하지 않을 겁니다.

여기에 베르그송까지 추가하여, 철학자로서 들뢰즈가 주목하는 저 '거인들'은 '존재'가 아니라 '생성'을 사유하려 했던 사람들이었고, 초월성의 철학을 비판하며 내재성의 철학을 하고자 했던 사람들이었으며, 고체적인 안정성을 추구하던 사람들과 반대로 액체적인 유동성을 잡아타고자 했던 사람들이었습니다. '되기/생성(devenir)'이 들뢰즈의 철학적 사유에서 중요한 것은 바로 이러한 사유가 집약되는 개념이라는 점 때문입니다. 존재가 아니라 존재 사이에서 벌어지는, 하나의 존재에서 다른 존재로 '되는' 변화를 주목하고, 그러한 변화의 내재성을 주목하며, 그것을 통해 끊임없이 탈영토화되고 변이하는 삶을 촉발하는 것, 이 모두가 바로 '되기'라는 개념을 둘러싸고 진행되기 때문입니다.

이런 의미에서 되기는 자기-동일적인 어떤 상태에서 벗어나 다른 것이 되는 것이고, 어떤 확고한 것에 뿌리박거나 확실한 뿌리를 찾는 것이 아니라 거기서 벗어나는 것입니다. 즉 근거(Grund)를 찾는 게 아니라 차라리 있던, 아니 있다고 생각하던 근거에서 벗어나 탈영토화되는 것입니다. 뿌리가 아니라 리좀을 선호하고, 정착이 아니라 유목을 강조하며, 관성이나 중력에서 벗어나는 편위(클리나멘)를 강조하는 것은 이러한 입장과 밀접하게 결부되어 있습니다. 따라서 '되기'의 구도(plan)에서 사유하고 산다는 것은 영속성과 항속성, 불변성, 기초, 근본 등과 같은 서양 철학의 중심적 단어들과 처음부터 이별하는 것이고, 반대로 변이와 창조, 새로운 것의 탐색과 실험을 끊임없이 추구하는 것입니다. "차이 나는 것만이 되돌아온다"면서 반복마저도 차이를 통해 정의하려는 것 또한 이런 태도를 명료하게 보여줍니다. 이것이 들뢰즈가 반복을 사유하는 방식이었고, 들뢰즈가 니체의 영원회귀를 자기화하는 방식이었습니다.

2) 되기와 변용

예를 들어 '크다' 와 '작다' 는 사물의 상태로서 être(sein/be) 동사와 연결됩니다. '이 개는 작다(This dog *is* small)', '저 개는 크다(That dog *is* big)' 등처럼 말입니다. 반면 '커진다[크게-되다]' 와 '작아진다[작게-되다]' 는 이와 다릅니다. 일단 be/être 동사가 아니라 become/devenir 동사와 연결되지요. '앨리스가 커졌다(Alice *became* big)', '앨리스가 다시 작아졌다(Alice *became* small again)' 등처럼 말입니다. 그런데 더 중요한 것은 '커진다' 는 크지 않은 상태에서 큰 상태로 되는 것이고, '작아진다' 는 작지 않은 상태에서 작은 상태로 되는 것이란 점입니다. 즉 커진다는 것은 작은 것(상태)과 큰 것 사이에 있으며, 작아진다 또한 큰 것과 작은 것 사이에 있습니다.

마찬가지로, 곰이 된다는 것은 곰이 아닌 것이 곰이 되는 것이지요. 곰이 곰이 될 순 없는 일이니까 말입니다. 따라서 '이기(être)' 는 어떤 것의 현재 상태가 갖는 동일성/정체성(identitié)을 명시하지만, '되기' 는 명시하고 확정할 동일성을 가질 수 없습니다. '커진다' 는 작은 것과 큰 것 사이의 어딘가를 표시하지만, 어느 하나의 정해진 점, 고정된 상태가 아니라 중간의 어딘가에서 끊임없이 변화하며 이동하고 있기 때문입니다. 누군가가 곰이 된다는 것은 사람과 곰 사이의 어딘가를 통과하고 있는 것입니다. 사람의 신체와 곰의 신체, 사람의 동작과 곰의 동작, 사람의 신체적 강밀도의 분포와 곰의 신체적 강밀도의 분포 사이에서, 양자가 섞이면서 만들어지는 어떤 분포의 지대를 통과하면서 그 둘을 섞어서 무언가 다른 활동을 만들어내는 것이지요.

그런데 이처럼 되기의 구도 위에서 사유할 때, 개개의 사물이나 '존재자'를 어떻게 파악할 것인가 하는 문제가 제기될 수밖에 없습니다. 되기를 강조하는 경우에도 '있다/이다(être)'라는 동사를 사용하지 않을 순 없고, 되기를 통해 도달한 어떤 상태에 대해 말하지 않을 수 없기 때문입니다. '곰이 된다는 것은 좋다. 사람과 곰 사이 어딘가에 있다는 것도 좋다. 그렇지만 그 경우에도 이것은 '무엇'이다, 이것은 곰이 아니라 '무엇'이다 등에 대해 말할 수 있어야 하지 않는가?' 하는 겁니다. 아마도 이는 생성의 철학이란 관점에서 사물(존재자)을 어떻게 파악할 것인가 하는 문제라고도 할 수 있겠습니다.

이에 대해 우리는 두 가지 차원에서 접근할 수 있습니다. 하나는 그것의 질을 규정하는 '의지' 내지 '욕망'의 차원이고, 다른 하나는 그것을 가능하게 해주는 '힘' 내지 강밀도의 차원입니다. 첫째, 어떤 사물이 무엇'인가'는 그것을 둘러싼 다른 것들에 의해, 그것과 연관된 다른 것들과의 관계에 의해 결정된다는 것입니다. 그 관계란 상이한 사물들을 하나로 계열화하려는 '의지' 내지 '욕망'과 결부되어 있습니다. 양잿물은 빨래를 삶는 데 사용될 수도 있고, 사람을 죽이는 데 사용될 수도 있습니다. 옷-불 등과 계열화되는 경우 '그것은 세제다'라고 할 수 있고, 사람의 소화기관과 계열화되는 경우 '그것은 독약이다'라고 할 수 있다는 겁니다. 맑스 풍으로 말하면, "양잿물은 양잿물이다. 특정한 관계 속에서만 그것은 독약이 된다" 는 거지요.

스피노자는 이처럼 이웃한 것이 무엇인가에 따라 달라지는 사물을 '양태(mode)'라고 불렀습니다. 이는 무엇 '인가' 조차 이웃한 것들과의 관계에 따라, 어떤 이웃과 접속하는가에 따라 다른 게 '되는' 것으로 파악합니다. 그 각각의 계열을 만드는 것은 옷을 깨끗이 빨고 싶다는 욕망, 혹은 죽고 싶다거나 죽이고 싶다거나 하는 욕망이지요. 욕망이 힘의 '질'을 결정하며, 신체에 특정한 질적 속성을 부여한다는 것은 이런 의미에서입니다.

둘째, 이런 식으로 하나의 양태에서 다른 양태로 되기 위해선 그에 필요한 '힘'을 갖고 있어야 합니다. 즉 새로운 양태가 되기 위한 '문턱'을 넘는 힘을 가져야 하며, 바로 그 문턱으로 인해 되기의 연속적 과정 속에서도 각각의 양태는 일정한 '규정성'을 갖는 것입니다. 가령 양잿물이 독약 '이기' 위해선 일정한 농도를 가져야 하지요. 그렇지 못하고 너무 묽을 땐 사람은커녕 쥐도 죽일 수 없을 것입니다. 세탁을 하기 위해서도 마찬가지겠지요. 어떤 금속이 통조림통 '이기' 위해선 그저 음식물과 계열화되는 것만으론 충분하지 않습니다. 그에 필요한 일정한 내구성이나 압력에 견디는 힘을 가져야 합니다. 반면 그 금속의 조각을 적절하게 잘라서 날을 세우면 과일을 깎는 칼이 될 수도 있습니다. 감옥에 가면 이렇게 만든 칼을 어렵지 않게 볼 수 있지요. 물론 그것도 불법적인 물건이기에 걸리면 빼앗기지만 말입니다. 그런데 그것이 칼이 되려면 그에 필요한 일정한 경도(硬度)를 가져야 합니다. 사실 감옥에서 통조림통으로 만든 칼은 칼이 되는 데 충분한 경도를 갖고 있지 못합니다. 그래서 '숙련' 되지 않은 사람이 사용하면 금세 휘어지고 구부러져 과일 대신 손을 '깎는' 경우가 많지요.

이처럼 힘이라는 차원에서 하나의 사물을 특정한 '양태'로 정의하려면, 그에 필수적인 최소한의 강도(intensity)가 있어야 합니다. 하나의 사물(양태)에서 다른 사물로, 하나의 신체(양태)에서 다른 신체로 변용되기 위해선, **그렇게 변용되려는 의지가 있어야 하고, 또한 그에 필요한 강밀도의 변화가 수반되어야 합니다.** 강밀도가 칼에 필요한 문턱을 넘을 때, 그것은 '칼이다'라고 말할 수 있게 된다는 거지요. 이는 칼이나 펜의 본질을 형상(형식)으로 정의하는 서구의 오랜 전통에서 벗어난 것입니다. 나무 막대기를 칼처럼 쓰는 검객이나 펜을 칼로 사용하는 강도는 사물이 무엇'인가'가 형상적인 본질이 아니라 힘과 의지, 혹은 강밀도와 욕망이라는 두 개의 요인을 통해 정의된다는 것을 잘 알고 있는 사람임이 분명합니다.

다른 무언가가 된다는 것은 욕망이 이끄는 방향으로 강밀도가 변화하면서 하나의 문턱을 넘는 것이지요. 이 고원에서 말하는 '되기'는 이 문턱을 넘는 것을 의미하며, 그 문턱을 넘는 현실적인 변환을 통해 수행되는 것입니다. 사실 우리는 얼마나 많은 문턱들을 아무런 생각 없이 넘고 있는지 모릅니다. 손의 경우만 하더라도, 젓가락질의 문턱, 글쓰기의 문턱, 칼질의 문턱, 공놀이의 문턱 등등 대단히 많은 문턱들을 넘고 있지요. '아무 생각 없이' 넘는 것은 그것에 익숙해졌기 때문이지요. 젓가락질을 새로 배우는 사람을 보면 알겠지만, 그가 아무 생각 없이 그렇게 할 순 없습니다. 긴장하고 힘써 서

툰 손가락을 움직여야 간신히 국수를 먹고 콩을 집을 수 있습니다. 운전을 배운다, 탁구를 배운다 등과 같이 무엇을 새로이 배운다는 것은 손과 팔, 신체의 근육으로 하여금 그에 필요한 강밀도의 분포를 획득하게 하기 위한 훈련 과정이지요.

곰이 된다는 것은 인간의 문턱을 넘어 곰의 문턱에 다가가는 것이고, 여성이 된다는 것은 남성의 문턱을 넘어 여성의 문턱에 다가가는 것입니다. 아, 물론 곰-되기나 여성-되기는 곰이나 여성의 주어진 상태를 그대로 두고 그 문턱을 넘는 게 아니라, 곰이나 여성 자체를 다른 것으로 변이시키는 과정을 수반하기에, 도달해야 할 문턱이 달라집니다. 사람이 곰이 된다고 할 때, 곰을 모델로 하여 그것과 동일한 상태에 도달하는 것을 뜻하지 않으며, 그럴 수도 없기 때문입니다. 또한 그것은 곰이 되려는 욕망, 여성이 되려는 욕망이 기존의 곰이 갖고 있는 욕망이나 기존의 여성이 갖고 있는 욕망과 다르기 때문이기도 하지요. 곰의 신체적 움직임을 통해 기존의 신체적 동작과 힘의 분포를 바꾸어 주먹과 발 등 신체를 쓰는 새로운 방법을 찾아내는 것, 그것이 무술을 하는 사람이 곰-되기를 하려는 욕망이잖습니까?

이 장에서 '되기'의 문제를 다룰 때 '강밀도'가 중요한 개념으로 사용되는 것은 바로 이런 이유 때문입니다. 강밀도의 문턱은 사물의 상태를 하나의 양태로 정의하게 해주지만, 그것이 연속적인 변화를 통해서 넘나들 수 있는 것이란 점에서, 그런 사물의 정의는 '되기의 구도' 위에서 사물이 정의되고 변용되어 다른 사물이 되는 것을 파악할 수 있게 해줍니다. 따라서 그것은 사물을 하나의 상태로, 규정성을 갖는 것으로 정의하면서도, '되기'의 과정에 열려 있는 것으로 보게 해줍니다.

이는 사물의 상태를 '이다'의 차원에서 포착하여 분류하는 통상적인 관념과는 근본적으로 다릅니다. 그 경우 사람은 사람일 뿐이며 곰은 곰일 뿐이지, 사람이 곰이 된다든가, 말이 소가 된다든가 하는 일은 결코 있을 수 없습니다. 아리스토텔레스가 사용한 '종차(種差)' 개념이나, 린네(Linné)가 사용한 분류학적인 개념에서 '되기'는 불가능하며, 변이는 돌연변이처럼 예외적인 경우에 지나지 않게 됩니다. '이기'의 평면에서 벗어나는 것들이지요.

그래서 들뢰즈는 이런 분류학적인 차이 개념이 '개념적 차이'에 차이 개념을 가둔다고 비판하기도 했습니다.[12] 예를 들어 분류학은 호랑이와 사자, 고양이의 차이를 '고양이과'라는 종적인 동일성 안에서 하나로 묶어버립니다. 결국은 종적인 동일성으로 귀결되어버리고 포섭되어버리는 것이지요. 이 고양이와 저 호랑이 등등이 가지고 있는 고유한 차이들이 거기서는 포착될 수 없어요. 고양이가 호랑이가 된다든가, 호랑이가 고양이가 된다는 것은 문학적 은유나 허구말고는 불가능한 일이 되구요.

이런 관점에서 보면 고양이와 개의 차이가 고양이와 호랑이의 차이보다 훨씬 큰 게 됩니다. 개와 고양이는 '과'가 다른데, 고양이와 호랑이는 '과'가 같기 때문이지요. 그런데 이는 생물학자들에겐 중요할지 모르지만, 우리가 사는 일상적 세계에선 받아들이기 힘듭니다. 가령 길거리에서 개와 고양이가 '제멋대로' 돌아다닌다고 해도 놀랄 사람은 별로 없지만, 호랑이가 돌아다닌다고 해보세요. 경찰이

---

(12) G. Deleuze, *Différence et répétition*, 39~41쪽.

뜨고, 사냥꾼이 동원되며, 그물이나 마취총은 물론 호송차와 총까지 동원되는 큰 소동이 벌어질 겁니다. 이것은 개와 고양이하고 호랑이를 사람들이 다르게 느끼는 현실적(!) 강도의 차이를 보여주는 것이지요. 반면 TV에서 종종 보여주는 귀엽게 뒹구는 아기호랑이는 호랑이보다는 고양이에 더 가깝지요.

스피노자는 이처럼 어떤 것이 우리에게 주는 감응(affect)에 따라 동물을 분류할 것을 가르치지요. 고양이 같은 호랑이, 그것은 고양이의 감응을 갖는 동물이고, 고양이와 하나로 묶일 수 있게 된 호랑이지요. 짐수레를 끄는 말, 그것은 경쾌하고 빠르게 달리는 동물이 아니라, 무게와 싸우는 소에 더 가깝다는 점에서 소와 하나로 묶일 수 있게 됩니다. 즉 짐수레와 계열화되는 배치 안에서 '저 동물'은 소의 일종입니다. 이것이 그 동물의 '외연'이지요. 한편 이렇게 묶인 것들을, 가령 짐끄는 동물의 힘의 세기나, 달리는 동물의 빠르기 정도를 비교할 수 있습니다. 이는 동일한 외연을 갖는 동물을 그 '강밀도'에 의해 비교하는 것이 됩니다. 이는 외연과 반대되는 차원의 구별입니다.

이와 관련하여 들뢰즈는 순수차이를 사유할 수 있다는 것은 그런 종적인 범주, 분류학적인 범주로부터 벗어나서 심지어 같은 호랑이조차 다른 것으로 포착할 수 있는 능력을 갖는 것이라고 말해요. 동물원에 갇혀 눈이 풀려버린 이 호랑이와, 눈에서 섬광을 뿜으며 숲속을 달리는 저 호랑이의 차이도 우리는 포착할 수 있고 또 실제로 포착한다는 겁니다. 동일한 유기체적 형식을 갖는 것이 상이한 배치에 따라 이처럼 다른 감응을 주는 동물이 되는 겁니다. 이는 그 동물이 무엇을 하고자 함과, 혹은 그 동물로 하여금 무엇을 하고자 하게 함과 결부되어 있다는 점에서 '욕망'이나 '의지'라는 성분에 의해 결정되는 외연입니다.

반면 동일한 종 안에서도 우리는 하나의 동물이 주는 상이한 감응의 차이를 구별할 수 있습니다. 하나의 외연적 감응 안에서 만들어지고 포착되는 이 차이, 그것이 바로 강밀도의 차이지요. 이는 그 동물이 무엇을 하고자 하는가, 그 동물로 하여금 무엇을 하고자 하게 하는가보다는, 하고자 하는 것을 얼마나 잘할 수 있는지를, 즉 그 능력의 '양적인' 정도를 의미합니다.

그렇지만 그 동물이 어떤 동물인가, 무엇을 하고자 하는 동물인가는 그것을 할 수 있는 힘의 강밀도와 긴밀하게 연관되어 있습니다. 아무리 하고자 해도 고양이로 짐수레를 끌 수는 없겠지요. 그리고 말이 짐수레를 끌려면 그에 필요한 힘, 그에 필요한 강밀도의 분포를 만들어내야 하며, 또 사람이 말처럼 빨리 뛰려면 그에 필요한 속도, 그에 필요한 강밀도를 만들어내야 합니다. 따라서 다른 것이 된다는 것은 욕망이나 의지를 바꾸는 것인 동시에 그와 결부하여 힘과 속도를 바꾸고 만들어내는 것입니다. 다른 것이 된다는 것이 강밀도를 바꾸는 것이란 말은 이런 이중적인 의미로 이해되어야 합니다. 동물되기란 강밀도의 문제라고 할 때, 거기서 강조하고 있는 것은 바로 이런 것입니다.

이처럼 이들이 말하는 강밀도와, 스피노자가 말하는 양태 및 변용(affection), 감응 등의 개념은 아주 긴밀하게 결부되어 있습니다. 스피노자는 양태를 이미 그 자체로 하나의 촉발(affection)이요 변용이라고 보지요. 하나의 양태로서 존재한다는 것은 관련된 다른 양태들에 촉발되어 강밀도의 분포를 다르게 만듦으로써 다른 종류의 양태로 만들어버린다는 점에서 이미 변용(affection)입니다. 역으로 그렇게 변용된 양태와의 관련 속에서만 '그' 양태로서 존재할 수 있는 것이란 점에서 자신을 둘러싼 다른 모든 양태들의 관계를 스스로 내부에 함축합니다. 그렇기에 자신을 둘러싼 양태들의 관계가 변하는 순간 그 자신 역시 다른 양태로 변용됩니다. 이런 생각은 "먼지 하나에 시방삼세의 우주가 들어 있으며, 일체의 먼지 또한 마찬가지로 그러하다(一微塵中含十方 一切塵中亦如是)"는 의상대사의 법성게(法性偈) 한 구절을 떠올리게 합니다.

요컨대 강밀도라는 개념을 통해 사물의 상태와 변이를 포착함으로써 사물의 상태를 변이 안에서, '되기의 구도' 안에서 연속적이고 내재적인 과정으로 다룰 수 있게 됩니다. 그럼으로써 불연속성을 갖는 양태들 전체를 하나의 연속체로 다룰 수 있게 되지요. 기관 없는 신체를 '강밀도의 연속체'라고 할 때, 거기에는 이런 거대한 구상이 함축되어 있는 겁니다. 이러한 강밀도의 연속체를, 어떠한 양태로도 될 수 있는 순수잠재성 그 자체라는 의미에서 '일관성의 구도'라고 부르기도 하지요. 이것이 '힘'이란 개념과 결부되어 있는 순수잠재성으로서 '기'라는 개념과 매우 근접해 있다는 것은 이미 말한 바 있지요? 한편 욕망이나 의지라는 차원에서 하나의 연속체를 의미하는 '기관 없는 신체' 내지 '일관성의 구도'가 모든 존재하는 것을 규정하는 바탕이며, 그것들에 내재하는, 어떤 사물로도 환원 불가능한 내재성의 장으로서 '도(道)'나 '공(空)'이라는 개념과 근접한다는 것도 말입니다.

사족을 달자면, 강밀도로서의 차이, 특이성을 표현하는 강밀도의 분포로서의 차이를 통해, 종별화(種別化, specify)로 귀착되는 차이를 벗어나서 순수한 차이를 포착할 수 있지 않을까 하는 생각에서 들뢰즈는 강밀도라는 개념을 순수차이의 다른 이름으로 부각시켜냅니다. 《니체와 철학》에서 니체의 '힘(force)' 개념을 권력의지라는 개념과 더불어 가장 일차적인 것으로 설정하고 있으며, 권력의지를 미분적 차이를 갖는 힘을 통해—즉 x라는 힘과 결부된 $\mathit{\Delta}x$로서—정의하고 있는 것은, 권력의지 개념조차 이러한 강밀도와 직접적인 관련을 갖는 것으로 정의하려는 시도로 보입니다.

이는 니체의 형이상학 비판을 단순히 텍스트나 담론에 대한 해체적 독서로 연관시키는 데리다의 이용법과 달리, 존재자나 사물조차 강밀도 개념을 통해서 '되기의 구도' 상에서 다루려는 '신체성의 유물론'을 함축하는 것으로 보입니다(이는 나중에 유목론을 다루면서 '계통phylum'이란 개념을 새로이 정의하는 데에서 다시 확인됩니다). 이는 데리다와 들뢰즈가 모두 니체를 좋아하고 자주 갖다 쓰지만 두 사람의 니체가 전혀 다른 얼굴을 하고 있는 이유를 설명해주는 요인 중 하나입니다. 스피노자가 양태의 문제를 포착하는 방식, 감응과 변용을 통해 양태와 변양(變樣, modification)을 다루는 방법 역시 이러한 사유와 긴밀하게 결부되어 있음을 다시 말할 필요는 없을 겁니다. 이런 식으로 '되기의 구도' 위에서 들뢰즈와 가타리의 사유는 스피노자와 맑스, 니체의 사유들과 하나로 뒤섞여 새로운 생성적 사유의 주름을 만들고 있습니다.

2. 되기와 기억들

1) 되기와 반-기억

이 고원은 어느 관객의 기억에서 시작하여 음악-되기로 끝나고,

음악-되기는 다음 고원인 리토르넬로로 이어집니다. 읽어보신 분은 알겠지만, 이 고원은 15개의 절로 나뉘어 있는데, 끝의 두 개를 제외하고는 모두 '~의 기억'이란 제목을 달고 있습니다. 어느 관객의 기억, 어느 박물학자의 기억, 어느 마법사의 기억, 어느 신학자의 기억 등등으로 말입니다. 그리고 14번째 절의 제목은 '기억과 되기, 점과 블록'이라고 되어 있습니다. 제목만으로 본다면 마치 '기억'이 이 고원의 주제처럼 보일 정도지요. 그렇다면 적어도 이 고원의 주제인 '되기'와 '기억'이 매우 밀접한 관계를 가질 것이란 점은 대개 짐작할 수 있을 겁니다.

'기억'이라는 주제는 베르그송이나 프루스트 같은 사람들에 의해서 중요하게 다루어졌습니다. 베르그송의 가장 중요한 책 중 하나가 《물질과 기억》이고, 프루스트의 '유일한' 작품인 《잃어버린 시간을 찾아서》의 '잃어버린 시간'은 기억과 관련되어 있지요. 들뢰즈는 프루스트에 대한 책[13]을 썼고, 또한 베르그송에 대한 책[14]도 썼습니다. 이는 들뢰즈가 이들이 다룬 주제에 대해 많은 관심을 갖고 있었음을 의미합니다. 이는 이 고원에서 기억에 대한 주제가 다루어졌으리라 기대하게 하는 또 하나의 이유기도 하지요.

그러나 여기서 저자들이 기억에 대해 갖고 있는 태도는 매우 비판적입니다. 명료하게 대비하여 말하면, 기억은 되기와 대립되는 것으로 간주되고 있습니다. 저자들의 말을 직접 빌리면, "되기란 반-기억(contre-mémoire)이다"는 것이 이들의 입장입니다. 되기란 기

---

[13] 들뢰즈, 서동욱 역, 《프루스트와 기호들(Proust et les signes)》, 민음사, 1997.
[14] 들뢰즈, 김재인 역, 《베르그송주의(Bergsonisme)》, 문학과지성사, 1996.

억에 반하며, 기억에 대항하여 이루어지는 것이란 거지요. 이는 부족한 기억력으로 고생했던 기억만 있는 분들로선 이해하기 힘든 말일지도 모릅니다. 저 또한 몇 달 전에 읽은 책을 까맣게 잊어버리는 사태를, 그것도 뒤늦게 그 책을 다시 넘기면서 '어, 이 책을 내가 봤네?' 하는 사태를 빈번히 경험하기에, 이 명제로 인해 곤혹스러워하는 이유를 잘 알고 있습니다.

그렇지만 반대로 기억이 지워지지 않는다면 어떤 일이 발생할지 한번 생각해본 적이 있나요? 보르헤스는 〈기억의 천재 푸네스〉라는 소설에서 이런 문제를 제기한 적이 있지요. 하루의 일을 기억하기 위해 하루가 꼬박 걸리는 푸네스, 그는 정말 모든 것을 기억합니다. 그런데 바로 그렇기 때문에, 그로서 할 수 있는 일은 오직 기억하는 것밖엔 없습니다. 어제 일을 기억하는 데만 하루가 꼬박 걸리는데 대체 무슨 일을 또 할 수 있겠으며, 무슨 새로운 생각을 할 수 있겠어요?

지워지지 않는 기억의 문제를 좀더 극적으로 다룬 것은 오토모 가츠히로(大友克洋)가 만든 애니메이션 〈메모리스(Memories)〉일 겁니다. 이 영화는 세 개의 중편으로 이루어진 아주 흥미로운 작품인데, '기억들'이란 제목처럼 기억의 세 가지 시제를 다루고 있어요.[15] 첫번째 편인 '마그네틱 로즈'가 과거 시제의 기억을, 그래서 가장 통상적인 의미에서 기억을 다룬다면, 두 번째 영화 '악취탄'은 현재 시제의 기억을, 세 번째 영화 '포대도시'는 어린 아이의 꿈을

---

(15) 이에 대해서는 이진경, 〈《메모리스》, 기억의 세 가지 시제〉, 이진경 외, 《이것은 애니메이션이 아니다》, 문학과경계사, 2002 참조.

통해 미래 시제의 기억을 다루고 있습니다.

첫째 영화에서, 주인공 에바는 세계 최고의 오페라 가수였던, 영화롭고 빛나는 과거를 갖고 있습니다. 거기에다 사랑하는 멋진 남자가 있었고 등등. '통상 놓치고 싶지 않은 순간들'로 기억하는 그런 과거를 갖고 있었던 거지요. 하지만 그런 영화롭고 꿈 같은 시절이야 금방 지나가버리죠. 목소리도 맛이 가고 남자도 떠나려 합니다. 그래서 그 여자는 남자를 떠날 수 없게 만들고(죽은 사람이 떠날 순 없겠지요), 그 아름다운 과거를 컴퓨터 시뮬레이션에 담아 변함없이 보존하는 자기만의 별을 만듭니다. 마치 파우스트가 "오, 이 순간이여, 아름답도다. 시간이여, 멈추어라. 이 순간이 영원하도록!" 하며 멈추듯이, 그 여자는 그 멈춘 기억 속에서 살았던 겁니다. 게다가 그렇게 만들어진 기계들은 여자가 늙어 죽은 뒤에도 그대로 작동하여 그 장밋빛 환상 속으로 남자들을 끌어들이고 죽음으로 인도합니다. 과거의 한순간에 대한 집착, 그것은 생성의 중단을 의미하고, 새로운 것이 되지 못하는 생성의 중단이란 결국 '죽음'의 검은 구멍이 된다는 것을 보여줍니다.

둘째 영화에서는 제약회사 사원인 주인공이, 큰 사고가 난 뒤 비밀서류를 도쿄의 본사로 가져오라는 상관의 명령을 받습니다. 그렇게 입력된 기억이 어이없는 거대한 사건에도 불구하고 지워지지 않은 채 작동하여 결국 목적했던 곳에 이르는 과정을 배꼽빠지는 코미디로 보여줍니다. 지워지지 않은 기억이 이 영화에서도 죽음의 악취 가스를 목적지까지 실어나르는 겁니다.

셋째 영화는 전쟁이 일상인 도시에서 아빠처럼 포탄 나르는 사람이 아니라 대포 쏘는 장군이 되겠다는 아이의 꿈, 아이가 꿈꾸는 미래를 통해서, 그것이 과거와 현재를 통해 구성된 미래고 그런 만큼 과거에서 하나로 이어지는 동일한 미래라는 점에서 지워지지 않는 기억의 다른 한 형식에 대해 말합니다.

왕가위의 〈동사서독〉 또한 지워지지 않는 기억에 관한 영화라고 해도 좋겠지요.[16] 자기가 사랑했으나 형수가 되어버린 여인에 대한 가슴아픈 기억, 그 기억을 지우지 못해서 진심을 감춘 채 퇴락된 삶을 방황하는 주인공 구양봉이 특히 그렇습니다. 그 여인이 죽기 직전 보내준, 지나간 기억을 지워준다는 술 '취생몽사'의 의미마저 그의 상처입은 가슴속에선 반대로 이해됩니다. "잊으려 할수록 더욱 생각난다." 혹은 "갖지는 못해도 잊지는 말라." 그런 점에서 기억이란 집착이요 고착이며 정착이라는 것을 잘 보여주고 있습니다. 심지어 떠돌이들이 떠돌면서도 멈추고 고착될 수 있다는 것을 보여주죠.

반면에 다른 것이 된다는 것, 새로운 것의 생성이란 이런 기억에 반하는 것이고, 기억을 지우는 '망각능력'의 작용이지요. 그런 의미에서 니체는 기억능력에 반하여 망각능력이야말로 능동적인 능력이며, 망각능력이 없다면 내가 어떻게 새로워질 수 있는가라고 말한 적이 있지요.[17] 반-기억 내지 대항-기억이란 이처럼 현재를 과거에 사로잡는 기억에 대항하여 기억을 지우며 다른 것이 '되고' 새로운 삶을 구성하는 그런 능력으로서 망각능력을 뜻합니다. "되기란 반-기억"이란 말은 이런 의미지요. 다만 주의할 것은 '망각능력'이란 가령 상처와도 같은 과거를, 혹은 영광스럽고 행복했던 과거조차 지

---

(16) 이진경, 〈〈동사서독〉, 그 멈춘 기억의 장소를 통과하는 인연의 선들에 관하여〉, 《필로시네마, 혹은 영화의 친구들》, 소명출판, 2002 참조.
(17) 니체, 〈도덕의 계보〉, 김정현 역, 《선악의 피안/도덕의 계보》, 책세상, 2002, 395~96쪽.

우며 넘어서는 적극적인 능력이지, 건망증처럼 기억해야 할 것을 잊는 '무능력'이 아니란 점입니다.

확실히 기억이 지나간 것을 보존하고 유지하는 것인 한, 그것은 새로운 것이 되고 다른 것이 되는 걸 가로막는 게 분명합니다. 그러나 사태는 그렇게 단순하지 않습니다. 왜냐하면 무언가 다른 것이 되기 위해선 현재 가지고 있는 것을 이용하고 변형시킬 수 있어야 하는데, 기억이 없다면 언제나 처음부터 다시 시작해야 하기 때문입니다. 더구나 그렇게 시작해도 기억이 없다면 다시 처음으로 돌아가야 하고, 결국은 다른 것이 되는 게 아니라 매번 비슷한 시작만을 되풀이하다 끝날 공산이 크지 않겠어요?

따라서 제가 보기에 되기의 문제는 기억과 망각 사이에 있는 것이 아니라 기억 자체의 내부에 있으며, 기억의 형태로 존재하는 것들에 대해 어떤 태도를 갖고 있는가, 그것을 어떤 방식으로 이용하는가 하는 데 있습니다. 즉 새로운 사실조차 이전의 기억 속에 다시 집어넣는가, 아니면 기억된 것을 새로운 배치로 탈영토화시키고 변형시키는가 하는 데 있는 것입니다. 고통스런 상처를 잊지 못하는 한, 그것은 신경증환자의 반복강박처럼 반복하여 되살아나 우리를 과거의 그 상처로, 그리고 그에 따른 미움과 증오, 원한으로 끌고갑니다. 행복하고 좋은 시절의 기억이란 놓치고 싶지 않은 것들이고, 지금도 변함없이 보존하고 싶은 것들이며, 되돌아가고 싶은 과거지요. 그러나 그것 역시 지나간 것이니 지나간 대로 잊고 가려 하지 않는 한, 잘해야 우리의 삶은 거기에서 멈출 뿐이고 잘못하면 현재의 불행을 잊기 위해 그리로 퇴행하고자 하게 됩니다. 그러나 상처의 고통이나 미움에서 벗어나고 '잘 나가던' 시절에 대한 집착에서 벗어난다면,

그러한 과거의 일들은 이후의 삶을 위해 참조될 자원이 될 겁니다. 즉 기억된 것에서 탈영토화될 때에야 비로소 기억된 사실의 이용(재영토화)이 가능하다는 겁니다.

그런데 여기서 주목할 것은 사실 기억에 이미 호오(好惡)와 선별이 내장되어 있다는 점입니다. 상처 같은 기억, 그것은 그저 과거의 사실로 보존되어 있는 게 아니라 이미 '나쁜 기억'으로, '상처'로 기억되어 있는 것이며, 손에 꼭 쥐고 싶은 기억 역시 단순한 과거의 사실이 아니라 '좋은 시절의 기억'으로 기억되어 있다는 것이지요. 반복강박처럼 되돌아오는 것은, 그것이 과거의 사실이어서가 아니라 상처로서의 기억이기 때문이고, 놓치고 싶지 않은 것 또한 마찬가지지요. 이런 의미에서 기억은 언제나 좋음/나쁨의 판단을 이미 내포하고 있고, 이런 의미에서 선별(selection)을 포함하고 있다고 할 수 있겠지요.

선별을 포함한다는 것은 무언가? 그것은 선별의 기준, 선별의 전제가 되는 가치를 포함한다는 것입니다. 좋고 나쁨을 판단하는 척도가 선별이란 형태로 기억에 항상-이미 내장되어 있다는 말이지요. 그래서 우리는 푸네스처럼 모든 것을 기억하는 게 아니라 기억하고 싶은 것만을, 그리고 지우고 싶어도 잊혀지지 않는 상처 같은 것만을 기억하는 거지요.

기억들의 집합으로서 대문자 〈기억〉은 이런 점에서 지배적이고 다수적인 가치에 부합하는 것, 혹은 그런 가치와 대칭적인 상처만을 포함합니다. 다수적인 가치척도에서 벗어나는 것은 사소한 것으로 잊혀지거나, 아니면 '기억'의 한쪽 구석에 처박혀 버려지게 마련입니다. 즉 대문자 기억은 통상 **다수적이고 몰적인 기억들의 집합**이란 것입니다. "물론 어린이, 여성, 흑인도 기억을 가지고 있다. 그러나 기억들을 끌어모은 '기억(Mémoire)'은 남성적인 다수자의 심급이다. 그것은 이 기억들을 '어린시절의 기억', 부부의 기억, 식민지의 기억처럼 다룬다."(MP, 359; II, 69)

따라서 이제 기억이 문제가 되는 이유를 좀더 분명하게 말할 수 있습니다. 그것은 기억의 형태에 항상-이미 내장되기 마련인 **다수성, 다수적 척도에 따라 좋고 나쁨의 판단으로 분별된 기억**이고, 그에 따라 집착하거나 떨쳐버리고 싶은 상처 같은 기억이며, 그런 기준에 따른 소망과 욕망에 따라 선별되어 재구성된 기억입니다. 마치 내 맘대로 구성할 수 없는 꿈조차 나의 소망을 충족시키기 위해 구성되는 것처럼 말입니다. 실제로 사람들이 같은 사건을 자신들의 입장과 소망, 척도에 따라 다르게 기억한다는 것은, 심리학적 증거를 따로 구하지 않아도 될 만큼 잘 알려져 있습니다. 이런 점에서 기억은 항상-이미 영광과 상처를 분할하는 척도에 따라 재영토화되어 있음을 의미합니다.

따라서 들뢰즈/가타리는 자신들이 이 고원을 '기억'들의 계열로 구성한 것에 대해 이렇게 말합니다. "우리가 앞쪽에서 '기억(souvenir)'이라는 단어[18]를 사용한 것은 잘못된 것이다. 우리는 '되기(devenir)'라고 말하고 싶었던 것이고, 되기라고 말하고 있었던 것이다."(MP, 361; II, 70~71)

여기서 필요한 것은 분자적 구성요소를 묶어서 새로운 탈영토화

---

(18) 여기서 보이듯이, 저자들은 기억을 뜻하는 단어로 때론 mémoire를 쓰기도 하고, 때론 souvenir를 쓰기도 하는데, 개념적 차이는 없어 보입니다.

된 배치 안으로 밀고가는 것입니다. 새로운 배치 안에서 기억된 것들을 이용하는 것은 이처럼 주어진 기억의 재영토화된 지대에서 벗어나 새로운 배치로 탈영토화함으로써 가능합니다. 사회적 통념과 '양식' 내지 '상식'에 따른 몰적 구성체를 분해하여 분자적인 되기의 선을 그리는 것, 그것은 가령 어른의 과거로서의 어린시절로, 순수하고 행복했던 어린시절이나, 어둡고 불행했던 어린시절로 돌아가는 것도 아니고, 사회적으로 성공한 성인을 모델로 하는 몰적인 어린이의 꿈으로 나아가는 것도 아닙니다. 그것은 통상적인 몰적인 성분을 벗어난 새로운 어린이의 개념을 형성하고, 그것을 통해 어린이-되기를 수행합니다.

물론 분자적인 기억도 있을 수 있겠지만, 그것은 몰적이거나 다수적인 체계로 통합되는 요인으로서다. 기억은 언제나 재영토화의 기능을 갖고 있다. 반대로 탈영토화의 벡터는 결코 미결정되어 있지 않지만 분자적인 수준과 직결되는 문제고, 탈영토화되면 될수록 더욱 그러하다. 분자적 구성요소들을 함께 묶어 세우는 것은 바로 탈영토화다. 이러한 관점에서 우리는 어린시절의 블록, 혹은 어린이-되기를 어린시절의 기억에 대립시킨다.(MP, 360; II, 70)

여기서 들뢰즈/가타리는 어린시절의 기억과 대립하여 '어린시절의 블록'이란 개념을 사용하고 있어요. 어린이-되기란 '어떤 사람'이 어린이가 되는 것(클레의 어린이-되기, 칸딘스키의 어린이-되기 등등)이면서 동시에 어린시절 자체가 다른 것이 되는 어떤 변형을 수

반하는 것이란 점에서, '어떤 사람'과 '어린시절(어린이)'이 다른 어떤 것이 되는, 그래서 양자가 모두 변하는 이중적 과정이 됩니다. 이 두 항은 마치 말벌의 오르키데-되기와 오르키데의 말벌-되기의 짝이 보여주듯이, 되기가 이루어지는 일종의 '단위'(사실 이는 통일성도 척도도 갖지 않기에 단위가 될 수 없지만)로서 '블록'을 형성하지요. 이렇게 짝을 이루는 블록을 되기의 '이웃지대'라고 합니다.

반면 어린시절의 기억은, 어린시절은 기억대로 그대로 둔 채 그 시절로 돌아가는 것이란 점에서 어린시절의 블록이나 어린이-되기와 다릅니다. 어린이-되기를 통상적인 어법대로 '어린시절로 돌아가는 것'이라고 표현한다면, 그 '어린시절'은 나의 어린시절, 나의 기억 속에 있는 어린시절이 아니라 '어떤' 분자적인 어린시절, 소수적인 어린시절이며, 사실은 부재하는 어린시절입니다.

2) 되기-고원의 기억들

사람의 곰-되기는 곰의 다른-것-되기를 포함하며, 화가의 어린이-되기는 어린이의 다른-것-되기를 포함합니다. 되기란 이처럼 되기의 두 항이 모두 변한다는 점에서 되기의 블록이란 개념을 사용할 수 있습니다. 저자들이 마법사의 기억이니 스피노자주의자의 기억이니 하는 '기억' 개념을 사용했지만, 그것을 통해 말하고자 했던 것이 '되기'였다고 할 때, 그것은 이처럼 블록의 두 항이 모두 변하는 그런 '되기'로서 기억을 말하고, 기억을 다수적이고 몰적인 집합에서 끄집어내 소수-화하려는 것이라고 할 수 있습니다. 그래서 가령 베르그송주의자의 기억, 스피노자주의자의 기억 등과 같은 철학자들의 기억인 경우에도 그것은 단지 베르그송이나 스피노자의 이론을 상기하게 하거나, 그들 '본래의' 입론으로 회귀하는 것(스피노자로 돌아감, 베르그송으로 돌아감)이 아니라, '그것'의 내용을, 그것의 기억을 변형시키는 방식으로 돌아가는 그런 되기의 블록을 작동시키는 것입니다. 베르그송을 바꾸면서 자신이 베르그송-되기를 하는 것, 스피노자를 변형시키면서 자신이 스피노자-되기를 하는 것말입니다.

사실은 모든 철학자가 다른 철학자들을 불러내는 방식이 그렇죠. 인용을 한다는 것은 그 사람이 되는 것이면서 동시에 그 사람을 변형시키는 것이지요. 들뢰즈가 니체를 인용하며 니체의 사상에 대해 말할 때, 그는 하이데거가 니체를 인용하며 니체의 사상을 말한 것과 전혀 다른 방식으로 인용하고 말합니다. 둘 다 니체에 대해 말하지만, 사실 그것은 다른 니체지요. 거기서 들뢰즈가 니체-되기를 하는 것과 나란히 니체는 들뢰즈의 니체가 되고, 하이데거가 니체에 대해 말할 때 니체 또한 하이데거에 대해 말하는 것이 됩니다. 이처럼 철학자가 누군가에 대해 말한다면, 그것은 그 사람을 통해서 말하는 것이지, 순수하게 그 사람에 대해 알려주는 것은 아닙니다. 그것은 애시당초 불가능합니다. 그의 책을 그대로 다시 쓰는 것이 아니라면 말입니다. 아니, 보르헤스는 그 경우에도 그것은 다른 책이 된다는 것을 보여주었지요(〈피에르 메나르, 《돈 키호테》의 저자〉).

결국 들뢰즈/가타리가 여기서 누군가의 '기억'이란 형태로 자신의 생각을 펼칠 때, 그것은 사람들이 기억하고 있는 누군가, 혹은 익숙해져 있는 누군가를 다른 것으로 변형시키며 이루어진다는 점에서 기존의 기억을 지우고 '반-기억'을 작동시키는 것입니다. 따라서 '기억'을 통해 '되기'를 말한다는 것은 기억의 형태로 '반-기억'

을 작동시키는 것이라고 해도 좋을 겁니다.

그렇다면 이제 이들이 다양한 인물의 기억들을 통해서 무엇을 상기시키고 있는가를 잠시 개괄하기로 합시다. 먼저 '어느 관객의 기억'에서는 〈윌라드〉라는 영화를 통해서 동물-되기란 무엇인가를 아주 간결하게 예시(例示)하고 있습니다. 다음에 '어느 자연사가(박물학자)의 기억'에서는 동물-되기와 관련하여 동물들을 다루는 기존의 두 가지 방식을 설명하고 비판하고 있습니다. 하나는 융(K. Jung)의 원형이론처럼 동물을 유비적(類比的)인 표상의 원형에 계열화하는 방식이고, 다른 하나는 레비-스트로스의 구조주의처럼 내적 유사성에 따른 계열화를 비판하면서 내적인 구조적 상동성(相同性)을 통해 동물을 다루는 방식입니다.

세 번째로 '어느 베르그송주의자의 기억'에서는 '되기'란 무엇이고 무엇이 아닌지를 요약하면서 동물-되기를 다루기 위한 전제들을 명확히 하고 있습니다. '어느 마법사의 기억'은 세 번 반복되는데, 여기서는 마치 마법과도 같은 동물-되기의 세 가지 원리를 제시하고 있습니다. 첫째 원리는 "동물-되기는 무리 및 무리의 감염을 통과한다"는 것이고, 둘째 원리는 "그러한 다양체에는 언제나 별종이, 모비딕 같은 예외적인 별종이 있다"는 겁니다. 셋째 원리는 "동물-되기에서 다른 되기(여성-되기, 어린이-되기, 분자-되기 등등)로 이어지는 변환의 문턱이 있으며, 이는 결국 일관성의 구도로 이어진다"는 것입니다.

다음으로 '어느 신학자의 기억'에서는 인간은 인간이고 동물은 동물일 뿐 본질적 형태의 변환은 없다는 신학적 관념과, 그와 반대로 그런 경계를 뛰어넘는 '악마적인 국지적 운동'을 대립시키고 있습니다. 신학자들은 본질적 형태의 불변성에 대한 관념을 갖고 있었지만, 거기서 벗어나는 되기 내지 변환들이 실제로 존재했기 때문에 이런 것들을 다루기 위해서 그런 것들을 악마적인(마법사!) 것이라고 한다는 겁니다. 악마적인 존재인 '마법사'의 기억을 신학자의 기억 앞에 등장시켰던 이유를 엿볼 수 있지요. 마법사 혹은 마녀라는 이유로 처단당해야 했던 사람들, 그들이 어떻게 보면 생성적인 사유를 하고 생성적인 삶을 살았던 사람들일 수도 있음을 뜻하는 것일 수도 있겠고요. 그런 악마적인 국지적 운동은 강밀도의 변화에 민감한데, 이는 특개성(heccéité)이라는 개념으로 이어집니다. 특개성이란 원래 둔스 스코투스(Duns Scotus)가 환원 불가능한 개체화 원리를 정의하기 위해 사용한 개념인데, 영어로는 'thisness'라고 번역합니다. 이것을 '이것'이라고 말하게 하는 것이 바로 thisness요, heccéité라는 겁니다. 저는 이를 개별성과도 구별하여 어떤 구체적 조건 속의 어떤 개체에게만 특정한 것이란 의미에서 특개성(特個性)이라고 번역할까 합니다.

그 뒤에 두 번 나오는 '어느 스피노자주의자의 기억' 중 첫번째 것은, 대문자 〈자연〉은 다양체들의 다양체라는 스피노자의 명제를 빌려 그러한 자연의 통일체로서 일관성의 구도에 대해 설명합니다. 두 번째 것은 일관성의 구도와 관련하여 신체의 특개성을 포착하는 방식을 설명하면서 신체의 '위도'와 '경도'라는 개념을 도입하고 있습니다. 다음으로 '어느 특개성의 기억'에서는 특개성의 개념에 대해 설명하면서 특개성으로서의 개체성을 포착한다는 것이 어떤 것인지를 설명하고 있습니다. 그 뒤에 이어지는 '구도 기획자(제작자)의 기억'에서는 초월성의 구도와 일관성의 구도라는 두 가지 상반되는 구도가 있다고 말하면서, 그 두 구도 중 하나가 다른 것을 포획하거나 다른 것으로 변환되는 문제를 다루고 있습니다.

기억의 개념 자체가 분자화되기에 이르고 있음을 시사하는 '어떤 분자의 기억'에서는 몰적인 다수성에서 벗어나는 분자적인 되기들, 예컨대 여성-되기, 어린이-되기, 동물-되기 등등을 분자-되기나 입자-되기로 파악하고 있습니다. 더불어 이러한 되기에 수반되는 지각-불가능하게-되기를, 그리고 그를 위해 종종 이용되었던 약물의 배치를 다루고 있어요. '비밀의 기억'은 지각-불가능하게-되기와 결부된 비밀의 문제를 다룹니다. 저자들은 비밀을 세 가지 유형으로 나누고 있는데, 내용으로서의 비밀, 형식으로서의 비밀, 선으로서의 비밀이 그것입니다. 여기서는 비밀의 기억을 끝으로 '기억'들의 행진은 멈춥니다. 그리고 기억과 되기를 대비하면서, 기억에서 벗어나 되기로 나아가야 한다고 말합니다. 되기란 반-기억이라는 명제는 여기서 나온 것입니다. 여기서 말하는 또 다른 중요한 주제는 되기는 언제나 소수-되기(소수화)라는 것입니다. 그리고 점과 선, 블록의 개념이 제시되고, 점적(ponctuel) 체계와 다선적(multilinéaire) 체계가 대비되지요.

마지막으로 분자-되기나 입자-되기가 가장 명시적으로 드러나는 회화와 음악을 언급합니다. 저자들이 특히 탈영토화 계수가 가장 높다고 보는 음악으로 넘어가서 '음악-되기'가 마지막 절로 등장합니다. 여기서는 지금까지 나왔던 많은 되기의 성분들을 다시 정리하면서, 그리고 예술이나 되기에서 모방/미메시스에 대한 관념을 비판하면서, 최종적으로 탈영토화에 관한 몇 개의 새로운 정리를 제시하고 있어요. 이는 앞서 '안면성'에서 제시된 것에 이어집니다. 결국 음향적 분자들은 원소-되기와 더불어 우주적 힘을 향해, 스피노자적인 대문자 〈자연〉을 향해 열리고, 그 둘이 동일한 이중적인 탈영토화 운동과 관련된 하나의 연속체를 이룬다는 것을 보여주면서 끝이 납니다.

  조금 전에 말한 되기와 기억, 반기억에 관한 이야기는 이 책의 '기억과 되기'라는 절에서 다룬 것을 미리 말한 것입니다. 이 고원의 편성을 전체적으로 설명하기 위해 먼저 다루는 것이 좋을 거란 생각에서 그랬습니다. 이후에는 이 책의 순서를 대체로 따라가면서 말하겠지만, 설명의 편의를 위해서 후반부에서는 음악-되기를 먼저 끌어당겨 설명하고 그 예를 통해 분자-되기를 비롯한 다양한 되기를 설명할 것입니다. 그리고 일관성의 구도와 특개성에 대한 부분(어느 스피노자주의자의 기억~구도 기획자의 기억)은 그러한 설명 뒤에 하려고 합니다.

3. 동물-되기

1) '윌라드'의 쥐-되기

  이 고원의 첫째 절 '어느 관객의 기억'은 〈윌라드〉라는 영화를 통해 동물-되기가 무엇인지를 예를 들어 보여줍니다. 재미있는 예인데, 영화의 요약을 또 요약하면 남는 게 없을 듯하니, 길지만 함께 읽어보기로 하지요.

  윌라드는 가문 대대로 물려받은 낡은 집에서 권위적인 어머니와 함께 산다. 끔찍한 오이디푸스적 분위기. 어머니는 그에게 일군의 쥐들을 박멸할 것을 명령한다. 그는 한 마리(아니면, 둘이나 몇 마리)의 목숨을 살려준다. 격렬한 다툼 끝에 개를 '닮은' 어머니는 죽는다. 윌라드는 그의 집을 탐내는 실업가에 의해 집을 빼앗길 위험에 처한다. 윌라드는 자기가 목숨을 구해준 벤(Ben)이라는 대장 쥐를 좋아한다. 그 쥐는 놀라울 정도로 지능이 뛰어났다. 게다가 벤은 여자친구인 흰색 암컷 쥐가 있다. 사무실에서 집으로 돌아오면 윌라드는 나머지 시간을 내내 쥐들과 함께 보낸다. 쥐들은 이제 번식하였다. 윌라드는 벤이 진두지휘하는 쥐 떼를 이끌고 실업가의 집으로 가서 그를 잔인하게 죽인다. 그는 자신이 가장 총애하는 두 마리의 쥐를 사무실로 데려가는데, 그만 경솔하게 행동하여 사무실 직원들이 흰 쥐를 죽이는 데도 손을 쓸 수가 없었다. 벤은 한참 동안 굳은 시선으로 윌라드를 노려보고 나서 도망친다. 윌라드는 자신의 운명에서, 자신의 쥐-되기(devenir rat)에서 일순간의 정지를 맛보게 된다. 그는 전력을 다해서 인간들 틈에 머물고자 노력한다. 그는 심지어 쥐를 '닮았지만', 그저 닮았을 뿐인 사무실의 젊은 여인의 프로포즈를 받아들인다. 그런데 그가 젊은 여인과 결혼하여 재오이디프스화할 준비를 갖추고 그녀를 집으로 초대한 날, 그는 증오를 품고서 불쑥 튀어 오른 벤을 다시 보게 된다. 그는 벤을 내쫓으려고 하지만 실제로는 젊은 여인을 내쫓게 되며, 벤이 유혹하는 대로 한 무리의 쥐 떼가 그를 산산조각내려고 기다리고 있는 지하실로 내려간다. 이것은 콩트와도 같아서 결코 공포심을 유발하지 않는다.(MP, 285; II, 5~6)

들뢰즈/가타리는 이 영화에 동물-되기에 본질적인 모든 요소들이 포함되어 있다고 말합니다. 가족이나 직업, 부부관계 같은 거대한 몰적 힘들을 침식하는 쥐들이 있고, 무리의 증식에 의한 쥐들의 분자-화가 있으며, 벤이라는 특별난 능력을 가진 유별난 쥐가 등장합니다. 그리고 윌라드는 쥐와 묵시적인 계약 내지 연대를 맺으며, 그들의 힘을 빌려 집을 빼앗으려는 실업가를 죽입니다. 쥐와 사람의 연합에 의해 일종의 전쟁기계 내지 범죄기계를 구성한 거죠. 쥐와 인간은 언어를 동반하지 않는 감응으로 자신의 의사를 표현하며 상대방의 의사를 감지합니다. 이러한 요소들을 통해 윌라드는 쥐-되기에 성공한 것이지요.

여기서 쥐-되기는 쥐와 인간이 서로 촉발·변용하면서 새로운 관계를 구성하는 것이지, 쥐의 모양이나 행동을 흉내내거나 따라하는 것이 아닙니다. 물론 윌라드는 쥐와 '닮은' 여자와 결혼하려 하고, 그의 어머니는 개와 '닮았지만', 이러한 유사성의 형식은 동물과 더불어 서로가 변용되는 동물-되기와는 관계가 없습니다. 윌라드는 쥐를 통해 통상적인 인간의 삶에서 벗어나는 출구를 찾으며, 가족이나 직장과 같은 정상적인(오이디푸스적인) 관계에서 탈영토화된 삶의 가능성을 발견합니다. 그러나 오이디푸스적인 직장인 사무실에서 윌라드의 동물-되기를 인도한 연대는 깨지고, 그 직장에서 쥐를 '닮은' 여자의 프로포즈를 받아들여 윌라드는 다시 정상적인 오이디푸스적인 가정으로 재영토화되려고 합니다. 윌라드의 쥐-되기는 거기서 중단되지만, 벤은 여자를 몰아내고 다시 동물-되기로 윌라드를 유혹하며, 그는 쥐들과 죽음이 기다리는 동물-되기의 선을 다시 따라가게 됩니다.

주의할 점은 윌라드의 쥐-되기가 성공적인 것은 쥐를 통해서 다른 종류의 삶을 향해 자신을 변용시킴으로써 가능했던 것이지, 쥐를 사랑하고 귀여워하며 길러서 그렇게 된 것이 아니라는 것입니다. 즉 동물-되기란 애완동물을 기르는 것과 전혀 다른 것입니다. 애완동물을 기른다는 것은 삶의 양상이나 신체, 사유의 변용 없이 기존의 정상적인 삶 속에서 사람들이 흔히 필요하다고 느끼는 어떤 기능을 동물에게 부여하는 것입니다. 거기서 애완동물과 주고받는 '감정(sentiment)'은 인간적 감정의 복사물이거나 대칭물이지, 동물의 감응(affect)과 인간의 감응이 섞이며 서로를 변용하는 그런 것이 아닙니다. 애완동물이란 인간에게 길든 동물이고 인간적 감정에 길든 동물, 인간이 요구하고 명령하는 행동에 길든 동물이지, 자신의 고유한 감응을 갖고 인간을 변용시키는 동물이 아닙니다. 그런 점에서 애완동물은 인간을 오이디푸스하는 것과 마찬가지로 동물을 오이디푸스화하는 것이지, 동물을 통해 인간이 탈-오이디푸스화하는 것이 아닙니다. 악어를 키우든, 곰이나 도마뱀을 키우든, 개나 고양이와 마찬가지로 길들여지지 않은 애완동물은 상상할 수 없지요. 이런 의미에서 그것은 이미 인간의 일부 '인' 동물, 인간 '인' 동물인 셈입니다.

2) 유비적 표상과 구조적 동형성

동물-되기의 문제를 본격적으로 다루기에 앞서, 들뢰즈/가타리는 사람들이 동물이나 동물들 간의 관계에 대해서 생각하고 연구하는 방법을 검토합니다. 즉 동물-되기의 문제를 사유하기 위해선 동물을 어떻게 사유하는 것이 적절한가 하는 질문을 던지고 있는 거지요. 여기서 자연사(natural history, '박물학'이라고도 번역합니다)를 상기시키고 자연사가를 등장시키는 것은 "자연사의 중요한 문제 중 하나가 동물들 간의 관계를 연구하는 것"이기 때문입니다. 물론 진화론이나 19세기 생물학도 그것을 다루지만, 그것은 어미에서 자식으로 이어지는 혈통적인 친자(親子)관계(filiation) 안에서만 동물을 다룰 뿐입니다. 반면 자연사 내지 박물학은 처음에는 그런 혈통이나 계보의 문제를 경유하지만, "이 계기를 무시하거나 적어도 이 계기의 결정적 중요성을 무시하였다"고 합니다(MP, 286; II, 6). 즉 자연사에서는 A란 동물을 그 진화적 혈통의 선을 따라 x로 거슬러 올라가거나, A에서 진화적 계통을 따라 x에 이르는 방식으로 다루는 게 아니라, A와 B가 어떤 관계인지를 연구한다는 겁니다.

자연사는 차이의 합계 및 값을 우선적으로 다룬다는 바로 그 이유 때문에 전진과 퇴행, 연속성과 거대한 절단 들을 사고할 순 있지만, 엄밀한 의미에서의 진화, 즉 변화의 정도(degré)가 외적 조건에 의존하는 혈통의 가능성을 사고할 순 없다. 자연사는 A와 B 간의 관계에 의해서만 사고할 수 있으며, A로부터 x에 이르는 산출의 견지에서는 사고할 수 없다.(MP, 286; II, 7)

자연사에서 동물을 다루는 방법은 두 가지가 있다고 합니다. 하나는 '계열'이라고 부르고, 다른 하나는 '구조'라고 부릅니다. 먼저 계열이란 'a는 b와 유사하고, b는 c와 유사하며, c는 d와 유사하고……' 하는 유사성의 계열을 그리는 방법입니다. 그리고 유사성에 따라 연결되는 이 모든 항들은 그 정도의 차이나 질, 완선성의 정도라는 측면에서 그 계열을 대표하는 하나의 뛰어난 항과 연결됩니다(MP, 286; II, 7). 모범 내지 모델이 되는 하나의 '탁월한(eminent)' 자질을 가진 것이 있고, 이것과 가장 가까운 것에서 가장 먼 것을 차례대로 배열하여 하나의 '진화적' 계열을 만듭니다. 그 모델인 항과 가장 가까운 것이 가장 '진화된' 것이고, 가장 먼 것이 가장 덜 '진화된' 것이지요. 각각의 항은 대표항과 비교하여 그 완전성의 차이나 정도의 차이를 하나의 비율로 표시할 수 있습니다. 그래서 이를 신학자들이 신과 그 피조물 사이에 설정했던 '비율(proportion)의 유비'라는 개념에 상응한다고 봅니다.

여기서는 "하나의 계열을 따라서, 혹은 하나의 계열에서 다른 계열로 달라지는 유사성들을 갖게" 됩니다. 즉 유사한 동물들의 계열이 하나의 선으로 그려진다면, 그와 다른 동물들의 계열이 분기되어 다른 계열로 갈라지게 됩니다. 이러한 "유비는 보다 감지되기 쉽고 대중적이라고 여겨지고 있으며, 상상을 필요로 한다. 그렇지만 이때의 상상은 계열의 가지들을 고려해야 하고, 외견상의 단절을 메워야 하며, 허위 유사성을 피하고 진정한 유사성들을 등급화해야 하며, 전진과 퇴행 혹은 등급 하락을 동시에 고려해야 하는 학구적 상상이다."(MP, 286~87; II, 7)

반면 구조라고 불리는 방법에 따르면, 'a와 b가 맺는 관계는 c가 d와 맺는 관계와 같다'고 말하며(이를 'a:b=c:d'라고 쓸 수 있겠지요), 이 관계들 각각은 자신의 방식대로 그 나름의 완전성을 실현한다고 해요(MP, 286; II, 7). 그러한 관계의 동형성을 '구조'라고 부르는 거지요. 여기서는 물 속에서의 아가미와 호흡의 관계는 공기 속에서의 폐와 호흡의 관계와 같다는 것을 예로 들고 있어요. 이를 비례관계(propotionalité)의 유비라고 하는데, 그 이유는 a:b와 c:d라는 비례관계의 동형성('=')을 통해서 관계를 포착하기 때문이지요.
 앞서 비율의 유비에 따른 계열의 형식이 상상적인 것이었다면, 이러한 비례의 유비에 따른 관계는 분류의 왕도(王道)로, 지성적인 것이 됩니다. "왜냐하면 그것은 등가관계를 고정시키기 위해, 때로는 하나의 구조 속에서 조합될 수 있는 독립변수들을 발견하고, 때로는 각각의 구조 내에서 서로를 이끄는 상관항들을 발견하면서, 전반적인 지성의 능력을 요청하기 때문이다."(MP, 287; II, 7)
 그런데 '계열'과 '구조'의 테마는 자연사 안에 항상 공존했으며, 외견상으로는 모순적이지만 어느 정도 안정적인 타협을 실제로 형성해왔다고 합니다. 이러한 두 가지 유비는 신학자들의 정신 속에서도 마찬가지로 공존해왔다고 하지요. 두 경우 모두 '자연(la Nature)'을 거대한 미메시스라고 생각했다는 점에서, 쉽게 공존할 수 있는 공통의 기반을 공유하고 있었기 때문입니다. 전자(계열)는 "등급화된 유사성에 의해서, 계열의 모델이나 근거를 이루는 상위의 신적인 항을 향해 모든 항들이 모방을 밀고나가거나 후퇴하면서 끊임없이 서로를 모방하는 존재들의 연쇄형태"라 할 수 있고, 후자(구조)는 동형적인 관계의 형태로서 그 자체로 이미 동일한 모델의 반복이기 때문에 "더 이상 모방할 것도 없는 거울과 같은 모방"이라고 해요.(MP, 287; II, 8).
 저자들은 이와 동일한 양상이 20세기에도 반복되고 있다고 봅니다. 융의 원형이론과 레비-스트로스의 구조주의가 그렇다고 하죠. "융은 동물이 꿈, 신화, 인간집단에서 특히 중요한 역할을 차지하는 집단적 무의식으로서의 원형에 대한 이론을 정교화하였다. 정확히, 동물은 전진-퇴행이라는 두 가지 측면을 지니는 계열과, 각각의 항이 리비도의 가능한 변환자(형태 변환 métamorphose)의 역할을 하는 계열과 분리될 수 없다. 이로부터 꿈을 다루는 모든 방법이 나온다. 왜냐하면 하나의 모호한 이미지가 주어지면, 문제는 그것을 그 원형의 계열 속으로 통합하는 것이기 때문이다."(MP, 288; II, 8) 다만 이 경우 "자연사와는 달리 계열의 뛰어난 항은 더 이상 인간이 아니다. 무의식의 특정한 요청에 따라서, 특정한 행위와 기능과의 연관 속에서 한 마리의 동물이, 사자, 게, 혹은 맹금(猛禽), 이(pou)가 인간을 대신할 수 있다."(MP, 287; II, 8)

한편 레비-스트로스는 "내적 상동성(homologies internes)을 향해 외적 유사성을 초월하라"고 함으로써 상상적 계열화 대신에 지성적인 구조화를 주창합니다. 인간이나 동물과의 신화적인 동일시가 아니라, 그러한 항들의 계열 안에 존재하는 관계의 동형성이 중요하다는 겁니다. "토템적 제도 속에서 우리는 어떤 인간집단들이 어떤 동물의 종과 동일시된다고 말하지 않고, 집단 A와 집단 B의 관계는 종 A'와 종 B'의 관계와 같다고 말할 것이다. ……만약 각각 토템-동물을 가지고 있는 두 개의 인간집단이 주어져 있다면, 이 두 개의 토템이 그 두 집단의 관계-까마귀족이 매족과 맺는 관계-와 유사한 어떤 관계 속에 자리잡고 있는지를 발견해야 한다."(MP, 289; II, 9)

그래서 베르낭(J-P. Vernant)은 "여성과 결혼의 관계는 남성과 전쟁의 관계와 같으며, 이로부터 결혼을 거부하는 처녀와 소녀로 위장하는 전사의 상동성이 나온다"고 해요. 아마도 고대 그리스의 신화에서 소녀로 위장하는 전사가 등장하나 보지요. 이에 대해 베르낭은 여성과 전사가 하나로 연결되어 형성되는 상상적 계열을 따라 설명하는 것이 아니라, 전사와 소녀 사이에 전쟁과 결혼이라는 새로운 항을 끌어들여 소녀로 위장한 전사는 결혼을 거부한 처녀와 같다는 등식을 찾아내는 거지요.

계열과 구조라는 이 두 가지 방법은 이전의 자연사에서, 혹은 20세기의 중요한 이론적 사유에서 동물을 다루는 두 가지 전통적 방식인데, 근본적으로 유비와 모방이란 관념 안에서 동물이나 동물 간의 관계, 동물과 인간의 관계를 다룬다는 점에서, 동물들이 섞이고 인간과 동물이 결합되어 혼성되는 양상을 포착하지 못한다는 것이 들뢰즈/가타리의 생각입니다. 즉 이런 방법으로는 '동물-되기'를 제대로 이해할 수 없다는 것입니다. 왜냐하면 동물-되기란 유사성에 따라 연결되는 상상적인 계열화의 선이나, 상동성에 따라 연결되는 상징적인 구조화의 선이 아니라, "인간과 동물이 서로를 횡단하면서 서로를 변용시키는"(MP, 290; II, 10) 현실적(실재적) 과정이기 때문입니다. "동물-되기는 꿈도 환상도 아니다. 그것은 전적으로 실재적이다."(MP, 291; II, 11)

3) 동물이 되는 방법

그렇다면 이제 우리는 '동물-되기'란 무엇이며 무엇이 아닌가에 대해 좀더 명확하게 이야기할 수 있습니다. 이는 되기란 무엇이고 무엇이 아닌가에 대한 이야기로 이어집니다. 동물-되기를 통해서 이 책에서 말하는 '되기'에 대한 일반적인 명제를 말할 수 있게 된다는 겁니다. 먼저 '어느 스피노자주의자의 기억(II)'을 빌려 말하는 것에서 어떻게 동물-되기를 하는 것인지를 두 가지로 나누어 살펴보지요. 그리고 다음 소절에서 그것을 통해서 동물-되기가 무언지, 되기가 어떤 것인지를 어느 베르그송주의자의 기억을 빌려 일반적인 어법으로 정리하기로 하지요.

동물-되기란 어떤 것인가? 그것은 동물-되기를 한다는 것은 대체 어떻게 이루어지는 것인지를 통해 명료하게 말할 수 있습니다. 동물-되기를 하기 위해서는 신체를 특정한 동물(가령 개나 쥐, 곰, 뱀)이 되게 만드는 고유한 빠름과 느림의 관계를 자신의 신체에 부여해야 한다고 합니다(MP, 316; II, 32). 동물-되기란 무엇보다도 우선 되려고 하는 동물, 즉 개나 뱀, 곰 같은 동물의 신체적 감응을 만들어낼 수 있는 속도와 힘을 나의 신체에 부여하는 것이며, 그런 속도와 힘을 만들어낼 수 있는 강밀도(내공!)의 분포―기(氣)의 집중과 분산이라고 하면 훨씬 쉽게 다가오겠죠―를 만들어내는 것입니다. 그것은 어떤 동물이 되는 방식으로 자신의 신체적 힘과 에너지의 분포를 바꾸고 새로운 분포를 만들어내 그 동물의 감응을 생산하는 것입니다. 따라서 이는 동물을 흉내내는 게 아니라 동물을 통해 나의 신체를 변용시키고, 내 신체가 그런 감응을 만들어낼 수 있도록 **동물적 신체 또한 변용시키는** 것입니다. 인간과 동물이 횡단하며 서로를 변용시킨다는 것은 바로 이런 말이지요.

이를 가장 잘 보여주는 것은 아마도 쿵푸에 등장하는 '동물적인' 권법들일 겁니다. 가령 사권(蛇拳)은 뱀의 감응을 갖는 신체를 만들고 뱀의 신체적 감응을 수반하는 동작으로 적을 공격하고 적의 공격을 방어한다는 점에서 뱀-되기를 신체적이고 '물리적인' 차원에서 정확하게 보여줍니다. 마찬가지로 학권(鶴拳)은 학-되기를, 당랑권(螳螂拳)은 사마귀-되기를 보여주는 정확한 사례지요. 곰-되기, 호랑이-되기 등의 다양한 동물-되기가 중국의 권법에서 다양하게 실험되고 창안되었다는 것은 잘 알려져 있지요.

하지만 애석하게도 서양사람들은, 적어도 들뢰즈와 가타리는 이런 권법에 대해서 들은 적이 없는 듯합니다. 만약 알고 있었다면 반드시 동물-되기의 탁월한 사례로 써먹었을 게 분명한데 말입니다. 이런 점에서 동물-되기란 기와 기세, 감응과 촉발을 표현하기 위해 비슷한 감응을 갖는 동물들을 쉽게 이용(!)하는 동양적 사유에서 훨씬 더 이해하기 쉬운 게 아닌가 합니다. 그래서 우리라면 동물-되기의 예를 찾기 위해 문학이나 영화, 혹은 정신분석학 등과 같이 결코 일상적이지 않은 것을 찾을 필요가 별로 없으며, 그런 데서 등장하는 기이한, 그래서 종종 비현실적이고 상상적인 것으로 생각되기 쉬운 그런 사례를 찾아낼 필요도 별로 없을 듯합니다.

반면 형태적이고 표상적인 사유와 엄격한 종적 구별에 사로잡혀 있는 서구인들로선 동물-되기처럼 이해하기 어려운 것도 없을 듯합니다. 그래서 이 책에서도 동물-되기를 설명하기 위해선 앞서 〈윌라드〉 같은 기이한(!) 내용의 영화나, 재미있지만 어찌 보면 황당한 문학이나 정신분석학 사례를 이용해야 했습니다. 우리가 현실 속에서 실제로 이용하는 것을 이들은 문학과 예술에서 실험하고 있는 것이지요. 이 책에서 인용하고 있는 블라디미르 슬레피안(Vladimir Slepian)의 개-되기는 아주 재미있는 문학적 실험의 사례일 겁니다.

나는 배가 고프다. 언제나 배가 고프다. 인간은 배가 고파서는 안 된다. 따라서 나는 개가 되어야 한다. 하지만 어떻게? 문제는 개를 흉내내는 것도 아니고 관계들의 유비도 아니다. 나는 유사성이나 유비에 의해 진행되지 않는 독창적인 배치 내에서, 신체를 개가 되게 만드는 빠름과 느림의 관계를 나의 신체 부분들에 부여해야 한다. 왜냐하면 개 자체가 다른 어떤 것이 되지 않으면 나는 개가 될 수 없기 때문이다. 슬레피안은 이 문제를 해결하기 위해 신발을 인위적 수단으로 사용할 생각을 한다. 만약 양손에 신발이 신겨져 있다면, 손의 요소들은 새로운 관계들로 진입할 것이고, 이로부터 획득하고자 하는 감응과 되기가 나오게 된다. 그러나 이미 한 손에 신을 신었다면, 어떻게 다른 손의 신발끈을 묶을 수 있을 것인가? 그것은 새로이 배치 속에 투여되는 입에 의해서 가능하다. 그리고 그 입은 이제 그 신발끈을 묶는 데 이용되는 것과 보조를 맞추어 개의 입이 된다.(MP, 316; II, 32)

〈윌라드〉에서 쥐-되기가 인간이 쥐와 특정한 관계를 이룸으로써, 다시 말해 '쥐 무리'—이 말도 어폐가 있지만—의 일부가 되는 방식으로 쥐가 되는 거였다면, 여기 개-되기에서는 개라는 동물이 등장하지 않은 채 개인이 신체적 요소의 분포를 바꾸어 개의 신체로 바뀌는 방식으로 개가 되고 있습니다.

이렇게 해서 '나'는 개-되기를 수행합니다. 그러나 '나'는 꼬리를 만드는 데 실패함으로써 개-되기에서 결정적으로 실패합니다. 개가 되려면 꼬리가 있어야 하는데, 그러려면 성기와 꼬리 부속기관에 공통적인 요소들을 통해 꼬리가 만들어지도록 했어야 합니다. 그래야만 인간의 성기는 인간의 한 기관에서 벗어나 새로운 배치로 들어갈 수 있기 때문이지요. 아마도 이러한 실패는 '남근'이라는 거대한 콤플렉스 때문이었다고 해석될 것이고, 바로 거기서 정신분석학이 끼어들게 된다고 하지요.

이때 "문제의 각 단계에서 필요한 것은 기관들을 비교하는 것이 아니라, 기관을 그 특정성(spécificité)으로부터 떼어내 그것이 다른 어떤 것과 '더불어' 되기를 이루도록 만드는 관계 속으로 요소들 및 재료들을 위치지우는 것"이라고 합니다(MP, 316; II, 32). 즉 손에 신발을 신어서 손을 발로 만드는 단계, 입으로 신발을 신는 단계 등에서 중요한 것은 손과 앞발, '나'의 입과 개의 입을 비교하여 대응시키는 것이 아니며, 상관적인 기관(손이나 입)이 개와 비슷한가 여부를 확인하는 것이 아니라, 사람의 손이나 입이란 기관을 그 특정성으로부터 떼어내어 손과 발, 입과 손 간의 새로운 관계로 들어가는 것입니다. 이 경우 그런 새로운 관계의 형성이 개의 기관들과 더불어 이루어진다는 점에서, 개는 없지만 개-되기가 진행되고 있다고 할 수 있습니다.

여기서 우리는 이제 동물-되기의 또 다른 요소로 접근하게 됩니다. 동물-되기는 요소들의 '배치'를 통해 정의되며, 이러한 **동물-되기의 배치**는 어떤 개체를 동물로 정의해주는 **동물의 배치**와는 다르다는 것이 그겁니다. 슬레피안의 예에서 사람을 정의하는 요소들의 계열(배치)이 발과 구별되는 손, 발과 신발, 신발끈과 손 등이라면, 개를 정의하는 배치는 네 개의 발, 사물을 집거나 무는 입, 꼬리 등이겠지요. 반면 개-되기를 정의하는 배치는 손과 신발의 새로운 계열화, 신발끈과 입, 꼬리를 만드는 성기 등입니다. 이처럼 개-되기의 배치는 사람의 배치와도 다르고 개라는 동물의 배치와도 다릅니다.

저자들은 동물의 배치와 동물-되기의 배치를 구별하기 위해 슬레피안보다는 프로이트의 임상사례로 등장하는 '꼬마 한스'를 들고 있습니다. 먼저 인간으로서 한스의 배치가 있지요. 엄마의 침대, 아버지적 요소, 집, 건너편의 카페, 이웃의 창고, 거리, 거리로 갈 수 있는 권리, 이 권리의 획득, 자부심, 그러나 또한 이 획득에 따르는 위험, 추락, 부끄러움 등등. 그 다음에 말의 배치가 있습니다. 말의 배치는 감응의 요소들을 통해 정의되고 있어요. 즉 어떤 생물학적 종으로서 말의 특징이 아니라, 스피노자의 분류법에 따라 감응으로써 동물을 정의합니다. 눈가리개에 의해 가리워진 눈을 갖는다, 재갈과 고삐를 갖는다, 당당하다, 커다란 오줌싸는 것을 갖는다, 무거운 짐을 끈다, 채찍질을 당한다, 넘어진다, 다리로 소란을 떤다, 문다 등이 그것입니다(MP, 315; II, 31).

어린이들에게서 흔히 보이는(그래서 저자들은, 어린이는 스피노자주의자라고 말하지요) 이런 분류법에 따라 한스는 물청소를 하는 기관차를 보고 '기관차도 오줌을 싼다'고 하지요. 그런데 그는 기관차가 '오줌을 싸는 것'을 갖고 있지 않다는 것을 발견합니다. 만약 한스가 암말이 '오줌싸는 커다란 것'을 갖고 있지 않다는 걸 알았다면, 기관차를 암말과 하나로 묶었을지도 모릅니다. 어쨌든 의자나 책상은 오줌을 싸지 않기 때문에, 말과 기관차는 그것들과 구별되어 하나의 끈에 묶이게 됩니다. 이런 식으로 분류가 행해집니다.

전에 '리좀'에 대한 부분에서 저자들은 한스의 말-되기와 이를 위한 '지도(地圖)'를 프로이트가 정신분석학의 뻔한 도식에 포갬으로써 망쳐놓았다고 말한 적이 있었지요. 그렇다면 중요한 것은 말이 자기를 물 거라 생각하여 밖에 나가길 두려워하고, 말이 무거운 마차를 끌고가는 것을 보면 도망쳐 숨는 한스의 행동을, 아버지에 대한 두려움이나 어머니에 대한 욕망으로 해석하지 않는 것이고, 한스의 말-되기로 이해하게 해줄 고유한 배치를 발견하는 것입니다. "문제는 꼬마 한스가 형태 및 주체와 무관하게 그를 말-되기로 만드는 운동과 휴지(休止)의 관계, 감응들을 자신의 요소들에 부여할 수 있는가다."(MP, 315; II, 31) 즉 한스의 배치도 아니고 말의 배치도 아닌 배치, 아직 알려지지 않은 한스의 말-되기의 배치를 발견하는 것 말입니다.

이 배치가 어떤 것으로 구성되는지에 대해 저자들은 명시적인 대답을 하지 않습니다. 그래서 꼬마 한스의 사례를 다시 읽어보았는데, 한스는 말이 자기를 물 것이라며 무서워하지만 그렇다고 모든 말을 무서워하는 것은 아닙니다. 그는 무거운 수레를 끄는 말을 무서워하고, 또 입 언저리가 거뭇한 말을 무서워해요. 프로이트는 이 거뭇한 것을 아버지를 의미하는 '수염'이라고 해석하는데, 사실은 말 재갈이었다고 하지요. 즉 재갈을 한 말을 무서워하는 거지요. 무거운 수레를 끄는 말을 두려워하는 것도 이유가 있는데, 언젠가 한스는 짐을 끌다가 쓰러진 말이 일어나라고 재촉하는 채찍질을 당하다가 죽어버리는 걸 봤다고 해요. 그때 이후로 무거운 짐을 끄는 마차만 보면 두려움이 생겼다고 하지요.

재갈을 한 말, 짐을 끄는 말, 쓰러져 죽은 말, 거기에는 하나의 공통점이 있습니다. 그것은 고통스러워하는 말이지요. 프로이트가 자주 그러하듯이, 한스가 두려워한다는 것을 (아버지인) 말에 대한 두려움이 아니라 말이 느끼는 두려움으로 바꾸어버리면, 한스가 느끼는 알 수 없는 두려움의 이유를 오히려 쉽게 이해할 수 있습니다. 그것은 한스가 말에게서 느끼는 두려움이 아니라 재갈과 무거운 짐, 채찍질에 대해 말로서 느끼는 두려움이지요. 다시 말해 한스는 말이 되어 재갈과 짐수레에 대한 말의 감응을 갖게 된 겁니다. 그래서 그는 자기가 누워서 버둥대는 상황을, 말이 누워서 버둥대는 상황이라고 말하기도 합니다. 그것은 한스가 대단히 두려워하는 상황이기도 합니다. 이는 한스가 말-되기 속으로 들어갔음을 보여주는 징표들이라고 할 수 있습니다.

게다가 그는 '달리다' 라는 말을 하기 위해 rennen이라는 단어를 사용합니다. 원래 사람이 달리는 건 독일어로 'laufen' 이라고 하지요. rennen에서 나온 명사 Rennen은 경주를 뜻하고, rennen은 동물이, 특히 말이 달린다고 할 때 씁니다. 그런데 그는 아버지가 달린다는 말을 할 때 rennen이라는 말을 쓴다고 해요. 또 한스는 화장실의 세찬 물소리는 좋아하고 여린 물소리는 싫어하는데, 세찬 소리는 말의 오줌 소리와 같은데 여린 소리는 그렇지 않아서 그렇다고 하지요. 그 다음에 한스는 검은 속옷을 보면 침을 퉤 뱉어요. 검은 것은 똥이라는 거예요. 똥은 검다, 그런데 저것은 검다, 따라서 저것은 똥이다라는 식이죠.

이 모든 것이 한스의 말-되기의 배치라고 할 수 있습니다. 한스의 입과 재갈, 한스의 몸과 짐수레, 누워서 버둥대는 한스의 '네 발', 말 오줌 같은 세찬 물소리, 똥과 같은 검은 속옷과 침, 그리고 달리기와 rennen 동사 등이 그의 말-되기를 정의하는 배치의 요소들입니다. 여기서 말을 보면서 느끼는 한스의 공포는 아버지인 말에 대한 공포가 아니며, 또한 말의 죽음에 대한 인간의 동정이 아니라, 자기 스스로 말로서 느끼는 고통과 공포입니다.

요컨대 동물-되기는 동물을 통해서 '나' 의 신체를 움직이는 속도와 강도, 감응을 바꾸는 것이고, 그에 부합하는 요소들의 새로운 계열화를 통해 동물-되기의 배치를 형성함으로써 이루어지는 것입니다. 하나가 강밀도의 분포라는 힘과 관련된 성분이라면, 다른 하나는 '배치'라는 관계적 성분으로서, 새로운 배치를 선택하거나 배치를 바꾸는 욕망이나 의지와 결부된 성분이라고 할 수 있습니다.

4) 동물-되기, 되기

지금까지 우리는 동물-되기가 무엇인지, 그리고 무엇이 아닌지를 보았고, 나아가 동물-되기의 두 가지 성분을 미리 당겨서 살펴보았습니다. 그렇다면 이제 동물-되기를 통해서 되기란 대체 어떤 것이고 어떤 게 아닌지를 잠정적으로 말할 수 있습니다. 저자들은 이를 어느 베르그송주의자의 기억을 빌려 말하고 있는데, 대략 다섯 가지 정도로 정리할 수 있습니다.

첫째, 동물-되기와 마찬가지로 '되기'란 "신화적 질서의 퇴락(등급 하락)이 아니라, 탈주선을 그리는 환원 불가능한 역동성"(MP, 290; II, 10)이라고 합니다. 원형인 무의식의 변형되고 구체화된 형태, 신화적인 질서의 인간적 형식이 동물이라는 상상적 형태로 나타나는 것이 아니라, 동물의 실재적인 신체를 통해서 나의 신체를 변용시키고, 새로운 활동, 새로운 감응을 향해 열린 탈주선을 그리는 것이라는 겁니다. 한스는 말-되기를 통해서 통상적인 인간으로서는 결코 느낄 수 없는 고통과 공포를 경험했고, 슬레피안은 개-되기를 통해서 자신의 신체기관을 전혀 다른 방식으로 사용할 수 있음을 경험했습니다. 사권이나 학권, 당랑권 등의 권법은 동물을 통해 다른 신체적 능력과 감응을 획득할 수 있다는 것을, 그것도 기이한 예나 예술이란 출구가 아니라 현세적인 능력으로 보여줍니다.

이 모두가 "인간을 횡단하고 휩쓸고 가며, 인간과 동물 모두를 변용시키는(affectent) 매우 특별한 동물-되기들"(MP, 290; II, 10)이라고 할 수 있습니다. 그렇다면 앞서 보았던 "희생과 계열이라는 모델과, 토템적 제도와 구조라는 두 가지 모델 곁에, 다른 어떤 것, 더 비밀스럽고 더 잠행적인(clandestin) 것—더 이상 신화나 의례가 아니라 콩트로 표현되는 마법사와 되기들에 더 가까이 있는 어떤 것—을 위한 자리가 있는 것 같지 않은가?"라고 저자들은 묻고 있습니다. 동물을 다루는 세 번째 방법인 셈인가요?

둘째, 되기는 구조주의에서처럼 관계들의 상응성도 아니고, 융의 이론에서처럼 유사성, 모방도 아니며, 동일시는 더더구나 아니라는 겁니다. 슬레피안의 개-되기에서 그의 손과 개의 앞발, 그의 입과 개의 입을 유사성에 의해 대응시키거나, 개와 앞발의 관계는 인간과 신발을 신은 손의 관계와 같다는 식으로 말해선 안 되며, 개-되기에 고유한 배치가 있음을 보았지요. 신발을 신은 손이 발이 되는 것은 개를 모방해서가 아니지요. 개는 뒷발에도 신발을 신지 않잖아요!

권법 얘기를 하면 모방이나 대응이 불가능하거나 무의미하다는 것을 좀더 쉽게 납득할 수 있겠네요. 가령 사권을 하는 사람의 뽀족하고 날카로운 손끝은 뱀의 머리를 모방한 것이 아니지요. 그것은 날카롭고도 유연한 뱀의 신체적 감응에 따라 손을 변용시킨 것이지, 뱀의 흉내를 내고 있는 것이 아닙니다. 그런 흉내라면 저도 얼마든지 낼 수가 있습니다만, 괜히 그거 믿고 어디 싸움판에 나섰다간 작살나게 얻어터지기 십상이죠. 학의 동작과 유사한 신체적 변용을 만드는 것은 연극배우도 할 수 있고 춤꾼도 할 수 있지만, 그것은 이미 학권이란 권법이 아니지요. 물론 권법의 동작 역시 뱀이나 학의 형태와 비슷한 외양을 갖지만, 거기서 중요한 것은 그런 외양을 모방하는 게 아니라 다른 종류의 신체적 양태를 만드는 것입니다. 권법의 배치 안에서 말입니다.

셋째, 동물-되기에서 보듯이, '되기'는 꿈이나 환상, 상상이 아니며, 전적으로 현실적입니다(MP, 291; II, 11). 한스의 경우, 자신이 말이 되는 상상을 하는 것도 아니고, 말이라는 상징을 빌린 꿈을 꾸는 것도 아닙니다. 그것은 한스가 말이 되어 말의 두려움과 고통을 느끼는 것이고, 따라서 현실적인 것입니다. 사권이나 학권, 당랑권 같은 권법은 이를 더욱더 명확하게 보여줍니다. 그것은 뱀이나 사마귀가 되는 꿈도 아니며, 그런 형태로 진행되는 상상이나 환상도 아닙니다. 그것은 실제로 신체를 바꾸고 새로운 신체를 만들며, 누군가를 상대로 손과 발을 휘두르고 힘을 사용해야 하는 현실적인 변용입니다. 개구리 '같은' 감응을 갖는 수영선수, 벌 떼 '처럼' 잽싸게 쏘고는 잽싸게 달아나는 산악 게릴라 등등도 그렇습니다. 뒤에 나오겠지만 여성-되기나 흑인-되기, 혹은 분자-화 등도 마찬가집니다.

넷째, "동물-되기는 동물이 된 항이 없이도 동물-되기로서 규정되어야 한다"는 것입니다(MP, 291; II, 11). 이것 역시 이미 슬레피안의 개-되기에 대해 이야기하면서 말했던 것이지요? 〈윌라드〉의 경우에는 실제적인 쥐가 등장하며, 한스의 말-되기에도 실제적인 말이 등장하지만, 슬레피안의 개-되기에는 개가 등장하지 않으며, 당랑권에도 사마귀가 등장하지 않습니다. 그리고 개가 되는 항은 있지만 그것은 개가 다른 것이 되는 블록 안에서 이루어시기에, 실제 개가 된 항은 끝까지 등장하지 않으며, 당랑권이나 사권을 사용하는 무술에도 사마귀나 뱀은 어디에도 등장하지 않습니다. 동물-되기에서 중요한 것은 실제 동물이 짝으로 등장하는가 여부가 아니며, 실제 동물과 얼마나 유사한가도 아닙니다. 중요한 것은 어떤 동물의 감응을, 신체적 감응을 만들어내는 것이고, 그것을 통해 자신의 신체와 감각을 변용시키는 것입니다. 따라서 심지어 용(龍)처럼 상상적인 동물이 되는 것도 가능합니다. 이때 용은 비실재적이지만 용의 신체적 감응을 충분히 수반할 때, 용-되기는 실재적이라고 할 수 있습니다.

이 명제는, 여성-되기는 여성이 된 항이 없이도 가능하며 흑인-되기는 실제 흑인이 등장하지 않아도 가능하다는 명제로 확장될 수 있습니다. 오히려 여성들 자신이 남성중심주의적 가치를 자신의 삶의 준거나 척도로 삼는 경우가 많지요. 여성 '이라는' 사실이나 여성이 현재 갖고 있는 특징은 대개 여성-되기와 관계가 없습니다. 반대로 "여성 또한 여성-되기를 해야 한다"고 말하지요(MP, 357; II, 67). 이는 백인들의 가치를 자신의 척도로 삼고 있는 흑인에게도 마찬가지로 해당됩니다. 흑인 역시 흑인-되기를 해야 한다고 할 수 있지요(MP, 357; II, 67).

끝으로, 되기는 진화가 아니라고 합니다(MP, 291; II, 11). 그러나 여기서 진화라는 개념보다 더 중요한 것은 되기란 진화와 결부된 친자관계(filiation)의 선을 따라 이루어지는 게 아니라 횡적인 결연(結緣)관계(alliance)의 선을 따라 이루어진다는 점입니다. 진화가 대개 부모에서 자식으로 이어지는 친자관계나 혈통의 선을 따라가면서 발생한다면(돌연변이조차 유전과 혈통의 선 위에서 정의되지요), 되기는 혈통의 외부와 결합하는 결연관계의 선을 따라 이루어집니다.

윌라드의 쥐-되기는 벤이라는 쥐와 결연/연대를 맺음으로써 시작되었고, 한스는 아버지가 아닌 말과의 연대를 통해 이루어졌으며, 슬레피안의 개-되기 또한 아버지나 어머니와 아무 상관 없는 개―비록 부재하는 개였지만―와의 결연을 통해 이루어졌습니다.

모든 되기가 이미 자신이 내포하고 있는 것과 다른 무엇이 되는 것인 한, 그것은 자신의 혈통 안에 없는 것, 자신과 이질적인 어떤 것과 만나는 결연에 의해서 이루어집니다. 되기의 '블록'이란 각각의 되기를 통해 결연된 상관적인 항들의 짝을 말하는 것이지요. 한스는 말과 짝이 되어 말-되기의 블록을 형성하고, 슬레피안은 개와 짝이 되어 개-되기의 블록을 형성하며, 오르키데는 말벌과 짝이 되어 말벌-되기의 블록을 형성합니다. 되기라는 개념이 진화와 연관될 수 있다면, 그것은 리좀의 원리에 대해 말하면서 등장했던 '비평행적 진화' 개념일 수밖에 없습니다. 그래서 저자들은 이렇게 말합니다.

진화가 진정한 되기를 포함하고 있다면, 그것은 가능한 어떠한 친자관계 없이도 전혀 다른 생물계와 전혀 다른 수위(échelles)의 존재들을 이용하는 광범위한 공생의 영역 속에서다. ……신진화론이 독창성을 발휘하였다면, 부분적으로 그것은 진화가 덜 분화된 것에서 더 분화된 것으로 나아가지 않는, 그리고 세습적인 친자관계적 진화를 멈추곤 소통적 내지 감염적인 것(contagieuse)이 되는 이러한 현상들과의 관련 속에서다.(MP, 291~92; II, 11)

여기서 저자들은 진화(evolution) 개념과 대비하여 '함입(involution)'이란 개념을 사용합니다. 진화가 통상 덜 분화된 것에서 더 분화된 것으로 나아가는 것을 말한다면, 이처럼 이질적인 것과 짝하여 새로운 혼성적인 무엇이 되는 것을 '함입'이란 개념으로 표시하고자 하는 거지요. 이 개념은 '퇴화'나 '역행'이라고 번역되어선 안 되는데, 그 이유는 저자들이 이를 정신분석학에서 말하는 '퇴행(régression)'이란 개념과 대비하여 사용하고 있기 때문입니다. 퇴행이란 분화되기 이전의 상태로 돌아가는 것, 어린시절로 되돌아가는 것을 의미하며, 진화와 정확하게 대칭적인 개념입니다. 함입(숨入)이란 이질적인 어떤 짝과의 결연으로 엉뚱한 되기의 블록 속으로 '말려들어가는 것(in-volution)'입니다. 가령 한스가 말의 감응을 갖는 것은 말과 인간의 분화 이전의 상태로 되돌아가는 퇴행이나 역행이 아니라, 말과의 결연을 통해 전혀 다른 신체적 감응으로 '말려들어가는 것'입니다. 클레가 아이들 같은 형태로 그림을 그리는 것은 어린시절로 퇴행하는 것이 아니라, 통상적인 선으로는 그릴 수 없는 것을 포착하고 그리기 위해 아이들의 감응을 이용하는 것이고, 아이-되기의 블록으로 '말려들어가는 것'입니다. 따라서 저자들은 "되기는 함입적이고, 함입은 창조적이다"(MP, 292; II, 11)라고 말합니다.

5) 동물-되기의 세 가지 원리

(1) 다양체의 원리

이제 어느 마법사의 기억을 빌려서 동물-되기의 세 가지 원리에 대해 다룹니다. 세 가지 원리란 다양체의 원리, 예외적 개체 내지 별종의 원리, 변환의 원리입니다.

먼저 다양체의 원리에 대해 저자들은 이렇게 말합니다. "동물-되기에서 우리는 언제나 무리, 밴드, 군, 번식과, 다시 말해 다양체와 관련된다. ……우리는 확장, 증식, 점유, 감염, 번식의 양식들에 주목한다. 나는 무리다. ……우리는 무리에 대한 매혹, 다양성에 대한 매혹 없이 동물이 되지 않는다."(MP, 292~93; II, 12) 자신을 바라보는 다른 늑대들의 무리 앞에서 매혹된 '늑대인간', 그것은 혼자인 경우에도 항상-이미 무리 안에서 동물의 감응에 감염되고, 지금은 부재하는 다른 개체들, 아직은 존재하지 않는 다른 무리를 향해 자신의 감응을 확장하고 번식하고자 합니다.

그래서 슬레피안은 자신의 '개 같은' 감응을 기록하여 출판했고, 그것에 들뢰즈와 가타리가 감염되었으며, 다시 그들이 소개하는 개-되기에 우리 또한 감염되고 말았습니다. 자신을 바라보는, '도래할(à venir)' 학들의 시선에 스스로 매혹되지 않는다면, 그리고 그 도래할 학들을 기다리는 증식과 감염의 욕망이 없다면, 목숨을 걸고서 강호를 휘저으며 학의 날개로 춤추는 다리와, 학의 부리로 쪼는 손을 바쁘게 움직일 이유가 없지 않을까요? 이런 의미에서 이렇게 말할 수 있습니다. "동물들은 무리들이며, 무리들은 감염에 의해서 형성되고, 전개되며, 변환된다."(MP, 296; II, 15)

친자관계나 세습적 생산을 결여한 번식이나 증식, 조상이라는 통일체 없는 다양체, 이 책에서 동물-되기의 원리로 다양체의 원리를 제시할 때, 이런 리좀적인 다양체 개념이 더불어 부상합니다. 그것은 새로운 무리를 형성합니다. 〈윌라드〉의 쥐-되기처럼 범죄기계를 형성하기도 하고, 강호의 협객들처럼 '전쟁기계'를 형성하기도 합니다. 물론 권법으로 나름의 무리를 결성하는 경우 '사형'과 '사제' 간의 형제적인 결연의 선은 사부(아버지!)라는 새로운 친자적(親子的) 중심에 포섭되고 변형되며, 이것을 통해서 개체들의 활동은 통제되고 통일되지요. 이는 '강호'라는 공간이 국가장치의 홈 패인 공간과 자유로운 삶의 매끄러운 공간 사이에 있기 때문인데,[19] 그럼에도 불구하고 그것은 통제에서 벗어난 '뜻밖의' 사태를 통해 항상 탈주선을 그리게 됩니다. 사건이 본격적으로 시작되는 곳은 바로 거기지요.

이와 관련해서 동물들 또한 세 가지로 구별됩니다. 첫째는 오이디푸스적 동물들이고, 둘째는 특성을 갖는 동물들, 국가적 동물들, 토템적 동물들이며, 셋째는 악마적인 동물들입니다. 오이디푸스 동물이란 "'내' 고양이, '내' 개와 같이 작은 이야기를 갖는" 동물들로서, "감정적이고 친숙하며, 가정적이고 개별화된 동물들"입니다. 앞서 애완동물에 대해 말하는 자리에서 오이디푸스적 동물에 대해 얘기했던 것과 비슷한 내용이지요. 들뢰즈와 가타리에 따르면, "이 동물들은 우리를 퇴행으로 초대하며, 나르시시즘적인 응시 속으로 우리를 이끈다. 정신분석학은 이 동물들만을 이해할 뿐인데, 그나마도 거기서 아빠, 엄마, 젊은 남자형제의 이미지만을 좀더 잘 찾아내기 위해서다."(MP, 294; II, 13)

이런 오이디푸스 동물들은 모두 가정적인 애완동물이지만, 개나 고양이같이 특정한 동물로 정해진 것은 아니며, 개나 고양이라고 해서 항상 오이디푸스적인 동물인 것도 아닙니다. 귀여운 호랑이 새끼나 '아기 코끼리 맘보'처럼 거대하고 무서운 동물도 애완동물이 되

---

(19) 홈 패인 공간과 매끄러운 공간에 대해서는 12장이나 14장에서 자세하게 다룰 것입니다. 중국의 무협지가 전개되는 '강호'라는 공간이 갖는 이러한 위상에 대해서는 이진경, 《《와호장룡》에서 묘사된 '강호'의 공간적 특성에 관한 연구》, 《필로시네마, 혹은 영화의 친구들》, 소명출판, 2002 참조.

는 순간, 혹은 인간의 생활이나 인간의 감정(sentiment)−감응(affect)이 아닙니다−에 길들여지는 순간 오이디푸스적 동물이 되고 맙니다. 반면 개나 고양이가 '집'을 벗어나 야수성을 획득한다면, 그것은 그들이 새로이 야수적인 동물의 감응을 획득한 것이고, 일종의 '동물-되기'에 성공한 것입니다.

두 번째는 사람들이 기대하거나 부여하고자 하는 어떤 특성이나 속성을 갖는 동물로서, 가령 신화나 토템에서처럼 부족과 동물을 '계열화'하는 데 도입되는 동물, 혹은 사람들의 삶과 동물들의 삶에서 공통으로 발견되는 어떤 구조를 보여주는 동물들이 그것입니다. 부족이나 종족, 혹은 국가나 민족이 내세우고 싶은 어떤 특성을 상징하는 그런 동물들 말입니다. 쉽게 말하면 토템적인 동물이나 국가 동물이 여기에 해당됩니다. 예를 들어 단군신화에 등장하는 곰이나 호랑이, 인디언 신화에 등장하는 곰이나 들소, 혹은 러시아가 국가적 상징으로 삼고 있는 독수리, 토템과 관련된 동물들이 이런 동물이지요.

세 번째는 "무엇보다 우선 악마적인 동물로, 다양체·되기·개체군·콩트……를 이루는, 무리를 짓는 감응적인(affective) 동물들"입니다(MP, 294; II, 14). 종적 불변성의 경계를 넘어서 동물-되기의 블록을 형성하는 모든 동물들이 그렇습니다. 말벌 암컷이 '되어' 말벌을 끌어들이는 오르키데는 생물학적으론 식물이지만 실제론 동물과 섞이며 동물의 '교미'를 이용하는 악마적인 동물이고, 한스를 말-되기로 유인했던 말 역시 인간과 말의 경계를 가로지르는 악마적 동물이지요. 슬레피안의 개-되기에서는 개조차 사람을 동물적인 감응의 세계로 유혹하는 악마적 동물임이 분명합니다.

이런 점에서 어떤 동물은 오이디푸스적이고, 어떤 동물은 토템적 내지 국가적이며, 어떤 동물은 악마적이라는 식으로 미리 정할 순 없습니다. 대표적인 오이디푸스적 동물인 개나 고양이도 때론 악마적 동물이 되기도 하고, 때론 토템에 등장하는 경우처럼 '특성을 갖는 동물'이 되기도 하는 것입니다. 곰이나 들소, 뱀은 아메리카 원주민의 토템 신화에 가장 빈번하게 등장하는 동물이지만, 곰이나 들소의 가면을 쓰고 신이 들려 춤을 추는 제의에서 그들은 곰이나 들소의 신체적 감응을 유도하는 곰-되기나 들소-되기의 악마적 동물이 됩니다. 반면 곰은 물론 이구아나나 악어조차 애완동물로 길들여 기르는 경우 오이디푸스적 동물이 되는 겁니다. 저자들의 말을 직접 들어봅시다.

치타나 코끼리같이 어떤 동물이든 언제라도 나의 작고 귀여운 동물/얼간이(bête)로, 친숙한 동물로 취급될 수 있다. 그리고 또 다른 극단에서는 모든 동물이 무리와 군집의 양태로 다루어질 수 있으며, 우리들 마법사에게는 이것이 더 잘 어울린다. ……밴드, 가축 떼, 개체군은 열등한 사회적 형태가 아니다. 그것은 인간이 동물과 더불어 이루는 되기만큼이나 강력한 되기 속에서 동물 전체를 사로잡는 감응, 능력, 함입이다.(MP, 294~95; II, 14)

(2) 별종, 혹은 예외적 개체
동물-되기의 첫번째 원리가 무리 및 감염과 결부된 다양체의 원리였다면, 두 번째 원리는 정반대인 듯이 보이는 예외적 개체와 결부된 것입니다. 가령 늑대의 무리가 있는 곳이면 그것을 끌고가는 특별한 예외적 개체가 있게 마련입니다. 시튼의 《동물기》에는 뛰어난 지능과 치밀한 감각, 탁월한 지도력으로 무리를 이끄는 '로보'라는 늑대가 등장하지요. 덫을 놓으면 덫을 망가뜨려놓고, 독약을 쓴 미끼에는 오줌을 갈겨놓으며, 어느새 옆을 덮쳐 가축을 잡아먹는 영웅적인 면을 갖는 늑대지요.[20] 시튼은 로보의 애인인 레베카라는 암늑대를 이용해 그를 잡지만, 어느새 로보에게 공포를 느끼는 동시에 매혹되며 그의 감응에 이끌리게 됩니다. 물론 사태가 좀더 진전되기 전에 그가 죽음으로써 동물-되기의 선을 타지는 않지만 말입니다.

저자들은, 동물-되기는 이런 예외적 개체와 결연을 맺어야 한다고 말합니다. 윌라드와 벤의 결연은 그런 경우의 사례지요. 물론 한스의 말-되기나 권법의 동물-되기처럼 그런 예외적 개체 없이 이루어지는 경우도 있지만, 비록 이름을 얻진 못했지만, 한스의 경우에는 짐을 끌다 쓰러져 네 발을 버둥대다 죽은 말이 그런 역할을 한 셈이며, 권법은 애초에 그것을 창안한 사람을 강력한 감응으로 유혹했던 '어떤' 동물들이 있었으리라고 생각할 수 있지 않나 싶습니다. 어쨌든 예외적 개체는 동물-되기에서 중요합니다. 이에 대해 저자들은 이렇게 말합니다.

다양성이 있는 곳이면 어디서든지 예외적인 개체 역시 발견될 것이며, 동물-되기를 위해서는 이 예외적 개체와 결연관계를 맺어야 한다. 홀로 있는 늑대는 없을 테지만, 밴드의 지도자, 무리의 우두머리, 혹은 지금은 홀로 살고 있는 파면된 옛 지도자가 있

---

(20) 시튼, 장석봉 역, 《아름답고 슬픈 야생동물 이야기》, 푸른숲, 2000, 16~45쪽.

다. 고독한 자 혹은 악마가 있다. 윌라드는 자신이 가장 좋아하는 벤이라는 쥐가 있으며, 일종의 사랑의 결연관계, 그리고 나서 증오의 결연관계를 통한 벤과의 관계에 의해서만 쥐가 된다.《모비딕(Moby Dick)》전체는 되기에 관한 가장 위대한 걸작이다. 에이허브(Achab) 선장은 저항할 수 없는 고래-되기에 빠져드는데, 그것은 정확히 무리나 떼를 둘러싸고 있으며, 유일자이자 리바이어던인 모비딕과의 무시무시한 결연관계를 직접적으로 통과한다. 언제나 악마와의 협정이 있고, 이 악마는 때로는 밴드의 지도자로, 때로는 밴드 곁의 고독한 자로, 때로는 밴드보다 우월한 능력으로 나타난다.(MP, 292; II, 16)

벤이나 모비딕처럼 특별한 능력이나 예외적인 강력한 감응을 갖는 개체를 '별종(anomal)'이라고 합니다. 별종은 이런 모든 동물에 존재하며, 역으로 무리나 다양체를 이루는 모든 동물은 자신의 별종을 갖는다고 합니다(MP, 298; II, 17). 불어에서 별종을 뜻하는 anomal이란 말은 '비정상적'을 뜻하는 anormal이란 단어와는 아주 다른 기원을 갖는다고 하지요. "명사를 갖지 않는 anormal이라는 라틴어 형용사는 규칙을 갖지 않는 것, 혹은 규칙에 반하는 것을 지칭하는 반면, 형용사를 상실한 'an-omalie'이라는 희랍어 명사는 동등하지 않은 것, 거친 것, 거칢, 탈영토화의 첨점을 가리킨다."(MP, 292; II, 16)

좀더 구체적으로 말하면, 비정상적인 것이 종이나 유의 정상적인 특성에서 벗어나는 것이라면, 별종은 종이나 유의 경계 위에서 그 경계를 확장하는 어떤 강밀도에 의해 만들어지는 것이며, 그러한 강밀도에 의해 무리를 이루는 개체들의 안에서 획득되는 특별한 위치들의 집합입니다. "그것은 하나의 현상이지만 가장자리 현상이다." (MP, 299; II, 18) 별종, 그것은 다양체를 이루는 무리들의 극한이며, 따라서 그런 방식으로 무리를 둘러싸는 선이라고 할 수 있습니다. "이 가장자리 내지 별종의 현상을 결여한 밴드는 없다."(MP, 300; II, 19) 동물-되기를 구성하는 결연관계는 바로 이러한 별종과의 결연에 의해 형성됩니다. "마법사는 별종의 능력만큼이나 악마와 결연을 맺는다."(MP, 301; II, 19)

(3) 변환 혹은 되기의 문턱들

세 번째 것을 동물-되기의 세 번째 원리라고 말하긴 어렵겠네요. 이는 마법사의 세 번째 기억에서 다루고 있는 것인데, 변환(transformation) 내지 되기의 문턱에 관한 이야깁니다. 하지만 앞서의 두 원리에 이어지는 명제 형태로 표현할 수도 있습니다. 동물-되기를 통과하는 "무리, 다양체는 끊임없이 서로 변환되고 끊임없이 서로를 거쳐간다"는 것이 그것입니다(MP, 304; II, 22).

그래서 여기서는 동물-되기에서 다른 되기들로 넘어가는 문제를 다루고 있습니다. 되기의 문제를 다루는 데 동물-되기가 중요하긴 하지만, 거기서 동물-되기가 어떤 배타적인 특권을 갖는 것은 아니며, 다른 종류의 되기들도 많다는 겁니다. 동물-되기란 그 다양한 되기의 중간지대를 차지하고 있는 선분들에 가깝다고 하지요. "그 너머에서 우리는 여성-되기, 아이-되기와 마주친다. ……더 나아가 그 너머에서는 원소-되기, 세포-되기, 분자-되기, 지각-불가능하게-되기를 발견할 수 있다."(MP, 304; II, 22)

예컨대《모비딕》에서 예외적 개체인 모비딕은 에이허브를 끊임없이 고래-되기로 끌고갑니다. 모비딕을 따라 에이허브는 끊임없이, 일찍이 가보지 못한 세계들을 찾아가며 그 새로운 세계 속으로 들어갑니다. 그 결연의 형식이 우호적인가 아닌가는 중요하지 않습니다. 모비딕을 따라가는 그 험한 모험의 여정을 단순히 과거에 다리를 빼앗겼다는 원한만으로 설명할 순 없지요. 그는 분노의 말들을 외치며 모비딕에게 작살을 던지지만, 모비딕은 작살로 죽일 수 있는 고래가 아니며, 그도 그것을 모르진 않습니다. 막바지에 이르면 그는 차라리 모비딕에 자신을 묶기 위해서, 모비딕과의 공동의 운명을 위해서 작살을 던지는 듯합니다. 작살은 거꾸로 그와 모비딕을 하나로 연결해주는 결연의 선이었던 셈이지요. 그는 증오와 원한의 형식으로 결연을 시작했지만, 시간이 지나면서 더욱더 모비딕에게 매혹되어간 것이고, 그래서 미친 듯이 모비딕을 따라가는 것이며, 결국 모비딕을 통해 통상적인 경로로는 도달할 수 없는 새로운 세계들을 체험하게 되는 거지요.

이런 의미에서 모비딕은 별종으로서 무리의 경계고 결연의 항일 뿐만 아니라, 에이허브를 끌고가는 탈영토화의 선이며 에이허브가 달려가는 탈주선이라고 할 수 있습니다. "모비딕은 무리의 경계를 이루는 흰 성벽이다. 그것은 또한 악마적 결연관계의 항이다. 그리고 마지막으로 그것은 그 자체의 극한에서는 자유로운 낚싯줄이다. 그것은 벽을 가로질러 선장을 이끌고가는 선이다. 어디까지? 무(無)에 이르기까지······."(MP, 306; II, 23)

그럼 모비딕은 대체 에이허브를 어디까지 끌고가는가? 돌려서 해야 하는 대답이지만, 저자들은 이렇게 보는 것이 분명합니다. "이상한 동물들을 가로질러 마침내는 명명할 수 없는 파동들과 발견될 수 없는 입자들이 서식하는 연속체의 궁극적 영역."(MP, 304; II, 22) 원소-되기, 세포-되기, 분자-되기, 그리하여 파동-되기 내지 입자-되기를 통과하는 되기의 연속체를 통과하는 거지요. 어디로 가고 있는 것인지, 자신이 무엇이 된 것인지 자신도 명명할 수 없고, 타인들 또한 무슨 일이 벌어지고 있는지 알 수 없는 지대들이 그런 식으로 펼쳐집니다. 이를 지각-불가능하게-되기라고 부를 수 있겠지요.

그것은 모든 되기(생성)의 성분을 이루며 어떤 형태의 생성도 가능한 절대적 변환 가능성의 지대라는 점에서 되기의 원소 내지 분자들의 지대지요. 또한 파동 내지 입자-되기를 통과하는, 마치 무(無)인 것 같은 저 궁극의 지대요, 탈영토화의 절대적 극한이란 점에서 그것은 '일관성의 구도'라고 할 수 있습니다. 결국 모비딕이 에이허브를 끌고간 곳, 그곳은 바로 이런 분자화의 지대며 일관성의 구도라고 할 수 있겠지요. 그래서 이제 되기는 마치 무와도 같은 그 궁극의 지대에 대한 이야기로, 일관성의 구도에 대한 이야기로 이어집니다. 그러나 그 이전에 우리는 동물-되기와 다른 종류의 되기들에 대해서 좀더 살펴보아야 합니다. 하지만 우리는 이미 일관성의 구도에 도달했기 때문에, "끝에서 시작"할 수 있습니다. 여성-되기나 아이-되기, 분자-되기, 음악-되기 등을 이제 분자적인 성분들로 구성되는 '구성의 구도' 위에서 말할 수 있게 됩니다.

4. 분자-되기, 음악-되기

1) 분자-되기, 혹은 되기의 분자들

우리는 윌라드의 쥐-되기에서 시작해서 동물-되기의 선을 타고서 모비딕와 에이허브를 따라 명명할 수 없는 입자와 파동 들의 영역으로까지 나아갔습니다. 그러나 절대적 탈영토화 내지 일관성의 구도에 근접하면서 갑자기 속도가 너무 빨라져, 되기가 무언지를 알지 못한 채 망연히 서 있게 되었을 수도 있습니다. 스피노자가 말하는 제3종의 인식, 다시 말해 신의 개념에 도달하는 순간적인 '돈오(頓悟)'란 너무도 빨라, 제2종의 인식방법인 이성적인 지식을 사용해야 하는 우리로선 이해할 수 없는 것이 되기 마련이지요.

물론 이 책이 '돈오'의 비약을 담고 있는지는 알 수 없는 일이지만(아마도 그렇다면 이 책은 《벽암록》이나 선가의 어록들처럼 더욱더 이해할 수 없는 책이 되었을 겁니다), 이성적인 인식을 통해 '신적인' 개념에 도달하기 위해선, 일관성의 구도에 이르기 위해선, 말할 수 없는 것을 말하게 하고, 지각할 수 없도록 빠른 것은 느리게 돌려서라도 쫓아가야 합니다. 그래서 우리는 다시 어느 '분자'의 기억을 따라 '되기'들로 되돌아와야 하며, 분자들을 통해 구성되는 되기의 양상을 가능한 최소속도로 돌리며 따라가야 합니다. 영화를 자세히 보겠다고 '그림'으로 만드는 정지 상태로 들어가선 안 된다는 점을 잊지 않아야 하지만 말입니다. 그 경우 호랑이-되기는 사라지고 호랑이 가죽만이 남게 될 것이며, 호랑이의 형상이 호랑이의 감응을 대신하게 될 겁니다.

그런데 우리는 처음부터 난감한 곤경에 처할 수도 있습니다. 그래, 동물-되기, 좋다. 동물을 통해서 새로운 신체적 힘과 감응을 만든다고? 충분히 이해할 수 있어. 그런데 분자-되기란 대체 뭐지? 분자를 통해 새로운 신체를 만든다? 분자의 감응은 또 어떤 거지? 분자적인 동물-되기는 또 뭐고?

여기서 우리는 동물-되기 너머에 있는 '되기'들이 단지 동물-되기란 말에서 앞에 있는 '동물'이란 말을 다른 말로 대체하는 것이 아님을 알 수 있습니다. 동물-되기가 되기의 일반적 모델이 아니며, 되기라는 개념이 되기의 블록을 구성하는 '짝'을 바꾸기만 하면 되는 어떤 동일한 양상의 '일반화'가 아니란 것도 마찬가지로 짐작할 수 있습니다. 물론 여성-되기, 아이-되기, 흑인-되기 등은 동물-되기와 같은 방식으로 이해될 수 있는 측면이 강합니다. 그렇지만 원소-되기, 분자-되기, 파동-되기 등은 결코 그렇지 않습니다. 이 경우에는 차라리 하이픈의 용법을 '되기로서의 원소', '되기로서의 분자', '되기로서의 파동'이라고 이해하는 것이 더 적절할 듯합니다. 그것은 '분자적인 성분으로 정의되는 되기', '파동적인 성분으로 정의되는 되기'를 뜻하는 것이기도 합니다.

반갑게도 이런 방식은 '동물-되기', '여성-되기' 등에 대해서도 마찬가지로 적용할 수 있습니다. 현실적 동물이 아니며, 현실적 동물이 등장하지도 않는 '되기로서의 동물'이 있을 수 있으며, 그래서 동물-되기는 동물이 현실적이지 않은 경우에도 충분히 현실적일 수 있다고 할 수 있습니다. '되기로서의 여성', '여성적인 성분으로 정의되는 되기', '되기로서의 아이' 내지 '아이적인 성분으로 정의되는 되기' 등도 마찬가지로 성립합니다.

그렇다면 '되기로서의 동물'이란 어떤 것이고 동물적 성분으로 정의되는 되기란 또 어떤 것인가? 가령 어떤 사람이 개에게 쫓겨 도망치다 갑자기 돌아서서 개를 향해 짖어대기 시작합니다. 정말 달려들어 물어뜯을 듯한 기세로 짖어댑니다. 한 걸음 더 나아가 상대편 개에게 달려들어 그의 목덜미를 물어뜯습니다. 이것은 아주 극적인 개-되기라고 할 수 있습니다. 그리고 그 개-되기가 정말 훌륭하게 이루어져 사납게 짖는 개의 감응을 만들어낸다면, 개들이 이번에는 놀라고 당황해할 겁니다. 어, 우리가 쫓던 사람은 어디 갔지? 이건 또 웬 개야? 이런 물렸잖아! 엄마야, 피다! 여기서 그가 짖고 있는 개를 흉내내는 게 아님은 말할 것도 없습니다. 그러다간 개에게 물어뜯기게 되겠지요. 그는 짖으면서 개가 되는 것이고, 물어뜯으면서 개가 되는 것입니다. 이를 저자들은 "짖으면서 분자적 개를 방사하는 것"(MP, 337; II, 50)이라고 합니다.

개-되기에서 중요한 것은 스스로를 변용시켜 "개와 관련된 어떤 것을 구성하는 것"(MP, 336; II, 50)이며, 그로써 분자적인 개를 생산하는 것입니다. 개를 정의하는 요소 내지 원소를 생산하는 것, 개의 특질, 개의 감응을 만드는 어떤 분자를 생산하는 것, 바로 그것이 개라고 부를 수 있는 어떤 것이 되는 것이고, 바로 그것이 분자적인 개를 방사하는 것이란 겁니다. 이런 점에서 이때 생산되는 개란 인간과 구별되는 생물학적 종으로서의 개, 어떤 특성들의 집합으로서의 종적인 개가 아니라, 모호하지만 개의 감응을 만들어내는 분자적인 요소들의 구성물로서의 개고, '사물로서의 개'가 아니라 '되기로서의 개'라고 할 수 있습니다. 바로 이것이 '개의 분자적 성분을 통해 정의되는 개-되기'지요.

이러한 사실을 이해한다면 이제 분자적인 동물-되기를 이해하는 것은 쉬운 일입니다. 어떤 동물의 감응을 만드는 어떤 분자들을 생산하는 것이 그것입니다. 짖으면서 분자적인 개를 방사하듯이, 달리면서 치타의 분자를 생산하고, 날 듯이 피하면서 학의 감응을 생산하는 것, 그것이 분자적인 치타-되기고 분자적인 학-되기지요.

그런데 이는 앞서 말한 동물-되기와 다른 것이 아닙니다. 분자적인 동물-되기가 따로 있는 게 아니라, 동물-되기는 모두 이런 식으로 어떤 동물의 분자를 생산하고 분자적 동물을 방사하는 방식으로 진행됩니다. 그래서 저자들은 "모든 되기들은 이미 분자적"이라고 말합니다(MP, 334; II, 47). 다시 말해 모든 되기는 짝으로 선택한 항의 감응과 특질을 갖는 분자를 생산하는 것이란 점에서 이미 분자적이라는 겁니다.

여성-되기도, 아이-되기도 마찬가집니다. 가령 버지니아 울프(Virginia Woolf)가 글을 쓸 때, 그는 여성으로서 글을 쓰는 것이 아니라[21] "글을 쓰면서 여성이 되는 것"입니다.[22] 남성적인 작가로 간주되는 로렌스(Lawrence)나 밀러(H. Miller) 역시 여성들의 이웃 지대에서 글을 쓸 때, 그들 역시 "글을 쓰면서 여성이 된다"고 할 수

---

(21) "버지니아 울프가 여성적인 글쓰기에 고유한 것에 관해 질문받았을 때, 그는 여성으로서 글을 쓴다는 식의 생각에 깜짝 놀랐다."(MP, 338; II, 51)

(22) 제가 여기서 '그녀'라는 인칭대명사를 쓰지 않는 것을 양해해주시길 바랍니다. 혹시라도 버지니아 울프의 '성'을 몰라서 그런 것이라고 생각하지 않길, 혹은 대명사를 '남성' 대명사로 대표해서 쓰려는 남성중심의 발상을 찾아내지 않길 바랍니다. 사실 우리 말의 명사나 대명사에는 원래 '성'이 없지요. 김동인의 말대로 '그'라는 대명사도 영어 he의 번역어로 성립된 것이라면, 거기에 여성 3인칭 대명사 '그녀'가 덧붙여진 것은 비극적인(!) 번역이라고 할 수 있을 듯합니다. 언어체계에 없는 '성'을 영어에 따라 끄집어낸 것이니까 말입니다. 이는 '나'라는 주격에 짝하여 me를 번역한 단어를 만들어 쓰는 것과 다르지 않는 잘못입니다. 물론 그것을 창조적 번역이라고 말할지 모르지만, 최근에 영어권에서 남성대명사가 인칭대명사를 대표하는 것을 비판하여 he/she, his/her를 병용하는 것을 '그/그녀'나 '그 혹은 그녀'라고 번역하는 데 이르면 사태가 결코 창조적인 게 아니었음이 선명하게 드러납니다. 원래 없던 인칭대명사의 성을 본떠서 번역하고는, 이젠 성차별을 지우려는 슬러쉬를 다시 본떠서 번역하고 쓰고 있는 겁니다. 그래서 저는 가령 박경리 씨처럼 남녀 없이 '그'를 쓰고 싶은데, 텍스트에 남녀가 섞여 등장하는 경우, 이미 '그'와 '그녀'를 분별하는 데 익숙해진 독자들이 오독하는 경우가 발생할 게 분명해서 할 수 없이 '그녀'라는 불편한 단어를 써야 하는 경우도 있었습니다. 그러나 가능한 한 '그녀'라는 어이없는 인칭대명사는 버리고 싶습니다.

있습니다(MP, 338; II, 51). 어떤 작가가 여성-되기를 한다는 것은 여성을 대변하면서 글을 쓰는 것도 아니고, 여성이 처한 자신의 상황―그게 아무리 열악하고 비참하다고 해도―을 말하는 것도 아닙니다. 전자가 대리, 대표, 대의라는 지극히 근대 정치학적 관념에 사로잡혀 있는 것이라면, 후자는 자신이 처한 상황을 통해 여성-임, 불행한 여성-임, 여성이라는 불행한 존재임을 말하는 것이지, 여성이-되는 것은 아니기 때문입니다.

소수-화, 여성-되기에 대해 말할 때, 그것은 문자 그대로 여성이 되는 것이고 소수자가 되는 것이지, 소수자를 대변하는 것도, 여성을 대신해 말한다는 것도 아닙니다. 동물-되기를 하는 인간은 동물을 대변하거나 동물 대신 말하는 게 아니라, 동물을 통해 스스로 변하는 것이며 다른 삶 속으로 들어가는 것입니다. 반대로 '여성'이나 '소수자'가 말하고 행동하는 것이 그것을 받아들이거나 그 권리를 존중하는 것이 여성-되기나 소수자-되기가 아닙니다. 따라서 여성의 일은 여성만이 '말할 수 있는 게' 아닙니다. 남성도 여성이 될 수 있으며, 반대로 여성도 여성이 되어야 합니다. 누구라도 소수자가 될 수 있으며, 또한 되어야 합니다.

이제 분자-되기가 어떤 것인지 이해할 수 있을 겁니다. 그것은 동물, 여성, 흑인 등과 같이 되기의 블록을 구성하는 '짝'의 감응을 갖는 분자를 생산하는 것, 그런 분자적 성분이 되는 것입니다. 이는 분자적인 성분으로 되기를 정의하는 방식이기도 합니다. 그런데 이런 식의 '되기' 개념은 단순한 개-되기 등에서 탈영토화되어 좀더 멀리 나아가게 합니다. 이런 개, 저런 개가 될 수 있는 분자적 성분들을 자유롭게 생산하고 구성할 수 있을 때, 그는 다양한 능력을 갖는 개가 될 것이고, 이런 학, 저런 학이 될 수 있는 분자적 성분들을 자유롭게 생산할 수 있을 때, 그는 다양한 능력을 갖는 '완벽한' 학이 될 겁니다.

여기서 좀더 나아가면 분자적 질이 사라진, 어떤 질(質)의 항도 될 수 있는 원소-되기 내지 양자-되기(입자-되기 내지 파동-되기)의 개념에 이르게 됩니다. 즉 이런 동물, 저런 동물이 될 수 있는 원소적 성분들을 자유로이 생산할 수 있을 때, 그는 한 동물의 문턱을 넘나들며 다양한 동물-되기 능력을 획득하게 될 것입니다. 분자가 특정한 질을 추상할 수 없듯이, 분자-되기 또한 어떤 항이 갖는 질로부터 자유로울 수 없습니다. 그렇지만 그러한 되기의 문턱을 넘어서 더 멀리 나아가는 경우, 이젠 질이 추상된 되기의 영역으로 진입하게 됩니다. 그것은 하고자 한다면 어떠한 질, 어떠한 항이라도 될 수 있는 그런 원소적인 되기의 지대지요. 하지만 특정한 질을 넘어서 있다는 점에서 그 자체로는 그게 어떤 것인지 알 수 없는 '지각 불가능한' 되기의 지대입니다. '무(無)' 혹은 '공(空)'이라는 명칭으로 불리는 지대, 혹은 '도(道)'라고 불리는 지대가 나타납니다. 이를 들뢰즈와 가타리는 '일관성의 구도'라고 부른다는 말은 여러 번 했지요.

분자적인 되기를 이해했다면, 이제 다른 모든 되기들을 쉽게 이해할 수 있습니다. 그래서 저자들은 "어떤 점에서 보면 우리는 끝에서 시작해야 한다"고 하지요. 그 끝이란 분자-되기고 분자적인 되기지요. 어떤 분자의 기억을 통해서(아마도 그 분자가 지나온 행로의 기억을 통해서겠지요) 동물-되기와 그 너머에 있는 몇몇 되기들에 대해 말하고자 합니다. 여성-되기, 아이-되기, 흑인-되기, 소수자-되기……

여기서 일단 여성-되기와 아이-되기에 대해 간략히 살펴보지요. 그런데 뒤의 음악-되기에서 나오는 이야기를 염두에 둔다면, 음악과 결부된 사례들을 통해서 이야기하는 게 좋겠습니다. 저자들 또한 분자-되기와 음악-되기에서 중복되는 예를 들고 있기도 합니다. 그러나 여성-되기 등에 머물지 않고 일관성의 구도까지 나아가기 위해 우리는 좀더 다양한 음악적 사례들을 이용해볼까 합니다. 현대 음악은 음악의 영역 안에서 분자-되기 내지 원소-되기, 이온-되기, 입자 및 파동-되기에 이르는 선을 선명하게 그리고 있기 때문입니다. 그래서 저는 여러분이, 음악을 좋아하시는 분들이라도 평소에 잘 듣지 못하는 그런 작품들을 함께 들으면서 진행하려고 합니다.

2) 되기의 블록

일단 음악에서 여성-되기와 아이-되기에 대해 말하기로 하지요. 서양 음악에서 여성-되기는 아이러니컬하게도 남성중심주의적인 교회에서 바로 그 남성중심주의 때문에 시작되었습니다. 지금도 그렇지만 기독교에서 여성들은 성직자가 될 수 없지요. 미사나 예배를 집전하는 신부나 목사는 오직 남성만이 할 수 있습니다. 뿐만 아니라 특히 제의적인 절차를 중요시하는 가톨릭에서 성당의 성스러운 장소에는 여성들이 들어설 수 없습니다. 제단이나 성가대석(choir)이 바로 그렇습니다. 지금은 달라졌지만, 성가를 부르는 것 또한 오랫동안 오직 남성들만이 할 수 있었습니다. 서양 음악의 기원으로 간주되는 그레고리안 성가는 미사에서 수사들이 운을 넣어 읊던 문구들이 정형화되어 정리된 것이지요. 성가는 원래 그런 것이 발전되어 만들어진 것입니다.

그런데 음악적인 표현 형식의 발전과 더불어 표현하고자 하는 음역이나 음색이 다양화되고, 그에 따라 통상은 여성이나 변성기를 거치지 않은 아이들(보이 소프라노)만이 낼 수 있는 소리를 사용하게 되지요. 이는 성가의 경우에도 마찬가지였습니다. 하지만 보통의 성인 남성들이 알토나 소프라노의 음역을 노래할 수는 없었습니다. 더구나 여성이나 아이들이 만들어내는 고유한 음색을 사용하고자 하는 욕망도 있었겠지요. 그래서 남성들이 여성이나 아이들의 소리를 내게 하는 방법이 만들어집니다.

거기에는 두 가지 방법이 있었습니다. 하나는 주로 영국에서 사용한 것으로, 가성(假聲)을 사용하는 방법인데, '카운터 테너(counter tenor)'라는 이름으로 불립니다. 그것은 주로 알토에 해당되는 음역을 노래하는데, 카운터 테너라는 말은 그런 음역을 지칭하기도 하고, 그렇게 노래하는 가수를 지칭하기도 합니다. 서양 고전음악에 익숙하지 않은 분은 〈단발머리〉를 부르면서 조용필이 사용한 가성을 떠올리면 좋겠습니다.

다른 하나는 이탈리아에서 사용한 방법으로, '카스트라토(castrato)'라고 하는데, 사춘기 지나기 이전의 소년을 거세하여 소프라노 음역을 노래하게 하는 방법입니다. 이는 16세기에 교회에서 사용되기 시작했고, 17~18세기에는 오페라 등의 세속음악에서 사용되어 선풍적인 인기를 누렸다고 해요. 이탈리아 오페라가 유럽을 휩쓰는 인기를 얻게 된 것도 이 카스트라토의 인기 때문이었다고 하지요. 예전에 〈파리넬리〉라는 영화가 있었지요? 파리넬리는 그 당시 가장 인기가 있었던 카스트라토였지요. 카스트라토란 '거세'를 뜻하는 이탈리아어지요.

이 두 가지 방법은 기계적인 조작을 통해서 여성-되기, 아이-되기를 하는 방법이라고 저자들은 말합니다. "음악의 여성-되기, 어린이-되기는 음성의 기계화 문제 속에서 나타난다. ……한편으로는 '자기 목소리를 넘어서서' 노래하는 카운터 테너의 두성(頭聲)이 있다. 여기서 음성은 횡경막에 의존하거나 기관지를 통과하지 않고, 두(頭)의 공동(空洞), 목구멍 안쪽과 입천장 속에서 작용한다. 다른 한편으로는 마치 지각될 수 없는 것, 촉지될 수 없는 것, 기체적인 것에 육체적인 질료를 부여하는 것 같은, '더 강력하고, 더 양감(量感) 있고, 더 나른한' 카스트라토의 복성(腹聲)이 있다."(MP, 373; II, 80~81)

이는 성인 남성들이 신체적 변용을 통해, 그리고 소리를 만드는 공기의 흐름이 다른 신체적 기관을 통과하게 함으로써 다른 음역, 다른 음색을 갖는 목소리를 만들어냅니다. 그 목소리가 여성이나 아이들이 내는 음역이고, 그들의 음색과 유사하다는 점에서 여성-되기 내지 아이-되기라고 하는 거지요. 그러나 그것은 여성의 소리를 흉내내는 것도 아니고, 아이의 소리와 동일한 것도 아닙니다. 보이 소프라노나 여성 가수들이 있었음에도 불구하고, 17~18세기에 카스트라토가 특별한 인기를 얻었던 것은 상이한 신체조건으로 인해 만들어지는 성량(聲量)과 음색의 차이, 표현력의 차이 때문이었지요.

여기서 가수가 남성으로서 존재하는가 여성으로서 존재하는가, 성인인가 아이인가 하는 것은 문제가 되지 않습니다. 아니, 적어도 명확하게 답할 수 있는 문제가 아닙니다. 남성과 여성, 성인과 아이의 거대한 이항적 구별이 사라지고, 남성·여성, 성인·아이라는 몰적인 집합체는 탈영토화의 선을 따라 붕괴되기 때문입니다. 되기는 이처럼 두 항의 대립이 등장하는 경우에도 그 두 항 사이에서 진행되기 때문에, 통상적인 이항적 대립에 빠져드는 게 아니라 이항적 선분을 깨고 이항적으로 만들어지는 몰적 구성체를 분해합니다. 이는 이항적 선분 사이에서 이항성을 교란하는 제3항을 찾는 것[23]과는 다른 방식으로 이항대립의 구조를 분해합니다. 즉 모든 '되기'가 두 개의 항 사이에서 이루어지기 때문에, 되기가 이루어지는 한 이항성이 존재하는 모든 곳에서 그 이항성은 분해되고 깨지는 것입니다.

'너무 빨리' 말하는 감이 있지만, 이는 데리다가 말하는 '사이'와, 들뢰즈/가타리가 말하는 '사이(entre-deux)'가 다른 함축을 갖는다는 것을 시사하는 것으로 보입니다. 데리다가 두 항이 섞이는 사례를 통해 이항적 구별 자체를 비판하고, 이것도 아니고 저것도 아닌, 혹은 이것인 동시에 저것인 경우의 '존재'를 통해 '사이'를 정의한다면, 들뢰즈와 가타리는 이항적인 것 사이에서 발생하는 '되기'를 통해, 두 점 '사이'를 지나가는 생성의 선을 통해, 현실로 존재하는 이항성의 지배를 깨고 뒤엎으려고 하기 때문입니다.

이런 '사이' 개념의 차이는 '잡종(hybrid)'에 대한 견해의 차이로 이어지는 듯이 보입니다. 즉 데리다는 이항대립의 '사이'에 있는, 대립하는 두 측면 모두가 섞여 있어야 하는 잡종(예를 들면 '유령'이나 '양성성')을 찾지만, 들뢰즈와 가타리는 그런 잡종은 "우리를 진

---

(23) 예를 들면 데리다는 '볼 수 있는 것'과 '볼 수 없는 것' 사이에서 '유령'이라는 제3항을 찾아냅니다(데리다, 양운덕 역, 《마르크스의 유령(Spectre de Marx)》, 한뜻, 1996). 볼 수 없다면 그것은 유령이 아니겠지요. 반면 볼 수 있다고 해도, 누구든 볼 수 있다면 그것 또한 유령이 아닙니다. 따라서 유령은 볼 수 있는 것과 볼 수 없는 것의 이항대립을 깨는 절묘한 사례가 됩니다. 마치 수학에서 배중률을 깨는 원주율의 사례처럼.

정한 되기로 나아가게 하지 못한다"고 말합니다. 왜냐하면 그것은 인접한 두 점을 섞는 것이기에 점에 종속되는 것을 피할 수 없고, 또한 두 항이 섞인다 해도 다수적인 항의 지배를 피할 수 없기 때문입니다(MP, 359; II, 69). 양성성은 남성적인 것의 지배 내지 남근의 다수성을 제거하지 못하고, 유령은 가시적인 것의 지배를 배제하지 못하기 때문입니다. 이들에게 중요한 것은 두 점 사이에서 벌어지는 생성의 선을 그리는 것이고, 점적인 체계를 횡단하는 탈주선을 그리는 것입니다. 그리고 이 횡단적인 선은 자신이 통과하는 점들을 다른 것으로 바꾸어버립니다. 사람과 동물 사이에 있는 '반수반인'의 존재를 확인하는 게 아니라 사람으로 하여금 양자-사이로 들어가게 하고 자신이 서 있는 '점'에서 벗어나게 하는 것 말입니다. 양성성의 존재가 아니라 남성도 여성도 양자-사이에 있는 여성-되기 속으로 '말려-들어가게' 하는 것 말입니다.

다른 한편 카운터 테너나 카스트라토는 여성이나 아이가 아니며, 여성의 신체나 아이의 신체를 갖는 것도 아닙니다. 그런데도 이들이 여성-되기 내지 아이-되기를 할 수 있었던 것은 여성 내지 아이라는 '항'이 통상적인 여성이나 아이의 개념과는 다른 것으로, 음향적인 성분으로 재정의되었기 때문입니다. 카운터 테너나 카스트라토 가수는 자신의 남성적 목소리를 탈영토화해서 여성적 내지 아이적인 것이 되게 하지만, 동시에 그것은 여성이나 아이를 통상적인 성적·연령적인 관념에서 탈영토화하여 음향적 성분으로 재정의했기 때문이지요. 다시 말해 목소리 자체가 여성-화하거나 아이-화하기 위해선 동시에 여성이나 아이가 음향-화(음향-되기)되어야 합니다.

문제는 여성이나 어린이를 모방하는 것이 아니다. 설사 어린이가 노래를 하고 있다고 할지라도 말이다. 음악적 음성 자체가 어린이가 되는 것이지만, 동시에 어린이는 음향적으로, 순수하게 음향적으로 된다. 어떤 어린이도 그것을 이룰 순 없다. 만약 그렇다면, 그것은 그 또한 어린이가 아닌 다른 어떤 것이 됨에 의해서다. 즉 다른 세계의 아이, 기묘하게 관능적인 천상세계의 아이가 됨으로써다.(MP, 373; II, 81)

천상의 아이가 된다는 것은 아이가 탈영토화되어 소리가, 순수한 소리가 된다는 것을 뜻하고, 그런 식으로 다른 세계, 가령 천상의 세계에 사는 아이가 된다는 것을 의미하지요. "아이에게 날개가 돋아났다"는 슈만(R. Schumann)의 말을 인용한 것은 이런 의미에서입니다.

따라서 카운터 테너나 카스트라토에 의해 진행되는 여성-되기 내지 아이-되기에서 우리는 **이중의 탈영토화 운동**을 보아야 합니다. 하나는 소리(음성)가 여성-화 내지 아이-화되는 것이고, 다른 하나는 여성 내지 아이가 소리, 순수한 음향이 되는 것입니다. "요컨대 탈영토화는 이중적이다. 음성은 어린이-되기 속에서 탈영토화되지만, 그 되기의 항인 어린이 자신도 탈영토화되어, 탄생하지 않은 채로(inengendré) ~이 되어간다."(MP, 373; II, 81)

이러한 이중의 탈영토화 운동은 이렇게 표시해도 좋지 않을까 싶습니다. 〔목소리의 여성-화; 여성의 음향-화〕 혹은 〔목소리의 어린이-화; 어린이의 음향-화〕. 되기는 모두 이런 식의 이중적인 탈영토화를 통해 진행됩니다. 다른 말로 바꾸면, 음악에서 여성-되기는

'목소리의 여성-화'와 '여성의 음향-화'라는 두 가지 탈영토화 과정, 이중적인 '되기(-화)'가 서로 맞물려 하나의 '블록'을 이룬다고 할 수 있습니다. 맞물려 하나의 블록을 이루는, 되기의 이 두 가지 성분은 서로에 대해 이웃지대를 형성하고 있다고 하지요. 하지만 그 둘이 대칭적인 것은 아닙니다. 앞의 '목소리'가 가수를 의미한다면, '음향-화'에서의 음향은 가수를 뜻하지 않습니다.

그럼으로써 앞서 사용했던 '되기의 블록'이라는 개념이 더욱 선명하게 됩니다. 앞에서는 여성-되기를 단지 '목소리의 여성-화'만으로 말했기 때문에, 시작하는 항(남성)과 되려는 항(여성) 간의 관계만이 표현되었습니다. 이 경우, 되기의 블록이란 남성과 여성이라는 두 항 간의 관계처럼 이해되었습니다. 동물-되기도 마찬가지였지요. '사람의 동물-화'라는 두 항이 블록을 만드는 것으로 이해되었지요. 그렇지만 이처럼 되기를 탈영토화의 이중적 과정으로 표시함으로써 사실은 여성이나 동물이 소리나 기(氣) 같은 분자적인(혹은 원소적인) 성분을 통해서 탈영토화되고 있다는 점을 분명하게 보여줍니다.

이중적인 탈영토화로서 되기의 개념은 되기가 두 항 '사이'에서 진행될 뿐만 아니라, 그에 따라 두 항 자체가 되기의 생성적인 선을 따라 변환된다는 것을 보여줍니다. 애초에 음악에서의 여성-되기는 남성과 여성 '사이'에서 발생하는 것으로 정의되었습니다. 이 경우, 되기는 이항성 사이에서 양자의 경계를 가로지름으로써 이항성을 깬다고 했지요? 그렇지만 이젠 보다시피 그 여성-되기에선 남성도, 여성도 그대로 있지 않습니다. 남성의 목소리는 여성화되었고 여성은 음향이 되었기 때문입니다. 따라서 그 여성-되기는 단지 남성 가

수와 여성 목소리 사이를 통과할 뿐만 아니라, 그 통과하는 생성적 선을 통해 남성도 여성도 모두 휩쓸어 음향적 성분의 분자들로 만들어버리고 있는 것입니다.

한편 이 이중적인 되기의 블록을 통해 탈영토화하는 성분과 탈영토화되는 성분을 구별할 수 있게 됩니다. 저자들은 전자가 탈영토화되는 힘을 표시한다면, 후자는 탈영토화하는 힘을 표시한다고 말합니다. 즉 남성 가수의 여성-되기에서 '목소리의 여성-화'는 '여성의 음향-화'를 통해 탈영토화되는 힘을 표현하고, '여성의 음향-화'는 이 탈영토화를 이끌어가는 힘을, 탈영토화하는 힘을 표현한다고 합니다. 음악-되기의 마지막 부분에 있는 탈영토화의 정리에서 나오지만, 여기서 탈영토화하는 성분이 상대적으로 표현의 역할을 한다면, 탈영토화되는 성분은 상대적으로 내용의 역할을 한다고 합니다. 가령 음악에서처럼 모든 것을 음향-화하는 것이 음악의 고유한 표현형식이라면, 이를 통해서 어떤 경우에는 여성-되기(여성화)가, 어떤 경우에는 아이-되기가, 또 어떤 경우에는 동물-되기가 표현되는 내용이 된다는 것입니다(MP, 377; II, 84).

3) 되기와 모방

음악에서 여성-되기나 아이-되기만큼이나 중요한 것이 동물-되기입니다. 음악에서 여성-되기나 아이-되기가 주로 성악과 결부되어 있다면, 모두 그렇다곤 할 순 없지만, 동물-되기는 주로 기악과 결부되어 있습니다. 대표적인 것이 새소리일 겁니다. 사실 음악을 새의 노랫소리에 비교하는 것은 동서고금을 막론하고 흔히 사용되는 비유지요. 그 경우 그것은 기악적인 소리보다는 사람의 노랫소리에 사용되는 비유지요. "꾀꼬리 같다"는 말은 가수의 목소리를 칭찬할 때 흔히 쓰는 상투어지요. 그러나 그것은 대부분 새나 동물의 감응보다는 '아름답다'는 말의 수사적 표현이거나, 소리의 모방이나 유사성에 따른 표현이지요. 음악에서 곱고 아름다운 청성(淸聲)을 특권화하는 것은 대개 이런 식의 소박한 통념과 무관하지 않습니다.

음악에서 동물-되기를 이해하려면 꾀꼬리 같은 노랫소리보다는 차라리 제니스 조플린(Janis Joplin)의 거친 금속성의 노랫소리를 들어보는 게 더 낫습니다. 유명한 〈서머 타임(Summer Time)〉이란 노래를 한번 들어보시지요. 이 노래의 원곡은 거쉰(G. Gershwin)의 오페라 〈포기와 베스〉에 나오는데, 빌리 할리데이(Billy Holiday) 같은 재즈 가수들이 즐겨 부르던 노래지요. 그런데 조플린이 부르는 이 노래는 원곡을 상기하기 힘들 정도로 완전히 다른 노래가 되어버렸어요. 편곡을 그렇게 했기 때문이기도 하지만, 거친 질감이 강하게 묻어나는 금속성의 목소리가 만드는 감응이 이전에 불렀던 곡과 너무도 다르기 때문이지요.

예전에 제가 이 노래를 다른 사람들에게 들려주었을 때, 이 노래를 처음 듣는 많은 사람들의 반응은 "저건 사람의 소리가 아니야! 동물의 소리야!" 하는 것이었습니다. 분명히 이 곡은 동물의 감응을 갖고 있습니다. 그러나 결코 새소리를 떠올릴 수는 없을 겁니다. 차라리 늑대소리라고 하는 게 더 낫지요. 물론 조플린은 지금 늑대소리를 흉내내고 있는 게 아니며, 늑대소리를 내려고 하는 것도 아닙니다. 그러나 의도가 어떻건 우리는 늑대 같은 동물의 감응을 받습니다. '듣기 좋은' 고운 소리가 결코 아닙니다. 그런데 바로 거칠고 강한 소리가 이 노래를 계속 듣게 하고, 심지어 이 노래에 매료되게 만드는 겁니다. 그래서 이 곡은 다른 누구의 〈서머 타임〉보다도 유명한 곡이 되었지요.

하지만 그것만은 아닙니다. 조플린은 이런 기이한 동물의 소리를 통해서 사람의 목소리가 표현할 수 있는 영역을 새로이 만들어냈습니다. 저렇게 거칠고 거센 소리가 사람들을 사로잡을 수 있으며, 그것도 아주 강밀하게 사로잡을 수 있다는 것을 보여줌으로써, 많은 사람들이 그의 창법(唱法)을 따라하게 만들었지요. 독자적인 세계를 구축한 것이 분명함에도, 한영애의 창법에서 조플린의 영향을 느끼지 않는다는 건 불가능할 듯합니다. 조플린의 이 강밀한 동물-되기는 새로운 감염의 선이 곳곳에서 흘러넘치게 한 것이지요. 마치 흡혈귀에 물린 사람이 다른 사람의 피를 찾아다니듯이 말입니다. 이 경우 조플린이라는 저 별종 같은 '동물'로 인해 노래하는 목소리의 경계가 새로이 확장되었다고 해도 틀리지 않을 겁니다.

그렇지만 음악에서 동물-되기에서 새소리를 빼놓을 순 없습니다. 이제 다시 새에게로 돌아갑시다. 음악에서 새-되기를 누구보다 잘 보여주는 사람은, 너무도 새를 좋아했고 그래서 새소리를 만들어내며 음악을 했던 메시앙(O. Messiaen)이었습니다. 그는 테이프 리코더를 들고 새소리를 녹음하여 새들 노래의 '음계'나 '선법', '음식'을 연구했던 음악학자였고, 실제로 새의 생태를 연구했던 준-프로급의 조류학자기도 했습니다. 그는 현대음악에 대한 관심이 있다면 피해가기 힘든 사람이고, 실제로 음악사에서 아주 중요한 위치를 차지하고 있는 인물이기도 합니다. 그가 사용한 선법적(旋法的)인 리듬이나 힌두적인 선율 등은 쇤베르크와는 다른 방식으로 현대음악의 흐름을 규정한 중요한 축이 되었고, 그래서인지 아니면 인품이 좋아서인지, 불레즈(P. Boulez)와 노노(L. Nono), 스톡하우젠(K. Stockhausen), 크세냐키스(I. Xenakis) 등 20세기 후반 유럽 현대음악의 가장 중요한 인물들이 모두 그에게서 사사(師事)했지요.

메시앙은 음악이나 예술은 오직 인간만이 하는 것이란 생각에 동의하지 않았습니다. 특히 그는 새들은 타고난 예술가라고 생각했는데, 이는 단지 아름다운 소리로 노래한다는 의미에서만 그런 것은 아니었습니다. 그는 사람들만큼이나 새들 또한 음조와 선법, 음정 그리고 라이트모티프 같은 것은 갖고 있다고 말해요. 그래서 그는 새들의 그러한 음조와 선법, 음정을 만드는 방식 등을 연구하여 새로운 음악적 표현형식을 만들어냈습니다. 마치 바르톡(B. Bartók)이 민속음악을 연구해서 새로운 음계와 새로운 소리를 만들어냈듯이, 슈톡하우젠이 전자음악을 연구해서 새로운 소리를 만들어냈듯이 말입니다.

뿐만 아니라 메시앙은 새를 직접적인 주제로 한 곡들을 많이 썼고, 심지어 나중엔 7'권'으로 된《조류도감(Catalogue d' oiseaux)》이란 대작을 쓰기도 했습니다(이 '책'에는 13종의 새가 등장합니다). 또 독일군 포로수용소 시절에 쓴 곡〈시간의 종말을 위한 4중주(Quatour pour la fin du temps)〉의 1악장은 '수정(水晶)의 예배'란 제목을 달고 있는데, 지빠귀와 꾀꼬리의 즉흥곡이란 형식으로 만들어졌고, 클라리넷 독주로 연주하는 3악장은 '새들의 심연'이란 제목을 달고 있는데, 여기서 새들은 슬픔과 권태로 특징지어지는 시간의 심연과 대립되는 항으로 등장합니다. 또한 후기의 걸작이라고 하는 오페라〈재판을 받는 성 프란체스코〉역시 새가 지저귀는 소리로 시작한다고 해요. 이런 식으로 그의 작품 어디에나 새가 등장합니다.

그러나 그가 만들어내는 새들의 음악적 소리는 비발디나 하이든 등의 작품에서 듣던 새소리와는 너무도 다릅니다. 먼저 〈시간의 종말을 위한 4중주〉의 1악장과 3악장을 들어보세요. 통상 모방적인 곱고 아름다운 소리를 위해서 새소리는 주로 플루트나 피콜로 등처럼 맑고 고운 소리를 내는 목관악기를 할당하지요. 그러나 〈시간의 종말을 위한 4중주〉의 1악장에서는 클라리넷과 바이올린으로 새소리를 연출하지요. 즐겁고 경쾌한 즉흥곡 형식이지만 결코 통상적인 새소리라곤 할 수 없지요. 3악장에서는 클라리넷만으로 연주하는데, 권태로운 시간의 심연을 표현하는 느린 악구(樂句)와, 새들의 활기차고 자유로운 소리가 대비되어 교차하고 있습니다. 더구나 여기서도 조성적인 소리가 아닌 선법적인 소리를 사용했기에 듣기에 편하지만은 않았을 겁니다.

《조류도감》이란 작품도 한번 들어보실래요? 워낙 긴 곡이라서 다 들을 수는 없으니, 가장 앞에 있는 '알프스의 까마귀'와 두 번째 곡인 '꾀꼬리'만 듣기로 하지요. 사족이지만, 불어로 꾀꼬리는 로리오(Loriot)인데, 메시앙이 이 작품을 헌정했고 나중에 결혼했던 사람의 이름이 로리오(Y. Loriod)였습니다. 글자는 다르지만 발음은 같지요.

어떻습니까? 플루트 같은 경쾌한 관악기가 아니라 피아노로 듣는 새소리가 듣기 좋은가요? '알프스의 까마귀'에서는 나뭇가지 사이를 날아다니는 까마귀의 감응이 느껴지지 않나요? 때론 무거운 울음소리가 느껴지기도 하고, 혹은 굵고 거친 움직임이, 아니면 불규칙적이지만 유머러스한 느낌이, 그리고 뜻밖에도 날짐승 특유의 가볍고 잰 움직임이 느껴시지 않던가요? '꾀쏘리'에서 피아노의 건반은 경쾌하고 빠른 꾀꼬리의 노래를 표현하기 위해 고음의 연이은 속주와 트릴(trill)을 이용하고 있지요. 그러면서도 마치 나뭇가지로 옮겨 앉기라도 하는 양 천천히 "퉁, 퉁" 치는 저음이 교차해 등장하면서, 마치 중력에서 벗어날 듯한 꾀꼬리의 경쾌함과 '부산함'에 균형을 잡아주고 있습니다.

이런 식으로 메시앙은 음악에서 새-되기를 실행하고 있습니다. 음악은 인간만의 것이 아니라 차라리 새가 먼저 만들었다고 말하려는 것처럼 말입니다. 이런 의미에서 그는 음악적인 영역에서 일종의 '스피노자주의자'였다고 말할 수 있을 듯합니다. 인간이 특권화된 존재의 자리를 차지하고 있는 그런 모든 종류의 인간학적 태도를 벗어나, 모든 양태들이 평등하게 다루어지는 스피노자적인 의미의 '자연주의' 말입니다. 그러나 이러한 자연주의는 인간과 대립되는 자연을 찬미하고, 문명·사회나 기계와 자연을 대립시키는 루소적인 의미의 자연주의가 아니라(그건 사실 음각적陰刻的인 형태로 그려진 또 하나의 인간중심주의지요), 테이프 레코더로 녹음한 소리와 새들이 노래하는 소리, 그리고 인간이 재구성한 소리가 하나의 연속체를 이루며 서로 변형되는 그런 종류의 자연주의지요.

잊지 말아야 할 것은 메시앙의 음악적 동물-되기에서 악기소리의 동물화는, 동물의 소리는 그대로 둔 채 그 소리로 악기소리를 재영토화하는 것이 아니란 점입니다. 그 경우 그것은 비발디나 하이든의 '종달새'처럼 새소리를 '모방'(물론 이 경우에도 일정한 탈영토화가 발생하기에 '모방'이란 말은 매우 제한된 의미를 갖지만)하는 경우와 전혀 다르지 않을 겁니다. 그러나 이미 들어본 바와 같이 그런 모방을 발견하긴 어렵습니다. 실제로 제가 실험해보았는데, 사전 지식이 없는 사람에게 제목을 알려주지 않고 이 음악을 들려주었을 때,

그리고 "이게 무슨 소리 같애?" 하고 물었을 때 그것을 새소리라고 대답한 사람은 별로 없었습니다. 메시앙은 새소리를 모방하고 묘사한 게 아니라 새소리를 음향학적으로, 그리고 음계와 음조, 리듬 등을 음악학적으로 연구하여 각각의 새들이 '음악'을 만들어내는 표현형식을 찾아내, 그것을 이용해 새로운 소리를 만들어낸 것입니다. 즉 새소리를 음향학적·음악학적으로 탈영토화하여 재구성함으로써, 그것을 통해 악기소리로 새의 감응을 만들어낸 것입니다.

따라서 메시앙의 음악적인 동물-되기에서 악기소리의 동물-화는 새소리의 음향화를 통해 가능했으며, 그것을 통해 진행되고 있다고 해야 합니다. 여기서도 우리는 [악기소리의 동물-화, 동물의 음향-화]라는 두 개의 성분으로 구성된 '되기의 블록'을 발견할 수 있습니다. 새소리를 통해 악기소리가 탈영토화되는 것 못지 않게 동물이 음악적 소리를 통해 탈영토화되는 이중적인 탈영토화가 진행되고 있는 것이며, 후자를 통해 전자가 이루어지고 있는 것입니다. 그래서 저자들은 이렇게 말합니다. "음악은 리토르넬로를 탈영토화하는 것으로 이루어지는 능동적·창조적 조작이다."(MP, 369; II, 77)

여기서 리토르넬로란 말은, 다음 고원에서 자세히 보겠지만, 반복구란 뜻이고, 가령 새들의 리토르넬로란 새들의 반복구, 그래서 소리만으로 새를 떠올리게 하는 반복구입니다. 메시앙은 새들의 리토르넬로를 탈영토화하여 새로운 음악적 소리의 선들을 만들어냈고, 이 표현형식을 이용해 작품을 만들어 새들의 감응을 생산하는 악구들(새들로 재영토화되는 반복구)을 만들어냈던 겁니다. 이런 점에서 새소리를 탈영토화하는 것이 상대석으로 '표현형식'을 구성했다면, 그것을 통해 만들어진 소리가 새소리나 새의 감응을 야기할 때, 그것은 상대적으로 '내용의 형식'에 해당된다고 할 수 있겠지요. 반복구 내지 "리토르넬로가 음악에 고유한 내용이자 내용의 블록"(MP, 368; II, 76)이라는 말은 바로 이런 의미에서지요.

이처럼 되기는 모방이 아닙니다. 새-되기는 새의 모방이 아니며, 늑대-되기 또한 늑대의 모방이 아닙니다. "히치콕(A. Hitchcock)이 새를 만들 때, 그는 어떠한 새 울음소리도 재생산하지 않는다. 그는 강밀도의 장(場), 진동의 파동, 우리가 우리 안에서 체험하는 끔찍한 위협과 같은 지속적인 변이로서의 전자음을 생산한다."(MP, 375; II, 82) 제니스 조플린이 노래할 때, 그것은 늑대의 울음소리를 흉내내는 것이 아닙니다. 그저 그것은 전혀 다른 종류의 목소리를 내는 것이고, 목소리를 사람의 음성에서 탈영토화하는 것이지요. 그것은 늑대가 되려는 생각조차 없이 이루어지는 늑대-되기입니다. "화가나 음악가는 동물을 모방하는 것이 아니라, 〈자연〉과의 가장 깊은 화합 속에서 동물을 자신들이 원하는 어떤 것으로 되게 함과 동시에 그들 스스로도 동물이 되는 것이다."(MP, 375 ; II, 82)

클레(P. Klee)의 그림은 되기가 만들어내는 탈영토화의 선이, 모방적인 방식으로는 보여줄 수 없는 것을 보여줄 수 있다는 것을 잘 보여줍니다. '리토르넬로' 라는 고원의 입구에 보면 클레의 〈지저귀는 기계〉라는 그림이 있어요. 거기서 클레는 분명히 새를 그렸지만, 그 새는 혀와 부리가 길게 나온 머리에다, 몸인지 다린지 알 수 없는 선을 연결해두었고, 손잡이를 돌리면 엇갈리며 돌아가는 기계의 일부로 그 선들을 만들어버렸어요. 그리곤 제목을 〈지저귀는 기계(A Tottering Machine)〉라고 붙여놓았지요.

이는 그가 그리려고 한 것이 새가 아니라 '새소리' 라는 것을 뜻합

〈그림 10.1〉
클레, 〈지저귀는 기계〉

니다. 새소리를 그린다, 결코 쉬운 일이 아니지요. 노래하는 새를 그려보았자 거기서 소리가 날 리 없고, 따라서 그것은 노래하는 새를 그린 것은 될지언정 새소리를 그린 것은 될 수 없을 겁니다. 하지만 클레는 불가능해보이는 것을 하고자 했습니다. 그는 '비가시적인 것을 가시화하는 것'이, 쉽게 말해 볼 수 없는 것을 볼 수 있게 하는 것이 예술이라고 생각했으니까요. 그래서 그는 새를 기계로 만들어 버림으로써 그림에서 소리를 볼 수 있게 하려고 했습니다. 어때요? 잘 보이나요? 즉 새를 기계화함으로써 그림을 음향화한 것입니다. 회화를 음악화하려는 이런 시도를 우리는 [새의 음향-화; 새소리의 기계-화]라고 요약할 수 있습니다. 그리고 이처럼 새소리를 그림으로써 그는 새가 되고 있는 겁니다. 즉 [화가의 새-되기; 새소리의 회화-화]라는 또 하나의 블록이 중첩되어 있는 것이지요.

그것은 어떤 대상을 표상하는 경우에도 마찬가지지요. "어떤 화가가 새를 '표상한다'고 가정해보자. 사실상 그것은 새 그 자체가 다른 어떤 것, 순수한 선이나 색채가 되어가는 한에서만 만들어질 수 있는 새-되기다. 따라서 모방은, 모방하는 자 자신도 모르게 되기 속으로 진입한다. ……우리는 실패하는 한에서만, 실패할 때에만 모방한다."(MP, 374; II, 82) 이런 의미에서 저자들은 단언합니다. "되기는 모방이 아니며, 어떤 예술도 모방적이지 않다."(MP, 374; II, 82) 그리고 이렇게 덧붙입니다. "미메시스라는 개념은 불충분할 뿐만 아니라 틀렸다."(MP, 374; II, 82의 주 79)

4) 분자-되기와 소수-화

사실 엄밀하게 말한다면, 여성-되기나 아이-되기, 동물-되기에서 실제로 만들어진 것은 여성의 목소리도, 아이의 목소리도, 늑대의 소리도 아닙니다. 정확하게 말하면 그것을 만드는 각각의 성분들이 모여서 고유하게 만들어지는 분자적인 소리고, 때와 장소에 따라 달라지는 '특개성(héccéité)'을 갖는 목소리들이지요. 이런 의미에서 모든 되기는 새로운 분자적인 성분을 만들어내는 창조요 창안이라고 할 수 있으며, 따라서 모든 되기는 분자적이며 분자-되기라고 할 수 있습니다.

모든 되기들은 분자적이다. 어떤 사람의 되기의 항으로서의 동물이나 꽃, 돌 등은 분자적 집합체고 특개성이지, 우리가 경험이나 과학, 습관 등을 통해 우리 외부에서 인식하고 인정하는 형식이 아니며, 몰적 주체나 대상이 아니다. 이것이 사실이라면, 인간적인 것에 대해서도 똑같이 말해야 한다. 분명한 몰적 실체인 여성이나 어린이를 닮지 않은 여성-되기, 어린이-되기가 있다.(MP, 337; II, 50)

하지만 분자적인 것, 특개적인 것을 있는 그대로 포착하는 것은 세상을 여여(如如)하게 받아들이는 "한 소식 하신" 선사들이라면 모를까, 우리 같은 범인들로선 불가능하지요. 우리는 다만 그것을 몰적인 성분을 표시하는 어떤 개념을 통해서, '남성', '여성', '아이', '성인', '인간', '동물' 등과 같은 몰적인 구성체를 통해서 포착할 수 있을 뿐이지요. 제니스 조플린의 노래를 들으면서 때론 흑인의 목소리를 때론 동물의 목소리를 듣기도 하지만, 사실 그것은 끊임없이 발화하는 '하나의' 목소리를 '흑인'이나 '동물'이라는 아주 거칠고 거대한 몰적인 개념으로 절단하여 포착하는 것입니다. 그 몰적인 개념은 남자/여자, 백인/흑인, 인간/동물 등과 같이 아주 간단한 것만을 포착하고 표현할 뿐이며, 그것으로 포착되지 않는 모든 것은 "이건 동물의 소리야"라는 말을 하는 순간 놓쳐버리고 마는 거지요. 그처럼 몰적인 구성체로 포착할 수 없는 것들은 '지각될 수 없는 것'이 됩니다.

그렇다면 몰적 구성체, 몰적인 개념 들을 던져버리면 좋을 것인가? 결코 그렇지 않습니다. 왜냐하면 몰적인 개념들이 그렇게 크고 거친 구분으로 분자적인 특개성과 차이를 절단하는 것은 사실이지만, 그것이 없다고 해서 우리가 '지각 불가능한 것'을 감지하고 포착할 순 없습니다. 아니, "계신가?"라는 말에 똑같이 주먹을 들어올리는 것을 보고서, 그 사람의 심천(深淺)을 감지하는 조주(趙州) 스님이라면 그럴 수 있을 겁니다. 그렇지만 그것은 정말 똑같아 보이는 것에서도 미세하고 섬세한 차이를 읽어내고, 똑같이 말해지는 것 속에서도 말할 수 없는 것을 감지하는 탁월한 감응능력이 없다면 불가능한 일입니다. 그래서 우리는 그 분자적이고 특개적인 섬세한 차이를 그저 '지각 불가능한 것'으로 간주하며, 그것에 대해 말하려는 시도를 '자의적'이라거나 '주관적'이라고, 혹은 '신비주의적'이라고 비난하게 되지요.

그런데 더욱더 사태를 나쁘게 만드는 것은 그런 방식으로 우리는 확실하고 안정된 판단을 동일하게 유지한다는 것입니다. 언제나 지배적이고 다수적인 척도에 따라, 지배적인 몰적 구성체에 따라 분별하고 판단하지요. 아름다운 목소리에 대한 지배적인 척도, 예술에 대한 통념적이고 다수적인 척도에 따라 선택하고 배제하는 것만을 동일하게 반복한다는 겁니다. 아름다운 소리란 곱고 맑은 소리라는 생각, 노래하는 예술가가 되려면 일단 서양의 성악가들이 하듯이 '벨 칸토' 창법을 배우는 것으로 시작해야 한다는 생각, 그리고 그렇지 않은 것은 예술이 아니라 '민속음악'이나 저급한 대중음악이라는 식의 어처구니없는 생각 등을 만나기는 결코 어렵지 않습니다. 아니, 너무 곳곳에 널려 있어서 피해가기 힘듭니다. 지각 불가능한 차이는 모두 그 거대한 절단기계의 칼날에 의해 '예술적인 것'과 그렇지 않은 것, 아름다운 것과 그렇지 않은 것, 좋은 것과 그렇지 않은 것으로 양단(兩斷)되어, 다수적인 것이 되거나 아니면 무시되고 버려지거나 억압되는 선택만이 남게 됩니다.

반면 그 차이를 밀고나가 지극히 이질적인 소리를 만들어냈을 때, 그러면서 전에 보고 듣지 못했던 새로운 감응을 만들어냈을 때, 우리는 그것이 저 다수적 가치의 일도양단하는 칼날을 비껴가며 존재하고 만들어질 충분한 이유가 있다는 것을 알게 되고 인정하게 됩니다. 하지만 그것은 지각될 수 없는 분자적 차이만으론 불가능합니다. 그것이 만드는 독자적인 세계를 개념으로 포착하고 말로 표현해야 합니다. 그래야만 다수적인 척도의 칼날을 비껴 치며 그 독자적인 세계가 존속할 수 있는 공간을 확보할 수 있지요.

따라서 새로운 생성의 선을 그리는 모든 되기는 **지배적인 몰적 구성체**(formation molaire)에 반하는 몰적 성분(composantes molairs)을 이용할 수밖에 없습니다. "지각될 수 없는 과정을 위해 지각의 표지 내지 통로를 형성하는 몰적 성분이 수반되지 않는 한, 어떠한 흐름도, 어떠한 분자-되기도 [기존의 다수적인] 몰적 구성체로부터 빠져나올 수 없다."(MP, 373; II, 80) 즉 음악에서 여성-되기와 아이-되기는 성인 남성이라는 다수자가 지배하는 몰적 구성체에서 벗어나기 위해 '여성'이나 '아이'라는 소수자의 몰적인 성분을 이용하고 있는 것이고, 지각 불가능한 분자적 차이를 지각 가능한 몰적 개념으로까지 밀고간다는 것입니다. 또 음악에서 동물-되기는 아름다운 목소리라는 관념이 지배하는 인간의 목소리라는 몰적 구성체에서 빠져나오기 위해 새로운 감응을 갖는 그 분자적 소리를 '동물'이라는 몰적 개념, '늑대'라는 몰적인 성분으로 기꺼이 밀고간다는 것입니다. "어때, 정말 늑대 같지? 기막힌 소리 아니야?"

여기서 우리는 이제 되기의 소수성에 대한 이야기로 나아가게 됩니다. 가령 카운터 테너나 카스트라토의 목소리가 새로운 소리를 위해서 '여성'이나 '아이'라는 몰적 성분을 통과하고 있는 건 분명합니다. 그런데 그것을 과연 '여성'의 목소리라고 할 수 있을까요? 아, 비록 거세했지만 그래도 남성이 내는 소리 아니냐는 애기를 하려는 건 아닙니다. 그 목소리는 '여성'의 소리일까요, '아이'의 소리일까요? 카스트라토는 거세를 통해 보이 소프라노 시절의 아이의 목소리를 지속하려는 것이란 점에서 '아이'의 목소리라고 할 수 있습니다. 그렇지만 그것은 성인의 힘과 윤기가 있는 강력한 힘을 갖고 있다는 점에선 보이 소프라노와 다르며, 그래서 성인 '여성'의 목소리라고 해도 좋을 듯합니다. 사실 여기선 **여성-되기**와 **아이-되기**의 지대가 뒤섞여서 '명확하고 뚜렷하게' 구별하는 것이 곤란합니다. 그래서 어떤 사람은 그것을 여성의 목소리로 지각하고, 다른 사람은 아이의 목소리로 지각합니다.

그리너웨이의 영화 〈요리사, 도둑, 그 아내, 그리고 그 정부〉에서도 비슷한 상황을 발견할 수 있었습니다. 그 영화에는 주방에서 일하는 아이가 등장합니다. 그런데 이 아이는 바로크 풍의 미사곡 같은 성가곡을 항상 부르고 있습니다. 그런데 그 목소리는 당연히 변성기를 지나지 않은 아이의 목소리지만, 동시에 여성의 목소리로 들리기도 합니다. 그래서 그 식당의 소유자인 부르주아('도둑놈'!) 알버트에게 걸핏하면 계집애 같다고 구박을 당합니다. 더불어 접시를 닦는 것도("사내자식이 접실 닦아? 여자나 할 일이다."), 손수건을 갖고 있는 것도("이건 뭐야? 잘 간수해. 순결을 지키듯 깨끗이 지켜.") 모두 '사내자식'에겐 어울리지 않는 여성적인 것으로 간주되어 비난받습니다. 결국 그는 소년의 목구멍에 커다란 단추들를 쑤셔넣어서 그 목소리를 지워버리지요.

여기서 우리는 여성의 목소리와 아이의 목소리가 매우 근접해 있다는 것을 알 수 있습니다. 물론 여성의 목소리와 아이의 목소리는 다르며, 여성적인 것과 아이들 같은 것은 다릅니다. 그럼에도 불구하고 양자는 혼동되고 뒤섞일 정도로 근접해 있습니다. 그래서 카운터 테너나 카스트라토의 목소리를 두고, 저걸 여성의 목소리라고 해야 할지, 아이의 목소리라고 해야 할지 망설이게 하는 모호함이 있습니다. 이 모호함의 이유는 무엇일까요? 이 근접성의 이유는 대체 무엇일까요?

모호성의 이유가 되기의 지각하기 힘든 분자적인 성분 때문이라면, 근접성의 이유는 아이의 목소리나 여성의 목소리나 모두 '성인 남성'의 목소리가 아니라는 사실 때문입니다. 사실 목소리의 차이야 목소리마다 있게 마련이지요. 저는 예전에 제니스 조플린의 노래를 처음 들었을 때 그 사람이 여자인 줄은 알았는데, 흑인인 줄 알았어요. 그래서 어딘가에서 흑인이라고 얘기했다가 크게 망신을 당한 적이 있지요. 하지만 지금 생각해보면, 비록 사전 지식이 없었다는 점에서 '무식'했던 건 사실이지만, 그 여자가 흑인일 거라고 생각했던 것은 그가 블루스(Blues) 가수로서 워낙 흑인 같은 감응을 갖고 있었기 때문이지, 제 잘못은 아니란 생각이 듭니다. 그는 탁월하게 흑인-되기에 성공한 것이고, 저는 그 소리를 정확하게(!) 들은 것이란 말입니다. 아니, 왜 웃으시나요?

우리는 이 모든 차이들을 현재 익숙한 어떤 기준을 '근거'로 구별하고 판단합니다. 익숙한 기준, 그것은 이미 **척도로서** 자리잡고 있는 어떤 소리고, 이미 '다수적인' 위치를 점하고 있는 소리지요. 얼굴 그 자체가 이미 유럽의 백인 중년 남자의 얼굴이라고 했던 것처럼, 여기서도 성인 남성들의 목소리가 어느새 기준이 되고 있습니다. 그래서 그와 다르면, 어떤 사람은 '이건 여자의 목소리군'이라고 생각하고, 다른 사람은 '이건 아이의 목소리군' 하고 생각하게 되지요. 여기서 "여자군", "아이군" 하는 말은 "성인 남자가 아니군"이란 말을 뜻하지요. 따라서 성인 남자가 아닌 사람의 목소리는 모두 강한 근접성을 갖게 되지요. 그게 바로 그런 목소리들이 모호하게 들리는 이유기도 하지요.

아마도 우리들이 사는 이 세계에서 "모든 되기들이 여성-되기와 함께 시작하고 여성-되기를 경유한다"고 한다면(MP, 340; II, 53), 이는 가장 두드러지게 지배적인 것이 남성이라는 다수자라는 사실 때문일 겁니다. 성인이나 백인이란 기준이 공통적으로 '들어맞는' 곳에서도 남성과 여성은 다수자와 소수자로서 대비되고 있다는 점을 생각한다면, "여성-되기가 다른 되기들의 열쇠"(MP, 340; II, 53)라는 저자들의 말을 이해하긴 어렵지 않습니다. 물론 흑인이라면, 남자든 여자든 아이든 어른이든 백인과 흑인이란 기준에 따라 전달되기에, 이질적인 것은 모두 '흑인의 소리'로 간주될 것이고, 따라서 "모든 되기는 흑인-되기를 통과한다"고 말할 수도 있을 겁니다. 동일한 이유에서 우리는 "아이-되기는 다른 되기들의 열쇠"라고 말할 수도 있을 겁니다.

동물-되기에 대해서도 비슷한 얘기를 할 수 있습니다. 제니스 조플린의 노래를 듣고선 "저게 사람 목소리야, 늑대소리지"라고 하는 것은, 거기서 "우-우-우!" 하는 달밤의 늑대 울음소리를 들었기 때문이 아닙니다. 그의 노래에는 그런 늑대 울음소리가 전혀 나오지 않습니다. 다만 그건 결코 사람의 소리가 아니라는 느낌을 받은 것이고, 그래서 그것을 '동물의 소리'니 '늑대소리'니 하는 말로 표현하는 것이지요. 물론 늑대 같은 감응이 있었다고 할 수도 있겠지만 말입니다. 여기서도 우리는 사람의 목소리를 기준으로 분별하고 판단합니다. 통상적인 사람의 목소리와 다른 것은 모두 '동물의 소리'라고 말하는 거지요. 늑대소리라고 하는 것은 딱히 늑대가 생각나서 하는 말이라기보다는 인간의 목소리가 아니란 말이지요. 여기서 인간은 소리를 내는 많은 것들 가운데, 익숙하고 지배적인 기준의 자리를 차지한 척도요 다수자입니다. 요컨대 동물-되기란 어떤 동물을 흉내내는 게 아니라 다수자인 인간의 척도에 들어맞지 않는 새로운 요소를 창조하는 것이며, 다수적인 척도를 가진 통상적인 사람들이 그것에 대해 "저건 동물이야, 동물!"이라고 말하는 것이지요.

이처럼 되기란 무어라 명명할 수 없고 무언지 명확하게 지각할 수 없는 분자적인 것을, 특개적인 것을 만들어내는 것입니다. 즉 모든 되기는 심지어 지각하기 힘든 새로운 분자적인 것을 만들어내기에,

그것은 일차적으로 지배적인 것, 다수적인 것, 익숙하고 통념적인 것에서 벗어나는 것일 수밖에 없습니다. 모든 되기가 "지각 불가능하게-되기를 향하여" 간다는 말, "지각 불가능한 것은 되기의 극한이다"라는 말(MP, 342; II, 54)은 이런 의미지요. 따라서 모든 되기는 지배적인 몰적 구성체에서 빠져나오는 창조와 생성의 선을 그리며, 다수적인 척도로 선택하거나 잘라버릴 수 없는 지대를 만들어냅니다. 그리고 그 지대에 다수자와 대립되는 몰적 성분의 이름을 걸어 놓습니다. 그 새로운 목소리에 '성인 남성'이라고 써놓거나 '인간의 목소리'라고 써놓는 게 대체 어떻게 가능하겠습니까? 그런 명칭은 지배적인 몰적 구성체 안에 수용 가능한 것에 대해서만 사용됩니다.

그래서 들뢰즈와 가타리는 이렇게 단언합니다. "되기는 소수적이며, 모든 되기는 소수-화(devenir-minoritaire)일 수밖에 없다."(MP, 356; II, 66) 즉 남성-되기란 없으며, 백인-되기란 없다는 것입니다. 이미 여성들 자신이 충분히 남성중심주의적 척도를 갖고 살고 있으며, 그래서 많은 경우 남성보다 더 남성적인 경우가 많다는 것을 우리는 잘 알고 있습니다. 남자아이에 대한 한국인의 끔찍할 정도의 집착은 '시어머니'라는 여성의 지위에 가장 강하게 부착되어 있습니다. 안면성을 다룬 고원에서 본 것처럼, 우리 같은 황인종이나 아니면 인종차별의 가장 극심한 대상이었던 흑인들 또한 검은 피부에 대한 원망이나 흰 피부에 대한 소망을 통해 백인이라는 다수적 척도를 갖고 있음을 우리는 잘 알고 있습니다. 그래서 들뢰즈와 가타리는 거듭하여 말합니다. "블랙 팬더(Black Panther)당은 흑인들도 흑인-되기를 해야 한다고 말했다. 여성들도 여성-되기를 해야 한다.

유태인도 유태인-되기를 해야 한다."(MP, 357; II, 67) 그러한 여성-되기는 여성만큼이나 남성 또한 필연적으로 변용시킬 것이며, 그러한 흑인-되기는 흑인만큼이나 백인, 황인 들 또한 필연적으로 변용시킬 것입니다.

한편 남성들이 여성-되기를 할 수 있는 것과 마찬가지로 백인들 또한 흑인-되기를 할 수 있습니다. 이런 점에서 여성이 아니면 여성에 대해서 말하지 말라거나, 흑인이 아니면 흑인에 대해 말할 자격이 없다고 하는 것(왜냐하면 그건 불가능한 대의, 불가능한 대행을 가정하기 때문에), 혹은 너희가 이 핍박받은 민족에 대해 뭘 아느냐면서 자기 아닌 다른 모든 사람들의 '발언'을 배척하는 것처럼 어리석은 일은 없을 것입니다. 백인이 흑인을 주인공으로 하는 소설을 쓸 때, 혹은 인간이 동물을 주인공으로 하는 소설을 쓸 때, 그는 흑인이나 동물의 입장을 대변하고 그들의 상태를 고발하려는 게 아니라 자기 스스로 흑인-되기, 동물-되기를 하려는 것이고, 결코 자신의 것만은 아닌 삶에서 새로운 출구를 찾으려는 것이기 때문입니다. 그 출구를 이용하기 위해서 반드시 백인이어야 할 이유도 없고, 반대로 반드시 흑인이어야 할 이유도 없습니다. 여성-되기를 하지 못하는 한 여성 또한 남성 못지않게 남성적이듯이, 그리고 흑인-되기를 하지 못하는 한 흑인 또한 백인 못지않게 인종적이듯이, 소수자-되기의 선을 찾지 못한 채 그저 소수자-임을 내세우는 피억압 '인민' 또한 억압자들 못지않게 억압적일 수 있다는 것을 잊지 말아야 합니다. '이기(être)'라는 말로 표시되는 상태와 '되기(devenir)'라는 말로 표시되는 생성과 변이를 대비했던 것은 이 지점에 이르면 단지 개념적이고 관념적인 게 아니라 지극히 정치적이고 실천적인 것이었음이 드러나게 됩니다.

5. 지각 불가능하게-되기와 비밀
1) 지각 불가능하게-되기

앞서 말했듯이 되기는 어떤 것이든 분자-화고, 그런 한에서 몰적인 구성체 안에서는 몰적인 성분으로는 포착할 수 없는 것들을 포함합니다. 따라서 그것은 대개 지각 불가능한 것을 포함하고 있습니다. 여기서 좀더 나아가 말한다면, 몰적인 구성체에서 멀면 멀수록 지각 불가능한 지대는 더욱 커진다고 할 수 있겠지요. 따라서 되기는 언제나 지각 불가능하게-되기를 향해가며, 지각 불가능한 것은 되기의 극한이라고 했습니다. 여성-되기의 경우에도, 동물-되기의 경우에도, 아이-되기의 경우에도 지각 불가능한 것은 포함되어 있습니다.

그런데 지각 불가능하게-되기를 아예 직접적으로 추구하는 경우도 있습니다. 잠행자가 그것입니다. 경찰이나 정보기관의 감시를 피해서 잠행하는 지하혁명가나, 〈허공에의 질주〉에 등장하는 탈주자 가족이 그렇습니다. 이를 저자들은 '잠행자-되기(devenir-clandestin)'라고 부르지요. 이러한 잠행자는 현재의 체제, 현재의 상태 안에서 살지만 그것을 벗어난 무엇을 추구합니다. 유토피아라고 부르든, 이데올로기라고 부르든, 현재와는 다른 상태, 다른 종류의 사회를 향해 나아가려 하며, 그를 위해 현재와 그 지향점 사이에서 살고 있습니다. 그들은 운동 중에 있는 것입니다. 그 운동 과정에서 그들은 미래를 통해 현재를 탈영토화하는 동시에, 삶을 통해 미래를 탈영토화합니다. 물론 유기체적인 조직 형태와 국가주의적 관념 등으로 인해 그것이 고식화되고 멈추어버리는 경우가 많다고 해도, 어떠한 방식으로든 그것은 변환의 벡터를 다시 만나게 됩니다.

어쨌거나 이들이 현재 체제의 전복을 꿈꾸는 한 그들은 지각 불가능한 것을 추구합니다. 지각 불가능한 것을 목적으로 하진 않지만 자신이 목적하는 바를 이루기 위해서는 지각 불가능하게 되지 않으면 안 됩니다. 그런데 clandestin이란 말 그대로 '지하활동'을 한다는 것은 보이지 않는 곳에 '꼭꼭 숨는' 것이 아니며, 정보경찰의 손이 닿을 수 없는 머나먼 곳에 가서 숨는 것도 아닙니다. 그것은 지각 불가능하게 되긴 하겠지만, 사실은 그럴 이유를 상실하는 것이며, 아무것도 하지 않는 것입니다.

반대로 가장 탁월한 잠행은 사람들 속에서 사는 것이며, **모든-사람이-되는-것**(devenir-tout-le-monde)입니다. "모든 사람처럼 존재하는 것"(MP, 342; II, 55), 어떠한 사람이라도 될 수 있는 것, 그것이 바로 잠행자-되기의 가장 완벽한 극한입니다. "주목받지 않고 살아가는 것, 이웃이나 관리인에게조차 알려지지 않고 살아가는 것", 이는 "숱한 고행과 절제, 창조적 함입을 필요로" 합니다(MP, 342; II, 55). 때로는 너무 힘들고 때로는 지치게 만들기도 하는 이런 잠행이 어려운 것은 어떤 사람도 될 수 있어야 하고 어떤 것도 할 수 있어야 하며, 그것과 더불어 하고자 하는 것을 할 수 있어야 하기 때문입니다. 〈허공에의 질주〉는 이런 고행과 절제가 얼마나 힘들고 고통스러운지를 보여주지요. 그것은 어쩌면 총을 들고 산줄기를 타고 다니는 것보다 더욱 큰 고통일 수도 있습니다. 적을 피하는 것보다는 적의 바로 옆에서 적의 눈에 띄지 않는 것이 훨씬 더 힘들고 고통스럽기 때문이지요.

지각 불가능한 것을 지각하기 위해, 혹은 그런 식으로 지각 불가능하게 되기 위해 지각을 바꾸는 인위적인 수단을 쓰기도 합니다. 약물이 그것이지요. 미국의 비트세대나 히피족, 혹은 페요틀을 이용하는 인디언은 이를 가장 적극적으로 이용했던 경우지요. 저자들은 모든 약물은 속도 및 속도의 변화와 관련되어 있다고 하면서 약물의 배치를 다음과 같이 정의합니다. "그것은 지각될 수 없는 것이 지각되고, 지각이 분자적이며, 욕망이 지각작용과 지각되는 것에 직접적으로 투여하도록 만드는 지각적 인과성의 선이다."(MP, 346; II, 58)

뭐, 저야 해보지 않아서 모르지만, 흔히 농담처럼 얘기하더군요. 대마초를 피우고 앉아서 음악을 들으면 날아가는 소리가 보인다느니, 안 들리던 게 들리고 안 보이던 게 보인다느니 하는 식으로 말입니다. 지각될 수 없는 것이 지각된다는 건 바로 이런 걸 말하는 것이겠지요. 제가 전에 인용한 적이 있는 인디언 주술사에 따르면, 인디언들은 병을 치료하거나 전쟁 나간 아들 소식이 궁금하거나 혹은 미래의 일을 점칠 때 약물을 쓴다고 하더군요. 이는 지각할 수 없는 것을 지각하기 위한 수단이지요. 이런 얘기를 거짓말이라고 어찌 말하겠어요? 그러나 또한 그걸 어찌 알 것이며, 그걸 안다고 해서 무슨 소용이 있겠어요? 말 그대로 '분자적'이어서 다른 분자로서는 이해할 수도 없고 공유할 수도 없는 그런 지각인 셈이지요.

이런 얘길 들으면 확실히 약물은 욕망이 지각 자체에 작용하도록 만드는 듯합니다. 그러나 그것은 제니스 조플린이나 지미 핸드릭스(Jimi Hendrix)를 비롯해 수많은 가수들을 죽음이나 폐인으로 몰고 갔지요. 죽음의 선으로 이어지는 탈주선이었던 것입니다. 물론 여기서도 중요한 것은 신중함과 강력한 의지를 요구하는 절제일 겁니다.

역시 어디선가 들은 얘기인데, 인도나 티벳의 밀교 일부에선 삼매(三昧)를 체험하기 위해 약물을 쓰기도 한다고 하더군요. 그러나 그 경우 정말 훌륭한 스승과 강력한 절제력이 없다면 오히려 매우 위험하며, 그래서 아무나 할 수 있는 게 아니라고 하더군요.

더구나 우리가 아는 통상적인 약물이란 중독성과 의존성, 마약밀매꾼과 돈, 그리고 경찰이라는 가장 경직된 선분에 의해 둘러싸인 배치며, 역시 들은 것이지만, 미국의 히피운동이나 청년운동 등을 잠식하기 위해 FBI가 이런 배치를 교묘하게 이용했다는 얘기도 있습니다. 경찰이 이용했든 아니든, 1960~70년대 미국의 운동에서 약물이 탈주선들을 휘감는 검은 구멍이 되었다는 것은 많이 알려져 있으며, 저자들 또한 지적하고 있습니다. 좀더 심각한 것은 이러한 "분자적인 미시지각은 무엇보다도 해당 약물에 따라서 환각, 망상, 허위지각, 환상, 편집증적 발작에 의해 뒤덮이는데, 이것들은 끊임없이 〔일관성의〕 구도의 구성을 방해하는 무수한 유령이나 분신처럼 매번 형태와 주체를 재수립한다"(MP, 349; II, 60)는 것입니다.

더불어 약물중독자의 중요한 오류는 그러한 분자적 지각을 통해 새로운 능력을 만들어내고 그러한 '중간'에서 달릴 수 있어야 하는데, 언제나 약물을 사용하기 이전의 상태에서, 제로에서 다시 시작해야 한다는 점이라고 합니다(MP, 350; II, 61). 그래서 그들은 그들이 벗어나고자 했던 곳으로, 주변적이기에 더욱 경직된 선분성으로, 약물이라는 더욱 작위적인 영토로, 환각적이고 환상적인 주체화 위로 끊임없이 추락하고 또 추락한다는 겁니다(MP, 349; II, 61). 이런 점에서 약물의 배치는 지각-불가능하게-되기의 수단일 순 있겠지만, 거기서 우리는 결코 속도와 이웃관계의 주인으로 머물 수 없으며, 반대로 약물의 속도에 끌려가고 그것의 노예가 된다는 점에서 일관성의 구도를 만드는 데 실패하고 만다고 합니다(MP, 350~51; II, 62).

2) 비밀-화, 혹은 비밀의 세 유형

지금까지 분자-되기에서 시작하여 몰적인 성분을 통과하는 되기들을 거쳐 되기의 극한인 지각 불가능하게-되기를 통과했습니다. 그런데 지각 불가능하게-되기를 통해서 분명하게 드러나듯이, 되기는 모두 분자-되기며 그런 만큼 지각 불가능한 것을 포함하고 있기에, 그것은 '비밀'이라는 개념과 결부되어 있다고 할 수 있습니다. 이에 대해 들뢰즈와 가타리는 단도직입적으로 비밀의 세 가지 유형을 간결하게 제시하고 있습니다. 첫째는 내용으로서의 비밀이고, 둘째는 형식으로서의 비밀이며, 셋째는 선으로서의 비밀입니다. 첫째 것에는 어린이가 대응하고('어린이의 내용'), 둘째 것에는 남성이 대응하며('무한한 남성적 형식'), 셋째 것에는 여성이 대응합니다('순수한 여성적 선').

첫째, 내용으로서의 비밀. 이는 통상적인 비밀의 개념에 가까운 것으로, 무언가 감추어진 내용을 의미합니다. 상자 속에 감추어진 것, 그래서 이를 저자들은 '어린이의 비밀-내용'이란 말로 표시하지요. 그런데 이런 비밀을 찾아내고 지각하는 활동 또한 비밀스러울 수밖에 없습니다. 비밀을 추적하는 톰 소여와 허클베리 핀의 눈빛과 목소리를 떠올려보세요. 그렇다고 이런 비밀이 오직 어린이들의 게임에서만 등장하는 것은 아닙니다. 적의 비밀을 찾는 스파이, 혹은 저 멀리 뒷창으로 여인의 움직임을 몰래 들여다보는 관음증은 숨겨진 비밀을 찾는 행위 자체가 또한 비밀스럽고 지각하기 힘들게 만드는 것임을 보여줍니다.

비밀을 지각하는 이러한 비밀스런 지각에는 언제나 어린이, 여성, 동물이 함께 한다고 합니다. 왜냐하면 성인 남성의 몰적인 지각능력으로는 비밀을 볼 수 없기 때문입니다. 그래서 《보물섬》이나 《톰 소여의 모험》처럼 빈번하게 아이들이 등장하고, 007영화 같은 스파이 영화에는 여인들이 등장하지요. "거기에는 언제나 당신의 지각작용보다 더 섬세한 지각작용, 당신의 지각될 수 없는 것에 대한 지각작용, 당신의 상자 속에 있는 것에 대한 지각작용이 존재할 것이다."(MP, 351 ; II, 62)

또 옆으로 새는 듯하지만, 서극의 영화 〈동방불패〉에서는 최고의 비전(秘典)이라는 《규화보전》의 비밀을 알아내기 위해선 거세를 하여 여인이 될 것을 요구합니다. 여성적인 섬세함과 부드러움이 없이는 그 비밀스런 무공의 비밀을 알 수 없고 익힐 수 없다는 걸 보여주려는 것이었을까요? 거세하여 여성이 '된' 동방불패는 지극히 강력하지만 또한 지극히 섬세하고 아름다운 무공을 사용합니다. 실과 바늘을 던지며 단숨에 상대를 제압하는 것은 강하고 섬세한 여성-화된 무공이 두드러진 경우라고 하겠습니다. 게다가 무공만 바뀐 게 아니지요. 새로운 종류의 감성과 감응, 새로운 종류의 사랑을 발견하며, 이로 인해 비급을 훔치고 사람들을 죽이는 통상적인 악인의 선을 훌쩍 넘어버려, 어느새 매혹의 주인공이 됩니다. 이것만으로도 이 영화가 여성-되기에 대한 영화라고 말하는 데 부족함이 없을 겁니다.

다시 또 영화 애기를 하자면, '오감' 너머의 감각인 '육감(六

感)'―통상적인 것보다 훨씬 '더 섬세한 지각작용', '지각할 수 없는 것을 지각하는 지각능력'을 뜻하지요!―이란 제목을 단 영화 〈식스 센스〉는 비밀스런 세계를 보는 어린이의 비밀과, 그것을 보지 못하는 성인 남자의 거칠고 둔한 지각을 동시에 선명하게 대비하여 보여줍니다. 알 수 없는 공포에 떠는 아이가 있고, 이 아이를 맡은 정신과 의사가 등장합니다. 비밀을 알려는 의사의 노력에 결국 아이는 비밀을 말해주지요. 자신은 남들이 못 보는 것을 본다고, 죽은 사람들을 본다고. 비밀의 세계를 보는 눈, 그게 아이의 비밀이었던 거지요. 여기에는 지각되는 내용의 비밀스러움, 지각하는 활동이나 능력의 비밀스러움이 동시에 존재합니다. 그러나 '믿겠다'고 약속했지만, 그건 의사가, 서양의 과학주의적 정신에 충실한 의사가 믿을 수 있는 얘기가 아니었지요. 결국 의사는 아이가 보는 것을 '환상'이라는 정신의학적 개념으로 이해합니다. 그것은 정신병의 일종이 되고, 환상의 '심각성'을 본 그는 입원해야 한다고 말하지요.

 이 영화의 주인공인 이 의사는 아이를 이해하려고 애쓰는 '좋은 사람'이지만, 결국 아이의 비밀을 알아내지 못합니다. 그는 비밀을 볼 수 있는 지각능력도 없지만, 그것을 알려주는 얘기도 지각할 수 없습니다. 현실과 환상, 볼 수 있는 것과 볼 수 없는 것, 과학과 미신 등의 거대한 몰적 개념들 밖에선 아무것도 지각할 수 없기 때문입니다. 더구나 그는 정신분석학 내지 정신의학을 공부한 의사입니다. 그래서 그는 아이가 말해주는 비밀을 가족, 남근, (이혼으로) 떠나간 아버지로 환원합니다. 그가 아는 유일한 비밀은 아버지요, 남근이기 때문입니다. "너, 그거 아버지의 시계지?" 의사는 계속해서 그런 식으로 묻지만 계속 틀리고 미끄러집니다. 아이가 보는 것은 아버지나 어머니, 혹은 '남근'과 아무런 상관이 없었던 겁니다.

오랜 시간이 지나고 비밀을 보는 아이의 고통이 오래 지속된 이후, 그리하여 아이가 말하는 것을 반신반의하면서도 어쨌든 진지하게 들어주려하게 되면서, 의사는 아이에게 비로소 도움이 될 만한 말을 할 수 있게 됩니다. "죽은 자들이 찾아온다면 그건 무언가 하고 싶은 말이 있어서 아니겠니. 도망치지 말고 그들의 얘기를 들어주면 어떻겠니?" 물론 이는 아이 얘기를 믿어서 하는 말이라기보다는 일단 '진지하게' 대답해준 것에 지나지 않습니다. 그리고 아이를 찾아온 소녀 '귀신'의 얘기를 따라가 보게 되지요. 그리고 거기서 죽은 소녀의 비밀을 담은 상자를 찾아냅니다. 여기서도 죽은 소녀는 비밀을 안고 있었고, 그 비밀을 담은 상자를 남기고 죽은 겁니다. 그 상자의 비밀이란, 역시 어른의 눈에 잘 보이지 않는, 아마 말해도 들리지 않았을 사연이 비디오로 담겨 있었지요. 소녀는 아버지에게 말했을 테지만, 그 아버지 역시 의붓어미에 대한 미움과 환상이요 헛소리라고 생각해서 결코 믿지 않았을 얘기였지요. 앞서 의사가 소년의 비밀을 듣고 취했던 것과 동일한 태도를 그 아버지는 취했던 겁니다.

이로 인해 의사는 이제 소년의 말을 믿게 됩니다. 소년은 이제 죽은 자 앞에서 도망치는 게 아니라 그들의 하소연을 들어주게 되지요. 덕분에 그는 자기의 얘기를 들어주지 않는, 냉담해진 아내의 비밀을 알게 되지요. 그것은 자신의 비밀이기도 했지요. 죽어서도 아내와 이 세상을 떠나지 못했던, 자신이 죽은 줄도 모르며 인정하려 히지도 않는 존재. 여기서 정신과 의사라는, 알 수 없는 승상들을 통해 남들의 비밀스런 '현실'을 캐주는 성인 남성의 지각능력은, 사실은 자신의 비밀조차 알지 못하는 무능력한 것임이 드러나고, 역으로 아이의 믿을 수 없는 언사들은, 믿지 못하는 자의 비밀까지도 보는 비밀스런 지각능력으로 귀속되게 됩니다. 아이의 비밀, 비밀스런 지각능력, 그리고 그와 반대로 비밀을 보지 못하는 성인 남자의 거칠고 무딘 지각능력을 이처럼 명확하게 대비하여 보여주긴 쉽지 않을 겁니다.

오래된 영화지만 〈양철북〉 또한 어린이와 비밀의 밀접한 관계를 잘 보여주지요. 이 영화는 어린이-되기에 관한 영화라고 말할 수 있을 정도로 어린이-되기의 요소들을 훌륭하게 구비하고 있습니다. 먼저 어린이-되기를 위해선 어린이도 어린이가 되어야 한다는 것을 보여주며 시작합니다. 세 살인가에, 어른들의 세계가 싫다면서 성장을 중단하겠다고 선언하면서 주인공은 비로소(!) 어린이가 됩니다. 어린이도 어린이가 되어야 한다는 말 그대로 말입니다.

그런데 어린이가 되어 그가 보고 듣는 것은 우리가 통상 생각하는 어린이의 세계, 순수하고 천진스런 세계가 아니라 비명을 지르게 만드는 끔찍한 어른들의 세계입니다. 남녀의 다리가 뒤엉켜 서로를 탐하는 탁자 '밑의' 세계, 혹은 외간 남자를 찾는 엄마의 비밀, 날생선을 먹어치우는 엄마의 비밀 등이 그것입니다. 어린이가 되어 감추어진 세계를, 혹은 세상의 비밀을 보게 되지요. 그것을 보는 아이는 어른들이 이해할 수 없는 기이하고 괴팍한 존재, 비밀스런 존재가 되어갑니다. '비밀-화(비밀-되기)'에 들어가고 있는 겁니다. 어른들의 감추어진 것을 볼 때마다 아이는 유리창이나 그릇을 깨는 비명을 지르며, 어른들로선 어느새 익숙해져버린 그런 세계에 대해 항의합니다. 다수성, 혹은 몰적 구성체에 균열을 야기하는 외침이고 비명이지요.

그렇지만 아이가 어른들의 세계에 대해 항의하고 비난하고 있는 것만은 아닙니다. 날 생선을 먹는 엄마의 비밀이 사실은 싫어하는 뱀장어를 남편의 강요로 억지로 먹어야 했던 사실에 있었음을 알기에, 그리고 엄마의 외도가 그런 세계에 대한 염증과 결부되어 있다는 것을 알기에, 그런 세계에서 탈출하고픈 욕망이 출구를 찾지 못한 채 결국 화장실에서 죽음의 선을 그릴 때, 아이는 비명을 지르며 엄마를 향해 달려갑니다. 또 아이는 나치 군대의 사열대 밑에서 정렬한 대열의 비밀을, 그 대열 사이의 틈을 보지요. 군악대가 연주하는 행진곡 사이에 자신의 양철북 소리를 섞어넣고, 그 안에서 다른 리듬으로 변형시켜버립니다. 그 리듬을 따라 군대의 대열은 짝을 지어 춤을 추는 무도회로 바뀌어버립니다. 남들이 지각하지 못하는 비밀을 보고, 거기서 경직된 부정적 군대의 선분들을 유연한 긍정적 춤으로 바꾸어버린 겁니다.

영화 얘기에 정신이 팔려 첫째 비밀의 비밀을 너무 길게 늘어놓았지요? 다음으로 둘째는 비밀-형식, 혹은 형식으로서 비밀에 관한 것입니다. 이를 '무한한 남성적 형식'이라고 말한다고 했지요. 저자들도 예를 들 듯이, 이는 정신분석학에 해당되는 것입니다. 라캉은 정신분석이란, 증상들의 이면에 감추어진 비밀을 찾는 것, 미지수 x를 찾는 것이라고 했지요. 상징이나 상상적인 것을 통해 그것으로 표상되지 않는 실재계를 탐색하는 것이 정신분석이라는 겁니다.

프로이트의 글들은 모두 이런 탐색의 기록입니다. 꿈이나 말실수, 착오행위, 농담, 신성증 환자의 강박행농 등 '이해할 수 없는' 것들을 보고 들으며 그것의 '비밀'을 찾아내려고 합니다. 그리고 마침내 훌륭한 답을 찾아냅니다. 늑대인간의 꿈에 등장하는, 나뭇가지 위에서 자기를 쳐다보고 있는 늑대들의 비밀은 한 마리의 늑대고, 그 늑대의 비밀은 아버지며, 한스가 무서워하는 말의 거뭇한 것은 아버지의 수염이며, 여성의 옷을 입고 거울 앞에 서는 판사 슈레버의 증상 밑에 있는 것은 아버지에 대한 동성애적 감정이다 등등.

이처럼 정신분석가는 찾아온 환자들의 비밀의 내용을 이미 다 알고 있습니다. 아니, 찾아오지 않은 환자들의 비밀 또한 다 알고 있습니다. 그것은 항상 아버지, 어머니고, 오이디푸스 콤플렉스며, 남근이고 성욕이지요. 그래서 "모든 것은 선험적으로 유죄다"라고 했다고 하지요. 하지만 죄의식이나 죄책감은 이런 유죄인 비밀을 그대로 드러나게 두지 않습니다. 다양한 형태(형식), 다양한 형상으로 그것을 가리고 은폐합니다. 따라서 여기서 비밀은 알아내야 할 내용이 아닙니다. 그건 정신분석가는 누구나 다 알고 있고, 어느 환자나 다 동일하지요. 문제는 그런 내용을 감추고 은폐하는 형식에 있습니다. 중요한 것은 다양하고 알 수 없는 형태를 취하는 말과 행동이 결국은 아버지와 남근이라는 내용을 감추는 비밀스런 기호들이란 것을 밝히는 것이지요. 내용으로서 비밀과 대비하여 형식으로서 비밀이라고 했던 것은 바로 이런 의미에서지요.

정신분석학이 점차 모든 징후나 증상의 배후에서 오직 하나를, 그것의 유죄성을 찾아내려 하는 방향으로 나아갔다는 점에서 저자들은 "정신분석학이 비밀의 히스테릭한 관념에서 점점 더 비밀의 편집증적인 관념으로 나아갔다고 요약할 수 있다"고 말합니다(MP, 354; II, 64). 편집증이란 모든 것을 오직 하나의 의미로 해석하며, 오직 하나의 탓으로 돌린다는 점에서 유죄화하는 해석의 극단적 경우인데, 이와 유사하게 정신분석학 또한 시간이 지나고 이론적인 체계가 서면서 모든 것을 오이디푸스적 욕망으로, 아버지와 어머니로 환원하게 되었다는 점에서 이와 유사하다는 것이지요.

그렇다면 비밀을 아는 것은 너무 쉬운 것 아닌가 하겠지요. 그러나 결코 그렇지 않습니다. 제멋대로 출몰하며 '애초부터 유죄인' 내용을 감추기 위해 끊임없이 새로운 형태를 찾아내는 말과 행동에 대해, 그것이 결국은 남근으로 귀착될 수 있다는 것을 '해석'하여 입증해야 하기 때문입니다. "무의식은 단지 비밀상자로서 존재하는 대신에 그 자체 비밀의 무한한 형식으로서 존재하는, 점점 더 무거운 임무를 맡게 된다. 당신은 모든 것을 말하게 될 것이지만, 그렇게 하면서 당신은 아무것도 말하지 않을 것이다. 왜냐하면 순수한 형식으로 이루어진 당신의 내용을 측정하는 데에는 정신분석학의 모든 기예(技藝, art)가 필요하기 때문이다."(MP, 354 ; II, 64)

더구나 그런 새로운 형태는 무한히 증식될 수 있습니다. 게다가 환자가 이미 정신분석가를 염두에 두고 말하기 때문에, 그리고 그가 찾고자 하는 것을 잘 알기 때문에, 그가 하는 말이 정말 사실인지, 아니면 '환상'인지를 알 수 없기 때문입니다. 그래서 프로이트는 말년에 '끝날 수 없는 분석'이란 말로 이런 난점을 지적한 바 있지요. 하지만 이는 이미 찾으려는 것이 무언지 다 알면서도 정신분석가의 '해석'이 끝이 없을 것이란 점을 시사하는 것이기도 합니다.

그러나 이러한 분석이 무한히 증식되어 진행된다고 해도, 사실 어디서나 똑같은 결론에 이를 것이기 때문에, 변주되는 비밀의 형식은 내용과 무관한 변수에 불과한 것이 될 것이며, 어떤 새로운 사태에서도 결국 특별한 것은 아무것도 없었다는 결론에 이르게 될 겁니다. 즉 그것은 비밀을 찾아내는 데 항상 똑같이 성공하기에 결국엔 결코 성공할 수 없을 것이란 말이지요. 앞서 〈식스 센스〉의 예에서 아이의 비밀을 알기 위해 시계에서도 아버지를 찾는 의사의 태도나, 비밀을 고백하는 아이의 말을 그대로 받아들이지 않고 '무언가'에, 정신분석가가 잘 아는 '무언가'에 기인하는 환상이라고 생각하는 것이 그런 경우겠지요. 정신분석가가 영화와 다른 것은 그 환상이 어떻게 남근과 관련이 있는가를 '해석'하여 알려준다는 것입니다. 그게 그들이 비밀을 밝히는 방식이지요. 하지만 그것은 결코 비밀을 밝히는 데 이르지 못한다는 것을 그 영화는 주장하는 셈입니다.

'무슨 일이 일어났는가?'라는 질문이 이 무한한 남성적(virile) 형식에 도달하게 되면, 대답은 필연적으로 '아무 일도 일어나지 않았다'가 될 것이며, 이는 내용과 형식을 파괴하는 대답이라고 할 수 있다. 인간들의 비밀이 아무것도 아니었다는 소식, 실제로는 아무것도 아니었다는 소식은 빠르게 확산된다. 오이디푸스, 남근, 거세, '살에 박힌 가시', 이것이 비밀이었던가? 여성, 어린이, 광인과 분자들이 웃을 것이다.(MP, 354; II, 64~65)

마지막으로 선으로서 비밀, 혹은 '비밀-선'입니다. 이를 '순수한 여성적 선으로서 비밀'이라고도 말합니다. 여기서 여성의 비밀을 '규방의 비밀'처럼 남성적인 비밀의 대칭적인 이미지로 간주해선 안 되며, 그렇다고 남자를 매혹하기 위해 여성들이 만드는 은밀한 분위기를 연상하는 것도 적절하지 않습니다. 그것은 무언가를 감추지만 사실은 누구나 다 알 만한 것을 감춘 것이란 점에서 남성적인 비밀-형식의 전도된 형태일 뿐, 여성적인 선을 그리는 고유한 비밀은 아니기 때문입니다.

그렇다면 여성적인 비밀이란 무언가? 이에 대해 저자들은 이렇게 말합니다. "남성들은 여성들을 때로는 입이 싸고 수다스럽다고, 때로는 연대감이 없고 배신을 잘한다고 비난한다. 하지만 이상하게도 여성은 아무것도 숨기지 않은 채로도 투명함, 순수함과 속도에 힘입어 비밀스러울 수 있다."(MP, 354; II, 65) 여기에 덧붙이자면, 형식이나 내용과 달리 비밀에 대해 '선'이라는 단어를 사용한 이유는 분명하지 않은데, 아마도 무언가를 감출 생각 없이 나름의 선을 그리며 가는데, 그것이 몰적인 개념이나 관념으로는 이해될 수 없다는 의미에서 그렇게 말한 게 아닌가 싶습니다.

예를 들어보지요. 〈동사서독〉을 보면 홍칠이라는 가난한 무사가 해결사 구양봉의 집으로 찾아듭니다. 그런데 며칠 뒤에 그의 아내가 등장합니다. 성공해서 돌아올 테니 집에서 기다리라는 걸 듣지 않고 자신을 떼놓고 가려는 남편을 막무가내로 따라오는 여자예요. 뭐, 남편처럼 무공이 높은 검객도 아니고, 그렇다고 숨기고 다니는 다른 특별한 재주가 있지도 않습니다. 그런데 아무것도 감추지 않는 사람인데도, 이런 여자가 무협영화에 등장하니까 아주 이상하고 이해할 수 없는 인물이 됩니다. 차라리 남자의 짝이 될 여자 검객이나 남장을 한 여자 검객, 아니면 어떤 비밀을 감추고 그것을 해결할 사람과 만나게 되는 여자가 등장하는 일은 무협영화에서 비일비재하지요. 그렇지만 이런 평범하고 특별한 재주도 없이, 또 어떤 감춘 사연도 없이 그저 남편이니까 따라다니는 이런 인물은 정말 보기 어렵습니다. '강호'의 상식으로는 도저히 이해할 수 없는 여인이지요. 달걀 몇 개 줄 테니 동생의 복수를 해달라며 구양봉의 집 앞에서 무작정 기다리는, 앉아 있는 여자도 비슷한 이유에서 이해하기 힘든 여자지요.

또다시 무협영화 얘기를 하면, 〈백발마녀전〉에는 무공이 높은 여인이 등장합니다. 그는 등이 달라붙은 괴물 같은 쌍둥이 남매가 이끄는 무리에 속해 있지만, 그와 적대관계에 있는 '파'의 수제자인 남자와 사랑하는 사이가 되지요. 사랑 때문에 이 여자는 자신이 속한 집단에서 벗어나는 탈주선을 그리게 되고, 이를 위해 엄청난 고통을 대가로 지불해야 했습니다. 사랑하는 남자를 위해 그런 고통을 감수하고 달려왔지만, 사태는 꼬여서 결국 그 남자는 그 여자가 자신의 사부를 죽였다는 말을 믿게 됩니다. 물론 그 여자는 결백을 주장하지만, 그를 믿어주지 않습니다. 강호의 험한 세계에서 서로 적대관계에 있는 몰적인 집단에 속해 있기 때문에, 그 여자는 사랑을 위해 모든 것을, 자신이 속한 문파와 자신이 잘하는 무술을 포기하고 평범한(?) 여자로서 행동하고자 하지만, 그것은 사실 믿기 어려운 것이고 사실이라면 이해하기 어려운 일이 됩니다. 여기서도 이 여자는 아무것도 감추지 않았지만 어떤 비밀을 갖고 있는 것으로 간주됩니다.

이런 역할은 〈동사서독〉에서는 모용언/모용연이라는 분열된 인격으로 표현됩니다. 황약사를 사랑하는 여자 모용언은 솔직하게 사랑을 고백하며 그것을 가로막는 오빠를 죽여달라고 하지만, 오빠로 등장하는 똑같이 생긴 남자 모용연은 그것을 가로막고 황약사를 죽여달라고 말합니다. 오빠, 혹은 남자로서 모용연은 황약사를 향한 마음을 감추고 가리려는 마음의 표현이며, 자신의 사랑을 감추려는 자존심의 표현입니다. 그래서인지 동생을 버리고 간 남자 황약사를 죽여달라는 요구는 험한 강호의 세계에서, 혹은 강호처럼 험한 이 세계에서 쉽게 이해할 수 있는 것입니다. 반면 모용언이 자신의 사랑을 가로막는 오빠를 죽여달라는 요구는 전혀 이해할 수 없는 것입니다. 그것은 솔직한 마음이지만, 이해할 수 없는 것이란 점에서 비밀스런 것입니다.

하지만 어린이의 비밀-내용이 어린이에게만 해당되는 것이 아니듯이, 여성들의 비밀 역시 여성들에게만 해당되는 것이 아닙니다. 그것은 자신이 하고 싶은 것을 하는, 그렇기에 남들이 '출세'니 '성공'이니 하는 말로 표현하는 것을 욕심내지 않고, 마치 그것을 무시하기라도 하는 양 자신이 갈 길을 곧장 그리며 가는 그런 사람들 역시, 세간에서는 보통 '이해할 수 없는 사람'이라고 말하지요. 모든 것을 감추지 않고 드러내지만, 그것은 이미 다수적인 척도, 지배적인 관념, 몰적인 구획선을 비껴나고 벗어나 있기에, 그런 척도, 그런 관념을 갖고 있는 사람들로선 이해할 수 없는 사람인 것입니다. 당연한 원칙이지만 누구도 그 '뻔한' 원칙에 따라 살려고 하지 않기에, 원칙에 충실하게 살려는 사람이 거꾸로 이해할 수 없는 사람이 되는 경우를 본 적이 없나요?

보르헤스 또한 이와 비슷해보이는 비밀의 개념에 대해 쓴 적이 있지요. 〈불사조 교파〉라는 소설에서 그는 가장 완벽한 비밀, 결코 누설될 수 없는 비밀이란 누설되어봤자 소용이 없는 그런 비밀이라고 말합니다. 그것은 모두에게 드러나고 모두에게 알려져 있지만 사실은 아무도 알지 못하는 그런 것입니다. 이는 선사들이 말하는 '도'나 '본래면목'을 떠올리게 합니다. 있는 그대로 드러나 있지만,

깨치지 못한 사람은 누구도 알지 못하는 것, 그게 바로 도요 본래면목 아닙니까? 그것은 누구도 감춘 적이 없지만, 누구도 제대로 알지 못하는, 그래서 몇 생을 걸친 노력을 해야만 간신히 그 끝자락이라도 볼까말까한 비밀이며, 말이나 글로 이야기해주지만, 이야기해주어도 결코 알 수 없는 그런 비밀이지요. 어떤가요? 이 '비밀'을 들뢰즈와 가타리가 말하는 순수한 여성적인 선으로서의 비밀과 같은 것이라고 해도 좋을까요?

6. 음악-되기의 원소들은 어디로 가는가?

다시 우리는 음악-되기로 돌아가야 합니다. 앞서 분자-되기를 위해서 '음악-되기'에 등장하는 예를 이용해서 말한 바 있지요. 거기서 이미 음악-되기와 분자-되기는 함께 섞여서 다양한 되기의 선을 그린 바 있습니다. 동물-되기의 분자가 되기도 했고, 여성-되기나 아이-되기의 분자가 되기도 했습니다. 역으로 아이-되기나 여성-되기는 그런 음향화를 통해서 탈영토화의 선을 그릴 수 있었습니다. 따라서 동물의 음향-화, 아이의 음향-화는 동물-되기나 아이-되기인 동시에 동물의 음악-화, 아이의 음악-화였습니다. 거기서 음악-되기는 이처럼 음향-화로 진행되는 모든 되기와 음악 사이에서, 하나가 다른 하나가 되는 그런 변환의 선을 그리고 있었던 것입니다.

그래서 음악-되기는 동물-되기나 아이-되기는 물론 분자-되기와 함께 다루어졌던 겁니다. 이 경우 음악은 다른 되기들의 탈영토화의 선을 인도하는 성분을 이루고 있었습니다. 즉 거기서 음악-화는 다른 되기들의 고유한 블록 안에 있었다고 할 수 있겠지요. 그렇지만 이젠 반대로 음악-되기의 블록을 찾아내야 합니다. 그리고 음악-되기의 블록 안에서 음악-되기에 고유한 분자-화의 양상을 보아야 합니다. 아마도 20세기 후반의 현대음악은 그러한 분자-화가 지각 불가능한 지대로까지 가는 것을, 그래서 일종의 '원소-화'에 이르게 되며, 그것을 통해 모든 소리의 구성이 가능한 지점에 이른다는 것을 보여줄 것입니다. 다른 곳에서 보기 힘든 절대적 탈영토화의 선, 일관성의 구도에 이르는 그 선을 여기서 볼 수 있을 것입니다.

1) 목소리의 기악-화

이미 반복해서 말했듯이, 모든 되기는 본질적으로 분자-화입니다. "생산되었던 것은 이미 분자적 어린이, 분자적 여성……이었다."(MP, 379; II, 85) 생산된 음향적인 '분자'들에 여성, 어린이 등과 같은 몰적인 성분의 이름이 붙은 이유도 이미 보았습니다. 그런데 이것이 아이들의 음향-화, 여성의 음향-화를 통해 진행되었다면, 음악에서 되기는 일단 목소리를 기악-화하는 경로를 밟습니다. "어린이-되기와 여성-되기는 강밀하지만, 그것은 더 이상 모티프의 분자화, 즉 관현악과 함께 이루어진 진정한 '화학(化學)'으로부터 분리될 수 없다."(MP, 379; II, 85)

이처럼 목소리 자체를 기악화하는 것은 동물이나 여성, 어린이라는 몰적 성분으로부터 벗어나 더욱더 분자화의 양상을 명확하게 보여줄 뿐만 아니라, 목소리의 특정한 몰적 성분 자체를 탈영토화할 수 있는 조건을 형성합니다. 기악화된 목소리는 이미 목소리이길 그치고 다양한 악기소리들의 화합물이 되는데, 그것이 반드시 원래의 목소리를 상기시킬 가능성은 별로 없기 때문입니다. 이것은 이미 메시앙의 새-되기에서 보았습니다. 그는 까마귀나 꾀꼬리를 기악화했으며, 그 소리는 많은 경우 새소리를 상기시키기도 하지만 반드시 그런 것만은 아니어서, 새의 움직임이나 날갯짓, 혹은 옮겨앉는 느낌 등 다양한 감응들을 만들어냈지요.

메시앙이 새소리를 기악화했다면, 베르디(G. Verdi)와 바르톡(B. Bartók)은 사람의 목소리를 기악화했다고 할 수 있겠습니다. 그렇지만 그 두 사람이 기악화하는 방식은 전혀 달랐습니다. 먼저, 들으면 쉽게 알 수 있는 베르디의 경우부터 볼까요?

베르디는 바그너가 그랬던 것처럼 목소리의 남성성과 여성성의 대비를 강조했고, 이를 결국은 금속성의 화려하고 힘이 넘치는 남성적인 편성 안에 포섭함으로써 결국은 남성중심주의로 끌고갔다고 비난하는 경우도 있다고 하지요. 어떻게 그렇지 않다고 하겠어요? 찾으려는 것이 그것이라면 베르디는 그것을 분명히 찾게 해줄 겁니다. 그렇지만 그런 식으로 보려 한다 해도, 그에게서 두드러진 것은 남성의 목소리라기보다는 차라리 민중의 목소리라고 해야 더 적당할 듯합니다. 〈나부코(Na-buco)〉에서 탈주하려는 히브리 노예들이나, 〈맥베스(Macbeth)〉에서 스코틀랜드 유형자들의 합창, 〈일 트로바토레(Il Trovatore)〉에서 대장간의 합창, 그밖에 순례자, 도둑, 마녀, 투우사, 군인, 집시 등과 같은 인물들이 부르는 강력하고 화려한 합창곡은 운집한 민중들의 강력하고 힘찬 캐릭터를 표현하고 있습니다.

그러나 베르디에게 정작 중요한 것은 목소리를 남성의 목소리로, 혹은 민중의 목소리로 재영토화하는 것이 아니었습니다. 그가 큰 관심을 갖고 있었고 실질적으로 재능을 발휘했던 것은 사람의 목소리를 관현악적으로 사용하는 것이었어요. 오페라 〈나부코〉에 나오는 유명한 히브리 노예들의 합창 '날아라, 은빛 날개를 달고'의 시작부분을 들어보세요. 마치 오케스트라의 현악기들을 '피아니시모(pp)'로 연주하는 듯한 느낌을 줍니다. 현악기의 음색이 주도적인 가운데 점층적으로 소리가 고조되어갑니다. 가장 고조에 이르는 부분에서도 현악적 음색은 여전히 주도적이고, 목관이 그 위에 실린 듯한 음색입니다. 그리고 다시 플루트의 밝은 음색이 마치 희망의 속삭임인 듯 끼어들지만, 노예들의 그 희망이 은밀한 만큼이나 노래는 더욱 은밀하고 가라앉은 현악적 음색을 유지하고 있습니다.

반면 개선행진곡의 트럼펫 팡파레로 유명한 오페라 〈아이다〉의 합창 '이집트에 영광을'의 도입부는 금관의 팡파레에 맞추어 현악기가 걸음을 걷듯이 '입장'하고, 그것이 고조되면서 화려한 합창이 '총주(總奏)'로 밝고 힘차게 울려퍼집니다. 연이어 금관 팡파레의 '인도'와 현악의 '입장'이 번갈아 등장하던 도입부의 형태를 역상으로 뒤집어 이전의 팡파레의 선율을 현악이 연주하고, 그것에 응수하며 "글로리아"를 외치는 합창이 금관과 뒤섞여 화려한 금속성의 음색으로 반복하여 등장합니다. 이 경우 목소리는 승리와 영광을 찬양하는 금관의 음색으로 연주되고 있는 것이지요.

이렇게 말만 해서는 재미가 없으니 한번 직접 들어보지요. 〈일 트로바토레〉에 등장하는 유명한 곡으로 '대장간의 합창'이라고 알려진 '보라! 저기 하늘은 어둠에 잠기고'라는 곡입니다. 이 곡의 도입부는 타악기를 배경으로 삼아 현악기와 목관이 주도하지만, 마치 리드미컬하게 망치질하는 듯한 풍경을 만들어내고 있으며, 여기서 피콜로는 망치질의 금속성을 뚜렷하게 가시화하는 데 사용되고 있습니다. 그리고 남성합창이 현악적인 음색으로 슬며시 등장합니다. 그리고 이렇게 등장한 목소리는 트라이앵글이 직접 만들어내는 망치 소리와 함께 힘차게 고조되며 혼성합창으로 발전하면서 오케스트라 악기 전체와 강력한 총주를 만들어냅니다. 하지만 이 경우 목소리가 반드시 금관적인 것은 아닙니다. 차라리 현과 목관의 부드러운 음색에 역동성을 불어넣는 리듬을 이용함으로써 민중의 강력한 힘과 에너지를 명료하게 가시화하고 있지요.

반면 바르톡은 사람의 목소리를 이처럼 관현악적으로 사용하는 데 전혀 관심이 없으며, 사람이 등장하여 노래하는 이런 종류의 성악곡이나 합창곡, 오페라를 거의 만들지 않았습니다. 그는 친구였던 코다이(Z. Kodály)처럼 헝가리나 동유럽을, 그리고 그밖의 지역까지도 널리 돌아다니며 민요를 수집하고 연구했습니다. 또 민중들이 바이올린 등을 사용하는 토속적인 기법 등까지도 연구했다고 해요. 심지어 생전에 그는 작곡가로보다는 민속음악 연구자로서 훨씬 더 알려졌을 정도지요. 그리고 그렇게 연구한 민요들을 자기 나름대로 이용하여 기악곡을 썼지요. 때론 〈민요 선율에 의한 세 개의 론도〉나 〈14개의 바가텔〉, 〈15개의 헝가리 농민 노래〉 등과 같이 민요적인 선율을 기악적인 변주곡으로 변형시키기도 했지만, 그것은 지극히 예외적인 경우에 속합니다.

그의 음악에선 민요 선율을 적당히 변형시켜 기악곡의 테마로 쓰는 식의 '안이한(!)' 사용은 찾아보기 힘듭니다. 대신 그는 수많은 민요의 선율과 리듬, 음계와 음정 등을 연구하고 추상하여, 기존의 통상적인 음계와 음정, 리듬 등과 섞어 사용할 수 있는 방법들을 찾아냈지요. 그래서 그는 쇤베르크(A. Schönberg)나 스트라빈스키(I. Stravinsky)처럼 조성음악과 대결하려는 문제의식이 없었음에도 불구하고 비조성적인 요소들을 독창적으로 창안하여 사용합니다.

요컨대 바르톡은 민중들의 음악인 민요를 연구하여 그것으로 기악곡을 만들었다는 점에서 민중들의 목소리를 기악화한 것이라고 할 수 있습니다. "바르톡의 작품 같은 음악이 민중적 아리아나 주민의 아리아에 기대어 그 자체로 음향적·기악적·관현악적인 주민을 만들어낼 수 있었는지, 그것도 〈분할 가능한 것〉의 새로운 음계, 놀라울 정도의 새로운 반음계주의를 구성할 수 있었는지 (지적할 필요가 있다.)"(MP, 422; II, 121) 그렇지만 바로 그렇기 때문에 바르톡이 기악화한 민중의 목소리나 민요적 요소들을 그의 기악곡에서 직접 들을 순 없습니다. 그것은 이미 철저하게 탈영토화되어 새로운 기악적이고 음향적인 분자들로 '되었기' 때문입니다.

자, 음악을 좋아하시는 분도 대개는 듣지 않았을 것이고 또 앞으로도 듣지 않을 듯하니 이번 기회에 한번 같이 들어볼까요? 〈두 대의 피아노와 타악기를 위한 소나타〉라는 곡입니다. 일단 피아노와 타악기를 이런 식으로 함께 연주하는 것은 그 당시로선 흔치 않았던 '편성'일 겁니다. 피아노를 두 대 등장시킨 것은 타악기와의 음량의 균형을 위한 것이었겠지요. 시간관계상 3악장만 들어보기로 하지요.

어떻습니까? 민중들의 목소리가 들리나요? 일단 피아노로 빠르고 힘차게 곡의 문을 열면 실로폰이 첫번째 주제를 연주합니다. 그리고 그게 끝나면 피아노가 그 주제를 거의 동일하게 다시 연주합니다. 그런데 실로폰 소리가 강하고 탄력 있는 것이었다면, 피아노 소리는 작고 부드러운 것이어서 음량과 음색 면에서 대조되고 있습니다. 빠른 속도와 스케르초 풍의 형태, 그리고 '예상'에서 벗어난 반음계의 사용으로 유머러스하게 변형되긴 했지만, 주제 자체는 선율적인 성격이 강합니다. 모르지요. 그가 아는 어떤 민요의 선율을 사용했을지도. 그러나 여기서 그것의 선율적인 기원을 찾는 것은 어렵거니와, 찾아도 별다른 의미가 없습니다. 이미 그것은 음계나 리듬에서 다른 기원을 갖는 것을 통해 섞이고 변형된 것일 겁니다. 이런 점에서 여기서 '민중의 목소리'는 각이한 음악적인 요소들로 분해되어 새로운 양상으로 재구성된 것이란 점에서 분자-화의 과정을 거칩니다. 그러한 분자-화는 본래의 선율이나 리듬, 음계나 톤에서 탈영토화되어 새로운 음악적 원소가 된 것입니다.

이탈리아 작곡가인 베리오(L. Berio)는 사람들의 목소리를 직접 이용하여 그것을 기악화하거나 음향화한다는 점에서 베르디와 가까이 있지만, 그가 목소리를 음향화하는 것은 전통적인 관현악곡의 편성이 아니라 차라리 전자음악에 더 가깝다는 점에서 다른 경우라고 하겠습니다. 일전에 〈얼굴(Visage)〉이라는 작품을 들은 적이 있지요? 베리오는 사람의 음성을 변조(modulation)시키거나 변조된 양상으로 노래하게 함으로써 목소리에서 기표들을 지워 음성적인 것으로 만들며, 그럼으로써 '기악적인' 것으로 만듭니다. 물론 여기서 기악적이라는 말은 20세기 후반의 '기악' 자체가 전자음악의 영향 아래 있었다는 점을 감안해서 이해해야 합니다.

가령 〈세퀜자(Sequenza)〉 연작 가운데 세 번째 곡(〈Sequenza III〉)은 목소리 독주를 위한 것인데, 성악적인 소리에 대한 예상과는 반대로 웅얼대고 빼빼대는 기이한 소리들로 8분 넘는 시간을 채웁니다. 사람의 목소리가 얼마나 다양하고 다면적일 수 있는가를 증명하려고 맘먹은 듯이 말입니다. 그럼으로써 사람의 목소리는 일종의 관악기에 근접하는 것처럼 보입니다. 목소리의 악기화. 더 재미있는 곡은 트럼본 솔로를 위한 다섯 번째 곡(<Sequenza V>)입니다. 이 곡은 금관악기의 화려한 소리에 대한 기대를 시작하면서부터 무너뜨립니다. 장난스레 "붕" 하고 짧게 울리곤 길게 쉬고 하길 반복하면서 시작해선, 글리산도로 인해(아마도 이것이 트럼본을 선택한 이유겠지요) 우스꽝스런 소리를 내는 트럼본 사이로 악기 아닌 사람의 목소리가 "오와" 하고 조그맣게 울립니다. 맨 입으로 바람새는 소리를 내기도 하구요. 그런데 조금 더 지나면 트럼본 소리가 마치 그 장난스런 사람의 목소리와 근본적으로 다르지 않다는 것을 알게 됩니다. 오르락내리락하면서 다양한 표정의 음색을 통해서 베리오는 트럼본을 사람의 목소리의 일종으로 만들어버리는 듯합니다. 악기의 음성화라고나 할까요? 그렇지만 어느 하나가 다른 하나에 동일화되는 것이 아니라, 그런 만큼 사람의 목소리도 변하기 때문에, 양자는 서로 섞일 수 있는 '이웃지대'를 형성하면서 서로 근접하고 혼합됩니다.

이로써 베리오는 사람의 목소리와 악기소리가 식별 불가능해지는, 혹은 아주 가까이 근접하는 이웃지대를 만들면서 사람의 목소리가 갖는 새로운 면모를 보여주려 합니다. 앞서 들었던 베르디와 비교하기 위해 합창곡을 들어보기로 합시다. '합창'을 뜻하는 제목을 단 〈목소리와 관현악을 위한 코로(Coro)〉라는 작품입니다. 여기서 베리오는 북미 인디언의 민요, 폴리네시아의 민요, 가봉 등의 아프리카 민요, 페르시아나 크로아티아 민요 들을 이용하고 있으며, 그 민요들 사이에 "Come and See(The Blood in the Streets)"라는 네루다의 시구를 반복구처럼 끼워넣어 하나의 곡으로 만들었습니다.

제일 먼저 수족(Sioux) 인디언 민요를 이용한 곡이 나오고, 그 다음에 들으시는 곡이 이어집니다. 먼저 악기와 목소리가 '시끄럽고 크게' 울리는 부분은 네루다의 시구에 곡을 붙인 것이고, 그 다음은 폴리네시아 민요를 이용한 것이며, 그 뒤에 다시 '시끄럽게' 네루다 시구에 붙인 곡이 등장하고, 다시 폴리네시아 민요가 등장합니다. 특징적인 것은 네루다의 시구가 등장할 때는 대개 이렇게 '시끄럽게' 연주되고, 다른 부분은 잘 알아들을 수 없는 목소리가, 마치 악기가 솔로로 연주될 때나 소규모로 연주될 때처럼 연주됩니다.

이런 점에서 바르톡처럼 베리오는 여기서 민요를 이용하고 있지만, 원래 민요의 선율과는 아무 상관이 없을 겁니다. 이런 민요란 상상할 수 없지요. 대신 그는 그 다양한 민요에서 사용되는 리듬을 사용해 변형을 가하기도 하고, 독자적인 선율을 병행시키는 폴리포니(polyphony)나, 하나의 선율을 미세하게 벗어나면서 함께 연주하는 헤테로포니(heterophony) 등을 이용해서 그것을 '변조'시켰고, 그런 방식으로 곡을 발생지에서 탈영토화시키면서 다양하게 확장하고 있습니다. 나아가 그는 동일한 텍스트에 상이한 음악을, 혹은 동일한 음악에 상이한 텍스트를 대응시키며 '되돌아오게' 만들어 가사와 음악의 대응성을 깨고 있습니다. 그럼으로써 목소리는 가사나 선율에서 탈영토화되어 다만 음성적인 요소를 동반하는 음향이 되고, 이 소리는 관현악적 소리와 섞여 일종의 악기가 됩니다.

목소리를 직접 악기로 사용한다는 점에서 베리오가 베르디와 비슷하다면, 바이올린이나 트럼펫 등의 음색을 '흉내내는'(물론 베르디도 결코 흉내내는 건 아니지요) 식이 아니라 별도의 고유한 음색을 갖는 또 다른 악기로 만든다는 점에서 베르디와 다릅니다. 그리고 민요를 리듬과 음계, 선법적 요소 등으로 탈영토화하여 재구성했다는 점에서는 바르톡과 비슷하지만, 그 변조의 양상에서 전자음악이나 음향학적 요소가 중요하게 사용된다는 점에서는 그와 다르다고 하겠습니다. 목소리의 기악화의 새로운 형태를 보여준 셈이지요.

이로써 사람의 목소리는 이제 독자적인 악기가 되었고, '노래'에서 벗어나 기악적인 소리가 되었습니다. 그리고 이미 베리오의 경우에 보이듯이, 이러한 기악화는 전음렬주의와 전자음악을 거치면서 '주파수 변조(frequence modulation)'라는 일반적 음향학적 성분으로 분해되고 그것을 통해 재조립될 뿐만 아니라, 그것을 모델로 성악적인 소리와 창법 자체를 변환시키게 됩니다. 목소리가 '분자-화'의 선, 혹은 '원소-화'의 선을 그리며 나아가기 시작하는 것이지요. 이젠 이를 좀더 자세히 살펴보아야 합니다.

2) 분자-화, 이온-화, 원소-화

음악적 소리 자체의 분자-화 내지 원소-화와 관련해서 저자들이 가장 중요하게 여기는 사람은 아마도 에드가 바레즈(Edgar Varèse)일 겁니다. 그는 1920년대 이후 활발하게 활동한 프랑스 작곡가인데, 통상 '구체음악'의 선구자란 말이 따라다니는 사람이지요. 일단 〈이온화(Ionisation)〉라고 제목이 붙어 있는 작품을 한번 들어보시지요. 이온(ion)이란 고등학교 화학시간에 배운 개념이지요? 분자들이 화학적인 분해와 합성 과정에서 전자를 잃어나 얻어서 전하를 띤 채 용해되어 있는 상태를 표시하는 개념이지요. 이러한 상태에서 반대 전하를 띤 이온과 결합하여 새로운 화합물을 형성하게 됩니다. 이런 점에서 이온이란 다른 분자를 향해 손을 벌리고 있는 분자라고 해도 좋을 듯하며, 생성 과정에 있는 분자라고 해도 좋을 겁니다.

바레즈의 〈이온화〉는 이처럼 음악적인, 혹은 음향적인 화합물을 구성하는 이온들의 상태로 소리들을 분해하고 결합하려는 문제의식이 표면에 강하게 드러난 작품입니다. 이 곡은 피아노와 첼레스타 그리고 다른 음고를 갖는 2개의 사이렌을 포함하여 37개의 '타악기'로 편성되어 있습니다. 이 37개의 타악기에는 탐탐이나 봉고 같은 아프리카 악기, 중국의 블록, 쿠바의 다양한 타악기들은 물론, 차임벨, 썰매 방울, 슬랩스틱(끝이 갈라진 막대기), 모루 등과 같이 통상적인 '악기'의 범주에서 벗어난 것들도 포함되어 있습니다. 악기의 편성 자체가 보여주듯이, 이미 이 곡은 선율적인 요소가 거의 배제되어 있으며, 오직 리듬적인 요소가 지배적입니다. 그렇지만 그에 못지 않게 중요한 것은 극도로 다양한 이 타악기들이 갖는 음색의 다양성을 섬세하게 섞으면서 사용하고 있다는 점입니다.

여기서 바레즈가 소리의 요소들을 이온화하는 방법은, 악기의 소리와 악기 아닌 물체들이 내는 소리를 섞는 것, 사이렌의 글리산도(glissando)를 광범하게 이용하는 것 등입니다. 이 음악은 시작하면서부터 사이렌 소리가 상당히 길게 등장합니다. 혹시 알아채셨나요? 예, 처음엔 알아채기 어렵습니다. 게다가 소리가 작아서 저도 몇 번을 듣고 나서야 알아챌 수 있었습니다. 이는 원래의 소리에서 탈영토화되어 연속적인 글리산도로 상승 내지 하강하는 교묘한 소리를 '조용하게' 만들고 있기 때문입니다. 만약 쉽게 알아챘다면 그건 소리의 이온화나 원소화에 실패한 것인지도 모릅니다. 왜냐하면 그건 사이렌 소리가 충분히 탈영토화되지 못했음을 의미하기 때문입니다. 사이렌 소리는 그 뒤에도 자주 등장합니다만, '튀지 않고'

다른 악기소리와 섞여서 교묘한 음향적 화합물을 만들어내고 있습니다. 이온화된 음의 '입자' 내지 '파동'을 방출하고 있는 거지요.

여기서 글리산도는 음악에서 일종의 '사선' 내지 '대각선'을 그리는 연속적인 소리인데(실제로 악보에 사선으로 표시되지요), 오선보를 표시되는 서양의 악보에서는 다섯 개(혹은 그 이상)의 수평선을 따라 12개의 음으로 분절되는 소리들을 가로지르는 횡단선의 역할을 합니다. 바이올린의 지판(指板)을 타고 연속적으로 상승하거나 하강하는 손가락은 12개의 분절된 음이 아니라, 글리산도로 연주하는 시작음과 끝음 사이에 있는 모든 음을 연속적으로 통과합니다. 즉 그 사이에 있는 모든 주파수의 소리를 연주하는 것이지요. 물론 이전에도 글리산도는 있었지만, 이는 국지적이고 부분적으로 사용되는 '기교'로만 사용되었을 뿐이며, 그것도 현악기에서만 가능했습니다. 반면 여기서 사이렌 소리는 오직 글리산도만을 하는 '악기'로서 사용되고 있으며, 곡 전체에 걸쳐 '일반화되어' 사용되고 있습니다.

또 이 곡에서는 다양한 종류의 타악기를 이용해 사물의 '구체적인' 소리를 끌어들이고 있습니다. 이 경우 타악기는 리듬적인 기능을 담당한다기보다는 차라리 음색적인 기능을 담당하고 있습니다. 이 경우 악기의 소리는 특별히 튀지 않도록 아주 신중하고 조심스레 사용되고 있으며, 그것이 '원래' 무슨 소리였는지가 잘 드러나지 않도록 연주되고 있습니다. 소리의 이온-화, 음악적 소리의 원소-화는 이처럼 원래의 음색에서 탈영토화되어 다른 종류의 소리를 구성하는 '이온'적인 원소로 되는 한에서만 가능합니다.

이후 이러한 시도들은 모든 주파수를 음악적 소리로 사용하는 방향으로 나아가게 됩니다. 특히 신디사이저를 이용한 전자음악의 발전은 음악적 소리의 '원소'를 재규정한 이런 변환의 극한적 지점을 이룹니다. 이로써 모든 주파수의 모든 소리들이 음악을 구성하는 '입자' 내지 '파동'이 되고, 음색조차 일정한 주파수의 배음(倍音) 구조를 갖는 음향학적 구성물로 재정의됩니다. 나아가 이제 '주파수 변조'를 통해서 새로운 음색, 새로운 음향을 만들어내는 것이 음악가들의 중요한 작곡방법이 되며, 심지어 자연적인 소리를 내던 악기들조차 이런 방법에 따라 연주하려고 하게 되지요.

이 책에서도 언급되는(MP, 379; II, 86) 옹드 마르트노(Ondes Martenot)는 음악의 '파동(onde)-화'라고 할 수 있는 이러한 양상의 발전에 중요한 기여를 한 악기지요. 마르트노가 발명한 이 악기는 단음의 건반악기인데, 주파수를 80헤르츠에 고정시킨 발진기와, 주파수를 바꿀 수 있는 발진기를 통해 상이한 소리를 만들어 증폭시켜 스피커로 나오게 하는 악기지요. 메시앙은 이 악기를 1948년에 작곡한 10악장짜리 〈투랑갈릴라(Turangalila) 교향곡〉에 실제로 사용하기도 했습니다.

음향악에 의해 음악적 소리를 탈영토화하려고 했던 바레즈의 이러한 시도들은 이후 철도소리, 사람소리, 동물소리, 악기소리 등의 다양한 '구체적' 소리들을 녹음하여 이를 기계적으로, 혹은 전자기적으로 조작하여 변조하는 시도들로 이어집니다. 이를 '구체음악(musique concrète)'이라고 하지요. 프랑스 방송국 기술자였던 셰페르(P. Schaefer)는 이런 방식으로 〈철로 연구/연습곡(Etude à chemin de fer)〉이니 〈회전문 연습곡〉이니 〈냄비 연습곡〉이니 하는 작품들을 만들어냈다고 해요. 애석하게도 전 아직 들어보지 못했기에 그에 대해 더 자세히 말할 순 없지만, 대체로 이러한 음악은 구체적인 '오브제'의 소리를 변조하여 예상하지 못했던 새로운 소리를 찾아내려고 했습니다.[24] 예상된 소리를 예상 밖의 소리로 바꾸는 이런 시도들은 이후 케이지(J. Cage) 등으로 잘 알려진 '우연음악(musique aléatoire)'으로 이어지게 됩니다.

다른 한편 전자음악은 음고와 음색, 리듬과 강세, 소리의 강화와 약화 등을 음향학적 분석과 주파수 변조를 통해 사전에 예상할 수 있고, 작곡자가 완벽하게 통제할 수 있는 작품을 만들어내고자 했다는 점에서 구체음악과 표면적으론 상반됩니다. 그렇지만 양자는 음악적 소리를 분절된 특정한 주파수의 소리, 악기나 사람의 목소리 같은 제한된 소리에서 벗어나, 모든 주파수와 음향을 이용해 새로운 종류의 소리를 만들어내고 음향적 구성물을 만들어내는 '원소-화' 내지 '입자-화', 혹은 '파동-화'의 방향을 공유하고 있었다고 할 수 있습니다.

이러한 방향에 결정적인 전기를 마련한 사람 중 하나가 앞서 새-되기에서 등장했던 메시앙입니다. 그는 새들의 음악은 물론, 그리스 음악, 인도 음악, 동양음악 등을 연구하여 다양한 리듬과 선법

---

[24] 이런 식으로 이제 소리는 '소음' 같은 소리들, 혹은 '구체적인' 소리들마저 음악적 소리로 포섭하게 됩니다. 목소리의 기악-화나 동물-화(새-되기)를 지나서 웅웅거리고 삐그덕거리고 징징거리는 곤충들의 소리로 나아간다고 할 수 있겠지요. 이를 두고 저자들은 새들의 시대를 지나서 곤충의 시대가 시작되었다고 말합니다. 곤충-되기가 새-되기를 대신하거나, 블록을 이루며 공존하게 되는 셈입니다. "새들은 여전히 중요성을 갖지만, 그럼에도 불구하고 새들의 시대는 훨씬 더 분자적인 진동, 맴맴거리는 울음소리, 날카로운 울음소리, 윙윙거리는 소리, 삐그덕거리는 소리, 긁는 소리, 마찰음 등 훨씬 더 분자적인 소리를 갖는 곤충의 시대로 교체되는 듯하다. 새들은 성악적이지만 곤충들은 기악적이다. 그것은 북, 바이올린, 기타와 심벌즈다."(MP, 379; II, 85~86)

(mode)을 만들거나 이용했습니다. 선법이란 시작과 끝 음과 결부된 어떤 주요음들을 중심으로 한 이용 가능한 음들의 '체계', 혹은 일정하게 정해진 음들의 배열인데, 동양이나 아프리카 등 대부분의 음악이 선법적인 '체계'를 갖고 있다고 하지요. 서양에서는 중세의 교회음악이 이런 선법들에 의해 만들어졌고, 이 가운데 두 가지가 특별하게 '발전' 되어 장조(major mode)와 단조(minor mode)가 되었고, 그런 장조와 단조에서의 음들의 체계를 '음계'라고 하지요.

메시앙은 이런 장조와 단조, 조성 등에서 탈영토화된 음악을 만들기 위해 그리스와 인도의 선법 그리고 동양의 선법을 이용했고, 다양한 반음계적 음의 사용법을 창안했습니다. 또 리듬 또한 그렇게 했는데, 그리스나 힌두 음악의 불규칙한 리듬을 사용하거나, 아니면 유럽 음악의 2박자나 3박자의 박절 사이에 8분음표나 16분음표를 부가하여 박자구조를 실질적으로 깨버렸습니다. 나중에는 대수적인 방법을 이용해서 자기 나름의 새로운 리듬 선법을 만들기도 했지요. 특히 1950년경 작곡된 〈4개의 리듬 연구〉에 포함된 곡 '음가와 강도의 선법'은 지속(duration), 어택(attack, 음이 막 발성되는 순간의 소리), 강도(intensity)에 음렬적인 방법을 도입하여 리듬선법을 확장함으로써, 이후 모든 음악적 요소들을 음렬화하려는 시도에 결정적인 박차를 가하게 됩니다.

메시앙의 제자였던 불레즈나 노노, 슈톡하우젠 등은 메시앙의 이런 '선법주의'를, 음고는 물론 음색이나 음량, 음가 등을 모두 음렬적인 '구조'로 조직하고자 했던 베베른(A. Webern)과 결합하여 일반화합니다. 그래서 이전에 쇤베르크는 음고에 대해서만 사용했던 음렬적인 방법을 리듬은 물론 음가와 음색, 강도, 어택 등의 요소 모두에 적용하고자 합니다. 다름슈타트(Darmstadt)를 본거지로 한 이들의 활동은 1950년대에 이르러 선언적(宣言的)인 형식으로 이른바 '전음렬주의(total serialism)'라는 사조를 형성하게 되지요. 이들은 한편으로는 모든 것을 음렬적인 구조 안에 집어넣으면서도, 다른 한편으로는 그런 음렬들의 조합을 수학적 조작에 맡김으로써 우연적인 요소들이 작용할 수 있게 하려고 했습니다.

하지만 12음기법을 창안한 쇤베르크 자신이 12음기법을 순수하게 사용한 적이 없었던 것처럼, 이들 역시 순수하게 자신의 원리를 실현할 순 없었습니다. 그것을 우연에만 맡김으로써 때론 피아니시모(ppp)와 강세(>)가 동시에 요구되는 불가능한 조합이 발생하기도 하고, 또 우연적 조합이 만드는 소리의 흐름이나 형태의 허술함을 자신들도 견디기 힘들었기 때문이지요.

그것은 음악이 아니라 일종의 응용수학이라는 비난에도 불구하고(수학적 규칙을 통한 초코드화임엔 틀림없습니다), 어쩌면 음악이라기보다는 '음악적 사상'이라고 해도 좋을 이러한 음렬주의적 관점은 음고와 음가, 음색, 음량 등과 같은 다양한 음악적 요소들로 하여금 어떠한 형식으로부터도 자유로운 탈영토화의 선을 타게 했다는 점은 부정할 수 없을 듯합니다. 그것은 그 자체로 새로운 긍정적인 음악형식이 될 수는 없었다고 해도 모든 주파수의 소리, 모든 종류의 소리가 음악을 구성하는 '입자' 내지 '파동'이 될 수 있는 충분한 자격을 가졌음을 주장하는 하나의 선언이었다고 해도 좋을지 모릅니다. 그래서 전음렬주의자를 포함해서, 이젠 누구도 전음렬주의적으로 작품을 쓰지 않으며, 그렇게 씌어진 작품 또한 별로 없다고 해도, 그것은 음악의 분자-화, 음악의 원소-화를 향한 다양한 흐름들이 만나면서 형성된 하나의 중요한 문턱임에 틀림없습니다. 이미 말했듯이 전자음악이 또 하나의 중요한 문턱이었다는 점은 다시 말하지 않아도 좋을 겁니다.

3) 음악-되기의 블록, 혹은 일관성의 구도

이제 우리는 음악-되기의 블록으로 넘어가야 합니다. 그리고 그것을 통해 음악에서 일관성의 구도에 도달하게 될 겁니다. 이는 일관성의 구도가 뜻하는 것이 무언지를 이해하는 데 매우 중요한 '예'가 될 겁니다. 그렇지만 음악-되기의 블록으로 넘어가기 전에 메시앙의 음악을 하나 더 들어보시지요. 시간을 뜻하는 '크로노스'와 색을 뜻하는 '크롬'을 합쳐서 만든 〈크로노크로미(Chronochromie)〉라는 곡입니다. 이 곡은 스트로프(Strophe)와 안티스트로프, 에피소드로 구성되는 그리스 연극의 송가 형식을 차용하고 있습니다. 그런데 스트로프와 안티스트로프는 두 번씩 등장하며, 그 뒤에 에피스드가 이어지지요. 그리고 그 전체 앞뒤에 서주(Introduction)와 코다(Coda)를 두어서 일곱 개의 '악장'으로 짜여져 있습니다. 시간관계상 '스트로프 I'과 '안티스트로프 I'만 들어봅시다.

제목은 아마도 색깔로서의 시간이나 시간으로서의 색깔을 뜻하는 듯한데, 어때요? 시간-색깔이나 색깔-시간이 느껴지나요? 예, 시간도 색깔도 별로 느끼기 힘들 겁니다. 처음 듣고 그걸 느낀다면 거짓말이거나 아니면 놀라운 음악적 감수성을 가진 분이겠지요. 그런데 이미 베르그송의 시간과 지속이란 개념을 음악과 연결한 바 있지만, 메시앙은 '화음' 내지 '조화'란 색채고, 음악이란 색칠된 시간이라고 보았다고 해요. 그래서 시간-색채라는 제목을 붙인 것이

〈그림 10.2〉
메시앙, 〈크로노크로미〉 안티스트로프 I 중 일부, 1959~60

지요. 어떻습니까? 무얼 표현하려 한 듯한가요? 이 소리들이 새소리로 들리나요? 메시앙은 프랑스, 멕시코, 일본, 스웨덴 등지의 다양한 새소리들로 새들이 사는 세계에 대한 그리스 풍의 송가를 만들려고 했다는데, 새들의 합창소리가 들리시나요? 아마 제 얘기를 들은 다음이라면 새소리라는 게 '납득' 될 수도 있을 겁니다.

그런데 이 곡에서 특별한 점은 스트로프의 경우 전체가 하나의 박자를 갖고 진행되는 데 반해, 안티스트로프는 매우 불규칙한 박자를 사용하며, 그것도 한 마디조차 두세 개로 쪼개서 다른 박자를 할당하기도 하고, 마디마다 등장하는 박자들 또한 아주 빠른 것과 느린 것을 교차하며 사용한다는 점입니다. 이는 아마 우리 귀로 듣고 파악하기엔 무리일 듯해서 악보를 가져왔습니다.

〈그림 10.2〉는 '안티스트로프 I'의 악보의 일부입니다. 보다시피 한 페이지의 악보에서 눈에 보이는 거라곤 박자 표시를 하는 숫자밖에 없습니다. 분수가 몇 개인지 아시겠어요? 얼핏 보면 8마디에 8개의 박자 표시 숫자가 있는 듯하지만, 이건 23/32박자가 아니라 2/32박자와 3/32박자로 하나의 박절을 재분할한 것입니다. 따라서 숫자는 14개인 셈이지요. 보다시피 하나의 박절을 가령 2/32, 3/32박자로 나누고, 다음 박절은 2/32, 2/23, 3/32박자로 다시 분할하고는, 그 다음에는 2/16로, 그리고 2/8박자로 바꾸고, 그 다음 박자는 다시 3/32박자 및 3/32박자로 밀어붙임으로써, 극단적으로 대비되는 속도를 갖는 박자들을 번갈아 교체하면서 제시하고 있습니다. 이런 식으로 박자를 빈번하게, 그리고 지극히 상이한 속도로 섞고 융합시킴으로써 메시앙은 박자의 시간적인 구조를 해체하고 있습니다. 시

간적 분절을 분자적이고 원소적인 것으로 만들고 있는 것이지요.

《천의 고원》에서 들뢰즈와 가타리가 브를레(G. Brelèt)를 인용하면서 쓰고 있는 다음 글은 음악적 시간의 이러한 원소-화를 말하는 듯합니다. "메시앙은 다양한 반음계적 지속들(durées chromatiques)을 융합하여 드러나게 했다. '별과 산(山)의 무한히 긴 시간과, 곤충과 원자의 무한히 짧은 시간 사이의 관계에 대한 관념을 암시하기 위해 [그는] 가장 거대한 지속과 가장 작은 지속을 번갈아가면서 교체했다. 그것은 무엇보다도 리듬 작업에서 나온 원소적이고 우주적인 힘이다.'"(MP, 380; II, 86)

여기에 등장하는 원소적인 힘과 우주적인 힘은 음악-되기의 블록을 구성하는 두 개의 탈영토화의 성분입니다. 일단 먼저 결론부터 말하자면, 이중의 탈영토화로 정의되는 그 되기의 블록은, 한편으로는 우주적인 힘이 음악적 소리가 되는 것이라면, 다른 한편으로는 음악적 소리 자체가 원소화되는 것이라고 할 수 있습니다. 우주적인 힘을 음향화 내지 음악화하는 것이 우주 자체를, 혹은 우주의 일부를 음향적으로 구성하는 것이라면, 음향의 원소-화는 그러한 음향 자체를 원소적인 것으로 만듦으로써 우주적인 힘의 리토르넬로가 들리게 만드는 것입니다. 이는 분자적인 것이 사물의 형식을 넘어선 탈형식화의 선을 이끌어 모든 것을 구성할 수 있는 입자적 상태로 인도하기 때문입니다.

분자적인 것은 정확히 형식을 용해시키기 때문에, 원소적인 것과 우주적인 것을 소통시킬 수 있는 능력을 지니고 있다. 그것은 가장 다양한 위도와 경도, 속도와 느림을 관계시키고, 변이를 그 형식적 한계를 훨씬 넘어선 곳으로 확장시키면서 하나의 연속체(conti-nuum)를 보장한다.(MP, 86; II, 86)

우주적 힘을 음향화하는 동시에 그것을 표현하는 소재(재료)인 음향 자체를 원소화하는 이러한 되기의 블록을 앞서와 같은 도식으로 요약하면, [우주적 힘의 음향화; 음향의 원소화]라고 쓸 수 있습니다. 여기서 음악 내지 음향의 원소화가 고유한 음악적 **표현형식**을 규정한다면, 그것을 통해 표현되는 우주적인 것의 다양한 힘들이 내**용의 형식**을, 리토르넬로를 규정합니다. 그리고 그것은 원소적인 것이라는 가장 미시적인 성분과 우주라는 가장 거대한 성분 사이에서 모든 것을 음향적으로 구성하며 재발견하는 것을 함축합니다. "음악가로 하여금 새를 발견하도록 만든 것이 그로 하여금 원소적인 것과 우주적인 것 또한 발견하게 만든다. 하나[원소적인 것]는 다른 하나[우주적인 것]와 블록을 이루며, 우주[를 싸는] 섬유를 이루고, 대각선 내지 복합적 공간을 이룬다."(MP, 380; II, 86)

음악-되기의 블록에서 원소-화란 음악적 성분이 모든 영토적 성분이나 형식적 요소에서 절대적으로 탈영토화되는 과정임을 의미한다는 점에서, 이미 일관성의 구도가 무언지 알고 계신 분들은 그것이 일관성의 구도에 이르는 길이라는 것을 짐작할 수 있을 겁니다. 우주를 음향적으로 구성하는 것, 혹은 우주적 힘의 음향화란, 탈영토화된 소리의 입자나 파동이 되어버린 원소적 소리를 통해 새나 산, 별이나 하늘, 혹은 사람과 늑대 등 우주적인 모든 것들을 음향적으로 구성하는 것입니다. 일관성의 구도가 절대적 탈영토화를 통해 도달하는 것인 동시에 모든 것을 구성할 수 있는 '구성의 구도(plan de composition)'라면 그것은 바로 이런 의미에서지요.

이제 우리는 음악-되기의 결론에, 아니 되기를 다루는 이 고원의 결론에 도달했습니다. 그러나 아직 이 말을 이해하는 것은, 들뢰즈/가타리는 이미 메시앙의 새-되기에서 이해할 수 있었을 것이라고 말하지만, 그다지 수월하지 않습니다. 그래서 우리는 한번 더 음악적으로 부연을 해야 합니다. 이를 위해 두 개의 곡을 들어보기로 합시다. 하나는 크세냐키스(I. Xenakis)의 작품이고, 다른 하나는 리게티(G. Ligeti)의 작품입니다. 둘 다 원소적인 것과 우주적인 것을 담고 있지만, 원소적인 것이 된다는 것이 어떤 것인지, 원소화된 음악은 이제 어떻게 될 것인지를 전자가 상대적으로 잘 보여준다면, 후자는 그런 원소화가 어떻게 '세계'를, 아니 '우주'를 구성하는지를 상대적으로 잘 보여준다고 할 수 있을 듯합니다.

이 두 사람에게 공통된 것은 전음렬주의, 혹은 음렬주의 자체에 대해서 비판적이었을 뿐만 아니라 실제로 그것을 비판하는 중요한 논문을 썼으며, 이론적이고 논리적인 배열을 통해 작품을 만드는 음렬주의와 달리 실제로 귀에 들리는 소리를 어떻게 조직할 것인가 하는 '효과'의 문제에 관심이 많았다는 것입니다. 가령 크세냐키스는 음렬주의자들의 생각과는 달리 음렬화된 요소들이 아무리 훌륭하게 구성된다고 해도 실제로 사람 귀로는 거의 들을 수 없거나 구별할 수 없다고 비판합니다. 즉 사람의 귀에 들을 수 없거는 음렬적 구조란 이론적이고 논리적인 구조일 수는 있어도, 음악적인 구조일 순 없다는 거지요.

전음렬주의의 핵심을 요약하면서 그것의 요제를 비판한 선구적인 글 〈음렬음악의 위기〉에서 크세냐키스는 메시앙의 작품을 음렬주의적 진화의 종점이라고 보며, 그 이후 나타난 음렬주의에 대해 두 가지로 비판합니다. 첫째, 음렬의 개념 자체에 대한 것으로, 왜 음렬이 12개의 소리로 제한되어야 하는가 하는 것입니다. 왜 13개면 안 되고, 왜 그 이상이면 안 되냐는 거지요. 특히 전자음악을 거론하면서 그는 음렬주의적 사고가 일관되려면 주파수의 연속적 음 전체를 사용할 수 있어야 한다고 말합니다. 실제로 쇤베르크는 12개의 음고를 가진 음렬로 음렬주의적 걸음을 시작했고(12음기법), 메시앙은 리듬으로 음렬을 만드는 방법에서 12개의 리듬을 조합하고 변형하는 방법('인터버전interversion'이라고 합니다)을 제시함으로써 12개의 음고에 다른 요소들을 귀속시키고 있지요. 반면 크세나키스는 음렬음악과 다른 방식으로 음색과 리듬을 사용했던 바레즈의 〈이온화〉나 〈적분(Intégrale)〉, 〈사막(Déserts)〉을 통해 거기서 빠져 나갈 출구를 보고 있습니다.

둘째, 폴리리듬적 구조에 관한 것으로, 음렬주의자들은 음고, 음가, 음색 등 각각을 선형적 음렬로 배열하고 그것이 중첩된 구조를 만들지만, 그것은 실제론 들리지 않기 때문에 그 음렬을 따라간다는 것은 불가능하다는 겁니다. 이는 선형적 구조 관념이 음악적으로 부적절한 것임을 의미합니다. 이 둘째 측면은 두 가지 사항에 대한 고려로 나아갑니다. 하나는 감각에 대한 좀더 단순하고 현실적인 관념으로 되돌아가서, 실제로 인간이 들을 수 있는 것을 만들어야 한다는 것이고, 또 하나는 이를 위해 소리들의 복합체를 구성하는 데 확률 개념

---

(25) I. Xenakis, "La crise de la musique sérielle," *Gravesaner Blätter*, Nr. 1, 1955. 이 글은 A. Baltensperger, *Iannis Xenakis und die stochastische Musik*, Verlag Paul Haupt, 1996, 595~97쪽에 불어 원문 그대로 실려 있는데, 저도 이 글을 참조했습니다.

을 도입해야 한다는 것입니다. 모든 주파수의 연속적 소리 전체를 이용해야 한다는 생각과, 확률적인 분포를 통해서 실제로 사람 귀에 어떻게 들릴지를 알고, 들리는 양상을 통해 곡을 만들어야 한다는 생각은 이후 크세냐키스가 음렬주의를 넘어선 음악을 만드는 데 중요한 원칙이 됩니다.[25]

그래서 크세냐키스가 선택한 방법은 모든 주파수의 소리는 음악적 소리가 될 수 있다고 보고, 소리를 일종의 분자 내지 입자로 간주하여, 음악을 그런 소리-입자들이 뭉치고 흩어지면서 만들어내는 흐름으로 간주하는 것입니다. 하지만 이합집산하는 그런 입자들 각각의 개별적인 소리는 들리지 않으며, 단지 그것들이 뭉쳐서 만들어지는 입자들의 흐름만이 귀에 들린다고 하지요. 선의 일부, 흐름의

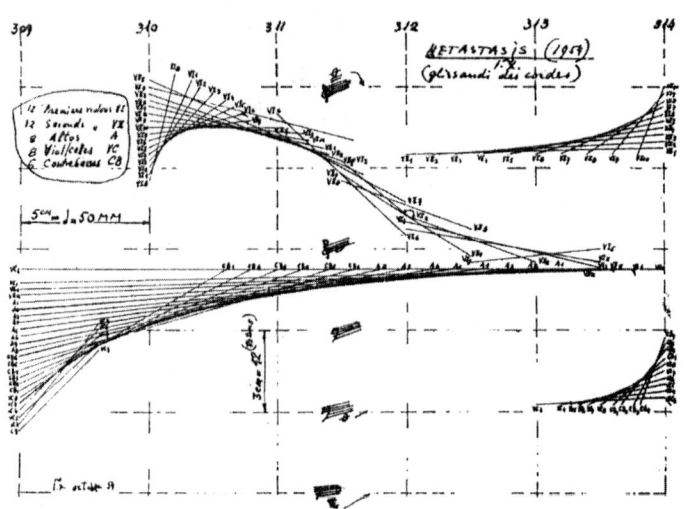

〈그림 10.3〉 크세냐키스, 〈메타스타시스〉의 스케치

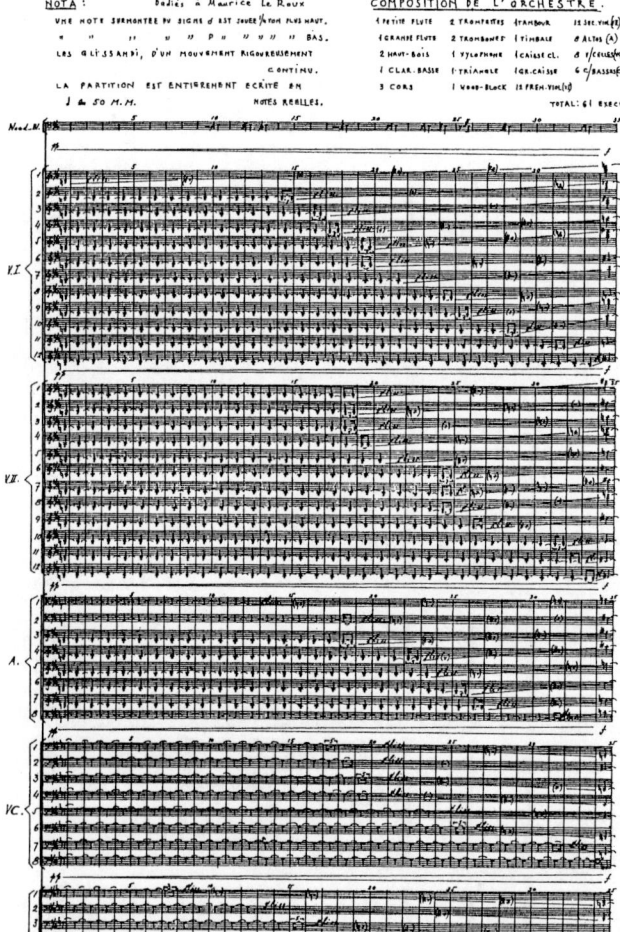

〈그림 10.4〉
크세나키스, 〈메타스타시스〉의 악보, 1953~54

〈그림 10.5〉 르 코르뷔지에와 크세나키스, 〈필립스 관〉, 브뤼셀 박람회, 1958

일부로서 점(입자). 따라서 그에게 음악을 만든다는 것은 소리라는 입자를, 기체분자들의 움직임을 서술하는 통계역학을 이용해서, 그리고 입자들의 흐름을 서술하는 유체역학의 방정식을 이용해서 소리-입자들의 흐름을 구성하는 것입니다. 그래서 그의 음악을 흔히 '추계적 음악(musique stochastique)'이라고도 부릅니다.

먼저 들어볼 작품은 크세냐키스의 출세작인 〈메타스타시스(Métastaseis)〉입니다. 크세냐키스란 사람은 매우 특이한 경력을 갖고 있습니다. 그는 루마니아에서 태어났지만 그리스 혈통이었고, 그리스로 건너가 아테네 대학에서 건축학과 수학을 공부했습니다. 그러다가 2차 대전이 일어나자 레지스탕스로 활동하다가 왼쪽 눈을 잃었고(그래서 그의 사진은 모두 얼굴의 반쪽만 보여주지요), 그 뒤에도 혁명활동을 하다가 그리스에서 추방되었습니다. 프랑스에서 그는 르 코르뷔지에의 사무실에서 일했고, 또 메시앙에게서 음악을 사사했습니다. 20세기 최고 건축가와 음악가에게서 배울 수 있었으니, 스승 운이 아주 좋았던 사람이지요?

〈메타스타시스〉는 1953~54년에 작곡되었는데, 곡의 제목은 '후, 뒤'를 뜻하는 'meta'와 정지 상태를 뜻하는 'staseis'를 합쳐서 만든 말입니다. 정지된 상태를 넘어선, 그렇다고 통상적인 움직임을 갖는 운동은 아닌, 굳이 말하자면 '역동적인 정지 상태'를 의미한다고 할 수 있겠습니다. 작곡자 자신은 이를 '변증법적 변환'이라고 말하는데, 동양적인 표현을 써서 말한다면 '정중동(靜中動)'이란 말이 적당할 듯합니다. 이러한 구상은 건축사무실에서의 그의 작업과 긴밀하게 결부되어 있었습니다. 어느 것이 먼저인지야 알 수 없지만, 이는 크세냐키스가 르 코르뷔지에와 함께 만들었던 브뤼셀 박람회의 필립스 관(1958)의 벽-창을 구성하고 있는 선들의 형상과 분명하게 짝을 이루고 있습니다.[26] 아마도 그는 이런 식으로 그 건축물과 대응되는 음악을, 혹은 음악적인 건축물을 만들 수 있을 것이라고 생각했던 것이 아니었나 싶습니다. 필립스 관의 벽-창을 짜는 다양한 각도와 움직임을 갖는 선들은 하나의 창문을 만들며 정지된 상태에 있지만, 그럼에도 각각이 리드미컬하게 움직이는 묘한 역동성을 표현하고자 했던 것입니다.

---

[26] Le Corbusier/I. Xenakis, "Text zu *Metastasis*," (1955); I. Xenakis, "Vorwort zur gedruckten Partitur *Metastasis*," A. Baltensperger, 앞의 책의 부록, 609~11쪽.

그러나 이 곡은 아직 입자들의 추계적 분포를 통해 소리-입자들의 흐름을 만들어내는 방식으로 구성되지는 않았고, 다만 글리산도를 거의 모든 소리에 도입하여 글리산도되는 개개 소리들의 복합적 결과를 들려주려 했다는 점에서 그의 음악에선 일종의 '과도기적' 작품이라고 할 수 있습니다. 〈그림 10.3〉의 스케치에서 보이듯이, 크세냐키스는 이 곡에서 미끄러지듯 겹치며 상승하거나 하강하는 사선들을 따라 소리의 입자들을 음향적으로 구성하려고 했습니다. 그래서 〈그림 10.4〉의 악보에서 보이듯이, 모든 음들이 연속적인 글리산도로 처리되어 있습니다. 현대음악에서 글리산도의 중요성에 대해서는 이미 말한 바 있지만, 이 경우 '일반화된 글리산도'란 말은 단지 추상적 일반성을 갖는 게 아니라 문자 그대로 실행되고 있다고 하겠습니다.

어떻습니까? 필립스 관의 창문 모습이 들리나요? 혹은 우주를 흘러다니는 소리의 입자들이 들리나요? 왜, 이런 말도 있잖아요? "찾으라, 그러면 찾을 것이다!" 마찬가질 겁니다. "들으라, 그러면 들릴 것이다!" 이걸로 잘 안 들리면, 〈다이아모르포시스(Diamorphoses)〉란 작품을 들어보세요. 거칠고 강한 질감적인 소리가 마치 우주선 밖의 공기들의 흐름처럼 흘러가는 것이 보일(!) 겁니다. 혹은 타악기만으로 연주되는 〈플레이아드(Pleiade)〉를 들어보시든지요. 거기서는 별들의 구름이, 성운이 소리의 입자를 타고 흘러다니는 걸 보실 수 있을 겁니다.

소리의 흐름과 그것을 가시화한 도식의 상응성을 가정한다는 점에서, 〈메타스타시스〉는 아식 음향적 흐름 자체의 내재성 속으로 들어가지 못한 면이 분명히 있습니다. 그렇지만 각자 상이한 기울기를 갖고 상승하는 다양한 악기들의 글리산도가 섞이면서 소리의 흐름이 만들어지는 양상을 초기적인 형태로 구현하고 있다고는 할 수 있을 듯합니다. 음색은 아무래도 글리산도에 유리한 현악기들이 중심을 이루고 있기에 금속성의 매끄러운 색채를 띠고 있습니다. 이는 그 선들로 짜여지는 창유리의 감응을 표현하는 데 효과적인 듯합니다. 한편 타악기들의 소리는 솔직히 말해 거칠게 끼어들기 때문에 (바레즈의 신중함, 세심함과 비교할 수 있지요), 이러한 현의 표현력과 대립적인 요소로 작용하는데, 이 곡의 원래 표현적 목적에 부합하는지는 잘 모르겠습니다.

반면, 시간관계상 말로만 해서 미안합니다만, 〈다이아모르포시스〉나 〈플레이아드〉 같은 곡은 정말 소리의 입자들이 흘러다니는 양상이 귀에 보이는 듯합니다. 〈다이아모르포시스〉의 질감은 〈메타스타시스〉처럼 빤닥대고 매끄러운 금속성이라기보다는 차라리 흙의 흐름이나 먼지의 흐름처럼 거친 질감이고, 〈플레이아드〉의 그것은 타악기들의 소리가 다양한 색깔의 별들이 섞여 흐르는 감응을 만들어냅니다.

들리든 들리지 않든 간에, 크세냐키스가 소리를 다루는 방식은 음악-되기의 블록을 이루는 두 개의 성분을 잘 보여줍니다. 음악적 소리를 '입자' 내지 '분자'라는 원소적 내지 입자적 층위로까지 밀고가는 것, 그리고 그것의 흐름을 통해서 어떤 '우주적인 힘'을 표현하는 것. 이는 상승하거나 하강하는 선들의 상이한 기울기들, 그것들의 중첩과 혼합, 교차로 표시되는 힘들을 음향화함으로써 우주적 힘을 음향화하고 있는 거라고 말할 수 있겠습니다. 원소화된 음향적 입자들의 흐름을 통해서 다이어그램으로 도식화한 힘들의 변화양상이라는 내용이 표현되고 있는 것입니다.

물론 여기서 표현되고 있는 '우주적인 힘'은 우주의 모든 힘이나 우주의 보편적인 힘이 아니라, 필립스 관의 창문을 짜는 살들의 힘이지요. 우주의 힘을 일반적으로 표현한다는 건 있을 수 없습니다. 다만 이처럼 '어떤' 우주적 힘을 표현할 수 있을 뿐이지요. 이런 점에서 이 작품은 건축물을 음향화하고 있다고 해도 좋을 듯합니다. 음악으로 건축물을 만들고 있는 셈이지요. 아니면 거꾸로 건축으로 음악을 만드는 것이라고 해야 하나요? 분명한 건 자연 혹은 우주 안에 존재하는 다양한 힘, 다양한 성분 들을 이제 크세나키스는 소리-입자들을 다루는 통계역학적인 방법으로 얼마든지 만들어낼 수 있게 되었다는 겁니다. 이런 식으로 그는, 말하자면 '음악적 건축가'가 되는 것입니다.

이것이 가능한 것은 그가 다루는 음악의 재료가 모든 주파수의 소리, 모든 길이의 소리를 포함하는 입자/파동의 수준으로까지 추상화되었기 때문이고, 그리하여 어떤 것도 구성할 수 있는 절대적 극한에 이르렀기 때문입니다. 이를 '일관성의 구도'라고 한다는 건 잘 아시겠지요? 그런데 이 경우에서도 잘 보여주듯이, 그것은 음악을 입자 수준으로 추상하는 것 자체를 목표로 하는 게 아닙니다. 일관성의 구도는 그런 추상기계의 극한이지만, 동시에 어떤 것도 구성하고 만들어낼 수 있는 출발점이며, 따라서 구성의 구도라고도 할 수 있습니다. 음악-되기의 블록을 구성하는 두 성분, 즉 원소-화와 우주-화는 일관성의 구도와 구성의 구도라는, 사실은 하나인 두 개의 구도를 표시하고 있다고 하겠습니다.

한편 리게티는 불레즈의 음렬주의적 작품인 〈구조 Ia〉에 대한 치밀하고 구체적인 분석을 통해서 불레즈 자신이 설정한 음렬적 구성의 원칙을 스스로 위배하고 있음을 보여줌으로써 음렬주의를 비판합니다.[27] 이는 음렬주의에 대한 내적 비판의 형식을 취하고 있지만 사실은 음렬주의적 구성원칙에 따라 만들어진 것에 허술하게 들리는 부분이 나타날 경우 음렬주의자 자신조차 그것을 그대로 둘 수 없음을 들어, 음악이란 들리는 것이란 점을 강조하려 했다는 점에서 크세냐키스의 비판과 비슷한 입지점에 있다고 할 수 있습니다. 그래서 이들의 작품은 음렬주의적인 방식으로 작곡된 작품에 비해 훨씬 덜 고통스럽습니다.

리게티 또한 망명자입니다. 그는 헝가리인이었고, 그래서 초기에는 바르톡의 영향을 많이 받았다고 하더군요. 전공은 물리학이었다고 해요(음렬주의자였던 불레즈도 수학을 전공했다지요). 아마도 〈분위기〉라고 번역해야 할 작품 〈아트모스페르(atmosphère)〉는 그의 출세작이지요. 들어보세요. 아마 전자음악의 영향일 텐데, 이 작품은 미세한 차이를 갖는 음들의 폴리포니('마이크로폴리포니 micro-polyphony'라고 합니다)를 사용하여, 연주되는 음역 안에서 거의 모든 '주파수'를 동시에 울리는 음괴(音塊)를 만들고 있으며, 이로 인해 개개의 음들은 서로 섞여서 공존하기 때문에 개별적인 음들은 거의 들리지 않습니다. 소리는 있지만 선율은 없으며, 나아가 리듬도 없습니다. 다만 금속성의 매끈한 질감을 갖는 색채적인 소리의 지속이 마치 정지된 채 움직이는 고요한 대기처럼 우리를 감쌀 뿐이

---

(27) G. Ligeti, "Pierre Boulez, Entscheidung und Automatik in der *Structure Ia*", *Die Reihe* 4(1958). 이에 대해서는 이희경, 〈음렬음악과 60년대 리게티의 작곡사상〉, 한국음악학학회, 《음악학》, 제8집, 2001, 430~34쪽 참조.

며, 그 흐름은 오직 다양하고 미세한 분포를 갖는 강밀도의 흐름으로서만 지각될 뿐입니다.

리게티 스스로 이 곡을 통해 마치 세잔의 그림 같은 '정지된 시간'을 만들어내고 싶었다고 했는데, 시간의 흐름에 역동성을 부여하는 선율이나 리듬이라는 요소를 제거함으로써 이를 이루어내고 있는 듯이 보입니다. 물론 정지의 형식 안에서도 '심심하거나', '지겹지' 않도록 하기 위해 음량과 음색, 강도에 미세한 변화를 주고 있고, 이로 인해 정지 속에서도 우리는 저 많은 소리들을 하나의 흐름으로 지각하게 되지요. 이 경우 작품은 음향적 입자/파동들의 강밀도의 연속체임이 분명하게 드러납니다.

크세냐키스와 마찬가지로 리게티 또한 여기서 음악적 소리를 마치 '대기(atmosphère)'를 구성하는 입자 내지 분자들로 다루고 있으며, 그러한 입자들의 분배와 분포를 통해서 그 대기 속의 움직임을, 대기의 색채를 만들어내고 있습니다. '대기'는 이런 방식으로 '분위기'가 됩니다. 그럼으로써 이제 소리의 입자들은 우주적인 대기, 우주적인 분위기가 되는 겁니다. 여기서도 음악적 소리의 원소-화 내지 입자-화를 통해 우주를 음향적으로 구성하는 이중의 블록이 만들어지고 있다고 하겠습니다. 그 자체로 구성의 구도기도 한 일관성의 구도를 입자-화와 우주-화의 이중적 블록 안에서 발견할 수 있다는 말도 마찬가지로 할 수 있겠습니다.

제니스 조플린의 음향적(음악적) 늑대, 메시앙의 음향적 까마귀, 베베른(A. Webern)의 음향적 알프스, 바르톡이나 베리오의 음향적 민중, 크세냐키스의 음향적 건축이나 음향적 성운, 리게티의 음향적 대기 등등은 모두 이러한 원소-화와 우주-화의 블록 안에 있습니다.

음향적으로 구성되는 세계의, 우주의 모든 것이 이 음악-되기의 이중적 블록 안에 있다고 해도 좋을 겁니다. 음악이 일관성의 구도에 도달했으며, 일관성의 구도에서 새로운 음악적 우주를 만들고 있다는 것은 바로 이런 의미라고 해도 좋을 겁니다.

4) 탈영토화에 관한 정리들

이제 우리는 다시 탈영토화에 관한 정리들을 살펴보아야 합니다. 이전에 우리는 안면성에 관한 고원에서 탈영토화에 관한 4개의 정리를 살펴본 바 있습니다. 안면성은 주로 회화와 결부되어 있었습니다. 반면 음악은 음성과 결부되어 있습니다. "회화가 얼굴의 탈영토화라면 음악은 음성의 탈영토화"(MP, 371; II, 79)라고 하지요. 얼굴이 머리의 탈영토화였다면 풍경은 표정이 얼굴에서 벗어나 탈영토화되는 것이란 의미에서 그렇습니다. 마찬가지로 음성이 먹는 기관으로부터 입이 탈영토화되면서 나타난다면, 음악은 이제 그 음성이 사람의 말소리에서 탈영토화되어 노래가 되고, 또다시 거기서 탈영토화되어 악기의 소리로, 분자적인 음향으로 탈영토화된 것이란 말도 할 수 있겠지요.

이전에 우리는 안면성이 하나의 절대적 탈영토화라고 하는 것을 보았습니다. 그것은 신체적인 탈영토화지만, 다른 신체로의 재영토화로 이어지지 않는다는 점에서 **절대적 탈영토화**라고 했습니다. 그런데 그것은 내용의 층위에서 표현의 층위로 비약하는 탈영토화였고, 그래서 그것은 어떤 도구 대신에 표현형식인 기호나 언어와 연결되고 그것들을 재영토화하는 표면이 되었다고 할 수 있습니다. 따라서 그것은 절대적 탈영토화임에도 불구하고 일관성의 구도로 나아가는 것이 아니라 표현적인 지층 안에 머무는 것이었습니다.

지금까지 본 것처럼 음악 역시 하나의 절대적 탈영토화의 선을 그리고 있습니다. 음성이 신체로부터 탈영토화되어 표현의 지층을 형성한다면, 음악은 그것을 다시 탈영토화하여 분자적인 되기로, 원소-화, 이온-화로 이끌며 결국은 일관성의 구도에 이른다는 것을 보았습니다. 이는 얼굴이나 회화가 그렸던 절대적 탈영토화와 아주 다른 양상의 탈영토화라고 할 수 있습니다. 그것이 재영토화를 포함한다면, 그것은 이제 일관성의 구도 상에서 새로운 구성의 구도를 형성하는 방식으로만 그러합니다. 원소-화와 우주-화라는 음악-되기의 이중적 블록은 이를 잘 보여주는 것이었습니다.

이런 점에서 음악에서 탈영토화의 정도는 회화와는 비교할 수 없는 값을 갖는다는 것을 알 수 있습니다. 회화 또한 20세기 들어와 '추상주의'의 길을 걸었지만, 폴록(J. Pollock)처럼 극한적인 추상화를 시도할 때조차 형상적인 재영토화에서 벗어난 탈영토화는 불가능했습니다. 그것은 아마도 '점, 선, 면' 같은 추상적 요소조차 그림으로 그려졌을 때는 무언가 형상적인 어떤 것을 상기시키지 않을 수 없기 때문일 것이고, 색채 또한 형상적 요소에서 완전히 벗어날 수 없다는 점 때문일 겁니다. 반면 소리는 주파수로 정의되는 '입자'적인 상태로 탈영토화될 수 있었고, 이 경우 음악적 소리와 비음악적 소리는 물론, 음성과 비음성, 인간의 소리와 동물의 소리, 곤충의 소리를 구별하는 것조차 불가능한 절대적 추상화의 지대로 나아갈 수 있었습니다.

그래서 칸딘스키는 쇤베르크와 '나란히(!)' 추상화의 길을 갈 때조차 결코 그러한 한계를 벗어나지 못했지만(《점·선·면》), 반대로 쇤베르크는 칸딘스키와 '나란히' 표현주의의 길을 갈 때조차[28] 입자적 일관성을 향한 중요한 일보를 내디딜 수 있었습니다(12음기법과 음렬주의). "[회화에 비해] 음악은 훨씬 더 크고, 동시에 훨씬 더 강밀하고 집합적인 탈영토화 힘을 지닌 듯하며, 마찬가지로 음성도 탈영토화될 수 있는 능력이 훨씬 더 큰 것 같다."(MP, 371; II, 79) 그리고 이것이 음악이 갖는 강력한 매력이요 힘이라고 할 수 있습니다.

어쩌면, 이 특질이 음악이 발휘하는 집합적 매혹을 설명할 수 있을 것이다. 그리고 심지어 우리가 앞서 언급했던 '파시스트적'인 위험의 잠재성도 설명할 수 있을 것이다. 음악 · 북 · 트럼펫은 파멸에 이를 수도 있는 길로 인민과 군대를 이끌고간다. 그것은 그림이라고 할 수 있는, 분류하고 집합시키기 위한 수단으로서 사용되는 깃발이나 군기보다 훨씬 더 강력하게 작동한다. 개인적으로 음악가가 화가보다 더 반동적이고 더 종교적이고 덜 '사회적'일 수 있다. 그럼에도 불구하고 그들은 화가들의 힘보다 무한히 우월한 집합적 힘을 휘두른다.(MP, 371~72; II, 79~80)

---

(28) 그는 12음기법을 창안한 이후에도 '주제'라는 개념에서 결코 벗어나지 않았으며, 표현적 재영토화 없는 음향을 만들고자 하지 않았습니다. 불레즈가 "베베른 만세"를 외치며 전음렬주의를 제창한 유명한 논문의 제목을 〈쇤베르크는 죽었다〉라고 붙였던 것은 바로 이와 같은 점 때문이었습니다(이희경, 앞의 글). 베베른은 쇤베르크의 제자였고, 그와 함께 비엔나 악파를 구성하던 사람이었지만, 그는 쇤베르크나 베르크(A. Berg)와 반대로 음악의 표현적인 특성이나 테마적 성격을 완전히 탈각하여 음향적이고 음색적인 특성의 구조화로 작품을 조직하고자 했다는 점에서 음렬주의자의 '선구자'가 될 수 있었습니다. 물론 이것은 베베른이 갖는 다양한 면모의 한 측면일 뿐이고, 반대로 그의 작품이 갖고 있는 색채적인 측면을 강조하는 사람도 있습니다.

그렇기 때문에 탈영토화에 관해서 이전에 안면성과 회화를 다루는 고원에서는 말할 수 없었던 것을 이제 새로이 추가하여 말할 수 있게 됩니다. 그래서 이 고원의 마지막 부분에는 안면성에서 제시된 4개의 '탈영토화의 정리'에 이어서 다시 4개의 탈영토화의 정리가 제시되어 있습니다. 번호도 정리 5에서 시작해 정리 8로 끝나는 것은 이 때문입니다.

일단 앞서 등장했던 4개의 정리를 다시 한번 읽어보고 새로이 제시되는 정리들을 보기로 합니다. 간단히 설명하면 다음과 같습니다.

정리 1: 어떤 것도 결코 단독으로 탈영토화되지는 못하며, 항상 적어도 두 항(項)이 존재한다. 즉 손-사용대상, 입-가슴, 얼굴-풍경이 그 것이다. 그리고 두 항의 각각은 상대항 위에 재영토화된다. 그로부터 손과 도구, 입과 가슴, 얼굴과 풍경 사이에 수평적이고 보완적인 재영토화의 체계 전체가 나타난다.

정리 2: 탈영토화 운동이나 그 두 가지 요소 가운데 가장 빠른 것이 반드시 가장 강도 높거나 가장 탈영토화된 것은 아니다. 탈영토화의 강밀도가 운동이나 발전의 속도와 혼동되어선 안 된다.

정리 3: 가장 탈영토화되지 않은 것이 가장 탈영토화된 것 위에서 재영토화된다. 여기서 재영토화의 두 번째 체계, 즉 발 끝부터 머리 끝까지 진행되는 수직적 체계가 나타난다. 이런 의미에서 입뿐만 아니라 가슴, 손, 신체 전체, 심지어 도구가 '안면화' 되는 것이다. 머리와 가슴은 얼굴 위에서 풍경 속으로 재영토화된다. 즉 그것은 풍경화되는 동시에 안면화된다.

정리 4 : 안면성의 추상기계는 그것을 생산하는 얼굴에서뿐만 아니라, 이성의 질서에 따라 그것이 안면화하는 신체부위, 옷, 물건 들에서 다양한 정도로 작용한다.

자, 아슴히 저 멀리서, 전에 들었던 기억이 슬며시 떠오르지요? 그럼 이제 정리 5부터 다시 봅시다(MP, 377; II, 84). 내용은 지금까지 분자-되기나 음악-되기에 관해 이야기했던 부분에서 모두 다 나왔던 것입니다. 특히 세 개의 정리는 모두 되기의 이중적 블록과 관련되어 있고, 마지막의 정리 8은 회화와 음악을 비교한 데서 본 것처럼 탈영토화의 정도(탈영토화 계수)가 다르다는 것입니다. 일단 하나씩 보지요.

정리 5 : 탈영토화는 언제나 이중적이다.

이는 되기의 이중적 과정을 언급하면서 이미 말했습니다. 예를 들어 음악의 새-되기는 〔음악의 새-되기; 새의 음향-화〕라는 이중적 블록을 이루면서 진행됩니다. 이를 저자들은 "그것은 동시에 〔~이〕 되는 다수적 변수와 소수적 변수의 공존을 함축하기 때문"이라고 설명합니다. 이 문장으로는 위의 블록 안에 있는 네 항 가운데 어떤 게 다수적 변수고 어떤 게 소수적 변수인지 잘 안 드러나지만, 원문을 보면 "coexistence d'une variables majeure et d'une variable mineure *qui* deviennent en même temps"(MP, 377. 강조는 인용자)라고 되어 있습니다. 이는 관계대명사(qui) 절의 주어 자리에 '변수'라는 말이 와야 한다는 것을 뜻하고, 이는 '되는(deviennent)'이란 동사의 주어지요. '음악의 새-되기'는 "메시앙이, 혹은 음악이 새가 되다"로 쓸 수 있고, '새의 음향-화'는 "새가 소리가 되다"라고 쓸 수 있지요? 따라서 다수적 변수는 앞 문장의 주어인 '메시앙' 내지 '음악'이고, 소수적 변수는 뒷 문장의 주어인 '새'입니다. 그럼 이제 "~이 되는 다수적 변수와 소수적 변수"라는 말의 의미가 분명해졌지요?

그리고 이 정리에 대해 이렇게 부연합니다. "되기 속에서 이 두 항은 서로 교환되지 않으며, 동일화되지도 않는다. 양자는 비대칭적인 블록 속으로 이끌려 들어간다. 이 블록 속에서 하나의 항은 다른 항 못지 않게 변화하면서 이웃지대를 구축한다."(MP, 377; II, 84) 이 문장은 음악의 새-되기가 음악이 새의 자리를 차지하는 것도 아니며, 그렇다고 새를 모방하거나 그것과 동일화되는 게 아니라, 음악이 새가 되는 만큼이나 새 또한 다른 것이 되어야 한다는 것을 뜻합니다. 즉 음악의 새-되기, 혹은 메시앙의 새-되기에서 새 또한 변하여 음향이 되거나 한다는 것이고, 이런 식으로 음악과 새가 서로 변환 가능한 이웃지대를 형성한다는 겁니다. 그렇지 않다면 대체 음악이 어떻게 새가 될 수 있겠어요? 새에겐 날개가 있지만, 메시앙이나 음악에게 날개가 없잖아요. 이는 전에 말했던 것이지요? 이중화가 비대칭적이란 말은 정리 6에서 다시 언급됩니다.

정리 6: 비대칭적인 이중의 탈영토화는 탈영토화하는 힘과 탈영토화 되는 힘을 할당할 수 있게 해준다.

이것도 이미 말했던 것입니다. 〔음악의 새-되기; 새의 음향-화〕

라는 이중의 탈영토화에서 후자, 즉 '새의 음향-화'가 탈영토화하는 힘이요 탈영토화를 이끌어가는 성분이라면 전자, 즉 '음악의 새-되기'는 탈영토화되는 힘입니다. 마찬가지로 제니스 조플린의 늑대-되기의 블록 [음성의 늑대-화; 늑대의 음향-화]에서 후자는 탈영토화하는 성분이고 전자는 탈영토화되는 성분입니다. 그래서 탈영토화는 후자가 이끄는 대로 음향화의 선을 그리게 되지요. 하지만 이러한 음향화는 '음악의 새-되기'를 하고자 하는 것이고, 여기서 '새-되기'라는 탈영토화되는 요소가 음향-화라는 탈영토화하는 성분을 촉진하고 가속화합니다. 그게 아니라면 새를 음향-화하는 일은 일어나지 않을 테니 말입니다. 다음의 주석은 이런 의미일 겁니다. "가장 덜 탈영토화된 것이 가장 탈영토화하는 힘의 탈영토화를 가속화하는데, 그러면 이것은 그에 대해 더 강력하게 반작용한다." (MP, 377; II, 84)

정리 7: 탈영토화하는 것은 상대적으로 표현의 역할을 하고, 탈영토화되는 것은 상대적으로 내용의 역할을 한다.

여기에는 "예술에서 볼 수 있듯이"라는 말이 붙어 있습니다. 메시앙이나 제니스 조플린의 동물-되기의 블록에서 탈영토화하는 성분, 즉 새의 음향-화나 늑대의 음향-화는 음향적인 표현형식으로, 음악의, 혹은 메시앙이나 제니스 조플린의 새-되기나 늑대-되기를 표현합니다. 다시 말해 새-되기나 늑대-되기는 음향적인 표현형식으로 자신을 표현하는 내용이 되는 것이지요. 우리가 그 음향을 듣고 새나 늑대의 감응을 얻게 된다는 걸 생각하면, 표현과 내용의 관계를 쉽게 이해할 수 있겠지요. "예를 들면 음악적인 표현형식으로서의 음향적 대각선, 그리고 고유하게 음악적인 내용으로서의 여성-되기, 어린이-되기, 동물-되기, 리토르넬로."(MP, 377; II, 84)

그러나 이 내용(동물)과 표현(소리)의 구별은 상대적일 뿐만 아니라, 그런 표현을 통해서 얻게 되는 내용적인 감응이 "늑대의 소리야", 혹은 "까마귀 소리군"이기 때문에, 다시 말해 음향화된 동물(내용)과 동물화된 소리(표현) 양자는 서로 이웃지대를 형성하기 때문에 "양자 간의 구별은 적합성을 상실한다"고, "탈영토화는 식별 불가능성을 창조한다"고 말합니다(MP, 377; II, 84).

정리 8: 하나의 배치는 탈영토화의 힘과 속도에 있어서 다른 배치와 동일하지 않다. 따라서 "우리는 각각의 되기의 블록과 추상기계의 변이에 따른 지표와 계수를 매번 계산해야 한다(예를 들면 음악에 비해 회화가 갖는 일정 정도의 느림과 점착성. 그러나 더 나아가서 우리는 인간과 동물 사이에 상징적 경계를 그을 수 없을 것이다. 우리는 다만 탈영토화의 능력을 계산하고 비교할 수 있을 뿐이다)."(MP, 377; II, 84) 앞서 회화와 음악의 탈영토화 계수가 아주 다르다는 말을 했던 것이 그 예가 될 겁니다.

뿐만 아니라 음악 안에서도 비발디나 하이든이 '종달새-되기'의 배치를 형성할 때와, 메시앙이 '종달새-되기'의 배치를 형성할 때에도 탈영토화 계수는 아주 다른 값을 갖게 될 겁니다. 덧붙이자면 어떤 배치의 탈영토화 계수가 다른 것보다 좀더 크다는 것은 추상화 정도가 좀더 높다는 것을 의미하고, 일관성의 구도에 더 가깝다는 것을 의미합니다. 그러나 이렇게 구별되고 비교되는 탈영토화 계수는 일단 상대적인 탈영토화 안에서의 비교기 때문에, 일관성의 구도로 이어지는 절대적 탈영토화와는 근본적으로 구별되는 것이란 점을 추가해두어야 합니다. 주의할 것은 앞서 회화와 음악을 비교하면서 일관성의 구도에 도달하는가 여부를 비교해서 말했던 것은 그것이 모두 '절대적' 탈영토화였기에 그랬던 것이니 오해 없길 바랍니다.

7. 일관성과 특개성
1) 되기와 차이 개념

이미 우리는 되기의 이중적인 블록에서 일관성으로 넘어가는 과정을 거쳐왔습니다. 되기를 이중적인 탈영토화라고 하면서 특히 강조했던 것은 되기의 '도달점' 자체가 되기의 과정에서 변환되고 탈영토화되어야 한다는 점이었습니다. 메시앙의 새-되기는, 새는 그대로 있고 메시앙이 새가 되는 흉내나 모사가 아니라, 새 자체를 음향적으로 탈영토화하여 다른 것이 되는 과정을 함축한다는 것입니다.

들뢰즈가 '차이'의 개념을 말하면서 그것이 '접속'과 '종합'임을 강조할 때, 그리하여 '와(et)'라는 접속사를 강조할 때, 그가 말하려는 것은 바로 이런 것이었습니다. A와 B의 차이를 B에겐 없는 A만의 것이라고 정의한다면, 그것은 합산이 아니라 A−B라는 감산(減算)이 되며, 서로의 차이를 강조한다는 것은 "너의 개성을 인정한다. 그러니 나의 개성도 인정하라"거나, "너의 차이를 인정한다. 그러니 나의 차이도 인정하라"는 식의 차이 개념으로 빠져들게 됩니다. 이런 식의 차이 개념을 동원해서, 멋들어지게 '차이의 정치학'이란 말을 만들어봐야, 그것이 평범한 '자유주의(!)' 정치학에서 한 발짝도 더 나아가지 못한다는 것은 두말할 것도 없습니다. 그리고 이는 곧

바로 그 차이들과 대비되는 공통성을 통해 서로를 묶는 분류학적 차이 개념으로, '종차' 개념으로 빠져들게 됩니다. 그것이 우리 모두를 하나로 묶어주는 '국가' 니 '민족' 이니 하는 분류학적 전체로 이어질 게 될 것이란 점 또한 두말할 것이 없습니다.

반면 감산 아닌 합산으로서, 새로운 무언가를 창조하고 생성하는 것으로서 차이란 A와 B가 접속하여 만들어지는 것이고, A와 B의 종합의 결과 만들어지는 것이며, 따라서 A+B라고 써야 할 그런 차이지요. 예컨대 메시앙과 새의 차이란 손과 날개의 차이처럼 각자가 소유(property!)한 무언가가 어떻게 다른가, 새에겐 있지만 메시앙에겐 없는 게 무언가 하는 그런 것이 아닙니다. 그것은 메시앙이 새와 만나서 만들어지는 차이고, 만남에 의해, 접속에 의해, 종합에 의해 만들어지는 차이에요. 그것은 메시앙이 새와 만나 이전의 메시앙 자신과 달라지는 지점, 그리고 동시에 그 만남에서 새 또한 이전의 새와 달라지는 지점을 표시합니다. 이는 우리가 통념적으로 갖고 있는 감산으로서 차이와 분명히 다른 것입니다. 이를 차(差)라는 통념에 따라 굳이 감산으로 표시한다면, A−B보다는 차라리 A−A′ 라고 써야 하며, 이것의 실질적 의미는 원래의 A에 B와의 접속을 통해 얻은 $\frac{a}{b}$를 더하는 것이기에 A+$\frac{a}{b}$라고 해야 할 겁니다.

따라서 여기서 나올 수 있는 '차이의 정치학' 이 있다면, 그것은 B는 B와 다른 A의 고유성(property!)을 인정하고, A는 A와 다른 B의 고유성을 인정하는 '인정' 과 '보존' 의 정치학이 아니라,[29] A가 B와

---

(29) 이에 대한 비판으로는 고병권, 〈투시주의와 차이의 정치〉, 서울사회과학연구소 편, 《탈주의 공간을 위하여》, 푸른숲, 1997 참조.

접속하거나 B-되기를 통해서 스스로를 이전과 다른 것으로 변환시키는 '변이' 와 '변환', 혹은 '변혁' 의 정치학입니다. 들뢰즈가 《차이와 반복》에서 강조했던 '차이의 철학', 혹은 생성의 철학은 이처럼 변환과 변혁의 철학이고, 스스로 다른 것이 되는 '되기의 정치학' 이며, 그렇기에 그것은 가타리가 밀고가던 '혁명의 철학' 과 쉽게 접속할 수 있었던 것입니다.

이러한 차이의 철학, 차이의 정치학에서 말하는 차이란, 어떤 초월적 척도에 의해 A와 B를 비교하여 누구에게 있는지 없는지를 확인하는, 혹은 같은 말이지만 A에게 있는 어떤 성질(property!)을 기준으로 그것이 B에게 있는가 없는가(물론 반대도 마찬가지지요)를 확인하는 그런 '초월적(transcendent)' 개념이 아니라, 타자와의 만남과 접속을 통해 A 스스로 만들어내는 A 자신과의 차이란 점에서 '내재적(immanent)' 개념이며 '내재적 차이' 라고 하겠습니다. 이런 점에서 이는 초월성과 대비되는 '내재성(immanence)' 이란 개념에 긴밀하게 결부되어 있으며, 그런 내재성의 구도로서의 '일관성의 구도' 라는 개념에 직결되는 개념입니다.

2) 기준, 혹은 일관성의 구도

A와 B의 차이를 'A에겐 있지만 B에겐 없는 것' 이라고 하면 '차이의 정치학' 이 자유주의 정치학이 된다고 했지요? 마찬가지로 그런 식으로 차이 개념을 정의하면 적어도 초월적인 기준(자기의 기준!)을 포기하는 한, '차이의 철학' 이란 각자가 타자와 비교의 기준으로 갖고 있는 고유한 척도는 어느 것이 다른 것보다 낫거나 못하다고 할 수 없다는 '상대주의' 인식론이 되어버립니다. 이것이 흔히

들 '차이의 철학'을 비난하는 또 하나의 중요한 이유지요.

그렇지만 앞서 본 것처럼 그것은 이 책에서 들뢰즈와 가타리가 제시하는 주장들과는 아무런 상관이 없습니다. 왜냐하면 이들이 말하는 차이의 개념이란 '내재적인' 것이어서, 비교 불가능한 것이 아니라 비교 가능한 것입니다. 즉 비교의 내재적 기준이 있다는 것입니다. 그렇지만 그것은 인간과 새를 비교하고, 새와 은행나무를 비교한답시고, 어느새 인간 자신을 기준으로 진화론적 서열을 매기는 그런 비교가 아니라, 인간이든 새든 그것이 '되기' 내지 '변환'을 통해 더 좋아졌는가 더 나빠졌는가를 비교합니다. 그것이 없다면 이러한 '되기'가 좋은 것인지 아닌지, 저러한 변환이나 변혁을 해야 하는지 피해야 하는지를 판단할 수 없을 것이고, 그 경우 철학이나 정치학, 혹은 모든 이론이 실제로는 아무 쓸모없는 공허한 말장난에 지나지 않을 것이기 때문입니다. 그래서 이들은 이렇게 말합니다.

되기나 다양성들에 미리 형성된 논리적 질서가 없다고 하더라도 '기준들(critères)'은 있으며, 중요한 것은 이 기준들이 사후에 오는 것이 아니라는 점이다. 그것들은 순간순간마다 일의 진행과 동시에 행사되며, 이는 위험을 헤치고 우리는 인도하는 데 충분하다.(MP, 307 ; II, 24)

그렇다면 그 경우 비교의 기준은 무엇인가? 그것은 과연 초월적인 척도의 자리에 오르지 않으면서 좋고 나쁨을 비교할 수 있는 기준이 될 수 있는가?

우리는 이미 내재적 차이에 대해 보았습니다. 그 내재적 차이들이 하나의 질을 갖는다면, 혹은 동일한 욕망의 평면/구도 위에 놓일 수 있다면 그 차이에 대해서 비교할 수 있다는 것도 알 수 있습니다. 그리고 앞서 빈번하게 사용했던 강밀도라는 개념이 양적 차이를 표시하는 것임을 안다면, 바로 그 강밀도가 그러한 차이들을 비교할 수 있는 '기준'이 된다는 것을 이해하기란 그리 어려운 일이 아닙니다. 짐끄는 말과 소, 개가 있을 때, 우리는 그것이 서로 다른 '종'임에도 불구하고 어떤 것이 더 잘 끄는지를 비교할 수 있습니다. 붓을 들고 글씨를 쓰는 사람들이 있을 때, 혹은 그들이 쓴 글씨들이 있을 때, 물론 일정한 감식안이 있어야겠지만, 어느 것이 더 잘 쓴 것인지, 누가 더 훌륭한 서예가인지를 어느 정도 구별할 수 있습니다. 능력의 강밀도, 그것이 바로 그런 비교의 '기준'입니다.

이러한 '기준'은 결코 비교하려는 것과 무관한 외재적 기준, 혹은 비교하려는 것을 넘어서 있는 초월적 기준이 아니라, 비교하려는 것의 내재적 차이를 재는 내재적 기준입니다. 쉽게 말하면, 이 경우 비교나 평가란 **그가 하려고 하는 것**을 얼마나 잘했는가 하는 것을 아는 것입니다. 가령 피카소처럼 재현적인 그림에서 벗어나 새로운 그림을 그리려 했던 사람에 대해 '정확하게 그렸는가 여부'를 따져서 평가한다면, 그것은 결코 내재적 평가가 될 수 없습니다. 그가 하려고 하지 않은 것을 기준으로 삼아 그를 평가하는 것이기에, 그것은 외재적 내지 초월적 평가가 되고 맙니다. 다른 것도 마찬가집니다. 그가 **하고자 하는 것**에 의해 그가 실제로 행한 것을 평가하는 것, 그게 바로 내재적 평가지요. 내재적 평가가 욕망이라는 하나의 속성, 하나의 평면/구도 위에서 이루어진다는 것은 바로 이런 의미에서지요. 이 경우 그 속성, 그 욕망 안에서 능력의 강밀도가 잘하고 못함

을 가리는 기준이 된다는 겁니다.[30]

그런데 우리는 이러한 강밀도가 결국은 상이한 문턱을 넘나들면서 상이한 양태들, 상이한 속성들을 하나의 연속체로 만든다는 것을 잘 알고 있습니다. 대문자 〈자연〉, 혹은 대문자 〈기관 없는 신체〉란 바로 강밀도의 연속체라는 것을 말입니다. 되기가 사람과 늑대, 새와 소리처럼 상이한 '종'이나 상이한 '속성' 사이에서 그 각각을 구별해주는 문턱을 넘나들면서 이루어질 수 있었던 것은 그 모두가 바로 하나의 강밀도의 연속체를 이루고 있었기 때문임을 이미 말한 바 있지요?

그런 식으로 모든 문턱을 넘나들 수 있는 능력의 극한을 '기관 없는 신체' 내지 '일관성의 구도'라고 한다는 것 또한 이미 충분히 말했습니다. 일관성의 구도란 어떤 문턱도 넘어설 수 있는 절대적 탈영토화의 지대지요. 그리고 그것은 되고자 하는 어떤 것이 될 수 있는 것이란 점에서 모든 것으로 재영토화될 수 있는, 하지만 그런 만큼 어느 하나로 재영토화되지 않은 순수잠재성이라고도 할 수 있습니다. 일관성의 구도를 '구성의 구도'라고 하는 것은 바로 이런 의미에서고, 기관 없는 신체를 만드는 것 못지않게 그 위에 무엇이 발생하는가, 어떤 것이 그 위로 지나가는가에 따라 다른 것이 될 수 있

---

(30) 이미 기관 없는 신체에 관한 고원에서 욕망 내지 의지는 대문자로 쓰는 단일한 〈기관 없는 신체〉를 다른 속성에 의해 구별하도록 해준다는 것을 본 적이 있습니다. 전체로서, 스피노자 식으로 말해 '실체'로서 〈기관 없는 신체〉는 그런 욕망/속성에 의해 구별되는 기관 없는 신체들의 집합 전체라고 했지요. 이런 의미에서 기관 없는 신체란 욕망-속성에 따라 달라지는 다양체들의 집합이고, 그것이 달라짐에 따라 달라지는 다양체입니다. 그래서 이를 '다양체들의 다양체'라고 말합니다. "각 개체는 무한한 다양체고, [스피노자의 실체에 대응하는] 대문자 〈자연〉 전체는 완벽하게 개체화되는 다양체들의 다양체다."(MP, 315; II, 28)

는 능력이 중요하다는 것 또한 이런 의미를 갖습니다.

이미 우리는 다양한 고원들을 거치면서 '일관성의 구도'란 어떤 대상으로부터도 절대적으로 탈영토화되어 모든 새로운 구성을 향해 열린 '구성의 구도'란 것을 보았습니다. 음악-되기는 이를 아주 구체적인 사례들로 잘 보여주었지요. 쉽게 말해서 일관성의 구도, 혹은 구성의 구도란 어떤 것도 될 수 있는 순수잠재성 자체라고 할 수 있으며, 그런 점에서 절대적인 구성능력, 절대적인 생성능력이라고 할 수 있습니다. 따라서 그것은 죽음의 선, 파멸의 선, 절멸의 선과 정반대 방향을 가리키는 표지라고도 할 수 있습니다. 그래서 심지어 기관 없는 신체들조차 결국은 일관성의 구도를 기준으로 구별하고 선별하지 않았습니까?

일관성은 모든 구체적 형태들의 교차다. 마찬가지로 모든 되기는 마법사들의 그림처럼, 자신들의 출구를 발견하게 되는 이 최후의 문인 일관성의 평면/구도 위에 씌어진다. 바로 그것이 되기들이 무로 전환되거나 매몰되어버리는 것을 막는 유일한 기준이다. ……일관성의 평면 위에서 모든 것은 지각할 수 없게 된다. ……그러나 바로 그 위에서 지각할 수 없는 것은 지각되고 들린다.(MP, 307~308; II, 25)

일관성의 구도에 도달한 음악은 그 자체로는 식별할 수 없는 높은 주파수의 소리도, 혹은 낮은 주파수의 소리도 '보거나' 듣게 해줄 수 있고, 원한다면 없는 소리도, 혹은 새로운 종류의 소리도 들려줄 수 있습니다. '우주의 소리', 혹은 '대기의 소리', 심지어 '건축물의 소리'까지도 말입니다. 따라서 그것은 특정한 하나의 소리, 특정한 하나의 음색에 대해서 절대적인 우위를 갖습니다. 그렇지만 그것은 이미 어느 하나가 선점하고 있는 초월적인 어떤 척도가 아니라, 특정한 '어떤' 소리가 갖고 있는 것을 기준으로, 그것을 얼마나 더 잘할 수 있는가, 얼마나 더 멀리까지 나아갈 수 있는가를 비교하는 것이기에 '내재적인' 기준일 뿐입니다. '어떤' 종류의 소리의 절대적 극한, 혹은 '모든' 종류의 소리의 극한, 그것이 바로 음악에서 일관성의 구도기 때문입니다.

되기란 운동과 멈춤, 빠름과 느림, 속도와 강도 등의 변환을 만드는 것입니다. 그것을 통해서 하나의 '양태'는 자신의 능력을 상승 내지 하강시킬 수 있으며, 나아가 다른 양태가 되기도 합니다. 일관성의 구도란 절대속도, 절대강도로서, **모든 되기를 향해 열린 절대적 극한**입니다. 이런 의미에서 되기란 이 일관성의 구도 상에서 '일반화'될 수 있습니다. 즉 되기란 운동과 멈춤, 빠름과 느림의 상이한 관계를 만들고, 강밀도의 상이한 분포를 만드는 변용(affection)이고 작용/행동(agir)입니다. **변용되며 촉발하는 관계 속에서 특정한 감응의 형성이 바로 되기라는 것입니다.**

이미 본 것처럼 가령 개-되기는 신체를 개가 되게 만드는 빠름과 느림의 관계를, 강밀도의 분포를 나의 신체에 만드는 것입니다. 그래서 되기란 강밀도의 연속체를 형성한다고, 되기를 통해 양태들은 오직 문턱들로만 구별될 수 있는 하나의 연속성을 획득한다고 하지 않았습니까? 이 경우 되기는 개가 아닌 것이 개가 된다는 의미에서 '본성에 반하는 분점/참여(participation contre nature)'입니다(MP, 315; II, 32). 여기서 '분점(分占)'이라는 말은 원래 플라톤의 철학에서 연유한 것이고, 이후 스콜라 철학에서 널리 사용하던 것이지만, 일단 하나의 연속체를 '나누어 갖는다(분점한다)' 는 의미에서 그 연속체에 '참여한다' 는 의미로 이해하면 좋겠습니다. 스피노자가 '실체' 라고 했던 것을, 혹은 이 책에선 대문자로 써서 〈기관 없는 신체〉라고 했던 것을 어느 하나의 양태 내지 하나의 '기계' 로서 나누어 갖는다는 것, 혹은 어느 하나의 양태 내지 기계로서 거기에 '참여' 한다는 의미로 말입니다.[31] 따라서 이제 우리는 '기준' 에 대해 말하면서 하나의 영역이나 하나의 되기에 머물 이유가 없습니다. 하나의 내재적 연속체를 이루는 모든 되기, 모든 영역에 대해 일관성의 구도나 구성의 구도라는 하나의 '기준' 을 말할 수 있다는 것입니다.

사실 이런 의미에서 우리는 어떤 양태나 개체에 정해진 본성이란 없다고 말할 수 있습니다. '본성에 반하는 분점/참여' 를 통해 얼마든지 다른 것이 될 수 있다면, 다른 것이 되려하는 '나' 나, 내가 되려하는 '다른 어떤 것' 이나 정해진 본성, 불변적인 본성이 없다는 것이 분명하기 때문입니다. 이는 '일관성의 구도' 에는 어떤 고정된 본성이 없으며, 바로 그렇기 때문에 그것은 어떤 것도 될 수 있다는

(31) 자연(Nature)은 이처럼 언제나 스스로(본성 nature)에 반하는 방식의 참여/분점을 통해서 존재합니다. 자연, 즉 nature가 뜻하는 본성에 반해서 존재하는 것이지요. 이런 의미에서 '본성에 반하는 분점/참여' 라는 개념은 nature와 비(非)nature, 자연과 기계로 모든 것을 양분하는 사고방식에 대한, 그리고 불변적인 본성을 가정하는 사고방식에 대한 비판을 포함하고 있습니다. 이는 한편으로는 자연과 기계, 인간과 기계의 이분법을 넘어서 양자가 근본적인 연속성을 갖는다는 것을 주장한다는 점에서 '일반화된 기계주의(machinisme)' 라고 할 수 있고, 다른 한편으로는 고정된 본성이란 없음을 강조한다는 점에서 만물의 '공성(空性)' 을 강조하는 입장으로 이어진다고 할 수 있습니다. 저자들이 말하는 '기계권' 이라는 말은 이와 관련된 것입니다. 생물권과 무생물권, 인간의 권역(圈域)과 인간 아닌 것의 권역을 아우르는 오직 하나의 '기계권' 이 있을 뿐이며, 그것이 바로 〈자연〉이라는 것입니다.

것을 의미하기도 합니다. '공(空)'이란 말의 가장 중요한 용법이 이처럼 정해진 '자성(自性)'이 없다는 것이란 점에서, 일관성의 구도는 다시 '공'이란 개념과 만나게 됩니다.

일관성의 구도를 내재적 비교와 평가, 판단의 기준으로 삼는다는 것은 무엇인가? 쉽게 말해 그것은 우선 하고자 하는 것을 바라는 만큼 잘할 수 있는 능력을 기준으로 삼는 것입니다. 뿐만 아니라 그것은 그렇게 하고자 하는 것이 얼마나 창조적인 생성능력을 갖는가, 얼마나 다양한 변이능력을 갖는가를 기준으로 삼는 것입니다. 전자가 하나의 속성 안에서 강밀도를 비교하는 것이라면, 후자는 강밀도의 연속체로 탈영토화할 수 있는 능력을 비교하는 것이고, 그 순수 강밀도의 지대를 통해서 욕망 자체의 탈영토화 능력을, 욕망 자체의 생성능력을 비교하는 것입니다.

그래서 우리는 심지어 서예가의 글씨가 해서(楷書)나 행서(行書)인 경우와, 전서(篆書)나 예서(禮書)인 경우에도 서로 비교할 수 있습니다. 왜냐하면 여기서는 어떤 형식, 형태를 모델로 삼아 얼마나 그 형식을 완벽하게 조직하고 있는가 하는 것이 아니라, 얼마나 강밀한지를 중요한 비교기준으로 삼기 때문입니다. 힘이니 기니 하는 말은 심지어 글씨와 그림도 비교할 수 있게 하고, 글씨와 도예, 도예와 거문고 소리도 비교할 수 있게 하지요. '내공'이란 말을 무협지만이 아니라 이런 곳에서도 종종 사용하는 건 이런 맥락일 겁니다.

물론 그것은 단지 수적인 순서로 나열할 수 있는 비교도 아니고, 누구나 동일하게 판단하고 수긍할 수 있는 비교도 아닙니다. 비교의 결과가 그걸 느끼고 감지할 수 있는 능력(내공)에 따라 달라지기 때문이지요. 그래서 동양에서는 연주에 득도한 거문고 연주자와 듣는

데 득도한 나무꾼이 서로 하나로 통하는 일이나, 필법과 검법을 비교하는 일이 어렵지 않게 일어나지요. 그러나 어떤 평가자도 자기보다 높은 것은 제대로 평가할 수 없으며, 자기가 파악할 수 있는 한에서만 평가가 가능합니다. 모든 것을 제대로 파악하고 평가할 수 있는 것은 오직 가장 높은 경지에 오른 이만이, '득도'한 이만이 할 수 있습니다. 역으로 '득도'한 이는 '도'가 통하는 곳, 혹은 '도'를 추구하는 곳이면 어디나 넘나들며 어떤 신체가 도달한 경지를 파악할 수 있습니다. 비록 모든 것을 이런 식으로 비교할 수 있는 건 아니라고 해도 말입니다.

이와는 다른 방식이지만, 우리는 이미 이 책에서 음악과 미술이라는 두 영역을 비교하는 것을 본 바 있습니다. 기억하시다시피, 그것은 각각의 영역에서 가능한 탈영토화의 최대값을 비교하는 것이었습니다. 그리고 탈영토화에 관한 정리 8은 각각의 영역, 각각의 배치마다 탈영토화 계수를 '측정'하고 비교해야 한다고 했지요. 물론 그것은 수학적인 공식에 따라 구체적 수치를 산정(算定)하는 문제라기보다는 형식의 탈영토화 정도를 비교하는 문제였지요. 어쨌든 정리 8은 상이한 배치, 상이한 욕망을 탈영토화 계수를 통해 비교할 수 있다는 것을 제시하고 있는 셈입니다. 일관성의 구도가 절대적 탈영토화라면, 탈영토화 계수가 욕망의 평면 사이를 가로지르며 비교의 기준이 될 수 있음을 함축한다고도 할 수 있겠습니다.

그것은 현재의 신체를 다른 신체로, 현재의 기관을 다른 기관으로 탈영토화하는 능력의 지표고, 현재의 양태를 다른 양태로 변환시키는 능력의 표현이며, 그에 필요한 강밀도의 분포를 만들어내는 능력의 지표입니다. 물론 각각의 되기는 '일관성의 구도'와 달리 상대적 탈영토화에 그칠 뿐이며, 따라서 무언가에 재영토화되게 마련입니다. 메시앙의 새-되기는 새에 재영토화되고, 제니스 조플린의 동물-되기는 늑대에 재영토화되고 하는 식으로 말입니다. 그러나 이 경우에도 새의 재영토화는 새를 음향으로 탈영토화하는 것에 의해 가능해진다는 점에서 탈영토화 능력에 의해 규정됩니다.

이런 관점에서 이미 우리는 비발디나 하이든의 새와 메시앙의 새를 비교한 바 있지요. 이들 사이에 존재하는 **탈영토화 계수의 차이로** 인해, 아마도 하이든이나 비발디는 까마귀나 독수리, 매 같은 새가 '되기'는 어려울 테지만, 메시앙의 경우에는 그것을 포함해서 **훨씬 더 많은 새-되기**가 가능할 겁니다. 탈영토화 계수가 크고 일관성의 구도에 근접했다는 것은 이처럼 '될' 수 있는, 재영토화할 수 있는 가능지대들을 넓게 확보한다는 것을 함축하고, 그런 만큼 '더욱' 창조적이고 '더욱' 생성적이라고 말할 수 있습니다.

일관성의 구도에 근접한다는 것, 혹은 좀더 높은 탈영토화 능력을 갖는다는 것, 그것은 좀더 이해하기 쉬운 표현을 쓰자면, 좀더 자유로울 수 있는 능력을 갖게 된다는 것을 뜻합니다. 그것은 주어진 상태에서 벗어날 수 있는 능력을 의미하고, 되고자 하는 것을 잘할 수 있는 능력을 뜻하며, '하고자 하는 것'을 관성이나 타성에서 벗어나 새로운 방향으로 바꿀 수 있는 능력을 뜻합니다. 그것이 없다면 우리는 주어진 상태에 언제까지 머물러야 하고, 이미 존재하는 힘 내지 권력의 관성이나 타성에 따라 살아야 하며, 그러한 관성이나 타성을 유지하는 기능을 하게 되지요. 더불어 그러한 자유의 능력, 탈영토화의 능력은 **자신의 신체를 탈영토화할 수 있는 능력**을 뜻하기도 합니다.

하지만 여기서 '자신'이란 말을 쓰긴 했지만, 그것은 결코 개인에 한정된 것이 아닙니다. 어떤 집합체도 마찬가지예요. **집합체 자신을 탈영토화하는 능력**, 집합체 자신이 현재 상태에서 벗어나는 능력, 관성이나 타성에서 벗어나는 능력, 그에 부합하여 신체를 탈영토화하는 능력에 의해, 그리고 새로운 신체가 '되고' 새로운 집합체로 변환시키는 능력에 의해 그 집합체에 '내재적으로' 능력은 평가되어야 하며 또 그럴 수 있습니다. 이것이 '유목'이라는 개념으로, 혹은 '기관 없는 신체'라는 개념으로 이어지리라는 것은 짐작하기 어렵지 않을 겁니다.

3) 신체의 경도와 위도

이제 이러한 관점에서 우리는 신체의 작용과 신체의 능력에 대해서 파악할 수 있습니다. 스피노자가 했던 질문이기도 하지만, 정말 우리는 "우리의 신체가 무엇을 할 수 있는지"에 대해서 잘 모릅니다. 여러분은 잘 알고 있나요? 자신의 신체가 무엇을 할 수 있는지? 그걸 잘 안다면 인생이 좀더 쉽고 행복해질 수 있을지도 모르지요. 잘할 수 있는 것을, 신체가 하고자 하는 것을 하면 되니까요. 그러나 실제론 결코 그렇질 못합니다. 도둑질의 달인조차 정말 그것이 자신의 신체가 잘할 수 있는 것이어서 하는 것인지, 그저 습관과 숙련에 의한 것이어서 그런 것인지 알 수 없습니다. 이런 일 저런 일을 하면서 신체가 하고자 하는 것과 내 '생각'이 하고자 하는 것을 맞추어 가지만, 그게 잘 맞는 것인지를 확인할 방법은 없는 것처럼 보입니다. 그런데 그러고 보면 그게 정말 '내' 신체인 게 맞나요? 내가 잘 알지도 못하고, 또 내 뜻대로도 잘 안 되는—병을 낫고자 해도 뜻대로 안 된다는 걸 아는 순간 하나면 이는 충분히 입증되지요—저 신체가 정말 '내 것'이라고 할 수 있을까요?

신체에 대해서 '나'라는 관념을 통해 접근하려 하면 우리는 신체에 대해서 더욱더 모르게 됩니다. 차라리 '내 몸'이란 생각 없이, 그저 신체가 어떤 조건에서 어떻게 반응하고 작용하는지를 유심히 관찰하는 것이 그것에 대해 더 잘 아는 지름길인지도 모릅니다. 그것이 이 신체, 저 몸뚱이가 어떤 능력을 갖는지, 어떤 특질을 갖는지를 더 잘 알게 되는 지름길인지도 모릅니다.

'나'라는 관념을 버리고 신체의 행동/작용(agir)을 관찰한다는 것은 무엇인가? 만약 '내가 지금 손으로 글씨를 쓰고 있다' 거나 '내가 지금 손으로 돌을 던지고 있다'고 한다면, 이 경우 손이나 몸은 내가 하는 행동, 아니 내가 갖고 있는 생각에 맞추어 움직이는 것이 되고 맙니다. 이는 신체를 내가 하자는 대로 하고 내 뜻대로 할 수 있는 '나'의 부속물, '나'의 도구로 보게 됩니다. 그러나 잘 알다시피 내 맘대로 안 되는 게 신체라면, 이런 방식으로는 그런 신체를 이해할 수 없습니다. 차라리 '지금 손이 글씨를 쓰고 있군', '지금 손이 돌을 집었군' 하면서 관찰하고, 그때 손의 감각이 어떠한지, 손의 움직임이 어떠한지, 어떤 생각이 그렇게 손을 움직이게 하는지, 그런 생각이 생겨났을 때 손의 반응은 어떠한지 등을 관찰하는 것이 손을 이해하는 데 훨씬 더 도움이 될 겁니다.

아마도 신체를 관찰하여 '도(道)'에 도달하려 한다면, 이제 눈에 보이는 신체의 피부 깊숙이, 보통은 보이지 않는 신체의 내부로, 신체를 구성하고 움직이는 요소들로 한층 더 접근하려 할지도 모르겠습니다. 붓다처럼 거기서 사대(四大)와 오온(五蘊)을 보게 될지도 모릅니다. 그리고 그 사대와 오온이 모두 공(空)하다는 것을 보겠지요. 들뢰즈와 가타리는 그러한 신체를 '나'나 '유기체'란 지층에서 벗어나 포착할 수 있는 방법을 찾습니다. 그리고 신체를 특정한 양상으로 구성하는 욕망의 배치와 탈영토화 정도를 포착함으로써 그럴 수 있다고 생각합니다. 거듭 얘기했듯이, 이는 '일관성의 구도'를 통해서 신체를 파악하는 것입니다.

욕망의 배치와 탈영토화의 정도는 신체를 파악하기 위한 두 가지 축을 이룹니다. 이를 이들은 '경도'와 '위도'라는 지도학적(地圖學的) 개념을 빌려서 표현합니다. 경도란 어떤 신체가 어떠한 욕망의 배치 속에서, 다시 말해 다른 어떤 것들과의 관계 속에서 어떤 '기계'로 기능하고 있는가 하는 것을 표시합니다. "신체의 경도(longitude)란 이러저러한 관계 안에서 신체에 귀속되는 입자들의 집합들로서, 이 집합들은 그 신체의 개체화된 배치를 정의하는 관계를 구성함으로써 서로의 부분을 이룬다."(MP, 313; II, 30)

무슨 말인가 싶지요? 일단 쉽게 말하면 손, 발, 위장, 항문, 생식기 등은 모두 하나의 신체를 구성하며 하나의 신체에 속해 있지만, 상이한 '경도'를 갖는 부분들이라고 할 수 있습니다. 즉 신체적 경도가 다르다는 것은 다른 일을 하고 다른 활동을 하는 '기관'('기계'라고 해야 더 정확합니다)이란 뜻이지요. 하지만 이는 손, 발, 위장 등에 정해진 고유한 본성이나 유기체적 기능은 아닙니다. 손이나 입이 다른 어떤 것과 접속되어 작동하는지, 다른 '기계'와 어떤 관계를 이루면서 작동하는지에 따라 그것은 다른 '기계'가 되기 때문입니다.

가령 제 목소리가 나가고 있는 이 기관은 입이라고 하지요. 말하고 강의하려는 욕망에 의해 성대와 혀, 이빨 및 구강과 더불어 하나의 배치를 이루어 '말하는 기계'로 활동/작용합니다. 그것이 이 신체의 경도지요. 그런데 만약 음식을 앞에 두고서 먹으려는 욕망에 의해 이빨과 혀, 식도와 더불어 하나의 배치를 이루어 '먹는 기계'로 활동/작용하는 경우, 이 입은 같은 이름으로 불리지만 사실은 다른 기계라고 해야지요. 이 두 경우에 '입'은 동일한 부위(部位)지만 다른 신체부위와 접속하여 그것의 일부가 되며, 다른 활동을 하는 기계가 됩니다. 이 경우 전자의 '입'과 후자의 '입'은 다른 신체적 경도를 갖는다고 할 수 있습니다.

따라서 신체의 경도란, 어떤 신체 내지 어떤 신체적 부위가 어떤 활동/작용을 하는 어떤 기계인가 하는 규정성을 의미하고, 그 신체의 '외연(extention)'을 의미합니다. 간단히 말해 이건 뭐 하는 '기관'인가, 저건 뭐 하는 '신체'인가 하는 것이 신체의 경도를 규정합니다. 다른 '기관', 다른 '신체'라는 것은 일차적으로 이처럼 신체의 경도를 달리한다고 말할 수 있습니다. 따라서 신체의 경도란 하나의 부분이 어떤 작용, 어떤 기계에 속하는지, 어떠한 활동을 수행할 수 있는 강밀도의 분포를 갖는지를 표시하는 것이란 점에서 '외연적인/연장적인(extensive)' 것이라고 할 수 있겠지요. 슬레피안의 개-되기에서 슬레피안의 '손'은 신발과 접속함으로써 '발'이나 입과 다른 관계에 들어가며, 그리하여 '발'이 됩니다. 이는 외연을 바꾼 것이고 경도를 바꾼 것입니다.

신체의 부분적인 부위만 그런 것은 아닙니다. 어떤 때는 이 몸뚱이가 닥구내 및 탁구채, 탁구공과 계열화되어 탁구라는 명칭의 배치 안에서 탁구-기계가 되기도 하고, 또 어떤 때는 다른 신체들과 더불어 세미나라는 이름의 배치 안에서 토론-기계가 되기도 합니다. 이 또한 신체의 경도가 달라지는 것이라고 할 수 있습니다. 뿐만 아니라 축구를 하는 경우, 이 신체는 다른 신체들과 하나의 집합적 신체를 구성하며, 다른 집합적 신체와 공을 두고 다투는 축구-기계가 됩니다. 집합적 신체의 일부분이 되는 거지요. 이 경우 제 신체는 집합적 신체의 일부로서 특정한 경도를 할당받습니다. '풀 백'이니 '레프트 윙'이니 '센터 포드'니 하는 식의 명칭이 그것이지요.

다른 한편 우리는 신체의 어떤 부분이 갖는 능력에 대해서, 혹은 신체가 갖는 능력에 대해서 규정해야 하고 말해야 합니다. 가령 제 팔은 힘이 약해서 던지기나 버티기, 매달리기 등을 잘 못합니다. 그래서 예전에 한참 전투적인 시위를 할 때는 대열 뒤에서 던진 돌이 반대편의 경찰에게 날아가는 게 아니라 대열 앞의 동료들에게 가서 떨어지는 게 아닐까 하는 걱정을 떨칠 수가 없었습니다. 그래서 차라리 '앞으로 가자' 하고 앞에 나섰다가 잡혀서 경찰서를 전전한 게 한두 번이 아니었습니다. 더구나 제 다리도 달리는 능력에서 아주 낮은 힘과 강밀도만을 갖고 있었고, '탈영토화 능력(속도!)'이 매우 낮아서 가두 시위엔 나갔다 하면 잡혀서 경찰서 신세를 졌지요. 덕분에 서울 시내 경찰서는 안 가본 곳이 별로 없습니다. 푸코가 벤섬의 '원형감옥'에 대해 말할 때 아주 직관적으로 쉽게 이해할 수 있었던 것은, 지금은 교도소에도 없는 원형감옥이 경찰서 유치장엔 많이 있었기 때문이지요.

신체의 능력이란 신체의 강밀도고, 최대강도며, 또한 그 신체의 변환능력 내지 탈영토화 능력입니다. 그것은 또 그러한 변환의 결과로서 획득되는 어떤 기능의 수행능력이기도 해요. 이러한 변환능력은 탈영토화 계수와 긴밀하게 연관되어 있습니다. 컴퓨터 자판으로 글씨를 쓰다가 손으로 펜을 잡고 글씨를 쓰려고 하는 경우, 글씨는 글씨대로 엉망이 되고 손은 손대로 힘이 잔뜩 들어가 금세 피곤해집니다. 손으로 글씨를 쓰려면 그 순간부터 컴퓨터 자판에서 탈영토화되어 펜에 재영토화되어야 하는데, 그게 잘 안 돼 이런 일이 벌어지는 거지요.

이런 점에서 손이 경도를 달리함에 따라 그에 필요한 능력을 충분히 수행할 수 있는가는 일차적으로 그 손의 탈영토화 계수에 의해 표현된다고 할 수 있습니다. 또한 접속되어야 할 새로운 기계를 재영토화하는 능력이 그것을 표현한다고 하겠지요. 이처럼 어떤 경도를 갖는 신체가 그에 필요한 능력의 정도에 따라 감당하고 수행할 수 있는 정도가 달라집니다. 그리고 그 신체가 감당할 수 있는(담을 수 있는) 수용능력(capacité)은 그 신체의 일반적인 **탈영토화 계수에 따라** 규정됩니다. 이처럼 어떤 신체가 갖는 이런 능력들을, 그리고 이 능력들이 갖는 감응을 '위도'라고 합니다. "어떤 능력의 정도, 혹은 그것의 한계에 따라 달라지는 수용능력을 갖는 감응들을 신체의 위도(latitude)라고 정의한다."(MP, 314; II, 30)

신체의 경도가 그것의 '외연'을 규정하는 '외연적인' 것이라면, 신체의 위도는 그것의 능력을 규정하는 '내포적인', 아니 '내공적인'(intensive)'것입니다. 즉 경도에 할당된 요구에 부합하는 강밀도의 분포를 만들어내는 능력이 바로 신체의 능력이지요. 따라서 강밀도(intensity)라는 말은 일차적으로는 경도보다는 위도를 표현하는 것이라고 할 수 있습니다. 얼마나 강한 능력을 갖는가는 얼마나 빨리, 얼마나 강밀하게, 그리고 얼마나 '부드럽게' 힘을 집중하고 이동시키며 변화시킬 수 있는가, 얼마나 강밀한 '내공'을 갖는가 하는 것에 의해 규정된다는 것입니다. 따라서 '신체의 위도'란 일차적으로 이 '강밀도' 내지 '내공'을, 그리고 하나의 분포에서 다른 분포로 강밀도를 변환시키는 속도와 정도(강밀도의 탈영토화 정도)를 표시한다고 할 수 있습니다.

그런데 좀더 나아가서 본다면, 하나의 신체가 어떤 규정된 경도에서 요구되는 활동을 훌륭하게 수행할 수 있는가 하는 것뿐만 아니라, 얼마나 다른 규정들을 '수용할 수 있는가' 하는 것 또한 그 신체의 능력입니다. 그것은 경도를 달리하며 이동할 수 있는 능력, **경도상의 탈영토화 능력**입니다. 이는 경도상에서도 탈영토화 계수를 통해 신체의 능력을 정의할 수 있음을 의미합니다. '충만한' 신체로서 기관 없는 신체가 바로 그런 능력의 극한이었지요. 동시에 그에 앞서 본 것처럼, 신체의 능력이 강밀도의 분포를 바꾸는 것인 한, 그것은 **위도상의 탈영토화 능력**이라고 말할 수도 있습니다. 이는 신체의 위도를 경도적인 형태로 치환할 수 있음을, 다시 말해 경도상의 변환능력을 통해 신체의 능력을 정의할 수 있음을 의미하기도 합니다. 이 역시 탈유기체화된 신체로서 기관 없는 신체라는 극한적 신체를 갖는다는 것을 보았지요.

요컨대 충만한 신체로서 기관 없는 신체란, 혹은 일관성의 구도란 이처럼 경도와 위도라는 두 가지 축에 따라 정의되는 신체의 극한입니다. 여기서 경도가 신체의 질, 신체의 속성을 규정하는 '욕망'이요 '의지'며, '위도'가 신체가 갖는 '힘'이요 '강밀도'라는 것은 쉽게 이해할 수 있겠지요? 따라서 욕망이란 차원에서 '속성'을 달리하는 기관 없는 신체들의 집합이 강밀도의 연속체로서 기관 없는 신체와 하나의 동일한 것임을 이해한다면(이에 대해서는 이미 6장에서 자세히 보았지요), 경도적인 차원에서 신체의 극한과 위도적인 차원에서 신체의 극한이 하나의 동일한 것이란 것, 〈기관 없는 신체〉 내지 일관성의 구도라는 것을 이해하는 것도 어렵지 않을 겁니다.

이는 어찌 보면 매우 당연한 것이기도 합니다. 그것은 하나의 동일한 신체에 대해 두 가지 축을 통해 접근하고 있는 것이고, 그 신체의 영토화된 양상을 파악하기 위해, 그러면서도 그것의 탈영토화 능력을 파악하기 위해 신체를 경도와 위도라는 두 축에 따라 정의하려는 것이기 때문입니다. 마치 지구라는 신체를, 지층화된 것이지만 이미 처음부터 기관 없는 신체였던 지구를, 경도와 위도라는 두 축에 의해 개념화하는 것과 비슷하게 말입니다. 그럼으로써 이 신체가 지금 무엇을 어떻게 하고 있는가, 그리고 이 신체는 어떠한 변환능력을 가지며 어떻게 탈영토화의 선을 그릴 수 있는가, 그러기 위해서 일단 무엇이 '되어야' 하는가를 파악하려는 것이지요. 그 극한이 '기관 없는 신체' 내지 '일관성의 구도'라는 것은 고원마다 반복해서 들었던 이야기지요?

결국 이런 점에서 본다면, 신체의 경도와 위도라는 개념은 지층화된 신체를 기관 없는 신체 상에서 경도와 위도로 표시되는 하나의 위치로 포착하려는 것이라고 할 수 있으며, 그것을 통해 우리는 이 신체가 어디에 있는지, 어디로 가고 있으며 어디로 가야 하는지를 포착하려는 것이라고 할 수 있습니다. 위도와 경도라는 두 개의 축을 통해 신체를 파악한다는 것이 일관성의 구도 상에서 신체를 파악하는 것이라는 말은 바로 이런 뜻입니다.

4) 특개성

지금 본 것처럼 "신체는 신체를 결정하는 형태에 의해서도, 확정되어 있는 실체 혹은 주체에 의해서도 정의되지 않"습니다. 또 "그것은 그것이 지니고 있는 기관에 의해서도, 그것이 행사하고 있는 기능들에 의해서도 정의되지 않"습니다(MP, 318; II, 84). 신체란 위도와 경도를 달리할 때마다 다른 것이 되기 때문입니다. 그렇다면 이제 역으로 신체의 위도와 경도를 통해 이제 어떤 개별적인 신체가 그때마다 상이한 것이 되는 양상을 포착할 수 있습니다. 이를 들뢰즈와 가타리는 둔스 스코투스(J. Duns Scotus)의 개념인 '특개성(heccéité)'과 연결합니다.

특개성이란 지속성을 갖는 특정한 성질들의 집합을 의미하는 통상적인 '개별성(individualité)'과 달리, 어떤(un!) 개체에 고유한 것이지만 시간과 공간은 물론 이웃관계의 조건, 배치와 강밀도 등에 따라 그때마다 달라지는 것을 뜻하며, 그렇기 때문에 정의될 수 없고 그때마다 직관으로 포착할 수밖에 없는 어떤 감응입니다. 이는 다른 것과의 비교에 의해 만들어지는 것이 아니기에, 어떤 특개성도 다른 어떤 특개성과 비교할 수 없으며, 이런 점에서 종차적인 개체성과 다릅니다. 종차적인 개체성은 분류학이 잘 보여주듯이, 어떤 개체가 갖고 있는 성질을 비교하여 다른 개체와 공통된 것과 그렇지 않은 것을 분류하게 하는 그런 성질이지요. 반면 둔스 스코투스에게 특개성이란 이런저런 질료, 이런저런 형상들, 그리고 이런저런 성질이나 특성들이 하나의 특정한 조건에서 섞이면서 지금 한 개체를 특별하게 만드는 '개체화 원리'인데, 사람이나 주체, 사물이 갖고 있는 성질과 전혀 다른 방식으로 작동하는 개체화 원리입니다.

사람이나 주체, 사물이나 실체의 개체화 양식과는 매우 다른 개체화 양식이 있다. 우리는 이를 특개성(heccéité)이라고 부르고자 한다. 어떤 계절, 어떤 겨울, 어떤 여름, 어떤 시간, 어떤 날짜 등은 사물이나 주체의 개체성과 분명히 다르지만, 나름대로 완전한, 아무것도 결여하지 않은 개체성을 갖고 있다. 이 모든 것은, 변용하고 변용되는 힘(pouvoir), 분자들 내지 입자들 사이의 운동과 정지의 관계라는 점에서 특개성들이다.(MP, 318; II, 84)

그렇지만 이는 단순히 특정한 시간과 공간에 어떤 개체가 갖는 일회적인 감응만은 아닙니다. 가령 통상적인 공포영화에서 흔히 보이는 것이지만, 비바람이 심하게 치고 날이 어두워진 시간에 산 모퉁이 외딴 곳에 큰 성이 있다면, 이는 그게 몇 일 몇 시건, 그 지역이 어디건 대개 동일한 감응을 갖습니다. 그 성의 문을 열고 들어선다면, 아니 들어서지 않아도 이미 대략 어떤 일이 벌어질지 충분히 짐작할 수 있습니다. 혹은 날이 저문 산 속 외딴 곳에 집이 있고, 거기에 어여쁜 여자가 혼자 살고 있다면, 거기서도 어떤 일이 벌어질지 대략 짐작할 수 있습니다. 이런 상황은 그 자체론 특개적이지만, 결코 일회적이지 않습니다.

이러한 특개성은 하나의 요인으로 환원될 수 없지만 대개는 특정한 감응을 만드는 어떤 두드러진 요인에 의해 표현되고 포착됩니다. "샤를로트 브론테(Charlotte Brontë)는 사물, 인물, 얼굴, 사랑, 단어 등 모든 것을 바람에 관한 말들로 표현하고 있다. 로르카(Lorca)의 '오후 5시'는 사랑이 실패하고 파시즘이 머리를 드는 시간이다. 얼마나 끔찍한 오후 5시인가! 사람들이 '끔찍한 역사군! 엄청난 열이야! 놀라운 삶이야!'라고 말할 때, 이는 매우 특별한 종류의 개체화를 가리킨다. 로렌스, 포크너(Faulkner)가 묘사하는 하루의 어떤 시간들이. 어떤 열의 온도, 어떤 흰색의 강도 등은 완벽한 개체성들이다. 그리고 열의 어떤 온도는, 경도를 따라서 여기서는 덥고 저기서는 추운 신체처럼, 위도에서 다른 온도와 합성되어 새로운 개체를 구성할 수도 있다."(MP, 319; II, 35)

결국 특개성이란 특정한 순간의 이 개체를 특별하게 만드는 감응이며, 그런 감응을 구성하는 요소들의 강도와 속도, 그리고 그것을 특정하게 만드는 이웃관계들을 통해서 구성됩니다. 신체를 위도와 경도를 통해서 포착한다는 것은, 지금 이 신체를 통과하는 힘과 욕망의 흐름, 그것의 속도와 강도, 그로 인해 만들어지는 감응, 그리고 그 신체를 둘러싼 다른 것들과의 관계를 통해 그 신체의 특개성을 포착하는 것입니다. "그날 저녁, 그는 언덕에 올라 자신을 30년간의 지옥과도 같은 감금과 고립 속에 몰아넣었던 그 끔찍한 사건이 시작된, 그러나 지금은 남의 것이 된 거대한 저택을 내려다보고 있었다. 그러나 그의 눈은 분노와 격정의 불꽃 대신 얼음같이 차가운 시선을 쏟아대고 있었고, 그의 얼굴은 마치 죽은 사람의 몸처럼 퍼런 창백함으로 싸늘하게 숨죽이고 있었다." 삼류소설에서 흔히 보는 문장이지요? 어쨌거나 이는 이후 전개될 사건과 이전에 진행된 사건의 와중에서 '그'가 선 그 자리, 그 시간을 특개적인 방식으로 개체화합니다. 동시에 그것은 이미 '그'의 신체를 통과하고 있는 다양한 성분들을 통해서 이미 그것이 강력한 복수-기계로 작동하고 있음을 보여줍니다.

신체를 그것이 갖고 있는 형태나 성질이 아니라, 그것을 통과하면서 그때마다 그것을 다르게 규정하는 성분을 통해 위도와 경도를 따라 포착한다는 것은 이처럼 전혀 다른 개체화 양식에 따라 그것의 특개성을 포착합니다. 그런데 그것은 그 신체를 둘러싸고 있는 요소들의 배치에 따라 포착하는 것이란 점에서 배치의 특개성을 포착하는 것이라고도 할 수 있습니다. "개체화된 집합으로서의 배치 전체가 특개성이다. 형식과 주체 들과는 무관하게 위도와 경도, 속도와 감응에 의해 정의되는 것이 바로 배치다. 형식과 주체는 다른 평면에 속한다. 배치는 늑대 자체, 혹은 말〔馬〕, 혹은 어린이로서, 이것들은 어느 시간, 어느 계절, 어느 분위기, 어느 공기, 어느 삶과 분리되지 않는 배치들 속에서 주체이길 멈추고 사건이 된다. 죽어가는 쥐가 공기와 합성되듯이 거리는 말과 합성되고, 짐승〔늑대〕과 보름달 양자가 합성되어 둘 다가 된다."(MP, 321; II, 36)

여기서 개체화는 개인과 아무런 관련이 없는 영역에서 발생하는 것임을 다시 강조할 필요가 있습니다. 특개성을 구성하는 이런 종류의 개체화는 개의 발이 되는 손에서 발생하는 것일 수도 있고, 개가 되는 내 신체 전체에서 발생할 수도 있지요. 또 레핀(Lepin)의 유명한 그림에서처럼 '배를 끄는 사람들' 전체라는 집합체에서 발생할 수도 있고, 거리를 휩쓰는 시위대라는 집합체에서 발생할 수도 있으며, 자동차와 나의 신체의 합계 속에서 발생하는 것일 수도 있습니다. 배치 전체가 바로 특개성이 구성되는 조건이며, 특개성은 바로 이처럼 '어떤' 배치 자체에 속하는 것이란 말은 바로 이런 의미기도 하지요.

저자들은 서양의 주류적인 사유방법이 주체성이나 실체성에 의한 개체화, 소유하고 있는 성질을 통한 개체화 방법에 사로잡혀 있

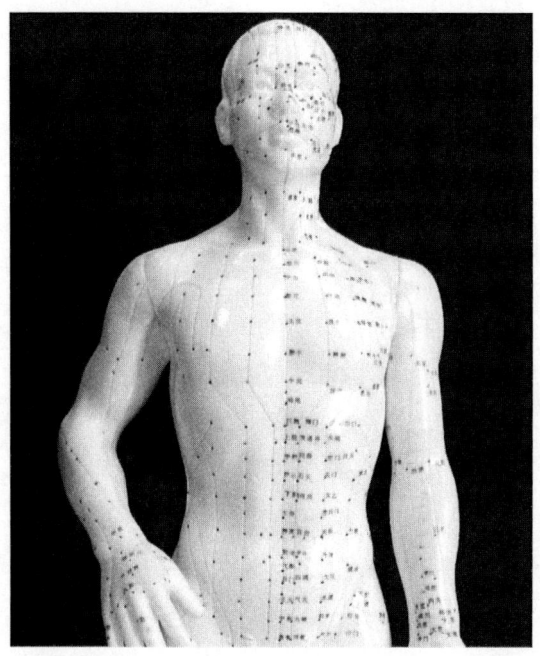

〈그림 10.6〉 한의학에서 혈맥을 표시한 인형

다면, 동양은 그와 반대로 특개성에 의한 개체화 방법을 많이 갖고 있다고 말합니다. "동양은 주체성과 실체성에 의한 개체화보다 특개성에 의한 개체화를 훨씬 더 많이 가지고 있다."(MP, 319; II, 35)

이는 서양의 의학과 동양의 의학의 차이를 본다면 아주 두드러지게 나타납니다. 서양 의학은 사람의 신체를 유기체로 간주할 뿐만 아니라 분류학적 관점에서 동일한 것으로 보며, 개인들이 갖고 있는 차이는 그러한 보편성에서 벗어나는 일탈이나 편차로 봅니다. 신체의 개념도, 병의 개념도, 또 치료의 개념도 모두 **평균에 의해 얻어진**

보편성에 입각하고 있지요. 개체란 그런 보편성을 갖고 있는 어떤 개인들이며, 그들이 갖고 있는 개별성이란 보편화와의 편차일 뿐이지요.

반면 한의학은 이와 달리 병과 치료에 대해서 장기들 간의 관계, 그것을 관통하는 기의 흐름과 모임, 그에 따른 장기들 간의 영향/변용(affection), 그리고 섭생과 생활, 대지와 시간의 기운 등을 통해서 파악하며, 일반성을 갖고 있는 약재와 치료의 효능조차도, 그 병이 어떻게 발생하였으며 그 사람이 어떤 특이성을 갖고 있는 신체인지, 그것이 지금 현재 어떻게 해서 이런 상태에 이르게 되었는지를 포착하여 그에 부합하는 방식으로 사용합니다. 혈맥을 표시한 인형(〈그림 10.6〉)에서 극명하게 보이듯이, 여기서 신체란 기가 흘러가는 길들로 가득 찬 '지구(地球)'며, 경락, 경맥이란 현재의 병든 신체적 상태에서 벗어나기 위해 '가야 할' 길들이지요. 여기에는 경도와 위도라는 축을 그려넣지 않았지만, 이것이야말로 신체의 위도와 경도로써 신체의 특개성을 파악하려는 개체화 양식을 잘 보여준다는 점은 의문의 여지가 없습니다.

가령 《동의보감》, 〈신형장부도(身形藏府圖)〉에는, "사람마다 '형체와 색이 이미 다르고 장부(藏府)도 역시 다르니, 비록 겉으로 보이는 증상이 같을지라도 치료법은 확연히 다르게 된다"고 씌어 있습니다.[32] 이는 특개성을 통해서 신체를 포착해야 함을 지적하는 동시에 신체를 다루는 의학에서 보편화의 난점을 지적하는 것이라고 할 수 있겠습니다. 평균에 의한 보편화란 가령, 특별히 음기가 강한

---

[32] 박석준, 〈역자 서문〉, 허준, 《동의보감》, 휴머니스트, 2002, 8쪽.

신체와 양기가 강한 신체를 합치고 나누어 평범한 신체로 만드는 이 이없는 과정을 의미하는 것이 되기 십상이지요.

개개의 신체의 특개성을 강조하는 이러한 입론이 이후 개개의 체질을 상이한 유형의 신체로 분류하는 이제마의 사상의학(四象醫學)으로 발전한다는 것은 잘 알려진 사실입니다. 이에 따르면 동일한 신체지만, 가령 기가 간에 집중되어 있어서 폐가 있는 상초(上焦)가 허한(肺虛肝實) 태음인이 땀을 많이 흘리는 것은 정상적인 건강한 상태의 징표지만, 기가 비위(脾胃)에 몰려 있는(脾大腎小) 소양인이 땀을 많이 흘리는 것은 병든 상태의 징표라는 점에서 정반대의 의미를 갖습니다. 이는 좋든 싫든 일반성을 가져야만 하는 개념 자체를 특이성에 관련된 방식으로 분할하고 분류하여 정의하려는 태도란 점에서 개념 자체를 보편성에서 벗어나 특개성이나 특이성에 접근하게 하려는 발상을 담고 있습니다. 비록 그 개념이 특개성의 포착을 대신해줄 순 없지만 말입니다.

요컨대 신체적 에너지와 장기들의 분포, 각 장기들의 힘의 대소와 그에 따른 균형 등을 정확하게 볼 때에만, 다시 말해 체질적 특이성과 그에 따른 '지금 현재의 이 신체'의 상태를, 다시 말해 이 신체의 특개성을 정확하게 포착할 때에만 비로소 올바른 진단과 처방이 만들어질 수 있지요.

5) 두 개의 구도

이제 마지막으로 일관성의 구도와 관련해서 두 개의 상이한 구도가 있다는 점을 살펴봅시다. 물론 이외에도 이 고원에서는 점적인 체계와 선적인 체계가 대비되는 내용이 있고, 이는 중요한 내용이긴 하지만, 시간상 나중으로 미루어야 할 듯합니다. 그 개념은 사실 홈 패인 것과 매끄러운 것을 다루면서 더욱 매력적이고 효과적인 개념으로 변용되어 본격적으로 다시 다루어지기 때문에, 그때 얘기하는 것으로 충분할 것입니다.

'어느 구도기획자의 기억'은 두 가지 종류의 구도를 대비하고, 그 두 가지 구도가 어떻게 상호전환될 수 있는지에 대해서 쓰고 있습니다. 하나가 지금까지 거듭 이야기했던 일관성의 구도라면, 다른 하나는 '초월성의 구도'입니다.

먼저, 초월성의 구도는 '발전의 구도'요 '조직화(유기체화)의 구도'로서, 구조나 발생, 진화, 발전, 유비, 외화 등의 형태로 변형되어 나타납니다.

> 이러한 종류의 구도는 발전(développements)의 구도이자 조직화(organisations)의 구도다. 그것은 구조적이거나 발생적이며, 동시에 양자 모두기도 하다. 즉 구조적이고 발생적이다. 그것은 발전과 함께 형성되는 조직화의 구조적 구도고, 조직화와 함께 진화하는 발전의 발생적 구도다.(MP, 325; II, 40)

신이나 이데아, 형상(형식), 구조 등과 같이 수많은 개체들을 만들어내는 원리지만, 결코 그 자신은 그렇게 만들어지지 않는, 따라서 그 개체들 속에는 없고 그것의 '저편'이나 '피안'에 존재하는 원리나 형식이 그것입니다. 그것은 또한 발생의 원리기도 합니다. 혹은 융이나 프로이트처럼 무의식이란 저변에 자리잡고 있는, 보이지 않고 드러나지 않는 원형이나 원리, 그래서 모든 것을 결국은 하나의 의미, 하나의 귀착점을 향해 움직이게 만드는 구도가 그것입니다. 초월성의 구도는 그 자체로는 들리지 않는 초월적인 작곡(구성) 원리, 그 자체로는 보이지 않지만 어디에나 존재하고 어떤 것이든 잡아당기는 그런 원리입니다.

그것은 또 헤겔 철학에서의 '발전'이란 개념처럼, 초월적인 어떤 것(절대정신, 신, 이데아 등)이 스스로 '자기 아닌 것'으로 외화하여, 구체적인 사물들의 세계, 활동의 세계 속으로 들어가 그것들을 만들어내고 '발전'시켜 그 궁극적 끄트머리(목적, 종말)까지 밀고나가는 원리 내지 구도를 의미합니다. 이 경우 각각의 사건이나 사물, 사태는 모두 이 '발전'의 구도를 위해서, 이 정신, 이 원리의 실현을 위해서 자신도 모르게 봉사하는 것으로 간주됩니다. '이성의 책략'이라는 말이 이를 아주 잘 보여주지요. 이는 단순히 보이지 않는 저편에 있는 피안의 원리보다는 더욱 발전된 것이어서, 사물들의 변화 과정 안에 내재하는 '내재적 발전'의 구도라는 양상으로 나타납니다. 이것이 바로 헤겔이 스피노자를 포획하여 내재성의 구도를 자신의 초월적 구도 아래 포섭하고 초월적인 구도로 변용시킨 방법이기도 하지요.

이는 그것을 목적론적 구도, 구상(dessin), 정신적 원리로 만든다. 그것은 초월성의 구도다. 그것은 그것이 [신이나 원형처럼] 발전의 탁월한(éminant) 항을 설정한다거나, 구조의 비례적 관계들을 확립한다는 이유에서 유비의 구도다. 그것은 신의 영혼 속에 존재할 수도 있고, 삶, 영혼, 언어의 무의식 속에 존재할 수도 있다. 그것은 항상 그 자신의 결과들로부터 도출된다. 그것은 항상 추론된다. 우리가 그것을 내재적이라고 말할 때조차도, 그것은 유비적으로(은유적으로, 환유적으로 등등)만, 결여에 의해서만 내재적이다.(MP, 325; II, 40)

다른 하나는 일관성의 구도로서, 초월성과 반대로 내재성을 특징으로 하기에 내재성의 구도며, 강밀도의 연속체 안에서 변환들의 연속성을 획득하기에 강밀도의 구도라고도 하며, 이미 본 것처럼 모든 양태들을 구성하고 생성하며 창조할 수 있다는 점에서 '구성의 구도', '생성의 구도'라고 할 수 있습니다.

여기에는 더 이상 어떤 형식도, 형식의 발전도 없다. 또한 주체나 주체의 형성도 없다. 어떤 구조나 발생도 없다. 거기에는 단지 형식화되지 않은 요소들 사이의, 혹은 적어도 상대적으로 형식화되지 않은 온갖 종류의 분자들과 입자들 사이의 운동과 휴지(休止), 빠름과 느림의 관계들만이 있을 뿐이다. 거기에는 단지 집합적 배치를 구성하는 주체 없는 개체화, 특개성, 감응 들만이 있다.(MP, 326; II, 40~41)

앞서 음악에서 되기의 이중적 블록을 통해서 살펴본 '일관성의 구도'가 바로 이런 경우였지요. 주파수의 구성물이 되어버린 음악적 소리, 혹은 흐름을 이루는 입자가 되어버린 음악적 소리, 그것은 어떠한 형식적 구도도, 발전의 구도도 벗어나 모든 종류의 소리를 음악화하고, 그러한 입자들의 내재적 관계를 통해 소리의 흐름, 음색과 음향을 만들어내는, 그래서 없는 소리마저 들리게 하는 구성의 구도, 생성의 구도가 만들어지는 것을 보았습니다.

또 글씨를 쓰든 그림을 그리든, 노래를 하든 거문고를 타든, 아니면 칼을 쓰고 손발을 쓰든, 혹은 산세를 읽고 지세를 보든, 모든 것을 '기(氣)'나 '도(道)'라는 개념을 통해 '하나로 묶는' 일관성의 구도를 동양의 예술이나 삶, 사유와 활동에서 발견할 수 있었습니다. 그것은 어떠한 형식화도 불가능한 개념이고(그래서 서양인들은 이해하기 힘든 '모호한' 개념이 되지요), 그렇기에 어떠한 조직화의 구도나 발전의 구도도 만들어내지 않는, 그저 순수한 흐름으로서 오직 상대적인 강함과 약함, 집중과 분산, 빠름과 느림을 가지며 그런 것들로 그때마다 다른 특개성을 만들어내는 일관성의 구도를 이룹니다.

물론 '기'라는 개념은 단순히 경험적인 개념은 아니며 분명히 '일반적으로' 사용되는 개념이지만, 그것은 결코 신이나 이데아, 형상, 구조 등과 같은 초월적 개념이 아니며, 더구나 세간에는 부재하는 피안적인 개념이 아니라 직접적으로 감지하고 사용할 수 있는 차안적이고 경험적인 개념이지요. 전체를 아우르는 포괄적인 계획도, 전체에 작용하는 보편적인 형식도 갖지 않지만, 모든 활동에 실질적으로 작용하고 있는 개념입니다. 인간과 생물은 물론 바위나 산세, 지세처럼 무생물도, 그리고 그림이나 글씨 같은 인공물도, 심지어 도구나 기계마저도 포괄하며, 자연과 비자연의 구별을 넘나들고, 어떠한 고정된 본성(nature)도 가정하지 않으며 작용하는 구도란 의미에서, 저자들이 말하는 의미의 "〈자연〉의 구도"(MP, 326; II, 41)라고도 할 수 있습니다.

저자들이 두 개의 극을 대립시키면서 서양 음악의 초월적인 조직화의 구도를, 동양 음악의 내재적인 일관성의 구도와 대립시키는 것을 우리는 이런 의미에서 좀더 넓고 '일반적인' 의미로 이해할 수 있습니다. "우리는 두 구도를 두 개의 추상적 극으로 대립시켜야 한다. 예를 들면 우리는 음향적 형식과 그 발전에 기초한 서양 음악의 초월적인 조직화의 구도를, 빠름과 느림, 운동과 휴지로 이루어진 동양 음악의 내재적인 일관성의 구도에 대립시킨다."(MP, 331; II, 45)

그런데 두 개의 구도를 이같이 추상적으로 대립시키는 것만으론 불충분합니다. 왜냐하면 일관성의 구도가 우리도 감지하지 못한 새 초월성의 구도로 변환되거나 혹은 초월성의 구도에 사로잡히는 경우가 있으며, 반대로 초월성의 구도가 내부로부터 와해되며 일관성의 구도로 이행하는 경우 또한 있기 때문입니다.

가령 음악을 입자로 간주하여 그것의 흐름을 만들어내는 방식으로 작품을 만드는 크세냐키스의 '추계적 음악'의 수학적 '형식'이 음악에서 일관성의 구도에 이르는 길이 아니라 음악을 구성하는 유일한 방법이자 형식'이 된다면, 그것은 어느새 또 다른 초월성의 구도에 사로잡히는 경우가 되고 맙니다. 또 스피노자의 내재성의 철학이 헤겔의 절대정신이라는 초월성의 구도에 사로잡혀 그것의 외화와 발전, 자기-내-복귀에 봉사하고 복무하게 되는 것도 이러한 경우 가운데 하나라고 하겠습니다.

혹은 관계와 조건에 따라, 혹은 배치에 따라 상이한 속도와 강도로 표시되는 특질을 갖는 기 개념에 청탁(淸濁)의 성질이 달라붙고, 청탁에 인간과 비인간, 생물과 무생물을 대응시키는 순간, 그리하여 성정의 이치(理致)에 그것을 종속시키는 순간, 그것은 초월성의 구도에 사로잡히게 되고 맙니다. 실제로 성(性)으로 리(理)를 정의하고, 그 성에 따라 기의 청탁을 할당하는 주자학의 체계에서 기는 바로 그런 초월성의 구도에 사로잡히게 됩니다. 혹은 누구나 갖고 있는 잠재성으로서 '부처'가 수행을 통한 내재적 변환의 장에서 벗어나 문자에 사로잡혀 하나의 교조나 숭배의 대상이 될 때, 혹은 또 다른 집착의 대상이 될 때 마찬가지 일이 발생합니다. 그래서 운문(雲門)은 부처가 무엇인가를 묻는데 "뒷간 똥 막대기다"라고 대답했고, 임제(臨濟)는 "부처를 만나거든 부처를 죽이고 가라"고 했으며, 조주(趙州)는 "부처가 있는 곳도 그냥 지나가라. 부처가 없는 곳은 얼른 지나가라"고 했던 것이겠지요.

반대로 초월성의 구도나 형식적 조직화의 구도를 그 안에서 돌파하면서 일관성으로 향한 길을 여는 경우도 얼마든지 있을 수 있습니다. 예를 들면 서양 음악에서 푸가 형식이든 소나타 형식이든, 그것이 형식인 한 조직화의 구도와 발전의 구도를 갖습니다. 주제의 제시에서 조옮김을 통한 그것의 발전, 그리고 주제의 재현 등과 같이 조직화의 형식이나 발전의 형식을 갖습니다. 혹은 12음기법이 음렬의 제시와 그것의 역전, 도치 등과 같은 형식적 변형의 기술로서 정의될 때, 그것 역시 초월적인 형식의 구도에 사로잡혀 있습니다. 이는 심지어 음렬주의자들이 음고 이외의 다양한 요소들을 음렬화하고자 했을 때도, 그리고 불레즈가 들리지 않는 구조의 형태로 '부재하는 구조'를 만들고자 했을 때도 마찬가지로 등장하는 것이 초월성의 구도였습니다.

그러나 베토벤은 지극히 단순하고 간명한 '주제'를 '발전'시키면서 소나타의 형식적 구도가 와해되는 탈영토화의 지대들을 만들어냈지요. 또 12음기법의 지지자들 가운데 그것의 형식적 구도를 곧이곧대로 따를 수 있는 사람은 거의 없었고, 음렬주의의 형식적 구도는 불레즈 자신이 작품을 '음악'으로 만들려는 순간 벗어나지 않으면 안 되었습니다. 이로써 이 형식적 구도는 탈영토화되어 일관성의 구도로 향한 내재적 변환의 장에게 자리를 내주게 됩니다.

또 성즉리(性卽理), '성이 곧 리다'라는 주자학의 초월적 교의에서 성(性)이란 개념이 있던 자리에 마음(心)을 써넣음으로써, 그리고 그 마음을 양지(良知)라는 개념으로 대체함으로써 왕양명(王陽明)이나 왕용계(王龍溪), 왕심재(王心齋)의 양명학은 유학 자체를 내재성의 철학으로 변환시켰다고 할 수 있겠습니다. 이탁오(李卓吾)는 아마 이런 내재성의 구도의 극한으로까지 유학을 밀고갔던 사람이 아닌가 싶습니다.

이것으로 일단 생성의 철학을 구체화하고자 했던 '되기'의 장을 마쳤습니다. 기억에 대한 얘기에서 시작해서 동물-되기, 분자-되기, 음악-되기 등을 거쳐 일관성의 구도에 이르는 장대한 고원을 이렇게 통과했습니다. 이 고원이 비음악에서 시작하여 음악-되기로 끝난다면, 이제 리토르넬로를 다루는 다음 고원은 음악에서 시작하여 음악-되기로, 비음악으로 나아갑니다. 음악적 개념을 통해 배치 자체를 새로이 정의하려는 시도가 바로 그 고원에서 이루어집니다.

이런 식으로 음악과 비음악 사이에 진행되는 음악-되기를 통해 들뢰즈와 가타리는 아마도 되기의 극한으로, 그 내재성의 장으로 우리를 유혹하려고 하는 것인지도 모릅니다. 그것은 아마도 박쥐들의 무리와의 연대 속에서 우리를 물어뜯어 감염시키고자 하는 흡혈귀의 유혹, '되기'의 저 거대한 성으로 우리의 신체를 잡아끄는 '피'의 유혹인지도 모릅니다. "1730년부터 1735년까지 사람들이 듣는 것은 모두 흡혈귀에 대한 이야기뿐이었다."(MP, 290; II, 10) 어떻습니까? 향그런 피 냄새가 느껴지지 않나요?

    사실 우리는 이미 그 성 안에 있습니다. 메시앙이 만들어낸 박쥐 소리가 들리지 않나요? 밖에는 비가 내리고, 그 비의 수직선들을 가로지르며 '번쩍!' 섬광을 일으키며 번개가 칩니다. 아직도 안 보인다구요? 잘 보세요, 보일 겁니다. 우리 눈을 덮고 있는 몰적 구성체의 격자를 벗어나지 못한다면, 볼 수 있고 지각할 수 있는 게 대체 얼마나 되겠습니까? 대기를 적시는 입자들의 비를 보아야 하고, 그 입자들의 떨림을, 파동을 느껴야 합니다. 그러려고 한다면, 아마도 어느 날 갑자기 섬광 같은 거대한 빛을 여러분 내부에서 보게 될지도 모릅니다. 아마 그때 비로소 여러분은 자신의 신체를, 자신의 특이성을, 그리고 발을 디딜 때마다 달라지는 자신의 특개성을 보게 될지도 모릅니다. 그때 여러분은 알게 될 겁니다. 다름 아닌 자신이 흡혈귀였다는 것을. 피의 유혹에 끌려 이빨을 감춘 채 다가갔던 것은 들뢰즈와 가타리가 아니라 여러분 자신이었다는 것을. 결국 그들의 목을 물어뜯고 말았다는 것을. 그리곤 이빨을 감춘 채 여러분을 향해 다가오는 누군가의 발자국 소리에 귀를 기울이게 될 것입니다.

11장 | 음향과 배치: 리토르넬로에 대하여

11

음향과 배치:
리토르넬로에 대하여

지난번에 보았듯이 '-되기'에 관한 장대한 고원은 '동물-되기'에서 시작해서 '음악-되기'로 끝났습니다. 여성-되기에서 어린이-되기, 동물-되기 등을 거쳐 분자-화(분자-되기)와 지각-불가능하게-되기, 그리고 일관성의 구도로 이어지는 일련의 되기에 관해서 말하면서, 음악-되기에서 원소-화 및 우주-화라는 두 개의 영역으로 동시에 열리는 일종의 절대적 탈영토화에 대해 말한 바 있습니다. 정확하게 말하면 (우주적 힘의 음향화, 음향의 원소화)라고 해야겠지만 말입니다. 그러한 양상에 근접하는, 가장 높은 탈영토화 계수를 갖는 음악의 사례들을 직접 들은 바 있구요.

확실히 현대음악은 저자들의 주장대로 우주로 열리며 동시에 원소적 세계를 향해 이미 열렸다고 말할 수 있을 것 같습니다. 그렇지만 그것이 단지 음악의 사정일 뿐이라면, 그러한 사실 자체는 음악-

되기라기보다 그냥 음악의 상태에 대한 서술에 불과할 겁니다. 음악-되기가 단지 음악-임(être-musique)을 뜻하는 게 아니란 점을 다시 상기합시다. 그런 점에서 음악이 그저 음악에 머문다면 우주로 열리는 '현대음악' 조차 잘해야 음악적 우주에 머물 뿐입니다.

그렇다면 쉬운 질문을 하나 다시 던질 필요가 있지 않나 싶습니다. 음악-되기란 무엇인가? 그것은 음악의 영역에서 발생하는 것인가, 아니면 음악의 외부 영역에서 발생하는 것인가? 사실 이는 이미 제10고원에서는 대답한 것입니다. 이미 말했듯이, 가령 크게-된다는 것은 큰 것도 아니고 작은 것도 아니지요. 그것은 큰 것과 작은 것 사이에서 벌어지는 '사건'입니다. 작은 것에서 큰 것으로 변화되는 것이 크게 '되는' 것이지요. 이런 점에서 본다면 음악-되기는 당연히 음악과 음악이 아닌 것 사이에서 진행되는 것임을 쉽게 추론할 수 있을 겁니다. 그것은 음악과 음악의 외부 사이에서 발생하는 '사건'이라고 할 수 있습니다. 그렇다면 음악-되기란 단지 음악에 관련된 어떤 것이 아니라 음악 아닌 모든 것과 음악이 만나는 사건이고, 따라서 음악에 관한 것 이상으로 음악과 무관한 것 전반과 연관된 것이라고 할 수 있습니다.

가령 저자들이 이 책을 철학으로 씌어진 음악으로 만들고자 했을 때, 혹은 들뢰즈가 스피노자의 《에티카》에서 세 가지 상이한 속도를 갖는 텍스트의 리듬을 읽어낼 때, 이는 음악 아닌 것과 음악 사이에서 음악-되기를 하고 있는 것이라고 할 수 있습니다. 따라서 음악-되기란 음악가들만의 문제가 아니며, 음악가가 되는 것도, 음악을 듣는 것도 아니라는 걸 쉽게 알 수 있습니다. 반대로 저자들 어법대로 음악가도 음악-되기를 해야 한다고 말할 수 있습니다. 어린이도 어린이-되기를 해야 하고 여성도 여성-되기를 해야 한다고 하는 것처럼 말입니다.

앞서 10장의 경우에는 음악 아닌 것에서 시작하여 음악으로 넘어갔고, 그래서 음악 안에서 동물-되기나 어린이-되기 등을 세심하게 검토했지요. 그리고 결국은 우주가 음악화되는 '지경'으로까지 나아갔지요. 이는 동시에 동물, 어린이, 우주 등을 통해 음악이 변한 과정이라고 할 수도 있겠습니다.

반면 이제 여기에서는 음악에서 시작하여 음악이 아닌 모든 것으로 나아갑니다. 음악에서 기원한 '리토르넬로'란 개념을 통해서 음향을 수반하는 모든 배치, 리듬 등의 음악적 요소를 포함하는 모든 배치로 나아갑니다. 음악의 영역에서 벗어나 일반적인 배치들에서 음악-되기란 무엇인가? 바로 이 질문이 리토르넬로라는 음악적 개념을 사용하는 배치로, 그것을 다루는 고원으로 넘어가는 문제설정이 아닐까 싶습니다.

1. 리토르넬로란 무엇인가

1) 음악에서의 리토르넬로

'반복구'라고도 번역될 수 있는 '리토르넬로'에 대해서는 지난 강의에서도 잠깐 언급한 바 있습니다만, 여기서는 좀더 자세하게 이야기할 필요가 있겠지요. 리토르넬로는 보통 바로크 시대 합주협주곡(concerto grosso)을 비롯한 기악곡을 구성하는 형식과 관련된 것입니다.

예를 들어 바흐의 〈브란덴부르크협주곡〉들처럼, 악기 전체가 어떤 악구(A라고 합시다)를 함께 연주하는 것으로 시작합니다. 이처럼 전체가 함께 연주하는 걸 이탈리아어로 투티(tutti)라고 하는데, 영어의 total과 비슷한 단어지요. 이는 '총주(總奏)'라고 번역합니다. 총주가 끝나면 대개 어떤 하나의 악기가 솔로(solo)로 등장하여 다른 악구인 B를 연주합니다. 혹은 몇 개의 악기가 함께 등장하기도 하지만, 총주와 대비하기 위해 대개 작은 규모로 연주하지요. 그게 끝나면 다시 A'를 연주하는 총주가 등장합니다. 그런데 이때는 처음의 A와는 몇 가지 점에서 달라지는데, 가령 처음이 C장조로 되어 있었다면 이때는 D장조가 된다든지, 선율에 약간 혹은 많은 변주가 있다든지 합니다. 연주하는 악기의 편성이 달라지기도 하지요. 처음에는 현악기가 주선율(主旋律)을 연주하며 전면에 나섰다면, 두 번째는 관악기가 전면에 나선다든지 하는 식으로 말입니다. 그리고 그게 끝나면 또다시 솔로가 나와요. 이때는 대개 A와도 다르고 B와도 다른 C악구를 연주합니다. 그리고 그 다음에 다시 A의 변형이 반복되어 총주로 연주되지요. 이런 식으로 계속되다가 맨마지막에는 처음의 A로 돌아가서 총주로 연주하며 끝납니다.

이를 도식화하면 A−B−A'−C−A''······A로 요약할 수 있습니다. 이처럼 변형되면서 반복되는 A의 계열들(A, A', A'' 등)을 리토르넬로라고 부릅니다. 말 그대로 '반복구'지요. 그런데 반복구가 단순한 '후렴'과 다른 것은 동일하게 반복되지 않는다는 점, 즉 A, A', A''······ 등과 같이 상이하게 반복된다는 점입니다. 동일한 것의 반복이 아니라 '차이의 반복'이라는 거지요. 요컨대 리토르넬로란 '차이화하는 반복'이 변형된 개념인 셈입니다.

그런데 만약 여기서 반복되는 A의 계열이 없다면, 그래서 가령 A−B−C−D······ 식으로 진행된다면 어떨까요? 이걸 하나의 곡이라고 해야 할지, 아니면 여러 개의 곡을 그저 이어서 연주하는 건지 구별하기 힘들 겁니다. 즉 하나의 곡으로서의 '통일성'을 발견하기 힘들 겁니다. 반복되는 A의 계열이 있기 때문에, 그 사이에 아주 다른 편성과 음량, 성격의 악구들이 끼어들어가도 연결된 전체에 대해 하나의 곡이라고 할 수 있게 되는 거지요. 따라서 '반복'이란 모호하고 혼돈된 것에 어떤 하나의 질서와 '통일성'을 부여하는 중요한 역할을 한다고 할 수 있어요. 그로 인해 어떤 악구들의 집합에서 그것을 하나의 곡으로 만들어주는 고유한 구성이나 질서를 발견할 수 있지요.

이는 음악에만 해당되는 건 아닙니다. 이 고원의 첫 문단은 이렇게 시작합니다. "어둠 속의 아이가 있다. 그는 공포에 사로잡히지만, 노래하면서 안정을 되찾는다. 그는 노래에 따라 걷다가 멈추어 선다. 그는 길을 잃었지만, 할 수 있는 한 피신하거나 조그마한 노래로 그럭저럭 방향을 잡는다. 이는 마치 카오스의 와중에서 안정되고 차분하게 하는, 안정되고 차분한 중심의 스케치 같다."(MP, 382; II, 88) 어둠 속에서 아이는 휘파람을 불거나 노래를 부르거나 혹은 숫자를 세면서 거기에 발걸음을 맞추면서 나름의 리듬을 찾아가는 거지요. 그것이 질서와 안정감을 제공한다는 겁니다. 우리도 보통 그렇습니다. 어둠이 주는 불안과 공포 등을 달래는 수단을 만들어가지요. 그럼으로써 자기 나름의 질서를 만들어갑니다. 이렇듯 반복을 통해서 질서 혹은 통일성을 만들어내는 방식이 리토르넬로예요.

이는 우선 리듬과 매우 밀접합니다. 선율은 끊임없이 변하지요. 주제조차도 변함없이 머물러 있는 경우가 거의 없습니다. 소나타 형식에서처럼 주제가 '재현'될 때조차도 동일하게 다시 나타나진(재-

현되진) 않습니다. 리듬 또한 이러한 변화를 포함하지만, 선율에 비해 반복적 성격이 훨씬 강하지요. 반복되는 리듬은 인접한 악구는 물론 상이한 악구에까지도 반복적인 일관성을 부여합니다. 선율이나 편성이 달라지는 경우에도 리듬이 동일하게 반복된다면 변화된 선율에서 어떤 통일성이나 안정성을 느낄 수 있지요. 리토르넬로란 말로, 반복에 의해 만들어지는 어떤 '통일성'이나 일관성을 개념화하면서 그것을 무엇보다도 우선 리듬에 결부시키는 것은 이런 이유에서지요.

물론 선율 또한 반복해 사용되지요. 주제나 그것의 일부가 반복되거나, '고전' 시기의 경우처럼 주제가 모티프로 분할되어 건축적 구성을 취하는 경우, 선율은 그 자체로 어떤 일관성을 형성하는 반복적 요소로 사용됩니다. 하지만 이런 경우에도 대선율(對旋律)이나 '반주' 되는 요소들을 변화시켜서 전체적인 선율적 텍스처는 상이한 것이 되는 경우가 대부분이지요. 리듬이라고 이렇게 못할 거야 없겠지만, 이런 변형은 리듬에 비해 선율에서 훨씬 자유롭고 빈번하게 이용됩니다.

혹은 반대로 리듬이나 다른 요소를 변화시키면서 선율을 고정시키는 경우도 있지요. 이건 그리 흔한 것은 아닙니다만, 가령 바흐의 오르간 곡인 〈파사칼리아와 푸가 C단조〉(BWV. 582)처럼, 파사칼리아라는 형식에서는 동일한 선율이 처음부터 끝까지 반복됩니다. 물론 그 선율은 끊임없이 자리를 바꾸면서 반복되고, 대선율이나 텍스처 역시 끊임없이 달라집니다. 이것 역시 차이화하는 반복이란 개념을 다시 확인할 수 있는 경우라고 하겠지요.

여기서도 반복은 차이와, 즉 변화 내지 변주와 함께 진행된다는 점이 중요합니다. 중심적인 테마를 반복할 때는 다른 요소를 변형시키고, 테마 자체를 변주시킬 때는 다른 반복의 요소를 남겨둔다는 것입니다. 가령 라벨(M. Ravel)의 유명한 작품 〈볼레로(Boléro)〉의 경우에는 심지어 선율과 리듬을 고정시켜놓고서도 작품을 만들 수 있다는 걸 보여주지요. 이국적이고 에로틱한 색조의 선율과, "빰 파 파파빰 파파파 빰빰"의 동일한 리듬이 처음부터 끝까지 변함없이 반복됩니다. 만약 정말 아무런 변화가 없다면, 아무런 차이도 없이 선율과 리듬이 그처럼 반복된다면, 아마 우리는 몇 분도 안 되어서 "그만!" 하고 소리치거나, 다시 듣자는 제안에 적대감을 표시할 겁니다.

하지만 처음에 미약한 음량의 플루트 독주로 시작되는 이 곡은 다른 악기들이 하나씩 추가되면서 음량과 음색이 달라지고, 시간이 지나면서 점차 크고 화려한 색채로 바뀌게 됩니다. 그래서 수도 없이 반복되는 동일한 선율과 리듬에도 불구하고 계속해서 들을 수 있는 거지요. 이처럼 음색과 음량의 차이는 동일한 선율과 리듬의 반복을 유효하게 해주는 조건이 됩니다. 이런 식으로 라벨은 선율과 리듬을 고정시켜놓고서도 음악이 될 수 있다는 것을 아주 효과적으로 보여주지요. 다시 말해 선율과 리듬만이 음악의 요소가 아니라는 것, 그와 별도로 음색(timbre)이라는 것이 독립적인 음악적 요소라는 것을 보여줍니다.

그런데 라벨이 자신의 의도와 무관하게 보여준 또 하나의 중요한 사실은, 차이 나는 것만이 반복될 수 있다는 니체나 들뢰즈식의 철학적 명제입니다. 차이 없는 동일한 선율과 리듬의 반복은 견딜 수 없을 겁니다. 그것은 반복이 그 자체로 이미 차이를 포함하지 않으

〈그림 11.1〉
라벨, 〈볼레로〉 악보

면 안 된다는 것을 보여줍니다. '차이와 반복'이라는 들뢰즈의 주제는 이런 점에서 "차이 나는 것만이 되돌아온다"는 니체식의 영원회귀사상과 밀접하게 결부된 것임을 쉽게 알 수 있습니다. 들뢰즈와 가타리가 리토르넬로를 '영원회귀'와 결부시키는 것도 그런 의미에서 쉽게 이해할 수 있습니다.

여기서 우리는 리듬과 박자를 구분하는 것이 중요하다는 저자들의 말을 상기하게 됩니다. 박자란 리듬을 시간적으로 분절하는 형식인데, 이는 음가(音價)와 강약에 의해 리듬에 규칙적인 통일성을 부여하는 일종의 척도(measure)로 기능합니다. meter라고 부르기도 하는데, 박자가 갖는 척도적인 측면을 강조하는 말이겠지요. 2박자, 3박자, 혹은 4분의 3박자, 8분의 6박자 등등. 그런데 그것은 단지 시간적인 길이로 표시되는 음가만이 아니라 강함과 약함을 갖는 박(拍, pulse)을 갖고 있습니다. 가령 2박자는 강-약, 강-약 하는 박의 배열을 갖고, 3박자는 강-약-약, 강-약-약 하는 식의 배열을 갖지요. 4분의 3박자와 8분의 6박자는 약분하면 같은 시간적 척도로 환원되지만, 박의 배열이 '강-약-약'과 '강-약-약-중간-약-약'으로 다르다는 점에서 구별되지요.

알다시피 리듬은 반복을 특징으로 합니다. 하지만 그것은 라벨의 〈볼레로〉처럼 일부러 고정시킨 경우가 아니라면, 근본적으로 차이의 반복을 특징으로 합니다. 하지만 박자는 다릅니다. 세 박자는 일정한 음가 단위로 강-약-약이란 박의 배열을 동일하게 반복합니다. 그래서 리듬에 대해 척도로 작용한다고 하는 것이지요. 이는 복수의 선율과 리듬을 하나의 텍스처로 통합하면서, 리듬적 진행에 단일한 통일성을 부여하기 위해 도입된 척도라는 것입니다. 따라서 저자들은, 리듬은 박자로 환원되지 않는다고 강조하고 있습니다. 가령 군대의 행진은 박자는 있지만 그것만큼 리듬이 없는 것은 없다고 말하기도 합니다. 군대의 행진을 음악처럼 즐길 수 없는 것은, 그것이 차이 없는 반복이라는 사실에서 기인하는 것일 겁니다.

반면 슐렌도르프의 영화 〈양철북〉의 한 장면은 그처럼 강고해보이는 반복의 틈새에 반복의 흐름을 타면서 실려들어가 그 안에 리듬적인 변형을 가하는 것이 아주 쉬운 일임을 보여주는 듯합니다. 나치의 열병식장, 악대는 대열의 통일성을 만드는 행진곡을 연주하지만, 그 획일화된 리듬을 타면서 주인공의 북소리가 섞이고, 그 북소리가 만드는 리듬의 변형을 따라 음악은 행진곡에서 점점 춤곡으로 바뀌어가지요. 행진하던 사람들은 이제 춤을 추기 시작하고, 열병식장은 무도회장으로 바뀌어버립니다. 약간의 차이, 약간의 변형만으로도 열병식의 배치가 무도회의 배치로 변하는 겁니다. 차이의 힘, 변이의 힘을 아주 극명하게 보여주는 장면이라고 하겠지요.

2) 리듬적 인물과 선율적 풍경

차이의 반복이라는 관점에서 리토르넬로와 리듬이 쉽게 연결된다는 것을 보았습니다. 거기서 차이의 중요성에 대해서 말했지만, 차이가 중요하고 반복은 부차적이라고 생각한다면 그 역시 잘못입니다. 〈양철북〉에서 주인공의 북소리가 열병식의 배치를 바꿀 수 있었던 것은, 그것이 박자에 가까운 것이긴 하지만 리듬이 갖는 차이화하는 반복이라는 양상 때문에 가능했지요.

앞서 어떤 곡에 통일성을 부여하는 것이 리듬이요 리토르넬로라고 했는데, 바로 그 때문에 어떤 리듬만으로도 "아, 이건 폴로네이즈구나", "아, 이건 바로크 음악이구나" 하는 것을 알 수 있습니다. 혹은 "아, 이건 군악대의 행진곡이구나", "아, 이건 무도회의 음악이구나" 하는 것도 말입니다. 이런 걸 저자들이 즐겨 쓰는 말로 하면 '영토성'이라는 개념으로 표현할 수 있지요. 음악을 군대라는 영토, 무도회라는 영토, 바흐라는 영토, 폴란드라는 영토 등등에 영토화하는 요소라는 겁니다.

이는 단지 박자와 리듬뿐만 아니라, 어떤 주제를 변주하며 만들어지는 선율적 텍스처에 대해서도 마찬가지로 말할 수 있습니다. 들뢰즈/가타리가 말하는 리토르넬로가 단지 리듬만은 아니란 말입니다. 여기서 반복과 결부되어 있는 것을 '영토적 모티프(동기)'라고 부르고, 그 모티프에 대위적인 선율을 붙여 나름의 표현적인 형식을 구성하는 것을 '영토적 대위법'이라고 부릅니다. 엄격한 대위법을 쓰든, 아니면 화성적인 음들을 찾아 붙이든, 혹은 단순한 반주를 붙이든 간에, 음악적인 곡은 '모티프'에 대응되는 어떤 대위적인 음들을 붙이면서 만들어진다는 것을 염두에 둔다면 이해하기 쉬울 겁니다. 굳이 대비해서 말하자면, 모티프는 반복되는 요소임에 비해, 대위적인 음들은 그 반복적인 모티프에 끊임없이 차이를 부여하는 요소라고 할 수 있겠지요.

그래서 저자들은 전자(영토적 모티프)를 '리듬적 인물'이라고 부르고, 후자(영토적 대위법)를 '선율적 풍경'이라고 부르기도 합니다. 이는 음악과 영화의 경우를 복합해서 만든 개념이지요. 가령 영화를 찍는다고 합시다. 카메라는 대개 인물의 움직임을 따라가지요. 움직이는 인물과 결부되어 다양한 장면, 다양한 풍경 들이 만들어집니다. 여기서 인물은 이어지는 어떤 시퀀스를 '하나'의 장면으로 포착하게 하는 요소지요. 인물 주위의 풍경이 끊임없이 달라져도 인물들이 그대로인 한 우리는 하나의 장면이 연속되고 있다고 지각하기 때문입니다. 여기서 인물이란 반복의 방식으로 일련의 장면들에 어떤 '통일성'을 부여하는 요소지요. 반면 풍경은 끊임없이 변하지요. 인물이 이어지는 장면에 '하나'라는 연속성을 부여한다면, 풍경은 그것을 동일한 장면에 머물지 않게 차이화하는 역할을 한다고 하겠지요.

물론 풍경을 고정하고 등장하는 인물을 끊임없이 달리하는 경우도 원리상 불가능하진 않겠지만, 성공했더라도 풍경이 주인공이 되는 그런 식의 시퀀스는 결코 쉽지 않을 듯합니다. 실제로 지금까지 풍경의 움직임을 쫓아가며 거기에 사람의 움직임을 지나가게 만드는 영화는 별로 없었지요. 출연하는 인물만으로도 우리는 그 영화가 어떤 영화인지 쉽게 알 수 있지요. 하지만 펼쳐지는 풍경만으로는 그 영화가 어떤 영화인지 알기 어렵습니다.

택시가 주인공이 된다든가, 비행기나 코끼리가 주인공이 된다거나 하는 영화도 가능하겠지만, 이미 그 경우는 택시나 코끼리가 풍경의 일부가 아니라 그 자체로 이미 '인물'이라고 해야 할 겁니다. 모르겠습니다. 타르코프스키 같은 사람이라면 풍경을 고정시켜두고 인물들을 끊임없이 흘러가게 하는 영화를 찍고자 할지 모르지만, 그 경우라면 풍경 자체가 '리듬적 인물'이 되고, 흘러가는 사람들이 '선율적 풍경'의 일부가 된다고 해야 할 듯합니다. 따라서 통상 리듬과 인물을 대응시키고, 선율과 풍경을 대응시키는 것은 충분히 이유가 있는 셈입니다. 어쨌든 리듬적 인물과 선율적 풍경이라는 두 요소로 반복과 차이의 양상을 포착하려는 저자들의 시도는 이런 관점에서 충분히 이해할 수 있습니다.

반복의 요소는 다양한 차이와 변화에도 불구하고 이질적인 것들의 집합을 하나의 배치로 만들어줍니다. 따라서 리토르넬로란 이질적인 요소들을 결합하여 하나의 배치로 만들어내는 반복적 성분이라고 할 수 있습니다. 그런데 앞서 〈양철북〉의 예에서 언급했지만, 리듬적인 인물이나 반복적인 요소는 그 안에 차이를 포함하는 한, 그 차이가 반복하여 펼쳐지는 것을 가능하게 하는 조건이기도 합니다. 또한 반복 안에 내재하는 이 차이야말로 거꾸로 다른 이질적인 소리나 리듬이 끼어들 수 있는 지점이기도 하고, 〈양철북〉에서처럼 작은 북소리 하나로 전체 리듬이 바뀔 수 있는 지점이기도 합니다. 반복이 동일성의 반복이 아니라 차이의 반복으로 정의되는 것은, 이행이나 변환을 배치의 내적인 성분으로 포함시키는 데 매우 중요합니다.

리듬적인 인물이 선율적인 풍경과 섞이면서 다양한 장면이 만들어지는데, 선율적인 풍경이 크게 달라지면 그 인물은 전혀 다른 배치로 넘어가게 됩니다. 〈터미네이터 2〉에서 리듬적 인물을 이루는 주인공들은 선율적 풍경이 변화함에 따라, 그리고 다른 리듬적 인물이 끼어듦에 따라 감금의 배치에서 탈주의 배치로, 전투의 배치로 옮겨갑니다. 이런 점에서 배치에는 언제나 이행의 성분이 처음부터 포함되어 있습니다. 이는 하나의 배치를 탈영토화하는 성분이라고 할 수 있는데, 그것은 반복과 대립되는 차이에, 리듬과 대립되는 선율에 속하는 것이 아니라 차이로서 반복 그 자체에, 선율을 따라 변하면서 반복되는 리듬 그 자체에 속하는 것입니다.

요컨대 리토르넬로는 배치 안에서 반복과 차이를 사유하기 위해 만들어진 개념입니다. 아니, 반복과 차이를 통해 배치와 배치의 변환을 포착하기 위해 만들어진 개념입니다. 이 개념을 통해 저자들은 환경(milieu)이나 영토적 배치가 어떻게 카오스에서 발생하는지, 하나의 환경이 어떻게 표현적 성격을 갖는 배치로 조직되는지, 나아가 하나의 영토를 떠나지 않고도 하나의 배치에서 다른 배치로 어떻게 이행하는지를 보여주고 있어요. 이 세 가지가 리토르넬로와 관련해서 반복되어 이야기되는 것입니다.

3) 음향과 배치

리토르넬로와 관련해서 또 하나의 중요한 것은 음향과 배치의 문제입니다. 저자들은 이 고원에서 리토르넬로의 음향적 · 청각적 성격을 강조합니다. 저자들은 좁은 의미의 리토르넬로란 배치가 음향적인 경우, 혹은 소리에 의해 특징지어지는 경우를 지칭한다고 정의하고 있지요. 예를 들면 새가 둥지를 만들고 나뭇잎을 엎어놓고 부리로 뭔가를 쪼면서 노래할 때, 거기에 사용되는 다양한 요소들을, 새의 영토를 표시하는 하나의 영토로 만드는 것은 새의 노랫소리에요. 그것은 새 자신의 영토를 표시하는 것이고, 동종의 새들에게 "가까이 오지 마!"라는 비판적 거리, 임계적(critical) 거리를 두게 하는 방식이지요. 뒤집어 말하면 **음향적 성분에 의해 지배되는 배치를** 특정화하는 개념이 리토르넬로입니다.

이렇게 보았을 때, 음악-되기는 단지 음악이라는 특정한 영역이 아니라, 음향적 성격을 갖는 모든 종류의 배치에 관련된 것이라고 할 수 있습니다. 음악-되기란 음향적인 성분을 갖는 배치 안에서 이루어지는 모든 것이라고 해도 좋을 겁니다. 아마도 이것이 음악-되기의 최소치겠지요. 영토적 배치를 형성하고 표현적 리듬을 형성하는 것, 나아가 이행의 성분을 작동시켜 결국에는 이른바 '우주'를 향해, 절대적 탈영토화를 향해 배치를 개방하는 것, 그리고 이를 위해 혹은 이와 관련해 음향적 성분을 이용하거나 변형시키는 것이 바로 음향적인 배치 안에서 음악-되기의 중심적인 문제입니다.

리토르넬로를 단지 청각적인 것에 제한하지 않으면서도, 그래서 클레나 세잔 등을 언급하면서도, 주로 음악과 관련해서 다루는 것도 이런 맥락에서 이해할 수 있습니다. 이 고원의 입구에 있는 클레의 그림 〈지저귀는 기계〉는 이런 의미에서 매우 시사적이라고 하겠습니다. 물론 이것이 리토르넬로를 정의하는 유일한 방식은 아니에요. 넓은 의미의 리토르넬로란, 앞서 말했듯이 리듬적인 인물 및 선율적 풍경과 결부된 것, 반복의 양상으로 작동하는 모든 것과 관련됩니다. 이것이 아마도 음악-되기의 최대치일 겁니다.

가령 삶의 주기적 반복과 결부된 시간이라는 개념은 넓은 의미의 리토르넬로라고 부르는 배치와 매우 밀접하게 결부되어 있습니다. 이 책이 나오기 직전에 출판된 책 《기계적 무의식(*L' Inconscient machinique*)》(1979)에서 가타리는 리토르넬로가 기계적 무의식의 시간적 형식과 결부되어 있다고 말한 바 있습니다. 그 책의 후반부는 프루스트의 소설 《잃어버린 시간을 찾아서》에서의 리토르넬로에 대한 분석에 할애되어 있지요(더불어 앞서 다룬 '안면성'을 기계적 무의식의 공간적 형식과 결부되어 있다고 말합니다).

예를 들어 학교나 공장에서 훈육하는 신체적 활동의 리듬은 그것이 습속(習俗)의 형태로 신체에 새겨지고 무의식화되는 경우, 신체를 움직이는 '기계적 무의식'의 시간적 형식이라고 할 수 있다는 겁니다. 시계나 시간표에 맞추어 자신의 신체와 행동, 자신의 삶을 조절하는 능력이 바로 그런 리토르넬로를 통해서 만들어진다는 거지요. 하지만 이처럼 학교나 공장에서 형성되는 반복의 양상은 많은 경우 "다람쥐 쳇바퀴 돌듯"하는 것이란 점에서 차이의 반복이란 말이 사실 좀 무색해지지요. 하지만 가타리는 이것을 자본주의에 의해 만들어지는 특징이라고 보지요. 다시 말해 사회적 조건이나 생산양식 등에 의해 상이한 리토르넬로가, 상이한 시간-형식이 만들어지고 변환될 수 있다는 겁니다. 이는 리토르넬로라는 개념을 사용하는 또 하나의 방법일 겁니다.

한편 리토르넬로와 시간의 연관은 이 고원의 끝부분에서 칸트를 염두에 두고 있음이 분명한 함축적인 한 문장으로 서술되어 있기도 합니다. "선험적 형식으로서 시간은 존재하지 않는다. 리토르넬로는 시간의 선험적 형식이며, 언제나 상이한 시간을 만들어낸다." (MP, 431; II, 129) 요컨대 시간이란 리토르넬로라고 부르는 리듬적인 반복의 양상에 의해 만들어지며 그것에 의해 달라진다는 거지요.[1] 앞서 자본주의와 시간, 혹은 자본주의와 리토르넬로의 관계는 이런 관점에서 충분히 이해할 수 있을 겁니다.

그런데 이 책의 말미에서 저자들은 음향적 성분 자체를 특권화하고 있음을 명시적으로 인정합니다. 즉 그들은 동작적 리토르넬로나 태도적 리토르넬로, 색채적 리토르넬로, 시각적 리토르넬로에 비해 청각적 리토르넬로가 갖는 특권적 성격을 강조합니다. 여기서 특히

---

[1] 이에 대해서는 이진경, 〈시간의 역사에 관한 강의: 사회적 시간의 역사이론을 위하여〉, 《근대적 시·공간의 탄생》, 푸른숲, 2002 참조.

음향적 성분을 강조하고 특권화하는 것은, 앞의 고원에서 되기의 문제를 음악-되기의 문제로 귀착시킨 것과 유사한데, 음악이 탈영토화 계수가 가장 높기 때문입니다. 이것이 영토가 없는 세계인 '우주'라는 말로 표시하려는 내용입니다. 우주란 영토가 없는 세계란 점에서 절대적 탈영토화의 방향을 표시하는 말인 셈이지요. 따라서 음악-되기를 강조하는 것은 어떤 음악적 형식이나 음악적 영역을 특권화하는 것이 아니란 사실을 잊어선 안 됩니다. 그것은 차라리 음악이 음악적 형식을 벗어날 가능성을, 탈형식화될 가능성을 뜻합니다.

일전에 저는 가수 한영애가 어느 인터뷰에서 "최근 노래가 조용해지고 얌전해지고 있다고들 한다"는 말에, 자신은 "무대에서 침묵으로 노래할 수 있었으면 하는 생각을 한다"고 말하는 것을 듣고 깜짝 놀란 적이 있었어요. 가수가 무대에서 침묵으로 노래한다는 것! 가수 입에서 나온 이 말을 듣고 대체 어떻게 놀라지 않을 수 있겠습니까? 동양에서라면 노래로 득음(得音)을 하겠다는 식의 생각을 하는 게 그리 어려운 일이 아니겠지만, 침묵으로 노래하리라는 말은 정말 생각지도 못했던 것이었습니다. '침묵으로 하는 노래', 그것은 모든 음악적 형식을 벗어난 음악이고, 모든 음향적 성분을 벗어나서 울리는 음향을 느끼게 해줍니다. 삶이 된 노래, 아니 노래가 된 삶의 목소리, 바로 그것이 '침묵으로 하는 노래'라는 그 말로 표현된 것일 겁니다. 그것은 노래가 삶이었던 사람이 자신의 삶에 대해 말하는 방식이었던 것입니다.

이는 단지 침묵과 노래 간의 엇갈림에서 기인하는 역설만은 아닙니다. 한영애는 단순히 논리적 역설을 통해 자신의 재치를 표현하고 있는 것이 아닙니다(아니었습니다!). 이 이야기를 듣고 제가 떠올린 것은 〈어느 개의 연구〉에 나오는 카프카의 '소리 없는 음악'도 아니었고, 어설픈 듯이 보이는 〈새앙쥐 요제피나〉의 휘파람 소리도 아니었습니다. 거기서 제가 떠올린 것은 칼을 뽑지도 않은 채 상대방을 이미 제압해버린 위대한 검객이었습니다. 아시겠지만, 진정한 검술의 고수는 검을 거의 사용하지 않고 상대방을 충분히 제압하지요. 〈와호장룡〉의 리무바이는 단 한 번의 손놀림으로 상대방의 칼을 빼앗습니다. 칼이 아닌 나뭇가지를 주워서 '보검'을 든 상대방을 제압하고 가르치지요. 또는 붓 하나로 세상을 장악한 화가나 서예가를 떠올려도 좋을 듯합니다. 김정희 같은 서예의 고수는 글씨를 쓰든 난(蘭)을 치든, 얼핏 보면 거칠고 매우 불균형한 듯이 보이는 하나의 획으로 우주의 힘을 한데 모으는 듯한 강밀한 선을 만들어냅니다. 이런 점을 생각한다면, 침묵으로 노래하고 싶다는 가수 한영애의 생각은 그가 어떻게 살아가는지, 어떤 경지에 있는지는 알 수 없더라도, 적어도 거기서 음악이나 노래 자체가 절대적 탈영토화의 선을 타고 있다는 것은 충분히 보여준다고 하겠습니다.

2. 리토르넬로의 세 가지 측면

리토르넬로에는 방향적 성분·차원적 성분·이행적 성분의 세 가지가 있습니다. 먼저 방향적 성분은 방향을 표시하는 성분입니다. 가령 그것은 출생과 같은 영토적인 기원을 담고 있는 성분이지요. 차원적 성분은 자기 나름의 표현적인 질서를 구성하는 성분입니다. 이행적 성분은 말 그대로 하나의 배치에서 다른 배치로 이행하게 하는 성분입니다. 리토르넬로는 이 세 가지 성분을 다 가지고 있습니다. 이 각각의 성분에 대해 좀더 자세히 말해보지요.

1) 방향적 성분

원래 폴로네이즈란 폴란드의 춤곡에서 연원하는 춤곡 형식입니다. 알다시피 춤은 특정한 형태의 동작을 주기에 따라 반복하는 것입니다. 춤곡은 이런 반복에 리듬을 부여하는 음악이지요. 리듬이 생겨나고 어떤 명칭을 붙일 수 있는 형식 내지 질서가 만들어집니다. 이런 점에서 본다면 폴로네이즈란 동작의 카오스적인 흐름이나 소리의 카오스적인 흐름(질료)을 폴란드 춤곡에서 기원하는 어떤 리듬적인 형식으로 변환시키는 것입니다. 이것 말고도 서양 음악에는 민속적인 춤곡에 기원을 두고 있는 형식들이 매우 많습니다. 사라방드(sarabande)는 스페인의 춤곡에서 기원한 것이고, 알르망드라는 형식은 말 그대로 '독일' 산임을—알르망드(allemande)란 프랑스어로 '독일'이란 뜻이지요—이마에 써붙이고 있지요. 지그(gigue)는 대단히 격렬하고 빠른 영국의 춤곡입니다.

하지만 폴로네이즈는 폴란드의 민속적인 춤곡만을 뜻하진 않습니다. 쇼팽(Chopin)의 작품에 폴로네이즈란 이름을 가진 곡이 많지요. 혹은 바흐의 〈관현악 조곡〉 2번에 있는 유명한 플루트 곡 역시 폴로네이즈란 이름을 갖고 있지요. 여기서 폴로네이즈란 이름은 폴란드의 민속음악을 뜻하는 게 아니라, 이미 거기서 탈영토화되어 일반화된 어떤 리듬적인 형식을 표시하는 거지요. 하지만 그 이름은 동시에 그런 리듬이나 형식이 기원하는 발생적인 기원을, 고향이라고 해도 좋을 기원적인 영토를 표시하고 있습니다. 원래 왔던 곳의 방향, 고향의 방향을 표시하는 이름인 셈이지요. 리토르넬로의 '방향적 성분'이란 바로 이런 것이지요.

여기에서 들뢰즈/가타리는 아주 과격한 명제를 제시합니다. "예술이란 우선 포스터요 플래카드다."(MP, 389; II, 94) 이런 얘기를 들으면 문학 하시는 분들은 1920년대 말~30년대 초에 박영희와 김기진 등이 서까래와 붉은 지붕을 들먹이면서 예술은 포스터다, 예술은 삐라다라고 싸우던 논쟁을 연상하실 텐데, 어이없게도(?) 이 책의 저자들 또한 예술은 포스터요 플래카드라고 명시적으로 말하고 있어요. 하지만 여기서 포스터와 플래카드란 작품이 갖고 있는 방향적 성분, 혹은 영토적 성격을 지칭하는 것이란 점을 고려한다면, 그 과격한 말이 소박한 정치예술론도, 반어적인 풍자도 아니라는 점을 이해할 수 있을 겁니다. 여기서 저자들은 리토르넬로의 '방향적 성분'은 카오스와 구별되는 영토적 배치의 기초(하부)를 이룬다는 점에서 '하부배치(infra-agencement)'라는 개념에 대응시키고 있습니다.

2) 차원적 성분

리토르넬로의 두 번째 성분은 차원적 성분입니다. '차원'이란 말이 측도의 복잡성의 정도를 표시한다는 말을 예전에 한 적이 있지요? 길이가 2배로 되면, 1차원 도형인 직선은 그 측도가 2배 그대로 늘어나는데, 2차원 도형인 면적은 2^2배로 늘어나고, 3차원 도형인 육면체는 2^3배로 늘어나지요. 그리고 프랙탈 기하학에 대해 말하면서 정수 차원만 아니라 소수 차원도 있다고 말했지요? 차원적 성분이란 이처럼 복잡화되는 것과 결부되어 있다고도 할 수 있어요.

자, 뒷장의 세 '그림'을 보세요.(〈그림 11.2~11.4〉). 점점 복잡해지지요? 좀더 차원수가 커진다고 해도 좋겠지요? 먼저 〈그림 11.2〉는 베토벤 교향곡 5번 4악장 시작하는 부분에 등장하는 제1주제의 선율이에요. 영토적 모티프라고 할 수 있는 선율이죠. 〈그림 11.3〉은 이 선율의 각각의 음에 대응하여 대위적인 음들을 붙인 것입니다. 애초의 모티프가 수평적인 차원만을 갖고 있었다면, 여기서는 각각의 음들이 수직적인 차원의 대응되는 음들을 갖고 있지요? 물론 수직적 차원으로만 복잡해졌다면, 각각의 음들은 서로 수직으로 일대일 대응해야 하는데, 그렇지는 않습니다. 새로 붙인 음들이 수평적인 차원에서 조직되면서 음가가 빗나가기도 하고, 대응하는 음이 여러 개로 늘어나기도 합니다. 〈그림 11.4〉는 편곡하기 이전의 베토벤의 원래 관현악 악보예요. 영토적인 모티프는 동일하지만 수직적인 차원으로, 혹은 새로운 수평적 차원으로, 혹은 입체적으로 매우 복잡한 텍스처가 만들어졌지요? 〈그림 11.2〉의 선율의 차원수가 1에 가까웠다면, 여기선 1과 2 사이에 있다고 할 수 있을 겁니다.

이처럼 차원적 성분이란 애초의 선율에 다른 차원의 대위적 음들을 만들어 붙이면서(이를 저자들은 '영토적 대위법'이라고 부릅니다), 애초의 동기를 다른 차원으로 확장하고 풍부화하면서 나름의 구성적 조직을 만드는 데 작용하는 것입니다. 이로써 포스터나 플래카드처럼 어떤 영토를 표시하던 모티프는 대위적 선율과 더불어 독자적인 표현적 구성물로 바뀌지요. 이처럼 영토적 대위법은 영토적 모티프라는 질료를 표현적인 질료로 변환시킵니다. 이로써 이제 작가의 서명(영토성)은 단순한 '포스터'를 넘어서 표현적 질을 갖는 나름의

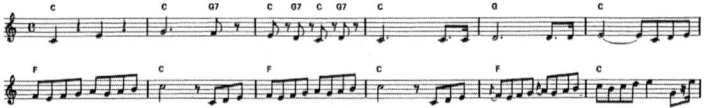

〈그림 11.2〉 베토벤 교향곡 5번 4악장 제1주제 단선율 악보

〈그림 11.4〉 같은 곡의 관현악 스코어

<그림 11.3> 같은 곡을 피아노곡으로 편곡한 악보

<그림 11.4> 같은 곡의 관현악 스코어

'스타일'을 표시하는 것이 됩니다.

가령 모차르트의 〈작은 별 주제에 의한 변주곡〉은 "반짝반짝 작은 별……"이란 노래의 선율에 대위적 음들을 붙이고 그것의 변주를 만듦으로써 원래의 동요와 다른 독립적인 피아노곡이 됩니다. 여기서 원래 동요의 선율이 방향적 성분이라면, 모차르트가 새로 붙인 대위적 음들은 차원적 성분이라고 할 수 있습니다. 이제 곡은 원래 선율을 제공한 동요와 다른 별도의 이름을 얻게 되고, 원래 동요였던 선율은 모차르트의 색채가 뚜렷한 피아노곡에 속하게 되며, 원래 선율의 작곡자 대신 모차르트가 작곡자가 되지요. 이런 점에서 이는 배치의 내부에서 배치를 특정한 표현형식으로 조직한다는 점에서 내부배치(intra-agencement)를 이룬다고도 말합니다.

3) 이행적 성분

리토르넬로의 세 번째 성분은 이행적 성분입니다. 말 그대로 이는 하나의 배치에서 다른 배치로 이행하는 성분을 지칭하는데, 이는 앞서 〈양철북〉의 예에서 군대의 열병식의 배치를 무도회의 배치로 바꾸는 경우에 대해 말한 부분을 떠올리면 쉽게 알 수 있을 것입니다. 이는 리토르넬로가 차이를 포함하는 반복을 특징으로 하기 때문이라는 점 또한 이미 말한 바 있습니다. 이행적 성분이란 차이를 통해 하나의 배치를 탈영토화하는 것이라고 할 수 있습니다.

가령 저자들도 말하지만, 음악에서 모든 주제는 이미 그 자체로 변주라고 할 수 있습니다. 동일한 선율을 그대로 반복하는 경우는 없다는 점에서 그렇습니다. 한 번 나온 주제가 다시 나올 때는 음고가 바뀌거나 각각의 음들이 변형되거나 혹은 조를 바꾸거나 악기 편성을 다르게 하는 등의 변형을 수반하지요. 이런 점에서 주제 자체가 이미 변주라는 겁니다. 〈작은 별 주제에 의한 변주곡〉에서 변주되며 반복되는 모티프는 이미 원래의 동요에서 완전히 벗어나 새로운 배치로 들어갔으며, 반복될 때마다 새로운 변형을 포함하며 나타납니다. 이는 두 가지 상이한 배치 사이에 있다는 점에서 '사이-배치(inter-agencement)' 라고도 합니다.

이 세 가지 성분과 관련된 개념들을 저자들은 이렇게 요약하고 있습니다. "때로 사람들은 카오스로부터 영토적 배치의 문턱으로 나아간다: 방향적 성분, 하위-배치. 때로 사람들은 배치를 조직한다: 차원적 성분, 내부-배치. 때로 사람들은 영토적 배치로부터 벗어나 다른 배치를 향해, 혹은 다른 곳으로 간다: 사이-배치, 이행의 성분 혹은 탈주선. 그리고 이 세 가지 힘의 집합. 카오스적 힘, 대지적 힘, 우주적 힘: 이 모든 것이 리토르넬로 안에서 대결하고 경합한다."(MP, 384; II, 90~91)

3. 배치와 리토르넬로

1) 카오스에서 환경으로

이제 리토르넬로와 관련해서 배치의 개념을 좀더 세밀하게 살펴봅시다. 여기선 일단 카오스와 환경, 영토, 배치, 이행 등에 대해 다루고 있는데, 그 관계를 간단히 정리해두고 시작합시다. 앞서 말했던 세 가지 성분과 연관시켜 말하자면, 방향적 성분은 영토적 모티프와 관련되어 있었고, 이것이 **카오스적인 질료에서 리듬을 통해 환경이 발생하는 계기**라고 할 수 있습니다. 이는 영토적 배치의 기초(하부)를 이루지만 그 자체만으론 영토라고 할 수 없고, 영토적 대위법이라는 차원적 성분을 통해 표현적인 질을 획득할 때 영토가 발생한다고 정의합니다. 표현적인 스타일이 존재하는가 여부가 환경과 영토를 구별하는 계기인 거지요. 여기에 이행적 성분이 추가되는 경우, 배치는 이행의 역동성을 획득합니다. 하나의 환경이 영토적 대위법에 의해 상이한 영토가 발생하듯이, 하나의 영토 위에서 이행적 성분을 통해 상이한 배치로의 이행이 발생합니다.

먼저 어떤 반복적 리듬을 통해 카오스에서 환경이 발생합니다. 어둠 속에서 방향을 찾는(방향적 성분!) 아이처럼 리듬을 통해 카오스로부터 환경이 발생합니다. "카오스에 대한 환경의 응수가 바로 리듬이다."(MP, 385 ; II, 91) 여기서 환경(mlieu)이란 말은 '중간'이란 의미 또한 갖고 있음을 염두에 두어야 합니다. 즉 환경이란 어떤 개체의 '외부'가 아니라 개체와 외부의 중간, 개체가 외부화되는 지대면서 또한 외부가 개체 내부로 진입하는 지대입니다. "〔환경이란〕성분의 주기적 반복에 의해 구성되는 시-공간 블록이다. 이런 식으로 생명체는 물질로 소급되는 외적 환경을 갖고, 때로는 구성하는 요소와 구성되는 실체로 소급되는 내적 환경을 가지며, 막(膜)과 경계로 소급되는 매개적 환경을 갖고, 에너지 원천과 지각 행동으로 소급되는 부속환경을 갖는다."(MP, 384 ; II, 91) 예를 들면 혈액은 각각의 세포가 생존하고 활동할 수 있는 외적 환경이고, 간과 간세포는 서로가 활동할 수 있는 내적 환경이며, 세포막은 각각의 세포가 개체성을 형성하며 활동할 수 있는 매개적 환경이고, 탄수화물 등의 영양소 또한 세포가 활동할 수 있는 에너지원이란 점에서 부속환경입니다.

그때 "각각의 환경은 코드화되고, 하나의 코드는 주기적 반복을 통해 정의된다"(MP, 384; II, 91)고 합니다. 가령 프리고진(I. Prigogine)이 '자기구성'을 설명하기 위해 들고 있는 예 중의 하나를 보면,[2] 단백질 합성 과정에서 ABABAB……와 같은 분자구조를 갖는 중합체가 착오에 의해 ABAABBABA……와 같은 구조를 갖는 중합체가 생성되는 경우, 이 분자구조는 다시 변형된 뉴클레오티드의 유전자 코드를 생성하며, 이것이 변형된 단백질 중합체를 확대하는 식의 순환적 사이클을 만듭니다. 다시 말해 새로운 환경인 단백질은 뉴클레오티드에 새로운 코드로 기입되고, 그 뉴클레오티드는 변형된 단백질을 반복하여 복제함으로써 자신의 환경을 만들어가는 거지요. 이 경우 단백질은 뉴클레오티드에 대해 환경을 이루는 것이고, 반대로 단백질 역시 뉴클레오티드의 환경이 됩니다.

이런 예는 환경과 코드화의 관계를 잘 보여주지요. 그리고 어떤 뉴클레오티드에 어떤 단백질이 **반복적으로 대응**되는 경우, 그 뉴클레오티드에 포함된 정보는 그 대응되는 단백질을 형성하는 하나의 코드라고 할 수 있습니다. 파란불에 가고 빨간불에 서는 일이 반복되는 경우, 신호등이 하나의 코드가 될 수 있는 것처럼 말입니다. 이 동하는 물체의 카오스적 흐름에 반복적인 대응을 통해 하나의 리듬과 규칙을 만들어내는 신호등의 예는 앞의 문장뿐만 아니라 리듬이란 카오스에 대한 환경의 대응이라는 앞서의 말 또한 쉽게 이해할 수 있게 해주지요.

말난 김에 유전자와 단백질 합성에 대한 예를 좀더 보면서 코드의 변환과 변이체의 생성, 그리고 환경이 언제나 변환에 대해 열려

---

[2] 프리고진, 이철수 역, 《있음에서 됨으로》, 민음사, 1988, 117~18쪽.

있다는 것에 대해 다시 살펴보지요. 단백질이 합성되는 것은 DNA의 코드에 따라 RNA가 아미노산을 모아서 중합체를 형성하는 방식으로 이루어집니다. 이때 DNA의 유전자 코드는 mRNA에 의해 전사(轉寫, transcription)되는데, 가령 DNA의 C(시토신)가 전사되면 그에 대응하는 G(구아닌)로 대체되는 식으로 이루어지고, 그 결과 전사된 코드는 원래의 DNA 코드의 일종의 음각화(陰刻畵)가 됩니다. 이 음각화에 따라 tRNA가 모아온 아미노산을 rRNA가 다시 상보적인 대응관계에 따라 (G를 다시 C로) 번역(transduction)합니다.

그런데 이 과정에서 결손이나 교차 등에 의해 전사 과정이 교란되거나, 엑손(exon)이라는 변형에 의해, 혹은 자리바꿈인자(transposon)에 의해 배열에 변이가 발생하기도 합니다. 돌연변이(mutation)는 이렇게 발생합니다. 바이러스가 개입하여 변형을 야기하기도 하지요. 앞서 C바이러스가 고양이와 비비 사이에서 유전자 코드에 변환을 야기하는 비평행적 진화에 대해 언급한 적이 있지요? 따라서 코드의 전사나 번역은 코드의 변환(trans-codage)을 내포한다고도 할 수 있습니다. 그래서 저자들은 환경에 고유한 "각각의 코드는 항상 트랜스-코드화(transcodage) 내지 변환/번역(transduction, 형질도입)의 상태에 있다"고 말해요.

또한 "트랜스-코드화 내지 변환은 하나의 환경이 다른 환경에 기초를 제공하거나, 반대로 다른 환경 위에서 성립하며, 다른 환경 안에서 흩어지거나 구성되는 방식으로 진행된다"(MP, 384; II, 91)고 말합니다. 다시 말해 개체들의 코드가 개체 내부에 있고, 그 외부에 환경이 있으며, 환경에 따라 새로운 형질을 얻기도 하지만, 근본적으로는 유전자 코드에 의해 모든 것이 결정된다는 흔한 주장에서처럼, 내부와 외부, 코드와 환경이 분리되어 존재하는 것이 아니라(이 경우 획득형질은 유전되지 않는다는 명제로 인해 진화는 유전과 대립되는 개념이 되고 맙니다), 환경 자체에 코드들이 섞이거나 변이되고, 그 변이체에 의해 새로운 환경이 만들어지는 교호(交互)와 횡단이 항상 존재한다는 겁니다. 아마도 이것이 환경과의 관계에서 개체들에 변이들이 발생하고, 그 변이가 확장되고 확대되면서 '진화'라고 불리는 과정이 진행되는 이유겠지요.

그런 점에서 환경은 그 자체로 닫혀 있는 것이 아니라 변환되는 코드, 가변화되는 리듬을 통해 카오스라고 불리는 변형의 요소에 늘 상 닿아 있습니다. "카오스와 리듬에 공통된 것이 있는데, 이는 그 양자-사이(entre-deux), 두 환경 사이요, 리듬-카오스고 카오스모스(chaosmos)다. 카오스모스는 리듬의 반대물이 아니라 모든 환경들의 환경이다."(MP, 385; II, 91) 지구는 기관 없는 신체고 그 신체는 여러 지층들 전체의, 지층들의 지층이라고 할 수 있는 것과 마찬가지로 말입니다. 바꿔 말하면, 카오스로부터 환경으로 나아간다는 것은 반복적인 리듬에 의해 분절과 지층이, 혹은 기관이 만들어지는 것을 뜻하지만, 그것은 카오스나 기관 없는 신체에 늘상 잇닿아 있다는 것입니다.

2) 영토와 표현

환경이 기능과 결부되어 있다면 영토는 표현과 결부되어 있습니다. 환경을 형성하는 리듬은 기능적이지요. 가령 물고기나 새의 색깔 변화는 성적인 것(배란기라든지), 공격적인 것, 탈주적인 것 등의 행동과 관련되어 있습니다. 이것은 '기능적'이라고 할 수 있습니다.

이런 행동은 기능이 충족되면 중단됩니다. 도망치고 난 다음에도 계속 꼬리를 감추고 있는 개가 있다면, 그 개는 또라이지요. 수정이 다 끝났는데도 여전히 배란기의 색깔을 바꾸지 않고 있으면 그건 '색마'지요.

반면에 영토를 만든다는 것은 신체적 기능으로 환원되지 않는 어떤 것을 통해 정의됩니다. 예를 들어 개가 오줌을 누고 똥을 싼다고 할 때, 그것이 영양을 섭취하고 배설하는 고유한 대사작용과 관계된 것이라면, 그것은 환경을 구성하는 기능적인 행동이지요. 하지만 개가 동네 여기저기를 돌아다니면서 오줌을 누고 똥을 싼다면, 이는 신체적 대사작용과 같은 환경적 기능이 아니라 자신의 영토를 표시하기 위한 것입니다. 자신이 텃새(territoriality, 영토성!)를 행사할 수 있는 영역을 표시하는 것이고, 자신의 힘이 미치는 영역을 표시하는 것이지요. 이런 점에서 이는 환경과 관련된 기능과는 다른 표현적 성격을 갖습니다. 그래서 저자들은 이렇게 말합니다. "환경의 성분들이 차원적 생성을 위해 방향적 존재기를 멈추자마자, 그 성분들이 표현적 생성을 위해 기능적 존재기를 멈출 때 영토는 존재한다. 리듬의 표현성이 존재하자마자 영토는 존재한다. 영토를 정의하는 것은 표현질료(질)의 출현이다."(MP, 387; II, 93)

따라서 영토는 환경이 아니라 "환경과 리듬을 영토화한 산물"(MP, 386; II, 92)이라고 합니다. 가령 색깔이 기능적 잠정성을 벗어나 시간적 항상성을 획득할 때, 그것은 영토의 표지가 됩니다. 이때 영토가 표지를 만드는 것이 아니라 표지가 영토를 만드는 것이지요. 표지를 통해서 영토를 구성하는 거예요. 서명도 마찬가지입니다. 화가들이 자신의 작품에 이름을 쓰는 것은 그것이 자신의 작품이라는 것을 표시하는 것입니다. 그래서 우리는 일단 서명이 있으면 그 작가의 작품이라고 생각하지요. 이런 점에서 예술 역시 일차적으로 '포스터요 플래카드'라고 했던 거지요. 그러나 이는 아직 표현적인 배치를 형성한 것이 아닙니다. 이 경우 표지는 영토를 표시하는 방향적 성분을 포함하고 있을 뿐입니다.

표현적인 배치를 형성하는 것은 고유한 스타일이 만들어질 때입니다. "리토르넬로, 그것은 표현적인 것이 됨에 따라 영토화되고, 영토화되면서 표현적이 된 리듬이요 선율"(MP, 389; II, 95)이라는 것도 그런 의미입니다. 고유한 스타일이 있을 때, 우리는 서명 없이도, 명시된 이름 없이도 그게 누구의 '영토'인지를 알 수 있지요. "아, 이건 베토벤의 곡이군", "아, 이건 피카소의 작품이군" 하는 식으로 말입니다. 방금과 같은 말은 그것이 베토벤의 영토, 피카소의 영토라는 걸 확인하는 문장인 셈입니다.

환경이 종의 발생과 연관되어 있다면, 그리고 환경의 변이가 종의 변이체를, 혹은 다른 '종'을 만드는 것이라면, 영토화는 다른 종을 만드는 것이 아니라, 종 안에서 그 안에 있는 다른 개체와의 비판적 (임계적) 거리를 만든다는 거예요. 개가 똥이나 오줌을 싸서, 혹은 새가 노랫소리나 몸짓으로 자신의 영토를 만드는 것은, 같은 종 내부의 다른 개나 새에 대해서 자신의 영토를 표시하는 것이고, 그들과의 '임계적(臨界的) 거리'를 만드는 것이라는 거지요.

동일한 종의 개체들 사이에 비판적 거리를 만드는 영토화는 그 동일한 종이라면 같아야 마땅한 코드와는 다른 요소라는 것이 분명하지요. 또한 영토화란 "동일한 종의 개체가 공유하고 있는 코드의 여백에 자리잡는 것"(MP, 396; II, 101)이라는 명제 또한 덧붙일 수 있겠습니다. 코드화된 행동이란 어디서나 동일하게 반복하는 것이란 점에서 영토 이전적인 것이고, 영토적인 행동이란 어딘가에 따라(나의 구역인가, 남의 구역인가에 따라) 달라지는 것인 만큼 코드화의 여백에서 행해지는 것이라고 할 수 있지요.

이런 점에서 환경과 영토의 차이는 분명하게 드러납니다. "영토적 동물과 영토 없는 동물 간의 가장 명확한 차이는 전자가 후자보다 훨씬 덜 코드화되어 있다"는 점(MP, 396; II, 101)이라는 말도 이런 맥락에서 이해할 수 있습니다. 요컨대 "영토는 코드가 갖는 자유의 여백에서 출현하는데, 이는 결정되지 않는다기보다 다른 식으로 결정된다. 각각의 환경이 자신의 코드를 갖는다는 것, 환경 간에는 끊임없는 트랜스-코드화가 있다는 것이 사실이라면, 반대로 영토는 어떤 탈코드화의 수준에서 형성되는 것처럼 보인다."(MP, 396; II, 100)

3) 영토와 스타일

방금 영토가 충분히 정의되는 것은 스타일을 통해서라고 말했습니다. 그렇다면 스타일은 어떻게 만들어지는가? 질료는 어떻게 표현적 질을 얻게 되는가? 일단 그것이 포스터와 플래카드를 통과한다는 건 분명하지만, 그것에 머문다면 예술도 표현도 아닌 것이 되고 맙니다. 말 그대로 표지판에 머무르게 되지요. 그런 점에서 나름의 스타일도 없으면서 서명만 멋있게 하는 사람은 가진 것도 없으면서 자신의 땅이라고 표시해대는 사람과 다를 바 없습니다. 혹은 이른바 '이발소 그림'을 그려놓고 한 구석에 자기 이름을 써놓는 화가와 다를 바 없습니다. 아, 물론 그것이 부당하다고 말하는 건 아닙니다. 하지만 이발소 그림 살 때, 서명 보고 사는 사람이 어디 있던가요?

이처럼 자기 스타일을 갖지 못한다면 거기에 있는 어떤 서명도 별다른 쓸모가 없습니다. 그림값을 올리는 역할도 못하고, '누구의 예술세계'를 찾아보려는 사람에게 별다른 호소력을 갖지도 못합니다. 서명은 스타일을 수반해야 하고, 고유한 스타일이 없는 한 서명은 '무가치' 합니다. "문제는 더 이상 서명이 아니라 스타일이다. 음악가인 새와 비-음악가인 새를 객관적으로 구별해주는 것은 바로, 포스터와는 다른 무엇을 만들며, 스타일을 만들어내는 모티프와 대위-점들(contre-points)에 대한 이같은 능력이다. 왜냐하면 그것이야말로 리듬을 분절하고 선율을 조화시키기(선율에 화성을 붙이기) 때문이다"(MP, 391; II, 97)라고 저자들이 말하는 이유도 분명해지지요. 이것으로 인해 어떤 새가 다른 새보다 더 노래를 잘한다고 하거나, 어떤 것이 다른 것에 비해 더 낫다고 하는 이야기도 가능해집니다. 표현적으로 얼마나 훌륭한 스타일을 만들어냈고, 어떠한 표현적인 일관성을 만들어냈는지를 평가할 수 있기 때문입니다. 이처럼 고유한 표현 내적 조직과 구성 양상에 관한 것을 '표현의 자율성'(MP, 390~91; II, 96)이라고 합니다.

다른 예인데, 가령《앙시앙 레짐기 어린이와 가족 생활》이라는 훌륭한 책을 쓴 프랑스의 역사가 아리에스(Ph. Ariès)는 원래 아날학파에 속해 있던 사람이 아닙니다. 일찍부터 그는 외따로 떨어져 있던 '단독자' 였다고 할 수 있지요. 그는 스스로를 아마추어 역사가라는 의미를 가진 '일요 역사가' 라고 칭하기도 했습니다. 뒤늦은 명성을 얻기 진 그는 플롱(Plon)이란 출판사에서 편집위원으로 일하면서 아마추어 역사가로 활동했는데, 언제부터인가 아날학파의 일원으로 간주되기 시작했고, 지금은 아날학파를 다룬 어떤 책에서도 그를 대표적인 아날학파 역사가라고 쓰고 있습니다.

그런데 그것이 결코 틀린 이야기라고 할 수는 없습니다. 그는 직접 그 학파에 등록(?)을 하거나 소속된 적은 없었지만, 그가 글을 쓰는 방식, 주제를 설정하는 방식, 연구하는 방식 등은 후대의 아날학파와 매우 비슷했던 거지요. 예를 들면 1970년대 초 아리에스는 《죽음 앞의 인간》이란 제목으로 죽음에 대한 서양 사람들의 망탈리테(mentalité, 심성)가 어떻게 역사적으로 변화했는지를 연구한 책을 출판했는데, 비슷한 시기에 아날학파의 중요한 역사가인 보벨(M. Vovelle) 또한 《바로크와 경건성》이란 제목으로 동일하게 죽음에 대한 서양인들의 망탈리테를 연구한 책을 출판했지요. 물론 '정통' 아날학파였던 보벨이 교회에 보관되어 있던 유언장을 통계적으로 분석하는 '정통적인' 방법을 이용해서 연구한 반면, 아리에스는 그림이나 아이콘 등을 분석하는 방식으로 연구했다는 점에서 차이가 있습니다만, 죽음이라는 주제를 통해서 일종의 집합적 무의식이라고 할 수 있는 망탈리테의 역사를 연구하려고 했다는 점에서 아리에스의 연구는 이른바 후기 아날학파와 매우 강한 공통성을 보여줍니다. 이런 이유에서 아날학파에 적을 올린 적은 없지만, 그를 아날학파로 분류하는 것은 충분히 이유가 있는 셈이지요. 요컨대 직접적 서명은 없었어도, 하나로 묶일 수 있는 '표현적인 영토성'을 갖고 있었던 거지요.

앞서 말했듯이, 표현적 질의 두 요소는 영토적 모티프와 영토적 대위법입니다. "영토적인 모티프는 리듬적인 얼굴 내지 인물을 형성하고, 영토적인 대위-점들은 선율적인 풍경을 형성한다."(MP,

391; II, 96) 사실 개념적으로는 포스터나 플래카드 같은 역할을 하는 것으로 정의되는 영토적 모티프인 바그너(R. Wagner)의 유도동기(Leitmotif)조차 그렇습니다. 유도동기란 가령 바그너의 오페라 〈니벨룽겐의 반지〉에서 지그프리트와 대응되는 모티프를 하나 정해두고, 그가 나타날 때면 함께 등장하는 그런 모티프예요. 아직 인물이 나타나지 않았어도 그 모티프가 나오면, '아 곧 지그프리트가 등장하겠군' 하고 예상할 수 있지요. '(리듬적인) 얼굴 내지 인물'이라는 말에 아주 딱 들어맞는 사례지요.

그런데 사실 지그프리트가 나타날 때마다 같은 모티프를 똑같이 연주하면 얼마나 유치하고 단조롭겠어요? 그래서 그렇게는 잘 하지 않지요. 칼을 빼들고 적과 싸울 때, 아니면 연인을 만나 분위기를 잡을 때, 유도동기는 다른 색조로 변주되고 변형되지요. 화성적인 텍스처가 달라지거나, 리듬이 때론 긴박해졌다가 때론 느려지기도 할 거예요. 속도와 긴장, 강약과 색채감 등의 변형이 항상 수반된다는 겁니다. 그렇기 때문에 유도동기는 드뷔시(C. Debussy)의 말대로 '말뚝'이기는 하지만, 계속 변주되고 변형되는 말뚝인 셈이지요. 더불어 하나의 장면을 구성하는 다른 음들과 그때마다 다른 모습으로 섞이며 등장하는 모티프-인물인 거지요.

마찬가지로 선율적 풍경의 경우도 리듬적 인물과 밀접하게 결부되어 있습니다. 저자들은 선율적 풍경의 모범적인 사례로 가곡(Lied)을 들고 있는데, 아마도 가곡이 대개는 풍경이나 장면의 묘사 형태로 만들어지기 때문일 겁니다. 예를 들어 괴테의 시에 곡을 붙인 슈베르트의 가곡 〈마왕〉에는 폭풍우 치는 깊은 밤에 아버지가 병으로 죽어가는 아이를 안고 말을 달리는 장면이 생생하고 긴박하게 표현되어 있지요. 폭풍 속을 달리는 말처럼 피아노 건반은 시종일관 16분음표의 셋잇단음의 연속으로 강하고 긴박하게 두들겨대고, 그와 나란히 어둡고 장중한 서술자의 묘사, 부드럽게 유혹하는 마왕의 목소리, 마왕이 보인다며 두려워하는 아이의 음성, 그리고 불안해하면서도 아이를 달래는 아버지의 음성이 교차하면서 매우 인상적인 풍경을 만들어냅니다.

하지만 이러한 선율적 풍경은 그 긴박한 변화와 교차 가운데서도 운명처럼 닥쳐오는 죽음과 그 죽음 앞에서의 불안과 공포, 그것을 극복하기 위한 긴박하고 처절한 쟁투가 하나로 어우러져 일관성을 만들어냅니다. 전혀 다른 선율의 전혀 다른 소리들이, 그 변화 속에 만들어지는 풍경을 만들어, '마왕'이라는 이름에 부합하는 하나의 '인물'을 생생하게 살아나도록 만들고 있어요. 그래서 그 곡의 어느 한 소절만으로도 그 곡이 무언지, 어떤 '인물'을 노래하고 있는 것인지를 충분히 알 수 있을 정도지요.

슈베르트의 연가곡집 《겨울나그네》에 나오는 24개의 노래들은 다양한 풍경들을 묘사하는 나름의 그림들처럼 그려지지만, 그 전체는 그 색조와 분위기 등을 통해 사랑에 실패하여 길을 떠나 방황하고 다니는 상처입은 젊은이라는 한 인물을 그리고 있다고 할 수 있습니다. 이런 의미에서 "선율적인 풍경도 무한히 변화하는 리듬적인 인물이 된다"고 합니다(MP, 392; II, 97).

요컨대 "일반적인 의미에서 우리가 리토르넬로라고 부르는 모든 표현질료의 집합은 하나의 영토를 그리며, 영토적 모티프와 영토적 대위법을 통해 전개된다(운동, 동작, 시선 등에 관한 리토르넬로가 존재한다). 우리가 좁은 의미의 리토르넬로라고 부르는 것은 배치가 음향적일 때, 혹은 그것이 소리에 의해 '지배될' 때를 지칭한다"(MP, 397; II, 101)는 것입니다.

이처럼 스타일을 통해 영토성을 정의하는 한, 고유한 스타일을 창조하는 것이 문제인 예술 자체가 바로 영토화를 통해 정의될 수 있다고 할 수 있습니다. 이런 의미에서 저자들은, "예술은 인간에게 고유하다"는 생각이 잘못된 것이라고 말하지요. 이는 지난번에 메시앙 얘기를 인용하면서 말한 것이기도 하지요. 그런데 저자들은 예술이 노동에서 기원했다거나 종교 혹은 제의(祭儀)에서 기원했다는 주장은 "예술은 인간과 더불어 시작했다"라는 주장보다 더욱 부적절하다고 말합니다(MP, 394; II, 99). 예술이란 노동의 기능에서 독립되어 표현적인 특질을 갖게 되는 것, 나름의 영토를 만드는 표현적인 스타일에 의해서 가능해지는 것이고, 거기서 시작하는 것이기 때문입니다. 반대로 제의는 이런 표현적 영토화에 의해 시작되고 존속될 수 있다고 말합니다.

또 동물과 마찬가지로 인간의 직업 내지 노동이라는 '기능'은 다른 개체와 비판적 거리를 두어야 실제로 가능해집니다. 시장이나 거리에서 "골라, 골라" 하고 외치며 노래하는 것이나, "여긴 우리 구역이야"라고 하는 영토성(텃새)은 그런 명시적 외침이나 언급이 없는 직업에서도 마찬가지로 노동이나 '생업'의 전제조건이 됩니다. 이를 들뢰즈와 가타리는 '기능의 영토화'라고 하는데, 그런 점에서 노동 역시 영토화를 통해서 출현하고 존속한다는 겁니다. 즉 "영토화하는 미적이고 야생적인 요소……야말로 환경의 기능을 노동으로 조직하고, 카오스의 힘을 제의와 종교, 대지의 힘에 결부시킨다. 영토화하는 표시들이 모티프와 대위법을 통해 전개되는 것과 그것들의 기능을 재조직화하는 것, 그리고 그것들의 힘을 재그룹화하는 것은 동시적으로 이루어진다."(MP, 395~96 ; II, 100)

4) 배치와 이행

예전에 저희들이 '수유 연구실'과 함께 동숭동에 사무실을 마련했을 때(아, 그 당시 저는 '연구공간 너머'에 속해 있었습니다. 지금은 그 둘이 합쳐져 '수유 연구실+연구공간 너머'가 되었지만 말입니다), 소개하는 글에다 농반진반(弄半眞半)으로 "수유 연구실은 동숭동에 있습니다"라고 쓴 적이 있어요. '수유 연구실'은 그 자체로 영토적인 이름이지요. 하지만 이때의 영토성은 단지 지명(地名)에 불과합니다. 이사를 가는 순간 유지될 수 없는 지명일 뿐이지요. 그런데 동숭동에 와서도 '수유 연구실'은 계속해서 영토적인 이름으로 유지되었지요. 이 경우 영토성은 지명이 아니라 '자율주의'를 표방한 고유한 활동방식이나, '경계의 횡단'으로 표시되는 연구방식, 몇몇 사상가의 영향이 분명한 방법론적 입장 등에 의해 만들어진 어떤 스타일에 의해 획득되고 유지되는 것입니다.

반면 배치는 영토와 다른 것입니다. 동일한 연구실에서 동일한 사람이 동일한 책을 보는 것도, 다른 사람들과 세미나를 하면서 함께 읽는 경우도 있고, 강의를 하기 위해 읽는 경우도 있고, 논문을 쓰기 위해 읽는 경우도 있습니다. 물론 그에 따라 계열화되는 이웃항들도 달라지겠고, 책읽는 방식도 달라지겠지요. 어쨌든 동일한 공간에서 동일한 사람의 책읽는 행위가 세미나의 배치와 강의의 배치, 집필의 배치를 이루면서 다른 배치에 속하게 됩니다. 물론 연구실의 영토성을 형성했던 자율주의 역시 배치의 이름이 될 수 있고, 횡단

역시 마찬가지겠지요. 그 모두를 계열화해서 연구실을 특징짓는 배치라고도 말할 수 있습니다.

이처럼 영토와 배치가 다르다면, 동일한 영토에 상이한 배치가 대응할 수도 있고, 그 반대도 가능합니다. '수유 연구실'의 예가 그렇지요. 이 책에서 저자들은 새를 예로 들고 있습니다. "굴뚝새과에 속하는 트로글로디티다에 수컷은 있을 수 있는 침입자에 대해 경고하는 '뮤직박스 리토르넬로'를 생산함으로써 자신의 영토를 만든다. 그는 자신의 영토 안에 둥지를 트는데, 그 수는 많은 경우 12개에 이른다. 암컷이 날아오면 그는 둥지 앞에 앉아 자기 집으로 오라고 초대하는데, 날개를 휘저으며 노래의 강도를 낮추어 단순한 트릴이 되도록 한다."(MP, 397~98; II, 102)

여기서 새의 노래와 둥지는 영토를 표시할 뿐만 아니라, 고유의 모티프와 대위법을 갖는 표현적 리듬을 형성한다고도 할 수 있습니다. 그러나 동시에 그것에 약간의 변주를 부가함으로써 암컷을 향한 '구애의 리토르넬로'가 되고, 이리하여 자신의 구역을 표시하는 영토적 배치는 암컷을 부르는 구애의 배치로 바뀌는 거지요. 여기서 새는 영토를 떠나지 않은 채 배치를 바꾼 겁니다. 이를 '배치의 이행'이라고 합니다.

이처럼 이 새는 자신의 영토를 떠나지 않은 채 그 배치의 일부를 변경함으로써 영토적 배치를 다른 배치로 변환시킵니다. 여기서 변경되는 요소는 다른 배치로의 개방과 이행을 야기하는 "이행의 작용소요 벡터고 배치의 변환기"입니다(MP, 399; II, 103). 풀잎 하나, 노랫소리나 몸짓의 변화 하나도 배치 선체를 바꾸는 이행의 벡터, 배치의 변환기가 될 수 있지요. 그런데 여기서 "중요한 것은 영토적 배치 안에서 새로운 배치의 형성을 항상화하는 것인데, 이는 내부-배치에서 사이-배치로 넘어가는 운동이고, 이행 및 교대의 성분을 갖는다. 암컷을 향한, 혹은 그룹을 향한 영토의 혁신적 개방이 수반된다"(MP, 400; II, 104)는 겁니다. 영토의 개방이 없을 때에는 구애의 배치가 나타날 수 없습니다. 연구실 이야기를 조금 더 해보면, 연구실이 하나의 영토를 갖는 한, 상대적인 경계가 만들어지는 건 불가피합니다. 연구실 성원이 있고, 비성원이 있는 거지요. 하지만 비성원에게 자신의 배치를 개방하지 않는다면, 그것은 다른 배치로 이행할 수 없어요. 일단 강의의 배치가 불가능해지지요. 연구성과의 확장이나 세미나의 발전 역시 마찬가질 겁니다. 반대로 외부로 개방함으로써 몇몇 친근하고 가까운 사람의 사적인 연구실이나 자족적인 집합체에서 새로운 촉발을 야기하는 능동적 배치로 변환될 수 있지요.

이처럼 하나의 영토적 배치는 끊임없이 다른 배치로 이행합니다. "하부-배치가 내부-배치와 분리될 수 없는 것과 마찬가지로 내부-배치 역시 사이-배치에 우선하지 않는다. 이행은 필연적이며 '경우에 따라서' 이루어진다. ······하나의 영토는 언제나 탈영토화의 도중에 있으며, 최소한 잠재적으로나마 다른 배치로의 이행의 도중에 있다"(MP, 400~401; II, 104~105)다는 것입니다.

5) 네 가지 리토르넬로

이상의 내용을 저자들은 네 가지 리토르넬로로 요약·정리하고 있어요. 첫째는 영토적 리토르넬로로서, 하나의 영토를 추구하고 표시하며 배치하는 것입니다. 둘째는 영토화된 기능의 리토르넬로로서, 배치 안에서 특별한 기능을 수행하는 것입니다. 셋째는 동일한 것이지만 새로운 배치를 표시하는 것으로서, 탈영토화-재영토화에 의해 새로운 배치로 이행하는 리토르넬로입니다. 마지막으로 영토의 태 내에서건, 그 밖으로 나가서건 간에 힘을 모으거나 재집결하는 리토르넬로가 있습니다. 이는 종종 절대적 탈영토화 운동을 유발하는 대결 내지 출발의 리토르넬로입니다.

4. 배치와 일관성
1) 일관성

이제 배치와 일관성의 관계에 대해 살펴보지요. 배치와 관련해 일관성 개념은 두 가지 상이한 수위에서 사용됩니다. 하나는 이질적인 것들이 '하나'의 배치가 되게 묶어주는(tenir-ensemble) 것으로 정의되는 것이고, 다른 하나는 배치를 이루는 요소들이 그 배치의 일부가 되기 위하여 탈영토화되는 것을 통해, 나아가 어떤 배치도 될 수 있는 절대적 탈영토화에 이르는 것을 통해 정의되는 것입니다. 전자가 상대적 탈영토화와 결부되어 있다면, 후자는 절대적 탈영토화와 결부되어 있다고 할 수 있습니다.

먼저 일관성이란 "영토적 배치의 성분 전체를 하나로 묶는 방식에 관한 것"(MP, 403; II, 106)입니다. 이는 특히 예술과 깊이 관련되는 것일 텐데, 그러나 꼭 예술과 관련되는 것만은 아니지요. 차라리 예술과 마찬가지로 배치와 결부되어 있다고 해야 합니다. 하나의 배치를 이루는 것들은 대단히 이질적인 것으로 이루어져 있지요. "예를 들어 (새의) 과시행동은 춤, 부리를 딸깍대기, 빛깔의 과시, 목을 뻗친 자세, 울음소리, 깃털 고르기, 절하기, 리토르넬로…… 등으로 이루어진다. 첫번째 문제는 이 모든 영토화하는 표시들, 그 영토적 모티프, 동일한 내부-배치 안에서 영토화된 이 기능들을 **하나로 묶는 것**이 무엇인지를 아는 것이다. 이질적 요소들을 '하나로 묶는 것(tenir-ensemble)', 그것이 일관성(consistance)의 문제다. 이 이질적인 요소들은 무엇보다도 우선 모호 집합[퍼지 집합], 이산적 집합, [하지만 이후에] 일관성을 지니게 될 집합을 구성할 뿐"(MP, 403; II, 106)이라고 합니다.

다른 예를 보지요. 바이올린과 포도는 너무도 이질적인 대상입니다. 그런데 피카소는 이 너무도 이질적인 것을 적절히 분해하고 재결합해, 거기에 또 다른 이질적 요소들을 섞어, '하나의 그림으로 묶어' 냅니다. 그래서 전체가 어떤 일관성을 가진 하나의 그림을 이루게 되지요. 물론 그러기 위해서 바이올린도 원래의 모습을 상실하고(탈영토화), 포도 또한 원래의 색깔과 형태로부터 **탈영토화되어야** 했지요. 어쨌든 이토록 이질적인 것을 하나로 묶어주는 것을 일관성이라고 합니다. 만약 이렇게 재구성한 바이올린과 포도가 하나의 일관성을 획득하는 데 실패했다면, 그것은 좋은 그림이라고 할 수 없을 겁니다.

이처럼 일관성이란 이질적인 어떤 것들을 하나의 배치 안에서 적절한 기능이나 위상을 갖도록 하는 것이며, 그럼으로써 **배치를 구성하는 요소들을 '하나로 묶어주는'** 것입니다. 이것은 배치의 구성요소들은 이전의 배치에서 탈영토화하여 어떤 배치 안으로 재영토화하는 능력을 뜻한다고도 할 수 있습니다. 그런 점에서 요소들을 하나로 묶어주는 일종의 '통일성'이라고도 하겠는데, 굳이 그렇게 말하지 않고 일관성이라고 하는 것은 잠시 후 다시 보겠지만 그것이 각

〈그림 11.5〉 피카소, 〈바이올린과 포도〉

요소가 갖는 이질성을 제거하지 않는 것이란 점을 강조하기 때문입니다. 앞서 새의 배치의 예에서 빛깔의 과시, 울음소리 등 각각의 이질성이 배치 안에서 그대로 살아 있다는 점을 상기하면 좋겠습니다.

그런데 이런 식의 일관성은 가령 피카소의 이런저런 작품 전반에 대해 말할 수 있지요. 소나타든 교향곡이든, 일부분만 들어도 "아, 이건 베토벤의 작품이군" 하는 판단 역시 별로 어렵지 않습니다. 이 역시 일종의 일관성과 결부된 거지요. 여러 작품들, 여러 종류의 작품들임에도 불구하고 피카소나 베토벤이라는 "하나의 이름으로 묶어주는" 것. 그것은 알다시피 그 사람의 스타일이지요. 이것이 방금 말한 '일관성'의 또 다른 예라는 건 쉽게 알 수 있을 겁니다.

다음으로, 지금까지 말한 것이 영토성 내지 재영토성이란 면에서의 일관성이라면, 다시 말해 재영토화되는 한에서만 탈영토화되는 것과 관련되어 있다면, 반대로 탈영토화 자체와 결부된 일관성이 정의될 수 있습니다. 이는 유사한 배치들을 다른 방향에서 탐색하는 방식으로 포착될 수 있습니다. 가령 굴뚝새과에 속하는 트로글로디티다에가 영토의 배치에서 구애의 배치로 이행하는 것에 대해 앞서 말했지요. 여기서처럼 각각의 배치들은 이질적이지만 언제나 다른 배치로 이행하는 도중에 있다고 할 수 있고, 그런 이행의 성분을 항상-이미 포함하고 있으며, 그 성분은 항상-이미 작동하고 있다고 할 수 있습니다. 즉 모든 배치는 탈영토화의 도중에 있다고 할 수 있지요.

이질적이고 상이한 배치들이 서로 이행하고 교대할 수 있게 해주는 것이 바로 두 번째 의미에서의 일관성입니다. 다시 말해 그것은 "상이한 배치들이 이행 및 교대의 성분과 더불어 존속하는 방식에 관한 것"(MP, 403; II, 106)입니다. 이를 다른 식으로 표현하면, 상이한 배치들을 이행이라는 것을 통해 하나로 이어주는 것, 이행을 통해서 상이한 배치들을 하나로 묶어주는 것이기도 합니다. 이런 점에서 앞서 말한 일관성과 동일한 정의를 공유하고 있다고 할 수 있습니다. 앞서의 것이 어떤 요소를 하나의 배치로 묶어주는 것이었다면, 이번 것은 여러 배치를 이행 가능성이라는 **잠재성의 차원**에서 하나로 묶어주는 것이라는 점에서 다르지만 말이에요.

이처럼 극한에서 정의되는, 모든 배치를 '이행 가능성'이라는 차원에서 하나로 묶어주는 일관성은 사실 어떠한 영토성에도 고정되지 않는 상태에 있어야 하므로 잠재성의 차원에 있다고 할 수 있습니다. 따라서 이러한 일관성은 앞서와 달리 어떤 하나의 배치로 영토화하는 성분이 없는 절대적인 탈영토화의 선을 그리고 있습니다. 그것은 절대적 탈영토화의 다이어그램이라고도 할 수 있고, "탈영토화된 거대한 리토르넬로서 우주"(MP, 403; II, 106)기도 합니다. 이것이 예전에 '기관 없는 신체'가 나올 때마다 함께 나오던 혹은 '일관성의 구도'라고 했던 것을 뜻한다는 건 다 아시겠지요?

여기서 주의할 것은 모든 배치를 '이행 가능성'이라는 차원에서 하나로 묶어주는 일관성은, 묶이는 것들을 형식적으로 포섭하는 것과도 무관하고, 그것을 하나의 층위로 '고르게' 하는 것과도 상관이 없으며, 차라리 그와 반대로 이질적인 것을 이질적인 그대로 둔 채, 혹은 어떤 형식적 통일성도 부여하지 않은 채 하나로 묶는 것이란 점입니다. 가령 '기(氣)'라는 개념으로 도자기와 난(蘭)의 잎과 산세(山勢), 혹은 검(劍)의 감응(affect) 등을 하나로 묶을 때, 이는 그토록 이질적인 것에서 어떤 공통성을 찾거나, 그것들을 하나의 층위로 고르게 하는 것이 결코 아닙니다. 반대로, 있는 그대로 둔 채 탈형식화되는 양상을 하나로 연결하여 포착하는 것입니다.[3]

말난 김에 '일관성의 구도'라는 개념에 대해 좀더 덧붙이면, 들뢰즈와 가타리는 '플랑(plan)'이란 "접속의 양태"라고 말하는데(MP, 633; II, 298), 이런 의미에서 '일관성의 구도'란 모든 방향에서의 접속에 대해 열린, 그리하여 모든 종류의 양태가 될 수 있는 구도라고 할 수 있습니다. 모든 종류의 배치를 넘나드는, 잠재적 접속의 최대값을 갖는 그런 구도가 바로 일관성의 구도라고 할 수 있겠지요. 그것은 또한 모든 배치로부터 탈영토화된 일관성을 형성하는 구도고, 접속의 선이 증가함에 따라 항상 다른 성질을 갖는 다른 '양태'(스피노자적인 의미에서)가 될 수 있는 그런 구도지요.[4] 만약 스피노자의 철학을 아시는 분은 개개의 양태와 대비되는 '실체', 혹은 개개의 양태에 내재하는 '실체'라는 개념을 염두에 두고 읽는다면 '일관성의 구도'라는 말을 이해하기 쉬울 겁니다.

(3) 따라서 consistance를 '고름'이라고 번역하는 것은 '하나로 묶어주는 것'이란 개념의 의미를 전혀 포착할 수 없을 뿐만 아니라, "이질성을 축소하지 않으면서 하나로 묶는다"는 의미와 반대로, 묶이는 것들을 '균일하게 한다' 내지 '고르게 한다'는 의미를 부여한다는 점에서 이중으로 잘못된 것입니다. 또 consistance란 이미 본 것처럼 '존립' 내지 '존립성'이란 의미를 전혀 갖지 않는다는 점에서 일본어판의 번역어 역시 이중으로 부적절합니다.
(4) 이런 점에서 plan은 '판'이 아니며, 무언가가 그 위에 서서 존립하는 것이란 의미의 '평면'도 아닙니다. 물론 plan이 '평면' 내지 '평면화'라는 의미를 포함하기도 하고, 그렇게 번역되는 게 더 적당하게 보이는 경우도 있는데, 이 경우에도 plan은 하나의 기관이 탈기관화되는 것과 마찬가지로 하나의 배치가 탈영토화되는 양상을 함축할 뿐이지, 기하학적 형태의 '평면'이나 '판'과는 아무 상관이 없습니다. 따라서 plan de consistance를 '고름판'이라고 번역하는 것이나 '존립평면'이라고 번역하는 것은 어쩌면 이 책에서 가장 중요한 것 중 하나인 이 개념을 이해하는 데 매우 치명적인 오해를 야기합니다.

2) 일관성과 이질성

다른 고원에서는 '일관성'을 주로 절대적 탈영토화와 결부된 것으로(이때는 대개 '일관성의 구도'라는 개념으로 등장합니다) 사용하고 있고, 이 고원에서는 배치의 요소들을 하나로 묶어주는 것으로 그 개념을 주로 사용하고 있습니다. 그런데 이 경우 일관성은 배치를 이루는 이질적 요소 전체를 하나로 묶어 일종의 '통일성'을 만들지만,[5] 그 각각이 갖는 이질성을 그 통일성으로 환원시키거나 귀속시키지 않습니다. 반대로 이질적인 것들, 모호한 것들은 어떤 모델에 따라 동형화되거나 수목적인 중심에 유기적으로 복속되는 것이 아니라, 이질성이 유효한 한에서 하나의 배치로 묶입니다. 다만 이질성을 갖고 있으면서도 일관성을 형성하기 위해서는 자신이 갖고 있는 기능이나 성격, 위치 등이 탈영토화되어야 합니다. 새가 물어 온 나뭇가지는 나뭇가지의 기능을 상실하면서 새의 둥지나 영토의 일부가 됩니다. 탈영토화되지 않으면 나뭇가지는 나뭇가지로 남아 있을 뿐이지요.

나뭇가지, 울음소리, 몸의 색깔 등은 새의 어떤 배치를 만들지만, 그 각각의 이질성은 그것이 영토적 배치가 되든 구애의 배치가 되든, 결코 줄어들지 않습니다. 각각의 이질성이 그대로 잔존하기 때문에 하나의 배치 안에서조차 다른 배치로 이행하게 하는 변환자로 쉽게 전환하게 됩니다. 바로 이러한 변환적 성분으로 인해 복수의 배치들이 하나로 묶일 수 있는 것이고, 복수의 배치들을 하나로 묶어주는 일관

---

[5] 들뢰즈, 〈욕망과 쾌락〉, 서울사회과학연구소 편, 《탈주의 공간을 위하여》, 푸른숲, 1997, 112~15쪽.

성이 무엇인가라는 질문도 나오게 되는 것입니다. 역시 그 배치들을 탈영토화하는 성분들인 고유한 이질성들, 그래서 이미 만들어진 하나의 배치로 귀속되지 않는 그런 측면들로 인해서 그것 하나만 약간 변형시켜도 다른 배치로 넘어가게 한다면, 그 이질성이 갖는 역할은 통일성으로 환원되지 않는 대단히 중요한 위상을 갖게 될 것입니다.

이처럼 일관성은 각각의 이질적 요소들이 스스로에 대해서뿐만 아니라 자신이 이전에 속했던 어떤 배치에서도 탈영토화될 수 있을 때 비로소 형성됩니다. 일관성은 모델이나 동형성이 아니라 탈영토성에 의해서 정의되는 그런 종류의 통일성입니다. 이질성이 동형성으로 환원되어선 안 되는 것은 그 때문입니다. 반대로 일관성은 탈영토화의 잠재성을 뜻하는 이질성을 그 자체로 긍정합니다. 하지만 역으로 이질성을 긍정한다는 것 또한 그 각각이 갖고 있던 어떤 기능이나 성질이 충분히 탈영토화되어야 한다는 것을, 새로운 배치 안에서 재영토화되어 나름의 일관성을 형성해야 한다는 것을 내포합니다.

가령 저자들이 들고 있는 예로서, 존 케이지(John Cage)의 〈프리페어드(prepared) 피아노를 위한 소나타〉는 피아노 선 위에 쇳조각이나 돌멩이 등을 올려놓거나, 선 사이에 핀·볼트·유리·지우개·털실 등을 끼워넣는 식으로 '미리 준비한(prepared)' 피아노를 연주하게 합니다. 하지만 이 경우 돌멩이 소리나 쇳소리 등은 피아노 선이 울리는 소리와 단순히 병치되어 있을 뿐입니다. 즉 그 각각의 재료가 내는 소리는 충분히 탈영토화되지 못한 것이고, 피아노와 함께 섞여 새로운 소리로서 일관성을 획득하지 못한 것입니다. 반면 에드가 바레즈(E. Varèse)의 〈이온화〉에서는 사이렌 소리와 슬랩스틱 소리, 방울소리 등이 섞여 있지만, 특별히 세심한 주의를 기울이지 않으면 그 소리를 따로 찾아내는 것이 불가능할 정도로 다른 소리와 섞여서 "하나로 묶이고" 있으며, 그 결과 새로운 질의 소리를 형성하고 있습니다. 이 경우 사이렌 소리 등은 충분히 탈영토화되어 새로운 소리로서 일관성을 획득한 것이라고 할 수 있지요.

이런 이유에서 저자들은 〈프리페어드 피아노〉는 그다지 좋은 작품이 못 되지만, 〈이온화〉는 훌륭한 작품이라고 '평가'하는 듯합니다. 스타일을 통해서 어떤 새가 더 노래를 잘하는지 말할 수 있는 것처럼, 이질적인 배치들에 대해서, 혹은 어떤 작품에 대해서 어떤 것이 더 훌륭한지 말할 수 있습니다. 여기서 기준은 평가자가 갖고 있는 어떤 초월적이고 외적인 척도가 아니라, 다양성을 산출하는 이질성이 내적인 일관성, 탈영토성을 획득하는 정도라는 점에서 작품에 내재적인 것입니다. 이는 앞서 제10 고원에서 능력의 정도를 일관성 내지 탈영토성이란 관점에서 가치평가했던 것에 상응한다고 할 수 있지요. 따라서 "어떤 것이 더 좋고 어떤 것이 더 나쁘다고 말할 수 없다"는 식의 소박한 상대주의와는 거리가 멀다는 걸 잘 알 수 있습니다. 이런 점에서 들뢰즈와 가타리는 단순한 혼성모방에 대한 이른바 '포스트모더니즘'의 찬사와는 아무런 상관이 없다는 것을, 아니 차라리 반대되는 지점에 서 있다는 것을 알 수 있지요.

이질적 요소들을 결합하여 콜라주하는 경우 콜라주된 각각의 부분들이 살아남아서 제 성질을 그대로 발휘하고 있다면, 그건 그야말로 오려붙이기에 지나지 않지요. 그런데 남의 것을 대단히 많이 따다 썼는데도 만들어진 전체가 원래의 요소들과는 전혀 다른 종류의 표현적인 능력을 갖게 될 때, 우리는 비로소 그것이 나름의 표현적 자율성을 획득했다고 말하고, 그것이 하나의 새로운 작품이라고 말할 수 있지요. 대부분의 텍스트를 남의 것으로 채우고 있어도, 거기에 몇 마디 안 되는 문구들을 갖다 붙임으로써 고유한 표현적 자율성을, 혹은 일관성을 획득한다면 그것은 분명히 새로운 저자의 작품이 됩니다. 그러나 여기서도 중요한 것은 따온 각각의 부분들이 충분히 탈영토화되지 않으면 안 된다는 거예요. 결국 문제는 "베꼈는가, 인용했는가, 패러디처럼 비판적 거리가 있는가?" 등이 아니라, 그 어느 경우든 수합(收合)한 쪼가리들이 모여 일관성을 형성할 정도로 충분히 탈영토화되었는가 하는 점입니다. 이 점이 혼성모방의 지지자들과 이 책의 저자들을 갈라놓는 근본적인 차이지요.

저자들은 또 일관성을 '응고(consolidation)'라는 개념으로 설명합니다. 이는 원래 철학자 뒤프렐(E. Dupréel)의 개념이라고 하는데, 이질적인 것이 합쳐져서(con) 강한(solid) 것이 됨을 뜻합니다. 가령 혈액의 응고나 콘크리트의 응고처럼 이질적인 요소들이 서로 섞여서 하나의 '신체'로 응고되는 것입니다(그래서 '유착'이라는 말로 번역하는 게 좋을 듯하기도 합니다). 이러한 응고는 세 가지 요소를 포함한다고 하지요. "첫째, 선형적으로 계속되는(suite) '시작'이 있을 뿐만 아니라, 윤달을 삽입하는(intercalaire) 행위에서 그렇듯이 밀집화, 강밀화, 보강, 주입, 첨가 또한 있다("거기에는 윤달 끼워 넣기 식의 증가만이 있을 뿐이다"). 둘째, 그 반대는 아니지만, 응고시키기 위해서는 종종 구멍을 만들어야 한다는 점에서 간격의 이동, 불균등의 분배가 있다고 해야 한다. 셋째, 박자나 운율을 부과하지 않으면서 행해지는 이산적인 리듬의 중첩, 간-리듬성 내부에서의 분절이 있다."(MP, 405; II, 108)

이는 이질적인 것이 하나로 합쳐져서(con) 하나로 존속하게 (sister) 하는 일관성/견고성(consistance)과 유사한 의미를 갖는 말처럼 보입니다. "일관성이란 정확하게 응고[유착]고, 유착된 것을 낳는 행위며, 공존만큼이나 계속이다. 이는 세 가지 요인을 갖는다. 삽입체, 간격 및 중첩-분절이 그것이다."(MP, 405 ; II, 108) 가령 응고/유착의 개념을 잘 보여주는 철근 콘크리트라는 질료는 기둥(나무)-들보(가지)-볼트(나뭇잎)로 이어지는 수목형의 모델을 벗어나 새로운 배치로서 건물을 만들 가능성을 제공해줍니다. 그래서 "영토적 배치는 환경의 유착/응고물이요, 시간-공간의 유착/응고물이며, 공존과 계속의 응고물이다. 그리고 리토르넬로는 이 세 가지 요인과 더불어 작동한다"(MP, 406 ; II, 109)라고 말합니다.

3) 배치와 기계 및 생명

다음에는 이와 관련해서 배치와 기계 및 생명에 대해 이야기합니다. "어떤 배치가 탈영토화하는 운동 속에서 포착될 때면 언제나 하나의 기계가 발동한다."(MP, 411 ; II, 112) 굴뚝새의 경우처럼 물어온 나뭇잎·풀잎 들은 분명히 애초의 배치로부터 탈영토화되면서 새로운 배치를 형성합니다. 이 경우 나뭇잎이나 풀잎은 다른 것과 접속하여 하나의 배치를 형성하는 '기계'라고 할 수 있습니다. 그런데 잘 알다시피 나뭇잎이나 풀잎이 굴뚝새의 영토적 배치를 이루는 기계가 되는 것은 나무로부터, 풀로부터 탈영토화됨으로써 가능한 거지요. 그렇다면 기계란 이처럼 **탈영토화되면서 새로운 배치의 구성요소가 되는 것**이라고 할 수 있지요. 또 하나의 배치가 하나의 집합체로서 다른 배치의 일부를 이루게 될 때, 그리고 그 집합체가 다른

'기계'들과 더불어 또 다른 배치를 형성할 때, 이 역시 하나의 기계라고 할 수 있지요.

기계는 이처럼 하나의 배치를 이루면서 기계가 되지만, 그런 만큼 하나의 배치가 다른 배치로 전환되는 탈영토화가 발생하는 지점이기도 합니다. "기계는 탈영토화되면서 배치에 끼어들어 변주와 변이를 일으키는 첨점들의 집합과 같다."(MP, 411; II, 112) 하지만 기계 또한 배치로 영토화되는 한에서만 '어떤' 기계로서 규정되고 작동하고 기능합니다. 따라서 배치와 기계의 관계는 이렇게 요약할 수 있습니다.

> 일반적으로 하나의 기계는 종적인 영토적 배치에 연결되며[그래서 배치의 일부가 되지요], 다른 배치를 향해 그것을 개방하고[그래서 이행의 성분이 되고], 그것으로 하여금 동일한 종의 사이-배치를 통과하게 한다. ……더 나아가 기계는 모든 배치를 흘러넘쳐 우주를 향한 개방을 산출할 수 있다[절대적 탈영토화로 나아갈 때 그런 것이지요]. 혹은 반대로 다른 사물을 향해 탈영토화된 배치를 개방하는 대신, 전체가 검은 구멍에 빠져들어가기라도 하는 양, 폐쇄효과[배치를 폐쇄해버리는 효과]를 산출할 수도 있는데, 이는 성급하고 거친 탈영토화의 조건에서, 그리고 종적·종-내부적·우주적인 길들이 봉쇄되어 있을 때 산출된다. 기계는 언제나 하나의 배치, 하나의 영토를 개방하거나 폐쇄하는 특이한 열쇠다.(MP, 411~12; II, 113~14)

여기서 저자들은 우리들의 상식이 공유하고 있는 기계에 대한 18

세기적인 통념에 반하여 기계를 정의하고 있음을 명시하고 있습니다. "거기에는 18세기적 의미의 기계론적인(mécanique) 효과는 없으며, 언제나 효과는 기계적이기(machinique) 때문이고, 배치 위에 그 뿌리를 박고 탈영토화에 의해 해방되는 기계에 의존하기 때문이다."(MP, 411 ; II, 112) 부연하면, 18세기적 관념 속에서 기계란 생물학과 상관적인 인과론인 유기체론(목적론)과 대비되어 물리학과 상관적인 인과론으로서 기계론 안에서 정의되었던 것입니다. 즉 '기계론적' 효과란 근대의 역학적이고 기계론적인 기계 개념과 결부된 것으로, 운동의 원인을 자신의 외부에 가지며(즉 스스로는 운동하지 않으며), 밀면 나아가고 당기면 끌려오는 식으로 고정되고 결정되어 있는 것이지요. 전기 스위치를 넣으면 모터가 돌고, 떼면 멈추는 것이 그것입니다.

반면에 저자들은 이와 구별하여 어떤 흐름을 절단하고 채취하는 방식으로 작동하는 모든 것을 '기계적'이라고 부릅니다(《안티 오이디푸스》). 예를 들어 유방과 접속하여 유선의 흐름을 절단, 채취하는 방식으로 작동하는 아이의 입은 입-기계라는 거지요. 그리고 이러한 기계는 절단과 채취의 양식(mode)이 달라지면 다른 기계가 됩니다(이는 18세기적 기계 개념의 불변적 고정성과 상반됩니다). 젖을 빠는 입-기계가 먹는-기계였다면, 성대와 접속하여 소리의 흐름을 절단하고 채취하는 입-기계는 말-기계가 됩니다. 따라서 기계는 그것이 속해 있는 배치에 따라 그 기능이 달라집니다.[6] 이 점에서 기

---

[6] 가타리는 무의식을 이러한 기계적 차원에서 파악하여 '기계적 무의식'이라고 부릅니다(*L' inconscient machinique*, Recherche, 1979).

계 개념은 기계론적 단일성에서 벗어나며, 동시에 그러한 기능을 생명이나 어떤 궁극적 목적에 의해 파악하는 유기체론에서도 벗어나지요.

여기서 '생명'이란 무엇인가라는 질문이 제기됩니다. 왜냐하면 그들이 사용하는 기계 개념은 유기체론과 기계론의 대립을 넘어서는 만큼 생명과 기계의 대립 또한 넘어서기 때문입니다. 세포 역시 "화학적으로 작동하는 하나의 기계"라는 모노(J. Monod)의 명제처럼 입도, 심장도 기계로 정의된다면, 생명 개념은 대체 어떻게 정의되어야 하는가 하는 문제가 제기되기 때문입니다. 이에 대해 저자들은 말합니다. "이러한 구별에서 '생명의 자리'는 어디인가 묻는다면, 우리는 기꺼이 일관성의 이득을 뜻한다고, 다시 말해 잉여가치(탈지층화의 잉여가치)를 뜻한다고 말할 것이다."(MP, 414; II, 115)

어때요? 무슨 말인지 이해가 되나요? 맞아요, 수수께끼 같은 말이지요. 하지만 그런 정의들이 대개 그렇듯이 매우 흥미로운 정의기도 합니다. 말 그대로 보면, 일관성의 이득이란 일관성을 형성함으로써 획득할 수 있는 이득이고, 탈지층화의 잉여가치란 어떤 지층의 일부를 떼내어(탈지층화해서) 다른 종류의 지층을 만들어낼 수 있는 능력을 의미하며, 그런 능력이 제공할 수 있는 이득을 뜻합니다.

생명이란 그런 방식으로 일관성의 이득을 얻거나, 탈지층화의 잉여가치를 획득할 수 있는 능력으로 정의된다는 것이지요. 혹은 스스로를 탈지층화하여 다른 것과 '하나로 묶어' 어떤 배치나 지층을 형성함으로써 '이득'을 획득하는 경우 또한 이러한 생명의 개념에 부합한다고 하겠습니다. 예를 들어 어떤 새가 나뭇잎과 나뭇가지와 춤, 노랫소리, 깃털 등을 이용해 자신의 영토적 배치를 만든다는 것은 나뭇가지나 나뭇잎을 원래 그것이 속해 있던 '나무'라는 지층에서 '탈지층화'하고, 울음소리나 깃털 등을 원래 속해 있던 신체에서 탈지층화하여 '하나로 묶어' 새로운 배치를 만드는 것이고, 그럼으로써 자신의 영토를 표시하고 다른 새와의 임계적 거리를 만드는 것이지요.

이처럼 어떤 것을 원래 그것이 속해 있던 지층에서 떼내고 그것들을 '하나로 묶어', 다시 말해 그 요소들에 일관성을 부여함으로써 이득을 획득할 수 있는 능력이 바로 '일관성의 이득'이고 '탈지층화의 잉여가치'지요. 요컨대 그처럼 어떤 것을 탈지층화하여 하나로 묶음으로써 그 이득을 획득할 수 있는 것이 바로 생명입니다. 심지어 풀을 뜯어(탈지층화하여) 영양소의 형태로 자신의 신체를 위해 이용하는 것도 탈지층화의 잉여가치를 획득하는 것이고, 태양빛을 이용하여 영양소로 삼는 광합성도 탈지층화의 잉여가치를 획득하는 것이지요.

이러한 생명 개념은 19세기의 생물학에서 설정하고 있는 유기체론적인 생명 개념에 대한 비판을 함축하고 있습니다. 때론 '박물학'이라고 번역되기도 하는 자연사(natural history)—사실 박물학이 더 좋은 번역 같은데요—와 달리 생물학은 자신의 연구대상을 생명이 있는 것으로 한정하지요. 그리고 분류학조차 그 생명 개념을 통해 재구성됩니다. 그런데 이 경우 생명이란 각각의 기관들을 통합하여 하나의 전체로 조직하는 유기적 중심입니다. 즉 신체의 각 부분을 영토화하고 유기체화하는 것을 통해 생명이 정의되고 있는 거지요.

반면 저자들은 생명을 '일관성의 이득'이라고, 혹은 '탈지층화의 잉여가치'라고 정의함으로써 19세기적인 생명 개념에서 벗어나는 하나의 출구를 제시하고 있습니다. 이미 존재하는 어떤 지층(환경)에서 무언가를 떼어내 일관성을 갖는 어떤 새로운 배치를 형성하는 능력이 바로 생명이라는 겁니다. 따라서 유기체가 아닌 것도, 가령 그런 능력을 가진 바이러스나 컴퓨터 프로그램, 혹은 사이보그가 있다면 당연히 생명을 갖는다고 할 수 있습니다. 반면 그처럼 탈지층화할 수 있는 능력이 없고, 새로운 일관성을 형성할 수 있는 능력이 없다면 생명력이 없다고 혹은 생명력이 작다고 할 수 있겠지요.

따라서 "진실로 생명의 자리는 다음과 같은 양자 모두를 동시에 뜻한다. 즉 하나는 특별히 복잡한 지층화의 체계고, 다른 하나는 순위나 실체나 형식을 뒤죽박죽으로 만드는 일관성의 집합이다"(MP, 414; II, 115)라고 말할 수 있습니다. 물론 개체마다 탈지층화할 수 있는 정도나 폭이 각각 다르겠지요. 그 정도의 폭이 넓을 때 탈지층화의 잉여가치가 크다고 할 수 있고, 폭이 좁을 때 잉여가치가 작다고 할 수 있겠지요.

다른 말로 하면, 생명이란 '변환능력'을 통해 정의된다고 해도 좋지 않을까 싶어요. 탈지층화의 잉여가치가 크다는 것은 어떤 것을 자신이 이득을 얻을 수 있는 것으로 변환시킬 수 있는 능력이 크다는 말이니까요. '생명이 없다'는 것은 그런 변환능력이 0이라는 것을 뜻하지요. 아마도 이런 정의에 따르면, 길가의 돌멩이는 생명의 자리에 있지 못한 것으로, 풀이나 토끼와 구별되지 않을까 싶네요. 물론 그것이 스스로 탈지층화하여 다른 것과 함께 자신을 하나로 묶을 수 있다면 그 역시 생명의 개념에 포함된다고 하겠지만, 그럴 가능성은 별로 없어 보이니까 말입니다. 이러한 생명 개념은 스피노자가 말하는 능산적(能産的) 자연 개념에 가까운 것처럼 보입니다.

또 하나 중요한 것은 여기서의 생명 개념은 배치를 달리하면 변용될 수 있는 능력이란 점에서, 함께 배치를 구성하는 다른 것들을 전제하며, 그런 만큼 단독적인 개체에 속하는 어떤 속성이 아니라 애초부터 집합적인 어떤 관계와 결부되어 있다는 것입니다. "물론 거기에 목적인 목표가 부여되기도"(MP, 411~12; II, 113) 합니다. 각각의 부분을 유기체로 통합하는 개념으로서의 '생명'이 그것입니다. 그것은 각각의 부분을 그 목표의 기관으로 만들고 고정하고자 할 겁니다. 이 경우 생명이란 그 유기적 통합체라는 단독적 개체에 국한된 속성처럼 간주됩니다. 이것이 정확하게 19세기적인 생명 개념이란 것은 앞서 보았지요?

그러나 그런 통념적인 '생명체'의 활동조차 타자와의 접속이나 그를 위한 탈영토화 없이는 생존할 수 없다는 점에서, 그것의 유기체적이고 목적인 통합은 결코 절대적으로 유지될 수 없습니다. 그러한 국한된 생명체조차 무상한 삶의 흐름 속에 항상-이미 들어가 있는 것이란 거지요. 그런 점에서 본다면 이들이 새로이 제시한 생명 개념은 탈지층화에 의해 정의되고 변용능력에 의해 정의되는 만큼, 무상한 흐름의 개념에 한층 근접한다고 하겠습니다.

5. 음악에서의 세 가지 배치

이제 저자들은 예술에서 나타나는 세 종류의 음향적인 배치에 대해 말하지요. 고전주의·낭만주의·모던이라고 불리는 세 유형의 배치가 그것입니다. 하지만 이는 음향적 배치의 유형인한, 주로 음악과 관련되어 있습니다. 이는 또한 음악사에서 17~18세기, 19세기, 20세기로 이어지는 역사적 시기와 결부되지만, 사실은 시간적인 순서나 진화적인 순서와 무관한 세 가지 유형의 배치라는 점에서 역사에 대한 직접적인 서술은 아닙니다.

1) 고전주의

서양 음악사에서 고전주의란 주로 하이든·모차르트·베토벤으로 대표되는 음악을 지칭하지요. 그에 앞선 시기는 '바로크'라는 이름으로 불리지요. 바흐나 헨델로 대표되지만, 라모(Rameau)·쿠프랭(Couprin)·비발디(Vivaldi)·스칼라티(Scarlati) 등 수많은 음악가들이 거기에 포함되어 있지요. 토카타(toccata), 푸가(fuga), 파사칼리아(passacaglia) 등의 대위법적 형식들이 바로크 음악의 주된 표현형식이라면, 고전주의 음악의 주된 형식은 소나타 형식이라고 부르는 것이지요.

이처럼 사용된 형식에는 차이가 있지만, 양자 모두 엄격한 형식(Form)에 의해 만들어지는 아름다움을 주요한 규범으로 삼고 있지요. 이런 의미에서 질료와 형식의 짝이 중요하다는 것은 두 시기에 공통됩니다. 그리고 이런 맥락에서 저자들은 바로크 음악과 고전주의 음악 사이에는 본질적인 차이가 없다고 말하며, 바로크적 음악은 고전주의의 밑바닥에 깔려 있는 토양이라고 합니다.

그렇다면 바로크와 고전주의를 포함하는, 저자들이 말하는 '고전주의'라는 배치의 특징은 무엇인가? 그것은 길들지 않은 소박한 힘(카오스의 힘)들에 형식을 부여함으로써 조직화하는 것이라고 합니다. 그래서 여기서는 **질료와 형식**이라는 개념이 중요하지요. **조직화되지 않은 음향적 질료에 질서를 부여하는 것이 바로 형식입니다.** 예술가란 그 카오스적인 질료에 그런 형식을 부여하는 사람이지요. 사실 이것은 카오스에서 환경을 발생하게 하는 성분과 결부된, 리토르넬로의 첫번째 측면과 관련된 이야기를 다시 반복하고 있는 셈입니다. 따라서 여기서 예술가는 **창조주**, 신이 될 수 있습니다. 왜냐하면 그는 무질서에서 질서를 만들어내는 존재고, 카오스에서 코스모스를 만들어내는 존재니까 말입니다.

   기본적으로 고전주의의 배치는 하나에서 둘로 나누어지는 것을 특징으로 한다고 합니다. 형식 그 자체만으로 미적인 질서를 만들기 위해선 최소한 상반되는 두 가지 측면이 공존해야 합니다. 동적인 것과 정적인 것, 빠른 것과 느린 것, 불규칙적인 것과 규칙적인 것, 강한 것과 약한 것 등의 상반되는 요소가 교차하고 공존하거나, 갈등을 만들었다가 해소되고 하는 식으로 질료들이 조직화되게 마련이지요. 여기서 이미 질서나 조직화라는 것이 두 가지 상반되는 것으로 갈라지는 방식으로 공존하는 것이 분명하게 드러납니다.

   이는 구체적인 형식에서도 다시 확인될 수 있어요. 가령 토카타는 즉흥연주 효과를 암시하는 방식으로 만들어지는데(바흐의 유명한 오르간 곡 〈토카타와 푸가 d단조 BWV.565〉의 시작 부분을 상기해보세요), 이를 위해 자유롭고 불규칙한 리듬과, 반복되면서 안정성을 부여하는 16분음표의 프레이즈를 대비시키는 방법이나, 안정적이고 명료한 분절을 의도적으로 흐리고 불규칙하게 하는 방법, 전체적으로 명료한 화성적 흐름 안에서 일부러 화성적 흐름을 불확실하게 꾸미서 잘못된 방향으로 나아간다는 인상을 만드는 방법 등이 사용되었습니다. 잘 규제된 모방 대위법으로 짜여진 부분과 랩소디 양식으로 흐를 수 있는 부분의 대비를 이용하는 것 역시 마찬가지입니다.

바로크 음악에서는 이처럼 역동성과 안정성, 충동과 질서, 불규칙성과 규칙성의 이분법을 이용했다면, 소나타 형식에서는 두 개의 상반되는 주제로 나누고 대비하는 방법을 이용했어요. 알다시피 하나의 주제로 만들어지는 바로크 음악과 달리 소나타 형식에는 제1주제와 제2주제의 두 개의 주제가 등장하지요. 그런데 제1주제와 제2주제는 모든 면에서 대립되는 자질을 갖도록 만들어집니다. 그래서 제1주제가 장조라면 제2주제는 단조로 만들고, 제1주제가 강하고 역동적이라면 제2주제는 부드럽고 안정적이게 만듭니다. 그래서 가령 베토벤의 〈피아노 소나타 23번(열정)〉 1악장의 제2주제는 위와 같은 점에서 제1주제와 대비될 뿐만 아니라, 음형 자체를 뒤집어 놓아 역상형이 되도록 만들기도 했습니다. 이를 저자들은 바로크 형식에서와 마찬가지로 '둘이 되는 하나', 혹은 '하나가 되는 둘'이라는 '하나-둘 형식'이라고 부릅니다.

2) 낭만주의

낭만주의는 카오스의 힘들을 길들여 질서잡힌 환경을 만드는 고전주의와는 달리, 대지와 영토가 중요한 위치를 점하는 배치를 형성합니다. "하나의 새로운 외침이 다시 울린다. 대지, 영토와 대지!"(MP, 417; II, 118) 예술가는 창조주기를 포기하고 영토적 배치 속으로 들어가며, 토대를 정초하는 인물이 됩니다. 신이 아니라 **신에게 도전장을 던지는 영웅**이 낭만주의적 배치에 고유한 것입니다. 지그프리트 왕자가 그렇지요. 심지어 파우스트(특히 두 번째 파우스트)조차도 그렇다고 해요. 바그너의 유도동기나 베를리오즈(H. Berlioz)의 고정악상(idée fixe)과 같은 영토적 노래가 선율적 모티프를 형성한다면, 깊숙한 대지의 호흡을 상기시키는 대지적 노래가 리듬적 모티프를 형성한다고 해요. 저자들은 말러(G. Mahler)의 〈대지의 노래〉의 끝부분이 그렇다고 예를 드는데(MP, 417; II, 118), 별로 관심 없으시지요? 또 대지와 영토의 사이를 채우는 간주곡이 중요한 것도 이런 맥락에서 지적하고 있습니다.

이런 점에서 저자들은 낭만주의에는 영웅은 있어도 민중은 없다고 말합니다. 그래서 저자들은 낭만주의에 결여된 것은 민중이라고 말해요. 영웅과 대지가 있고, 여기서도 중요한 것은 '대지'라는 거예요. 낭만주의적 배치에서는 영웅조차 민중의 영웅이 아니라 대지의 영웅이지요. 이것은 독일 낭만주의에 일차적으로 해당됩니다. 지그프리트가 그렇지요. 바그너의 길디긴 4부작 음악극 〈니벨룽겐의 반지〉는 땅밑(대지)의 보물을 훔쳐가고 그걸 영웅 지그프리트가 다시 찾아오는 것을 주된 골조로 하고 있지요. 제1부 '라인의 황금'은 지하의 대지적 세계를 무대로 하고 있습니다. 여기서 대지란 영토와는 엄연히 다른 것이어서, 아주 깊숙이 영토들을 쭉 빨아들이고, 영토의 근저에 있는 강밀한 중심이라고 할 수 있습니다.

하지만 저자들은 영웅조차 대지의 영웅으로 만드는 이런 양상을 이내 독일 낭만주의에 고유한 것으로 국한시키고, 라틴계나 슬라브계는 다르다고 부연합니다. 여기에서는 대지적인 힘조차 **민중**을 통과하고 민중을 매개한다고 하지요. 즉 대지로의 영토화가 아니라 민중으로의 영토화가 나타납니다. 베르디(Verdi)가 대표적이지요. 오페라 〈나부코〉에서 탈주하려는 히브리 노예들의 합창이나, 오페라 〈일 트로바토레〉에 나오는 대장간의 합창은 민중으로 영토화한다는 게 무언지를 잘 보여주는 단적인 사례입니다. 물론 거기에도 영웅은 있습니다. 하지만 그것은 대지의 영웅이 아니라 민중의 영웅이지요. 무소르그스키(Mussorgsky) 같은 슬라브계의 낭만주의 역시 이와 별로 다르지 않습니다.

좀더 지대한 중요성을 갖는 것은 바르톡(B. Bartók)의 경우예요. 바르톡은 오랫동안 동유럽 지역과 터키, 북아프리카 등지를 여행하면서 민요를 방대하게 수집하고 연구했지요. 그 결과 그는 최대의 민요 수집가이자 민요 연구가가 되는데, 생전에는 작곡가보다는 민요 연구가로 더 유명했을 정도지요. 그는 그것을 자신의 곡을 만드는 데 이용했는데, 민요와 서양 음악, 혹은 민요와 현대음악을 결합할 때 보이는 통상적인 방식과는 전혀 달랐습니다.

그는 특정한 민요의 선율이나 리듬을 현대적인 텍스처에 섞는 게 아니라(그건 원래의 선율이나 리듬이 아직 충분히 탈영토화되지 못했음을 뜻하지요), 음계와 리듬의 극한적 지대에서 온음계와 반음계, 5음음계와 선법, 그리고 다양한 민요의 음계나 리듬의 요소를 섞어서 새로운 음계와 리듬을 구성해내거나 여러 종류의 음계를 동시에 사용하기도 합니다. 또 아프리카 음악의 영향일 텐데, 타악기의 음색을 중요하게 사용했을 뿐만 아니라, 피아노까지도 일종의 타악기로 간주하여 타악기적 음색을 부여하고자 하기도 했습니다.

그 결과 그는 쇤베르크(A. Schönberg)나 스트라빈스키(I. Stravinsky)처럼 전통적인 조성을 깨려는 의도가 없었음에도 불구하고 리듬의 다양성과 불규칙성이 전통적인 박자를 넘어서고, 조성이나 음계적 변형이 전통적 조성을 넘어서는 새로운 지대로까지 나아갑니다. 그래서 쇤베르크나 베베른(A. Webern)보다 결코 '듣기에 쉽지 않은' 새로운 스타일의 곡을 만들어내지요. 다양한 지역의 민중들

〈그림 11.6〉 에른스트, 〈침묵의 눈〉

〈그림 11.7〉
에른스트, 〈향기 없는 숲〉

의 민요를 탈영토화해서 새로운 음계와 새로운 리듬, 새로운 색채의 소리를 만들어낸 거예요.

저자들은 이런 바르톡의 작업이 민중들의 목소리를 기악화했다고 말합니다. 민중들의 목소리를 탈영토화해서 새로운 종류의 선율과 리듬을, 새로운 기악적인 소리를 만들어낸 것이지요. 물론 이와 다른 방식의 기악화도 있습니다. 베르디가 그러한데, 그는 민중들의 목소리에 관현악적 편성을 부여함으로써 그것을 기악화했습니다. 10장에서 자세히 말했듯이 그래서 그의 합창곡은 사람들의 목소리가 때론 고유한 현악부의 선율을 연주하는 듯 울리다가, 때론 강밀하고 화려한 금관악기의 소리처럼 울리고, 때론 타악기처럼 두들겨대기도 합니다. 목소리로 만들어진 오케스트라라고나 할까요? 바르톡이 민중의 목소리를 새로운 기악적인 소리로 바꾸었다면, 베르디는 민중의 목소리를 악기로 만들었다는 점에서 많이 다르지요.

한편 독일과 라틴-슬라브계 낭만주의의 이런 차이는 파시즘과의 관계에서 아주 다른 결과를 낳습니다. 독일의 경우 나치는 **민중들을 대지로 영토화하는** 데 바그너의 음악을 이용했습니다. 히틀러가 바그너를 좋아했다는 것은 잘 알려진 이야기지요. 그는 대중들을 모아놓고 바그너를 들으며 **고향과 고국으로**, 위대한 게르만 민족의 신화로 영토화했던 거지요. 반면 무솔리니의 파쇼당은 베르디를 그런 식으로 이용할 수 없었습니다. 억압을 뚫고 탈주하는 히브리 노예들이나 대장간의 힘찬 망치소리처럼 활력 있게 자신의 목소리를 내는 민중들로 영토화하는 배치가 대중의 삶의 흐름을 영토화할 때, 그것은 나치와는 반대되는 정치적 효과를 가졌을 게 분명합니다. 대지로 영토화하는 것과 민중으로 영토화하는 것의 차이가 이 시기 정치에서

〈그림 11.8〉 샤갈, 〈결혼〉

〈그림 11.9〉
샤갈, 〈나와 마을〉

극적인 대비 아래 드러난 예라고 하겠습니다.

나아가 저자들은 물론 다른 양상으로겠지만, 현대음악에서는 독일인 슈톡하우젠(K. Stockhausen)과 이탈리아인 베리오(L. Berio)가 이와 같은 차이를 유사한 양상으로 반복한다고 말합니다. 여기서 저자들이 슈톡하우젠의 무엇을 염두에 두고 있는지는 솔직히 잘 모르겠지만, 적어도 베리오의 경우는 그런 면모가 있다고 할 수 있을 듯합니다. 베리오는 합창곡을 즐겨 썼을 뿐만 아니라, 대개 사람들의 목소리를 변조해서 일종의 관현악적 편성을 갖는 소리들의 복합체로 만드는데, 이는 베르디와 동일하다곤 하기 힘들지만, 민중의 목소리를 가지고 관현악적인 현대음악을 만들었다고 해도 좋을 듯하다는 점에서 베르디와의 연관성을 떠올리게 합니다.

20세기 초 회화에서도 비슷한 양상을 찾을 수 있습니다. 에른스트(M. Ernst)라는 다다이스트 화가가 있지요. 그의 그림을 보면 땅속에 파묻힌 눈깔이나 땅과 어둠에 둘러싸여 있는 새 같은 것이 인상적입니다. 정말 대지로 끌려들어가는 모습을 그린 그림처럼 보입니다. 반면 샤갈(M. Chagall)은 자기가 살던 고향 마을을 그리지만, 양을 끌고가는 아줌마, 임신부, 혹은 바이올린 켜는 아저씨, 혹은 남편을 잃고 울부짖는 여인같이 그곳에서 살던 민중들을, 그들의 삶을 그렸습니다.

하지만 낭만주의적 배치에서 **정치와 음악**의 관계를 영토성의 차이로 설명하는 것과 다른 방식도 있을 수 있음을 지적해두는 것도 좋을 듯합니다. 그건 음악이나 예술과 대중 내지 청중과의 관계에 대한 것입니다. 아리스토텔레스 이래 서양 예술은 전통적으로 예술작품이 갖는 도취효과를 이용해왔습니다. 플롯이라고 부르는 형식이 그것인데, 극이나 음악의 흐름을 극적인 방식으로 조직하고 그 극적 흐름으로 청중들의 감정을 끌고가서 카타르시스를 이루게 하는 방식이지요. 여기서 작가는 **도취효과**를 이용해 청중의 감정을 작품의 흐름에 **동일화**시킵니다.

음악에서 이런 도취효과를 극대화한 것이 바그너의 음악극인데, 그의 영향 아래 (주로 독일-오스트리아에서) 형성된 '후기낭만주의'도 여기에 속한다고 할 수 있지요. 바그너·브루크너(Bruckner)·말러·슈트라우스(R. G. Strauss)·초기의 쇤베르크(《정화된 밤》이 그에 속하는 작품이지요) 등이 이에 속하는데, 대부분 바그너처럼 곡을 끊임없이 전조(轉調)시키고 '발전'시켜 조성적인 틀을 벗어날 정도로 화려한 색채의 화성이 사용되고, 이용할 수 있는 음 가운데 가장 낮은 음에서 가장 높은 음까지 대규모 편성의 오케스트라로 최소음량과 최대음량을 오가며 극적인 과장을 극대화하여 작품을 만든다는 양식적 특색을 갖습니다. 즉 과장을 극대화하여 음악이 갖는 도취효과를 극대화하는 거지요.

문학에선 브레히트가 이런 식의 도취와 동일화에 반대해 소격(疏隔, Ver-fremdung)과 이화(異化)를 작품의 새로운 구성원리도 도입했다는 것은 잘 알려져 있지요. 도취와 동일화 대신 소격과 이화를 통해 자신이 사는 세계와 현실 자체에 대해 비판적 거리를 만들어내는 것, 이로써 어떤 상황에 대해 스스로 생각하게 하는 것이 바로 브레히트가 생각했던 소격효과고 이른바 '교훈극'이지요.

음악에서 이와 같은 관점을 구체화했던 사람 가운데 가장 대표적인 인물은 아이슬러(H. Eisler)일 겁니다. 그는 쇤베르크에게서 사사했던 제자로 베르크(A. Berg)·베베른(A. Webern)과 함께 그의 3

대 제자로 불리는 사람입니다. 하지만 맑스주의 운동에 경도되어 쇤베르크와 결별했지요. 형과 누나가 모두 독일 공산당의 중요한 간부로 활동했는데 아이슬러 역시 그러해서, 〈연대의 노래〉, 〈통일전선의 노래〉, 〈코민테른가〉, 〈레닌〉 등을 비롯해 1930년대 이래 세계적으로 유명해진 대부분의 전투적인 좌익가요들의 작곡자가 되었지요. 브레히트와의 공동작업을 아주 많이 해서 브레히트 연극의 음악 가운데 많은 것이 아이슬러의 작품입니다. 아이슬러는 초기엔 후기 낭만주의자였지만 나름의 이론과 스타일을 만들어가면서 바그너 풍의 과장에 비판적이었던 스승 쇤베르크의 영향 아래, '간결함'을 중요한 구성원칙으로 삼았습니다. 이런 태도가 도취효과에 거리를 두었던 브레히트와 쉽게 통했을 것이고, 그의 연극에 부합하는 표현형식을 창조할 수 있었다고 보입니다.

이런 점에서 앞서 말한 두 가지 요소를 결합하여, 어머니의 가슴과 같은 조국의 대지에 대해 낭만적 수사를 써서 노래하면서 풀 스케일 오케스트라의 과장된 소리로 도취효과를 극대화하는 음악이 '위대한 지도자'를 찬양하는 정치 스타일과 결부되어 있다는 사실을 다시 한번 상기하는 것도 무의미하진 않을 겁니다.

3) 모던

다음에 저자들은 '모던'이라고 명명할 수 있는 시기가 있다면서 또 하나의 배치에 대해 이야기합니다. 여기서의 모던(modern)은 '근대적'이라는 의미라기보다는 오히려 그것을 넘어선 20세기의 음악과 결부되어 있다는 점에서 '현대적인'이라는 의미에 가깝습니다. 여기서 저자들은 '모던'이라고 부를 수 있는 배치에 대해, "그것은 말할 것도 없이 우주적인 것이다"라고 말합니다. 우주적이라는 것은 영토 없는 세계, 절대적으로 탈영토화된 세계고, 그런 점에서 **절대적 탈영토화를 향해 개방되는 배치가 바로 모던이란 이름으로** 불리는 배치를 특징짓는다는 겁니다. "배치는 (고전주의처럼) 더 이상 카오스의 힘과 대면하지 않고, (낭만주의처럼) 대지의 힘 내지 민중의 힘 안에서 깊어지지 않는다. 그것은 우주의 힘을 향하여 개방된다."(MP, 422; II, 121~22)

지난번에 들었던 음악들 대부분이 그런 것이었지요. 에드가 바레즈가 대표적입니다. 〈이온화〉라는 음악을 다시 떠올려보세요. 거기서 바레즈는 사이렌 소리, 썰매방울 소리, 막대 두들기는 소리 등을 관현악적 소리에 섞지만, 원래의 소리를 탈영토화하고 그 탈영토화된 소리와 관현악기의 소리를 섞어서 음의 입자를 '이온(ion)화' 하려고 했지요. 그런 점에서 그것은 어떤 대지나 영토로부터도 벗어난, 영토로부터 떨어져 있는 우주를 향해 열리는 음악이었고, 절대적 탈영토화를 향한 음악이었습니다.

그러한 시도가 확장된 현실성을 갖게 된 것은 아마도 전자음악을 통해서일 겁니다. 전자음악을 통해, 음계를 구성하는 특정한 음고의 음들을 통해서만, 그리고 악기라는 특정한 기계를 통해서만 '음악적 소리'가 정의되던 것을 넘어 모든 종류의 소리, 모든 주파수의 소리가 음악적 소리로 간주됩니다. 그리고 '주파수 변조'를 통해 새로운 소리를 만들어내기도 하고, 기존의 소리를 변형시키기도 하며, 반대로 다수의 음원(音源)을 조합하여 새로운 소리를 만들어내기도 합니다. 음악적 소리를 만드는 작업은 이처럼 주파수로 환원된 음원들을 섞거나 변조함으로써 원하는 소리로 '종합'하는 활동이 됩니다.

여기에 사용되는 기계가 '종합기'라는 뜻을 갖는 '신디사이저(Synthesizer)'죠. '신테시스(Synthesis)'가 '종합'이란 말임은 잘 아시지요? 그래서 다른 곳에서 저자들은 말한 바 있습니다. "20세기에 칸트의 (선험적) 종합판단은 신디사이저로 대체되었다"고.

아마도 전자음악으로 인해 그 영향력이 더 광범하고 심층적인 것이 되었을 테지만, 전자음악만이 아니라 어쿠스틱(acoustic)한 소리 역시 이젠 어떤 특질, 어떤 색깔의 소리를 만들어내는가가 중요한 주제가 되었고, 그로 인해 '음색'이라는 요소가 '음고'와 '음가'라는 이전의 음악적 요소에 비해 훨씬 더 중요하게 되었지요. 리게티(G. Ligeti)의 출세작 〈분위기(Atmosphère)〉는 전자장비를 전혀 사용하지 않고서도 마치 전자음악처럼 음고나 선율, 전통적인 의미의 리듬이 사라진, "커튼을 거쳐 창으로 스며든 어떤 빛깔로 채색된 실내의" 우주적 대기(atmosphere)를 소리로 만들어냅니다.

크세나키스의 많은 작품들도 그렇습니다. 어쿠스틱한 소리와 전자음향을 섞는 것도 새로운 소리를 만드는 또 다른 방법일 수 있겠지요. 이것 역시 현대음악에서 새로운 음향을 만드는 중요한 방법으로 자리잡았지요. 불레즈(P. Boulez)가 이끌던 프랑스의 음향·음악연구소(IRCAM)는 이런 시도들이 합류하고 새로이 분기하는 중요한 매듭을 형성하고 있는데, 이는 기계와 자연, 기계와 생명의 이원론을 넘어서는 것이란 점에서 저자들이 말하는 '일반화된 기계주의(machinisme)'나 스피노자적인 의미에서의 '자연주의'와 상통하는 하나의 구체적인 장을 형성하고 있다고도 말할 수 있을 듯합니다.

저자들은 이런 방식으로 모던이라고 불리는 유형의 배치가 음악적 소리를 우주로 탈영토화했다고 말하는데, 이런 생각을 음악적인 방식으로 가장 명확하게 표현했던 사람 중 하나가 윤이상이 아니었나 싶습니다. 그는 서양의 음악과 동양의 음악, 특히 한국의 전통적인 음악을 탈영토화하여 새로운 소리를 만들어내면서도, 자신은 원래부터 있었던 우주의 소리들의 일부를 따다 썼을 뿐이라고 말함으로써 음악적 소리를 다시 우주를 향하여 되돌려놓고 있습니다. 이는 "우주를 향해 열려 있는" 현대음악의 배치를 도가(道家)식으로 표현한 거라고 말해도 좋지 않을까 생각합니다.

말난 김에 조금 더 덧붙이면, 윤이상은 서양의 12음기법과 현대음악의 테크닉들, 전자음악과 한국 전통음악의 소리들을 '하나로 묶어서' 새로운 음악을 만들어냈습니다. 하지만 그가 만들어낸 세계에 고유한 것은 가령 피리의 소리와 주법을 통해 플루트를 다른 악기가 되게 만들었고, 가야금이나 거문고의 주법을 통해 첼로 협주곡을 일종의 산조(散調)로 만들었으며, 한국 음악에서 가장 중요한 요소 중의 하나로 꼽히는 농현(弄絃)을 통해 분절된 서양의 음계를 기이한 글리산도(서구적인 의미의 글리산도가 아니란 의미에서)로 흘러넘치게 했습니다. 뿐만 아니라 후기의 교향곡에서는 심장박동에 기초한 서구의 박자를 호흡에 의한 장단으로 변형시켜 '교향곡'이라는 가장 전형적인 서구의 다수적 음악 장르를, 저자들 말 그대로 '더듬거리게' 하는 변형을 창조했습니다. 이런 의미에서 윤이상의 시도는 다양한 민속음악을 통해 서양의 다수적인 음악을 더듬거리게 했던 바르톡의 경우와 나란히, 소수적인 음악을 통해서 다수적 음악을 더듬거리게 하는 훌륭한 '소수적인 음악'을 창조했다고 말해도 좋을 듯합니다.

그런데 이렇게 우주적인 것으로 탈영토화된다고 했을 때, 중요한 것은 질료와 형식이라는 고전적 요소가 아니라 소재와 힘이라는 새로운 요소라고 저자들은 말합니다. 어떤 음향적인 소재(재료)를 통해서, 혹은 그것을 이용하거나 변형해서 비가시적인 힘을 표현하는 것, 클레의 말대로 "비가시적인 것을 가시화하는 것"이 그것입니다. 저자들은 여기서 미예(밀레, Millet)의 말을 인용합니다. "농부가 끌고가는 자루를 그린다고 할 때, 자루 안에 든 것이 무엇인가는 중요하지 않다. 그게 감자든 사과든 간에 중요한 것은 거기 담긴 것의 무게를 묘사하는 것이다." '무게'라는 힘, 그것은 보이지 않습니다. 비가시적이지요. 훌륭한 화가는 감자를 그 무게가 느껴지게 그린다고 할 때, 그것은 무게라는 보이지 않는 어떤 힘을 보이게 만드는 사람이란 말이지요.

이는 "비가시적인 것을 가시화"하려고 했던 클레의 생각이었을 뿐만 아니라, 수많은 사과를 그려대면서 세잔이 하려고 했던 것이기도 합니다. 사과의 무게를 어떻게 하면 그릴 수 있을까? 현대음악에서도 비슷하게 말할 수 있습니다. 가령 불레즈 덕분에 음렬주의의 선구자가 되었던 베베른은 자신이 살던 고향 알프스의 산의 소리를 만들어내고자 했다고 합니다. 울창한 나무와 시원한 바람, 상쾌한 대기 속에 존재하는, 하지만 명료하게 지각되지 않기에 평범한 눈에는 보이지 않고 평범한 귀에는 들리지 않는 그런 소리를 들려주고자 했다는 거지요. 윤이상처럼 "우주의 소리를 따다 쓴다"는 것도, 바꿔 말하면 우리의 귀에는 들리지 않는, 우주를 가득 채우고 있는 소리를 우리로 하여금 들을 수 있게 하려는 것이라고 할 수 있겠지요.

이런 점에서 소재와 힘이라는 개념쌍이 모던이라는 배치에서 중요하게 부상됩니다. 그리고 이때 소재는 세 가지 중요한 특징을 갖습니다. "첫째, 그것은 분자화된 소재고, 둘째, 그것은 포착해야 할 힘과 관련되어 있으며, 셋째, 그것에 포함된 일관성의 작용에 의해 정의"(MP, 426; II, 125)되어야 합니다. 방울 소리가 그대로 살아남아 있다면, 그것은 아직 분자화될 정도의 탈영토성을 획득하지 못한 것이고, 그 결과 그 소리는 방울 소리만을 상기시킬 겁니다. 그건 들을 수 없는 것을 들을 수 있게 하는 것이 아니라, 여전히 들을 수 있는 것만 들을 수 있게 하고, 들을 수 없는 어떤 소리는 그 잘 들리는 쇠사슬 소리에 가려버리는 것이지요.

이런 점에서 소재를 탈영토화해서 분자화 내지 이온화에 이르게 하는 것은, 어떤 힘을 포착하여 들리게 만들 것인가 하는 것 못지 않게 중요합니다. 어떤 소재의 소리를 분자화함으로써, 보이지 않던 다른 소리로 이행할 수 있게 하는 것은 앞서 어떤 배치로도 이행할 수 있는 성분으로서 일관성을 획득한 것이기도 합니다. 또한 충분히 탈영토화된 소리가 비가시적인 어떤 힘을 표현하는 일관성을 획득하는 것이 중요하다는 말은 앞서 일관성에 대해 한 말을 상기한다면 이해하기 어렵지 않을 겁니다.

그리고 저자들은 이런 일관성을 형성하기 위해서 중요한 것은 간결성이라고 반복해서 이야기합니다. 클레도 비슷한 얘기를 했지요. 그는 우주적인 힘을 드러내기 위해서 가능한 한 단순하고 간결하게 그려야 했고, 그래서 어린애가 그린 것 같은 선을 이용했다고 말입니다. '어린이-되기'.

그런데 동물-되기가 동물의 흉내를 내는 게 아니었듯이, 클레의 어린이-되기 역시 어린애의 그림을 흉내내는 것이 아니에요. 간결하게 그리기 위해서 어린애 그림처럼 느껴지는 선을 사용한 것입니다. 정확히 말하자면, 우주의 힘을 표현하기 위해 간결한 선을 사용했는데, 그것이 마치 "애들 그림처럼" 보이니까, 이것을 흔히 "애들 그림 같다"고 평하는 거지요. 전에 말했듯이 어떤 '힘'을 표현하기 위해 새로운 목소리를 만들어 노래하는데 "이건 늑대 소리 같아"라고 말하듯이 말입니다. 그래서 클레는 자신의 그림을 '유아주의'라고 평하는 것에 격렬하게 화를 냈다고 합니다. 에드가 바레즈의 경우도 마찬가지인데, 그 역시 자신이 소음을 음악적인 소리로 썼다는 점에서 '소음음악의 창시자'라고 말하는 사람들에 대해서 화를 냈다고 해요. 그는 음의 입자들을 써서 우주적인 힘을 들리도록 만들고자 했던 것이지요.

간결함과 일관성을 획득하지 못했을 때, 뜻밖의 형상을 그리는 선들은 우주적인 어떤 힘을 표현하지 못하고, 오히려 마구 휘갈겨댄 선들의 잡탕, 일종의 낙서 같은 것이 되어버리듯이, 소리 또한 간결함과 일관성을 얻는 데 실패한다면, 시끄러운 소리를 뜻하는 '소음'이 되고 말겠지요. 그것은 소리의 입자가 죽음의 선을 타고 흐르는 블랙홀과 같습니다. "간결성(sobriété), 이것이야말로 질료의 탈영토화, 소재의 분자화, 힘의 우주화를 위한 조건이다."(MP, 425; II, 124) 그러나 실패할 위험은 얼마나 큰지, 실패하는 경우들을 우리는 또 얼마나 자주 보게 되는지······.

6. 리토르넬로와 민중

마지막으로 들뢰즈/가타리는 리토르넬로와 민중에 대해서 다시 이야기합니다. 핵심을 한마디로 표현하면, 현대의 예술가들에게 결여되어 있는 것은 민중이라는 것입니다. 그들은 "책은 민중을 필요로 한다"라는 말라르메의 말을, "문학이란 민중에 관한 문제(affaire)다"라는 카프카의 말을, 그리고 "민중은 본질적이지만 가장 결여된 것"이라는 클레의 말을 인용합니다(MP, 427; II, 126). 그런데 그 말은 독자 대중이 있어야 한다거나, 사회주의자들이 흔히 하는 얘기처럼 민중적인 작품을 써야 한다는 것과는 전혀 종류가 다릅니다. 카프카에게 문학이 민중의 삶에 어떤 출구를 보여주는 것, 이를 위해 지금은 비가시적인 다른 방식의 삶을 보여주는 것이라면,[7] 그것은 또한 민중의 삶을 바꾸는 문제를 다루는 것이라고 해도 좋을 겁니다.[8] 그것은 기존의 지배적인 삶에 영토화되어 있는, 주민(population)에 머물러 있는 민중들을 탈영토화하여 새로운 배치로 나아가게 하는 것이고, 새로운 삶의 방식으로 영토화하는 것이며, 무한한 탈영토화의 과정(process) 속에 들어가게 하는 것입니다.

따라서 여기서의 민중은 무엇보다도 우선 기존의 영토에서 벗어나 새로운 배치로 나아가는 민중, 그래서 기존의 배치 안에서 본다면 때론 동요로, 때론 저항으로, 때론 이탈로 보이는 선을 그리고 있는 민중이며, "분자적인, 그만큼 상호작용의 힘이기도 한 진동자(振動子)의 민중"(MP, 426; II, 125)이라는 겁니다. 이는 현재의 민중이 아니라 "도래할 민중(un peuple à venir)"(MP, 426; II, 125)이며, 지금은 보이지 않는 힘들을 가시화함에 따라 새로이 형성되는 민중이고, 그에 따라 새로운 힘을 형성해내는 민중입니다.

---

[7] "저는 자유를 원했던 게 아닙니다. 다만 하나의 출구만을 원했습니다."(카프카, 〈학술원에 드리는 보고〉, 이주동 역, 《단편전집》, 솔, 1998, 261쪽)
[8] 이에 대해서는 이진경, 〈문학-기계와 횡단적 문학〉, 수유연구실+연구공간 '너머' 편, 《들뢰즈와 문학》, 소명출판, 2002 참조.

이상에서 얘기했던 것은 현실적인 문제로 전환되는데, "문제는 모든 성질의 원자적 내지 분자적인 '군중(매스 미디어, 통제수단, 컴퓨터, 초지구적 무기 등)'이 존재하는 민중들을—그들을 훈련시키기 위해서든, 통제하기 위해서든, 절멸시키기 위해서든—계속해서 폭격할 것인지 아닌지를 아는 것이다. 혹은 또 다른 분자적 군집이 가능한지, 첫번째 민중들 사이로 미끄러져 들어갈 수 있는지, 도래할 민중(un peuple à venir)의 발생을 자극할 수 있는지를 아는 것이다."(MP, 426 ; II, 125) 이것이 바로 음향적인 배치에 대해, 리토르넬로에 대해 얘기하는 현실적인(핵심적인) 문제의식이지요.

그래서 저자들은 비릴리오가 던졌던 질문을 우리가 다시 반복해야 한다고 합니다. 시인으로 살 것인가, 암살자로 살 것인가? 여기서 "암살자란 모든 배치를 끊임없이 폐쇄하고 점점 더 넓고 깊어지는 검은 구멍 속으로 기존의 민중을 밀고가는 분자적 군중(population)들로서 그들을 폭격하는 자"고, 반대로 시인이란 "분자적 군중(population)들을, 도래할 민중의 씨를 뿌리고, 나아가 그들을 발생시키라는 희망, 그들이 도래한 민중 속으로 들어가리라는 희망, 그들이 우주를 개방하리라는 희망 속으로 풀어놓는 자"(MP, 427 ; II, 125~26)입니다.

앞서 저자들은 청각적 리토르넬로에 우위성을 부여한다고 했는데, 여기서 그 이유를 분명하게 명시합니다. "리토르넬로가 유독 음향적인 것은 무엇 때문인가?"(MP, 429 ; II, 127) "색깔로는 민중을 움직이지 못한다. 깃발은 트럼펫이 없다면 아무것도 아니며, 레이저 광선은 소리로 조절된다. 리토르넬로는 무엇보다도 우선 음향적이다."(MP, 430 ; II, 128)

베르톨루치의 〈1900년〉이라는 영화를 보면, 농민들이 지주와 처음으로 싸우다가 시위를 하는 장면이 있습니다. 저쪽에는 지주가 불러서 온 칼든 기병들이 서 있습니다. 사람들은 거기에 농기구 같은 것을 무기 삼아 들고서 기병들의 진입을 몸으로 막고 서 있어요. 그런데 그렇게 대치하고 서 있자니, 잠시도 아니고 별로 할 게 없잖아요. 멋쩍기도 하구요. 아마도 계속 그렇게 서 있다 보면 지치고 풀어져서 하나 둘 집으로 돌아가고 말 겁니다. 그 상태에서 시간은 적의 편이지요. 약간의 머뭇거림이 있었고, 대열을 이룬 채 주저앉은 농민들은 누가 시작했는지도 모르게 자연스럽게 노래를 하기 시작해요. 그런데 그들이 시위용으로 만들어진 투쟁가를 알 턱이 없잖아요. 그러니까 자신들이 매일 학교에서 불렀던 노래, 집에서 불렀던 그런 노래들을 하는 거예요. 얼마나 웃기는(!) 장면인가요? 비장한 대치 상태와, 그와 무관한 노래 가사의 대비! 그럼에도 불구하고 노래는 농민들을 하나의 리듬으로 모이고 하나로 움직이게 하지요.

확실히 이런 점에서 입을 모아 함께 부를 수 있는 노래, **하나의 리듬으로 사람들을 묶어줄 수 있는 음향**은 민중들이 움직이고 싸우는 데 반드시 필요합니다. 사실 우리도 지나간 경험을 잘 돌이켜 생각해보면, 걸개그림이나 플래카드 없이 하나의 집합체로 모여서 움직이고 싸우는 것은 아무런 문제도 없었지만 노래 없이 함께 움직이고 싸우는 건 생각하기 어려웠다는 걸 쉽게 알 수 있습니다. 저자들도 하는 얘기지만, 음악가에 비해 화가들이 훨씬 더 사회적인 활동을 많이 하고 민중적인 활동을 많이 합니다. 우리도 80년대 미술에서 민중미술에 참여했던 많은 분들이 있었음을 잘 알고 있지요. 반면 음악가는 고독한 늑대 같은 사람인 경우가 많고, 사람들과 모여서 활동하는 걸 별로 좋아하지 않는 분들이 많지요. 하지만 권력은 그림에 대한 통제보다 소리에 대한 통제에 더 민감합니다. 아마도 이는 소리가 사람들을 하나로 모으고 민중들을 불러일으켜 세울 수 있음을 그들이 직관적으로 잘 알고 있기 때문이 아닌가 싶습니다. 아마도 70년대는 물론 80년대가 지나도록 김민기 씨가 고생을 해야 했던 것은, 그리고 그의 모든 노래가 애초의 의도와 무관하게 '운동가요'가 되어야 했던 것은 이와 무관하지 않을 겁니다.

음악의 최종목적으로서, 탈영토화된 리토르넬로를 생산하고 그것을 우주 안에 풀어놓는 것, 그것은 새로운 체계를 만드는 것보다 훨씬 더 중요한 일이다. 우주적 힘을 향해 배치를 개방하라. 하나의 배치에서 다른 배치로, 소리의 배치에서 음향화하는 기계로ㅡ 음악가의 어린이-되기에서 어린이의 우주적으로-되기.(MP, 433; II, 131)

12장 | 유목의 철학, 전쟁기계의 정치학

12

유목의 철학, 전쟁기계의 정치학

　이 고원은 '유목론'을 다루고 있습니다. 이 장은 이 책에서 가장 분량이 많은 부분 중 하나인데, 다양한 영역의 주제를 다루지만 특히 역사와 정치, 과학사, 사상사 전반을 아주 새로운 각도에서 다루고 있다는 점에서 가장 풍요로운 고원 중의 하나라고 해도 과언이 아닙니다. 이 장은 유목론이란 제목과 나란히 전쟁기계란 제목 또한 달고 있는데, 뒤에 보면 "전쟁기계는 유목민의 발명품"이란 명제가 나오지요. 이러한 전쟁기계를 가장 장대한 양상으로 펼쳤던, 그래서 그것을 통해 '유목제국'이라는 매우 역설적인 '국가'를 만들어냈던 것이 칭기스칸이란 점에서, 그의 이름을 이 고원의 문턱에 새겨두고 기념하기 위해 그가 죽은 해인 1227년을 제목에 명기한 것으로 보입니다. 칭기스칸, 그것은 유목론과 전쟁기계에 관한 추상기계고, 1227년은 그 추상기계에 결부된 '연도'인 셈입니다.

'유목론'을 다루는 12장과 '국가장치', '포획장치'를 다루는 13장은 서로 매우 긴밀하게 연결되어 있습니다. 그것은 전쟁기계와 국가장치의 관계가 그래서 그렇기도 한데, 실제로 전쟁기계를 다루는 장에서도 국가장치에 관한 얘기를 단속적(斷續的)이긴 하지만 나란히 진행하고 있고, 포획장치에 관한 고원에서도 전쟁기계의 얘기를 마찬가지로 진행하고 있습니다. 공리 1과 명제 1로 시작되는 12장이 명제 9에서 끝나고, 13장이 명제 10에서 시작되는 점이나, 12장이 국가의 두 극에 관한 뒤메질(G. Dumézil)의 신화 연구로 시작하는데, 13장 또한 그리로 다시 돌아가서 시작한다는 점, 또 클라스트르(P. Clastre)의 국가에 대항하는 메커니즘 역시 두 번 다루어진다는 점을 보면 더욱 명확해집니다.

이는 전쟁기계와 포획장치가 서로 긴밀하게 상호연관된 배치들이란 점에서 기인하는 것이지요. 전쟁기계를 다루는 것도 한편에선 탈주선을 그리는 유목적인 배치에 대해서 다룬다면, 다른 한편에선 포획장치와 결부시켜 착취와 국가의 문제를 다룸으로써 전쟁기계의 전혀 다른 면모를 부각시킵니다. 여기서 전쟁기계를 앞서 다루는 것은, 기관 없는 신체를 지층화에 앞서 다루고, 탈주선을 영토성에 앞서 정의하며, 권력의 배치 이전에 욕망의 배치를 다루는 것과 같은 이유 때문일 겁니다. 들뢰즈/가타리가 비록 국가 없는 사회의 존재 가능성에 대해서는 회의적이지만, 그와 무관하게 탈주선을 그리는 배치가 국가장치보다 일차적이라는 이유에서 말입니다.

이 장은 크게 세 부분으로, 아니 네 부분으로 나누어집니다. 먼저 세 부분은 공리 1, 2, 3으로 표시됩니다. 공리 1은 국가장치에 대한 전쟁기계의 외부성을, 공리 2는 전쟁기계의 세 가지 측면을, 공리 3

은 전쟁기계와 상관적인 내용의 형식인 야금술을 다루고 있습니다. 공리 3의 실질적 내용은 문제 3과 결부되어 있고, 명제 8에서 다루어집니다. 그리고 여기에 추가하여 명제 9에서 전쟁기계와 전쟁의 관계를 따로 다루고 있습니다. 전쟁기계는 전쟁을 목적으로 하지 않는다는 역설적 명제가 그것입니다.

먼저 전쟁기계의 외부성을 다루는 공리 1을 봅시다. "전쟁기계는 국가장치에 대해 외부적이다." 여기에 4개의 명제가 이어집니다. 일단 그 4개의 명제를 먼저 읽어보지요.

명제 1. 전쟁기계의 외부성은 우선 신화·서사시·드라마·게임 등에 의해 증명된다.
명제 2. 전쟁기계의 외부성은 또한 민속학에 의해서도 증명된다.
명제 3. 전쟁기계의 외부성은 인식론에 의해서도 증명되는데, 이는 '유목적' 내지 '소수적(mineure)' 과학의 실존과 항속성을 암시한다.
명제 4. 전쟁기계의 외부성은 마지막으로 사유학에 의해 증명된다.

네 개의 명제 모두 공리에서 제시한 전쟁기계의 외부성에 대한 증명 가능성을 말하고 있습니다. 이제 하나씩 차례로 보지요. 하지만 그 이전에 우선 전쟁기계란 무엇인지, 아니 거기서 전쟁이란 대체 무엇인지를 먼저 살펴보기로 합시다.

1. 전쟁기계란 무엇인가?
1) 전쟁기계와 전쟁

전쟁기계란 단어는 이 책의 1권 9장에서 나온 적이 있는데, 국가장치도 그렇듯이 실제로 전쟁기계에 대한 정의는 단 한 번도 언급되지 않습니다. 기껏해야 12장의 공리 3에서 "유목민의 전쟁기계는 표현의 형식이고, 순회적 야금술은 그것과 상관적인 내용의 형식이다"라는 문장이 정의 형식으로 제시되는 유일한 것입니다. 하지만 이 정의는 이 장을 다 읽은 뒤에야 어렴풋이 감이 잡힐 그런 문장이지요. 반면 이 장 전체가 바로 전쟁기계를 정의하는 실질적 요소라고 말할 수도 있습니다. 사실 하나의 문장으로 요약하는 게 적절한 개념도 있지만, 그렇지 않은 경우 또한 적지 않으니까요. 이는 그것이 한마디로 정의하기 어려운, 복잡하고 다양한 면모를 갖는 개념이기 때문이라는 생각이 듭니다. 굳이 니체 식으로 말하면, 전쟁기계란 "무엇인가" 대신에 전쟁기계란 "어떤 것인가"에 대답하려는 것으로 볼 수도 있겠습니다. 그것은 어떻게 작동하는지, 그것은 어떠한 공간적 특징을 갖고 있는지, 그것이 갖는 위험은 또 무엇인지 등을 보여주는 것이 전쟁기계에 대해 더욱 실질적으로 말하는 법이라고 할 수 있다는 말이지요.

그렇지만 전쟁기계라는 개념처럼, 처음 보면 어이없고 당혹스런 그런 개념을 아무런 정의 없이 그냥 접근한다는 것은 무척이나 난감할 수밖에 없습니다. 그래서 이 장에서 펼쳐지는 얘기를 따라가기 위해서라도, 오해나 단순화의 위험을 약간 무릅쓰고서라도 전쟁기계의 개념에 대한 정의를 잠정적으로 '추정' 해보아야 합니다.

전쟁기계란 개념에서 무엇보다 당혹스런 것은 '전쟁' 이란 단어지요? 왜 이들은 유목민이 발명한 배치, 창조적 탈주선을 그리는 기계에 '전쟁' 이란 단어를 덧붙였을까? 그것은 무엇보다도 우선 전쟁이 국가와 반대되며, 국가를 불가능하게 하는 메커니즘이란 점에서 기인합니다. 들뢰즈/가타리도 말하듯이, 홉스는 전쟁 상태와 국가 상태를 대비합니다. 홉스에게 국가란 만인에 대한 만인의 전쟁을 종식시키기 위해 만들어진 것이지요. "국가는 전쟁에 대립하며, 따라서 전쟁은 국가에 대립하고 국가를 불가능하게 만든다"(MP, 442; II, 139)는 겁니다. 저자들은 민속학자 클라스트르를 인용하여 "원시사회에서 전쟁이란 국가 형성을 가로막는 가장 확실한 메커니즘"이라고 말합니다(MP, 442; II, 139). 이는 새로운 가치를 창조하고 새로운 삶을, 새로운 세계를 창조하려는 시도가, 현재의 상태를 유지하고 보존하며 통합하는 것을 기능으로 하는 국가와 충돌하는 사태를, 이러한 전쟁 개념으로 포착하려는 시도를 시사하고 있습니다.

그렇지만 국가에 반한다는 이유만으로 전쟁을, 그 끔찍한 사태를 찬양하는 태도를 납득하긴 아주 어려울 겁니다. 저도 그렇습니다. 그런 것이라면 국가에 반하여 테러나 폭력을 적극 사용하자고 주장하는 무정부주의의 일종에 지나지 않는다는 비판을 피하기 힘들 겁니다. 저자들에 대해 어느 정도 이해하는 사람이라면, 어떻게 긍정적인 창조와 생성을 주장하는 저자들이 이런 부정적이고 파괴적인 주장을 할 수 있을까 하는 의문 또한 피하기 어렵습니다.

여기서 저자들은 **전쟁기계**의 창안을 동양에, 유목민에 돌리고 있지만, 이들이 사용하는 **전쟁** 개념은 차라리 니체적인 것에 가까운 것으로 보입니다. 그것은 그리스적인 '아곤(Agon)'이란 개념과 결부되어 있습니다. 그리고 우리들 또한 니체가 좋아하는 그리스적인 개념을 통하는 게 이들이 말하는 전쟁 개념을 좀더 쉽게 이해할 수 있는 길인지도 모릅니다.

니체는 그리스의 정치를 '아곤(Agon)'이라는 개념으로 파악하는데, 이는 '적대'를 뜻하는 '안타곤(Antagon)'과 대비되는 개념입니다. 우리가 아는 전쟁이란 안타곤에 기초한 것이므로, 그런 만큼 적대자인 상대방을 제거하고 파괴하여 복종시키는 것이 가장 중요한 과제가 됩니다. 그러나 '아곤'이란 서로가 힘을 겨루고 서로에 대해 "내가 이만큼 더 나으리라" 하는 방식으로 '거리의 열정(Pathos der Distanz)'을 만들며, 새로운 가치, 새로운 정치를 창안하고 구성하지만, 그것이 적대적인 게 되지 않게 하는 기술이라고 합니다. 이는 '선(善)한 불화(不和)의 여신'에게 귀착되는 어떤 덕목(virtus)에 결부된 것인데, 통념화라는 대가를 지불해야 하지만, '선의의 경쟁'이라는 단어를 빌리면 쉽게 이해할 수 있는 그런 것입니다(반면 자본주의적 경쟁이나 시장에서의 경쟁처럼 적대antagon 안에서 행해지는 '악의의 경쟁'도 있지요).

거기에 불화와 경쟁은 필수적인데, 그래서 그리스인들은 그런 불화와 경쟁이 사라지는 것을, 혹은 어느 하나에 포섭되어 동화되거나 하나로 통합되는 것을 매우 꺼렸다고 해요. 다른 사람들을 모두 제압할 수 있는 '지나친 천재'나 '지나친 정치가'의 출현을 막기 위해 '도편추방(Ostracism)'이란 제도까지 만들어두었다고 하지요. 이유는 그런 불화나 '거리'가 없다면, 혹은 그것을 통합하여 하나로 만들어버린다면, 그것은 자신이 경쟁할 상대의 소멸을 뜻하므로, 이는 그만큼 자신이 새로이 창조력을 발휘할 조건을 상실하는 것을 뜻하기 때문입니다. 하나로 통합된 세계, 그것은 흔히 말하는 총체화된 세계, 하나로 통일된 세계고, 또다시 통념적인 단어를 빌린다면 단일한 중심을 갖는 국가적 세계라고 할 수 있는데, 이런 세계의 가장

치명적인 약점 또한 바로 그것이라고 할 수 있습니다.[1]

이런 의미에서 아곤이란 상이한 가치와 정치, 삶의 방식 들이 적대 없이 경쟁하면서 새로운 것을 창안하고 창조하는 그런 '전쟁'이라고 할 수 있습니다. 그것이 하나로 통합되는 것을 막는 도편추방과 같은 제도란 바로 하나의 국가로 복수의 정치들이, 하나의 체제로 복수의 가치들이 통합되는 것을 막는 메커니즘이었고, 클라스트르의 말을 빌리면 국가의 형성을 저지하는 메커니즘이요, '국가에 대항하는 사회(la sioété contre l'Etat)'를 유지하는 방법이었다고 할 수 있습니다. 다시 말해 아곤의 체제란 일종의 전쟁이었다는 것이고, "아곤의 전쟁적인 요소가 초월적인 권력의 출현을 막아온 것은 아닌가"[2] 하는 것입니다. 그래서 니체는 "좋은 전쟁에선 화약냄새가 나지 않는다"고 자주 말하곤 했지요. 반대로 홉스가 잘 보여주듯이, 국가란 그런 '전쟁'을 적대적인 폭력과 파괴와 등치시킴으로써 그에 대한 공포를 이용해 초월적인 권력을 제도화하고 안정적으로 재생산하는 장치라고 할 수 있습니다.

이러한 '전쟁'은 적대를 만들지 않으면서 다른 종류의 삶이나 가치, 다른 종류의 세계를 창조하는 방식으로 '경쟁'을 하기 때문에 다른 '경쟁자'를 방해하거나 비난하는 부정적 방식으로 자신의 우위를 확보하는 게 아니라, 새로운 것을 창조하는 긍정적 방식으로 자신의 우위를 확보하고자 합니다. 그렇지만 이것이 단순한 '선의의 경쟁'과 다른 점은, 그러한 창조적 선을 가로막고 중단시키려 하거나 낡

---

[1] 이에 대해서는 고병권, 《니체, 천 개의 눈, 천 개의 길》, 소명출판, 2001, 146~52쪽 참조.
[2] 같은 책, 151쪽.

은 것으로 가두려 하는 장치들의 요구에 복종하거나, 그것들의 방해 앞에서 생성적 활동을 중단하는 게 아니라, 반대로 '전쟁'을 불사하면서까지 그 창조적 선을 계속해서 밀고나가려 한다는 것입니다.

전쟁기계란 무엇보다도 우선 이런 의미에서 '전쟁'을 수행하는 그런 배치를 지칭합니다. 다시 말해 전쟁기계란, 새로운 것을 창조하는 활동이나 사유, 글, 움직임, 창작 등의 모든 자유로운 흐름에 상관적인 배치로 형성되고 작동되는 기계라고 할 수 있습니다. 예를 들면 17~18세기 유럽에 나타났던 '프리메이슨(Free mason)' 운동은 이러한 전쟁기계의 정의에 적절하게 부합하는 것 같습니다. 프리메이슨이란 귀족·부르주아·석공·장인, 심지어 노동자까지 포함해서 신분이나 계급, 직업 등을 떠나 자유롭게 호형호제하며 지내는 새로운 인간관계, 새로운 삶의 방식을 만들고자 했던 비밀 결사조직이었지요. 이는 영국에서 시작되어 유럽 전역으로 급속하게 확산되어 갔는데, 심지어 프랑스 혁명조차 프리메이슨 조직의 '음모'에 의한 것이라고 보는 연구도 있다고 해요. 그게 사실이든 아니든, 프리메이슨은 혈통과 신분에 의해 지배되는 사회, 또는 시장이나 화폐에 의해 지배되는 관계 모두를 넘어서는 새로운 삶과 가치, 새로운 관계를 창안하고 창조하려는 운동이었고, 그런 점에서 낡은 귀족적 질서와 새로이 출현한 자본의 질서 모두에 반하는 '전쟁'을 하던 운동이었다고 할 수 있지요. 말 그대로 전쟁조차 불가피하다면 피하지 않으면서 말입니다.

팔랑크스(phalanx)라는 메소포타미아의 방진(方陣)을 끌어들여 새로운 사회단위로 만들어냈던 푸리에(Fourier)와 같은 초기 코뮨주의자들의 조직이나, 맑스 또한 참여했던 '코뮤니스트 동맹'도 그렇습니다. 여기서 부르주아지에 의해 장악되어 민족단위의 체계적 장치로서 위상을 확고히 굳혔던 국가장치와의 충돌이 피할 수 없게 된 상황은, 차라리 소렐(G. Sorel) 같은 무정부주의자들이나 생디칼리스트들, 혹은 다른 많은 사회주의적 성향의 사회운동가들이 '폭력'의 불가피성을 적극 제기하고 나선 이유를 이해할 수 있게 해줍니다. 국가장치의 지배력이 더없이 강력해진 상황에서 그리고 국가장치와의 충돌로 많은 혁명운동이 실패한 상황에서 국가와의 전쟁을, 그것이 '전쟁' 내지 '폭력'이라는 이유만으로 피하려 든다면, 사실 새로운 삶의 방식, 새로운 가치의 창조란 단지 탁상공론에 지나지 않으리란 것이지요. 바로 여기서 전쟁기계의 '전쟁'이 단지 은유만은 아니란 점을 이해할 수 있지요. 이는 레닌주의 이론에서 국가와 혁명, 폭력과 전쟁의 문제들이 혁명적 상황이 현재화되어 닥쳐오면서 매우 실질적인 문제로 제기되었다는 점에서 다시 확인할 수 있습니다.

그러나 반복해서 말하지만, 이런 의미에서의 전쟁은 전쟁기계의 목표가 결코 아닙니다. 혹은 어떤 목적에 봉사하는 일반적 수단도 아닙니다. 레닌주의자에게조차 전쟁이나 폭력은 목표가 아니며, 일반적 수단도 결코 아니지요. 그것은 국가장치의 폭력으로 인해 야기되는, 피하고 싶지만 피하기 힘든 그런 '필요악'이지요. "제국주의 전쟁을 내전으로"라는 레닌의 슬로건에서처럼 전쟁이 적극적으로 수용될 때조차 전쟁은 특정한 조건에서 일시적으로 불가피한 어떤 수단일 뿐이지, 결코 목표도 일반적 수단도 아닙니다. 폭력이나 전쟁은 국가적 폭력과 전쟁에 반하는 일종의 반-폭력(counter-violence)이며, 피할 수 있다면 피하는 게 가장 좋은 그런 것이지요.

홍길동의 활빈당이나 임꺽정의 동료들, 장길산의 무리들, 《수호지》에 나오는 양산박의 무리들 또한 이러한 전쟁기계의 일종입니다. 소설에서 잘 보여주듯이, 이들은 한결같이 신분적인 질서나 지배에 반하는 새로운 관계를 구성하고자 시도합니다. 물론 국가장치는 그들을 일종의 '도적'으로 간주하고, 역사에서도 그들은 도적으로 기록되지만, 알다시피 이들에게 '도적질'은 무원칙한 행위가 아니라, 국가관리의 수탈에 반하고 부자들의 것을 가난한 자들에게 나누어주는 아주 원칙적인 성격의 활동이었지요. 이들에게 전쟁이란 그들이 국가장치와 상대해야 하는 한 피할 수 없는 것이지만, 그래서 누구도 그것을 두려워하지 않지만, 그렇다고 전쟁 그 자체를 좋아하거나 그것을 목표로 하진 않습니다.

이렇게 운동하는 사람이나 '도적질하는' 사람들의 조직처럼 진짜 무기를 들고 전쟁하는 사람들의 '단체' 뿐만 아니라, 니체의 작품이나 카프카의 작품, 클라이스트의 작품처럼 글로 씌어진 작품도 기존의 삶과 가치에 대해 전쟁을 수행하는 전쟁기계라고 할 수 있습니다. 이들 역시 문단이나 학계, 혹은 국가장치의 평가나 외면, 억압에 굴하지 않고 새로운 종류의 삶이나 가치, 사유방법을 창안하고 제안한다는 점에서 전쟁기계임이 분명합니다. 19세기 말에 프랑스에서 국가적 예술장치인 '살롱전'에서 계속 배제되고 외면당했지만, 그에 굴하지 않고 집합적으로 자신들의 고유한 세계를 추구하면서, 살롱전이 열리는 곳 옆에다 자신들의 전시회를 열던 인상주의자들의 '낙선전' 또한 일종의 전쟁이라고 할 만합니다. 물론 이 인상주의자들의 일부는 발빠르게 다시 살롱전이라는 국가적 장치 안으로 들어갑니다만, 이런 인물이야 어디서나 있게 마련이지요. 그밖에 제네바의 한 카페에 모여 전쟁으로 요약되는 시대적 조류에 반하는 새로운 창조적 영토를 만들었던 다다이스트들의 모임이나, 〈허공에의 질주〉라는 영화에 나오는 탈주자 가족들도 모두 전쟁기계입니다.

이런 의미에서 전쟁기계란 '새로운 자유의 공간'을 만들고자 하는 활동을 산출하는 배치의 다른 이름이라고 요약할 수 있습니다.

2) 전쟁과 국가장치

이제 다시 국가장치와 전쟁기계의 문제로 되돌아갑시다. 전쟁기계에서 전쟁은 무엇보다도 국가의 형성을 저지하는 메커니즘이라고 말했지요? 이를 이해하려면 우리가 익숙하게 알고 있는 전쟁 개념, 다시 말해 국가에 의해, 국가를 위해 폭력을 동원하는 그런 전쟁 개념에서 벗어날 필요가 있습니다. 이미 그것은 초월적 국가장치가 수립되고, 그것에 의해 전쟁기계가 영유된 조건 위에서 이루어지는 것이지요.

국가가 폭력의 사용권을 독점하는 것은 전쟁에 의해, 혹은 복수의 권력중심들에 의해 국가적 단일성과 초월성이 흔들리고 위협받는 것을 방지하기 위한 조치지요. 서구의 경우 이는 엘리아스(N. Elias)가 지적한 것처럼 근대국가에 이르러 이루어졌는데,[3] 단일한 절대왕권의 수립은 국지적인 귀족들의 전쟁능력을 해체하거나 국가적 중심에 복속시키는 방식으로 진행되었지요.

한국의 역사에서는 전쟁능력 내지 폭력을 독점하는 과정이 조선

---

[3] "우리가 근대사회라고 부르는 것은 특히 서구에서는 일정한 수준의 독점 형성을 특징으로 한다. 개인에게서 군사적 무기의 자유로운 사용권은 거부되고 어떤 형태의 것이든 하나의 중앙권력에게 넘겨진다. 마찬가지로 개인의 부동산이나 소득에 대한 징세권도 사회의 중앙 통제기관의 수중에 집중된다. 이 중앙권력으로 유입되는 재정적 수단은 군시력의 독점을 유지해주며, 군사력의 독점은 반대로 조세권을 유지해준다."(엘리아스, 박미애 역, 《문명화과정》, II, 한길사, 1999, 171쪽)

초에 태조의 아들 이방원에 의해 추진되지요. 고려왕조의 경우에는 전쟁능력을 독점하기보다는 호족들의 전쟁능력을 포섭하고 통합하는 방식으로 수립되었다면, 조선왕조의 경우에는 호족들의 무장을 해제하고 무력화시켜 폭력을 오직 국가적으로 독점하는 것을 중요한 과제로 삼았지요. 유독 이방원이 그에 강한 집착을 보였던 것은, 호족들의 전쟁능력을 인정한 채 그들을 포섭했던 무인통치나 그 이후의 고려왕조가 배신에 의해 국가권력이 무력화되었던 사태를 충분히 경험했기 때문일 것입니다. 이는 전쟁능력의 분산이, 다시 말해 비국가적 전쟁능력의 존재가 국가적 초월성과 단일성을 위협하는 조건이라는 것을 보여주는 사례라고 하겠지요.

어쨌거나 적어도 전쟁능력을 국가가 포섭하여 통합하든, 아니면 해체하여 독점하든 하는 경우에만 국가는 수립될 수 있다고 하겠지요. 지금도 중남부 아프리카의 많은 나라들에서는, 물론 식민주의자들의 분할 지배전략에 의한 것이기도 하지만, 부족들 간의 불화와 전쟁으로 단일한 국가권력이 수립되지 못한 경우들이 많습니다.

이런 의미에서 원시사회에서 '전쟁'이란 국가장치의 구성, 혹은 그러한 권력의 구성을 막고 저지하는 메커니즘이었다는 말을 이해할 수 있을 겁니다. 이 경우 국가의 구성을 저지한다는 것은, 권력이나 지도력, 가치나 힘을 어느 하나의 중심으로 집중하는 것을 저지한다는 것을 뜻합니다. 전쟁이 단지 폭력의 집합적 행사를 뜻하는 것이 아니라, 어느 하나로 환원되지 않는 삶과 가치의 창조요, 그런 능력의 생산이라고 한다면, 이런 전쟁이란 개념 자체가 바로 단일 중심으로 힘과 가치, 능력이나 권력을 집중할 수 없게 하는 메커니즘이란 것을 쉽게 이해할 수 있을 겁니다.

약간 다른 맥락이지만, 가령 북미 인디언 사이에서 흔히 행해지는 '포틀래치(potlatch)' 또한 이런 측면이 있다고 할 수 있을 듯합니다. 포틀래치란 남에게 어느 정도의 선물을 받았으면, 그보다 더 많은 선물을 다시 안겨주는 것입니다. 좀더 많은 선물을 주는 사람이 '이기는' 그런 '게임'이지요. 그래서 가장 많이 안길 수 있는 사람이 추장이 되거나 지도자가 되는 거지요. 아마도 이러한 게임의 바탕에는 선물을 줄 수 있는 능력이 그 사람의 능력이라는 가정 아래, 가장 많은 선물을 줄 수 있는 사람이 지도력 또한 가장 크다고 인정하는 태도가 있는 것처럼 보입니다. 그래서 해리스(M. Harris) 같은 사람은 포틀래치 게임에 대해서 굉장히 못마땅해합니다. 그것이 위신과 위광, 권위와 같은 것들을 획득하기 위한 방법이라는 거지요. 반면 모스(M. Mauss)나 바타이유(G. Bataille) 같은 사람들은 그것이 계산과 교환에 의한 경제와 근본적으로 다른 '증여'의 경제, 선물의 경제, 그리고 절약과 축적이 아니라 낭비의 체제라는 점에 주목합니다.

여하튼 지지 여부를 떠나서 그런 식의 '선물'과 '낭비'를 특징으로 하는 체제로서 포틀래치가 원시사회에서 부의 집중을 저지하는 메커니즘이었다는 것은 분명합니다. 포틀래치로 인해 추장이나 지도자가 선출되지만, 그것은 '축적된' 재화의 낭비를 통해 이루어진 만큼, 경제적 재화의 집중을 분산시키는 한에서만 정치적 지도력의 '집중'을 인정하는 방식입니다. 이로써 경제적 부와 정치적 권력이 동시에 집중되는 것을 막고, 지도력의 필요로 인해 불가피하게 발생하는 권력의 집중을 최대한 약화시키는 메커니즘이었다고 할 수 있습니다.

이런 맥락에서 국가장치나 국가인들이 전쟁기계―그것이 아무리

'사적'이거나 '사소한' 것처럼 보이는 경우조차도—에 대해 갖고 있는 두려움과 불편함을 이해할 수 있습니다. 국가장치나 국가인은 자신으로 권력이 통합되고 집중되는 것을 통해서만 자신의 존재를 유지할 수 있습니다. 그것은 자신에게 통합되지 않는 다른 권력중심의 출현이나, 자신의 권력에서 발생하는 약간의 동요에도 견디기 힘들다는 겁니다. 국가인들이 양산박이나 활빈당에 대해 불안해하고 두려워하는 것은 그들이 국가권력을 뒤집거나, 쿠데타를 하듯이 국가권력를 차지할 수 있는 물리적인 힘을 갖고 있어서가 아닐 겁니다. 그보다는 국가권력에서 벗어난 어떤 영토가 있다는 사실 자체가 견딜 수 없고, 그래서 마치 그것이 국가 자체의 존립을 위협하는("국가기강을 위협하는") 것인 양 그것을 제거하기 위해 거대한 물리력을 동원하는 거지요.

하긴, 이는 사태를 너무 단순하게 보는 것인지도 몰라요. 왜냐하면 청석골(임꺽정)이나 양산박, 혹은 활빈당 같은 국가-외부적 영토가 존재한다는 사실 자체만으로도, 국가권력에 염증을 느끼거나 그것에서 벗어나고 싶은 사람들에게 새로이 그런 국가-외부적 영토를 만들려는 시도를 촉발할 것이 분명하기 때문입니다. 그런 식으로 새로운 '청석골', 새로운 '양산박'이 나타나고, 그리로 사람들이 흘러가기 시작하면, 국가장치의 존립 자체가 근본적인 위협에 빠질 것이 분명하지요. 확실히 여기서도 전쟁기계가 아무런 전쟁 없이 존재한다는 것만으로도 국가의 기강을 뒤흔들고 국가의 존립 자체를 위협한다는 것을 이해할 수 있을 겁니다.

이처럼 전쟁기계는 아무런 전투나 '전쟁'을 수행하지 않는 경우조차, 그래서 평화롭게 자신의 삶을 만들어가는 것만으로도, 그런 것이 존재한다는 사실 자체만으로도 다른 수많은 사람들의 삶에 비-국가적 삶의 가능성을 제공하고 촉발하며, 그로 인해 국가장치에 위협이 됩니다. 그래서 국가권력의 입장에서 볼 때는 전쟁기계가 극도로 협소한 영토에 국소적으로 존재하고 있을 때조차도 무척 불편해하고 어떻게든 지워버리고 싶어합니다.

여기서 우리는 이 전쟁기계라는 개념과 관련하여 '절대적 폭력'이란 개념을 상정할 수 있을 듯합니다. 절대적 폭력이란 게 있을 수 있다면, 그건 필경 존재 그 자체가 폭력인 경우를 지칭해야 마땅합니다. 그래서 아무런 폭력을 행사하지 않아도, 어떠한 전투를 벌이지 않아도, 국가장치나 국가인들에게 불안과 두려움을 야기하는 것입니다. 물론 이것이 꼭 전쟁기계에만 해당되는 것은 아니며 전쟁기계가 반드시 절대적 폭력이라고 할 순 없습니다. 다만 이 개념은 '폭력 없는 폭력'이란 개념을 이해하게 해준다는 점에서 전쟁 없는 전쟁기계를 이해하는 데 도움이 되지 않을까 합니다.

그런데 이 기이한 폭력, 이 기이한 전쟁은 전쟁기계가 창조적인 무언가를, 국가장치가 보존해온 것과는 근본적으로 다른 무언가를 계속해서 산출할 수 있을 때에만 그 유효성을 발휘할 수 있습니다. 그것이 없다면 사람들을 자신의 영토로 '유혹'하는 능력을 상실할 것이고, 사람들을 새로운 삶의 영토로 떠나게 하는 촉발능력을 상실할 것입니다. 국가장치의 권력은 제도에 의해 보장되고 재생산되지만, 전쟁기계의 '능력'은 그저 촉발/변용능력을 뜻할 뿐이어서, 긍정적이고 창조적인 무언가를 산출하지 못한다면 그 힘과 '능력'은 유지되지 못합니다. 이 경우 전쟁기계는 그 존재 자체만으로 국가인들을 불안하게 하는 그런 위치를 상실하게 됩니다. 전쟁 없이도 전쟁할 수 있는 능력이 사라지는 거지요. 아마 사람들의 관심도 점차 사라질 것이고, 그 경우 전쟁기계로서 존재한다고 할 수 있는가 하는 의문에 스스로 시달리기 시작할지도 모릅니다.

이런 경우에 전쟁기계가 자신의 존립을 유지하기 위한 길은 전쟁을 일으키고 전투를 야기하는 것입니다. 새로운 긍정적 창조력이 아니라, 다만 파괴와 부정의 힘을 통해서만 자신의 존재를 부각시키는 것이지요. 가령 〈허공에의 질주〉에 등장하는 한 인물이 취한 경로가 그렇습니다. 도망쳐 다니는 주인공들에게 옛 동료가 찾아옵니다. 한때 이념을 나누었고, 함께 반전운동을 한 동지였지만, 이번에는 주인공들에게 은행을 털고 테러를 하자고 합니다. 지난날의 화려한 명성, 조금만 움직여도 언론의 조명을 받았고, 작은 시도에도 무언가 이룰 수 있을 것 같았던 시절과 너무나 대비되는 우울함과 암담함을 견디지 못했던 것입니다. 그래서 그는 주인공들처럼 탈주하면서도 이르는 곳마다 '조합'을 만들고, 환경문제로 사람들을 조직하는, 소리 없고 표 안 나는 활동들의 촉발/변용능력을 믿을 수 없게 된 것입니다. 거기서 그는 이미 자살적인 냄새를 가득 피우며 '전투'를, 테러와 파괴를 벌이게 됩니다.

비슷한 경우로, 사람들을 촉발할 수 있는 창조적 능력이 고갈되어서 무언가를 창조할 순 없지만, 그렇다고 기존의 가치나 국가권력에 대한 부정의 정신은 더욱 명료해질 때, 그리하여 국가권력이나 소시민적 안정에 대한 욕망을 '혐오'하게 될 때, 전쟁기계는 **전쟁만을 목적으로 하는 기계로 돌변합니다.** 가령 운동이 전 사회적 이슈의 중심에 있던 '잘 나가던' 시절이 끝나고 침체기에 접어들면서, 새롭고 생산적인 것, 긍정할 만한 것들을 만들어내지 못하는 조직들이 '적

군파'나 테러조직으로 변한 경우를 떠올릴 수 있을 듯합니다. 마피아의 경우는 약간 다르지요. 마피아도 원래는 이탈리아 역사에서는 나름대로 무장투쟁의 양상으로 독립운동을 하던 운동조직이었다지요. 그러나 그들 또한 운동을 포함하는 현실이 변하고, 이전과 같은 방식으로는 더 이상 창조적이고 긍정적인 힘을 행사하지 못하게 되면서, 조직 자체를 유지시키는 방식을 찾다가 예전에 하던 폭력과 전투를 다른 목적을 위해 사용하는 방향으로 나아가게 됩니다.

혹은 국가장치에 전쟁기계가 포섭되는 경우도 있습니다. 이 경우 그것은 군대나 비밀정보조직처럼 국가장치의 부속기관이 되지요. 이때 전쟁기계는 군대처럼 오직 전쟁만을 목적으로 하는 기계가 됩니다. 전쟁이 없을 때도 전쟁을 연습하고, 전쟁 연습도 없을 때는 공연히 땅을 파고 다시 묻고 하는 저 불모적인 활동을 반복합니다. 또 다른 경우는 '자살기계'가 되는 것입니다. 1960년대에 상황주의자 그룹의 리더였고,《스펙터클의 사회》[4]라는 책으로 많은 사람들에게 영향을 미친 기 드보르(Guy Debord)나, 1980년대 그런지 록을 주도했던 록그룹 너바나(Nirvana)의 리더였던 코베인(K. Cobain)이 그런 경우일 겁니다. 두 사람 모두 같은 해에 패기만만하던 삶을 자살로 마감했지요.

2. 전쟁기계는 국가장치에 외부적이다
1) 신화에서 전쟁기계의 외부성
앞서 잠깐 보았지만 이 장은 공리와 명제로 구성되어 있습니다.

---

[4] 기 드보르, 이경숙 역,《스펙터클의 사회(Société du spectacle)》, 현실문화연구, 1996.

이는 유클리드의 《기하학 원론》의 서술형식을 따랐던 스피노자의 《에티카》를 연상하게 합니다. 그러나 이 책의 저자들은 명제(정리)의 증명에 별 관심이 있는 건 아니란 점에서, 더구나 논리적 증명방식으로 서술하는 건 더더욱 아니란 점에서 유클리드와도, 스피노자와도 다릅니다. 내친 김에 좀더 말하면, 공리 1은 "전쟁기계는 국가장치에 외부적이다"라고 쓰고 있는데, 여기에 이어지는 명제 1은 "이 외부성은 우선 신화·서사시·드라마·게임 등에 의해 증명된다"라고 쓰고 있습니다.

알다시피 공리란 증명 없이 도입되는 것, 증명할 수 없는 것, 혹은 증명할 필요가 없는 것이지요. 그런데 첫번째 정리가 그것을 증명하는 것에 관해서입니다. 저자들이 수학에서 공리가 무엇을 뜻하는지 모른다고 말하려면 그들이 쓴 많은 것에 대해 몰라야 합니다. 따라서 이런 서술은 기하학적 서술방식에 대한 일종의 패러디라고 보아야 할 듯합니다. 그리고 공리와 명제 외에 중간에 '문제'라는 항목을 끼워넣고 있는데, 이는 나중에 보듯이, '문제적'이라는 것이 왕립과학에 반하는 유목적 과학의 중요한 특징 중 하나라고 하는 말과 결부된 것입니다. 이는 여기서의 서술방식이 왕립과학의 대표적 경우인 유클리드의 기하학과 아주 다른 것임을 뜻하는 것이라고 하겠지요. 따라서 여기서 서술되고 있는 공리·명제·문제 등은 저자들이 자기 사유를 펼치는 하나의 스타일(문체)이라고 보면 충분할 겁니다.

저자들은 먼저 신화에서 전쟁기계의 외부성에 대해 말하고 있습니다. 뒤메질의 연구에 따르면, 인도-유럽 신화에서는 정치적 주권이나 국가는 두 가지 극, 두 개의 머리를 갖습니다. 국왕(rex)과 사제(flamen), 라즈(raj)와 브라만(brahman), 로물루스(Romulus)와 누마(Numa), 바루나(Varuna)와 미트라(Mitra). 앞의 것은 전제군주·묶는 자이며, 뒤의 것은 입법자·조직자입니다. "이 두 극은 용어 대 용어로 대립되어 있다. 모호한 것과 분명한 것, 난폭한 것과 고요한 것, 빠른 것과 무거운 것, 무서운 것과 조절된 것, '구속'과 '계약' 등과 마찬가지로. 그러나 이들의 대립은 상대적일 뿐이다. 그것들은 마치 일자의 분할을 표현하기라도 하는 것처럼, 혹은 그 자체로 지고의 통일체를 구성하기라도 하는 것처럼 하나의 쌍으로 기능하며, 서로 교대한다. ……이것들은 일자-이자(Un-Deux)에 의해서 진행되며, 이항적 구별을 나누어주고, 내부성의 환경을 형성하는 국가장치의 주요요소들이다."(MP, 435 ; II, 132~33) 이것은 앞서 보았던 이중분절을 떠올리게 합니다. 내용의 형식과 표현의 형식이라는 두 가지 형식으로 분절된 지층. 이처럼 두 개의 극으로 표시되는 이중분절이 국가장치를 하나의 지층으로 만듭니다.

그러나 전쟁 내지 전쟁의 신은 이 두 개의 극으로 구성되는 국가장치 안에 포함되어 있지 않습니다. 물론 국가는 폭력을 사용하거나 군대를 '만들지만', 그것은 전쟁을 이미 법률적인 방식으로 국가장치 안에 통합한 연후에 가능합니다. 다시 말해 전쟁기계로서 군대가 독자적으로 움직이는 것을 저지하고, 심지어 전쟁이 벌어졌을 때조차 전쟁을 수행하는 방식을 법률이라는 국가적 규칙과 국가장치 안에서 수행하도록 한 조치 안에 군대를 충분히 포섭한 연후에야, 그리고 군대의 지휘 '권'을 국가장치 안에 확실하게 통합한 연후에야 군대는 국가장치의 일부가 될 수 있다는 겁니다. 가령 군대의 힘이 강력한 국가에선 '민간정부'가 군대를 장악했는가 여부가 국가장치가 제대로 기능할 수 있는가에 대한 아주 중요한 지표가 되지요.

이런 점에서 이렇게 말할 수 있습니다. "전쟁기계 그 자체에 대해 말하자면, 그것은 국가장치로 환원될 수 없고, 국가의 주권 외부에 존재하며, 법률에 선행하는 것처럼 보인다. 전쟁기계는 다른 곳으로부터 온다. 전사의 신인 인드라(Indra)는 미트라뿐만 아니라 바루나와도 대립한다."(MP, 435; II, 133) 전사의 신은 국가의 두 극을 이루는 신들과 다르고, 그것 모두와 대립한다는 겁니다. 이런 점에서 전쟁기계는 국가장치에 대해 외부적이라고 할 수 있습니다. "국가는 고유의 전쟁기계를 갖고 있지 않다. 국가는 오직 군사제도라는 형식을 통해서만 전쟁기계를 전유할 수 있다. 하지만 그것은 계속해서 문제를 일으킨다. 이는 국가가 군사제도에 대해 갖고 있는 불신을 해명해준다."(MP, 439; II, 136) 이는 국가장치가 취약한 곳에서 빈발하는 쿠데타를 통해서, 아니면 칠레나 인도네시아처럼 민간정부가 섰지만 군대가 정부의 통제에 잘 따르지 않는 경우를 통해서 쉽게 확인할 수 있습니다.

2) 장기와 바둑

다음으로 저자들은 국가장치에 대한 전쟁기계의 외부성을 체스와 바둑이라는 게임을 통해서 입증하고 있습니다. 저자들은 체스와 바둑을 예로 들지만, 체스와 장기가 동일한 성격을 갖는 게임이란 점에서, 우리에게 익숙한 장기와 바둑을 대비해보지요. 장기는 "국가 내지 법정의 게임"입니다(MP, 436; II, 134). 왕이 있고, 그 왕을 지키는 병졸들의 배치가 있습니다. 차(車)는 차, 마(馬)는 마, 포

(包)는 포로서 고정된 어떤 본질을 갖습니다. 포가 마를 대신할 수 없으며, 졸은 그저 졸일 뿐입니다. 이 본질에 상응하는 어떤 규칙(코드)에 따라서 말들은 움직입니다. 차는 직선으로, 마는 한 번 꺾어서, 포는 뛰어넘으면서. 이들은 "내적인 본성과 본원적인 속성을 갖고 있으며, 그로부터 그것들의 움직임·상황·대결이 유래"합니다 (MP, 436; II, 134).

말들은 코드화된 움직임에 따라 이동하면서 상대편의 수(手)를 읽어(탈코드화) 자신을 방어하고, 반대로 상대편이 알지 못하는 움직임을 만들면서(코드화와 재코드화) 이동하여 상대방을 공격합니다. 이런 점에서 장기는 코드화와 탈코드화에 의해 진행되는 게임이라고 할 수 있습니다. 마치 법정에서 검사의 유죄화하려는 코드를 읽고 그것을 반박하거나 피해가며(탈코드화) 무죄화하는 코드를 제시하는 변호사, 혹은 그 반대의 경우처럼 말입니다. 따라서 장기에서 각각의 말은 이동의 코드로 표시되는 힘/권력을 갖습니다. 그 각각은 그처럼 상대적인 권력이 부여된 언표(énoncé) 주체(가령 의사는 의사로서, 교사는 교사로서, 군인은 군인으로서 자신에 적합한 문장을 발화하는 한에서만 적절한 주체일 수 있으며, 그런 한에서 고유한 권력이나 힘을 갖는 '언표 주체' 지요)고, 이것들은 다시 하나의 언표행위(énonciation)의 주체(다양한 주어—언표 주체—들을 사용하여 특정한 언표들을 만들어내는 주체)인 경기자에 의해서, 그리고 게임 규칙의 규정성 아래서 내부성(intériorité)의 형식으로 결합됩니다. 쌍방의 말과 규칙이 하나의 내적인 체계를 이루고 있는 거지요.

반면 바둑은 영토를 뺏고 빼앗기는 전쟁의 게임입니다. 거기에는 오직 자신의 집을 만드는 영토화와 상대방의 집을 깨는 탈영토화,

그것을 자신의 영토로 만드는 재영토화만이 있습니다. 또 장기와 달리 바둑에는 서로 어떤 본성에 의해 구별되는 '말'이 없습니다. 적과 나를 가르는 색깔의 구별만이 있는, 동일하게 생기고 동일하게 사용될 수 있는 동일한 '알'이 있을 뿐입니다. 그 알에는 어떤 내적인 질이나 속성, 혹은 이동의 규칙(코드)이 없습니다. 장기의 말은 규칙에 따라, 있던 한 점에서 다른 어떤 점으로 이동하지만, 바둑의 알은 바둑판 전체의 어떤 곳에든 새로 놓는 방식으로 진행합니다. 가로·세로 두 선이 교차하는 어떤 곳에라도 둘 수 있지요. 바둑판 위의 어떤 점에도 들어갈 수 있다고 할 수 있습니다.

따라서 체스나 장기와 달리 바둑에는 아주 간단한 규칙, 가령 서로 한 번씩 번갈아 두고, 가두면 먹고, 집이 크면 이긴다 등과 같은 규칙이 있을 뿐입니다. 물론 이로 인해 이른바 '정석'이라고 불리는 수많은 '규칙'이 만들어지지만, 사실 그것은 장기의 규칙처럼 어겨선 게임을 할 수 없다는 의미의 법적인 '규칙'은 결코 아니어서, 스스로 사용하면서 얼마든지 변경할 수 있는 방법이란 점에서 체스나 장기와는 근본적으로 다릅니다. 좀더 정확하게 말한다면, 수많은 책으로 씌어진 '정석'이란 규칙보다는 전략 내지 전술의 집합이라고 해야겠지요. 그래서 저는 바둑의 '규칙'을 잘 알고 있지만, 어디 가서도 "바둑을 둔다"고는 결코 말할 수 없는 기이한(?) 입장에 있습니다.

앞서 말한 의미에서 보면, 바둑알은 그 자체만으로는 무의미하고 무규정적인 어떤 것입니다. 말 그대로 '그것' — 프로이트의 '그것(das Es)'처럼 쾌락원칙도, 성적 욕망도 없는 순수한 '그것' — 일 뿐입니다. 그것은 오직 다른 알과 결합됨으로써만 특정한 기능을, 아니 모든 기능을 갖게 됩니다. 때론 적의 침공을 막는 성벽이나 병사가 되기도 하고, 때론 적진 한가운데 침투하는 스파이의 기능도 하는가 하면, 때로는 성벽을 뚫는 대포의 기능을 할 수도 있지요. 거기에는 이웃관계에 의해 달라지는 집합적인 기능, 기계적 기능이 있을 뿐입니다. 그래서 바둑알은 '졸'이나 '포' 등과 같이 어떤 고유한 본성을 갖는 '언표 주체'가 아니라, 이웃한 다른 바둑알과의 이웃관계에 의해서 기계적으로 특정한 기능과 힘을 행사하는 요소일 뿐입니다. 즉 바둑알은 "비-주체화된 기계적 배치의 요소로서, 본원적 속성을 갖지 않으며, 오직 상황적인 속성만을 갖는"(MP, 436; II, 134) 거지요. 또 바로 그런 점에서 각각의 바둑알은 외부성을 특징으로 한다고 할 수 있습니다. 장기의 말이 각각의 말에 내적인 본성이 있는 것과 달리, 바둑알은 각각이 어떤 외부의 알들과 이웃하는가에 의해서만 어떤 기능을 하는 특정한 속성을 갖는다는 점에서 말입니다. 이를 저자들은 다음과 같이 요약하고 있습니다.

체스는 진짜 전쟁이지만, 그것은 전선, 후방, 전투를 지닌, 제도화되고, 조절되며, 코드화된 전쟁이다. 그러나 바둑에는 전선이 없고, 대치나 후퇴도 없으며, 심지어 전투조차 없을 수 있다. 순수한 전략만 있다. 반면 체스는 기호학이다. 마지막으로, 공간이 전혀 다르다. 체스에서는 자기 자신을 위해 폐쇄된 공간을 배열하는 것이 문제다. 즉 한 점에서 다른 점으로 나아가는 것, 최소의 말들로 최대의 칸을 차지해야 하는 것이다. 바둑에서는 개방된 공간에 자신을 배열하고, 공간을 장악하며, 어떤 섬에서든 튀어 오를 가능성을 유지하는 것이 문제다. 운동은 한 점에서 다른 한 점으로 이동하는 것이 아니라 목표나 행선지가 없으며, 출발도 도착도 없는 영속적인 것이 된다. 바둑의 '매끄러운' 공간은 체스의 '홈 패인' 공간과 대립한다. 바둑의 노모스(nomos)는 체스의 국가와 대립한다. 즉 노모스는 폴리스(polis)와 대립한다. 그 차이는 체스가 공간을 코드화 및 탈코드화하는 반면, 바둑은 이와는 완전히 달리 공간을 영토화하거나 탈영토화한다.(MP, 437; II, 134)

비슷한 예를 다른 영역에서 들어볼까요? 스포츠의 경우 야구와 축구가 이런 두 가지 상이한 게임에 아주 적절하게 부합하는 것 같습니다. 야구는 각각의 포지션마다 정해진 임무와 행동이 코드화되어 할당되어 있습니다. 그리고 약간의 이동은 허용되지만, 각각의 포지션을 벗어나서 움직이는 일은 거의 생각할 수 없습니다. 1루수가 투수 대신 타자에게 공을 던지는 것은 불가능하거나 무의미하지요.

게임의 규칙도 아주 복잡합니다. 공격과 수비는, 마치 논고와 변론처럼 한 회 한 회, 한 수 한 수를 번갈아가며 반복하고, 공을 던지고 받는 것이나 그것을 치는 것이나 매번 적절한 것을 (손짓·발짓을 섞어가며) 코드화하고, 상대방의 수를 읽어내야(탈코드화해야) 합니다. 이런 점에서 장기와 마찬가지로 야구는 각각의 언표 주체들을 감독이라는 언표행위의 주체가 움직여서 수행하는 게임이고, 각각의 움직임이나 수가 코드화와 탈코드화에 의해 진행되는 게임이지요. 게임을 하는 사람들이 사각형으로 그려진 홈을 따라 움직인다는 점에서 야구장은 분명히 홈 패인 공간이라고 할 수 있습니다.

반면 축구는 영토화하고 탈영토화하는 게임입니다. 얼마나 빨리 상대방의 영토로 치고 들어가는가, 그리고 얼마나 빨리 자기편의 영토로 돌아와 방어할 수 있는 배치를 형성하는가가 승부의 관건이지요. 따라서 명칭이 붙은 포지션은 정해져 있지만, 그것은 근본적으로 어떤 제약이나 코드와는 무관한 자리일 뿐입니다. 때에 따라선 수비수조차 공격에 가담해서 적진의 골문 앞으로 진격해야 할 일이 비일비재할 뿐만 아니라, 심지어 골키퍼조차 공격에 가담하는 경우도 있지요.

바둑처럼 새로운 '알'이 투입되고 죽은 '알'이 빠져나가는 식으로 진행되진 않지만, 어느 곳에서든 어떤 방향으로도 이동하고 움직일 수 있지요. 오프 사이드 같은 규칙이 있기는 하지만, 선수들의 흐름을 규제하는 어떠한 선이나 홈도 발견할 수 없습니다. 야구에 비해 축구에서 선수들 간의 싸움이 빈번하고 시합 자체가 훨씬 더 격렬하고 전투적인 것은 국가 내지 법정의 게임과 전쟁기계 식의 게임이라는 차이가 크게 관여된 것일 겁니다(사실 야구에서 선수는 대개 심판과 싸우지, 상대 선수와 싸우지 않는다는 점도 이와 관련된 것일 겁니다).

여기서 전쟁기계는 코드화하고 탈코드화하는 방식으로 작동하는 게 아니라 영토화·탈영토화하는 방식으로 작동한다는 점을 유념합시다. 일전에 〈래리 플랜트〉라는 영화에서 전 인생을 걸고 결렬하게 투쟁하는 포르노 잡지 발행인의 이야기를 본 적이 있어요. 하지만 이런 종류의 싸움은 아무리 전쟁처럼 강하고 격렬하게 싸우는 양상을 보인다고 해도, 법정 안에서의 전쟁이고 법이라는 코드에 따라 진행되는, 따라서 승패 자체가 이미 법 안에 제약되어 있는 싸움일 뿐입니다. 그것을 통해서 법 자체-국가장치의 한쪽 극-를 바꾸거나 하진 못합니다. 코드화하고 탈코드화하는 방식의 투쟁이 전쟁기계의 특징이 아니라 국가장치의 특징이라는 것은 이런 뜻에서지요. 법이라는 홈 패인 공간(법적인 투쟁은 투쟁의 방법이나 투쟁을 위한 행동이 법에 의해 이미 규정되어 있습니다) 안에서 어떤 위치를 확보하려는 투쟁과, 개방된 공간에서 공간 자체를 장악하면서 삶의 지반 자체를 변환시키려는 투쟁은 분명히 다른 거지요. 그렇다면 노동조합이나 정당은 전쟁기계가 될 수 있을까요? 각자 한번 생각해보시기 바랍니다.

3) 국가장치와 전쟁기계

긍정적인 의미에서 전쟁기계는 창조하고 창안하는 방식으로 작동하기 때문에 우리가 쉽게 이해하기 힘든 '뜻밖의 것'을 만들어내기 마련입니다. 하지만 전쟁인의 이런 기발함과 독창성은 국가장치의 관점-이것이 '역사'의 형식으로 기록하고 판결하지요-에서는 언제나 부정적인 것으로, 즉 "우둔함·기형·광기·위법·강탈·원죄 등으로"(MP, 437; II, 135) 나타납니다. 뒤메질은 앞서 보았던 신화 이야기에서 세 가지 원죄를 이야기합니다. 인도 유럽 신화에는 세 가지 원죄가 있는데, 왕에 대한 죄, 사제에 대한 죄, 법률에 대한 죄가 그것이라고 해요. 전사는 법과 법정이라는 제도화된 전쟁을 배반하는 자고, 그럼으로써 그것을 입법하는 자(사제-법학자의 극)를 무시하는 자며, 국가권력에서 벗어나는 자, 다시 말해 마법사-왕의 손에서 벗어나는 자라는 겁니다. 이런 자들은 제국과 법을 이해하지 못하는 자, 도시와 문명을 이해하지 못하는 자라는 겁니다.

예를 들어 칭기스칸은 한때 중국이라는 제국의 영토를 말들을 대대적으로 방목할 초원으로 바꾸려는 꿈을 갖고 있었습니다. 또 초기에 몽골의 유목민들은 도시를 정복하고선 그곳을 완전히 파괴해버리곤 했습니다. 이런 태도는 국가장치나 정착민의 관점에서는 '문명'을 이해하지 못한 야만이요, 파괴를 위한 파괴로밖에 보이지 않았습니다. 그래서 부르주아 역사가나 소비에트 역사가나 한결같이 이런 유목민을 이해하지 못했습니다. 그들은 이렇게 말합니다. 유목민들은 "도시라는 현상을, 문명이라는 현상을 이해하지 못했다"고.

하지만 유목민의 입장에서 볼 때 성곽으로 둘러쳐지고 사람들의 움직임이 도로라는 홈에 의해 규제되는 도시가 과연 '문명'이고 사람이 살기 좋은 곳이었을까요? 답답하고 숨막히는 곳일 뿐이지요(칭기스칸은 자신의 사후에도 도시와 제국에 들어가 정착하여 사는 것에 대해 아주 엄격하게 금했지요). 그곳을 드넓은 대지로, 말들이 달리고 전차가 달릴 수 있는 대지로 만들려는 꿈 또한 이런 점에서 충분히 이해할 수 있지 않을까요? 전쟁을 하는 유목민의 입장에서 적들의 도시란 자신들이 사용할 수 없는 공간일 뿐만 아니라, 그대로 둔 채 물러간다면 다시금 적들의 진지로 사용될 것이 뻔한 그런 공간이 아니었을까요? 그렇다고 전리품으로 가져갈 수도 없는, 땅바닥에 철썩 달라붙은 공간 말입니다. 따라서 유목민 전사에겐 그것을 부수고 파괴하는 것이 차라리 불가피한 것으로 보이지 않았을까요? 물론 나중에는 이미 '문명'과 '제국'을 경험했던 거란인 야율초재(耶律楚材)의 제안으로 이런 파괴 대신에 다른 지배방법을 택하지만 말입니다.

안정된 직업에도, 분과적 전문성에도 별다른 관심 없이 새로운 사유와 연구의 영토를 향해 달려가는 사람들—대개 '제도권'에 반한다는 점에서 '비제도권'으로 불리지만, 사실 '제도권'에 그런 정도의 관심조차 두지 않는다는 것이 더 정확한 거지요—또한 국가적 관점에서 벗어나지 못한 사람에겐 이해할 수 없는 '짓'을 하고 있는 거지요. '문명'이나 '예절'을 이해하지 못한 채 말입니다. 마찬가지로 모든 안정된 권리를 버리고 새로운 세계를 꿈꾸며 "목숨을 걸고" 혁명을 향해 달려가는 사람들을 국가적 관점에서 이해하려면, 마치 아편과도 같은 막강한 힘을 갖는 어떤 '이념'을 가정해야 합니다.

이러한 '몰이해'는 국가장치와 전쟁기계가 서로 외부적이라는 사실에서 기인하는 것입니다. 즉 전쟁기계란 국가장치가 이해할 수 있는 어떤 (국가장치) 내부에서 오는 것이 아니란 겁니다. 그런데 이런 외부성을 국가장치의 일부로 착각하게 하고, 그래서 전쟁기계와 국가장치를 뒤섞게 만드는 것은, 많은 경우 국가장치가 전쟁기계를 포획하여 사용한다는 점에서 기인합니다. 군대가 대표적 사례인데, 이 경우 전쟁기계의 외부적인 성질은 국가장치 내부에 있는 어떤 것과 혼동되고, 전쟁기계의 외부적 독립성은 마술적 포획의 폭력을 행사하는 국가장치의 한 극과 혼동되기 십상입니다. 군대를 동원해 국가장치를 장악하는 쿠데타가 그것입니다. 이는 국가에 포획되어 있는 군대가 국가인들의 권력다툼에 동원되고 이용되는 거지요. 그런데 군대 동원의 독자성이 강조되는 경우에는 쿠데타가 마치 전쟁기계 자체의 움직임인 듯이 오해되기도 하고, 반대로 국가장치 안에서의 권력투쟁이란 면을 강조하는 경우에는 국가장치 안에 그런 전쟁기계적 요소가 있는 것으로 오해되기도 하지요.

그러나 전쟁기계가 국가장치를 장악하는 것은 군대를 이용해 국가장치를 장악하는 것과는 전혀 다릅니다. 쿠데타 이후 국가장치는 다시 새로운 권력자를 중심으로 작동된다는 점에서, 그리고 군대는 다시 '물러나' 그 국가장치의 일부로서 '대기'하게 된다는 점에서 이전과 본질적으로 다른 것이 없습니다. 반면 전쟁기계가 국가장치를 장악하는 경우에는 대개 국가장치를 이용해 전쟁 자체를 재생산하고 유지하려는 사태가 발생하기 십상인데, 가령 나치당이 국가장치를 장악해서 전쟁체제를 만들고 재생산했던 경우가 그렇습니다. 물론 몽골 제국처럼 제국적 국가장치들을 유목적인 전쟁기계 아래 복속시켜 '유목제국'이라는 형용모순의 '제국'을 만든 경우도 있고, 케네디의 암살처럼 CIA-전쟁기계가 전쟁의 선을 펼치는 데 방해가 되는 국가인을 제거한 경우도 있지만 말입니다.

3. 국가장치의 구성을 저지할 방법이 있는가?

1) 국가장치를 저지하는 요인

전쟁기계와 국가장치가 본성상 다르다는 점을 이제 충분히 이해하실 수 있겠지요? 하지만 저자들은 민속학과 인식론, 사유학을 통해서 이를 다시 '증명'하고자 합니다. 물론 이런 증명의 추가가 증명의 확실성을 높일 수 있다는 생각에서 이러는 건 아닐 겁니다. 그건 아마도 여러 영역에서 전쟁기계와 국가장치가 만나고 충돌하며 작동하는 다양한 양상을 우리에게 말하는 방법일 겁니다. 그런데 이런 '외부성'이 민속학에서도 입증된다는 명제를 제기하면서 저자들은 이 장 전체를 이끌어간다고 할 '문제' 중 하나를 제시합니다. "국가장치적 구성물(혹은 집단 안에서 그것의 등가물)을 물리칠 방법이 있는가?" 민속학 내지 인류학에서 전쟁기계와 국가장치의 외부성 문제는 이제 국가장치나 그에 상응하는 것을 물리치고 제거하는 메커니즘의 문제로 변환됩니다.

여기서 저자들은 클라스트르를 주목하고 있습니다. 그는 "원시인들이 (국가)장치와 같이 복잡한 것을 이해하지 못했다"는 통념을 반박하려 합니다. 즉 원시인들에게서 발견되는 무리나 군집처럼 '단순한' 것(전쟁기계는 이와 결부되어 있습니다)과 복잡한 국가장치의 조직 간에는 미분화된 것과 분화된 것 간의 차이처럼, 어떤 진화론적 서열이 있다는 통념적 공준(公準)을 깨려는 것입니다. 단순한 원시사회와 복잡한 현대사회, 단순한 전쟁기계와 복잡한 국가장치를 대비하는 것은 대개는 항상-이미, 단순한 것에서 복잡한 것으로 나아가는 것은 진화요 발전이며, 반대로 단순한 것으로 돌아가는 것은 후퇴나 퇴행이라는 관념과 결부되어 있습니다. 그러나 클라스트르는 이들의 관계를 진화론의 도식에서 벗어나 근본적으로 다른 시각에서 보려고 합니다. 즉 그는 원시인들이 복잡한 국가장치를 몰라서 단순한 형태의 조직만을 갖고 있었던 게 아니라, 반대로 일부러 그런 국가장치의 출현을 저지하는 방식으로 사회적 관계를 만들었다는 거지요.

이런 관점에서 그는 국가장치라는 구성체를 물리치고, 그 형성을 불가능하게 하는 일이 특정한 원시사회 메커니즘의 목적이었다고 말합니다. 가령 추장제가 그것입니다. 물론 추장이 권력의 중심이 된다는 점에서 추장제에도 국가적 권력의 요소가 있지요. 추장은 분명히 어떤 권력의 담지자입니다. 당연히 전체 사람들에게 권력을 행사할 수 있지요. 하지만 이것만으로는 권력을 유지하고 보존할 수 없으며, 권력장치를 유지하고 재생산할 수도 없습니다. 또 추장 이외의 '중심'들이 복수로 존재하기 때문에 추장은 자신의 권력을 안정적으로 유지하고 보존할 수 없지요. 즉 추장제는 국가장치가 될 수 없다는 말이지요.

사실 추장의 이야기를 다룬 보고들을 보면 그들은 걸핏하면 죽습니다. 예를 들어 《황금가지》에 나오는 것인데, 나일 강 인근에 사는 실루크족은 왕의 능력이 쇠한 기색만 보이면 잡아서 죽인다고 해요. 그 중요한 지표는 부인들의 욕구를 만족시켜주지 못하는 것인데, 그렇게 되면 마을의 장로들이 흰 보자기에 왕을 싸고 젊은 처녀와 함께 오두막에 가두곤 '고려장'을 해버린답니다. 여기에는 분명한 이유가 있어요. 그들은 왕이 자연의 능력을 담지하고 있다고 믿는데, 자연의 능력을 담지한 왕의 '힘'이 떨어져버리면 가뭄이 오거나, 홍수가 나거나, 자연의 능력이 쇠하는 원인이 된다고 생각했던 거고, 따라서 왕이 충분히 쇠하기 전에 죽여서 왕을 바꾸어야 했던 거지요. 또한 왕의 아들에게 왕을 살해할 권리를 주는 경우도 있었다고 하는데, 이 역시 비슷한 이유에서일 겁니다.

따라서 추장제는 권력의 집중 가능성을 포함하지만, 동시에 그것을 저지하고 분산하는 메커니즘이 함께 수반된다고 할 수 있지요. 이처럼 국가장치화되는 것을 저지하고 물리치는 메커니즘이 추장제 자체의 일부분이라는 겁니다. 이는 사회-신체로부터 하나의 장치가 그와 구별되어 결정체화되는 것을 막는 것입니다. 클라스트르는 위신 외에는 제도화된 무기가 없고, 설득 외에는 다른 수단이 없으며, 집단의 욕망에 대한 감지 외에는 다른 규칙이 없는 추장의 상황을 이런 맥락에서 포착하고 있습니다. 이때 추장은 권력자라기보다는 리더나 '스타'에 가깝다고 할 수 있을 거예요. 그는 항상 백성들에게 거부당하고 버림받을 위기에 처해 있는 존재입니다.

레비-스트로스에 의하면, 1560년경 몽테뉴가 세 명의 브라질 원주민을 만나서 '왕(족장)'의 특권이 무어냐고 물었을 때, 족장이었던 원주민은 이렇게 대답했다고 해요. "족장은 전쟁할 때 선두에 서서 싸우는 사람이다." 그리고 4세기가 지난 후 레비-스트로스는 자신의 경험을 이렇게 쓰고 있습니다.

> 내가 알고 있던 족장들은 족장의 높은 위치를 과시하여 이야기하기보다는 그들이 지고 있는 무거운 부담들과 여러 가지 책임에 대해 불평을 털어놓았다. ……[남비콰라족의 경우] 유랑생활의 출발을 편성하고 그 여정을 선정하며 어느 곳에서 얼마만큼 숙영할 것인지를 명령하는 사람이 바로 족장이다. 족장은 명확하게 규정된 권한이나 공적으로 인정된 권위에서 그의 기반을 구할 수 없다. ……동의가 권력의 근원을 이루며 동의가 또한 족장의 지위에 정당성을 부여한다. ……그의 현명함이란 전권을 장악한 군주가 지닌 현명함이라기보다는 불확실한 다수의 동의를 유지하는 정치가의 수완이라고 하겠다. ……그의 권력이 지닌 무기 가운데 가장 중요한 수단은 **관대함**이다. 대부분의 미개민족들 사이에서, 특히 아메리카 대륙에서는 관대함이 권력의 본질적인 속성이다.[5]

---

(5) 레비-스트로스, 박옥줄 역, 《슬픈 열대》, 한길사, 1998, 564~66쪽.

그래서 족장들은 식량이나 도구, 무기, 장신구 등의 여분을 항상 갖고 있어야 했다고 해요. 개인이나 가족이 어떤 것이 필요할 때, 바로 족장에게 구해달라고 호소하기 때문이지요. 관대함이란 바로 이런 것을 뜻하는 덕목입니다. 그래서 레비-스트로스가 친구이자 안내인인 족장에게 주었던 선물들은 하루나 이틀 이상 그의 손에 남아 있질 않았다고 해요. 달라는 사람들에게 모두 준 거지요. 한마디로 말해 족장이란 힘들고 굳은 일은 도맡아 하고, 필요한 것을 구해주며, 가진 것을 동료들에게 나누어주는 사람이란 겁니다. 그래서 레비-스트로스는 이렇게 말합니다. "그의 추종자들이 이 모든 것을 최대한 이용하고 있다는 것은 의심할 여지가 없었다."[6]

물론 지휘권을 갖고 있으니까 부족의 삶이나 운명에 직접적인 영향을 미칠 수 있는 '권한'을 갖고 있음은 분명합니다. 그렇지만 그것도 생각처럼 큰 권한은 아닙니다. 예를 들어 아파치족의 대추장 제로니모(Geronimo)는 멕시코 군인들의 인디언 대량학살 이후 원수를 갚기 위해 군사행동의 지휘자로 선임되었답니다. 그리고 멕시코 수비대를 전멸시켰는데, 아파치족은 그걸로 자신들의 목표가 달성되었다고 보았답니다. 그런데 예전에 토벌대에게 자기 가족 모두를 잃은 제로니모는 전쟁을 계속할 것을 주장했는데, 아파치족은 이를 받아들이지 않았고 오히려 그를 자기들 집단에서 내쫓았다는 거예요. 제로니모는 여러 부족의 전투를 지도하는 '대추장'이라는 지위와 그토록 큰 위신을 갖고 있었지만, 아파치족은 자신들의 추장이 개인적인 목적을 위해 사회를 이용하는 것을 받아들이지 않았던 거

[6] 같은 책, 566쪽.

지요.[7]

저자들은 보고타 청소년 갱단에서 지도자가 안정된 권력을 영유하는 것을 저지하는 방식을 예로 들고 있습니다. 세 가지 정도의 방법을 생각할 수 있는데, 우선 밴드의 성원들은 함께 도둑질하면서 훔친 물건을 공유하지만, 먹고 잠잘 때는 따로따로 흩어집니다. 그리고 밴드의 각 성원은 특별히 둘, 셋, 넷씩 다른 성원들과 짝을 이룹니다. 그래서 만일 지도자와 불화가 생길 경우 그 혼자서가 아니라 자기 동지들과 같이 떠나게 되지요. 이런 결합된 이탈은 갱단 전체의 붕괴라는 위협을 가하게 됩니다. 마지막으로, 떠나야 할 나이 제한이 있습니다. 대략 15세쯤이지요. 나이가 20세, 30세가 되도록 지도자를 하고 있으면 그 밑의 어린 아이들은 휘어잡히게 되고, 지도자가 싫어도 저항하기가 힘들기 때문입니다. 이런 방식으로 권력의 안정적 영유를 막는 메커니즘이 형성되는 거지요.

하나 추가하자면, 우리는 흔히 '전쟁기계' 하면 군대를 떠올리기 쉽습니다. 그리고 '군대' 하면 절대적인 복종을 강요하는 규율과 훈육을 떠올리게 되지요. 물론 전쟁기계에도 나름의 규칙이 있지만, 규율이나 훈육이 전쟁기계를 정의하는 것은 아닙니다. "훈육은 국가가 전쟁기계를 전유한 뒤에 나타나는 군대에 요구되는 특성이다. 전쟁기계는 다른 규칙에 응답한다. ……그것들이 전사의 근본적인

(7) 스크립차크, 〈피에르 클라스트르: 원시사회에 대한 또 하나의 견해〉, 이상률 외 역, 《오늘을 위한 프랑스 사상가들》, 청아출판사, 1994, 30쪽. 이에 따르면, 원시사회에서 우두머리는 사회에 봉사하는 존재며 그 반대가 아닙니다. 그 원리를 침해하는 자는 곧바로 면직되지요. "그는 다른 사람들보다 더 많이 일해야 하며, 너그럽게 베풀 수 있기 위해서 여분의 산물을 생산하지 않으면 안 된다. ……그들에게 통일성이란, 즉 한 사람에게 복종하는 것으로서 국가란 절대적인 악을 뜻한다."(같은 책, 31쪽)

무규율(indiscipline), 위계제에 대한 문제제기, 떠나겠다거나 배반하겠다는 영구적인 공갈, 명예에 대한 매우 변덕스러운 감각에 생기를 불어넣으며, 이 모든 것들은 다시 한번 국가의 형성을 방해한다."(MP, 443; II, 140)

《수호지》에 나오는 전사들은 이런 무규율과 "떠나버린다"는 공갈, 명예에 대한 기이한 감각을 가진 적절한 사례를 제공합니다. 말난 김에 덧붙이자면, 동양 사람들이 많이 읽는《삼국지》가 국가인 관점에서 씌어진 전형적인 '국가적' 소설이라면,《수호지》는 정반대로 전쟁기계의 관점에서 씌어진 전사적(戰士的)인 소설이란 점에서 아주 극명하게 대립됩니다. 장비 같은 전사의 힘과 무규율성은 왕족의 씨를 받은 유비 안에서 국가적 충성으로 변형되고, 관우라는 전사는 아예 올곧은 충성심을 갖는 선비의 이미지 안에 포획당했으며, 멍청하기 짝이 없는 유비는 황족이고 착하다(덕이 있다)는 이유만으로 왕이 됩니다. 게다가 전설적인 천재인 제갈량은 자연의 움직임마저 손아귀에 쥐고 있는 섬뜩할 정도로 전능한 국가인이지요. 여기에 유교적인 덕목이 추가되면서《삼국지》는 국가장치를 둘러싼 전쟁 게임이 되고 맙니다. 조조를 부각시키는 식의 변형도 이러한 구도 안에 정확하게 갇혀 있습니다.

반면 《수호지》의 주인공들은 한결같이 '도둑'이나 '범죄자', 혹은 모함으로 누명을 쓴 관리, 부랑자와 탈옥자 등 국가장치에 의해 핍박받고 범죄자로 낙인찍힌 자들입니다. 그러나 누구도 처음부터 범죄자는 아니었습니다. 대개는 선량하고 능력 있는 인물들이 잔대가리를 굴리는 간신과 관리 들에 의해 범죄자가 되고, 귀양을 가며, 그것도 모자라 다시 죽음에 쫓겨 할 수 없이 탈옥하게 됩니다. 즉

《삼국지》와 달리 이 소설에서 '국가관리' 라는 말은 갖은 악덕과 모든 억울한 사건의 원천이지요. 결국 조개 일당처럼 국가에 반하는 적극적 '도둑' 들이 무리를 형성하여 그 모든 핍박과 원한에서 벗어나 양산박에서 '새로운 자유의 공간' 을 만들어냅니다.

물론 이 소설도 국가장치와 전쟁기계의 일종의 '타협' 으로 끝나, 마치 전쟁기계가 국가장치에 포섭되어 일종의 '군대' 가 되는 것으로 보이기도 합니다. 그러나 그건, 당시의 여러 가지 제약조건을 무시한다고 해도, 소설이 '결말' 을 내야 한다는 조건에서 전쟁기계를 다루는 소설의 고유한 난점 때문이라고 할 수도 있습니다. 아니, 이런 고려를 접어두고 씌어진 소설 그 자체만으로 본다면, 그것은 차라리 전쟁기계가 처할 수 있는 최대 난점과 궁지를 보여주는 것일 수도 있습니다. 잘 모르면서 길게 떠들었는데, 문학을 공부하시는 분들께서 가령 이런 식의 새로운 관점에서 동양의 고전들을 읽어본다면, 낡은 책들을 다시 읽을 계기를 찾을 수도 있지 않을까 생각합니다.

2) 국가장치와 교환

전쟁이 국가에 반하는 것인 만큼 전쟁을 통해 국가장치의 성립을 설명하는 것은 부적절하다고 보입니다. 홉스가 그렇듯, 대개는 전쟁에 대한 표상, 전쟁에 대한 공포를 통해 국가적 질서의 불가피성을 협박처럼 강요할 수는 있어도, 그것이 국가장치의 성립을 설명하는 요인은 되지 못한다는 겁니다. 오히려 국가를 설명해주는 것은 교환입니다. "국가를 설명하는 데 교환보다 더 훌륭한 것은 없다. 전쟁은 결코 교환으로부터 유래하지 않으며, 교환의 실패를 제재하는 것도 아니다. 전쟁은 교환을 한계짓고 '동맹'의 틀 안에서 유지하는 것이다. 전쟁은 국가적 성분이 되는 것을, 집단들이 [하나로] 융합하는 것을 저지하는 것이다."(MP, 442; II, 139)

클라스트르는 원시사회의 전쟁을 이런 맥락에서 이해합니다. 그는 우선 원시사회에서 전쟁을, 교환이 합의에 도달하지 못한 경우에 발생하는 **다른 수단에 의한 교환의 연속**이라고 보았던 레비-스트로스를 비판합니다. 전쟁 없는 교환으로 사회를 정의했던 홉스나, 반대로 교환을 대신하는 것으로 전쟁을 파악했던 레비-스트로스의 생각과 달리 원시사회는 전쟁을 항속적인 것으로 포함하고 있다는 점에서 전쟁과 교환을 동시에 갖고 있는 사회라는 거지요. 교환이 원시사회의 본질을 구성한다는 "레비-스트로스의 명제와는 반대로 전쟁의 기능은 자급자족[체제의 유지]을 위해 교환과 싸우는 것에 있다. 전쟁의 기본적인 목적은 각각의 공동체에게 다른 공동체와의 차이 속에서, 또 그 차이를 통해서 하나의 통일성을 주면서 집단의 분산과 세분화를 유지하는 것이다." 이런 점에서 전쟁이야말로 이들 사회의 동력이었다고 합니다. "왜냐하면 전쟁에 의해서만 독립하려는 의지, 원심적 경제를 추구했던, 그리고 **통합적 권력이나 국가, 불평등, 위계제 등의 부재를 추구했던** 이들 사회의 기능의 논리가 진실로 이해될 수 있기 때문이다."[8]

반면 유럽에서 근대국가의 형성 과정이 국민적 내지 민족적 **시장의 형성**과 매우 긴밀하다는 것은 잘 알려진 사실입니다. 많은 사람들이 지적하듯이, 지금 우리가 당연시하는 영토적 국가가 지배적으

---

(8) 스크립차크, 앞의 책, 32쪽. 강조는 원문.

로 된 것은 길게 잡아야 겨우 200년 정도밖에 되지 않습니다. 유럽에서 민족국가는 18세기 말~19세기에 가서야 지배적인 것으로 등장하지요. 그 이전까지 유럽에서 지배적이었던 것은 차라리 도시국가 내지 도시동맹체였어요.

11세기를 전후하여 코뮌의 양상으로 중세도시들이 만들어지기 시작하는데, 15~16세기에 이르면 강력한 독립성과 경제력을 갖는 도시들이 유럽 전반으로 확산되지요. 이 가운데 제네바·안트워프·피렌체 등의 도시는 국제교역의 중요한 거점이 됩니다. 이처럼 도시들은 한편으로는 베네치아 공화국이나 토스카나 대공국 같은 도시국가로 나아가기도 하고, 다른 한편으로는 한자(Hansa) 동맹과 같은 도시 '동맹체'로 나아가기도 합니다. 이들과 나란히 봉건적인 왕가와 귀족들이 자신들의 영토와 권력을 확보하고 있었지만, 강력한 도시나 도시국가, 도시동맹체들의 권력과 영향력은 결코 그에 못지 않았습니다. 여기서 도시동맹체 들은 적어도 17, 18세기까지 국민국가/민족국가와 상이한 방식으로 국가적 단위를 형성할 가능성을 가지고 있는 그런 조직이었다고 할 수 있지요. 이는 초-민족적 형태의 국가장치가 발생할 가능성을 갖고 있었음을 뜻합니다.

물론 중상주의적 시장체제와 결합된 절대주의국가처럼, 또 다른 권력중심을 갖는 영토적 국가장치의 가능성이 동시에 발전하고 있었습니다. 영국과 프랑스, 스페인이 그 중심이었는데, 사실 이들은 도시가 성장하기 시작한 시기부터 영토국가적 권력을 만들고 있었지요. 그러나 영토국가적 통일성이 실제로 유효하기 위해서는 도시의 벽을 넘어 농촌 내지 시골에서 국지적인 시장을 형성하고 그것을 도로로 연결함으로써 하나의 전국적 시장을 형성하는 것이 중요했습니다. 그런데 이는 브로델(F. Braudel)이 지적하듯이, 도시단위의 시장을 발전시키는 것과는 다른 시간과 노력이 필요했고, 따라서 오랫동안 도시의 성장속도에 뒤처질 수밖에 없었습니다. 대략 18세기 중반에 이르면서 영토적 통일성과 전국적 시장, 도로망, 그리고 그것을 통합하는 국가권력이 수립되었을 때, 영토국가적 권력은 도시국가로선 대항하기 힘든 강력한 힘을 갖게 되었고, 그 결과 19세기 이래 영토국가로서의 '국민국가(민족국가)'가 지배적인 위치를 장악하게 되지요.[9]

이처럼 19세기 이전까지 유럽에서는 도시동맹체라는 도시적-초국민적 방식과 영토적-국민적 방식의 두 가지 경로가 근대 국가장치의 형성을 둘러싸고 경쟁하고 있었습니다. 영국을 필두로 하여 국민국가가 승리하게 되는 19세기 이후, 새로운 경쟁체제가 형성되면서 이제 다른 지역도 국민국가적 형태의 영토국가를 형성하려는 정치적 운동을 벌이게 됩니다. '민족주의'라는 이념이 발흥하게 되는 것이 바로 이러한 상황과 직결되어 있다는 것은 굳이 설명하지 않아도 좋겠지요? 한편 도시나 도시동맹체가 강성했던 독일이나 북부이탈리아는 바로 그러한 이유 때문에 국민적 단위의 영토국가를 형성하는 데 큰 장애가 있었고, 그 결과 국민국가의 성립이 늦어져 19세기 후반에 가서야 비로소 이른바 '통일국가'가 만들어지지요.

도시 내지 도시동맹체도 그랬지만, 국민적인 영토국가의 경우에도 시장이라고 하는 교환의 장이 국가의 형성에서 매우 중심적인 역

---

(9) 브로델, 주경철 역, 《물질문명과 자본주의(Civilisation matérielle et capitalisme)》, Ⅲ, 까치, 1997, 412~13쪽.

할을 합니다. 그리고 국민국가 형태의 국가장치가 '승리' 하게 되는 데는 국민적 시장의 형성이 결정적인 열쇠를 쥐고 있었습니다. 도시들은 상업이나 매뉴팩처 같은 자본주의적 요소들의 배양지(培養地)였지만, 도시의 상업은 대개 시장의 국지성과 제한성을 이용하여 특별이윤을 획득하는 것이었고, 도시의 매뉴팩처 또한 길드라는 조합이 보여주듯이, 국지성에 의한 특권적인 이권에 의존하고 있었지요. 또한 모든 도시들이 공통적으로 인근의 농촌을 지배하고 착취했으며, 그로 인한 농민들의 저항에 대항하기 위해 성벽을 더욱더 높이 쌓아야 했지요. 이로 인해 그들은 시장의 요소에 의거하면서도 시장을 국지적이고 협소한 도시적 영역 안에 제한하려고 했고, 거기선 어떤 시장도 도시의 성벽을 넘어서지 않았지요.

반면 절대주의의 경제학, 혹은 절대왕정의 통치술이라고 할 수 있는 중상주의는 전국적 규모의 시장의 형성과 장악을 중요시했지요. 이는 민족국가의 형성에 뒤쳐졌던 독일 같은 나라에서는 리스트(List)처럼 국민적 시장의 형성과 보호를 요체로 하는 일종의 '민족경제론'으로 변형되어 다시 나타납니다. 또한 스탈린이 근대적인 민족 개념을 이론적으로 정의하면서 시장을 가장 중심에 두었던 것도 이런 이유에서일 겁니다. 요컨대 국민적 규모의 시장 형성이 근대 국민국가의 형성에서 매우 결정적인 역할을 했다는 겁니다. 이는 도시국가의 경우와 마찬가지로, 국가와 교환 사이의 긴밀성을 보여주는 아주 뚜렷한 사례입니다.

홉스나 그밖의 다른 계약론자들의 사회이론 또한 이를 아주 잘 보여줍니다. 홉스의 이론이 절대주의국가를 설명하는 이론이었다는 것만은 아닙니다. 계약론자 모두에게 사실 '사회' 란 '국가' 를 뜻하는 것이었고, '사회계약론'이란 계약에 의해 국가의 발생을 설명하려는 이론이었습니다. 홉스가 국가의 발생을 설명하는 이론은 정확하게 시장의 모델에 따르고 있어요.[10] 홉스는 인간의 욕망이 모두 동등하다면(등가적이라면), 각각은 자신의 욕망을 양보하지 않을 텐데, 이 경우 대체 어떻게 사회가 가능할 것인가를 질문합니다. 그 답은 '만인에 대한 만인의 전쟁'이라는 끔찍한 전쟁 상태에 대한 두려움 때문에 사람들은 계약에 의해 대표자를 선정하여 그에게 모든 권리를 위임한다는 것입니다. 그런데 여기서 인간들의 욕망에 등가성이 도입되고 있다는 점에 주목해야 합니다. 이는 가령 노예와 귀족, 영주와 농노 간의 관계에서는 발견할 수 없었던 것이지요.

이런 관계를 그는 어디서 발견했을까요? 그것은 분명 이미 충분히 발전되고 있었으며, 더욱더 확장될 것이 분명한 시장이었습니다. 전쟁 상태에 대한 홉스의 관념 역시 그 등가적인 인간들이 거래하는 시장에서 출현했을 겁니다. 내 것은 조금이라도 비싸게 팔아야 하고, 남의 것은 철저히 싸게 사들여야 하는 끔찍하고 냉정한 전쟁 같은 상황, 그게 바로 시장의 상황이지요. '계약'이라는 관념이 시장에서 출현한 것임은 따로 설명이 필요하지 않을 겁니다. 홉스 이후에 로크라든지, 아니면 전혀 다른 방식의 자연 상태를 가정하고 있는 루소조차도 교역과 계약이라는 이 시장의 모델을 통해서 국가와 그것의 탄생을 설명하려고 하고 있는 셈이지요.

---

(10) 이에 대해서는 이진경, 〈화폐와 허무주의: 화폐의 권력에 대한 맑스의 이론〉, 《진보평론》, 2000년 여름호, 250~52쪽 참조.

3) '원국가'와 국가 저지 메커니즘

이런 입론의 바탕에 있는 클라스트르의 질문은 이런 겁니다. 원시사회에서 근대사회에 이르기까지 사회는 정말로 발전해온 것인가? 가령 원시시대에는 생존을 유지하기 위해 얼마나 많은 시간을 노동해야 했을까요? 사냥을 하든 채취를 하든, 호구(糊口)를 가리는 데 필요한 노동시간은 과연 얼마나 되었을까요? "안헴 지역의 수렵-채취인들은 각각 하루에 4~5시간밖에 일하지 않는다. 부시맨들은 하루나 이틀 일하고 하루나 이틀 쉰다. 야노마미족은 성별과 계절에 따라 다르지만, 먹고살기 위해 일주일에 1.85일 내지 3.31일 일한다."[11]

반면 생산력의 유례없는 성장을 자랑하는, 우리가 사는 이 자본주의사회에서는 노동자들이 호구를 가리기 위해 노동해야 하는 시간은 얼마나 될까요? 한국의 경우, 최근 신문을 보니 일주일 평균 노동시간이 55.1시간이더군요. 휴일 없이 계산해도 하루에 8시간 정도지요. 나라마다 편차가 크지만 대략 하루에 8시간 정도 노동해야 합니다. 19세기 영국에서는 12~16시간을 노동해야 했습니다. 먹고사는 문제를 해결하기 위해 하루에 4~5시간 일하는 원시사회와, 최소한 8시간을 일해야 하는 자본주의사회, 대체 어느 사회가 더 '발전'된 사회인가 하는 겁니다.

이런 사실은 얼핏 보면 믿기가 어렵습니다. 생산력이 발전한 이 사회에서 더 많은 노동을 한다니, 말도 안 되는 얘기처럼 들립니다. 그러나 노동시간의 문제는 단순히 생산성이나 생산력의 문제만은

---

(11) 시크립차크, 앞의 책, 26쪽.

아닙니다. 먹고사는 데 필요한 것만 생산하면 되는 사회인가, 아니면 그것을 넘어서 비축하거나 축적할 것을 생산해야 하는가 하는 차이가 오히려 결정적입니다. 사실 노동자들 각자가 자신이 먹고사는 데 필요한 것을 생산하는 데 걸리는 시간이야 지금이 훨씬 짧을 테지요. 그러나 우리가 사는 이 문명화된 자본주의사회에선 그것만으론 결코 노동을 그만두고 쉴 수 없습니다. 반면 원시사회에선 그것이면 충분했던 겁니다.

클라스트르는 남아메리카 인디언의 예를 들면서, 돌도끼를 사용하던 그들에게 서구인들이 돌도끼보다 10배나 효율이 좋은 금속 도끼를 주었을 때, 그들은 그것으로 동일한 시간을 노동해서 10배를 생산하는 게 아니라 10분의 1시간을 노동해서 동일한 물량을 생산했다는 사례를 전해주고 있습니다. 레비-스트로스에 따르면, 남미의 보로로족은 인디언 보호국의 관리들이 총을 주고 그걸 사용하여 사냥하는 법을 가르쳐주었지만, 총은 장식용으로 집 안에다 걸어두고 계속하여 원시적인 도구로 사냥을 했다고 해요. 먹고사는 데 필요한 것, 소비할 것보다 많이 생산해서 무얼 하느냐는 거지요. 반대로 "원시인들에게 저장하는 것이란 도덕적으로도, 경제적으로도(이것은 자연의 저장량을 고갈시킬 수 있다), 또 사회적으로도(사람들 사이에 불평등이 나타날 수 있다) 비난할 만한 일"이었다고 합니다.[12]

이런 점에서 사회와 역사, 단순한 것과 복잡한 것 간의 진화론적 선형성(線型性)에 대한 클라스트르의 비판은 경청할 만한 것임이 틀림없습니다. 따라서 원시적인 사회와 근대적인 문명사회 가운데 어

---

[12] 같은 책, 26~27쪽.

떤 것이 더 나은 사회고 더 발전된 사회인가를 묻는 질문은 매우 설득력이 있습니다. 그렇지만 그것은 동시에 진화론과 정확히 대칭적인 선형성으로 인도할 수도 있습니다. 문명화라는 이름으로 자행된 서구 근대사회의 착취와 파괴에 분노하고 비통해했던 양심적인 인류학자들이 종종 그러하듯이,[13] 클라스트르 역시 나쁜 국가와 좋은 '사회', 나쁜 근대사회와 좋은 원시사회라는, 근대의 진화론적 이분법과 정확히 대칭적인 이분법에 기초해 있으며, 역사는 좋은 원시사회에서 나쁜 근대사회로의 퇴화라는 대칭적 도식을 가정하고 있는 듯이 보이기 때문입니다. 이는 레비-스트로스가 데리다에게 받았던 것과 같은 비판[14]을 피하기 어렵습니다.

여기서 저자들은 책의 이 부분을 클라스트르에게 헌정한다는 명시적인 언급을 하면서도, 그의 이런 선형적 도식을 그대로 따라가진 않습니다. 예를 들면 생산력 발전이나 정치적 분화로 국가를 설명할 수 없다는 점에서는 클라스트르에 동의하지만, 국가 그 자체가 대규모 프로젝트를 구성하고 이에 상응하는 공적 기능을 조직할 수 있게 한다는 점에서, 요컨대 국가가 대규모 생산력 발전의 전제라고 보는 점에서 그와 다른 생각을 갖고 있습니다(MP, 444; II, 140). 더불어 '국가에 반하는 배치'인 전쟁기계에 대해서도 클라스트르와 다른 생각을 갖고 있습니다. 그들은 원시사회의 야만적(barbare) 배치보다는 유목민 전사들의 야생적(sauvage) 배치에서 전쟁기계가 더 완벽하게 구현되어 작동한다고 보기 때문입니다(MP, 444; II, 140). "전

---

(13) 가령 《슬픈 열대》의 레비-스트로스가 그렇습니다.
(14) 데리다, 김성도 역, 《그라마톨로지》, 민음사, 1996, 216쪽 이하.

쟁기계는 유목민의 발명품이다."(MP, 471; II, 163 공리 2)

이런 점에서 클라스트르는 "원시사회를 하나의 실체, 자족적인 독립체로 보고 있는" 겁니다(MP, 444; II, 141). 즉 그는 원시사회의 형식적 외부성을 현실적인 독립성으로 만들었기 때문에, 거꾸로 뒤집힌(대칭적인) 진화론자—퇴화론자—로 남아 있었던 셈이고, 국가 없는 원시사회라는 일종의 자연 상태를 가정하고 있었던 겁니다. 그가 "오직 이 자연 상태만이 순수한 개념이 아닌 충실한 사회적 실재이며, 진화는 발전이 아닌 갑작스런 돌연변이다"(MP, 444; II, 141)라고 말하는 것도 이런 이유에서지요. 요컨대 저자들은 '국가 없는 원시사회'와 '국가 있는 문명사회'의 이항성에 동의하지 않는다고 할 수 있습니다.

반면 그들은 클라스트르처럼 국가 없는 사회를 가정하기보다는 반대로 니체 식의 '원국가(Urstaat)' 가설을 지지하는 방식으로 국가 없는 사회의 가능성을 부정합니다. "국가는 아주 완벽한, 아주 완성된 채로 항상 존재해왔다고 말해야 할 것이다. ……원국가의 가설이 입증된 것처럼 보인다."(MP, 445; II, 141) 그러나 이 경우 국가 저지 메커니즘은 어떻게 되는가? 그것은 이미 애초부터 무효인 그런 것인가?

여기서 극한과 문턱을 구별한다면, 이는 그다지 큰 문제가 되지 않습니다. 다음 장에서 다시 나오지만, '문턱(seuil)'이 어떤 배치가 다른 것으로 변환되는 지점이라면, '극한(limite)'은 문턱 직전의 지점입니다. 가령 부부싸움에서 "이번이 정말 마지막이야"라는 말은 사실상 마지막 말이 아니라 끝에서 두 번째 말이고, 관계가 극한에 이르렀음을 뜻합니다. 반면 냉정하게 서류를 들이밀면서 "도장 찍어"라고 하는 말이야말로 그 관계의 마지막 말이고, 이 말을 통해 두 사람은 전혀 다른 배치, 전혀 다른 관계로 들어갑니다. 말 그대로 문턱을 넘은 거지요.

명시된 적은 없지만, 저자들은 '원국가'란 권력의 집중이 '극한'을 향해 진행되지만 '문턱'을 넘기 전에 격퇴되고 방지되는 그런 국가로 정의하고 있는 듯합니다. 즉 아직은 국가장치로서 확고하게 지배력을 획득하진 못했지만 권력의 집중이 이미 극한에 이른 그런 상태를 바로 '원국가'라고 부르는 듯합니다. 그렇다면 국가 저지 메커니즘은 극한에 선 이 국가, 하지만 아직 문턱을 넘지는 못했다는 점에서 격퇴하고 제거할 수 있는 이 국가를 겨냥하여 작용하는 겁니다. 여기에는 '원국가'도 있어야 하지만, 그것이 문턱을 넘지 못하게 하는 '국가 저지 메커니즘' 또한 있어야 합니다. 따라서 난점은 해결된 듯합니다. 그 국가 저지 메커니즘이란 바로 국가장치의 외부, 아니 아직 '장치'로 정립되지 못한 국가(원국가)의 외부를 뜻하는 것이지요. 그리고 저자들은 이런 외부를 원시인의 '야만적' 배치보다는 유목민의 '야생적' 배치에서 발견하고자 합니다. 전쟁기계가 바로 그 배치를 표시하는 개념이라고 할 수 있습니다.

이처럼 원시사회의 경우에도 국가 그 자체는 항상 외부(전쟁기계)와의 관계 속에 놓여 있으며, 외부와의 관계에서 벗어난 국가는 상상할 수도 없다는 것을 잊어선 안 됩니다. 전쟁기계도 마찬가지입니다. 전쟁기계는 언제나 외부를 이루면서 이런 국가들을 상대합니다. 그렇다면 국가의 '외부'라고 하는 것이 외교정책의 대상이 아니란 말은 쉽게 이해할 수 있겠지요? 저자들은 말합니다. "그 외부는 동시에 두 방향에서 나타난다. [먼저 하나의 방향으로] 거대한 전

세계적(œcumênique) 기계들로부터 오는데, 이는 주어진 순간에 전체 에쿠메논(œcumène) 위로 뻗쳐나오며, 국가들과의 관계에서 상당한 정도의 자율성을 누린다(예컨대 '다국적' 유형의 상업적 조직 또는 산업 복합체, 심지어 기독교, 이슬람, 혹은 특정한 예언적·메시아적 종교운동 등의 종교적 구성체들). 또한 〔다른 하나의 방향으로〕 밴드, 주변(marge), 소수자의 국지적 메카니즘들로부터 오는데, 이들은 국가권력의 기관들에 맞서 선분적인 사회들의 권리를 지속적으로 지지한다."(MP, 445; II, 142)

따라서 국가를 항상 외부와의 관계 속에서 보아야 하는 것처럼, 전쟁기계 역시 항상 국가장치와의 상호관계 속에서 보아야 합니다. "우리는 독립성의 관점이 아니라 영구적인 상호작용의 장 속에서, 공존과 경쟁의 관점에서 외부성과 내부성, 변형의 전쟁기계와 동일성의 국가장치, 밴드와 왕국, 거대기계와 제국에 대해 사고해야 한다. 동일한 장이 국가 안에서 자신의 내부성을 한정할 뿐만 아니라, 국가로부터 벗어나는 것이나 국가에 대항하는 것 안에서 자신의 외부성을 서술한다."(MP, 446; II, 142)

4. 유목적 과학과 국가적 과학

다음으로 명제 3은 국가적 과학 내지 왕립과학(Science Royale)과 대비하여 유목적 과학 내지 소수적인 과학에 대해 말하고 있습니다. 이 명제가 전쟁기계의 외부성을 인식론의 영역에서 입증하려는 것임을 염두에 둔다면, 여기서 말하는 유목적 과학이란 바로 인식론의 영역에서의 **전쟁기계**를 뜻하는 것임을 알 수 있습니다. 국가적 과학에 대한 유목적 과학의 외부성, 이게 바로 명제 3에서 '증명'하려는 것입니다.

일단 여기서 중요한 것은 '과학' 조차 다수적인(majeure) 과학과 소수적인(mineure) 과학, 국가적 과학과 유목적 과학으로 나뉘어 있다는 점입니다. 다시 말해 근본적으로 성격을 달리하는 두 종류의 과학이 있으며, 있었다는 겁니다. 물론 유목민은 역사를 남기지 않았고, 소수자들은 부정적으로만 기록되었기 때문에, 역사에서 그것을 찾아내 정확하게 다루는 것은 결코 쉬운 일이 아닙니다만, 간단한 예는 들 수 있습니다. 가령 고대의 기하학에서 유클리드의 기하학이 정확하게 국가적 과학이요 왕립과학이었다면, 아르키메데스의 기하학은 소수적인 과학이었다고 할 수 있습니다. 여기서 소수적 과학과 유목적 과학을 동일한 것으로 다루지만, 소수적 과학이 반드시 유목민이 창안한 과학이라거나, 국가적 과학이 반드시 국가의 공인을 얻은 과학이라는 말은 아닙니다. 대체적으로 국가적으로 인정되어 과학사에서 '주류적인' 위치를 확보한 것이 다수적 과학이요 국가적 과학이라면, 그런 국가적 과학 안에 포섭되는 한에서만 인정될 뿐 그전까지는 거의 인정되지 않고 묵살당했던 과학이 소수적 과학이라는 거지요. 하지만 이는 다만 결과적인 것에 지나지 않습니다. 요체는 두 과학의 차이가 **사유형식 자체의 차이**와 더 관계된 것이라는 점입니다. 그렇다면 유목적 과학은 어떤 식으로 사유하고 인식할까요?

1) 유목과학의 특징

저자들은 먼저 유목적 과학의 특징을 네 가지로 요약하여 지적하고 있습니다. 이중 세 가지는 세르(M. Serres)가 《루크레티우스 텍스트에서 물리학의 탄생》이라는 책[15]에서 지적한 것이고, 네 번째 것은 그 세 가지로부터 저자들이 추론한 것입니다.

① 유체와 흐름의 이론: 먼저 유목적 과학은 고체가 아니라 유체를 다룬다고 합니다. 입자나 점이 아니라 흐름을 다룬다는 겁니다. 유목적 과학은 입자나 점을 다룰 때에도 그것을 흐름에 속해 있는 것으로, 흐름의 일부로 다룬다는 거지요. 유체를 고체의 특수한 경우로 보는 것이 왕립과학의 입장이라면, 유목과학에서는 수력학(水力學)적인 모델을 사용합니다. 데모크리토스나 에피쿠로스가 말했던 고대의 원자론은, '원자'라는 입자를 다루면서도 그것을 고체가 아니라 흐름과 결부된 것으로, 비처럼 흘러내리거나 비껴나는 선을 그리며 흐르고 충돌하는 흐름으로 다룹니다. 이 경우 **흐름은 원자 자체보다도 더 실재적인 실재 그 자체**거나, 혹은 다양한 요소들을 하나로 묶는 '일관성(consistance)'이라고 합니다(MP, 447 ; II, 143).

여기서 흐름을 다루는 두 가지 상반되는 입장을 구별해야 합니다. 하나는 흐름 그 자체를 다루는 흐름의 이론이고, 다른 하나는 그런 흐름을 다루기 위해 수로(水路)를 만들고 홈을 파서 흐름을 이용하는 이론입니다. 전자가 유체 자체에 대한 탐구고 유체화하는 가운데 고체를 다루는 것이라면, 후자는 고대의 관개(灌漑)를 다루는 이론이 그러하듯이, 수로라는 고체 안에 **흐름을 가두어** 도시와 국가, 경작에 이용하는 것이지요. 결국 후자는 흐름이나 액체조차 수로나 고

---

[15] M. Serres, *La naissance de la physique dans le texte de Lucrèce: Fleuves et turbulence*, Ed. de Minuit, 1977.

체 안에 포섭하는 이론인 셈이고, 흐름을 특정한 홈을 따라 흐르게 만드는 그런 이론인 셈이지요.

한편 동양의 고대사상에서도 흐름을 다루는 이론은 매우 중요합니다. 불가(佛家)의 공(空)이나 도가(道家)의 도(道) 등은 모두 어떠한 형태와 형상에도 머물지 않고, 어떠한 기관이나 사물에도 갇히지 않는 흐름 자체에 관한 개념이라고 할 수 있습니다. 그런데 가령 화엄학(華嚴學)에서 '이사무애법계(理事無碍法界)'니 '사사무애법계(事事無碍法界)'니 하는 개념에 등장하던 '이(理)'가 공이라는 개념에 상응하는 절대적 흐름 자체를 표현하는 개념이었다면, 이것은 주자학에서 '도'를 표시하는 개념으로 채택되고 그것이 선(善)으로 환원될 수 있는 성(性)과 동일시됨으로써(性卽理), 선악의 도덕적 개념에 갇히게 됩니다.

그리고 그것이 《주자가례》에서처럼 예(禮)의 구체적 코드로 '구현되는' 무엇이 되면, 그때의 이(理)는 더 이상 흐름이 아니라 포즈(pose)화된 동작과 의례화된 행동, 복식 등으로 고정된 **고체적 형식**이 되고 말지요. 흐름을 표현하는 기(氣)라는 개념으로 다룬다 해도, 이런 형식 안에서 그것은 이와 동일한 방식으로 **고체적 형식** 안에 갇히게 되지요. 이것이 동양의 대표적인 국가학이지요. 이런 문제가 가령 17세기 조선에서 많은 사람들의 목숨까지도 좌우하던 중요한 국가적 문제였다는 것은 대략 우리가 아는 대로입니다.

② 생성과 이질성의 모델: 다음으로 유목적 과학은 **생성과 이질성의 모델**을 추구한다는 점에서 안정적이고 영원한 것, 동일하고 불변적인 것을 추구하는 국가적 과학과 대립합니다. 즉 유목적 과학에서

는 "생성을 더 이상 복제물의 이차적 특징으로 보지 않고 〔생성〕 그 자체를 모델로 삼는다"는 겁니다. 반면 플라톤에 따르면, 현실세계가 이데아 세계의 복제라면, 그것은 복제인 만큼 동일하고 불변적인 이데아적 요소를 포함하지만, 거기서 벗어나는 이질적이고 가변적인 것, 불안정한 것 또한 포함합니다. 다시 말해 생성이나 이질성은 복제물 안에서도 부차적이고 이차적인 특징, 제거되어야 마땅한 어떤 것을 뜻합니다.

반면 유목적 과학에서는 생성과 이질성을 모델로 하는데, 이는 필경 '역설'을 피할 수 없습니다. 왜냐하면 그것은 불변적인 것도, 동일한 것도 아니기에 모델화하는 것 자체가 불가능하기 때문입니다. 이질성과 생성은 매번 달라지는 어떤 성분을 항상 포함하고 있게 마련인데, 그것을 모델로 만든다는 것은 마치 바람을 그물로 잡으려는 것 같은 난점을 피할 수 없다는 거지요.

하지만 매번 발생하는 사건이 서로 달라도 그 사건들을 반복의 형식 안에서 포착하는 '이념적 사건'이 있을 수 있듯이,[16] 매번 발생하는 생성의 양상은 달라도 **그러한 생성을 포착하고 사유하기 위한 개념**은 있을 수 있습니다. 생성을 포착할 수 있는 이런 개념은 당연히 일종의 모델 형식을 취하고 있지요. 생성을 개념화할 수 있는 모델, 생성의 모델에 입각한 개념이 그것이지요.

이러한 차이는 원자론이라는 이론을 상정하는 두 가지 방식을 통해서 쉽게 이해할 수 있습니다. 우리는 '원자론'이란 말에서 돌턴(J.

---

(16) 이에 대해서는 들뢰즈, 이정우 역, 《의미의 논리》, 한길사, 1999, 121쪽 이하 참조(단 국역본에서는 '이념적 사건'이 '탈물질적 사건'으로 잘못 번역되어 있습니다).

Dalton)이나 러더포드(E. Rutherford)의 원자구조 모델을 떠올릴 수 있습니다. 원자핵이 중심에 있고 그 주위를 전자가 도는 그런 그림을 기억하시죠? 이런 모델은 정확히 입자들의 집합체라는 고체적 형식을 취하고 있습니다. 이 경우 모델은 당연히 다양한 원자들 내부에 존재하는 불변성을 모사하는 양상을 취합니다.

반면 에피쿠로스의 원자론은 이런 입자들의 구조를 가시화하는 모델이 아니라(그걸 묘사할 능력이 없었다고는 말하지 맙시다), 비껴나는 선(편위déclinaison, 혹은 클리나멘clinamen)을 그리며 흐르고 움직이는 선을 통해, 혹은 배열의 양상에 따라 다른 질을 갖는 요소로서의 원자 개념을 통해서 제시됩니다.[17] 그리고 이러한 클리나멘을 갖는 원자들의 우발적인 마주침에 따라 세계는 그때그때 다른 것으로 생성된다는 거지요(그래서 알튀세르는 이런 에피쿠로스의 주장을 '마주침의 유물론'[18]이라고 불렀습니다).

여기서 원자의 움직임을 표시하는 클리나멘이라는 유명한 개념은 분명히 원자의 운동을 사유하기 위한 하나의 **모델**입니다. 하지만 그것은 그 자체로 충분한 모델이 아니며, 또 다른 층위의 불변적인 구조나 형상을 근거짓기 위한 모델도 아닙니다. 반대로 그것은 끊임없는 생성과 변화, 이질성이 만들어지는 세계를 포착하기 위해서, 그때마다 다른 양상으로 펼쳐지는 생성과 이질성을 포착하기 위해

---

(17) 에피쿠로스, 오유석 역, 《쾌락》, 문학과지성사, 1998; 맑스, 고병권 역, 《데모크리토스와 에피쿠로스의 자연철학의 차이》, 그린비, 2001, 71~90쪽; 고병권, 〈역자해제〉, 맑스, 앞의 책, 360~70쪽 참조.
(18) 알튀세르, 〈마주침의 유물론이라는 은밀한 흐름〉, 서관모 외 편역, 《철학과 맑스주의》, 새길, 1996.

서 창안된 '모델' 입니다. 이런 점에서 유목적 과학에서 창안하는 모델은 국가적 과학에서의 그것과 근본적으로 다른 위상과 성격을 갖습니다.

아, 클리나멘이 무언가에 대해 좀더 설명이 필요한가요? 클리나멘은 보통 '편위'라고 번역되는 그리스어인데, 말 그대로 벗어나는 선을 그리는 성분을 뜻합니다. 이 개념은 데모크리토스의 원자론과 에피쿠로스의 원자론을 구별하는 가장 중요한 요소 중 하나인데, 데모크리토스는 원자들은 무게를 갖기 때문에 중력에 따라 하강하는 운동을 한다고 말합니다. 그러나 에피쿠로스는, 그렇게 되면 원자들의 충돌도, 충돌에 의한 변화와 생성도 불가능하다고 보지요. 그런 점에서 그는 중력이나 '관성'의 직선적인 운동에서 벗어나는 성분이 원자들의 움직임에 포함되어 있다고 말합니다. 하나의 방향을 갖는 그 직선경로에서 벗어나는 최소각을 클리나멘이라고 합니다. 각각의 원자들이 갖고 있는 일종의 '탈주선'인 셈이지요.

③ 소용돌이형의 모델: 평행한 결을 따라 층층이 쌓여 만들어진 절리상(節理狀)의 고체나, 물과 기름처럼 섞이지 않고 나란히 가는 층류상(層流狀)의 흐름과 구별되는 **소용돌이형 흐름**이 국가적 과학과 유목적 과학을 구별해주는 또 하나의 특징입니다. 즉 물과 기름처럼 층류적인 평행선을 그리기만 하는 흐름이라면, 거기에는 섞임이란 없고, 새로운 방향의 흐름이 형성될 가능성도 매우 적지요. 따라서 실질적인 의미의 생성에 대해 이야기하긴 어려울 겁니다. 거기선 편위를 갖는 선마저 층류적인 흐름을 이루는 평행선 사이에 산혀, 그와 동일한 방향 안에 머물고 말 겁니다.

반면 소용돌이는 흐름이 취하는 모든 방향을 허용하며, 주어진 공간을 흐름이 전체로서 점유하며 만들어집니다. 소용돌이는 입자들의 흐름이 하나의 형상을 취하는 것이란 점에서 어떤 집합적인 방향의 질서를 이루지만, 소용돌이를 이루는 흐름 안에서 각각의 입자나 선들은 그 편위적인 성격이 매우 강하며, 그 흐름의 속도에 따라 그 집합적인 방향이나 각각의 선들이 그리는 곡률은 항상 달라지게 마련이지요. "사람들은 층류적인 흐름 속에서는 직선에서 그 평행선으로 나아가는 게 아니라, 곡선의 편위로부터 경사진 구도 위의 나선과 소용돌이 구성체로 나아간다."(MP, 447; II, 143)

그래서 저자들은 세르의 말에 따라 유목적 과학이 다루는 흐름은 '투르바(turba)'에서 '투르보(turbo)'로 향한다고 말합니다. "투르바에서 투르보로. 바꿔 말하면 원자들의 밴드나 무리에서 거대한 소용돌이 조직으로. 모델은 소용돌이꼴이다. 그것은 직선적이고 고체인 사물들을 닫힌 공간 안에서 구획하기보다는, 사물-흐름들이 분배되는 열린 공간 속에서 작동한다."(MP, 447; II, 143~44) 유목적 과학에서 포착하는 '법칙'이나 '질서' 같은 게 있을 수 있다면(그것이 과학이니까 말입니다), 그것은 바로 이런 식으로 형성되고 움직이는 '질서'고, 그 자체로 가변적인 법칙이며, 생성과 이질성이 요구하는 가변성을 극대치로 포함하는 그런 법칙입니다. "투르바란 대중, 대규모 주민, 소동을 가리킨다. ······투르보는 둥근 형태, ······회전하는 원추나 소용돌이 나선이다. ······사물의 기원과 질서의 시작은 바로 투르바에서 투르보로의 미묘한 이행 속에 있다."[19] 카

---

(19) 세르, 앞의 책, 144쪽.

오스 이론은 이를 현대적인 형태로 보여주는 사례라고 할 수 있습니다.

④ 문제설정적이다: 유목과학의 네 번째 특징은 그것이 **문제적** 내지 **문제설정적**이라는 것입니다. 그것은 "속(屬)으로부터 종(種)으로 내려가면서 종적 차이를 끌어내거나, 안정적인 본질로부터 파생되는 성질을 연역하는 것이 아니라, 문제로부터 그것을 조건짓고 해결하는 사건들로 나아가는 것"이라고 해요(MP, 447; II, 143). 가령 유클리드의 기하학이 가장 상위에 있는 정의와 공리로부터 정리들을 차례로 끄집어내면서 안정적인 체계를 형성하는 것이었다면(여기에 등장하는 모든 정리가 유클리드가 수학적 추론에 의해 독자적으로 찾아낸 것이라고 본다면 그것은 분명 잘못입니다. 그건 아마도 그리스의 많은 수학자들이 찾아낸 성질이나 명제를 공리에서 추론하는 형식으로 체계화하고 정리한 것이라고 해야 정확할 겁니다. 물론 그중에는 유클리드가 새로 찾아낸 것도 있긴 있을 테지만 말입니다. 이는 집합론의 체계화 과정에서 아주 잘 드러납니다. 숱한 비난 속에서 칸토어는 새로운 명제들을 찾아내지요. 반면 이를 공리계로 체계화한 것은 적지 않은 시간이 흐른 뒤 체르멜로와 프랑켈, 혹은 노이만, 괴델 등에 의해서 이루어집니다), 아르키메데스의 기하학은 "포물선이나 타원과 같은, 원과 다른 성질의 곡선을 어떻게 다룰 것인가, 즉 그것의 길이나 면적을 어떻게 구할 수 있을 것인가" 하는 문제를 통해 직접적으로 어떤 난관을 극복하려는 시도였다는 걸 예로 들 수 있습니다.

이처럼 난관이 되는 문제와 직접 대면하고 그것을 향해서 새로운 창의적 시도를 '던지는' 것은 나중에 말하듯이 도구와 구별되는 '무기'의 특징인데, 이런 점에서 저자들은 문제설정적이라는 것을 전쟁기계와 직접 결부시키고 있습니다(MP, 448; II, 144). 반면 왕립과학은 이런 문제적 요소를 최대한 축소하려고 하며, 해결된 것에 한해서, 그리고 기존의 체계에 부합하는 한에서 그것을 '정리'의 형태로 공리에 종속시키고 체계 안에 제한하려고 합니다. 그래서 가령 앞서 아르키메데스가 찾아낸 포물선이나 타원 등의 '비정규곡선'을 다루는 방법, 혹은 '구적법'은 오랜 세월 동안 기하학의 체계에서 배제되어왔습니다. 왜냐하면 유클리드 기하학의 공리에 복속시킬 수 있는 그런 곡선이나 방법이 아니었기 때문이지요.

그것은 나중에 행성이 타원운동을 한다는 것을 알아낸 케플러 (Kepler)에 의해 비로소 다시 다루어지고, 그것을 통해 포물선이나 타원, 쌍곡선이 원이나 직선과 같은 '정규곡선'과 연속적인 '원추곡선'이라고 하는 것이 분명해지면서, 기하학적으로 다룰 수 있는 영역을 갖게 됩니다. 그러나 그것은 여전히 유클리드의 공리계 안에 들어갈 수 있는 여지가 없었고, 만약 그것을 전면적으로 다룬다면 전혀 다른 종류의 기하학이 만들어져야 했습니다. 실제로 데자르그 (G. Desargues)는 시각예술에서 사용되던 투시법과 이 원추곡선의 이론을 결합해서 '사영기하학(射影幾何學, projective geometry)'이라는 새로운 기하학을 창안했지만, 이는 거의 무시되었고(19세기에 '재발견'되지요), 비슷한 시기에 나온 데카르트의 분석기하학—이는 유클리드 기하학에 대수적 형식을 부여한 것으로, 유클리드 기하학의 연장선상에 있습니다—이 새로이 왕립과학으로 각광을 받게 됩니다.

물론 국가과학이나 왕립과학을 하는 사람들이나 국가철학을 하는 사람들 역시 풀어야 할 어떤 '문제'를 갖고 있습니다. 그러나 문제 자체가, 혹은 문제설정 방식 자체가 다르다고 해야 할 겁니다. 유목과학에서는 구체적인 계기를 통해 문제를 찾아내고, 그 문제를 풀기 위해서 새로운 사유의 방법, 새로운 개념 들을 고안한다면, 국가과학에서는 일반화된 이론에 대한 반론이나 그것의 일반성을 의문시하게 하는 문제들로 (마치 질병처럼) 제기되고, 역시 그에 대해 그 일반적 이론 안에서 일반성을 확보하고 유지하기 위해, 그것을 해결하기 위해 그것과 대처하고 싸우지요.

예를 들어 미분 개념은 문제적인 방식으로 창안되었다고 할 수 있습니다. 속도를 표시하는 공식 $v=\frac{\varDelta x}{\varDelta t}$($x$는 거리, t는 시간, $\varDelta x$는 이동거리, $\varDelta t$는 소요시간)는 이동한 시간 동안의 평균속도를 표시합니다. 이건 사실 속도라고 할 수 없습니다. 속도란 각각의 순간에 움직인 변화율, 즉 순간속도여야 합니다. 그걸 대체 어떻게 구할 수 있을까? 이런 식으로 새로운 문제가 설정됩니다. 이는 확실히 어떤 체계 안에서, 혹은 그 체계에 대해 문제를 제기하는 것과는 전혀 다릅니다. 당시에 최고의 과학자이자 동시에 '마술'에도 대단한 관심과 열정을 갖고 있던 뉴턴이 바로 그런 식으로 문제를 '던지고' 나름의 해답을 찾아냈지요. 여기서 '문제'는 치유해야 할 질병이 아니라, 새로운 창안을 위해 반드시 필요한 질문이라고 할 수 있지요.

그런데 여기서 뉴턴이 창안한 미분법에는 아주 큰 논리적 약점이 있었지요. $\varDelta t$를 무한히 작게 해서 "0에 가깝게 한다"는 구절이 무한소라는 개념을 만들어냈고, 이것이 미분법의 창안에서 결정적인 계기였는데, 바로 이것이 최대 약점이었습니다. 어떤 때는 0이라고 간주하여 계산하고, 어떤 때는 0이 아니라고 간주하는 것이 그것입니다(이는 그 당시 이미 버클리가 지적한 바 있습니다). 영광의 빛이 한창 뻗어나갈 때는 그런 '사소한' 난점은 아무런 문제가 되지 않았지만, 그로 인해 수많은 모순과 역설이 나타나게 되자 그것은 이제 미분법의 존립 자체를 뒤흔들고, 나아가 수학의 기초 자체를 뒤흔드는 '심각한' 문제가 됩니다. 수학의 '왕자'(!) 가우스(C. F. Gauss)가 무한소 내지 무한이라는 개념에 대해서 극도의 공포와 거부감을 갖고 있었다는 것은 잘 알려져 있습니다.

이 경우 무한소 개념은 무언가를 새로이 창안하고 만들어내기 위해 설정되는 그런 것이 아니라, 수학적 체계 내지 기초에 대해 제기되는 위협이라는 점에서 질병과도 같은 '문제'가 됩니다. 바이어슈트라스(Weierstrass)는 이런 점에서 이른바 '입실론-델타법(ϵ-δ)'이라고 불리는 방법을 통해서 미분법을 '산수(부등식)'라는 정돈된 체계 안에 환원함으로써 그 문제를 '해결'했지요(이를 '해석학의 산술화'라고 하지요). 이러한 해결방식은 앞서 국가적 과학이 문제를 대하고 그것을 해결하는 방식을 아주 전형적으로 보여줍니다. 치유해야 할 질병으로서의 '문제', 공리적이고 안정적인 체계 안에 환원하고 그에 복속시키는 것으로서의 '해결' 모두가 그렇습니다.

국가적 사유와 반대되는, 적극적인 의미에서의 문제적인 사유, 무언가를 창안하거나, 알지 못하던 무언가를 알기 위해 '던지는' 문제가 가장 극한적으로 드러나는 것은 아마도 선(禪)이 아닐까 생각합니다. 선승들은 일반화하는 방식의 가르침을 거부합니다. 그래서 모든 '경전'을 단지 '소란'을 일으키는 것으로 보고 옆으로 치워놓습니다. 선방(禪房)의 수좌(首座)들은 경전을 읽지 않으며, 스승 또한 경전을 읽지 말라고 합니다. 다만 하나의 문제, 도에 이를 때까지 붙들고 가야 하는 하나의 문제(질문)만을 던져줄 뿐입니다. 그런 질문을 '공안(公案)'이라고도 하고 '화두(話頭)'라고도 하지요. 예를 들면 이렇습니다.

"부처란 무엇입니까?"
"뒷간의 똥막대기다."(雲門)

"조사(달마대사)께서 서쪽에서 오신 까닭은 무엇입니까?"
"뜰 앞의 잣나무다."(趙州)

"개에게도 불성(佛性)이 있습니까?"
"없다."(趙州)

부처란 도를 뜻하는 것이고 수도승이 도달하려는 경지인데, 대체 왜 그것을 뒷간의 똥막대기라고 했을까? 조사께서 서쪽에서 오신 까닭이야 불도(佛道)를 전하려는 것이었을 텐데, 그래서 사실 그 까닭을 묻는 것은 불도란 대체 무언가를 묻는 것인데, 대체 왜 '뜰 앞의 잣나무'라고 했을까? 아래로는 개미에서 위로는 부처에 이르기까지 모든 것에 다 불성이 있다고 했는데, 왜 개에게는 불성이 없다고 했을까?

답은 스스로 구해야 합니다. 그리고 경전의 구절이나, 자기가 아는 지식을 동원해서 문제를 풀려는 것을 야단치고 못하게 합니다. 더구나 공안을 해설하고 답을 알려주는 것은 수행을 가로막는 짓이라고 비난합니다. 중요한 건 말도 안 되는 저 역설적인 질문을 통해 의문을 일으키고 의문, 의정(疑情) 자체를 극한으로까지 밀고가는 것이며, 그 의정 자체를 통해 스스로, 자신의 몸으로 저 근본적인 역설 사이의 심연을 넘어야 하는 겁니다. 그걸 넘는 순간, 그는 자신이 찾던 것, '도'에 이르고 깨달음을 얻게 된다고 하지요. 그런 깨달음을 얻는 순간, 수많은 경전에 기록된 깊고 미묘한 불법을 한순간에 얻게 된다고 말입니다.

이런 점에서 선에는 오직 문제만이 있으며, 모든 수행자들로 하여금 문제 하나로 스스로 수행하게 하며, 그 문제 하나로 최고의 도에 이르도록 합니다. 문제가 문제 자체만으로 이처럼 중요하고 결정적인 위치를 갖는 것은 아마 다른 어디서도 결코 찾아볼 수 없을 겁니다.

2) 유목과학과 국가과학의 관계

저자들은 유목적/소수적 과학은 "국가적 과학의 요구와 조건 들에 의해 지속적으로 '감금되고', 제지되며, 엄금에 처해진다"(MP, 448; II, 144)고 합니다. 가령 고대의 유목적 과학을 대표하던 인물인 아르키메데스는, 제국의 침략의 와중에도 모래판 위에다 열심히 무언가를 계산하다가 로마 제국 병사의 칼에 맞아 죽지요. 그래서 "로마 제국에 의해 정복된 아르키메데스는 하나의 상징이" 된다고 해요. 저자들은 비릴리오(P. Virilio)를 인용해 이렇게 말합니다. "우리는 기하학의 청년기, 자유롭고 창조적인 조사 연구로서의 기하학이 아르키메데스와 더불어 끝났다는 것을 안다. ……로마 병사의 칼이 그러한 전통의 끈을 끊어버렸다. 기하학적 창조를 살해함으로써 로

마국가는 서양의 기하학적 제국주의의 기초를 놓았다."[20]

사실 이 두 과학은 또한 서로 다른 형식화 방식을 갖고 있습니다. 이는 앞서 설명한 바 있지요. 공리적인 형식이든 아니든, 중심적인 원리에서 시작하여 추론적인 체계를 만들어내는 방식과, 어떤 창안과 결부된 문제를 제기하고 그것을 풀기 위한 방법을 창안하는 방식이 그것입니다. 그런데 여기서도 국가적 과학은 항상 자신의 주권 형태를 유목과학의 창안물에 부과합니다. 앞서 말했던 미분학이나, 뒤에서 말할 사영기하학이 아주 전형적인 경우라고 하겠지요.

오랫동안 그것(미분학)은 오직 비과학적(para-scientifique) [para는 paradox에서처럼 '반(反)한다'는 뜻] 지위만을 지닌 채 고딕적['괴상한', '기이한'이라는 의미에서] 가설이라는 딱지가 붙어 있었다. 왕립과학은 그것에 대해 다만 편의상의 협약 내지 그럴 듯한 허구라는 가치만을 부여했을 뿐이다. 위대한 국가적 수학자들은 그 지위를 개선하려 최선을 다했으나, 그것은 엄밀히 말해 모든 역동적이고 유목적인 관념들, 즉 생성, 이질성, 무한소, 극한으로의 이행, 지속적 변이 등을 제거하고, 시민적·정태적·서수적 법칙들을 부과하는 조건 아래에서 그랬을 뿐이다.(MP, 449; II, 145)

또 국가적 과학은 유목적 과학으로부터 자신이 전유할 수 있는

---

(20) P. Virilio, *L' Insécurité du territoire*, Galilée, 120쪽. MP, 448; II, 145쪽에서 재인용.

것만을 보존합니다. 그 나머지는 어떤 현실적인 과학적 지위도 없는 한 묶음의 제한된 공식으로 전환시키거나, 아니면 외면하거나 억압하고 금지하지요. 아르키메데스의 기하학이 그랬지요. 그것은 학문의 중심에서 멀리 밀려나 잊혀진 채 있었고, 기껏해야 특수한 '비정규곡선'의 길이를 구하는 공식다발로 간주되었습니다.

투시법과 데자르그의 사영기하학의 관계도 그렇습니다. 투시법은 1425년 브루넬레스키(F. Brunelleschi)의 유명한 대중적 실험 이래 회화나 건축에서 중심적인 위치를 확고하게 차지하고 있었지요. 과학적인 지각방식, 사물을 보는 유일하게 과학적인 방식이란 지위를 말입니다. 왕립과학은 투시법이 중심의 검은 구멍(소실점)에 모든 선과 형태가 종속되는 코드화 방식에 한해서 그것을 사용합니다. 도시와 도로망의 구성에서, 거리와 건축물의 배열에서 투시법은 오랜 동안 핵심적인 역할을 했고, 그것을 고정된 모델 안에 가두는 역할을 했습니다.

반면 데자르그는 투시법을, 아르키메데스가 주목했던 상이한 곡선들 간의 연관성을 찾아내고, 도형의 기하학적 형태(형식)를 변형시키며, 새로운 종류의 형태를 찾아내고, 그 형태들 간의 어떤 일관성을 찾아내는 방법으로 변형시킵니다. 그러나 데카르트보다 먼저 찾아낸 이 새로운 종류의 기하학은 2세기 가까이 완전히 무시되었고, 데자르그는 "왕의 서기관에 대항한 죄로 파리 고등법원에서 유죄판결을 받았으며, 그의 투시법적 실행들은 금지당했다"(MP, 452; II, 147)고 합니다.

하지만 19세기에 일급의 군사기술로 간주되어 국가적 비밀에 붙여지기도 했던 몽주(G. Monge)와 퐁슬레(J.-V. Poncelet)의 사영기하학 이후 데자르그의 기하학은 다시 '발견' 되었고, 19세기 후반 비유클리드 기하학이나 위상기하학 등의 새로운 발전을 통해 기하학의 체계 안에서 다른 기하학과 내부적인 연결관계를 형성하게 되면서 비로소 정규적인 기하학의 중요한 하나의 영역으로 자리를 잡게 됩니다. 확실히 이런 의미에서 "국가는 유목과학을 엄격하게 한계 지우고 통제하며 국지화하는 시민적·척도적 법칙에 전쟁기계를 복속시키지 않고서는, 전쟁기계가 사회적 장 전체에 걸쳐 반향하는 것을 저지하지 않고서는 이런 차원을 전유하지 못한다"(MP, 449; II, 145)는 저자들의 말은 매우 설득력이 있습니다.

반면 유목적 과학들이 여러 영역에서 이질적인 것들에 관한 과학을 다수 산출하게 되면, 국가적 과학은 그것을 어떻게든 수습해야 합니다. 아니면 그것들에 의해 대문자 T로 시작하는 진리(Truth)라는 개념에 대한 국가적이고 척도적인 지위를 상실할 수도 있을 테니 말입니다. 그래서 가령 비유클리드 기하학이 다수 생겨나자, 그것을 하나의 '범기하학(pan-geometry)'으로 묶어서 체계화하려는 시도(클라인 F. Klein의 에를랑겐 프로그람 Erlangen Programm)가 나타납니다. 그것은 기하학들을 하나의 기하학으로 묶음으로써 국가적 과학과 진리의 '단일성'을 고수하려는 시도라고 할 수 있습니다.

국가적 과학과 유목적 과학의 차이를 저자들은 플라톤이 말했던 '콤파르스(Compars)'와 '디스파르스(Dispars)'라는 개념으로 설명하기도 합니다. 콤파르스는 법칙을 찾아내려 하고 어떤 보편적인 상수(常數)를 찾아내려는 모델이란 점에서 왕립과학에 상응합니다. 이는 "변수들에 대한 불변의 형식을" 찾으려 하며, 가변적인 질료와 짝을 이루는 항상적이고 동질적인 형상을 찾으려 하는 '질료형태학적' 모델이라고도 합니다(이는 아리스토텔레스의 개념에 잇닿아 있습니다). 여기서 핵심적인 이항성은 **질료와 형상(형식)**이라는 개념으로 이루어져 있습니다.

반면 디스파르스는 변수들에서 상수를 찾아내는 게 아니라, 변수들을 지속적인 변이 상태에 두려 한다는 점에서 유목과학에 상응합니다. 그것은 각각의 고유한 소재(재료)들이 갖는 이질성과 가변성을 추상한 불변적 형식이나 형상을 찾아내는 게 아니라, 그러한 소재 자체로 그 안에 있는 특이성이나 힘을 포착하려 합니다. 따라서 여기서는 질료-형상이란 짝 대신에 소재-힘이란 짝이 중심적인 역할을 하게 됩니다(MP, 457~58; II, 152~53). 덧붙이면 전자가 일반적 법칙을 재생산하는 방식으로 개별적인 경우들에 관여한다면, 후자는 각각의 경우마다에 고유한 특이성을 찾아내려는 '추구(suivre)'를 고유한 연구방식으로 갖고 있다고 말합니다(MP, 460~61; II, 155).

여기서도 이항적인 두 과학은 복잡한 상호관계 속에 뒤얽혀 있습니다. "일반적 법칙으로서, 매끄러운 공간, 벡터적 장, 비척도적 다양체는 항상 콤파르스로 번역될 수 있으며, 필연적으로 번역되게 마련이다. ……이 유클리드적 공간은 두 벡터 사이에 평행성을 재도입하며, '걸어다님으로써 탐험' 하면서 다양성을 계속하여 추구하는 대신, 마치 그것이 동질적이고 홈 패인 재생산의 공간 속에 침윤되어 있는 것처럼 취급된다. 이는 노모스에 대한 로고스의 승리, 혹은 법의 승리다."(MP, 462; II, 156)

이것은 국가적 과학에 유목적 과학이 포섭되고 포획되는 것을 의미합니다. 이는 각각의 영역에서 발생한 성과가 다른 영역으로 이동하는 과정이, 이미 척도적 지위를 차지하고 있는 국가적 과학의 홈 패인 공간을 불가피하게 통과하거나 그것과 결부하여 진행되기 때문입니다. 예를 들면 한의학에서 사용되는 개념이나 '기술'들이 다수적 과학은 물론, 다른 종류의 소수적 과학과 접속하려는 순간, 어느새 공통의 '소통수단', 공통의 '척도'가 되어버린 근대과학이나 서양의학의 개념들로 번역되어야만 하는 것처럼 말입니다. 이 경우 가령 '기'라는 비가시적이고 비형태적 개념은 가시적인 형태로 변환되어야 하고, 전기나 자기적인 현상으로 치환됩니다.

하지만 저자들은 이와 반대로 이동적인 과학이 재생산적인 왕립과학 안으로 완전히 내부화되는 것을 방지하는 경향 또한 항상 존재한다고 말합니다. "이동적 절차와 과정이 그 자신의 모델로 되돌아 갈 때마다, 점들은 모든 일대일 대응관계를 배제하는 특이성으로서의 지위를 되찾고, 흐름은 벡터들 간의 어떤 평행도 배제하는 곡선의 소용돌이 운동을 되찾으며, 매끄러운 공간은 동질화되고 홈 패이게 되는 것을 방지하는 접촉의 성질들을 재정복한다. ……국가과학자들이 영원히 투쟁하거나 통합하거나 동맹하거나, 심지어 과학기술의 법적 체계 안에 소수적인 지위를 제안하기까지 하게 되는 이동적 과학자의 유형이 존재한다."(MP, 462; II, 156) 마치 소수자들이 다수적 언어를 통해 자신의 삶을 표현하지만, 그와 동시에 다수적 언어 자체에 변형을 가하고 그것을 '더듬거리게' 하듯이 말입니다. 근대과학의 개념으로 번역되고 그런 방식으로 가시화되지만, 근대과학의 법칙이 갖는 일반성으로 환원 불가능한 지대들이 만들어지는 식으로 말입니다.

5. 사유의 두 가지 양상

1) 사유의 국가적 모델

마지막으로 명제 4는 전쟁기계의 외부성을 사유학(noologie)에서 입증할 수 있다고 주장합니다. 이는 사유 자체를 국가장치와 전쟁기계라는 두 가지 극에 의해 분할하는 것을 뜻하지요. 이 명제의 바로 위에 "사유를 국가적 모델에서 구해낼 길이 있는가?"라는 '문제'를 던지고 있는 것도 이런 이유에서지요.

알다시피 사유는 결코 자유롭지 않습니다. 아니, 일단 사유는 자유롭습니다. 사유는 그 자체가 리좀과 같아서, 그냥 따라가 보면 아무 방향으로나 흐르고, 밖에서 끼어드는 어떤 요소 하나에 의해서 금방 다른 방향으로 흘러가는 식이지요. 어떤 주제를 가지고 사유하는 경우에도 그렇습니다. 그 사유 직전에 본 것이나 읽은 것이 그 사유 자체에 매우 큰 영향을 미칩니다. 니체가 말한 이른바 '짧은 기억'이 그것입니다. 다시 말해 사유는 그 직전에 읽거나 본 것과 접속되어 진행되게 마련이고, 그게 무언가에 따라 다른 방향으로 나아갈 수 있다는 겁니다.

그러나 여러분 역시 사유를 흘러가는 대로 두는 것으론 어떤 생산적이고 적극적인 결과를 낳을 수 없다고 생각하실 겁니다. 사실 그것으론 방황·잡념·몽상 등에 머물 뿐이지요. 그래서 무언가에 집중해야 하고, 목표나 주제의 선정, 천착의 방향과 경로 등 사유를 펼치기 위한 '방법(method, organon)'이 있어야 합니다. 전공과목은 주제나 목표를 설정하는 특정한 방법으로 규정해주지요. 경험적 조사나 논리학적 규칙에 따른 사유가 사유의 구체적인 경로 내지 방법으로 주어집니다. 아니, 우리는 그 이전에 이미 전공에 부합하여 사유나 연구의 주제를 잡고 그 방법을 받아들여야 한다는 태도를 갖고 있지요.

그래서 가령 저처럼 전공과목이 '사회학'인 사람이 철학이나 미술사에 관심을 가지면, 이는 잡념의 다른 표현인 '잡학'으로 간주되고, 사유하는 자로서의 '전문적' 자세가 결여된 것으로 비난받습니다. 또 경험적 연구를 하지 않고 개념이나 이론만 갖고 사유하면, 그 역시 구체적이지 못한 태도고 전문가적 자질이 없는 것으로 간주되고 비난받습니다. 단지 대학의 교수들만 이런 비난을 하는 것은 아닙니다. 바로 옆에서 함께 공부하는 동료들도, 혹은 심지어 친한 친구도 "아끼는 충정에서" 비난을 합니다. 저는 그 '충정'이 결코 거짓이 아니라고 믿습니다. 하지만 정작 심각한 것은 충정 어린 조언이 바로 제도적으로 규정되고, 학습의 형태로 훈육되는 그런 사유를 촉구한다는 것입니다. 마치 어머니가 아들에게 장래를 생각하는 충정에서 취직과 출세를 권유하듯이 말입니다. 이 충정 어린 권유를 받아들이면, 해야 할 가장 좋은 길은 대개 사회적으로 정해져 있습니다. '좋은 주제'를 정하여, '좋은 방법'으로 연구하여 '좋은 결과'를 얻는 것, 혹은 좋은 대학을 가고, 좋은 직장에 들어가거나 국가고시를 보는 것 등이지요.

여기서 쉽게 알 수 있듯이, '무엇을' 사유하기 이전에 이미 그 '무엇'을 설정하는 방법, 그것을 사유하는 방법과 규범 등의 사유형식이 주어져 있고, 그것이 우리의 사유를 먼저 규정하고 제한합니다. 대개는 잡념이나 몽상에서 벗어나 생산적인 사유를 하기 위해선 그래야 한다고 하여 이를 받아들입니다. 이런 의미에서 사유를 제한하고 규정하는 것은 내용이라기보다는 그 이전에 **사유의 형식 그 자**

체라고 할 수 있습니다. 모든 사유를 뒤덮는 사유의 이미지가 이미 있는 거지요. 대개 이는 제도화된 사유의 형식, 우리가 사유하기 위해서 대개 그 안으로 들어가야 하는 국가적 제도 안에 '규범'으로 자리잡고 있는 사유의 형식에 따르고 있지요. 지배적인 사유의 이미지, 그것은 국가장치에서 빌려오는 사유의 모델입니다. "사유 그 자체는 이미 그것이 국가장치로부터 빌려오는 모델에 순응하며, 이 모델은 목표와 경로, 도관, 수로, 기관 등 방법 전체를 규정한다."(MP, 464; II, 158)

그것은 사유 속에 자리잡은 국가적 모델이라고 할 수 있습니다. 따라서 국가가 두 개의 머리를 갖는 것처럼, 사유의 모델에게도 두 개의 머리가 있습니다. 하나는 "마술적 포획, 강탈 혹은 구속에 의해 작동하는 것으로, 어떤 근거(신화mythos), 신화의 효율성을 구성하는 참된 사유의 절대권"이고, 또 하나는 "약속 또는 계약에 의해 진행되며, 입법 및 사법 조직들을 구성하고, 근거의 재가를 수행하는 자유정신의 공화국인 로고스"입니다(MP, 464; II, 158).

가령 사유하려는 자는 철학이니 역사니 하는, 이미 정해져 있는 사유의 형식에 포획되게 마련입니다. 사람들의 삶의 문제를 연구하려는 자는 사회학이니 경제학이니 하는, 이미 주어진 사유형식에 좋든 싫든 들어가야 합니다. 그렇지 않은 것은 사유가 아닌 게 되지요. 이게 바로 마술적 포획 내지 강요, 구속의 극입니다. 그리고 가령 철학이나 경제학 안에 들어갔다면, 그 분과 안에서 사용되는 다양한 규칙들에 따라야 합니다. 그렇지 않으면 "철학에서 나가야" 하고 "경제학 밖으로 나가야" 합니다. 이것이 또 하나의 극입니다. 나가기 싫으면 스스로 알아서 복종해야 하는 계약의 극. 이 둘은 고전적인 사유의 이미지 안에서 항상 우선권 다툼을 합니다. 그것은 서로가 서로를 이용한다는 면에서만 그런 것이 아니라, 보완적 존재로서 서로를 필요로 하는 이유 때문에도 그렇지요.

 이러한 관계를 통해서 사유는 국가로부터 중력을, 중심을 얻습니다. 그리고 국가는 반대로 사유로부터 전반적 동의(consensus)라는 필수요소를 얻게 됩니다. 국가와 이성 간에 발생하는 이러한 교환을 통해서 국가는 사유 내부에 내부성의 형식, 그 내적인 전개라는 **내부성의 형식**을 부여하고(가령 자연법 이론처럼 법조차 이성적·수학적 법칙으로 환원하는 경우가 그렇지요), 한편 사유는 국가가 부여한 이 내부성, 혹은 그 내부성을 부여하는 국가에다가 **보편성의 형식**을 부여합니다(홉스에서 루소, 헤겔에 이르는 정치철학을 보세요). "오직 사유만이 국가가 보편적이라는 허구, 국가를 합법적인 보편성의 수준으로 격상시키는 허구를 발명할 수 있다."(MP, 465; II, 158) 하버마스와 같은 사람이 흔히 말하는 '정당성'이 이성이 국가에 부여하는 보편성 내지 합법성의 이름이라면, 동시에 그 정당성은 국가가 이성에 부여하는 보편성이기도 합니다(이런 사람들이 보편타당성, 보편적 척도, 보편적 가치, 보편적 규범, 보편적 진리 등과 같은 말을 좋아하는 이유를 아시겠지요? 게다가 하버마스는 《사실성과 타당성 Faktizität und Geldung》에서 결국 '헌법애국주의'로 감으로써 이런 혐의를 입증해주었다고 하더군요).

 이런 식의 국가와 이성, 국가와 사유의 동맹을 통해서 "모든 것들은 입법자와 주체 주위를 회전"하게 됩니다(MP, 466; II, 159). 국가의 입장에서는 사유를 허용하는 형식적 조건들 아래에서 입법자와 주체를 구별해야 하지만, 이것은 바로 그 양자의 동일성을 개념화하기 위한 것입니다. 따라서 이렇게 말합니다. "복종하라, 항상 더 많이 복종할수록 더 많이 지배하게 될 것이다. 왜냐하면 그 복종이란 순수이성에게, 바로 자신에게 복종하는 것일 뿐이기 때문이다." (MP, 466; II, 159) 이것이 그 근대적인 주체화 체제의 가장 결정적인 정언명령입니다. "네가 입법자로서 법에 복종하는 것은, 네가 계약에 의해서, 네가 뽑은 사람들에 의해서 정해진 것에 복종하는 것이다. 즉 그것은 다른 외부의 누구가 아니라 너 자신, 너 자신의 내적인 명령에 복종하는 것이다. 이성의 명령에."

이것이 "할 수 있다, 왜냐하면 해야 하기에(Ich kann, denn ich soll)"라는 말로 요약되는 칸트적인 도덕철학의 핵심이기도 하지요. 들뢰즈는 칸트에 이르러 선과 법의 관계가 뒤집힌다고 하면서, 그것이 근대적 법과 도덕의 관계를 잘 보여준다고 말합니다.[21] 도덕과 법의 관계에 대한 이전까지의 통념은, "법이란 그것이 선한 것이기 때문에 법이 된 것이다"였는데, 반대로 칸트는 선한 것은 그것이 보편타당성의 형식이기에, 다시 말해 법이기 때문에 선한 것이다라고 말합니다. "할 수 있다, 왜냐하면 해야 하기에"라는 명제나, "너의 의지의 준칙이 언제나 보편타당한 입법의 원칙에 부합하도록 행동하라"는 칸트의 도덕철학의 정언명령은 바로 이런 사태를 요약해주고 있습니다.

"철학이 스스로에게 근거의 지위를 할당한 이래로, 그것은 기존 권력에게 축복을 내렸으며, 국가권력의 기관들에 자신의 분과 원칙을 베껴왔다"(MP, 466; II, 159)고 저자들이 말하는 사태는 바로 이와

---

[21] 들뢰즈, 〈영역판에 붙이는 서문〉, 서동욱 역, 《칸트의 비판철학》, 민음사, 1996, 142쪽.

연관되어 있습니다. 칸트가 가령 순수이성 비판이라는 기획을, 이론이성인 '순수이성'을 비판의 법정에 세우는 것이라고 말할 때, 다시 말해 법정이라는 국가적 심급의 은유를 빌려올 때, 혹은 마치 법정이나 국가기관이 심급을 나누는 것처럼 이성을 여러 개의 심급으로 분할할 때, 그 분할의 동형성이 있든 없든 간에 이런 법적이고 국가적인 모델이 철학 자체 내부에 자리잡고 있다는 것을 이해하는 것은 그리 어려운 일이 아닙니다.

헤겔의 철학이 이성에 절대적 지위(절대정신)를 부여한 것과 나란히, 프로이센 국가로 응집되는 역사와 현실에 그 절대이성의 지위를 부여했다는 사실 또한 지적할 수 있습니다. 더구나 그의 경우 철학자가 국가 '공무원'이 되고, 사유와 학문을 관리하는 대학총장의 자리에 올랐다는 것은 분명한 상징적 의미가 있다고 하겠습니다. 한편 현대에 이르면, 이처럼 이성과 사유를 '관리'하는 철학자가 국가 장치에서 차지한 위치(국가철학자)를 사회학자들이 대체하는 데 성공했다고 말합니다. 대표적인 것은 프랑스의 사회학자 뒤르켐(E. Durkheim)일 겁니다. 혹은 한때 미국 사회학을 지배하던 파슨스(T. Parsons) 같은 사람도 그런 경우라고 하겠지요.

이리하여 국가적인 모델이라는 사유의 이미지에서는 두 가지의 보편자가 나타납니다. 하나는 '전체'고, 다른 하나는 '주체'지요. "고전적인 사유의 이미지와 그것이 초래하는 정신적 공간의 홈 파기는 보편성을 열망한다. 실제로 그것은 두 가지 '보편'으로 작동하는데, 존재의 최종 근거, 혹은 모든 것을 포괄하는 지평으로서의 전체(le Tout)와, 존재를 '우리를 위한 존재(être-pour-nous)'로 전환시키는 원리로서의 주체(le Sujet)가 그것이다. 제국과 공화국. 현실과 진리의 모든 장르들은 이 둘 사이의 홈 패인 정신적 공간 안에서 '보편적 방법'의 지도 아래 전체와 주체라는 이중의 관점에서 자기 자리를 찾아낸다."(MP, 469; II, 162)

사실, 언제나 보편성을 획득할 수 있는 **방법**으로 진행될 때에만 사유결과의 보편성을 입증할 수 있다는 것은 근대 과학철학의 중요한 명제입니다. 그렇다면 '무정부주의'—반국가주의를 뜻하기도 하지요—를 자처하는 과학철학자 파이어아벤트(P. Feyerabend)가 자신의 가장 중요한 책을 이런 의미의 '방법'에 반대한다는 점에서 《방법에 반대하여(Against method)》[22]라는 제목을 달았던 것도 매우 시사적이라고 하겠습니다.

2) 대항사유

반면 국가장치에 반하는 전쟁기계처럼 국가적인 사유에 반하는 '대항사유(contre-pensée)'가 있습니다. 그것은 국가장치의 모델을 빌린 사유형식 자체에 반하는 사유고, 그 장치나 형식 안에 들어가지 않는 사유며, 반대로 그런 국가적 사유형식을 깨고 부수어 비국가적 사유의 흐름에 다양한 출구를 만들어내는 사유지요. 여기서 저자들은 공적 교수, 공무원 노릇을 하는 철학자에 대립하는, 이른바 '사적 사상가'들을 예로 들고 있습니다. 키에르케고르, 니체, 세스토프(chestov) 등이 그런 인물이라는 겁니다. "그들이 어디에 거주하든 그곳은 초원이나 사막이다. 그들은 사유의 이미지를 파괴한다."(MP, 467; II, 160)

---

(22) 페이어아벤트, 정병훈 역, 《방법에의 도전》, 한겨레, 1987.

그러나 국가적 사상가에 반하는 사상가를 '사적 사상가'라고 부르는 것은 사실 부적절합니다. 이유는 두 가지예요. 첫째 이유는 우선 '사상가'라는 말 그 자체에 있습니다. 사실, 문제는 외부의 사유인데, 사상가라는 말은 사유의 자유로운 흐름을, 사상가의 이름으로 표시되는 어떤 사유 자체의 체계성과 내부성을 과장하기 때문이지요. 대항사유란 어떤 사상가가 시간을 두고 완성해간 어떤 사상이라기보다는, 차라리 그 사상가에게 주어지는 외부들과 그의 사유가 접속한 결과고, 그런 만큼 하나의 사유 안에 항상-이미 복수의 사유가 뒤섞여 공존하는 그런 것이란 점에서 '외부'가 문제고 '외부의 사유'가 문제라는 겁니다. 따라서 전쟁기계로서 사유는 주어지는 외부의 힘들과 직접적 관계 속에서 대면하며 작동하는 것이라고 할 수 있고, 그런 점에서 외부성을 자신의 내적인 특질로 갖고 있다고 할 수 있습니다.

두 번째 이유는 '사적'이라는 말에 있습니다. 대항사유는 언제나 지배적인 것, 주류적인 것, 다수적인 것에 반하는 것이란 점에서 "민중을 결여하고 있고" '절대적 고독'을 내포하지만, 그것은 극단적으로 붐비는 고독이고, 이미 "도래할 민중"과 한데 얽혀 있는 고독이기 때문입니다. 즉 대항사유에 숙명과도 같은 고독이란 "민중-그것은 오직 이를 통해서만 존재하게 될 터인데-을 불러내고 기다리는 그런 종류의 고독"(MP, 467; II, 160)이라는 겁니다.

하지만 대항사유에 상응하는 이런 "사유의 외부성의 형식은 국가장치가 불어넣은 이미지에 대립하는 또 다른 이미지, 그걸 대치하는 또 나른 모델은 아니"라고 말합니다. "그것은 차라리 이미지와 복제, 모델과 재생산을 절연(絶緣)시키는 힘이고, 사유를 진리, 정의,

권리라는 모델에 종속시키는 모든 가능성을 파괴하는 힘"이라는 겁니다(MP, 467; II, 160). 저자들은 말합니다. "사유는 흡혈귀와 같다. 그것은 모델을 구성하거나 복제할 이미지를 갖지 않는다. 선(禪)의 매끄러운 공간 속에서, 화살은 한 점에서 다른 점으로 가는 것이 아니라, 모든 점으로 보내지고, 활을 쏜 사람 및 과녁과 치환되는 경향이 있다."(MP, 468; II, 161)

더불어 전체와 주체라는 국가적-보편적 사유와 달리 유목적 사유는 보편적 주체가 아니라 특이한 인종과 결연(alliance)합니다. "그것은 모든 것을 포괄하는 총체성의 지반이 되는 것이 아니라, 매끄러운 공간, 스텝, 사막 또는 바다라는 지평선/수평선 없는 환경에서 전개된다."(MP, 469; II, 162) 그것은 사막에 있는 종족들을 찾아 나서지요. 그러나 이것은 사유가 기대야 할 어떤 인종을 재발견하자는 것은 아닙니다. "인종은 오직 억압받는 인종 수준에서만, 그리고 그것이 치르는 억압의 이름으로만 존재한다. 소수 인종 아닌 인종, 지배적 인종이란 없다. 인종은 순수성에 의해 정의되는 것이 아니라, 지배의 체계가 그것에 부여하는 불순함에 의해 정의된다. 잡종과 혼혈이 인종의 진짜 이름이다. ……인종은 재발견되는 것이 아니며, 동양은 모방되는 것이 아니다. 인종이 매끄러운 공간에 거주하고 그것을 횡단하는 종족의 구성 속에서만 존재하듯이, 동양은 오직 매끄러운 공간의 구성 속에서만 존재한다."(MP, 470; II, 163)

6. 전쟁기계와 공간: 전쟁기계의 공간적 측면

지금까지는 전쟁기계와 국가장치 간의 외부성(공리 1)에 대해서 주로 이야기했습니다. 공리 2로 시작되는 여기서부터는 주로 전쟁기계가 가지고 있는 세 가지 중요한 측면에 대해 말하고 있습니다. 먼저 공리 2는 이렇습니다. "전쟁기계는 (그것이 국가장치에 외부적이며, 군사제도와 구별되는 한) 유목민의 발명품이다. 그런 전쟁기계는 세 가지 측면을 갖는데, 공간-지리적 측면, 산술적 내지 대수적 측면, 감응적(affectif) 측면이 그것이다." 여기에 이어지는 명제 5, 6, 7은 이 세 가지 측면에 대해 서술하고 있습니다. 일단 세 가지 명제를 봅시다.

명제 5. 유목민의 실존은 필연적·공간적으로 전쟁기계의 조건을 유효화한다.
명제 6. 유목민의 실존은 필연적으로 전쟁기계의 수적 요소들을 함축한다.
명제 7. 유목민의 실존은 전쟁기계의 무기를 '감응(affects)'으로 갖고 있다.

우선 명제 5는 전쟁기계에 고유한 공간-지리적 측면에 대해서 쓰고 있습니다. 이는 14장에서 '매끄러운 공간'을 다룰 때 다시 중요하게 취급될 주제인데, 여기서 공간의 문제는 유목적인 삶의 방식과 결부되어 매우 근본적인 주제로 부상하고 있습니다.

1) 점과 선
① 점과 선의 관계: 점은 움직이지 않으며, 역으로 점에 대응하는 것은 점에 고정됩니다. 데카르트 공간에서 모든 것은 위치를 표시하는 좌표로 환원됩니다. 점 A에서 점 B로 이동하는 경우에도 이동

은 A와 B 사이에서 일어나지, A에서도 B에서도 일어나지 않습니다. 따라서 점은 일차적으로 **멈춤**과 고정, 고착과 결부되어 있습니다. 반면 선은 **이동**의 경로를 표시합니다. 심지어 두 점 사이에서 발생하는 경우에도 선은 이동과 결부되어 있습니다. 따라서 이동을 항상적 요소로 포함하는 유목은 일차적으로 점이 아닌 선과 결부되어 있습니다.

그러나 이동하지 않는 정착민은 없으며, 멈추지 않는 유목민도 없습니다. 다시 말해 이동과 멈춤은 유목과 정착을 구별해주는 특징이 아닙니다. 오히려 차이는 그 둘 간의 관계에 있습니다. 정착민은 **정착하기 위해서만 이동합니다.** 반면 유목민은 **떠나는 도중에 멈출 뿐**입니다. 즉 정착민은 이동보다 멈춤이나 고정이 우위를 점하는 삶을 통해 정의되고, 유목민은 그 반대로 정의됩니다.

이는 점과 선의 관계에서도 마찬가지로 말할 수 있습니다. 정착민의 삶은 머물고 정착하는 점이 선에 대해 우위를 갖습니다. 확실히 정착민도 이동하고 움직이지만, 이동은 '어디에서 어디로' 라는 원리에 철저하게 따르고 있지요. 선은 시점과 종점으로 표시되는 두 점을 연결할 뿐, **점에 종속**되어 있습니다. 가령 경부선은 서울과 부산이라는 두 점을 잇는 선입니다. 시점과 종점이 없다면, 혹은 불명확하다면 이 선은 완성되지 못한 것, 불완전한 것으로 간주되지요. 물론 그런 길이나 도로가 무의미하진 않을 겁니다. 다만 정착민이 그것을 이용하는 경우, 그것은 나름의 시점과 종점을 연결하는 선에 포섭되게 마련이지요.

이렇게 선이 점을 연결하는 것이 되어 점에 종속될 때, 선 자체도 고유한 특징을 갖게 됩니다. 가령 서울과 부산을 잇는 도로를 만든다면, 이 도로는 가능한 한 짧은 길이를 갖는 것이 되어야 합니다. 가장 짧은 시간에, 최소한의 비용을 들여서 이동하는 것, 그것이 바로 정착민이 이동할 때 사용하는 또 하나의 원칙이지요. 그래서 도로는 가능한 한 직선화되어야 합니다. 데카르트 공간은 이를 아주 이상적으로 실현합니다. 거기서 선은 좌표로 표시되는 두 점을 잇는 것으로 정의되고, 그 선은 최단거리를 취해야 하기에 직선이 됩니다.

약간 옆으로 새자면, 이런 특징은 이동의 방식에서도 일정한 특징을 수반합니다. 만약 서울에서 부산으로 이동하는 경우, 그 사이에 만나는 세상이나 보게 되는 풍경은 별다른 의미가 없습니다. 그걸 보기 위해 이동하는 게 아니니까요. 따라서 이런 사람들은 같은 값이면 빠른 이동수단을 택합니다. 그리고 자동차나 기차를 타면 대개 잠을 청합니다. 이동하는 시간은 '버리는' 시간일 뿐이고, 목적한 지점에 이르기 위한 '비용'일 뿐이지요.

하지만 유목민이라면, 혹은 여행 자체를 즐기는 사람이나 방랑하는 사람이라면 결코 이렇게 '이동' 하지 않습니다. 이동하는 과정 자체가 중요하고, 경로 자체, 선 자체가 중요하기 때문입니다. '이동' 의 경로도 '최단시간 최단거리'의 원칙에 따르지 않지요. 보고 싶은 지점들을 가능한 한 많이 통과해야 하니까, 같은 값이면 좋은 것을 찾아 둘러갑니다. 그리고 목적지가 중요하지 않기 때문에 얼마든지 옆길로 샐 수 있고, 그래서 다른 곳으로 이어지는 선을, 비껴나는 선을 그릴 수 있지요. 이런 점에서 그는 많은 점들을 통과하고 이 점에서 저 섬으로 이동하시만, 선 그 자체 위에 있는 것이고, 결코 목적지를 뜻하는 어떤 점에 종속되지 않는다고 할 수 있습니다.

따라서 유목적인 삶에서는 시점과 종점의 위치를 표시하는 점에 대해서 이동의 궤적을 그리는 선이 우위를 갖습니다. **점에 대해 선이 일차적이란 말이지요.** 유목민에게 점은 그들이 통과하는 선 속에 존재하며, 선의 경로에 종속됩니다. 물론 유목민도 머무는 영토를 갖고 있습니다. 그리고 이 영토에서 저 영토로 계절에 따라, 사정에 따라 관습적인 경로를 따라 이동합니다.

예를 들어 대상(隊商)들이 사막을 통과할 때, 그들도 분명 점을 찾아다니며 점들을 따라 이동하지요. 샘이나 오아시스가 그것입니다. 따라서 그들의 경로는 오아시스라는 특정 점들을 이으며 통과할 수밖에 없습니다. 그렇지 않으면 여행은 불가능하지요. 그런 점에서 점과 점을 잇는 방식으로 선은 그려진다고 할 수 있습니다. 그러나 오아시스에 머물기 위해서 가는 대상들은 없습니다. 그들에게 그곳은 단지 여행을 하기 위해서 필요한 장소일 뿐입니다. 즉 경로를 표시하는 선의 일부일 뿐이지요. 여기서 점은 선의 일부일 뿐이지요. "점들이 경로를 결정하긴 하지만, 자신들이 결정하는 경로에 엄격하게 종속된다. ……물이 솟아나는 점에는 놔두고 떠나기 위해 도달할 뿐이다. 모든 점은 릴레이고, 릴레이로만 존재한다."(MP, 471; II, 163)

약간 다른 맥락이지만, 다시 유체역학에 관한 이야기를 해볼까요? 도로상을 움직이는 자동차나 보행자 또한 하나의 점이라고 할 수 있습니다. 하지만 교통의 문제를 다룰 때 이런 점들은 무의미합니다. 그 점들을 포함하는 교통의 흐름이 중요한 것이지요. 이 흐름은 점들의 집합이 아니라 **움직이는** 점들의 집합이고, 그런 의미에서 **선들의 집합**입니다. 왜냐하면 이동하는 순간 각각의 점은 이미 점이 아닌 선이기 때문입니다. 그림엽서에 자주 등장하는 남대문 주변의 야경 사진을 본 적이 있나요? 거기선 도로마다 선들로 가득 차 있지요. 자동차의 움직임이 노란 선으로 그려지고 있는 거지요. 각각의 자동차는 그 선 안의 일부고, 그 흐름의 일부일 뿐입니다. 자동차가 많이 몰리는 상황은 그 흐름이 어떤 장애물로 인해 고이고 막히는 것을 뜻합니다. 따라서 자동차의 흐름은 언제나 액체적인 유체고, 유체역학의 대상이 됩니다. 유목적 과학이 고체가 아닌 액체를 다루며, 수력학적인 모델을 사용하는 유체의 이론인 이유를 여기서 다시 확인할 수 있겠지요? 물론 교통의 문제는 그 선들의 흐름을 '도로'라는 홈을 파서 다루는 문제란 점에서 국가적 과학의 문제지만 말입니다.

유목민들은 어디로 가는 과정, 통과하는 과정에서 잠깐 멈출 뿐입니다. 흘러가면서 멈추는 거지요. 그렇기 때문에 거꾸로 유목은 앉아서 하는 것일 수 있다는 역설적 사태가 충분히 가능합니다. 그와 반대로 움직이면서 멈추어 있는 정착 또한 있을 수 있어요. 저자들은 토인비의 역설적인 정의를 받아들입니다. "유목민은 움직이지 않는 자"라는 정의 말입니다(MP, 472; II, 165). 정착민은 자신이 살던 곳이 황폐해지면, 그래서 더 이상 이용하기 힘들게 되면 그곳을 버리고 떠납니다. 이주와 이동. 그러나 유목민은 자신이 살던 땅이 황폐해진다고 해서 버리고 떠나지 않습니다. 거꾸로 거기에 달라붙어 거기서 사는 법을 찾아냅니다. 사막이나 초원처럼 황폐해진 땅에서 살아가는 방법을 찾아내는 것이고, 그게 바로 유목이라는 겁니다. 필요한 것을 찾아 이동하면서, 그 사이에 다시 황폐한 곳에서 다른 삶의 조건이 생성될 여유를 주는 것이 유목의 이유겠지요.

반대의 경우로, 왕가위 감독의 영화 〈동사서독〉은 사막에서 방랑하며 사는 떠돌이 검객조차 유목민이 아니라 정착민일 수 있다는 것을 잘 보여줍니다. 가령 구양봉이란 인물이 그렇습니다. 그는 사막에 살고 떠돌아다니지만, 형수가 된 애인이 사는 곳에 마음을 사로잡힌 사람이고, 과거의 어떤 사건을 잊지 못한 채 상처로 안고 살아가는 사람입니다. 다시 말해 그의 삶은 해결사가 되어 검을 휘두르고 떠돌면서도, 사실은 그것조차 지워지지 않은 과거 어느 시점의 기억에, 그 기억의 장소에 매여 있고 고정되어 있습니다. 독백으로 읊조리는 그의 대사는 아주 시사적입니다. "나는 사막에 살면서도 이 사막조차 제대로 돌아보지 않았다는 것을 알았다." "예전에는 산을 보면 그 너머에 무엇이 있을까 궁금했다. 그러나 이젠 그렇지 않다." 죽으면서 그 애인-형수가 보낸 '선물'인 '취생몽사'의 의미도 전혀 이해하지 못합니다. 마시면 기억이 사라진다는 술 취생몽사, 그것은 모든 것을 잊고서 다시 시작하라고, 다시 떠나라고 하는 전언(傳言)이지만, 그는 그것조차 반대로 이해합니다. "잊으려 할수록 더 생각난다."[23]

반면 서재 한 구석에 앉아서 몽골의 대초원을 누비고 에피쿠로스와 스피노자, 니체, 맑스, 심지어 노자와 도오켄(道元)의 시공을 누비고 다니는 들뢰즈와 가타리 자신은 "앉아서 하는 유목"을 즐기고 있는 셈입니다. 혹은 소림사 뒷산 토굴에 앉아서 9년을 면벽했던 달마대사는 이후 1000년 동안 중국 대륙을 휩쓴 새로운 사유의 흐름

---

[23] 이에 대해서는 이진경, '동사서독', 그 멈춘 기억의 장소를 통과하는 인연의 선들에 관하여, 《필로시네마, 혹은 영화의 친구들》, 소명출판, 2002 참조.

을 앉은 채 일으켰던 겁니다. 그렇다면 이제 유목주의에서 점과 선의 개념은 외연적인 형태를 통해 표상되는 개념이 아니라, 내포적이고 강밀도적인 개념임을 이해할 수 있을 겁니다.

② 선의 기능의 차이: 다음으로, 이미 앞의 얘기에서 얼핏 나온 거지만, 정착민과 유목민에게 선의 기능이 다르다는 점을 지적해야 합니다. 가령 대상들의 상로(商路)나 계절적인 목축의 경로 같은 유목적인 선과 도시의 도로와 같은 정착민의 선은 그 자체의 성격이 분명히 다르다는 겁니다. 이는 선의 질이 다르다는 식으로 말할 수도 있습니다. 저자들은 이렇게 말합니다. "유목민적 궤적이 자취나 관습적 행로를 따른다 하더라도 그것이 정착적인 도로의 기능을 수행하지는 않는다. 도로는 사람들에게 폐쇄된 공간을 분배하고, 각 사람에게 몫을 할당하며, 이 몫들 간의 소통을 조절하기 위한 것이다. 유목민적 궤적은 그와 반대의 일을 한다. 그것은 사람들(또는 동물들)을 열린 공간, 불확정적이고 비소통적인 공간에 분배한다."(MP, 471~72; II, 164)

앞서 말했듯이, 도로는 시점과 종점이라는 두 점을 연결하며, 그 두 점 간의 소통, 그것도 그때그때 특정한 목적에 부합하는 그런 소통의 기능을 수행합니다. 그런데 도로가 통상적인 길과 다른 점은, 가장자리에 턱을 만들어 흐름이 옆으로 새지 못하게 한다는 겁니다. 물의 흐름이 옆으로 새지 못하게 홈을 파는 수로처럼 말입니다. 고속도로에서 길을 한 번 잘못 들면, 잘못 들었다는 걸 알아도 소용이 없지요. 한참을 그대로 도로를 따라 날리는 수밖에 없습니다. 도시의 도로도 마찬가집니다. 인도와 차도는 턱으로 구분되어 있고, 사람은 인도로, 자동차는 차도로 홈 패인 공간을 따라 달려야 합니다. 가령 시위대의 행진은 허용된다고 해도, 주어진 도로를 따라 '흐르도록' 정해져 있고, 경찰은 그런 흐름을 '유도'하고 통제합니다. 반면 초원이나 들판에 난 길은 다릅니다. 도중에 얼마든지 다른 것으로 '샐' 수 있으며, 새는 일이 잦아지면 새로운 길이 만들어지지요. 심지어 동물들이 다니는 길은 가시적인 길을 만들지 않으면서 사방으로 열린 '길' 이지요.

사실 도로가 갖는 이런 특징은 도시와 더불어 도로가 만들어지는 시기부터 아주 뚜렷하게 확인됩니다. 지금도 도시계획을 하는 경우, 가장 먼저 하는 일은 도로망을 구획하고 그 도로망에 의해 분할되는 각각의 지역마다 특정한 목적을 할당하는 것이지요. 그리고 도로를 따라 번호를 붙인 땅들을 일정한 규칙에 따라 개인들에게 할당하지요. 르네상스 시대나 바로크 시대의 도시 플랜은 도로망과 성벽, 그리고 왕궁이나 시청사, 교회 같은 몇몇 거점들을 중심으로 구성되어 있습니다. 중세도시에서는 그 도로망의 중심에 교회와 시청사가 있었다면, 바로크 시대 도시에서는 무한히 뻗어나가는 도로망의 중심에 왕궁이 있었습니다. 베르사유나 칼스루헤(Karlsruhe), 포츠담 같은 도시가 그것을 극적으로 구현하고 있지요. 혹은 평행선들로 짜여지는 격자형의 도로망도 중요하게 사용되지요.

도시의 가장 중요한 기능 중의 하나는 그 도로를 관리하는 겁니다. 패인 홈을 따라 사람이나 자동차의 흐름이 원활하게 흘러가도록 하는 것, 그래서 옆으로 새는 흐름이 발생하지 않도록 하는 것. '도로공사'나 교통경찰들이 하는 게 그거지요. 흐름이 막히면 옆으로 새게 마련인데, 샐 수 있는 옆길은 단단히 막아두었기 때문에 크게 막히는 날이면 대혼란이 벌어지지요. 그래서 막히지 않게 도로를 만들고 관리하는 것, 그리고 막히면 재빨리 출동하여 '뚫어' 주는 것이 바로 경찰들이 하는 일이지요.

반면 초원의 길을 가는 유목민들은 어디 한 군데가 막히는 것만으로 이동이 중단되는 이런 상황을 상상조차 할 수 없을 겁니다. 홈이 패이지 않았기에 어느 방향으로든 갈 수 있고, 따라서 막힐 일이 없지요. 혹은 막히면 돌아갈 길들이 사방에 널렸지요. 그리고 더 좋은 길이 있으면 그리 갈 수 있습니다(반면 도시의 길에선 저 편에 텅 빈 길이 보여도, 내 앞뒤가 막혀 있으면 그림의 떡이지요). 마치 물이 그렇게 흘러가듯 말입니다. 유목민들이 도시에 대해 거대한 적대감을 갖고 있었고, 그래서 도시를 완전히 파괴하는 일이 잦았다는 것, 혹은 중국이란 제국의 도시를 보면서, "저걸 갈아엎어서 말들이 먹고 달릴 수 있는 초원으로 만들어야지"라고 꿈을 꾸었던 것은 이런 점에서 본다면 충분히 이해할 수 있는 발상이라고 할 수 있지 않을까요?

이런 점에서 유목민(nomade)이란 말과 결부된 노모스(nomos)란 "매우 특별한 종류의 분배, 경계나 울타리가 없는 공간 속에서 행해지는 분배고, 몫으로의 분할이 없는 분배"(MP, 472; II, 164)라고 합니다. 물론 노모스라는 말은 '법'을 가리키지만, 이는 원래 '분배'나 '분배양식'을 뜻하는 말이었고, 바로 그런 점이 법이란 말의 어원으로 사용되게 된 이유였다고 해요. 이 책에서 이 개념은 '도시'를 뜻하는 폴리스(polis)와 대비되는 개념으로 사용되지요.

그런데 저자들이 유목에 대해서 이야기하는 것이 단지 유목민에 대한 역사적 관심 때문만은 아닙니다. 그것은 농촌에 살아도 이미 도시적인 삶의 방식에 충분히 익숙해진, 이미 정착민으로 태어난 우리에게 새로운 종류의 삶의 방식, 지금 현재 지배적인 것과는 다른 종류의 삶의 방식을 제안하는 것이기 때문입니다. 혹은 여기 앉아 계신 분들처럼 지식을 다루는 사람들에게는 지식과 관계된 전혀 다른 질을 갖는 두 가지 '선'에 대해 말할 수도 있습니다. 분과와 전공 등을 표시하는 말뚝(점)들과 그 점들 사이를 잇는 제도적인 이동의 경로들, 분과적 규칙과 전문가라는 단어로 표상되고 규제되는 소통의 목적과 양상, 그리고 각자의 '업적'과 점수로 환산되는(!) 활동의 실적들이 그중 하나지요. 이 경우 점과 선은 홈 패이고 폐쇄된 공간을 만드는 요소들이고, 사유와 연구, 지식의 흐름을 그 공간 안에 가두는 기능을 하는 것들이지요.

다른 하나는 언제나 뜻하지 않은 곳으로 자유롭게 '옆길로 새듯이' 흐르면서 규칙에서 벗어난 횡단을 통해 뜻밖의 지식을 생산하는 선입니다. 거기서 분과나 전공이란 말뚝의 점들은 어느 방향으로든 흐를 수 있는, 그 선이 지나가는 점일 뿐이고, 그 선 안에서 새로운 방향을 얻게 되는 점이지요. 어떤 한 점을 지나는 선이 달라지면, 그 점에서의 미분계수―방향적 성분―가 달라지듯이 말입니다. 그리하여 '비전공'적인 지식이 생산되고, 실적이 아니라 확산과 촉발, 공유와 변용을 위한 지식이 생산되지요. 횡단적 지식, 소용돌이형의 지식, 그것을 만드는 클리나멘(clinamen) 같은 선들, 이것이 유목적 지식의 분배(노모스)가 이루어지는 그런 선이라고 할 수 있습니다.

2) 유목민의 공간

이처럼 다른 점과 선을 갖는다면, 그것들로 이루어지는 공간 역시 다른 질을 갖게 될 것임은 두말할 필요도 없습니다. 이를 저자들은

'홈 패인 공간'과 '매끄러운 공간'이라는 말로 개념화합니다. 그럼 이제 유목민의 공간인 매끄러운 공간의 특징을 간단히 살펴봅시다.

① 탈영토화의 공간: 먼저 유목민의 공간은 탈영토화의 공간입니다. 왜냐하면 "유목민과 대지 간의 관계를 구성하는 것은 탈영토화"기 때문입니다(MP, 473; II, 165). 정착민들은 어떤 땅을 자신의 것으로 점유하거나 소유함으로써 그것과 관계를 맺습니다. 여기서 땅은 자연적인 '대지'로부터 탈영토화되지만, 소유라는 방식으로 재영토화되는 한에서만 그렇습니다. 다시 말해 자기가 소유하거나 점유할 수 없는 땅을 개간하는 정착민은 없다는 겁니다. 대지를 탈영토화해서 자신의 영토로 만드는 방식으로 재영토화하는 거지요. 이것이 정착민들이 땅을 탈영토화하고 재영토화하는 방식이지요.

반면 유목민은 그렇지 않습니다. 이들 또한 재영토화하지만, 탈영토화하는 방식으로만 그렇게 합니다. 이는 단지 유목민은 떠나기 위해 머문다는 의미, 재영토화에 대해 탈영토화가 우선한다는 의미만은 아닙니다. 도시나 경작지를 탈영토화해서 초원으로 만들려는 칭기스칸의 꿈을 생각해보세요. 혹은 그들이 전투를 하는 경우도 그래요. 그들이 전투의 터전인 땅을 자신의 영토로 재영토화하는 것은 탈영토화 속도에 의해서지요. 번개같이 말을 달려 적진의 저편에 깃발을 꽂습니다. 그러면 본대에서부터 깃발이 꽂힌 데까지가 본대의 영토가 되는 거지요. 그리고 그 안에 있는 적들은 이미 그들의 영토 안에 있는 것이 됩니다. 쉽게 말해 이미 포위된 것이지요. 여기선 얼마나 빠른 속도로, 얼마나 먼 곳까지 달려갈 수 있는가, 다시 말해 얼마나 탈영토화 계수가 큰가에 의해 재영토화의 양상이 결정된다고 할 수 있습니다. 따라서 유목민의 공간은 탈영토화를 통해서 구성된다고 할 수 있지요.

② 촉감적 공간: 다음으로, 유목민의 공간은 드넓은 초원이나 끝이 보이지 않는 사막 혹은 얼음사막이지만, 원거리 공간이 아니라 근거리 공간이고, 시각적인 공간이 아니라 촉감적인 공간입니다. 저자들의 말을 우선 봅시다. "대지와 하늘을 가르는 것은 없다. 중간의 거리도, 투시법이나 윤곽선도 없다. 시계는 제한된다. 하지만 점이나 대상에 의존하는 것이 아니라, 특개성들(heccéités) 내지 관계들의 집합들(바람, 눈 또는 모래의 기복, 모래나 삐걱대는 얼음의 노래, 모래와 얼음의 촉각적 성질)에 의존하는 유난히 정교한 위상학이 있다. 그것은 시각적 공간이라기보다는 촉각적 공간, '촉감적'이고 음파적인 공간이다."(MP, 474; II, 166)

사막이나 초원에서 눈을 들고 보아야 지금 선 곳이 어딘지 알 수 있는 표지들을 찾기란 거의 불가능합니다. 바다도 그렇지요. 이곳―아일랜드의 신학자 둔스 스코투스(Duns Scotus)가 개체성을 표시하기 위해 사용한 개념인 '특개성'은 영어로는 '이것임/이곳임(thisness)'이라고 번역됩니다―이 어디인지 알기 위해선 해의 위치와 바람의 속도와 방향, 모래의 기복, 풀이나 바위의 상태 등과 같은 성질을 종합해서 판단해야 합니다. 말 그대로 '이곳'을 다른 어디도 아닌 '이곳'으로 만드는 특개성을 포착해야 하지요. 여기서 사용되는 감각은, 눈을 들어 멀리 보는 시각이 아니라, 눈조차도 지표면의 성질을 만지는 데 사용하는 촉감적이고 촉각적인 것입니다.

예전에 〈도전 지구탐험대〉란 TV프로에서 본 건데요, 누군가가 필리핀의 어느 해상마을을 '체험'하러 찾아갑니다. 어느 정도 해상주택 생활에 익숙해지고 나서, 해초밭에 해초를 따러 갑니다. 그런데 주인공이나 촬영진은 망망하니 아무것도 다른 게 없어 보이는 바다를 쪽배 하나 타고 가는데, 마을 사람들은 가려는 방향을 나침반 하나 없이 잘 찾아갑니다. 게다가 지나가면서 배 주변의 바다를 가리키면서 여기는 누구네 '밭'이고 저기는 누구네 '밭'이라고 말해주더군요. 바람과 물결, 냄새, 물의 온도 등등으로 판단하는 것이지요. 그래서인지 곧 큰 비바람이 불 거라는 것도 어느새 알고 빠르게 움직입니다. 이런 점에서 이들에게 바다란 눈을 들어 멀리 보는 원거리 공간이 아니라, 냄새맡고 만져보고 피부로 느껴야 하는 근거리 공간이고, 시각적 공간이 아니라 촉감적 공간이지요. 바로 이런 게 초원이나 사막 같은 유목적 공간을 특징짓는 것입니다.

③ 국지적 절대(absolu local): 방금 말한 데서도 언급되지만, 유목민의 공간에는 윤곽선도, 하늘과 땅을 가르는 지평선/수평선도 없습니다. 따라서 투시법도 없습니다. 투시법이란 소실점이 자리잡을 저 멀리 떨어진 곳, 지평선 내지 수평선이 있어야 효과적으로 작동하지, 그게 없으면 제대로 작동하기 어렵습니다. 그 지평선을 축으로 시각은 윤곽선을 통해서 세상을 봅니다. 지평선이나 윤곽선은 모든 사물을 그 안에다 **담는**(포괄하는) 기능을 합니다. 일종의 전체인 셈이지요. 그러나 그것들은 소실점으로 집중되는 어떤 상대적 양상으로만 담기고 포괄됩니다. 이런 점에서 이를 '상대적 포괄자(le global relatif)'라고도 합니다. 여기서는 오직 소실점에 자리삽은 눈만이 모든 곳을 향해서 시선을 움직일 수 있습니다. 즉 소실점만이

'절대적' 위치를 확보하고 있다고 할 수 있습니다.

하지만 근거리의 촉감적 공간인 유목민의 공간에는 지평선도, 윤곽선도 없습니다. 또한 소실점도 없습니다. 그저 '여기', '저기'가 있을 뿐이지요. 따라서 유목민의 공간은 국지적(local)입니다. 그러나 유목민의 공간은 서 있는 곳이 어느 점이든, 원하는 모든 방향으로 움직일 수 있습니다. 이는 원거리-시각적 공간의 경우에는 소실점에서만 가능했던 **절대적인 이동 가능성**을 모든 국지적인 점들이 갖고 있음을 뜻합니다. 사물이나 흐름, 움직임을 가두는 홈이 없으니 모든 방향으로 움직일 수 있다는 거지요. 이런 특성을 저자들은 '국지적 절대'라고 부릅니다. 국지적이지만 절대적이라는 거지요. 이것이 '매끄러운 공간'이라는 개념과 직접 결부되어 있다는 건 따로 말하지 않아도 아시겠지요?

여기서 저자들은 국지적 절대와 종교적 절대를 구별합니다. "절대적인 것을 특정한 장소에 나타나게 하는 것, 이는 바로 종교의 일반적 특성……이 아닌가?" 그러나 곧바로 이렇게 답합니다. "그러나 근본적으로 종교(의 신성한 장소)는 모호한 노모스를 물리치는 중심이다. 종교에 절대적인 것은 본질적으로 포괄하는 지평이며, 만일 절대적인 것 자체가 특정장소에 나타난다면, 이는 보편적인 것을 위한 견고하고 안정적인 중심을 수립하기 위함이다. ……간단히 말해서 종교는 절대적인 것을 [신성한 것으로] 개종시킨다. 이런 의미에서 종교는 국가장치의 단편이다."(MP, 474~75; II, 166~67) 유목민인 예수와 그의 사도들을 하나의 절대적 장소에 신성성의 빛으로 감싸서 유폐하는 것이 그렇습니다. 이를 위해 예루살렘은 신의 아들이 탄생한 절대적 장소로서, 혹은 지구의 중심으로서 특권적인 위치를 차지합니다. 조금 다르기는 하지만, 이슬람의 성지 메카 또한 이런 절대적 장소로서 유일성과 신성성을 갖고 있습니다. 탈영토화하는 모든 흐름을 궁극적으로 재영토화하는 절대적 중심.

따라서 "유목민은 절대적인 것이라는 의미를 갖고 있지만, 그것은 특이하게 무신론적인 것"이라고 할 수 있습니다. 앞서와 같은 종교들은 "실제로는 고정불변의 지향, 제국적인 법률적 국가와 분리할 수 없다. 심지어, 그리고 특히 실제의 국가가 부재한 경우도 그렇다. 그것은 정착화의 이상을 조장하며 스스로를 유목적인 성분이라기보다는 이주적인 성분이라고 부른다."(MP, 474~75; II, 166~67) 이런 양상은 이란의 이슬람교 조직처럼 국가장치와 결합한 종교나, 아니면 국가를 갖지 못했기에 더욱더 절대적인 장소를 꿈꾸던, 그 '신성한' 땅에 국가를 세우려던 시오니즘이 아주 잘 보여줍니다.

물론 종교가 전쟁기계의 동력이 되는 경우도 많습니다. 신문에서 자주 보이는 '성전(聖戰)'이라는 말은 그것의 한 상징입니다. 트럭을 몰고서 미대사관으로, 이스라엘의 관청으로 달려가 자폭하는 전사들 이야기를 자주 들으셨지요? 특히 이슬람의 경우에는 사막과 더불어 성전이라는 관념이 종교 자체의 이미지와 분리되지 않는 경우가 많지요. 이슬람교뿐이겠어요? 어떤 종교든지 전쟁기계적인 요소를 갖게 마련인데, 전쟁기계의 요소로서 종교라고 하는 것은 중심을 갖는 국가장치와는 달리 왕이나 사제라는 국가적 인물과 대립되는 '예언자'라는 전쟁기계적 인물을 갖고 있습니다.

따라서 종교적 절대성을 단순히 국가장치의 일부로 환원하기는 어렵습니다. 그 신성한 절대성은 전쟁기계를 만들며 삭동하기도 합니다. "종교가 자신을 전쟁기계로 설정할 때, 그것은 가공할 만한 양의 유목주의 또는 절대적 탈영토화를 동원하고 해방시킨다."(MP, 476; II, 168) 하지만 이러한 차이는 유목적인 성분과 이주적인 성분을 정확히 구별할 것을 요구한다는 점을 잊지 말아야 합니다. 이렇기 때문에 정착민, 이주민, 유목민 사이의 엄격한 구별이 필요합니다. 물론 그것들이 혼합을 배제하지는 않으며, 언제나 섞일 수 있다는 점 또한 잊지 말아야 하지만 말입니다.

④ 매끄러운 공간: 요약하자면, 유목민의 공간은 매끄러운 공간이고, 정착민의 공간은 홈 패인 공간입니다. 홈 패인 공간과 달리 매끄러운 공간은 탈영토화의 벡터가 지배적인 탈영토화의 공간이고, 근거리의 촉감적 공간이며, 각각의 점들이 국지적 절대성을 갖는 그런 공간입니다. "정착의 공간은 벽, 울타리, 울타리 사이의 길들에 의해 홈 패인 반면, 유목적 공간은 매끄럽고, 궤적들에 의해 지워지고 치환되는 '특질들(traits)'에 의해서만 표시된다. ……유목민은 스스로를 매끄러운 공간에 분배한다. 그는 이 공간을 차지하고 거주하고 유지한다. 이것이 그의 영토 원리다."(MP, 472; II, 164)

이처럼 유목민의 공간은 정착민의 공간과 다른 질을 가지며 다른 영토화 원리를 갖습니다. "이주민이 무형적 혹은 적대적으로 된 환경을 놔두고 떠나는 반면, 유목민은 떠나지 않고, 떠나지 않으려 하며, 숲이 후퇴하면서 남겨놓은 매끄러운 공간에 달라붙는다."(MP, 473; II, 165) 그래서 거기에서 그 공간을 이용하는 방식, 초원을 이용하는 방식, 사막을 이용하는 방식 들을 찾아낸다고 하는 이야긴 앞서 했지요.

따라서 유목이란 이동이나 이주와 구별될 뿐만 아니라("유목민은 이주민migrant 같은 것이 전혀 아니다."(MP, 471; II, 163), 단순한 운동(mouvement)과도 동일시되어선 안 됩니다. 유목민은 운동보다는 오히려 속도(vitesse)와 관계가 있다고 할 수 있어요. 먼저 속도와 운동의 차이를 봅시다. "운동은 매우 빠를 수도 있지만, 그것이 운동에 속도를 주는 것은 아니다. 속도가 매우 느리거나 심지어 움직이지 않을 수도 있지만 그래도 여전히 그것은 속도다. 운동은 외연적/연장적이고(extensive), 속도는 내포적/강밀도적(intensive)이다. 운동은 '하나'로 간주되는 신체의 상대적 성격을 가리키며, 한 점에서 다른 점으로 움직인다."(MP, 473; II, 165)

이것이 '제논의 역설'을 야기하는 이유일 겁니다. 운동이란 한 점에서 다른 점으로 움직이는 것을 정의하기 때문에, 아킬레스는 거북이보다 10미터만 뒤에서 출발해도 절대로 거북이를 앞지를 수 없다는 역설 말입니다. 왜냐하면 점에서 점으로 가기 때문에, 계산을 항상 '점 대 점'의 대응에서 찾을 수밖에 없지요. 점과 점 사이의 이동 자체는 동질적인 선으로 환원되고, 그 결과 점과 점 사이에는 언제나 일대일의 대응관계가 만들어집니다. 즉 어떤 각각의 시간에 아킬레스가 이동한 점과 거북이가 이동한 점 사이에 일대일 대응이 만들어진다는 겁니다. 따라서 아킬레스는 거북이를 이길 수 없게 되지요.

이와 반대로 "속도는 그 환원 불가능한 부분들(원자들)이 매끄러운 공간을 소용돌이꼴로 점유하거나 채우는 신체의 절대적 성격을 구성하며, 어떤 점에서도 솟아오를 가능성을 갖고"(MP, 473; II, 165) 있습니다. 운동이 점에서 점으로 이동하는 것과 달리 속도는 공간을 전체적으로 장악한다는 겁니다. 칭기스칸이 초기에 정복활동을 할 때, 그의 탁월한 장수 네 명 중 하나가 팽팽한 접전 속에서 기적적인 장면을 연출했습니다. 자기 군대를 이끌고서, 적들이 꽉 들어차 있는 초원을 뚫고 들어가서, 삽시간에 정면을 돌파하고 적의 후방에 칭기스칸 군대의 깃발을 딱 꽂았다는 겁니다. 그럼으로써 전투는 이미 끝난 것이나 진배없게 됩니다. 그 사이에 있던 사람들은 이미 후방을 점해버린 적의 깃발을 보고선 기가 질린 채 그대로 주저앉고 맙니다. 이 경우 후방으로 달려간 장수 역시 공간 상의 한 점에서 다른 한 점으로 이동한 것이지만, 그 쏜살같은 속도로 인하여 그 두 점 사이에 있는 공간 전체를 한꺼번에 장악한 겁니다. 몽골인들의 고도의 기동력 있는 기병들과 우회기동법은 "작전 개시 이전부터 적을 당황케 하는 기습과 편재의 효과를 거둘 수 있었다."[24] "공간을 전체로 점유한다"는 말은 바로 이런 '편재의 효과'가 잘 보여줍니다. 그들의 탁월한 기마술은 이것을 실질적으로 뒷받침합니다.

약간 더 옆길로 새도 좋다면(자, 지금 우리는 매끄러운 공간에 있다는 걸 아시겠지요?), 서양인들이 '우회기동법'이라고 불렀던 저 몽골인들의 전술은 사실 아주 간단한 것입니다. 최고로 기동력 있는 기병들이 전투공간을 전체로 장악함으로써 전투를 끝내버리는 거지요. 그런데 공간을 전체로 장악하는 게 단순히 빠른 속도의 이동만을 말하는 건 아닙니다. 그루쎄(R. Grousset)에 따르면, 투르크족을 정벌하러 갔을 때, 몽골 군사들은 아주 소수만(믿을 수 없지만, 대여섯 명이라고 서술되어 있더군요) 있어도 그 성 하나를 그냥 점령했다고 해요. 어떻게 그것이 가능했을까요? 일단 몽골인 기병대를 본 투

---

(24) 그루쎄, 김호동 외 역, 《유라시아 유목제국사(*L' Empire des steppes*)》, 사계절, 1998, 330~31쪽.

르크인들은 성 안에 들어가서 농성전을 하지요. 그러면 몽골인들은 성 주위에 있는 시골이나 마을에 가서 사람들을 잡아다가 몽골 깃발을 들려서 성 주변을 장악합니다. 그러면 그것만 보고서도 대부대가 온 줄 알고 기가 꺾여서 대개 항복해버리곤 했다는 겁니다.

확실히 속도는 양적인 **빠름**만을 뜻하는 것이 아닙니다. 속도는 심지어 움직이지 않는 것일 수도 있습니다. 요즘은 잘 볼 수 없지만, 시골에서 하늘을 나는 매를 보신 적이 있나요? 무언가를 노리고 있을 때, 매는 그 자리에 멈추어 서 있습니다. 움직이지 않으며, 운동하지 않습니다. 그러나 이에 대해 아무런 속도를 갖지 않는다고는 말할 수 없습니다. 그것은 매우 강한 속도를, 매우 강한 힘을 갖고 있습니다. 아마 날아본 사람—혹시 있다면—은 알 것입니다. 빠르게 날아가는 것보다 그렇게 서 있는 게 훨씬 더 힘들고 고도의 기술을 요구한다는 걸요. 비행기도 멈추는 순간 그대로 중력의 법칙에 따라 낙하하기 시작하지요. 아마도 매는 바람과 기류 등등의 것들을 이용해서 서 있는 것일 겁니다. 중력이 당기는 것과 정확히 같은 속도로 상승하고 있는 거라고 해도 좋을 겁니다. 이런 경우, 움직이지 않아도 속도를 갖고 있다고 해야 합니다. 반대로 추락하는 것은, 날개는 있을지 몰라도 속도는 없지요.

3) 국가장치와 홈파기

유목민이 제국의 영토를 침범하고 도시를 '밀어버려' 매끄러운 공간으로 만들어버리듯이, 반대로 국가장치에 의해 매끄러운 공간에 홈이 패이는 경우 또한 얼마든지 있습니다. 이런 의미에서 국가장치의 가장 근본적인 과업 중의 하나가 홈파기라고 합니다. 그런데 이 이야기를 하기 전에, 국가장치의 일반적인 요소들에 대해서 먼저 보는 것이 좋겠지요. 저자들은 국가장치의 일반적인 요소들에 대해 "들판에서 숲을 제거하는 것, 농업적-격자화, 농업과 정착민적 식품 생산에 종속된 동물 사육, 상업에 기초한 도시-시골(폴리스-노모스) 간 소통을 수합하는 것"(MP, 477; II, 169) 등이라고 말합니다.

농업이 정착민에 고유한 것이고, 땅에다 소유자 내지 점유자를 대응시키는 영토화 원리에 따라 홈을 파는 것과 결부되어 있다는 건 앞서 말했지요. 상업이 국가적 기원을 갖는다는 것은, 나중에 다시 말할 기회가 있을 텐데, 이는 시장이 고대 제국의 대외교역을 통해서 발생했다는 베버(M. Weber)의 연구를 언급하는 것으로 충분할 겁니다.[25] 그래서 제국의 상인들은 장인들과 마찬가지로 대개 국가 관리, 다시 말해 '공무원'이었지요.[26] 정착민의 동물 사육은 아시다시피 소처럼 경작을 위한 수단이란 이유에서, 혹은 닭이나 돼지처럼 잡아먹기 위해서 이루어집니다.

그런데 유목민도 동물을 사육합니다. 말(馬) 없는 몽골인들을 생각하기 힘든 만큼, 말을 사육하지 않는 유목민도 생각하기 힘들지요. 그러나 정착민의 동물 사육과 유목민의 그것은 전혀 다른 방식으로 이루어집니다. 정착민의 사육은 동물로부터 속도를 뺏는 방식으로 이루어집니다. 쟁기를 끄는 수단이든, 이동을 위한 수단이든, 정착민에게는 통제하기 힘든 속도는 필요없습니다. 따라서 동물들

---

(25) 베버, 조기준 역,《사회경제사(*Wirtschaftsgeschichte: Abriß der universalen Sozial-und Wirtschaftsgeschichte*)》, 삼성출판사, 1988, 255쪽.
(26) 폴라니, 박현수 역,《인간의 경제(*The Livelyhood of Human*)》, I, 풀빛, 1983, 130~36쪽 및 190~92쪽 참조.

이 그런 속도적 능력을 갖는다는 것은 불편한 일이지요. 닭이나 돼지처럼 고기를 얻기 위한 것은 더 그래요. 빠르게 움직일수록 사료만 더 많이 먹고, 살은 계속 빠질 테니 말입니다. 그래서 돼지우리를 돼지의 피부에 닿을 만큼 좁게 만들지요(이건 돼지의 입장에서 보면 끔찍하기 이를 데 없는 거지요. 더 많은 고기를 '제공' 하기 위해 움직이지도 못하고 살을 찌워야 하니 말입니다).

반면 유목민들의 사육은 전혀 달라요. 속도를 빼앗는 정착적인 길들임이 아니라, 본래의 그 속도를 유지하는 가운데 자신의 신체와 동물의 신체가 함께 움직이도록 사육해야 합니다. 말을 사육하면서 말의 속도를 뺏거나 감소시킨다면, 혹은 그런 식으로 온순화시킨다면, 그 말은 '쓸모없는' 동물이 되고 말 겁니다. 반대로 더욱더 빨리 달릴 수 있는 말과, 그 말과 함께 공동의 리듬을 형성하면서 자유롭게 달릴 수 있는 자기를 동시에 만들어야 합니다. 그런 점에서 유목민의 '사육' 은 유목민 자신의 '사육' 을 포함합니다. 여기서 유목민은 말과 하나가 됩니다. 이를 동물-되기라고 한 걸 기억하시나요? 그래요. 이들의 동물-사육은 언제나 인간의 동물-되기도 합니다. 그래서 말 위에 있어도 땅 위에 있는 것만큼 자유롭게 활동할 수 있는 신체를 만들어내는 것 말입니다.

그럼 국가의 홈파기에 대해 봅시다. "국가의 근본과업 중 하나는 자신이 통치하는 공간에 홈을 파거나, 매끄러운 공간들을 홈 패인 공간에 복무하도록 이용하는 것이다."(MP, 479; II, 170) 국가장치는 유목민의 매끄러운 공간, '기관 없는 신체' 인 지구에 홈을 팝니다. "국가는 모든 종류의 개체군/주민(population), 혹은 상업, 화폐 혹은 자본 등등의 흐름에 대한 포획 과정과 관계를 끊지 않을 것이다.

여전히 방향이 잘 정의된 고정된 경로가 필요한데, 이 경로는 속도를 제한하고, 순환을 조절하며, 운동을 상대화하고, 이런 주체와 대상의 상대적 운동을 상세하게 측정한다."(MP, 479; II, 170)

이런 의미에서 저자들은 "국가의 정치권력은 폴리스, 경찰, 즉 공공도로의 관리"고, "도시의 대문들, 세금 징수와 의무는 대중의 유동성, 이주민 무리(사람들·동물들·물건들)의 침투력에 대한 장벽이고 필터"라는 비릴리오의 테제(《속도와 정치 Vitesse et politique》)를 인용합니다(MP, 479; II, 170). 이런 필터들을 통해서, 모든 방향으로 향하면서 공간을 전체로서 장악하는 유목적인 흐름을 일정한 방향으로 흐르게 하는 것, 그것의 운동이 한 점에서 한 점으로 이동하는 '원숙한' 이동을 택하도록 하는 것, 이를 위해 운동을 분해하고 재구성하고 변형하여 그 속도를 통제하는 것이 바로 국가가 공간에 홈을 파는 이유지요. 노동력은 물론 자본의 자유로운 이동조차 때론 제한하는 것, 사람들의 이동을 '거주지의 이전'으로 제한하고 통제하는 것, 일상적인 이동의 경로와 속도를 도로와 법의 형태로 제한하고 관리하는 것, 심지어 그런 도로에서 벌어지는 대중들의 삶과 놀이조차 통제하고 금지하는 것 등등이 그것입니다.

국지적 절대가 그랬듯이, 속도 또한 절대속도가 있을 수 있습니다. 그것은 마찬가지로 어떤 제한된 방향, 제한된 크기에 갇히지 않는 속도의 자유로운 변이능력과 결부되어 있습니다. 그것은 앞서 말했듯이, 몽골인 기마병처럼 아주 빠른 것일 수도 있지만, 먹이를 노리는 매처럼 아주 '느린' 것일 수도 있습니다. 그리고 이는 당연히 전쟁기계와 유목민의 배치와 결부되어 있습니다. "유목민이 전쟁기계를 형성한다면, 그것은 절대속도를 발명함으로써, 속도와 '동의

어'가 됨으로써 그런 것이다. 무규율, 폭동, 게릴라전, 또는 행동으로서의 혁명같이 국가에 대항하는 작용이 존재할 때마다 전쟁기계가 부활하고 새로운 유목적인 잠재력이 나타났으며, 더불어 매끄러운 공간이 재구성되거나, 매끄러운 공간에서 존재하는 것처럼 공간 안에 존재하는 방식이 출현했다."(MP, 480; II, 171)

국가를 넘어서 움직이려는 모든 움직임에 대해 국가가 홈을 파는 방식으로 대응해야 하는 것은 바로 이런 이유에서지요. "국가는 전쟁기계에 상대적 운동의 형식을 부여하지 않고서는 그것을 영유하지 못한다."(MP, 480; II, 171) 요새나 진지, 성벽 등이 바로 이런 역할을 합니다. "요새는 바로 유목민이 넘어서려 하는 장애물이며, 절대적인 소용돌이 운동이 깨지는 걸림돌이고 회피물이다."(MP, 480; II, 171) 훈족이나 유목민들을 막기 위해 쌓았던 만리장성을 생각해 보세요. 이 '불가사의한' 대공사는 바로 유목민의 전쟁기계의 절대속도에 대해서 장애물을 설치하여 상대성을 부여하기 위한 것, 유목민의 전쟁기계를 막기 위한 걸림돌을 만들어내기 위한 것이었지요.

외연적인 의미에서는 '국가 내부'로 서술되는 지대에서도 그렇습니다. "탈출하는 벡터들에 의해 부산하게 움직이는 다양한 구성요소들을 유지하고 재통합하기 위해서 이런 것들을 통합해내는 하나의 장치로서 국가라는 더욱 경직된 심급이 필요하다."(MP, 478; II, 169) 국가는 강고한 국가장치, 거대한 폭력기구와, 단단한 고체적 구조물을 갖는 복잡한 장치적 구성물로 만들어집니다. 하지만 언제나 이런 국가장치에 반하여 그것을 깨려는 시도들이 있었지요. 통상 '혁명'이라고 불리는 게 그를 '대표' 합니다.

들뢰즈/가타리는 여기에서 혁명이 두 가지 다른 방식으로 정의되어왔음을 지적합니다. 하나는 국가를 탈취하고 점유하며 변형시키려는 것이고, 또 하나는 국가를 파괴하려는 것입니다. "혁명이 국가의 변형과 관련되는 한 그것은 서양적이다. 그러나 그것이 파괴, 국가의 폐지를 꿈꾸는 한 그것은 동양적이다."(MP, 480; II, 171) 여기서 '동양적'이라는 건 중국적인 것이라기보다는 오히려 유목적인 것을 뜻하는 말입니다. 국가장치를 탈취하고 변형시키려는 자로서의 프롤레타리아트와, 그것을 파괴하려는 자로서의 프롤레타리아트라는 이중적인 존재가 19세기에 명료하게 출현했을 때, 전자가 유럽적인 전통에 충실했다면, 후자는 유목민의 계승자로서의 역할을 했다고 보는 셈이지요.

이는 흔히 '사회주의자'와 '무정부주의자'의 대립과 동일시됩니다. 반면 레닌은 《국가와 혁명》에서 국가장치의 '이용'과 '파괴'라는 이항성에서 전자보다는 후자로 중심을 이동함으로써 개량주의적 '사회민주주의자'와 혁명적인 '맑스주의'간의 이항성으로 경계선을 바꾸어놓습니다. 비록 거기서 당장의 '파괴' 대신에 현실적인 개념으로 '국가의 소멸'을 주장하고 있지만, 그 책의 논지는 무엇보다도 우선(무정부주의라는 비난을 감수하면서까지) 국가장치를 '이용'할 대상이 아니라 소멸의 형식으로 제거하고 없애버려야 할 대상으로 정의합니다. 이 주제가 1970년대 본격화된 유로코뮤니즘 논쟁에서 공산당의 '합법정당화', 의회주의적 정당화를 둘러싼 문제로 다시 부상하지요.[27]

---

[27] 까리요, 김유향 역, 《유로코뮤니즘과 국가》, 새길, 1992; 발리바르, 최인락 역, 《민주주의와 독재(Sur le dictature du prolétariat)》, 연구사, 1988 등 참조.

이 책은 이어서 매끄러운 공간과 전쟁기계가 국가장치를 넘어서 더없이 끔찍한 죽음의 선을 그리는 현재의 자본주의세계에 대해 말하고 있습니다만, 이는 다음 장에서 다시 자세히 언급되니 그리로 넘기기로 하지요.

7. 전쟁기계와 수: 전쟁기계의 수적 측면
1) 조직의 세 유형

저자들은 일단 지금까지 알려진 모든 인간 조직을 크게 세 가지로 나누고 있습니다. 혈통적 조직 · 영토적 조직 · 수적 조직이 그것이지요. 먼저 혈통적 조직은, 잘 아는 바와 같이 가족, 씨족, 이른바 '가문'과 같은 것입니다. 혈통적 조직은 동일한 조상을 갖는 것을 통해 하나의 선분을 구성하지만, 이는 환경이나 과업에 따라 혼합되거나 분할됩니다. 물론 순수하게 혈통적 성격만을 갖는 것도 있지만, '부족'처럼 영토적 형식과 중첩되어 조직되는 경우도 있습니다. 여기에 숫자가 끼어들기도 합니다. '몇 대조', 혹은 '몇 대손'이라는 방식으로 혈통을 연결하는 데서도, 혹은 초조(初祖)의 형태로 새로운 혈통을 시작하는 데서도 그렇지요. 이렇게 '부족'의 형식을 취했을 때, 대지가 혈통의 동학이 각인되는 소재라고 한다면, 숫자는 그 각인수단이 됩니다. 즉 혈통, 영토, 수는 모두 인간사회의 조직 어디에나 다 관여되는데, 거기서 무엇이 일차적인 것인가를 놓고 볼 때, 혈통적 조직에서는 혈통적 요인이 일차적이라는 겁니다.

다음으로 영토적 조직은 국가사회가 탄생하고, 영토원리가 지배적이 되면서 나타났습니다. 국가사회는 국가장치가 권력을 행사할 수 있는 영토를 필수요소로 갖습니다. 가령 근대국가 수립의 문제는 국경을 확정하는 것과 관련이 깊습니다. '민족전쟁'이라는 것이 모두 국경을 둘러싸고, 혹은 영토를 뺏고 뺏기는 식으로 진행됐지요. 영토원리라고 하는 것은 영토와 인민, 주권을 3대 요소로 하는 근대국가의 정의에서 명료하게 보이지요. 혹은 도시 간 동맹체와 국민국가가 서로 대립하고 경쟁할 때에도, 그것은 두 가지 상이한 영토 구성방식 간에 발생한 대립과 경쟁일 따름입니다.

여기서 영토는 필경 '소유'와 긴밀한 관련을 갖고 있습니다. 소유권을 행사할 수 없는 땅을 국가의 영토라고 하진 않습니다. 과거의 홍콩처럼 소유와 점유가 분리된 경우도 있지만, 근대국가의 경우에는 소유권이 우위를 갖지요. 소유란, 앞서 얘기했듯이 "인류와 대지 사이의 탈영토화된 관계"를 말합니다(MP, 483; II, 173). 영토와 국경은 '대지'나 '토지'가 가지고 있는 '자연적인' 기능과는 아무 상관이 없지요. 물론 이 경우에도 고대국가와 근대국가 간에는 차이가 있습니다. "고대국가는 공간(spatium)을 정점에서 덮어 싸고(enve-loppe), 차별화된 공간을 깊이와 수준 들로 덮어 싸는 반면, (그리스의 도시국가로부터 발원하는) 근대국가는 동질적인 연장(extensio)을 내적 중심[데카르트 좌표의 원점 같은 거죠], 분할 가능한 상동적 부분들, 대칭적이고 가역적인 관계들로 전개한다(developpe)."(MP, 483; II, 174) 물론 양자 모두 친숙하게 뒤섞이면서 숫자들을 척도적 권력에 복속시키는 기능을 했다는 점에서 매우 근친적이지만 말입니다.

국가장치에서 숫자나 계산이 중요한 역할을 하는 것은 이런 조건 위에서지요. 인구조사, 조세, 선거는 제국적 관료제에까지 소급되고, 근대국가는 더 나아가서 모든 계산기술, 사회적 기술을 이용하지요. 가령 19세기 이후 급속한 발전을 거듭해왔으며, 사회학이나 경제학 같은 국가학에서 매우 중요한 위치를 차지하는 통계학(Statistics)은 사실은 '국가학(State+istics)'이라고 번역해야 마땅 합니다. 가령 우리의 경우 통계자료는 한국은행이나 노동부, 내무부 등 각급 국가기관에서 각각 산출·집적·관리하고 있을 뿐만 아니라, 통계청이라는 국가기관에서 별도로 관리하고 있지요.[28] 여기서 숫자는 국가의 시공간적 틀, 영토적 틀 안에 소재를 복속시키는 데 봉사해왔던 것입니다. 즉 여기서 숫자는 영토성에 종속되고 영토성을 위해 기능하는 것입니다.

세 번째로 수적 조직에 대해서 봅시다. 영토적 조직에서도 혈통(왕조국가의 경우)과 수(도시의 번호적 조직)가 중첩되어 사용되긴 하지만, 양자 모두 영토적 조직에 종속되어 있습니다. 그렇기에 왕조국가는 가족이나 가문과 다르고, 도시의 번호적 조직은 영토에 고정되어 있습니다. 즉 영토성을 표시하는 '표현형식'일 뿐입니다. 진정한 번호적 조직은 유목민의 사회에서 볼 수 있습니다.

칭기스칸이 사람들을 조직하는 방식은 확실히 다릅니다. 10개의 가족을 묶어서 10호대를 만들고, 각각의 10호대에 번호를 붙입니다. 10호대 10개를 묶어서 100호대를 만들고, 또 각각의 100호대마다 번호를 부여합니다. 마찬가지로 1000호대가 구성됩니다. 물론 묶이는 최소단위가 가족이기 때문에 혈통과 무관하진 않지만, 그것은 최초의 단위에서만 그렇고 가족들 간의 관계는 이렇게 번호를 따

---

[28] 근대국가의 형성과 작동에서 통계학이 수행한 역할과 그것을 통한 통치 메커니즘, 나아가 노동운동의 변용 양상에 대해서는 최정운, 《지식국가론: 영국·프랑스·미국에서의 노동통계 발달의 정치적 의미》, 삼성출판사, 1992 참조.

라 묶이면서 수적 조직의 체제로 재구성되는 거지요. 각각의 10호대에는 그것을 이끄는 지휘자가 10호장으로 선임되고, 100호대와 100호대 역시 마찬가지지요. 그루쎄에 따르면 1000호장 이상은 모두 '귀족'들이었다고 합니다.

    이는 유목이라는 삶의 방식과 긴밀히 결부된 조직방식입니다. 유목을 하니 영토적인 방식으로 고정된 조직은 불가능합니다. 혈통 역시 유목생활에서 필요한 유동성과 기동성에 부합하지 못하고, 더구나 사람수가 많아지고 관계가 복잡해지면 제대로 기능하기 어렵습니다. 따라서 가장 기본적이고 자연발생적인 단위인 가족 내지 가구를 묶어서 번호를 붙여 조직하고 관리하는 거지요. 그러면 이동을 하든 멈추든, 전쟁을 하든 일상생활을 하든, 관계의 일정한 지속성을 유지하기 쉽지 않겠습니까?

    우리는 이와 유사한 번호적 조직을 군대에서 볼 수 있습니다. 가령 10명을 한 분대로 묶고, 몇 개의 분대를 소대로, 몇 개의 소대를 중대로 하는 식으로 묶어서 조직하지요. 각각의 분대나 소대, 혹은 대대나 사단에는 번호가 주어지고, 그 번호를 통해서 관리됩니다. 이는 군대가 국가장치에 의해 영유되고, 법적 형식에 의해 조절되는 것이긴 하지만, 발생적으로 전쟁기계를 모델로 하고 있다는 점과 결부되어 있습니다. 전쟁은 영토화/탈영토화로 진행되기에, 군대가 영토에 고정되어서는 전쟁을, 더구나 공격전을 수행할 수 없습니다. 이 점이 경찰과 다르지요. 경찰은 기본적으로 영토적 조직이고, 영토에 고정되어 영토를 관리합니다. 종로 경찰서, 서울 경찰청 등등. 물론 군대도 국가장치의 일부인 한, 영토적 성격을 부여받습니다. 각각의 사단이나 대대에 일정한 영토적 위치가 대응되어 주어지지요. 하지만 경찰 조직은 영토를 떠나선 작동할 수 없지만, 군대는 영토를 벗어나도 아무런 문제없이 작동합니다. 그래서 경찰은 쿠데타를 할 수 없지만, 군대는 쿠데타를, 기존 국가권력에 대한 공격을 수행할 수 있는 거지요.

군대 이야길 하려는 건 아니었지만, 이 또한 번호적 조직이 탈영토성과 매우 긴밀한 관계를 갖고 있다는 걸 잘 보여줍니다. 바로 이 번호적 조직을 발명한 것이 유목민이었습니다. 물론 칭기스칸의 그 유명한 10호대, 100호대, 1000호대는 전쟁에 매우 적합한 조직이었지만, 단지 전쟁을 위해 편성된 것만은 아니었지요. 그것은 초원 전체를 계속 옮겨 다니며 살아야 하는 삶의 방식, 그래서 어떤 땅에 대한 영토적 소유로 편성할 수 없는 그런 삶의 방식이 일상적으로 짜여지는 조직이었던 겁니다. 자유롭게 이동하면서도 생활의 '안정성'이나 '지속성'이 유지될 수 있는 조직이었던 거지요.

2) 유목민과 수

저자들이 그리스의 '기하학주의'와 인도·아랍의 '산술주의'를 대비하는 것은 이와 연관이 있습니다. 그리스의 수학은 물론 서양의 수학이 기하학을 모태로 하며, 기하학을 기반으로 하고 있음에 반해, 동양의 수학은 산술을 모태 내지 기반으로 하고 있지요. 지금 '아라비아 숫자'라고 부르며 사용하는 0과 10진법의 숫자들은 사실은 인도의 발명품이지요. 그게 아라비아를 거쳐 서양으로 흘러갔고, 그래서 그들이 '아라비아 숫자'라고 불렀던 건데, 그 이름을 우리는 다시 서양의 근대문명과 함께 들여와서 '아라비아 숫자'라고 부르고 있는 거지요. 어쨌든 서양인들이 0을 알지 못했기에, 서력기원이

0이 아닌 1에서 시작되었고, 그 결과 밀레니엄이 언제인가를 두고 어이없는 논란이 벌어지기도 하지 않았습니까?

음수 개념 역시 인도의 창안물인데, 서양인들이 이를 수입해서 사용하면서도 오랫동안 그것을 이해하지 못했다는 건 잘 알려진 얘기지요. 기하학에서는 길이나 면적, 체적 등을 수로 표시하는데, 여기에는 음수가 사용될 여지가 없지 않습니까? 음의 값을 갖는 길이나 면적을 생각할 수 없으니, 음수 자체도 이해할 수 없었던 거지요. 서양인들이 음수가 무언지 이해했던 것은 16세기인가에 온도계가 발명된 뒤였다고 해요. 영하를 표시하는 온도계 눈금으로 음수가 가시화되었기 때문이겠지요. 그렇지만 이 경우에도 이는 기하학적으로 번역된 것입니다. 선분을 그어놓고서 영의 아래를 본 것이지요. 지금도 흔히 이런 기하학적인 방식으로 번역하여 음수를 설명하지요. 수직선상에서 0을 가운데에 놓고, 0의 오른편을 양수, 왼편을 음수라고 하는 것이 그거지요(엄밀하게 말하면 이런 식의 이해는 원래의 기하학에 속한다기보다는 데카르트 이후의 대수화된 기하학에 속합니다).

반면에 $\sqrt{2}$ 나 π 같은 무리수를 만들어냈던 건 서양인들이었지요. 무리수란 동양 사람들로서는 이해하기 힘든 수였을 겁니다. 산술적인 수로 아무리 계산을 해도 무리수는 나오지 않습니다. 알다시피 무리수는 피타고라스 정리나 원주율처럼 기하학적인 계산에서 비로소 나타나는 수지요. 서양에서는 19세기에 이르기까지 진리의 모범을 항상 유클리드 기하학에서 찾았고, 미(美)조차도 '비례'라는 수학적 개념을 통해 정의했다는 점에서, 또 데카르트 이전에는 방정식의 의미조차 기하학적 형식으로 표시하려고 했으며, 사물의 운동을 원이나 직선, 포물선 등의 기하학적 도형으로 표현하려고 했다는 점에서, 기하학주의라는 말은 매우 강한 의미에서 적합성을 갖고 있습니다. 이런 점에서 기하학주의와 산술주의를 대비하는 것은 서양과 동양의 수학적 사유 자체의 차이를 보여주는 것이라고 할 수 있습니다.

아마도 저자들은 이런 산술주의와 유목민의 번호적 조직을 연관시키고 있는 것처럼 보입니다. 앞서 말했듯이 유목민의 조직에서처럼 유목민의 생활 자체가 수와 결부되어 있다는 점을 이해하는 건 그리 어렵지 않을 듯합니다. 한편 기하학이 영토성과 결부되어 있다는 것 또한 분명해 보입니다. 기하학의 발생에 관한 책이 대개는 이집트의 기하학을 언급하고, 거기서는 기하학이 발생한 이유를 나일 강의 범람과 결부시켜 설명하지요. 강물의 범람으로 인해 영토를 표시하는 경계들이 지워지거나 망실되게 마련인데, 그 영토들의 경계를 다시 획정하기 위해 기하학이 발전했다고 말입니다. 이는 기하학이 영토와 소유에 긴밀하게 관련되어 있음을 보여줍니다.

반면 영토를 소유하거나, 소유하고 있는 영토를 분명하게 구획할 이유가 없는 유목민들에겐 땅에다 선을 긋고, 면적을 분할하는 게 전혀 문제될 일이 아니었겠지요. 하지만 유목민에게도 점과 선, 공간의 관념이 있었고, 그것들을 관계짓는 나름의 방식이 있었다는 점에서, 비록 학문으로 발전한 기하학은 없었다고 해도, 유목민에게 고유한 기하학은 있었다고 해야 더 적절할 듯합니다.

반면 주민들의 조직 자체가 번호적 성격을 갖는다고 할 때, 숫자에 대한 관념이 발전했으리라고 추정하는 것은 충분한 이유가 있습니다. 하지만 통계학/국가학을 언급하며 말했듯이, 숫자가 국가징치에서, 특히 근대국가의 그것에서 매우 큰 역할을 했다는 것 또한 사실입니다. 따라서 유목민들의 점과 선, 공간이 정착민의 그것과 개념 자체에서 근본적으로 달랐듯이, 유목민들이 숫자를 사용하는 방식 또한 정착민들과 근본적으로 달랐다는 점을 주목하는 것이 중요할 듯합니다. 그런데 저자들은 이것이 숫자 자체와 관련해 매우 중요한 차이라고 보고 있습니다. 자율성을 획득한 숫자와, 국가장치 내지 특정한 척도적 권력에 종속된 숫자의 차이가 거기에 결부되어 있기 때문입니다. "우리는 숫자의 독립성 내지 자율성의 조건들이 국가 속에서 발견될 것이라고 믿지 않는다."(MP, 484; II, 174) 여기서 '척도'가 숫자 자체에 내적인 것으로 자리잡고 있는가 여부가 매우 중요한 문제가 됩니다.

유목민 조직에서 10호대, 100호대 등 각각에 붙인 번호는 단지 각 호대(戶隊)의 이름에 불과합니다. 축구선수의 등번호처럼 말입니다. 따라서 이런 숫자는 더하거나 빼는 게 무의미할 뿐만 아니라, 차례로 배열하는 것도 무의미합니다. 반대로 이는 무언가 익숙한 것을 상기시키는 기호와 반대로 숫자의 의미를 아는 사람을 빼고는 의미를 알 수 없는 기호란 점에서 '반-의미적' 기호지요. 암호—이 또한 전쟁기계와 매우 긴밀한 관계가 있지요—가 이런 수로 만들어진다는 건 잘 알고 계시죠? 10호, 100호를 세는 경우에도, 그것은 수를 세지만, 세어지는 각각의 '호'들은, 어떤 단일한 척도에 의해 비교되는 것이 아니란 점에서 동질적이지 않습니다. 다시 말해 세어진 숫자의 크기가 같은지 다른지를 비교하고 계산하는 것은 아무런 의미가 없습니다. 거기서 숫자는 가구나 부대의 움직임 자체를 위한 것입니다. 여기서 '지도'를 놓고 장수들이 세는 숫자들은 초원이라는 공간을 움직이는 것 자체를 뜻합니다.

숫자는 더 이상 계산이나 측정의 수단이 아니라 운동의 수단이다. 매끄러운 공간을 통해서 움직이는 것은 숫자 그 자체다. …… 동일한 공간이 척도로부터 독립적이면 독립적일수록 숫자는 공간으로부터 그만큼 더 독립적이다. ……수는 홈 패인 공간을 측정하는 것이 아니라 기동적(機動的)인 주체다. 수는 매끄러운 공간을 점유할 때마다 원칙이 되며, ……그 안에서 주체로서 전개된다. 수는 이동 가능한 점유자고 매끄러운 공간 속의 이동 가능한 것이며, 이런 점에서 홈 패인 공간의 부동적(不動的)인 것의 기하학과 대립한다.(MP, 484~85 ; II, 175)

이런 수를 들뢰즈와 가타리는 '세는 수(nombre nombrant)'라고 부릅니다. 반면 어떤 척도를 통해 비교되고 계산되는 수, 측량에 사용되는 수는 하나의 척도에 대해 정확한 비례관계를 가져야 합니다. 가령 5는 1의 5배고, 20은 5의 4배고 하는 식으로 말입니다. 여기서 1은 모든 수의 크기를 비교하는 척도가 됩니다. 이런 경우 어떤 수, 예를 들면 20은 다른 수를 떠올릴 것도 없이 그것 하나만으로도 이미 1과 비교된 수고, 1이라는 척도에 의해 셈해진 수, '세어진 수(nombre nombré)'입니다. 유목민에게 수란 본질적으로 '세는 수'지 '세어진 수'가 아닙니다. '세는 수'에 대해 들뢰즈와 가타리는 다음과 같이 말하고 있습니다.

세는 수는 더 이상 계량적 규정이나 기하학적 차원들에 종속되시 않고, 다만 지리적 방향들과 동적 관계를 갖고 있을 뿐이다. 그것은 차원적 수나 계량적 수가 아니라 방향적 수다. 유목민 조직은 확고부동하게 산술적이고 방향적이다. 양은 10이든 100이든 어디에나 있으며, 방향은 오른쪽이든 왼쪽이든 어디에나 있다. 세는 수는 리듬적이지, 화성적이지 않다. 그것은 보조(步調)나 척도와 무관하다. 보조를 맞춰 행진하는 것은 국가군대에서 훈련이나 과시를 위해서 하는 일일 뿐이다.(MP, 485; II, 175)

요컨대 유목민의 수는 "암호화된 수, 리듬적·방향적·자율적·이동적인 수"요, 이런 의미에서 "세는 수"라는 겁니다(MP, 486; II, 176). 반면 국가장치에서 사용하는 수는, 심지어 주민등록번호나 번지수를 표시할 때 사용하는 '번호(numéro)'처럼 명목적인 수조차, 사람이나 영토에 부착된 영토적인 수고, 그것을 통계적으로 계산하기 위해 사용되는 수며, 사람들의 삶이나 움직임을 포착하고 통제하기 위해 코드화 기능을 수행하는 수란 점에서 유목민의 그것과 근본적으로 다릅니다.

3) '세는 수'의 특징

저자들은 여기서 '세는 수'의 특징을 두 가지 들고 있습니다. 그 하나는 복합성이고, 다른 하나는 산수적 복제 내지 이중화입니다. 먼저 세는 수는 언제나 수들의 복합체라는 점에서 복합적이고 복잡하다는 겁니다. 가령 주민조직을 표시하는 10이나 100이란 수에는 "전투원의 비율, 예비와 저장의 역할, 사람·물건·동물의 보존을 표현하는 산수적 관계"(MP, 487; II, 176) 등이 포함되어 있습니다. 다른 예로, 스키타이인들을 승리로 이끈 공식은 '인간-말-활'이었다고 해요. 말 위에 달라붙어서 말과 같이 움직이고, 활을 쏴서 아무리 먼 거리라도 잘 맞추는 것을 포함하는 배치의 공식이지요. 이것이 초기 유목민의 결정적인 무기였다고 합니다. 이때 이들은 이것을 1×1×1, 인간 하나, 말 하나, 활 하나, 이런 식으로 표시했습니다. 좀더 정확하게 쓴다면 1×1×1=1이라고 써야겠지요. 그게 하나의 전투단위를 표시하니까요. 그런데 여기서 1, 1, 1은 전부 다른 1이죠. 동질화될 수 없는 1인 거예요. 첫번째 1을 두 번째 1과 대체하는 건 불가능하고, 이는 공식 자체를 무의미하게 만듭니다. 만약 두 마리 말에게 마차를 끌게 하고 두 사람이 마차에서 공격하는 경우라면 (한 명은 운전하고 다른 한 명은 던지겠지요), 그럴 때에는 2(말 두마리)×1(마차 한 대)×2(사람 둘)=1처럼 표시될 겁니다. 이런 의미에서 유목민에게 산수의 기본단위는 배치의 단위라고 합니다.

다음으로, 산수적 복제 내지 이중화를 보지요. 유목민의 조직에는 상이한 종류의 불균등하고 비대칭적인 두 개의 계열이 있습니다. 칭기스칸의 예를 봅시다. 첫번째는 이미 본 것으로, 혈통적 조직을 수적으로 재편한 것이 있었지요. 10호대, 100호대, 1000호대. 그리고 각각의 호대에는 10호장, 100호장, 1000호장이라는 '지휘자'가 있었습니다. 이처럼 혈통을 수적 조직으로 계통화하고 포개버리면서 수적 구성이 새로운 구성원리가 되고, 사람들의 조직원리가 되었습니다. 여기서 1000호장 이상이면 '귀족'으로 간주되었는데, 이들을 하급 지휘자인 '다르칸(darqan)'과 구별해서 '노얀(noyan)'이라고 불렀다고 해요.

그런데 이와는 전혀 다른 조직이 있었습니다. '케식(kesig)'이라고 부르는 일종의 '친위대' 내지 '별동대'인데, 이는 1000호장의 일부에서 차출한 사람이나, 아니면 그 기본조직과 무관한 사람들로 구성된 조직인데, 여기에는 특히나 외국인들이 많이 포함되어 있었다고 해요. 그루쎄에 따르면, 케식의 병사 개개인은 심지어 1000호장보다 지위가 높았다고 해요.[29] 이들은 칭기스칸 당대에는 거의 만 명 가까이 있었는데, 대낮 친위대·밤 친위대·궁수 친위대 등으로 분할·편성되었답니다. 이 조직은 앞서 말한 조직과는 전혀 다른, 혈통과는 아무런 상관이 없는 '별동대'(특수한 부대/신체)입니다. 혈통으로부터 거의 완전하게 탈영토화된 조직이지요. "한편으로 실제로 혈통은 수적으로 조직되고 개편된다. 수적 구성은 새로운 원리가 지배적으로 되게 하기 위해 혈통 위에 포개진다. 그러나 다른 한편, 그와 동시에 각 혈통으로부터 사람들이 차출되어 특수한 수적 신체를 형성한다."(MP, 487; II, 177)

"수적 조직이 혈통적 조직을 대체하는 것, 그리고 국가의 영토적 조직을 쫓아버리는 것."(MP, 488; II, 177) 둘 다가 전쟁기계에 필수적이라고 합니다. 이 이중의 계열을 통해 전쟁기계는 작동합니다. 이 둘 간의 긴장이 없다면, 권력은 어느 하나의 중심으로 귀착되어 버리고, 그 중심을 통해 조직은 '국가장치'로 변형될 위험이 항상 있기 때문입니다. 가령 몽골의 경우, '노얀'과 '별동대'의 긴장과 투쟁이 그들의 조직을 쉽사리 혈통적인 국가조직으로도, 제국적 관료제국가로도 만들지 않았던 거지요. 이런 점에서 "전쟁기계는 혈통적 귀족정으로 돌아가는 것, 제국적 공무원이 형성되는 것을 동시에 물리쳐야 한다"(MP, 489; II, 178)고 합니다.

여기서 특히 '특별한 신체'인 '별동대'의 구성이 중요한데요. 왜

---

(29) 그루쎄, 앞의 책, 327~28쪽.

냐하면 칭기스칸은 혈통적 조직에서 별동대의 병사나 간부들을 뽑기도 했지만, 능력이 있다고 보이면 노예·외국인·포로·투항자 등을 과감하게 별동대 병사로, 심지어 '재상'으로까지 등용했기 때문입니다. 이런 점에서 이 조직은 지극히 탈영토화되었던 거지요. 이들은 제국적인 국가공무원이나 관료도 아니었고, 노얀 같은 혈통적 귀족도 아니었는데, 오히려 정치적으로 아주 큰 영향력을 행사했다고 해요. 대표적인 것이 거란인 야율초재(耶律楚材)였는데, 그는 몽골 제국의 성립은 물론 칭기스칸 사후에, 그의 아들은 물론 손자 대에까지도 가장 영향력 있는 재상으로 활동했지요. 뿐만 아니라 처음에는 칭기스칸에 대항했지만 나중에 정복된 지역인 케레이트(Kereyit) 출신의 이교도 친카이(Chinqai)도 대단한 영향력을 가지고 있어서, 그가 서명한 문서가 없으면 어떤 법령이나 시행령도 발효될 수 없었다고 합니다.

또 문맹(文盲)이었던 칭기스칸(칭기스칸은 처음부터 끝까지 문맹이었다고 합니다. 문자를 배울 생각도 하지 않았고, 배울 필요도 느끼지 못했다고 해요. 심지어 대부분의 몽골인들도 위구르어 정도는 읽을 수 있었는데 칭기스칸은 그것도 못했다고 전해집니다)은 문서와 사람들을 조직적으로 관리하기 위해 자기 아들들에게 글자를 가르치고자 했는데, 이를 위해 타타통아(塔塔統阿)라는 사람을 데려옵니다. 타타통아 역시 매우 뛰어난 인재여서 큰 영향력을 행사하는데, 그는 위구르어와 그들이 사용했던 법령들을 죽 모아서 독특한 법을 만듭니다. 제국 안에 공존하는 상이한 부족들 간의 평화를 위해, 서로를 침해하지 않는 규칙으로 법을 만든 거지요. 이 법에 대해 그루쎄는 찬탄해 마지않습니다. 그에 따르면, 칭기스칸 당대에, 심지어 보석류를 머리에다 이고서 유라시아 서쪽 끝에서 동쪽 끝까지 걸어가도 아무도 건드리지 않을 정도였다고 합니다. 이런 식으로 칭기스칸은 제국적인 지식이나 제국적인 지식인들, 제국적인 문자, 제국적인 법령 들을 전혀 다른 배치, 전쟁기계의 배치 안에서 이용할 수 있었습니다.

이와 같이 몽골의 유목민은 민족이나 종교, 혈통 등과 무관하게 사람들을 '등용'하여 활동하게 했으며, 그것이 갖는 장점을 적극 활용했습니다. 탈영토화된 사람들로 자신을 재구성하는 한편, 거꾸로 그렇게 탈영토화된 인물들을 적극 '이용'한 거지요. 몽골인들의 제국이 민족이나 혈통과 무관한 일종의 '코스모폴리탄적인' 국제주의의 성격을 갖고 있었다는 점은 이러한 사실로 인해 단순한 상징성을 넘어서는 실질적인 의미를 갖습니다. 여기서 저는 프롤레타리아 국제주의를 공식적으로 주장하면서도 '사회주의 조국'이란 관념에서 결코 벗어난 적이 없었고, 그로 인해 가령 스페인 내전에서처럼 그 위대한 '조국'을 위해 국제주의적 혁명운동을 저버린 소련의 경우가 떠오릅니다.

4) 유목민과 역사

마지막으로 "유목민에게는 역사가 없다"(MP, 490; II, 179)는 얘기가 툭 튀어나오지요? 그들에게는 다만 지리가 있을 뿐이라고 말합니다. 유목민에게는 실제로 '역사'가 없습니다. 씌어진 역사서도, 역사적 서지도 거의 남아 있지 않습니다. 그들이 역사의 기록에, 혹은 역사책에 등장하는 것은 언제나 정착민을, 제국을 침략하고 파괴하는 존재, 그리고 결국은 퇴치되고 패퇴한 존재로서지요. 그렇기에 그들의 과거는 언제나 아무것도 남기지 못한 것으로, 실패, 그것도 대단한 실패로 간주됩니다. 그러나 가령 칭기스칸이 몽골 '제국'을 수립한 13세기부터 몽골인들은 세계역사상 유례없는 대규모 '제국' 을 건설했고, 그 제국은 그 영화를 잃긴 했지만 지금까지도 사라지지 않고 존속하고 있습니다. 따라서 유목민에겐 역사가 없으며 그들에게는 오직 철저한 패배와 실패만이 있다는 말은 매우 역설적으로 들립니다.

몽골인뿐만 아니라 북아메리카 인디언들도 이런 태도를 갖고 있습니다. 한 역사가가 인디언의 지도자들로부터 푸에블로 인디언 여덟 부족의 역사를 써달라는 부탁을 받았던 자신의 경험에 대해 쓴 것을 본 적이 있습니다. 그들은 관광차 자기 부족의 공동체를 방문하는 많은 백인들이 역사책을 한 권 사거나 읽을 수 없는지 묻곤 한다면서, 백인들이 요구하는 역사책이란 걸 만든다면 돈을 벌 수도 있겠다고 했다는 겁니다. 우리로선 이해하기 힘든 이 어이없는 부탁에 대해 그 역사가는 이렇게 쓰고 있습니다.

충격적인 것은 푸에블로의 지도자들이 '백인들이 역사를 원한다면 그들에게 그것을 주자. 그러면 우리들은 계속 춤출 수 있고, 방해받지 않고 우리 이야기를 나눌 수 있다'고 생각한다는 사실이다. 푸에블로 인디언들은 역사가 자신들과 관련된 정말로 중요한 것들을 하나라도 드러내 보일 수 있다고는 생각하지 않는다.[30]

(30) A. Ortiz, 〈인디언과 백인의 관계: '프론티어' 반대편에서 바라본 관점〉, 프레더릭 E. 혹시·피터 아이버슨 공편, 유시주 역, 《미국사에 던지는 질문》, 영림카디널, 2000, 31쪽.

같은 책에서 이 사람이 머릿글로 인용하고 있는 루터 스탠딩 베어(Lutter Standing bear)라는 인디언의 글에도 이런 생각이 마찬가지로 표현되어 있습니다. "인간사의 이러저러한 중요한 일들을 기록한 우리들의 연대기는 우리들의 가무의식(歌舞儀式) 속에 녹아들어 있었다. 우리들의 역사는 책이 아니라 살아 있는 사람들의 기억 속에 기록되어 있다는 점에서 백인들의 역사와 달랐다."[31]

인디언이든 몽골인이든, 유목민이 역사를 쓰지 않는다는 것은, 혹은 우리가 '역사'라고 부르는 어떤 관념이 그들에게 없다는 것은 자신들이 이룬 업적을 지워지지 않을 무언가로 보존하고 남겨두어야 한다는 관념이 없다는 사실을 표현하는 것이라고 할 수 있습니다. 이집트나 중국의 황제들은 죽어서도 거대한 무덤으로, 혹은 썩지 않는 미라로 남고자 했지만, 몽골인들은 무덤조차 감추어버렸습니다(칭기스칸의 무덤조차 그들은 아무도 모르게 감추어버렸지요). 선가(禪家)의 한 승려처럼 "과거는 지나간 것이니 잡으려고 애쓰지 않으면 없는 것"[32]이라고 생각했던 걸까요? 아니면 위대한 영웅의 무덤이나 과거가 또 다른 중심이 되어 다른 모든 것을 끌어당기는 중력을 발산하는 것을 피하려 했던 것일까요?

---

(31) 같은 책, 19쪽.
(32) 이는 《금강경》에 나오는 유명한 문장 "過去心不可得, 現在心不可得, 未來心不可得"에 대해서 마조 도일(馬祖 道一)의 제자 대주 혜해(大珠 慧海)가 붙인 주석의 일부입니다. "과거의 일은 이미 지나가버렸으니 생각하여 헤아리지 아니하면 과거의 마음이 스스로 끊어지니, 곧 과거의 일이 없다 함이요, 미래의 일은 아직 다가오지 않았으니 원하지 아니하고 구하지 아니하면 미래의 마음이 스스로 끊어지니 곧 미래의 일이 없다고 함이요, 현재의 일은 이미 현재라 일체의 일에 집착함이 없음을 알 뿐이니, 집착함이 없다 함은 사랑하고 미워하는 마음을 일으키지 않음이 곧 집착함이 없음인지라, 현재의 마음이 스스로 끊어져서 곧 현재의 일이 없다고 하느니라."(《頓悟入道要門論》, 장경각, 12절)

기 드보르(Guy Debord)는, 유목민에게서 나타나는 역사관념의 부재는 아니라 해도, 적어도 제국을 이룬 국가인들이 역사를 쓰는 이유는 이해할 수 있는 계기를 제공하고 있습니다.[33] 이를 역으로 본다면 유목민들에게 역사관념이 없는 이유를 부분적이나마 이해할 수 있을 겁니다.

유목민에게 시간이란 어떤 하나의 선을 이루는 것일 수 없습니다. 그러기 위해선 발생하는 사건들에 하나의 연속성을 부여하는 고정점이 있어야 하는데, 그들에게는 이것이 없기 때문입니다. 물론 드보르는 유목을 전쟁기계와 같은 고유한 배치보다는, 단순히 계절적·순환적 이동을 하는 생활로만 이해합니다. 이 경우 시간은 하나의 순환적 통일성을 갖는 무엇으로 존재하게 됩니다. 계절에 따라 순환하는 그런 삶의 주기를 따라서 그렇듯이 말입니다. 그러나 이 점에서는 정착하여 농경을 하는 사람들과 다른 점을 찾기 힘들지요. 농경을 하는 농민들이 역사를 만들지 않는다는 것도 분명합니다. 이런 점에서 그가 이해하는 유목의 개념이 그다지 근본적인 요소를 지시하고 있다고는 할 수 없습니다.

역사는 제국과 더불어, 제국적 국가와 더불어 발생합니다. 제국은, 혹은 제국을 세우고 이어나간 국가인들은 자신이 이룩한 사건들을 결코 무화될 수 없는 어떤 것으로 만들고자 합니다. 그것을 통해

---

(33) 기 드보르, 이경숙 역, 《스펙터클의 사회》, 현실문화연구, 1996. 사실 여기서 드보르가 말하는 유목민이란 이동목축을 하는 사람들이지, 이 책에서 말하는 전쟁기계의 배치를 발명한 유목민 전사가 아닙니다. 저자들에 따르면, 이들은 유목민의 일부를 이루긴 하지만, 그것은 전쟁기계의 배치의 우위성 아래서만 그러하며, 그것이 없는 경우에는 차라리 '이주민'에 속합니다. 이에 대해서는 나중에 다시 언급할 겁니다.

제국과 자신의 '위대함'을 상기시키고, 그 위대함 아래 다른 사람들을 복속시키고자 하지요. 그들이 제국의 승리와 더불어 대개 거대한 왕궁을 짓고 도시를 만들며 무언가 지워지지 않을 대규모 공사를 벌이는 것은 이와 직접 관련되어 있지요. 니체는 이를 거대한 기념비로서의 역사, '기념비적 역사'라고 말했지요.[34]

그런데 만약 역사가 '유목민'이나 농민들의 시간처럼 그저 순환적이라면 그 모든 것은 일정 시간 이후 제자리로 되돌아온다는 것을 뜻하게 됩니다. 무화되고 마는 거지요. 따라서 역사가 탄생하기 위해서는 순환하지 않는 직선적인 축적이 있어야 합니다. 아니, 역사를 만든다는 것은 순환의 형식으로 무화되지 않는 시간 개념을, 직선적인 시간 개념을 만드는 것입니다.

그래서 제국은 순환하지 않는 시간들을 곧은 직선으로 펴기 시작합니다. 이른바 '편년체' 역사서들이나 연대기(chronology)라고 불리는 역사기술이 그것입니다. 몇 년 몇 월, 무슨 임금이 뭘 어떻게 해서 어떤 일들이 일어났다는 사실들을 지워지지 않고 보존되도록 시간 순서대로 기록하는 거지요. 중국의 역사책들이 제국과 더불어 시작되었다는 점이나, 모든 제국이나 왕조가 왕조실록의 형태로 사가들을 국가관리(공무원!)로 두고 역사를 기록했다는 것은 이와 무관하지 않을 겁니다. 이런 점에서 드보르의 말대로 직선적 시간 개념은 제국의 시간 개념과 결부되어 있다고 할 수 있습니다.

유목민들은 그렇지 않습니다. 그들의 삶에는 모든 사건들이 귀착되는 어떤 중심이나 고정점이 없습니다. 삶이 운동하는 행보를 따라

(34) 니체, 〈삶에 대한 역사의 공과〉, 임수길 역, 《반시대적 고찰》, 청하, 1982, 119쪽 이하.

흘러가듯이, 사건도, 시간도 그렇게 흘러가는 것일 뿐입니다. 따라서 어떤 사건을 무화되지 않는 어떤 것으로 시간 속에 못박아둔다는 것은 그들로선 이해할 수 없는 일이었을 겁니다. 그렇기 때문에 유목민에게는 역사가 없지요. 아무런 기록도 남기지 않으며, 사건들에 통일성을 부여하여 연결하는 어떤 해석도 남기지 않습니다. 그래서 유목민은 승리해도, 사실은 패배한다고 하는 거지요. 몽골인들에 관해서 우리가 알 수 있는 것은, 그들의 위대한 영웅에 대한 일종의 문학적 서사시인 《몽골비사》 같은 책을 통해서지요.

이리하여 대 '제국'의 건설을 가능하게 했던 스키타이나 훈족, 몽골인 등의 위대한 창안들조차 그것을 나중에 영유한 국가인들의 업적으로 기록·보존되게 됩니다. 그래서 그루쎄든, 소련의 블라디미르초프(Vladimirtsov)든, "역사가들은 유목민을 아무것도 이해하지 못하는 가련한 인류의 선분들로 간주해왔다"는 겁니다(MP, 490; II, 179). 그처럼 아무것도 이해하지 못한 유목민이 어떻게 중국은 물론 서구의 제국들을 공포에 떨게 했던 그러한 사태를 야기했는지는 결코 이해할 수 없는 수수께끼로 남겠지만 말입니다.

구로자와 아키라의 영화 〈7인의 사무라이〉에서도 비슷한 양상을 볼 수 있습니다. 농민들의 부탁으로 사무라이(전사)들은 도둑떼와의 싸움에서 이길 수 있도록 농민들의 '배치'를 바꾸었고 그것으로 싸움에서 이길 수 있었지만, 대부분의 사무라이는 그 싸움의 와중에서 죽고, 살아남은 사무라이는 떠나지요. 반면 농민들은 다시 농경의 배치로 돌아와 노래하며 모내기를 합니다. 싸움을 이끌었던 주인공 사무라이는 이 모습을 보고 웃으며 다른 사무라이에게 말합니다. "결국 승리한 것은 우리가 아니라 저 사람들이다"라고 말입니다. 물론 사무라이와 유목민이 그대로 등치될 수 있는지는 다른 문제입니다만.

어쨌든 이젠 역사에 대해 근본적으로 다른 방식으로 보아야 한다는 것을 저 아득한 시기의 유목민들에게서 다시 배워야 하는 건 아닐까요? 과거의 지울 수 없는 크기만큼이나 커다란 짐이기도 한 역사("역사를 인식한다"는 것은 그 거대한 무게를 개개인의 삶에 지우는 것이기도 합니다)를 내려놓고 새로운 삶을 향하여, 새로운 삶의 방식을 구성하기 위하여 '내려놓고' 떠나는 것, 역사라는 이름의 '관성'에서 벗어나 새로운 클리나멘을 그리는 것 말입니다. 이를 위해 니체는 "망각하는 것을 배우라"고 하며, "비역사적으로 감각하는 능력을 얻어야 한다"고 충고합니다.[35]

8. 전쟁기계와 무기: 전쟁기계의 감응적 측면

다음으로 전쟁기계의 세 가지 측면 가운데 세 번째 측면인 '감응적 측면'을 보지요. 여기서 '감응'이란 말은 'affectus'라는 라틴어의 번역어인데, 이 말은 스피노자가 《에티카》에서 사용했던 개념입니다.[36] 이 말은 번역하기 아주 곤란한 개념인데, 국역본에서는 '정서'라고 번역되어 있고, 일본에서는 그런 감정이나 정서가 어떤 동적인 힘을 갖는다는 의미에서 '정동(情動)'이라고 번역하는데, 정서라는 말에 만족하지 못하는 경우에는 이런 일본어 번역어를 그대로 채택하기도 합니다. 지금까지 저는 이 단어를 '감응(感應)'이라는

---

[35] 같은 책, 111~14쪽.
[36] 스피노자, 강영계 역, 《에티카(*Ethica*)》, 서광사, 1990, 제3부.

말로 번역해왔습니다.

스피노자는 존재하는 모든 것을 '양태(modus/mode)'라고 하고, 이 양태들이 서로에 대해 맺는 관계를 '변용/촉발(affectio)'이라고 합니다. 각각의 양태는 서로에게 변용을 가하는 촉발로 존재하며, 그로 인해 다른 양태들에게 변용을 야기합니다. 어떤 양태가 다른 양태와 만나는 경우 능력이 감소할 수도 있고 증가할 수도 있는데, 전자의 경우에 느끼는 감응/감정이 '슬픔'이고, 후자의 경우에 느끼는 감응/감정이 '기쁨'입니다(물론 다른 감정/감응들도 있지만, 근본적으로 이 두 감정/감응과 결부되어 있습니다). 이처럼 어떤 양태가 다른 양태의 촉발/변용에 응(應)하여 갖게 되는 감정/정서라는 점에서 이를 '감응'이라고 할 수 있습니다. 역으로, 다른 양태에 특정한 느낌을 야기하는 것 또한 '감응'이라고 할 수 있습니다.

덧붙이자면, 이런 감응이 어떤 강한 힘을 가질 때 그것을 우리는 '감동(感動)'이라고 부르며, 그 정도는 아니어도 무언가 움직이게 하는 힘을 행사했을 때 '감흥(感興)'이라고 할 수 있습니다. 이들 모두 내적 강밀도에 따른 감응의 양상을 표현하는 개념으로 사용할 수 있지 않을까 싶습니다. 이는 '감응'이란 말에 어떤 움직임[動]이나 움직임을 야기하는 힘이 포함되어 있음을 보여줍니다. 이는 '정동'이라는 말에 끌리게 되는 요인을 이 번역어가 포함하고 있음을 뜻한다고 하겠습니다.

그런데 이 책에서는 '감정(sentiment)'과 '감응(affect)'을 구별하고 있는데(이는 affectus를 '감정'으로 번역하지 못하게 하는 요인입니다), 이에 대해 미리 간단히 설명하지요. 감정이 인간처럼 어떤 유기체 전체가 느끼는 것이라면("나는 기쁘다", "그는 화가 났다"),

그래서 인간과 같은 유기체에 고유한 것이라면, 감응은 **모든 양태**에 적용되는 것이고 유기체를 전제하지 않습니다. 가령 어떤 칼이 섬뜩하고 무서운 느낌을 줄 때, 그것은 그 칼에 대한 '나'의 감정이라기보다는 바로 그 칼에 속하는 감응이라고 할 수 있습니다. 짐수레를 끄는 말은 말보다는 차라리 '소'와 같은 느낌을 주지요. 그것 역시 '나'만의 주관적 감정이 아니라 그 '말'에 속하는 감응이라고 할 수 있습니다. 또 무협영화에서처럼 손으로 무언가를 때리고 부수는 경우에 우리는 그 손에 대해 "몽둥이 같다"거나 "칼 같다"는 감응을 갖게 됩니다. 이 역시 그 손에 귀속되는 감응이지요. 스피노자가 호랑이를 고양이와 같은 과로 묶을 것이 아니라 애완동물과는 전혀 다른 '맹수'라는 개념으로 분리할 것을 주장할 때, 그는 바로 이런 감응에 따른 분류법을 제창하고 있는 것입니다. 이것이 '되기'에서 매우 중요하게 다루어졌던 걸 기억하시지요?

그럼 이 정도로 하고 다시 전쟁기계로 넘어갑시다. 먼저 명제 7을 다시 상기해봅시다. "유목민의 실존은 전쟁기계의 무기를 '감응'으로 갖고 있다." 이 절에서 다루는 것은 사실 무기와 도구를 구분하고 그것이 서로 어떻게 다른가 하는 점입니다. 바로 앞서 말했던 '감응'을 통해서 양자를 구분하고 '분류'하려는 것입니다. 따라서 명제 7은 유목민이 갖고 있는 무기란 그것이 갖고 있는 감응과 결부되어 있다는 것을 함축합니다.

1) 무기와 도구

먼저 저자들은 무기와 도구의 차이를 다섯 가지로 구분해서 설명하고 있어요. 밖으로 던지는 것인가 안으로 던지는 것인가(방향),

속도인가 중력인가(벡터), 자유행동을 모델로 하는가 노동을 모델로 하는가(모델), 보석인가 기호인가(표현), 감응인가 감정인가(정염 내지 욕망의 톤tonalité)가 그것입니다.

① 투척와 투입: 첫번째로, 무기가 밖으로 던져지는(투척·투사) 것이라면, 도구는 안으로 던져지는(투입) 것이지요. 무기가 외향적이고 투척적(projective)이라면, 도구는 내향적이고 투입적(introjective)입니다. "무기는 투척(projection)과 특권적 관계를 맺는다. 던져지는 것은 무엇이든 기본적으로 무기고, 추진력은 그 본질적 계기다. 무기는 탄도적(彈道的)이다. '문제'라는 개념 자체가 전쟁기계와 관련되어 있다. 하나의 도구가 투사의 메커니즘을 더 많이 가질수록, 그것은 잠재적 혹은 단순히 은유적으로 더욱더 무기처럼 작용하게 된다."(MP, 491; II, 180) 반면 "도구는 내향적(introceptif)이고 투입적(introjectif)이다. 그것은 물체에 평형 상태를 가져오거나, 물체를 내부성의 형식으로 영유(領有)하기 위해 그것과 일정한 거리를 두고 준비한다. 떨어진 곳에서 행동하는 경우는 무기와 도구 양쪽 모두에 존재하지만, 전자의 경우에는 원심적이고 후자의 경우에는 구심적이다."(MP, 491~92; II, 180~81)

확실히 대부분의 도구는 들고 사용하지, 던지지 않습니다. 끌어당겨서 내 손의 연장(延長), 내 발의 일부로 영토화하여 사용하지요. 사다리든 톱이든 칼이든 망치든 말입니다. 반면 무기는 자기가 아닌 '적'을 겨냥하여 사용하는 만큼, 밖으로 향하며 대개 원심력을 이용하여 던져지지요. 활이든 총이든 칼이든 말입니다. 하지만 좀더 정확하게 말해 던져지는 것은 무기가 되기 십상이라고 해야 합니다.

도끼나 망치, 평범한 돌멩이도 던져지면 무기가 됩니다.

반면 칼이나 창도 손에 쥐고 무언가를 자르고 다듬는 데 사용되면 도구가 됩니다. 동일한 사물도 쥐고 사용하는가, 던져서 사용하는가에 따라 도구가 될 수도 있고, 무기가 될 수도 있다는 겁니다. 만약 던지지 않고는 결코 사용할 수 없는 것이 있다면, 이는 도구가 되기 힘든 무기고, 대개 이런 사물은 무기의 은유로 사용되게 마련이지요. 총이나 활 등이 그렇습니다. 따라서 무기란 던져지는 것이 야기하는 감응과 결부되어 있다고 할 수 있지요. 혹은 던져지지 않아도 외향적으로 사용되는 것, 나의 영토 밖을 향하여 사용되는 것, 밖으로 내뻗는 힘에 의해 사용되는 것은 무기라고 할 수 있습니다. 칼이든 몽둥이든 말입니다. 이런 점에서 무기는 외향적이고 원심적이라고 할 수 있지요. 물론 사냥처럼 무기가 도구로 사용되는, 혹은 도구마저 던지는 방식으로 사용되는 경우가 있지만 말입니다.

한편 "도구는 정복하고 이용해야 할 저항에 맞부딪치는 반면, 무기는 피하거나 창안해야 할 반격과 관련"(MP, 492; II, 180~81)되어 있습니다. 도구는 자연의 저항을 극복하기 위한 수단입니다. 높이를 극복하기 위한 사다리, 경도(硬度)를 극복하기 위한 도끼처럼 가공하려는 재료의 저항을 상대하는 것이 도구입니다. 반면 무기는 적을 공격하거나 반격하기 위한 것, 혹은 적의 반격으로부터 피하기 위한 것입니다. 물론 화살이나 총알이 거리를 '극복'하고 피부나 갑옷의 경도를 '극복'해야 하지만, 그것은 다만 관통하기만 하면 충분한 것이란 점에서 차라리 속도와 결부되어 있지, 가공의 형식으로 저항을 극복하는 것과는 별 상관이 없습니다.

② 속도와 중력: 두 번째로, 무기와 도구는 속도와 중력에 각각 관련되어 있습니다. "무기와 도구는 '경향적으로(근사적으로)' 운동, 속도에 대해 동일한 관계를 갖지 않는다."(MP, 492; II, 181) 무기는 속도를 필수적인 성분으로 갖고 있지만, 도구는 그렇지 않습니다. 무기가 던져져야 하는 것임을 생각한다면, 이를 쉽게 이해할 수 있을 겁니다. 반면 도구는 저항을 이겨야 하듯이, 중력을 견디고 이겨야 합니다. 도구와 결부된 것이 노동인데, 노동이 고통을, 더 나아가 그 고통을 견디는 인내까지 요구한다는 점을 생각해봅시다.

저자들은 속도와 무기의 관계를 설명하기 위해 또다시 비릴리오를 인용합니다. "무기는 속도를 발명한다. 혹은 속도의 발견이 무기를 발명한다(무기의 투척적 성격[던진다는 것, 쏜다는 것]은 그 결과다)."(MP, 492; II, 181) 확실히 무기에서 속도는 결정적인 것으로 보입니다. 던지는 것은 속도 때문이며, 속도가 없으면 던지는 것은 아무 의미도 갖지 못합니다. 바로 그 속도가 관통하는 힘을 만들지요. 반면 **속도가 없다면**, 던지는 것은 잘 받으라고 건네주는 것이기 때문에, 이때는 무기와 전혀 다른 성격을 갖습니다.

이런 점에서 무기의 속도는 운송과 구별됩니다. 장소를 옮기고 이동하는 점은 운송에서도 동일하지만, 그것은 잘 받으라고 건네주는 것이므로 지나친 속도를 가지면 안 됩니다. 이는 앞에서 유목민과 관련하여 속도와 운동을 구별한 것과 비슷합니다. 한 점에서 다른 한 점으로 옮겨가는 것은 운동이지, 그 자체가 속도는 아니란 거지요. "가령 말이 사람이나 짐을 실어 나르기만 할 뿐, 전투하기 위해 내려야 한다면, 그것은 운송을 위한 도구지, 전쟁기계의 일부(무기)가 아니"(MP, 493; II, 181)라는 겁니다. 그래서 말도 그것이 속도와 어떤 관계를 갖는가에 따라 도구가 될 수도 있고, 무기가 될 수도 있는 거지요. 멈춤이 중력의 작용이라면 속도는 그 중력에서 벗어나는 것이고, 중력이 운동을 한 방향(중력의 중심)으로 끌어들인다면 속도는 거기서 벗어나는 선을 그리는 클리나멘을 갖는 것이고, 중력에서 자유로운 힘과 방향을 갖는 힘('벡터')을 갖는 겁니다. "전쟁기계는 자유로운, 혹은 독립적인 변수가 되는 속도벡터의 방출을 함축한다."(MP, 493; II, 182)

하지만 매복이나 대기, 잠복과 같이 속도에 반하는 듯한 현상도 전쟁에 포함되지 않느냐는 반론이 가능하지요. 그러나 이런 현상도 순수한 속도의 구성요소와 관련되어 있습니다. 앞서 말했던 것처럼, 공중에 멈추어 선 매가 매우 큰 속도를 갖는 것처럼, 기다리며 매복해 있는 유목민의 기병들도 큰 속도를, 응축된 형식의 속도를 갖고 있는 거라고 할 수 있습니다. 전쟁에서 매복이나 기다림은 단지 멈춘 것, 움직이지 않는 것이 아니라 **강밀한 속도를 응축하는 것**, 내포적인/강밀한 속도를 만들고 있는 것입니다.

전쟁과 사냥이 구별되는 것도 이런 맥락에서입니다. "전쟁은 동물에 대한 사냥꾼의 관계를 인간이 다른 인간에게 적용할 때 나타나는 것이 결코 아니다. 반대로 그것은 인간이 사냥된 동물의 힘을 포획해서 다른 인간과 완전히 새로운 관계에, 전쟁의 관계(더 이상 사냥감이 아니라 적)에 돌입할 때 나타난다."(MP, 492; II, 181) 그래서 그건 사냥감이 아니라 적과 대응하는 것이고, 사냥과 전쟁은 다른 종류의 관계들에 의해서 정의되는 거지요.

이는 유목민의 사육과 정착민의 사육의 차이와 동일한 차이를 갖습니다. 유목민들의 동물 사육이라고 하는 것은, 정착민들이 돼지를 기르고 소를 기르고 하는 것과는 전혀 다른 종류의 사육입니다. 몽골인들은 말을 온순하게 길들이는 것이 아니라, 함께 달리고 함께 싸우는 훈련을 합니다. "사냥에서 사냥꾼의 목표는 체계적인 도살을 통해 야생동물의 **운동성을 체포하는** 것인 반면, 유목민의 동물 사육자는 그것을 보존하려 하고, 승마자는 훈련이라는 방법을 통해 그것의 운동에 참여하여 거기에 방향을 부여하고 그 가속화를 촉발한다." (MP, 492; II, 181) 여기서 속도와의 관련이 분명해집니다. 따라서 전쟁무기와 사냥도구도 구별될 필요가 있습니다. "전쟁이 사냥으로부터 파생되지 않았을 뿐만 아니라, 사냥 역시 무기를 개선시키지 않는다."(MP, 492; II, 181)

③ 자유행동과 노동: 세 번째로, 무기와 도구의 구별은 자유행동과 노동의 구별에 대응합니다. "무기와 무기 다루기는 자유행동 모델에, 도구는 노동 모델에 연결되어 있는 것으로 보인다. 한 점에서 다른 점으로의 선형적 치환은 도구의 상대적 운동[노동]을 구성하지만, 무기의 절대적 운동[자유행동]을 구성하는 것은 소용돌이꼴의 공간 점유다."(MP, 494~95; II, 183) 먼저 노동은 중력과 관계되어 있습니다. 그것은 삶의 중력을 이기기 위한 것이고, 신체적·정신적 저항을 견디며 하는 것이고, 따라서 신체를 잡아당기는 고통을 견뎌내며 하는 것입니다. 이겨도 다시 돌아오는 것, 다음날이면 동일하게 되돌아오는 것, 중력과 저항, 고통이 바로 그렇습니다. '노동'을 뜻하는 프랑스어 travail에 '고문'과 '고통'이란 의미가 함축되어 있다는 사실은 매우 의미심장합니다.

반면 자유행동은 중력에서 벗어나 공간을 절대적으로 점유하는 것, 다시 말해 원하는 방향 어디로도 나아갈 수 있는('절대적 국지'의 개념을 잊지 않으셨지요?) 것입니다. 가령 이렇게 강의를 하는 것은, 공부나 연구도 그렇지만, 노동일 수도 있고 자유행동일 수도 있습니다. 먹고살기 위해서 하는 강의, **생존의 중력**을 이기기 위해서 하는 강의는 노동입니다. 대학에서 하는 강의가 흔히 그렇지요. 뻔한 내용을 특별한 준비도 없이 떠들어대야 합니다. 여기서 최대의 '장애'는 지겨움이지요. 중력을 견디듯 지겨움을 견뎌야 합니다. 비슷하게, 시험을 보기 위한 공부라면 그건 틀림없이 지겨움과 힘겨움에 수반되는 고통을 이기는 싸움이 되게 마련이지요. 생계를 위해서 쓰는 글이나, 요구되는 '업적'을 채우기 위해 쓰는 글도 크게 다르지 않습니다. 모두 다 '노동'의 일종이지요.

그러나 자신이 좋아서 하는 공부, 신나고 즐거워서 하는 연구는 심지어 하루의 대부분을 책과 씨름하는 경우에조차 이런 중력과 저항, 고통과 인내의 성분이 없습니다. 스스로 던져놓은 문제를 들고 돌진하는 연구나 집필 또한 마찬가지지요. 자기가 좋아하는 것, 자기가 몰두해서 공부한 것을 강의하는 것은 지겨움과 같은 고통을 전혀 수반하지 않습니다. 신나고 즐거운 '놀이'나 '게임'이 되지요. 중력을 받는 지적 노동이라면 당연히 전공, 실적, 이런 것과 관계되는 방향으로 나아가야만 하지만, 자유행동은 전공과도 상관없고 '실적'과도 무관하게 자기의 문제의식이 뻗치는 곳 어디로든 나아갈 수 있지요. 이런 점에서 중력을 받는 노동으로서의 공부와 자유행동으로서의 공부는 크게 다르지요. 한번 잘 생각해보십시오, 여러분은 공부를 노동으로 하고 있는지, 자유행동으로 하고 있는지.

이런 의미에서 "도구를 사용하는 게 노동"이 아니라, 반대로 도구가 노동을 통해 정의된다고 해야 합니다(MP, 495; II, 183). 도구는 노동을 전제합니다. 그런데 노동이 실행(유효화)되는 것은 어떤 활동을 '노동'이 되게 만드는 배치 안에서지요. 가령 맑스가 말한 것처럼,[37] 집에서 아이를 위해 의자를 만들어주는 것은 노동이 아니지만, 공장에서 하는 경우에는 노동이 되지요. 노래방에서 춤추고 노래하는 것은 결코(!) 노동이 아니지만, 백댄서로 공연장에서 하는 것은 노동임이 분명합니다. 그 차이는 전자가 돈을 받지 않는 데 반해 후자는 돈을 받는다는 점이고, 따라서 전자의 경우는 하다가 다른 일을 하든, 아니면 그만 두든 아무 상관이 없지만, 후자의 경우는 결코 그럴 수 없습니다. 정해진 시간 동안 정해진 일을 반복해서 해야 하지요. 노동력이 화폐로 구매되고, 그 화폐를 통해서 생산수단과 결합하는 그런 종류의 배치가 어떤 활동을 '노동'으로 만드는 것이고, 어떤 사물을 '도구'로 만드는 겁니다.

요컨대 문제는 두 유형의 배치의 차이입니다. 중요한 건 어떤 요소에 대해서 집합적 배치나 기계적 배치가 일반적으로 우위를 갖는다는 것입니다(MP, 496; II, 184). 자유행동과 노동을 구별해주는 배치를 통해 활동도 상이한 것이 되듯이, 어떤 사물이 무기인가 도구인가를 구별해주는 것 역시 그런 배치의 차이라고 해야 할 겁니다. '노동기계'의 배치와 전쟁기계의 배치. "자유행동 모델을 유효화하는 것은 무기 그 자체나 그 물리적 측면이 아니라, 무기의 형상인(形相因)으로서 '전쟁기계'의 배치다. 그리고 노동 모델을 유효화하는 것은 도구가 아니라 도구의 형상인으로서 '노동기계'의 배치다. 무

---

[37] 맑스, 편집부 역, 《잉여가치학설사(Theorien über Mehrwert)》, 1권, 아침, 1989, 169쪽.

기가 속도 벡터와 불가분한 반면 도구는 중력의 조건에 묶여 있다고 할 때, 우리는 두 유형의 배치의 차이를 나타내려 했을 뿐이다. ……도구는 본질적으로 발생, 치환 그리고 그 법칙이 노동 안에 존재하는 힘의 소비에 묶여 있는 반면, 무기는 오직 시공간 속에서 자유행동에 부합하는 힘의 실행과 표명에 관계할 뿐이다."(MP, 495; II, 183) 물론 이는 무기 자체에 대해서도 마찬가지로 말할 수 있습니다. "무기의 체계를 구성하는 것은 항상 배치다."(MP, 496; II, 184) 칼이나 장창이 최초의 보병무기인 망치와 도끼를 무력화시켰던 것은 말-인간의 배치 덕분이었다는 겁니다.

④ 감응과 감정: 네 번째로, 감응(affect)과 감정(sentiment)이 무기와 도구에, 전쟁기계의 배치와 노동기계의 배치에 상응합니다. 여기서 배치의 문제는 신체적·정신적 정염의 문제, 욕망의 문제로서 포착됩니다. "배치는 정염적이다. 그것은 욕망의 조성이다. 욕망은 자연적 혹은 자생적 결정과는 무관하다. 배치하거나 배치된 욕망이 아닌 욕망은 없다. 배치의 합리성·효율성은 그 배치가 활성화하는 정념들 없이는, 그것이 구성하는 만큼 그것을 구성하기도 하는 욕망 없이는 존재하지 않는다."(MP, 497; II, 184~85)

배치는 무엇보다도 우선 욕망의 배치라고 앞서 말한 적이 있지요? 가령 가족을 위하여 모든 것을 바치고자 하며, 어떤 욕망보다도 앞서 가족을 보호하고 사랑의 정염을 오직 가족 안에서 '해소'하려는 욕망—가족주의적 욕망—은 18세기 후반~19세기의 서구 부르주아지의 가족 안에서 발생한 것이었습니다. 19세기 이전에 사랑은 결혼과 다른 것이어서, 아내를 정부처럼 대하는 것은 아내에 대한 모욕이었고 아주 부도덕한 것이었습니다. 그러나 19세기 들어서면서 모든 성욕과 사랑이 가족과 포개져야 한다는 관념과 태도가 나타나기 시작하고, 그러면서 가족 밖에서의 사랑은 죄악시되지요. 이는 17~18세기 궁정사회에서의 성과 사랑, 욕망의 배치와 전혀 다른 종류의 욕망의 배치였습니다. 사적 공간이나 프라이버시에 대한 욕망 역시 19세기에 발생한 것입니다. 따라서 선험적인 욕망이란 없다고 할 수 있습니다. 어떤 욕망이든 배치로서, 배치 안에서 존재하게 되지요. 다시 말해 배치에 따라서 욕망과 정염이 달라진다고 할 수 있습니다. "정염은 배치에 따라 달라지는 욕망의 유효화다."(MP, 497; II, 185)

저자들은 전쟁의 배치의 변화를 이런 배치의 변화로 설명합니다. 가령 보병처럼 "말에서 내린 인간의 경우는 농민-병사, 시민-병사의 출현에 길을 닦은 보병대 배치 안에서의 인간들 간의 관계가 [기병의] 인간-동물 관계를 대체한 경우다. 전쟁의 에로스 전체가 바뀌고, 집단 동성애적 에로스가 승마자의 수간적(獸姦的) 에로스를 대체하는 경향이 있다."(MP, 497; II, 185) 여기서 에로스라는 말은 이 배치들이 욕망의 배치임을 표시하는데, 가령 수간의 에로스는 직접 수간하는 관계보다는 인간과 동물(말) 간의 애정 내지 사랑을 야기하는 관계를 말합니다. 《삼국지》에서 관우와 적토마의 유명한 '애정 관계'가 바로 이런 수간적 에로스의 대표적인 경우겠지요.

이처럼 배치가 달라지면 사기(士氣)의 확장과 전파 양상, 잔인함이나 연민 등이 달라집니다. 사태에 요구되는 적절한 주체의 형성은 바로 이런 양상에 따릅니다. 가령 기마병들의 배치에서는 선뜻 나서는 용기와 적을 제압하는 빠름이 중요하겠지만, 밀집보병의 경우에는 주어진 자리를 지키는 성실함과 그 자리에서 물러나지 않는 용기가 중요한 정염이요 욕망일 겁니다. 《삼국지》 등과 같은 소설에서 '맹장'의 징표는 많은 적들 앞에 선뜻 나서서 적장과 한판 겨루는 것으로 표현되는데, 이것이 전자의 정염 내지 욕망의 배치와 상응한다면, 우리가 흔히 보는 전투경찰은 일차적으로 시위대 앞에 설치된 벽(!)의 감응을 갖고 있으며, 따라서 맞아 죽는 한이 있어도 물러서지 않은 것이 가장 중요한 '덕목'이 됩니다.

그렇다면 노동기계의 배치와 전쟁기계의 배치에서도 상이한 정염이나 욕망이 형성될 것이란 점은 분명합니다. 하지만 여기서 저자들은 감정과 감응이라는 개념으로 그 욕망과 정염의 차이를 구별합니다. "노동체제는 조직 및 〈형식〉의 발전과 불가분하며, 주체의 형성은 그에 따른다. 이것이 '노동자의 형식'으로서 감정의 정염적 체제다. 감정은 물체에 대한 평가 및 그 저항, 형성하는 의미/방향(sens), 발전, 힘의 경제와 그 치환, 중력 전체를 함축한다. 그러나 전쟁기계의 체제는 그와 반대로 감응의 체제로서, 감응은 오직 움직이는 신체 그 자체, 요소들 간의 속도와 속도의 조성에만 관계된다. 감응은 정서(émotion)의 급속한 방출, 반격인 반면, 감정은 항상 치환되고, 지체되며, 저항하는 정서다. 감응은 마치 무기와 같은 투척물이다. 감정은 도구처럼 내향적이다."(MP, 497~98; II, 185)

저자들은 아마도 감정은 어떤 물체나 저항, 그것을 다루는 도구 등에 대한 노동자의 평가고, 중력과 고통을 견디고 참아내는 힘과 결부되어 있는 것이라고 보고 있는 듯합니다. 그것은 노동하는 사람인 인간에게만 속하고, 인간에게 집적되며 유기화(organisation)됩니다. 반면 감응은 칼의 감응, 화살의 감응, 말의 감응처럼, 느끼는 사람보다는 느낌을 야기하는 것에 일차적으로 속하며, 인간에 의해 집적되거나 유기화되는 게 아니라, 그때마다 칼의 움직임, 기마병의 속도, 화살의 정확도 등에 속합니다. 영화에서 종종 보듯이, 감응을 정확하게 포착할 줄 아는 사람은 칼을 쓰는 검객의 자유자재함, 바람을 가르는 칼의 속도만으로도 그가 어느 수준의 검객인지를 알아채지요. 이런 감응을 정확하게 알아채려면, **상대방에 대한 '감정'이 사라지고 냉정하게 움직임을 포착해야 합니다.** 애증이나 두려움, 자만심 등의 감정은 감응을 가리고 보지 못하게 합니다. 고수들은 싸우기 전에 상대방의 자세와 미세한 움직임만으로도 그의 '내공'을 알아챕니다. 그래서 수가 차이가 크게 나는 경우라면 싸우기 전에 이미 "이겼다"와 "졌다"를 알 수 있다지요. "무기는 감응이고 감응은 무기다"라는 말이나, "전사의 무위(無爲)", 혹은 "쓰지 않는 방법을 가르치는 무술" 등의 말(MP, 498; II, 185)은 이런 맥락에서 이해할 수 있을 겁니다.

⑤ 기호와 보석: 마지막으로, 두 가지 상이한 배치에는 각기 상이한 표현의 체제가 있다고 하지요. 노동의 체제나 도구에 상응하는 것이 '기호'라면, 전쟁기계나 무기에 상응하는 것은 '보석'이라고 합니다. 도구는 기호와 본질적 연관을 갖습니다. 도구의 의미를 알고 노동 안에서 그것의 적절한 위상을 아는 게 중요하기 때문입니다. 어떤 노동을 해야 될 때는 노동들을 조직해내는 이런 국가적인 포획과 거기에 따르는 행동들의 기호가 있어야 합니다. "노동이 있는 곳에는 국가장치에 의한 포획행동과 문자에 의한 행동의 기호화가 있게 마련이기 때문이다. 그러므로 기호-도구와 문자-노동조직

의 기호 간에는 친화성이 있다."(MP, 499; II, 186)

반면 "무기는 보석류와 본질적 관계를 갖는다. 보석이나 장식은 무기의 감응을 표시하는 표현적 특질을 갖는다"고 말합니다(MP, 499; II, 186). 칼을 만들기 위해 강하고 귀한 금속을 사용하는 것, 그것의 손잡이나 칼집을 보석으로 장식하는 것, 이는 그 칼에 속하는 어떤 감응을 표현하기 위해서지요. 심지어 스키타이인들은 화살촉에도 보석을 박았답니다. 한번 쏘고 버리는 것인데도 말입니다. 물론 여기서 보석이 그것의 값이나 소유자의 부를 표시하는 그런 것일 수 없다는 건 따로 말하지 않아도 아시지겠요?

이는 무협지나 무협영화에 반드시 등장하게 마련인 '보검'을 생각해보면 쉽게 이해할 수 있습니다. 가령 영화 〈와호장룡〉은 '청명검'이라는 보검이 영화 전개에서 중요한 역할을 합니다. 주인공 리 무바이가 자신의 보검인 '청명검'을 다른 이에게 넘기는 것은 강호를 떠나겠다는 것을 직접적으로 의미합니다. 푸른 여우의 제자인 용은 그 보검을 탐내 훔치고, 이로써 일이 벌어지기 시작하지요. 보검의 감응, 그것은 심지어 그것을 가진 자의 공력보다 큰 힘을 발휘하기도 합니다. 그렇지만 무협지나 무협영화에서 흔히 듣는 말처럼, 보검은 그걸 사용할 주인이 따로 있다고 하지요. 이는 그 보검에 속하는 감응이 그것을 사용하는 사람의 능력과 상응하고 어울려야 한다는 것을 표현하지요. 이처럼 무기와 결부된 표현인 보석 내지 '보검'은 기호처럼 의미화하는 표현형식을 갖지 않습니다. 다만 직접적으로 감응을 표현할 뿐이지요.

무기와 전사와 결부된 표현은 심지어 기호의 경우에도 전혀 다른 기호계를 구성하게 됩니다. 보검과 더불어 무협지에 흔히 등장하는

'비급(秘笈)'은 기호들을 포함하지만, 그 기호를 읽고 이해하는 것은 별다른 의미가 없습니다. 말 그대로 '알음알이'에 지나지 않습니다. 그것과 결부된 동작과 속도, 힘과 능력을 만들어내는 게 중요하지요. 그것은 문자로 표현되지 않는 어떤 감응을 읽어내고 그것을 실질적으로 만들어내는 문제가 아닐까 싶습니다. 이런 의미에서 보석 또한 기호들이 아닌가라고 한다면, 이것은 '감응적 기호계'라고 해야 할 겁니다. 여기서 '기호'는 명령하기 위해 의미를 전달하는 수단도 아니고, 지위나 역할을 표시하는 징표도 아닙니다. 그저 그것은 무기의 감응, 전사의 감응을 표현하는 수단일 뿐입니다.

칭기스칸이 평생 문자를 몰랐다는 것은 잘 알려져 있습니다. 몽골인들에게 문자가 없었다는 것도 말입니다. 이를 역사를 쓰는 사람들은 무식과 무지의 증거로 간주하지만, 사실은 그들이 자신을 표현하기 위해서 굳이 문자가 필요없었다는 게 더 정확할 것입니다. 그들은 다른 종류의 표현형식을 갖고 있었다는 겁니다. 칭기스칸이 필요를 느끼지 못했듯이, 이들 유목민은 문자가 별도로 필요없었다는 거지요. 물론 거대한 제국이 만들어지고, 정착민의 제국들을 다스리기 위해 문자가 필요하게 되기도 하지만, 그것은 단지 필요한 한에서 이웃의 것을 빌려서 쓸 수 있는 정도면 족했던 거지요.

2) 무기와 노동의 동맹

무기와 도구의 구별이 사실은 배치에 따른 거라고 했지요? 배치를 달리함에 따라 도구가 무기가 되거나, 그 반대가 가능해지지요. 도구와 무기는, 노동과 자유행동은, 혹은 노동기계의 배치와 전쟁기계의 배치는 그런 점에서 확실히 다른 질을 갖는다고 해야 합니다.

그런데 과연 이들이 질적으로 다르며 대립하고 대비된다는 점을 확인하는 것으로 충분한가? 노동자와 전사의 동맹은, 도구와 무기의 동맹은 불가능한가?

저자들은 이렇게 말합니다. "국가장치는 군대를 훈육함으로써, 노동에 기본단위를 만들어냄으로써, 다시 말해 자기 자신의 특질들을 부과함으로써 체제들에 획일성을 도입하려는 경향이 있다. 그러나 무기와 도구가 변형의 새로운 배치들 속에 싸여 있다면 다른 동맹 관계에 돌입할 가능성도 없지 않다. 전쟁인은 때때로 농민이나 노동자와 동맹을 형성하지만, **전쟁기계를 재발명하는 것은 산업 또는 농업노동자들에게서 더 자주 일어난다.**"(MP, 501; II, 188)

예를 들면 1917년 러시아 혁명의 경우가 이걸 잘 보여줍니다. 1917년 2월 혁명 이후에, 국가장치의 약화 내지 와해의 틈새에서 군사조직은 '병사 소비에트'라는 일종의 전쟁기계를 만들면서 독립하게 됩니다. 병사 소비에트는 제국주의 전쟁에 반대하는 병사들의 자율적 자기조직이었지요. 노동자들 역시 국가장치의 약화 속에서 노동의 중력에서 이탈한 새로운 자율적 자기조직을 구성하면서 전쟁기계를 새로이 발명합니다. 이는 사실 그 이전 1905년 혁명 당시 노동자 대중 자신이 발명했던 것이기도 하지요. 이 두 가지 전쟁기계는 노·병 소비에트라는 방식으로 동맹을 형성합니다. 도식적이지만, 이는 전쟁인과 노동인의 연합·동맹의 양상을 단적으로 보여주었다고 할 수 있습니다. 물론 여기에는 볼셰비키 당이라는 전쟁기계와의 '결합(동맹)'이 동반되어 있었습니다. 이들 전쟁기계는 국가에 반하는 혁명을 위해 동맹하며, 그것을 통해 노동자와 전쟁인의 동맹이 유효화된다고 할 수 있겠지요. 이것이 또 1917년 10월 혁명을 가능하게 했습니다. 이러한 혁명과 전쟁기계의 창안은 1917년 독일이나 헝가리 등 유럽 여러 나라에서 노동자들이 새로운 전쟁기계를 창안하도록 촉발합니다. 그것이 스파르타쿠스단과 같은 전쟁기계와 동맹하여 국가장치에 반하는 혁명을 일으키지요. 헝가리에서도 노동자 소비에트가 중심이 되어 벨라 쿤(Béla Kun)이 이끄는 전쟁기계와 결합하여 헝가리 혁명의 주역이 됩니다. 물론 독일은 사회민주당의 '배신'으로 스파르타쿠스단과 노동자 소비에트는 패배하고, 로자 룩셈부르크(Rosa Luxemburg)와 칼 리프크네히트(Karl Liebknecht)는 피살당하며, 헝가리의 노동자 정권 또한 얼마 안 가 패배하지만 말입니다.

"노동자와 병사, 무기와 도구, 감정과 감응의 친화력은 잠깐 동안이긴 하지만 혁명과 인민전쟁의 적절한 시기를 표시한다."(MP, 501; II, 188) 중국이나 남미의 게릴라전이나 베트남의 '인민전쟁'은 이러한 친화성이 상대적으로 지속될 가능성을 보여줍니다. 이를 좀더 근본적으로 밀고나간다면, "도구가 노동으로부터 자유행동으로 나아가는 분열적 취향, 무기가 평화의 수단으로, 평화 획득의 수단으로 전환되는 분열적 취향이 존재한다"고도 말할 수 있습니다. 그것이 일시적이고 잠정적이라고 해도 말입니다. 예컨대 치아파스 원주민들이 "우리는 말하기 위하여 무기를 들었다"고 할 때, 자신들의 삶과 밀림을 잠식하는 백인 지주들의 '침략'과 '착취'를 저지하기 위해 전쟁을 선언하고 봉기했을 때, 우리는 이런 경우를 발견할 수 있습니다.

이 분열적 취향으로 인해 저자들은 다음과 같이 말할 수 있습니다. "의심할 바 없이 전쟁인보다 시대에 뒤떨어진 것은 없다. 그는 오래 전에 완전히 다른 인물인 **군인**으로 변형되었다. 그리고 노동자 자신은 수많은 불운을 겪어왔다. ……하지만 전쟁인들은 여러 가지로 모호하게 재등장한다. 그들은 폭력의 무용함을 알지만 재창조될 전쟁기계, 능동적·혁명적 반격의 기계에 인접해 있는 자들이다. 노동자들 또한 노동을 믿지 않으며, 재창조될 노동기계, **능동적 저항과 기술적 해방의 기계에 인접해 있는 자들로 재등장한다**."(MP, 502; II, 188~89) 여기서 전쟁인이 '시대에 뒤떨어졌다'는 말, 이미 국가장치 안에서 기능하는 '군인'이란 존재로 변형되고 고착되었다는 말이나, 앞서 "전쟁기계를 재발명하는 것은 노동자나 농민에게서 더 자주 일어난다"는 말, 방금 "노동자가 능동적 저항과 기술적 해방의 기계에 인접해 있는 자들로 재등장한다"는 말은, 모호하긴 하지만 저자들이 양자의 동맹을 단순히 전쟁기계나 전쟁인에 대한 추상적 기대와 다른 방향에서 생각하고 있다는 것을 짐작하게 합니다.

뒤에 보듯이 화기, 특히 대포 이래의 대규모 화기와 병기는 그것을 만들고 사용하기 위해 포획장치를 통한 대규모 스톡을 전제하는데, 바로 이 사실이 유목적 전쟁인의 패배를 규정했던 역사적 요인인 동시에, 전통적인 의미의 전쟁인이 대개는 국가장치에 포섭된 군인이 되는 방식으로만 존재하게 되거나, 그렇지 않더라도 그들이 국가장치와 쉽사리 동맹할 가능성을 형성하는 요인처럼 보입니다.

이런 점에서 전쟁기계의 문제는 오히려 노동자나 농민 같은 존재가 전쟁기계를 재발명하는 것이 되거나, 혹은 전쟁기계 개념 자체가 새로운 차원에서 국가장치의 외부를 발명하는 문제로 변형되는 것은 아닌가 생각합니다. 화기를 필요로 하지도 않고, 화기를 상대하지도 않는 "포연 없는 전쟁"의 새로운 형식, 그에 상응하는 새로운 배치의 창안, 그리고 컴퓨터와 통신망 등에 의해 만들어진 새로운 공간에 달라붙어 그것을 매끄러운 공간으로 만드는 새로운 유목주의의 창안 등이 그것입니다.

사회주의 국가장치의 침략과 억압에 맞서 아무런 폭력도, 화기도 없이 말과 강연, '수행'으로 저항하며 포연 없는 '전쟁'을 벌이는 다람실라의 티베트인들의 '투쟁', 세계 자본주의의 착취와 수탈에 맞서 '말을 위한 전쟁'을 선언한 치아파스의 사파티스타의 투쟁, 이는 아마도 전쟁과 테러로 인해 갈수록 절망적으로 보이는 현재 세계에서 긍정적이고 능동적인 새로운 유형의 '전쟁기계'를 창안한 사례가 아닐까 생각합니다.

어쨌든 이미 특정한 형태로 현존하는 전쟁인과 군인, 노동자와 해방기계의 전사와 같이 인접한 변형체들은 사태를 더욱 복잡하고 다양하게 만들 겁니다. 한편에선 용병이나 이동 군사고문, CIA 등이 국가장치와 연결되어 음울한 전쟁기계들을 작동시키는 극을 이룬다면, 초국적 자본과 국가장치의 연합체에 맞서는 '반세계화 시위대'나 사파티스타 전사들과 연대하며 새롭게 국제화된 민중은 새로운 해방기계를 작동시키는 반대편의 극을 이룬다고 할 것입니다. 물론 그 사이에는 제국주의국가의 국제적 폭력에 반하는 이슬람 근본주의자들의 테러리즘-전쟁기계처럼 또 다른 변형체가 다른 종류의 음울한 죽음의 선을 그리고 있기도 합니다. 여기서 전쟁의 양상 또한 크게 달라질 수도 있음을 예측할 수 있습니다. 이 부분을 맺는 저자들의 마지막 문장은 이렇습니다. "전쟁과 군사장치 사이에서, 노동과 자유행동 사이에서 빌려온 것들은 항상 양 방향으로 흐르며, 투쟁은 더욱더 다양해진다."(MP, 502; II, 189)

9. 전쟁기계와 야금술

1) 무기와 기계적 계통

이제 저자들은 전쟁기계와 야금술의 관계에 대해서 이야기하고 있습니다. 일단 이와 관련해 다음과 같은 문제를 던지고 있습니다. "유목민은 어떻게 자신의 무기를 발명하거나 찾아내는가?" 물론 여기서 무기라는 개념이 단순히 '전쟁기계'라는 배치만을 뜻하는 건 아닙니다. 그들이 사용하는 무기, 가령 '기병도'와 같은 기술적인 기계로서의 무기의 발명과 관련된 문제를 던지고 있는 겁니다. 여기서 칼과 결부된 금속성의 무기를 만들고 다루는 것은 당연히 대장장이나 야금술사들의 일입니다. 그렇다면 문제는 다시 야금술사와 유목민의 관계, 혹은 야금술사와 국가장치의 관계에 대한 질문으로 변형됩니다. 여기서 그들이 제시하는 답이 바로 명제 8입니다.

명제 8. 야금술은 본질적으로 유목주의와 필연적으로 합류하는 흐름을 구성한다.

하지만 이 명제만이 아닙니다. 이 부분에서 말하는 것은 크게 세 가지 정도로 보입니다. 첫째, 무기의 발명, 이용 및 배치와 연관되어 있는 것으로 '기계적 계통(phylum machinique)'이라는 개념이 나오게 됩니다. 둘째, 무기의 발명에 실질적인 주역을 담당하는 존재로서 야금술사의 고유성에 대한 것, 다시 말해 제국적 국가장치로도, 유목민의 전쟁기계로도 환원되지 않는 그들의 고유한 위상에 대한 것입니다. 셋째, 이 독립적인 존재로서 야금술이 유목주의와 합류하는 흐름을 형성하는 것으로, 명제 8에서 말하고 있는 주장입니다. 나중에 이상의 논지와 결부하여 공리 3을 제시하고 있습니다. 이는 그때 가서 다시 보지요.

일단 무기의 발명과 배치의 관계를 봅시다. 즉 무기의 발명이라는 문제를 어떤 이유에서, 어떤 식으로 제기하려는 건지를 먼저 살펴봅시다. 대포의 문제가 그에 대한 해명의 단서를 줍니다. "유목민이 화기, 특히 대포의 등장과 더불어 혁신자로서의 역할을 상실했다"는 것은 모두가 동의하고 있다고 합니다. 우리가 알기에도 그렇지요? 그런데 왜 유목민은 대포를 발명하는 것은 고사하고 최소한 그것을 이용조차 할 수 없었을까요? 배워서 사용하면 되지 않았을까요? 유목민들이 화기를 사용할 줄 몰라서 그랬다는 건 하나마나한 말입니다. 저자들은 그들이 그걸 사용할 줄 몰라서 그랬다는 사실조차 부정합니다. 노마드적 전통이 강하게 남아 있는 터키 같은 군대는 "광범한 화력과 새로운 공간을 발전시켰을 뿐만 아니라, 더 나아가 아주 특징적인 방식으로 경포병술을 마차, 해적선 등의 기동적 구성체에 철저하게 통합시켰다."(MP, 503; II, 190) 이런 점에서 화기 아닌 무기는 물론, 대포의 발명과 사용에조차, 그 기술적 혈통(lignée technologique)의 지평에는 유목민이 존재한다고 주장합니다.

그렇다면 다시 질문합시다. 왜 유목민은 대포나 화기로 인해 패배했는가? 왜 그것의 발명과 이용에 적극 나설 수 없었는가? "만일 대포가 유목민의 한계를 표시한다면, 이는 반대로 그것이 **오직 국가장치만이 할 수 있는** (상업도시들조차도 충족시킬 수 없는) **경제적 투자**를 함축하기 때문이다."(MP, 503; II, 190) 대포는 물론 탱크나 헬리콥터처럼 영향력이 강력한 무기조차 거대한 포획장치를 전제하는 대규모 경제적 투자 없이는 발명도, 개선도, 이용도 불가능하다는 사실을 떠올려본다면 이는 쉽사리 이해할 수 있을 겁니다. 현대의 대규모 무기들은 더욱더 그러합니다. 반면 전쟁기계는 정의상 국가장치의 외부고 부의 **국가적인 포획과 집중화에 반하는** 메커니즘이었지요? 따라서 이런 대규모 부의 포획과 집중은 전쟁기계와 정의상 형용모순이고, 전쟁기계라는 배치 안에서는 형성할 수 없는 것입니다. 아마도 그것을 형성하려고 하면 그것은 이내 다른 배치로 넘어가는 문턱을 통과하는 것이 되기 십상일 겁니다. 따라서 탱크나 헬리콥터처럼 기술적으로 유목적 전쟁기계와 친연적(親緣的)인 혈통을 갖는 것조차 실질적으로는 유목민이나 전쟁기계가 만들어낼 수 없었습니다.

하지만 유목민에 대한 반감과 경멸을 갖고 있는 역사가나 고고학자들은 이런 유목민의 '무능'을 배치의 차이에서 기인하는 것이 아니라 유목민 자신의 무지와 무능 탓으로 돌립니다. 즉 그들은 문명을 이해하지 못했고, 따라서 이처럼 새로운 무기를 발명할 수 없었다는 겁니다. 그렇다면 유목민이 화기 이전에 사용했던 무기들은 대체 어떻게 그들의 손에서 그토록 탁월하게 만들어지고 사용되었던가? 이에 대해 고고학자나 역사가들은 제국의 탈영병 탓으로 설명한답니다. 가령 기병도(sabre)는 진과 한의 제국에서 발명된 것이지만, 이것을 여러 지역, 가령 인도·페르시아·아랍에 전파하는 데 가장 결정적인 기여를 했던 것은 스키타이 유목민이었습니다. 하지만 역사가들은 도가니강 기술을 전제하는 기병도를 '하찮은' 유목민이 발명할 순 없었다고 하면서, 그것을 제국의 탈영병들이 스키타이인들에게 전해주었다고 한답니다.

그러나 비밀리에 빼돌린 원자폭탄 제조방법을 알았다고 해서 원자폭탄을 만들 순 없으며 다른 나라에 그 기술을 전파할 순 없는 것처럼, 적어도 그것을 이해하고 스스로 재발명하여 사용할 수 없는 사람들이 다른 나라에 그 칼의 제조법을 전파했다는 것은 말이 안 되는 것이라고 들뢰즈와 가타리는 반박합니다. 전파나 보급 자체가 이미 발명과 혁신의 선을 타고 있을 때만 가능하다는 겁니다. 따라서 그 칼을 최초로 만든 것이 누구든 간에 유목민이 그것을 '이해'하고 재발명할 능력이 있었다는 것은 분명합니다. 왜냐하면 그것은 말-동물-무기와 인간을 결합하는 배치 안에서, 특별한 스톡의 집중 없이도 충분히 발명되고 사용될 수 있기 때문입니다.

오히려 그것은 찌르는 방식으로 사용하는 철검(épée de fer)과 달리 베는 방식으로 사용하기에, 말을 타고 사용하는 유목민의 배치에 더욱더 적합하게 계열화될 수 있었고, 이런 이유에서 기병도는 유목민에 의해 가장 탁월하고 효과적으로 이용되었고, 그런 만큼 최초의 발명자가 누구인가와 무관하게 유목민의 무기라고 할 수 있는 겁니다. 즉 기병도는 유목민의 기계적 배치에 더 적합하게 계열화되는 기계적 요소고, 이런 의미에서 유목적인 혈통, **유목적인 계통**(phylum)에 속한다고 할 수 있다는 겁니다. 즉 무기의 특질(검은 칼끝, 기병도는 칼날)과 사용법(찌르기와 베기), 사용의 방향(정면인가, 측면인가) 등은 물론, 그에 상응하는 금속의 제조와 단련방식, 나아가 감응의 양상과 장식의 방식 등으로 표현되는 특이성의 성좌(constellation)가 일정하게 수렴되는 경우, **기계적 계통**이나 **기술적 혈통**에 대해 말할 수 있다는 겁니다. 가령 이런 점에서 철검이 여러 가지 특성상 찌르는 기능의 가장 단순화된 형태인 단검에서 유래하는 것이라면, 기병도는 자르는 방식으로 사용되는 칼에서 유래하는 것이라는 발생적 계열화조차 가능합니다.

이는 일종의 분류학적 계열화의 선을 그리는 것이기도 합니다. 하지만 이는 기존의 분류법과 전혀 다른 것으로, 일종의 감응에 따른 스피노자적 분류법이라고도 할 수 있고, 더 정확하게는 배치에 따른 기계들의 분류라고 할 수 있습니다. 앞서 이야기한 것이지만, 어떤 요소들도 배치 안에서는 무기가 됐다가 도구가 되기도 합니다. 그런 점에서 어떤 기계적 요소가 어떠한 계통에 속한다고 얘기를 할 때, 그것은 배치에 대한 것일 수밖에 없지요. 다시 말해 배치에 따라 동일한 것이 다른 계통을 그리면서 분기될 수 있다는 거지요. 따라서 "진정한 발명품은 배치다"(MP, 506; II, 192)라고 말할 수 있습니다.

따라서 배치는 계통들의 질료적 연속선상에 선별적인(sélective) 불연속성을 도입하게 됩니다. 동일한 기술이나 사물조차 배치가 달라지면 다른 계통화의 선에 속하게 되지요. 또 그것을 좀더 적합한 배치들의 계열에 따라 상이한 계통들로 분할할 수 있습니다. 배치는 진화적 계통에서 벗어나는 '비약'을 만들어내는 거지요. 반면 그러한 계통화의 선들이 다양한 양상의 비약과 불연속성을 그리면서도 하나의 방향으로 수렴되는 경우, 하나의 기계적 계통에 속한다고 할 수 있습니다. 요컨대 저자들이 시도하는 스피노자적인 분류학에서 배치가 불연속성과 비약의 지점들을 표시한다면, 계통은 그러한 배치들이 그리는 계통적 선들이 하나로 수렴되는 양상을 표시하는 개념이라고 할 수 있습니다. "수렴되는 양상의 흐름들에서 채취되는 모든 특이성 내지 특질들의 성좌를 배치라고 정의"(MP, 506; II, 192)하는 것은 이런 맥락에서지요.

예를 들어 문서-기계와 비망록-기계는 종이와 문자라는 동일한 질료적 특성을 갖지만, 서로 전혀 다른 계통을 갖습니다. 문서-기계는 제국의 공무원들, 국가장치의 관료들이 쓰는 거지요. 비망록-기계는 대부분의 경우 '사적인' 방식으로 씌어지지요. 따라서 이들은 전혀 다른 배치에 속하며, 그런 만큼 전혀 다른 요소들과 접속될 가능성을 갖습니다. 가령 문서-기계는 검사나 판사, 감옥 등과 계열화될 수 있지만, 비망록-기계는 일기 형식으로 문학이나 출판사, 독자 등과 계열화될 수 있습니다.

혹은 잘 아시겠지만, 학교나 연구소 등에서 제출하도록 요구하는 프로젝트 보고서나 연구계획서 등은 명확하게 공식적인 서류의 성격을 갖는 문서-기계란 점에서 연구논문이나 책과는 전혀 다른 계통을 갖는다고 할 수 있습니다. 그래서인지 저는 논문이나 책을 쓰는 일에 너무도 익숙하게 숙련되어 있어서, 글 한 편 쓰는 것은 별로 일처럼 생각되지 않습니다만, 연구계획서 같은 문서를 만드는 데는 너무도 미숙해서 여기엔 무얼 쓰라는 건지, 이건 어떻게 써야 할지 몰라서 쓸 때마다 무척 고생합니다. 저 같은 사람에겐 논문을 쓰는 것보다 연구계획서 쓰는 게 훨씬 더 어렵지요. 물론 반대로 논문조차 보고서의 일종인 듯한 것으로 쓰시는 분들도 있는데, 역으로 저는 그분의 심정을 잘 이해할 수 있습니다. 그런 분과 저 같은 사람이 전혀 다른 계통의 '연구자' 라는 건 물론입니다.

따라서 문서-기계와 공소장-기계 내지 판결문-기계가 훨씬 더 가까운 만큼이나, 문서-기계와 비망록-기계보다는 문서-기계와 감옥-기계가 훨씬 더 가깝고 친근하다고 할 수 있습니다. 즉 문서-기계가 감옥-기계와 하나의 계통을 이룬다면, 비망록-기계는 일기-기계 내지 문학-기계와 하나의 계통을 이루고, 양자는 다른 계통을 이루는 겁니다. 혹은 문서-기계의 계통 안에서 재판소나 감옥과 계열화되는 기계적 계통과, 계약서 · 등기부 · 주민등록 · 부동산 등과 계열화되는 기계적 계통으로 나누어질 수도 있습니다. 즉 서류나 계약서 등과 관련된 문서들이나 재판과 관련된 문서들은 수렴되어 문서-기계라는 하나의 계통으로 묶일 수 있다는 겁니다.

'계통(phylum)'이라는 말은 전통적인 분류학에서 '문(門)'을, 종, 속, 과, 목, 강, 문, 계에서 '문'을 표시하는 낱말이지만, 여기서는 전혀 다른 방식의 분류적 도식을 구성하는 개념으로 사용되고 있습니다. 즉 그것은 배치에 의해 구별되고 계열화되는 기계적 요소의 분류를 위한 개념입니다. 따라서 이것은 '종별성(種別性, spécificité)'과 같은 분류학적 개념과는 무관합니다.

첫째, 린네(Linné)로 대표되는 18세기 분류학은 꽃술이 몇 개고, 꽃잎이 몇 개며, 씨방이 어디 달렸고 하는 식으로, 형태나 형식의 동일성과 차이에 의해서 종에서 문, 계에 이르기까지 분류하지만, 여기서의 '계통' 개념은 형태의 동일성과 차이가 아니라 배치에 따른 감응들(affects)의 계열화에 의한 것이란 점에서 다릅니다. 기병도와 철검이 비슷한 형태를 갖는 칼이지만 전혀 다른 계통으로 분류되듯이 말입니다. 둘째, 퀴비에(Cubier)로 대표되는 19세기 분류학은 유기체의 '생명'이라는 개념을 중심으로 해서 그것들과 어떤 관계를 맺는가에 따라서 기관들(소화기관 · 배설기관 · 호흡기관 · 운동기관 등등)로 비교 · 분류하지만, 여기서는 배치의 기계적 접속에 의해 이루어지며 그것에 따라 달라지는 분류라는 점에서도 다릅니다. 셋째,

이것은 수목상의 계통도와는 달리, 배치가 달라지면 얼마든지 다른 것들과 연결되고 엉뚱한 데로 갈 수 있기 때문에, 중심 없이 갈라지고 합쳐지며 중첩되기도 하는 리좀적인 '계통도'를 그리게 됩니다. 넷째, 모든 계통을 하나로 묶는 것으로서 '단일한 기계적 계통'도 나뭇가지들이 모이는 어떤 일자적인 중심이 아니라, 다양한 기계들에 공통된 물질성, 그 질료적 흐름의 공통성을 표시하는 일종의 '일관성'입니다.

네 번째 말한 것에 대해 좀더 얘기하지요. 앞서 우리는 배치가 하나의 동일한 요소조차 불연속과 비약을 포함하는 선 안에 들어가게 하는 요소라면, 기계적 계통은 그러한 비약과 불연속을 포함하면서도 그것이 하나로 수렴되는 양상과 관련되어 있다고 했지요? 여기서 각각의 요소는 이런저런 배치를 넘나들며 변형되지만, 그러면서도 그것들이 하나의 계통 안에 있는 한 일관성을 갖습니다. 즉 기계적 계통이란, 배치들의 분류적 계통이라기보다는 배치에 속한 요소의 분류적 계통이라는 점에서, 일정한 계열화의 선을 따라 상이한 배치들을 넘나들면서 그 상이한 배치들에 속하게 하는 어떤 특이성을, 기계적 요소의 '질료적 흐름'을 말합니다. 따라서 이러한 기계적 계통은 다수의 계통들을 묶는 어떤 단일한 계통으로 수합(收合)될 수 있습니다. "극한에서는 단일한 계통발생적 혈통이, 이상적인 연속성을 띠는 단일한 기계적 계통이 존재한다. 질료-운동의 흐름이 지속적으로 변동하면서 특이성들과 표현특질들을 실어나르는 질료의 흐름. 이것이 바로 단일한 의미의 기계적 계통, 가장 넓은 의미의 기계적 계통이다. 이 작용적·표현적 흐름은 인공적인 만큼 자연적이다."(MP, 506; II, 192)

여기서 주의할 점은 이것이 수목형의 분류선을 하나로 통합하는 어떤 하나의 중심이 아니라, 형태를 넘어서 획득되는 **질료적 흐름의 단일성**이란 것입니다. 마치 스피노자의 실체 개념이 모든 양태들을 하나로 묶는 단일성을 갖지만, 어떤 일자적 중심이 아닌 것과 마찬가지로 말입니다. 그래서 들뢰즈와 가타리는 극한에서 만들어지는 기계적 계통을 금속이라는 '물질성(coporéité)'(사물성이 아니라)이라고 말합니다. 마치 모든 지층에 대해 지구가 그랬듯이, 금속이라는 이 단일한 기계적 계통은 모든 사물이나 기계적 요소를 포괄하는 '기관 없는 신체'로서 단일성을 갖는다는 겁니다. 이를 결론에서는 "추상적 기계의 비형식화된 질료"라고 말합니다(MP, 637; II, 301). 마치 다이어그램이 "추상적 기계의 비형식적 기능"인 것처럼 말입니다. 다시 말해 다이어그램이 '표현적 측면'에서 포획된 추상적 기계라면 계통은 '내용적' 측면에서 포획된 추상적 기계라고 할 수 있습니다. "추상적 기계는 비형식화된 질료들과 비형식적 기능들로 구성된다. 모든 추상적 기계는 질료-기능의 응고된 집합이다(계통과 다이어그램)."(MP, 637; II, 301)

주의할 점 또 하나는 '기계적' 계통이라는 말에서 자연과 대비되는 '인공적인'이란 말을 떠올려선 안 된다는 겁니다. 가령 굴뚝새가 만드는 배치들에선 나뭇잎 같은 것도, 혹은 지금 제가 사용하는 입-기계 같은 것도 하나의 '기계'지요. 그만큼 '인공적인' 기계 역시 자연의 일부라고 말할 수 있어요. 인간이 자연의 일부인 것처럼, 그들이 사용하는 것도 이 거대한 자연의 일부입니다. 자연과 기계의 이분법은 자연과 문화, 자연과 문명의 이분법과 마찬가지로 결함을 갖습니다. 이는 자연과 문명, 자연과 기계의 이분법에 기초하고 있는 최근의 다양한 생태주의의 경우에도 다르지 않습니다.

스피노자는 이런 식의 협소한 자연 개념에 반대했을 뿐만 아니라, 신마저도 자연과 구별되는 영역을 갖지 않는다고 말하지요. 오직 하나의 자연이 있을 뿐이고, 새나 집-기계, 기병도와 마찬가지로 우리 역시 그 안에 존재하는 양태들일 뿐이지요. 저자들이 사용하는 '기계'란 개념은 사실 스피노자가 말하는 양태란 개념과 전혀 다르지 않습니다. 따라서 자연이란, 달리 말하면 모든 기계들의 집합, 혹은 모든 기계들의 추상적 집합이란 의미에서 '기계권(mécanosphère)'이라고도 할 수 있습니다. 만약 모든 것이 자연이며 자연 안에 있다는 스피노자의 명제를 '자연주의(naturalisme)'라고 부를 수 있다면,[38] 모든 것이 기계며 접속의 양상에 따라 다른 기계가 된다고 하는 이 책의 명제를 '기계주의(machinisme)'라고 불러도 좋을 것입니다. 이 경우 스피노자의 '자연주의'와 들뢰즈/가타리의 '기계주의'는 결코 다른 것이 아닙니다. 물론 여기서의 기계주의란 18세기적인 기계론(mécanisme)과 구별되는 것이라는 단서를 달고서 말입니다.

저자들이 기계적 계통에 대해 말하면서 사물성과 대비하여 '물질성'이라고 부르는 것은 금속성의 '질료적 흐름'입니다. 그것도, 그 안에 있는 각각의 기계적 계통도, 고유한 질료적 '결'을 갖습니다. 그래서 저자들은 장인 내지 야금술사란 **질료적 흐름을 따르는 자**고, 기계적 계통을 따르는 자, 다시 말해 **질료적 결을 따르는 자**라는 점에

---

[38] 데카르트의 기계론과 반자연주의에 대한 스피노자의 비판에 대해서는 G. Deleuze, *Spinoza et le probléme de l' expression*, Minuit, 1968, 207쪽 이하 참조.

서 '이동하는 자' 내지 '순회자(巡廻者, itinérant)'라고 부릅니다. 따라서 여기서 말하는 '물질성'은 눈앞에 존재하는 어떤 사물의 '실재성'이라는 실재론적 개념이나 통속적 유물론의 '물질' 개념과 분명하게 구별되지만, 동시에 어떤 고유한 결을 갖기에, 의식이나 정신, 주관 같은 것으로 환원될 수 없는 '외부성'을 표시하는 것으로 이해할 수 있습니다. 우리는 이러한 저자들의 시도에서 새로운 양상의 '유물론'을 재발견할 수 있습니다. 알튀세르가 말하는 '물질 없는 유물론'이 아니라, 고유한 결을 갖는 '물질성'의 유물론을 말입니다.

2) 야금술과 구멍 뚫린 공간

다음으로 야금술사의 고유성에 관한 것입니다. 앞서 기병도나 도가니강을 최초로 발명한 이가 누구인가와 무관하게 유목민의 혁신의 선에 대해 이야기했지요? 여기서 이 문제는 바로 그 최초의 발명자와 관련된 것입니다. 기병도의 발명을 통상 진이나 한 제국에 돌리지만, 사실 그것을 발명한 이는 장인이요 야금술사라는 겁니다. 물론 장인이나 야금술사는 국가장치에 속해 있었고, 그런 점에서 국가장치의 통제를 받지만, "일정한 기술적 자율성과 사회적 은밀성을 갖고 있어야 하며, 그래서 통제받는 경우조차 그들은 유목민이 아닌 만큼이나 국가에도 속하지 않는 것"입니다(MP, 504; II, 191). 그래서 제국에 속하는 발명품조차 유목민에게 '빼돌리고' 그들로 하여금 개조와 보급을 가능하게 했던 것은 제국의 탈영병이 아니라 바로 야금술사 자신이었다는 거지요.

그렇다면 야금술사는 유목민과 어떤 관계를 갖는가? 혹은 역으로 그들은 국가장치와 어떤 관계를 맺는가? 답은 앞서 나왔듯이 그들은 국가장치에 속하는 국가인도 아니고, 전쟁기계에 속하는 유목민도 아니라는 겁니다. 하지만 이런 의문이 당장 일어납니다. 지금까지 우리는 국가장치와 그것의 외부로서 전쟁기계라는 두 개의 배치에 대해 말해오지 않았는가? 그 양자의 이항적 대립을 신화, 게임에서부터 사유학에 이르기까지 지속해오지 않았는가? 그렇다면 야금술사는 그 어디에도 속하지 않는 존재인가? 그들은 '박쥐'인가? 그렇다면 다른 박쥐는 불가능한가? 하지만 기계적 요소가 어떤 배치에 속하는가에 따라 배치의 일부가 되는 것처럼, 박쥐-야금술사조차 그때마다 두 가지 배치의 어느 하나에 속한다고 해야 하지 않는가?

들뢰즈/가타리는, 그들은 이 배치에서 저 배치로 옮겨 다니는 박쥐가 아니라고 대답합니다. 그들은 유목민의 전쟁기계와도, 국가인의 국가장치와도 구별되는 고유한 배치를 갖고 있으며, 유목민의 매끄러운 공간과 국가장치의 홈 패인 공간 어느 것과도 다른 고유한 자신의 공간을 갖고 있다고 말합니다. 구멍 뚫린 공간(espace troué), 많은 구멍이 있는 '다공공간'이 그것입니다. 따라서 그들은 국가장치에 속해서 일하다가 유목민에게 옮겨가기도 하고 그 반대로 이동하기도 하지만, 그 어디에도 속하지 않는 고유성을 갖고 있다는 겁니다. 이런 점에서 야금술사를 '이주민'이라고 부릅니다.

앞서 유목이 '이동'이나 '이주'가 아니란 말을 한 적이 있지요? 이주하는 자, 국가장치에서 유목민의 세계로, 혹은 그 반대로 이주하는 이주민, 혹은 광산이나 광맥을 찾아 떠도는 자(순회자), 장인 내지 야금술사는 바로 이런 이주민이요 순회자라는 겁니다. "우리는 장인을 질료의 흐름, 기계적 계통을 따르는 방식으로 규정되어 있는 자로 정의할 것이다. 장인은 순회자, 이동하는 자다. 질료의 흐름을 따르는 것은 순회하는 것, 이동하는 것이다."(MP, 509; Ⅱ, 195)

물론 장인이나 야금술사 이외에도 이주민이 있습니다. 질료의 흐름이 아닌 다른 요소를 따라 이동하는 것을 '2차적 순회'라고 하는데, 이 책에서는 그 예로 이동 방목자와 상인을 들고 있습니다. 계절별로 토지를 바꾸며 하나의 회로를 따라 이동하는 자가 이동 방목자인데, 우리가 통상 '유목민'이라고 알고 있는 사람들이 바로 그들이지요. 또한 시장에서 상품의 흐름을 따라 이동하는 자 또한 이주민에 속합니다. "상인조차도 상업의 흐름이 출발점과 도착점 사이의 순환에 종속되어 있는 한 이동 방목자다."(MP, 510; Ⅱ, 195)

들뢰즈/가타리는, 그들은 유목민이 아니라 이주민이고, 유목민은 이런 이동 방목자로 정의되지 않는다고 말합니다. 결과적으로 그런 존재가 된다고 해도 말입니다. 여기서 유목민은 떠나지 않는 자, 매끄러운 공간에 달라붙어서 그것을 유지하고 거기서 살아가는 법을 찾아가는 자라는 정의를 다시 상기해야 합니다. 반면 이동 방목자나 상인은 방목이나 상업에 필요한 것이 사라지면 그곳을 버리고 다른 곳으로 이동합니다. 이런 점에서 유목민과 다를 뿐만 아니라, 질료의 흐름을 따르는 야금술사와도 다르다고 보지요. 실제로는 많은 경우에 이 세 가지가 뒤섞이지만, 개념적으로는 구별해야 합니다.

다시 야금술사로 돌아갑시다. 야금술사는 제국적 국가장치와도, 유목민과도 관계를 맺으며 둘 사이를 오가는 존재입니다. 좀 길지만 이에 대해 인용하기로 하지요. "야금술사들은 최초의 전문적 장인이고, 이런 측면에서 하나의 집합적 신체를 형성한다(비밀결사, 길드, 장인협회). 장인-야금술사는 순회자다. 왜냐하면 그들은 〔광맥이 있는] 땅 밑(sous-sol)의 질료-흐름을 따르기 때문이다. 물론 야금술사들은 토양, 토지, 하늘 등의 '타자들'과 관계를 맺는다. 그들은 정착민 공동체의 농부들과 관계 맺고, 이 공동체들을 초코드화하는 신성한 제국 공무원들과 관계 맺는다. 사실 생존을 위해 이들을 필요로 하는 것이다. 그들은 자신들의 생계를 위해 제국의 농업적 스톡에 의존한다. 그러나 일을 하면서 그들은 숲의 거주자들과 관계 맺으며, 부분적으로 이들에 의존한다. 그들은 필요한 숯을 얻기 위해서 자신들의 작업장을 숲 근처에 마련해야만 한다. 그들은 자신들의 공간 속에서 유목민과 관계 맺는데, 왜냐하면 지하는 매끄러운 공간의 땅(sol)과 홈 패인 공간의 토지(terre)를 통일시키기 때문이다. 제국 지배하의 농부들이 사는 충적 유역에는 광산이 없다. 사막을 가로질러서 산에 접근할 필요가 있다. 광산 관리의 문제는 항상 유목인과 관련되어 있다. 모든 광산은 매끄러운 공간과 소통하는 탈주선이다."(MP, 513; II, 197~8)

이런 삶의 양상으로 인해 야금술사는 유목민과도, 제국의 인민과도 다른 궤적을 그립니다. 이런 이유로 야금술사는 때론 불가피하게 제국의 국가장치에 들어가기도 하고, 때론 유목민과 접촉하며 그들과 연계되기도 합니다. 그들이 파는 땅 밑의 굴은 매장된 광석을 캐내는 홈을 파는 것이지만 어느 방향으로나 향할 수 있다는 점에서, 혹은 제국의 소유권과 관리하는 유목인과 동시에 결부되어 있다는 점에서 홈 패인 공간도 매끄러운 공간도 아닙니다. 들뢰즈/가타리는 굴을 파며 만드는 공간이란 점에서, 야금술사의 공간을 앞서의 두 가지 공간과 구별하여 '구멍 뚫린 공간'이라고 말합니다. 이 공간은 국가장치의 홈 패인 공간과 유목민의 매끄러운 공간 사이에 있으며, 이로 인해 두 공간 사이를 이동하면서 두 공간과 소통합니다. 다른 한편 그것은 때론 유목민과 연대하여 국가장치를 '배신' 하고, 때론 국가장치로 들어가며 유목민을 '배신' 하는 양상이, 마치 에이젠슈테인(S. M. Eisenstein)의 영화 〈파업〉에서 파업파괴자로 나서는 부랑자들—이들은 다른 때에는 노동자에 가까운 존재인데—과 유사하다는 점에서 그들이 사는 '다공공간' 과 동일한 이름으로 불러 마땅하다고 보는 듯합니다.

그럼에도 불구하고 저자들은 명제 8에서 명시적으로 말하듯이, "야금술은 본질적으로 유목주의와 필연적으로 합류하는 흐름을 구성한다"고 말하고 있습니다. 이게 세 번째 주제였지요. 물론 이 말은 야금술이 유목주의와 필연적이고 항상적인 친연성을 갖는다는 말이 아니며, 심지어 소극적으로 해석할 경우에는 그들이 제국이나 도시의 홈 패인 공간에 귀속되기도 하지만 필경 유목주의와 합류하기도 한다는 말로 읽을 수도 있을 겁니다. 하지만 이 명제는 단지 그처럼 유목주의와 소통하고 합류한다는 사실을 지칭하는 것만은 아닙니다. 이는 이 절이 끝나면서 제시되는 공리 3을 보면 더 분명해집니다. 공리 3은 이렇습니다. "유목민의 전쟁기계는 표현의 형식이며, 순회적인 야금술은 그와 상관적인 내용의 형식이다."(MP, 518; II, 201) 그리곤 다음과 같은 표를 하나 제시하고 있습니다.

이 공리는 바로 뒤의 명제 9와 이어져 있지만, 사실 뒤에서는 거의 언급되지 않습니다. 즉 공리 3은 이번 절에서 제시한 부분과 결부된 것이고, 그런 의미에서 유목민과 야금술에 대해 지금까지 말한 것을 요약해 제시하고 있다고 해야 적절할 것으로 보입니다. 하지만 이를 명제가 아닌 '공리' 라는 이름으로 제시한 것은, 야금술과 구멍

	내용	표현
실체	구멍 뚫린 공간 (기계적 계통 내지 질료-흐름)	매끄러운 공간
형식	순회적 야금술	유목적 전쟁기계

뚫린 공간의 모호한 위상으로 인해 예증이나 논리적 증명이라고 하기엔 충분하지 않다고 보기 때문인 듯합니다. 공리가 이처럼 나중에 제시되고, 그 뒤에 다시 이와 관련된 서술이 없다는 점은, 저자들이 '공리'에 대한 수학적 개념에는 별 관심이 없고, 공리를 단지 자신들이 제시한 것의 제한성을 표현하기 위한 형식으로 사용했기 때문일 겁니다. 그것이 새로운 사유의 디딤돌이 될 수 있으리란 생각 또한 '공리'라는 단어에 표현되어 있다고 해야겠지만 말입니다.

어찌 됐든 유목민과 야금술의 친연성이 중요한 테마인데, 이는 '테무진(Temüjin)'이라는 말에서 간단한 심증을 찾을 수 있습니다. 테무진은 알다시피 칭기스칸의 어린 시절 이름이지요. 그런데 이 말은 몽골어로 '대장장이'를 뜻한다고 합니다. 테무진은 사람의 이름으로서만이 아니라 어떤 지위, 부족, 우두머리를 나타내는 말(일반명사)로도 쓰였다고 해요.[39] 또 테무진의 손자 중 한 사람의 이름은 '시레문(Siremün)'이었는데, 이것은 '무쇠'라는 뜻이었다고 하지요. 이 또한 테무진과 마찬가지로 야금술과 유목민 간의 친연성을 보여주는 언어적 증거일 겁니다.

이러한 방증 이외에 친연성의 중요한 이유는 아까 자세히 말했던 기계적 계통과 결부되어 있습니다. "기계적 계통은 자연적이거나

(39) 그루쎄, 앞의 책, 295~96쪽.

인공적인 동시에 둘 다인 물질성이다. 그것은 운동하고 흐르고 변하는 질료, 특이성들 및 표현특질들의 운반자로서의 질료다."(MP, 509: II, 194) 장인 내지 연금술사란 이 질료적 흐름을 따르는 자예요. 나무의 결, 금속의 결, 그 질료-흐름의 결을 따라 움직이고, 그 흐름을 따라 이동하는 자지요. 나무의 흐름-결을 거스르는 대패질은 힘만 들고 대패날만 깨먹을 뿐입니다. 바라는 표면을 만들지도 못하고 말입니다. 무쇠도 마찬가지입니다. 결과 흐름을 따라가야 하지요.

아마도 접근하는 시각은 다르지만, 엘리아데(M. Eliade)가 야금술사 내지 연금술사를 '자연활동을 가속화하는 자'라고 부르며 일종의 '산파'에 비유했을 때,[40] 그 역시 야금술사의 활동이 흐름을 따르며 그것을 '가속화'하는 것이라고 하는 관념을 갖고 있었을 겁니다. 그리고 이런 점에서 야금술사란 대지의 비밀, 자연의 비밀을 알아내고 그 비밀을 소통시키는 자요, 기계적인 변형, 물질적인 변형의 비밀을 알려주는 사람이라고 엘리아데는 말하는데,[41] 이 역시 이주민, 유랑자로서 야금술사가 질료적 흐름과 그것을 가공하는 비

---

(40) 엘리아데는 대장장이와 연금술사를 다룬 그의 책을 통해 "원시인이 물질의 존재양상을 변화시킬 수 있는 자신의 힘을 깨달았을 때 겪었을 정신적 모험을 추적해보고자 한다"고 쓰고 있습니다(엘리아데, 이재실 역, 《대장장이와 연금술사(Forgeron et alchimiste)》, 문학동네, 1999, 9쪽). 이는 "자연에 참여하는 것, 자연이 점차 빠른 속도로 생산하도록 돕는 것, 물질의 양상을 변화시키는 것, 바로 이러한 것들이 연금술적 관념의 근간을 이룬다"는 말로 이어집니다(같은 책, 10쪽).
(41) "그들의 작업이 추구하는 것은 물질의 변형과 '완성'과 '변환'이다."(같은 책, 11쪽)
(42) "대장장이는 무엇보다도 철의 가공자며 떠돌이라는 조건(그는 가공되지 않은 금속을 찾아서, 그리고 주문을 받기 위해 늘 이동한다) 때문에 여러 부족과 접촉할 수 있다. 대장장이는 신화, 의례, 야금의 비의가 전파되는 데 중요한 중개자가 된다."(같은 책, 26쪽) 이것은 야금술과 유목주의가 소통하고 합류하는 흐름을 형성한다는 저자들의 테제를 방증하는 것으로 보입니다.

밀을 누설하는 역할과 매우 부합하는 말입니다.[42]

따라서 야금술은 철광석이라는 주어진 재료, 아니면 철이라는 주어진 질료를 다른 것과 섞고 변형함으로써 소재로부터 물질성을 해방하고, 그것을 녹이거나 두들김으로써 새로운 형태를 부여합니다. 야금술사란 변형시키는 자고, 변형을 통해 질료를 흐름으로 만들고, 그 흐름을 따라가면서 그때마다 필요한 새로운 형태를 부여하는 자라는 겁니다. 이런 의미에서 "야금술은 질료-흐름의 의식 내지 사유고, 금속은 이 의식의 상관물"(MP, 512; II, 197)이라고 할 수 있습니다. 따라서 야금술은 **변형의 기술**이고, **물질성을 통해 어떤 형식화된 재료의 문턱을 넘는 기술**이며, 근본적으로 **물질성의 흐름 자체에 대한 사유**라고 할 수 있습니다. 이러한 기술, 이러한 사유가 앞서 유목적 과학에 대한 서술에서 보았던 소수적 과학, 유목적 과학의 특징이라는 것은 잘 아실 것입니다. "야금술의 본모습은 소수적 과학, '모호한' 과학 혹은 질료의 현상학이고……금속은 사물도, 유기체도 아닌 기관 없는 신체다."(MP, 512; II, 197)

이는 야금술사와 유목민이 다른 공간을 갖고 다른 본성의 삶을 살고 있음에도 불구하고, 양자가 서로 합류하는 지점이라고 말할 수 있습니다. 이러한 합류는 단지 일시적이고 우연적인, 혹은 국가장치를 포함하는 합류와 같은 종류의 것이 아닙니다. 야금술사가 국가장치에 포섭되는 것은 그들의 식량이나 기타 국가장치의 농업적 스톡 때문입니다. 쉽게 말해 '먹고살기 위해서' 지요. 이는 저나 여러분들이 취직을 하려는 이유와 동일합니다. 하지만 그런 포섭과 연대를 근거로 야금술사의 삶의 방식이나 사유방식이 국가장치와 어떤 동형성을 갖는다고 가정할 수는 없습니다. 그건 우리 자신의 문제로 생각해보아도 분명합니다.

반면 유목민과의 연대는 '먹고살기 위해서'가 아닙니다. 그건 유목민이 본질적으로 스톡과 무관하다는 사실을 떠올리면 쉽게 이해할 수 있을 겁니다. 광산에서 합류하는 대중의 흐름은 일시적이고 부분적입니다. 유목민과 야금술사 사이에는 그보다 훨씬 더 근본적인 합류의 이유가 있었던 겁니다. 그것은 방금 본 것처럼 **흐름의 사유, 변형의 사유, 비유기적인 삶의 방식의 공통성**이라고 해도 좋을 것입니다. 그렇기 때문에 저자들은 '본질적으로', '필연적으로'라는 강한 부사를 써서 "야금술과 유목주의는 합류하는 흐름을 형성한다"고 말했던 겁니다. 그리고 바로 이 명제가, 비록 증명까진 못하지만, 유목민의 전쟁기계와 야금술사이에 표현과 내용의 상관적인 관계를 부여할 수 있도록 해주었던 것입니다.

10. 전쟁기계와 전쟁

마지막으로 명제 9로 넘어갑시다. 명제 9는 전쟁기계와 전쟁의 관계를 직접적인 주제로 하고 있습니다. 덧붙여, 여기에 국가장치가 관여할 경우, 즉 국가장치가 전쟁기계를 영유할 경우 나타나는 사태 등에 대해 말하고 있습니다. 먼저 명제 9를 봅시다.

명제 9. (일정한 조건 아래서) 전쟁과 전투가 필연적으로 야기될 수 있다고 하더라도, 전쟁이 반드시 전투를 자신의 목표로 하지는 않으며, 전쟁기계 또한 반드시 전쟁을 자신의 목표로 하지는 않는다.

사실 이 문제는 앞서 전쟁기계의 개념에 대해 설명하는 자리에서 말씀드린 바 있지요? 하지만 전쟁이란 개념이 단지 '포연 없는 전쟁'이나 '새로운 가치의 창조'와 같은 것만이 아니라, 폭력과 죽음을 수반하는, 말 그대로의 전쟁 또한 포함한다고 했을 때, 그래서 예전에 '폭력'이라는 단어만으로도 가능한 모든 비난을 받아야 했던 경우처럼(가령 프롤레타리아 독재와 혁명적 폭력 개념에 대한 통상적인 비난이 그렇지요), 전쟁이라는 단어만으로도 가능한 모든 비난을 받아야 한다고 생각하는 것이 상식인 바에야, 이 주제를 특별히 다룰 이유가 충분합니다. 전쟁과 전쟁기계의 관계는 어떠한지, 전쟁기계는 어떻게 해서 전쟁을 하게 되는지, 혹은 전쟁만을 목표로 하게 되는지 등을 충분히 밝혀야 하지요.

일단 저자들은 세 가지 질문을 던지고 있습니다. 전투는 전쟁의 '목표'인가? 전쟁은 전쟁기계의 '목표'인가? 마지막으로 어느 정도까지 전쟁기계는 국가장치의 '목표'가 되는가?

1) 전투와 전쟁

제일 먼저 전투와 전쟁의 관계. 여기선 전투를 하려는 것이 반드시 공격적인 것은 아니며, 전투를 피하려는 것이 항상 방어적인 것은 아니란 점을 이해하는 게 중요합니다. 전투는 전쟁과 동일한 것이 아니며, 따라서 전투가 전쟁의 목표는 결코 아닙니다. "엄격한 의미에서 전쟁은……전투를 목표로 하는 것처럼 보이는 반면, 게릴라전은 명시적으로 비전투를 목표로 하는 것 같다. 그러나 전쟁의 기동전으로의 발전, 그리고 총력전으로의 발전은 또한 방어적 관점에서만큼이나 공격적 관점에서도 전투의 개념을 의문에 부치게 했다."(MP, 518; II, 202)

가령 병력의 이동이나 배치의 변경만으로도 공격과 동일한 효과를, 혹은 그 이상의 효과를 거두는 경우가 비일비재하지요. 이 경우 비-전투는 사실은 잠재적인 기습의 속도, 가능한 즉각 대응의 반-속도를 표현한다고 할 수 있습니다. 심지어 전투를 벌이지 않는 한에서만 공격일 수 있고, 전투를 벌이자마자 잠재적이기에 유효했던 요소가 사라지면서 공격능력이 사라지는 경우도 있지요. 요컨대 전투와 비전투 모두가 전쟁의 목표라는 것이고, 이는 공격적인 것과 방어적인 것, 혹은 본래적인 전쟁과 게릴라전이라는 개념과 일치하지 않는다는 겁니다.

2) 전쟁과 전쟁기계

두 번째 질문. 이는 가장 중요한 질문으로, 전쟁과 전쟁기계의 관계에 관한 것이지요. 전쟁기계는 전쟁을 목적으로 하는가? 전투조차 수반하지 않는 그런 '포연 없는 전쟁' 개념은 여기서 거론할 이유가 없겠지요? 직접적인 의미의 전쟁에 관하여 말한다면, "전쟁(전투를 동반하든 안 하든 간에)이 적의 무력을 절멸시키거나 굴복시키는 것을 목적으로 하는 한, 전쟁기계는 [그런 종류의] 전쟁을 반드시 목적으로 하지는 않는다."(MP, 519; II, 202) 왜냐하면 전쟁기계란 매끄러운 공간의 구성적 요소고, 그 공간의 점유며, 그 공간 안에서 자리를 바꾸는 것이고, 그에 대응하는 민중의 구성이기 때문이며, 이것이 바로 전쟁기계의 유일하고 진정한 긍정적 목적이기 때문입니다.

가령 몽골인들은 10호대, 100호대 등의 편성을 통해 전쟁기계를 구성하지만, 이는 일차적으로 초원이라는 매끄러운 공간에서 살아가기 위한 것이지, 전쟁을 하기 위한 것이 결코 아닙니다. 《수호지》

에서 '양산박'은 전국 각지에서 국가인의 핍박과 억압에 쫓겨 탈영토화의 선을 그리는 호걸들이 모여들어 강력한 전쟁기계를 형성하지만, 이들 또한 결코 전쟁을 목적으로 하진 않습니다. 응징해야 할 일이 있거나 무력을 동원해야만 해결될 수 있는 일이 있다면 전투나 전쟁을 불사하지만, 이들의 목적은 국가인의 핍박과 억압이 통하지 않는 공간을 만들고 거기서 자유롭게 사는 것입니다. 임꺽정이나 장길산, 홍길동 등이 구성한 전쟁기계들 역시 이와 다르지 않습니다. 오히려 '전쟁'은 가능한 한 피해야 할 것이지요. 다만 닥쳐오는 국가장치의 억압과 충돌을 피하지 않으며 기꺼이 그것과 싸우려 하지 않는다면 전쟁기계로서 존립할 수 없다는 점이 바로 이들이 전쟁이나 전투에 나서게 되는 요인일 겁니다.

매끄러운 공간 안에서 그 공간을 점유하며 그 공간 안에서 자리를 바꾸고 그에 대응하는 민중을 구성하는 것, 들뢰즈/가타리는 이것이 전쟁기계의 목적이라고 하면서 이를 '노모스'라고 명명합니다. 이러한 목적만으로는 전쟁이 발생할 이유도, 전투가 발생할 이유도 전혀 없습니다. 이것이 전쟁으로 귀결된다면, 이는 "전쟁기계가 그 긍정적 목표와 대립하는 힘들, 즉 홈 파는 힘들로서 국가나 도시와 충돌하기 때문이다. 그때부터 전쟁기계는 국가, 도시국가적 및 도시적 현상들을 자신의 적으로 하며, 그것들의 절멸을 목표로 삼는다. 전쟁기계가 전쟁이 되는 것은 이 지점에서다"라고 얘기합니다(MP, 519; II, 202). 그 자체로 긍정적인 전쟁기계의 목표가 이젠 그것을 가로막고 거기에 홈을 파려는 국가장치와 충돌하고 파괴하는 부정적인 목표로 전환됩니다. 초기 몽골인들이 도시에 대해 보여주었던 극단적 반감과 그것의 철저한 파괴는 이런 사태의 일단을 보여주는 것입니다.

이런 의미에서 전쟁기계와 전쟁의 관계는, 아리스토텔레스 식으로 말한다면, "전쟁은 전쟁기계의 조건도 목표도 아니지만, 필연적으로 전쟁을 동반하거나 완성한다"고 할 수 있다고 해요. 방금 한 말을 그대로 반복하고 있지요. 혹은 그 관계를 데리다 식으로 말한다면, "전쟁은 전쟁기계의 '대리/보충(supplément)'이다"라고 할 수 있다고 합니다.

여기서 대리/보충이란 개념은 루소의 저작에 대한 비판을 통해서 데리다가 새로이 되살려낸 것입니다.[43] 가령 루소에 따르면, 문자언어는 음성언어를 표상하게 하는 대리/보충이란 겁니다. 즉 그것은 "음성언어의 무능과 불구를 보충하는 것일 뿐"인데, 이러한 "보충은 [원래 있던 것에 무언가를] 추가하는 것"이고, 이미 충만한 것을 더욱 충만하게 하는 과잉이란 겁니다.[44] 즉 문자언어는 음성언어로는 불가능한 저장과 보존 기능을 추가하면서 음성언어를 보충하고 대리하지요. 하지만 이런 대리/보충이 음성언어의 현전을 자처하고 그 자체로 독립적인 기호로 행세할 때, 이는 음성언어 내지 언어의 본질 자체를 위협하는 위험한 것이 된다고 하지요. 물론 데리다는 문자에 대한 이런 루소의 생각을 비판하면서 음성중심주의에 반하는 글(écriture)의 우위성을 주장합니다.

루소나 데리다는 접어둡시다. 다만 여기서 전쟁을 전쟁기계의 대리/보충이라고 말한 것은, 마치 문자언어가 음성언어에 대해 그러하듯이, 전쟁은 전쟁기계의 바깥(국가장치와의 관계)에서 추가된 것이고, 그런 만큼 전쟁기계에 대해 외적인 것이고 그것의 과잉이지

---

[43] 데리다, 김성도 역, 《그라마톨로지》, 민음사, 1996, 285쪽 이하.
[44] 같은 책, 286~87쪽.

만, 전쟁기계의 불가피한 기능을 추가하는 보충이고, 자신을 통해 전쟁기계를 표상하게 하는 기능을 한다는 것이란 뜻이지요. 그러한 대리/보충은 '위험천만한' 것이어서, 전쟁기계의 본질을 전쟁으로 호도할 수 있는 그런 것이란 의미 또한 포함하겠지요.

혹은 칸트 식으로 말해 "전쟁과 전쟁기계의 관계는 필연적이지만 '종합적'이다"라고 규정합니다. 칸트에게 종합적이란 말은 분석적이란 말의 대개념(對槪念)이지요. '분석적'이란 말은 가령 '과부'하면 '남편이 없는 여자' 식으로, 어떤 말의 정의에서 직접 도출되어 나오는 것을 뜻합니다. '종합적'이라는 말은 말의 분석으로는 얻을 수 없는 것, 밖에서 무언가 추가되는 경우를 뜻합니다. 즉 **전쟁기계는 정의상 전쟁을 포함하고 있지 않다**는 겁니다. 전쟁은 전쟁기계의 외부에서 추가되는 무엇이란 말이지요. 하지만 그것이 '필연적'이라는 말은 어떤 외적인 조건으로 인해 전쟁이 불가피한 것이 된다는 말입니다. 그 외적 조건이란 바로 국가장치겠지요. 전쟁기계는 전쟁을 목표로 하는 것이 아니며, 다만 매끄러운 공간에서 어떤 곳으로도 향할 수 있는 자유로운 움직임을 추구하지만, 이는 결국 매끄러운 공간에 홈을 파며 그 안에서의 운동을 방해하는 국가장치와 충돌할 수밖에 없음을 의미하는 것이기도 합니다.

3) 전쟁기계의 국가적 영유

세 번째로, 국가장치는 어떤 식으로 전쟁기계를 '목표'로 하는가 하는 문제입니다. 다시 말하면 "국가는 어떻게 전쟁기계를 영유할 것인가, 즉 어떻게 그것의 규모·지배·목적을 자기 자신을 위해 구성할 것인가? 그리고 어떤 위험을 감수할 것인가?"(MP, 520; II,

203) 하는 겁니다. 이 문제에 접근하기 위해 전쟁기계가 변성되는 세 가지 계기를 명확히 해둡시다.

첫째, 전쟁기계는 유목민의 발명품이고, 그 자체로는 전쟁을 목표로 하지 않으며, 전쟁은 단지 '대리/보충적' 내지 '종합적' 목표일 뿐이다는 것입니다.

둘째, 국가가 전쟁기계를 영유하면 전쟁기계의 본성과 기능이 완전히 달라진다는 것입니다. 전쟁은 전쟁기계 자체와 어떤 내적 관계를 갖지 않기에, 국가장치는 전쟁기계를 영유하여 그것에 자신이 설정한 목표로서 전쟁을 '종합적으로' 부가할 수 있기 때문입니다. 이로써 전쟁기계는 거꾸로 유목민이나 반국가적 성분을 겨냥하게 되거나, 다른 국가를 파괴하는 기능을 하는 것이 충분히 가능하게 됩니다.

셋째, 국가장치는 전쟁기계를 내적인 요소로 하지 않습니다. 즉 매끄러운 공간에서 자유로운 활동을 하는 전쟁기계의 일차적 목적은 국가장치와 아무 관련이 없습니다. 그런 일을 하라고 국가장치가 전쟁기계를 영유할 이유는 없다는 겁니다. 따라서 국가장치가 전쟁기계를 영유한다면, 전쟁기계에 부과할 목표는 그 일차적 목표가 아닌 것, 말 그대로 전쟁이 됩니다. 따라서 국가장치가 전쟁기계를 영유함으로써 '전쟁기계'는 전쟁을 일차적인 목표, '분석적인' 목표로 하는 경향이 있다고 할 수 있습니다. 군대나 국가장치를 통해 발생한 전쟁기계, 가령 전 세계를 대상으로 반국가적·반제국적·공산주의적 활동 모두를 파괴하고 분쇄하는 CIA나, 전 세계의 바다를 떠돌며 전 세계를 잠재적인 미사일과 공습 가능성 상태에 놓아두고 있는 제7함대 등의 '현존함대'가 그것입니다.

여기서 국가장치가 어떻게 전쟁기계를 영유할 수 있는가 하는 문제, 혹은 정반대로 전쟁기계는 국가장치를 영유할 수 있는가 하는 문제가 제기될 수 있습니다. 방금 말한 세 계기 가운데 두 번째와 세 번째 계기는 앞의 문제의 논리적 가능성을 보여줍니다. 군대나 CIA, 현존함대 등은 그것의 실증적 사례일 겁니다. 반면 후자는 과연 가능한가? 아니면 전쟁기계는 국가장치나 도시를 항상 파괴하고 절멸시켜 매끄러운 공간으로 되돌려놓을 수밖에 없는가? "정복하고 가로지른 땅에서 무엇을 할 것인가? 그것을 사막, 스텝, 개방 목초지로 되돌릴 것인가? 아니면 조만간에 국가장치의 단순히 새로운 왕조가 될 위험을 무릅쓰고라도 국가장치를 존속시켜 그것[땅]을 직접 착취할 수 있게 할 것인가?"(MP, 521 ; II, 204)

몽골인의 경우, 초기의 절멸전쟁이 앞의 경우라면, 중국의 왕궁으로 들어가 새로운 제국(원元)을 세웠던 쿠빌라이(Qubilai)는 뒤의 경우일 겁니다(물론 그 경우에도 중국의 전통적 지배계급과 섞이지 않으려고 했고, 이를 위해 마르코 폴로Marco Polo 같은 외국인 고문을 널리 등용했고, 공문서에 문어체 중국어 사용을 금지했지요).[45] 다른 선택지는 없는가? 그렇다면 대체 '유목제국'—그 자체가 역설적인 이름이지만—은 불가능하단 말인가? '몽골화된 거란인' 야율초재가 칭기스칸의 사후에 그 아들 우구데이(Ögödei)에게 했다는 말은 이런 난점의 일단을 표현하고 있는 듯합니다. "말 위에서 천하를 얻을 수는 있어도, 말 위에서 어찌 천하를 다스릴 수 있겠습니까?"[46]

---

(45) 하자노프, 김호동 역, 《유목사회의 구조(Nomads and the Outside World)》, 지식산업사, 1990, 330쪽.
(46) 그루쎄, 앞의 책, 373쪽.

확실히 이런 점에서 국가들을 정복한 유목민은 '전설적인 망설임'에 직면하게 됩니다. 하지만 칭기스칸의 대법령은 몽골인들에게 정착적인 생활방식을 택하거나 도시에 거주하는 것을 금하였다고 해요.[47] 몽골인들은 칸을 정하는 문제나, 칸의 후계자를 정하는 문제, 혹은 어디를 정벌할 것인가, 어디를 원정할 것인가 등과 같은 중요한 문제를 '쿠릴타이(quriltai)'라고 하는 부족 전체회의를 소집해서 결정했다고 하지요. 쿠릴타이란 오늘날 우리에게 익숙한 개념으로 말하자면 일종의 '직접 민주주의'인 셈이지요.

역사가들은 보통 탈라스 강가에서 열린 1269년의 쿠릴타이가 몽골 '국가' 수립을 결정한 중요한 쿠릴타이였다고 말합니다. 그 쿠릴타이에서는 "정착민 지역의 행정에 개입하지 말 것, 특별히 지정된 경우를 제외하고는 세금을 징수하지 말 것, 일정한 목축 이동로를 따라 옮겨다니며 초원과 산간에서 살지, 결코 가축을 데리고 경작지를 짓밟지 말 것" 등을 결정했다고 합니다.[48]

이는 도시와 경작지, 정주지를 절멸시키고 스텝으로 되돌리려던 '강경' 유목노선과 대비되는 '온건' 유목노선이지만, 동시에 국가장치와 정착에 대해 확고한 선을 그으려는 것이기도 합니다. 정착민의 경작지를 초원으로 돌리는 대신에 그것을 해치지 않고 유지시켜 줄 것, 정착민 행정에 개입하지 말 것 등은, 한편으로는 정착민과의

---

(47) 하자노프, 앞의 책, 325쪽.
(48) 같은 책, 333쪽. 하자노프는 유목인의 국가를 세 가지로, 실질적으로는 특히 중요한 두 가지 유형으로 나누고 여기서 말한 식으로 만들어진 것을 약한 형태의 국가라고 하고, 쿠빌라이처럼 왕조를 이루면서 만들어진 것, 사실은 국가장치에 포섭되어버린 것을 강한 유형의 국가로 구별합니다. 사실 지금 본 것처럼 첫째 유형은 국가장치라기보다는 전쟁기계라고 부르는 게 더 적절하지요. 특별한 경우가 아니면 세금도 안 걷는 국가란 그 자체로 형용모순이지요.

공존을 모색하는 조치인 동시에, 정착민의 생활방식이나 그들 도시, 제국에 관여함으로써 그 안으로 끌려들어가는 것을 방지하여 유목민의 독립성을 지속하려는 방책이기도 했던 겁니다. 이런 조치는 제국의 수도를 정복함으로써 새로운 정착민 제국의 일부가 되어버린 쿠빌라이와 대비된다고 하겠는데, 그것은 칭기스칸의 대법령이 도시 이주나 정착생활을 금지했던 근본적 이유를 보여주는 것이기도 합니다.

여기서 또 하나 인상적인 것은 "**특별히 지정된 경우를 제외하고는 세금을 징수하지 말라**"는 규정입니다. 이는 유목민의 정복이 제국의 정복과 근본적으로 다른 것임을 아주 명확하게 표현하고 있습니다. 정착민의 도시나 국가를 정복한 이상 그것들을 파괴하지 않는다면, 그들에게 세금을 걷는 것은 아주 자연스럽고 당연한 것으로 생각되기에, 이런 조치는 어찌 보면 기이하고 미련한 것으로까지 보입니다. 하지만 세금을 걷는다는 것은 **대규모 스톡을 비축하는 첫걸음**이고, **포획장치를 구성하는 핵심적인 조치**지요. 다시 말해 세금을 걷는 것을 일반적인 과제로 설정하는 순간, 그들은 정착민의 세계에 깊이 관여하는 것은 물론, **그들 스스로가 포획장치라는 새로운 배치 안으로 들어가는 것**이며, 의도가 무엇이든 제국적 국가장치를 구성하는 것으로 귀결되었을 겁니다.

이런 식으로 그들은 수많은 국가장치를 지배하고 '영유'하는 거대한 '제국'을 이루면서도 새로운 정착적 국가장치를 구성하지 않고 전쟁기계로 계속해서 남을 수 있었던 것입니다. 들뢰즈와 가타리는 이러한 조치에 찬탄을 보내고 있습니다. "칭기스칸과 그의 후예들이 오랫동안 [자신들의 체제를] 유지할 수 있었던 것은, 스스로 정복된 〔국가적〕 제국에 부분적으로 통합되면서도 동시에 스텝 위에 매끄러운 공간을 유지하면서 제국의 중심을 거기에 종속시키고 있었기 때문이다. 그것이 바로 그들의 천재성, 팍스 몽골리카(Pax Mogolica)다."(MP, 521; II, 204) 요컨대 칭기스칸과 그 후예들은 또 하나의 제국적 국가장치로 나아가지 않고 전쟁기계의 독자성을 유지하여 그것의 일차적이고 본성적인 목표를 유지하면서 수많은 국가장치들을 전쟁기계 아래 복속시키는 거대한 '유목제국'을 건설했다는 겁니다.

반면 몽골인의 후예를 자처했던 티무르의 경우는 "칭기스칸의 후예가 아니라 그 정반대였다"고 하지요(MP, 521; II, 204). 그는 유목민을 향하여 전쟁을 하는 환상적 전쟁기계를 만들었을 뿐만 아니라(이는 사실 국가장치가 전쟁기계를 영유한 후에나 가능한 일이지요), 이를 위해 더욱더 무겁고 비생산적인 국가장치를 세워야 했습니다. 그런데 이 국가장치란 역설적이게도 오직 전쟁기계를 영유하는 것을 목적으로 하는 '텅 빈 형식'이었다고 저자들은 말합니다(MP, 521; II, 204). 동일한 것은 아니어도 그루쎄 역시 티무르에 대해서는 칭기스칸의 몽골인과 근본적으로 달랐다는 지적을 하고 있습니다.[49]

4) 전쟁기계와 전쟁의 변화 양상

이처럼 전쟁기계는 국가장치와 만나면서 때론 그것을 파괴하거나 자신의 지배 아래 복속시키기도 하고, 때론 그것에 영유되어 전쟁만을 목표로 하는 전쟁기계가 되기도 합니다. 그런데 일종의 이념형적 개념으로서 전쟁기계의 개념이 있을 수 있습니다. 그것은 앞서 누차 반복해서 말했던 것처럼 "적의 추상적 제거나 전쟁을 자신의 목표로 삼지 않으며 오직 전쟁과 잠재적 혹은 보완적 종합관계만을 갖는 전쟁기계"라고 할 것입니다(MP, 523; II, 205). 저자들은 이를 전쟁기계의 순수한 이데아라고 부릅니다. 이 경우 전쟁기계는 "그 이데아에 걸맞는 내용으로, 이데아의 발명으로, 자기 고유의 목표 · 공간 · 노모스의 조성으로 나타난다"(MP, 523; II, 205~206)고 합니다. 전쟁이 실제로 나타나는 것은 오직 전쟁기계가 국가 형태와 대립하는 가운데서지요.

반면 국가의 편에서는 전쟁기계를 영유하고, 자신이 영유한 이 전쟁기계에게 전쟁을 목표로 하게 만들 기회를 노립니다. 여기서 문제는 전쟁의 실현이라기보다는 전쟁기계의 전유지요. "국가장치가 전쟁기계를 영유하고, 그것을 '정치적' 목적에 종속시키며, 전쟁을 직접적 목표로 부여하는 일은 동시에 일어난다."(MP, 524; II, 206) 이러한 사태가 자본주의와 결부되어 자본 자체가 전쟁에 직접적으로 개입하기 시작하면 또다시 전쟁의 양상이 변합니다. 전쟁이 적대 국가의 군대뿐만 아니라 인구 전체와 경제 자체를 겨냥하며, 그것을

(49) "아시아 역사의 흐름 속에는 두 가지 종류의 지배가 존재했다. 하나는 중국 · 인도 · 이란과 같은 고대 정주문명이 주변에 대해 행사했던 지배로서, 조금씩 그리고 확실하게 '야만'의 지역을 동화시켜 나갔는데, 이것은 장기적으로 무력에 의한 것보다 더 강력한 과정이었다. 지배의 두 번째 형태는 대륙의 심장부에서 용솟음쳐 나오는 유목민의 거친 힘이었······다. 그러나 티무르가 트란스옥시아나에 세운 제국은 이 두 가지 가운데 어디에도 속하지 않았다."(그루쎄, 앞의 책, 588~89쪽) 티무르의 제국이 "칭기스칸의 제국이 가졌던 결속력 · 건전함 · 안정성을 결여"하고 있었다고 하며, 이는 칭기스칸이 세운 제국의 견고함이나 생존력을 갖지 못한 것으로 나타난다고 해요. 그는 티무르의 개성을 "국가라는 것을 내세우며 행해지는 일관된 위선"이라고 하며(585쪽), 더불어《쿠란》을 앞세운 종교적 살인을 동반하고 있었다고 말합니다(611쪽). 구체적인 것은 그루쎄의 책을 참조하세요.

위해 국민들의 신체와 정신은 물론 경제마저도 전쟁의 요소로 만드는 총력전이 탄생하게 됩니다(MP, 524; II, 206).

여기서 전쟁 자체가 순수한 이데아에 접근하는 일이 발생합니다. 사실 총력전은 전쟁의 정치적 목적(but)으로부터 전쟁의 직접적 목표(objet)가 독립하려는 경향이 이미 유효화되고 있음을 보여줍니다. 아마도 클라우제비츠(Clausewitz)가 말하는 '절대전쟁'이라는 개념에는, 그것을 제약하는 현실적 조건으로부터 점차 독립하려는 경향이 있다고 말해도 좋을 것입니다. 만약 전쟁의 직접적 목표를 그 자체로 추구하려는 경향이 독립하면서 국가의 정치적 목적 자체까지도 포섭하는 경우, 전쟁기계와 국가의 관계는 하나의 역전된 양상을 보여주게 됩니다. 즉 국가에 의해 영유됨으로써 전쟁을 '분석적' 목표로 하게 된 전쟁기계가, 국가의 정치적 목적마저 자신의 목표 아래 종속시킴으로써 오직 전쟁 그 자체만을 목적으로 하는 무제한적 과정을 야기하는 것. 저자들은 비릴리오를 따라 이런 사례를 나치나 그밖에 그와 유사한 파시즘의 경우들에서 발견합니다. 그리고 이는 세계적 전쟁기계의 하나의 형상이라고 합니다.

다른 하나는 포스트파시즘의 형상인데, 이는 평화를 직접적인 목표로 취하지만 공포와 억압에 의해 유지되는 평화로서, 총력전보다도 훨씬 더 공포스런 평화지요. 다시 말해 평화를 지키기 위하여 심지어 핵폭탄까지 만들어내는 그런 종류의 전쟁 말입니다. 지구상의 모든 바다를 이미 제압하고 있는 '현존함대', 지구의 모든 지표면을 감시하며 지구 둘레를 도는 군사용 인공위성들, 혹은 한때 대대적으로 진행되던 '별들의 전쟁' 계획, 아니면 언젠가 평화를 깨며 날아들 '어떤' 미사일을 분쇄하기 위한 미사일 방어체제(MD) 등등이 그것입니다. 여기서 직접 발견할 수 있는 것은 전쟁 그 자체의 승리를 위한 과제와 목표 들입니다.

알다시피 이러한 무기체제나 전쟁체제는 그것을 이용해 어떤 구체적인 정치적 목적을 달성하려고 추진하는 것이 아니라, 추상적인 힘의 우위, 전쟁능력의 우위, 혹은 좀더 완전한 전쟁능력을 위한 것입니다. 이는 그 자체로 독립적인 전쟁기계의 목표고, 이를 위해 국가가 대규모의 자금과 인력을 동원하게 될 겁니다. 즉 여기서 전쟁은 클라우제비츠의 고전적인 공식처럼 "다른 수단에 의한 정치의 계속"이라기보다는, 거꾸로 이미 그 자체가 제국적 국가장치 자체를, 국가적 정치의 방향 자체를 규정하는 위상을 갖고 있음을 알 수 있습니다. 즉 세계적인 규모의 "전쟁기계가 목적 내지 세계질서를 담당하고, 국가들은 이 기계에 적응하는 목표 내지 수단에 지나지 않는다"(MP, 525; II, 207)는 겁니다. 이런 조건 아래에서 저자들은 클라우제비츠의 공식을 뒤집어 사용하는 게 가능하다고 말합니다. "정치는 다른 수단에 의한 전쟁의 계속이다."

이러한 양상은 냉전 시대의 미국이 잘 보여주는데, 소련의 붕괴로 '적'이 사라진 이후에는 잠재적으로 존재하는 모든 종류의 테러리즘을 새로운 적으로 설정하여 군비와 전쟁체제를 계속 확장하고 있습니다. 특히 9·11테러 이후 미국은 이러한 노선을 좀더 노골화하고 있으며, 그 결과 전 세계 인민들의 삶은 위로는 인공위성, 아래로는 비밀스런 정보활동과 공작의 일상적 대상이 되어버렸습니다.

이처럼 "현재의 상황은 매우 비관적"(MP, 525; II, 207)이며, 전쟁기계는 암울한 색조를 짙게 드리우고 있습니다. 그것은 국가에 의해 영유되어 전쟁을 직접적-'분석적' 목표로 하게 된 전쟁기계가 국가의 층위를 넘어서 나아가고, 심지어 국가장치를 그 목표 아래 종속시킴에 따라 나타난 결과입니다. 이것이 거꾸로 전쟁이나 전쟁기계 자체를 무조건 부정적인 것으로 보게 하는 현실적 조건인 셈이고, 애초에 전쟁기계라는 개념을 사용하려는 시도 자체를 이해할 수 없게 만든 이유기도 합니다. 하지만 이는 정확하게 국가장치에 의해 변성된 전쟁기계, 전쟁만을 목표로 하는 전쟁기계에서 기인하는 것이고, 전쟁기계의 '순수한' 개념보다는 전쟁 자체의 '순수한' 개념에서 기인하는 것입니다.

그래서 저자들은 마지막으로 전쟁기계의 두 극(極)을 정의하는 것으로 자신들의 입론을 요약합니다. 여기서 그들은 전쟁기계 개념의 긍정적 형식을 다시 창안함으로써 비관적 상황을 넘어설 희망을 찾고자 하는 듯이 보입니다. "한 극에서 그것은 전쟁을 자신의 목표로 삼고 우주의 극한으로까지 연장될 수 있는 파괴의 선을 형성한다. ······다른 한 극이 본질인 것으로 보인다. 그것은 전쟁기계가 무한히 낮은 '양'을 갖고, 그 목표를 전쟁이 아니라 창조적 탈주선을 긋고 매끄러운 공간을 구성하며, 그 공간 안에서 민중들의 운동을 구성할 때다. 이 다른 극에서 전쟁기계는 실제로 전쟁과 조우하지만, 그것은 보완적 혹은 종합적 목표로서며, 이제 그것은 국가 및 국가에 의해 표현되는 세계적 공리계에 대항하도록 방향지어진 것이다."(MP, 526; II, 208) 전쟁기계들은 이 극단적인 두 극 사이에 있고, 그런 만큼 다양한 양상을 표현하는 다양한 종류가 있다고 할 수 있지요. 이런 다양성은 근본적으로 전쟁기계와 전쟁 간의 관계가 극단적으로 다양하기 때문입니다.

저자들이 생각하는 희망의 요소는 이런 것입니다. "계통과의 관계

속에서 일관성의 구도, 창조적인 탈주선, 치환의 매끄러운 공간을 그려내는 한에서는 '이데올로기적', 과학적 혹은 예술적 운동은 잠재적 전쟁기계일 수 있다. 전쟁기계는 유목민의 발명품이지만, 유목민이 전쟁기계의 이러한 성좌를 정의하고 보증하는 것은 아니다. 반대로 바로 이러한 것들이 유목민을, 동시에 전쟁기계의 본질을 정의한다. 게릴라전, 소수자전쟁, 혁명전쟁 및 인민전쟁이 이 본질에 부합한다면, 이는 그들이 오직 다음과 같은 '대리/보충'을 위해 전쟁을 더욱 더 필요한 목표로 삼았기 때문이다. 즉 그들은 오직 자신들이 다른 무언가를 동시에 창조하는 조건에서만 전쟁을 벌일 수 있다.〔는 대리/보충의 관계 말이다.〕"(MP, 527; II, 208)

지금까지 우리는 '유목론'에 관한 드넓은 고원을 지나왔습니다. 이는 몽골 고원만큼이나 넓은 고원이었고, 그래서 통과하는 데 많은 시간이 소요되었던 고원입니다. 국가장치와 전쟁기계의 외부성에 대한 다양한 '증명'을 통해서 국가장치 외부에서 사유하는 것, 국가적 사유와 다른 방식으로 사유하는 것, 국가의 메커니즘과 다른 방식으로 운동하는 것에 대해 보아온 셈이기도 합니다. 거기서 우리는 국가적 사유와 유목적 사유, 다수적 사유와 소수적 사유의 근본적 차이를 충분히 보았습니다. 여러분들도 어떤 문제를 던지거나 답을 구할 때, 혹은 어떤 것을 하고자 할 때, 스스로 이렇게 질문을 던져보는 것도 좋을 듯합니다. 내가 지금 국가인처럼 사태를 보고 있는 건 아닌지, 내가 지금 국가적인 방식으로 사유하고 있는 건 아닌지 하고 말입니다. 왜냐하면 우리는 오랫동안 학교라는 국가장치 안에서 교육받고 공부했으며, 그 결과 국가적으로 행동하고 사유하는지도 모르는 채 그렇게 하도록 훈육되어왔기 때문입니다.

더불어 몽골인과 한 계열을 이루는 '유구한 혈통'과 언어를 사용하면서도, 모든 역사를 제국화된 중국의 관점에서 보고, 중국인으로부터 오랑캐라는 비난을 받으면서도 오랑캐를 그들보다 더 경멸하며, 스스로를 중화(中華)의 일부라고 생각하며 중화가 무너진 시대에서까지 그를 대신하여 소중화(小中華)를 자처하던 태도에 대해서도 근본적으로 다시 한번 생각할 필요가 있을 듯합니다. 마치 백인보다 더 백인 같은, 백인보다 더 백인적인 흑인이나 황인종 같은 태도를 갖고 있는 건 아닌가 하고 말입니다.

하지만 이것이 단지 중국 '제국적' 대신 '자랑스런' 유목의 전통에 우리를 잇대자는 말은 아닙니다. 유목민은 역사가 없다고 하지 않았습니까? 그렇지만 유목주의는 역사를 근본적으로 다시 보게 해줄 수 있는 게 아닐까요? 그것을 통해 가령 중국보다 더 중국적인 역사, 제국보다 더 제국적인 역사를 만들고자 했던 사회, 중국에서도 유례를 찾아보기 어려운 국가주의적 사유에 의해 일상의 삶을 '예(禮)'라는 코드로 촘촘히 얽어맸던 사회, 그래서 주자학(朱子學)이라는 오직 하나의 사상만이 허용되던 사회, 대대적인 족보의 발명과 엄격해진 종법(宗法)을 통해 가족을 국가적 모델에 의해 재편하여 국가와 가족이라는 이중의 고착적 성분으로 삶의 미세한 부분에 이르기까지 엄격히 통제하려던 사회에 대해 근본적으로 다른 관점에서 생각하고 연구할 수 있는 것은 아닐까요? 서구보다 더 서구중심적인 서양사, 오직 유럽과 미국의 관점에서만 씌어진 서양사에 대해, 서구인들이 만든 '동양'에 대해 근본적으로 다시 생각해야 하는 것 못지 않게, 중국인들보다 더 중국적이려고 했던 역사에 대해, 중국인들보다 더 강했던 중화주의에 대해, 그리고 그것에서 연원하는 오랑캐에 대한 경멸에 대해, 이민족에 대한 경멸에 대해 근본적으로 다시 생각해야 하는 건 아닐까요?

이런 사유의 촉발과 더불어, 이 고원의 막바지에서 여러분은 아마도 이런 의문을 다시(!) 갖게 되었을지 모르겠습니다. 저토록 암울하고 부정적인 색채의 현실을 무릅쓰고라도 '전쟁기계'라는 개념을 굳이 사용할 필요가 있는지, 유목민의 전쟁기계나 전쟁인이 시대에 뒤떨어진 것이 되었음에도 불구하고 유목주의를 굳이 다시 시도할 필요가 있는지 하는 의문 말입니다. 더구나 화기들의 보급과 발전 이후에 전쟁인은 필경 패배하거나, 화기를 발명하고 이용하기 위해 국가장치와 어떤 식으로든 접촉해야 하는 조건에서, 도대체 전쟁기계 개념에서 어떤 적극성을 발견할 수 있는지 하는 의문 말입니다.

물론 전쟁기계란 개념을 고수해야 할 이유도 없고, 굳이 유목주의를 모델로 삼을 필요도 없습니다. 하지만 사상이나 이론, 예술, 과학은 물론, 운동과 삶의 방식에서 국가주의적이고 다수적인 방식과, 그에 반하는 소수적이고 생성적인 방식, 그래서 고착과 고체가 아닌 흐름과 액체, 변환과 변이를 통한 방식은 분명히 구별되어야 합니다. 전쟁기계라는 개념을 던져버리는 경우조차, 이러한 것을 표현할 수 있는 적절한 개념이 필요한 것은 분명합니다.

하지만 그런 개념이 새로이 만들어지는 경우에도, 그 개념을 실행하는 것만으로도 확실하고 안정된 결과, '좋은' 결과를 보장받으리라고 생각하는 것은 잘못입니다. 이는 국가나 국가주의에 반하지 않는 혁명은 불가능하지만, 국가에 반한다는 사실만으로 혁명이 충분하다고 할 수 없는 것과 마찬가집니다. 어떤 탁월한 개념이라도, 그 개념만으로 훌륭한 사태를 보장받고 불행한 사태로 이어질 가능성을 사전에 방지하는 것은 불가능할 것입니다. 혁명조차, 혹은 국가권력의 장악까지 채 나아가지 않은 혁명운동조차 그런 경우가 비일비재하지 않습니까? 그렇다면 차라리 국가장치에 대한 외부적 배치의 개념을 분명히 하면서, 그것이 갖는 가능성과 더불어 그것의 위험을 정확히 분석하고 지적하는 것이 더 낫지 않을까요?

어쨌든 전쟁기계와 유목주의에 대한 연구에서 중요한 것은 유목민의 역사에 대한 동정이나 공감이 아니라, 자신의 삶과 운동, 사유와 연구에서 유목주의를 실행하는 것입니다. 전쟁기계라는 개념을 유지하든, 아니면 다른 개념으로 대체하든 간에 중요한 것은 국가장치에 반하는 새로운 종류의 조직과 운동, 사유와 이론을 창안하는 것입니다. 하나의 중심을 갖는 중앙집중적인 조직보다는 복수의 중심을 갖는, 중심이 너무 많아서 하나의 중심을 말하는 것이 무의미한 그런 조직; 하나의 원리에 의해 통일되고 체계화되어 있는, 그런 만큼 닫혀 있을 수밖에 없는 그런 이론보다는 이질적인 것들이 하나로 묶여 나름의 일관성을 이루는, 하지만 다른 것들이 얼마든지 접속될 수 있고 접속되는 양상에 따라 이론 자체가 가변화되는 그런 이론; 전문성이란 이름으로 고착된 분과에 안주하는 연구보다는 뜻밖의 질문을 던지면서 다양한 영역을 횡단하며 새로운 '분과'를 창안하는 그런 연구; 사유에 공연한 무게를 싣고서 어설프게 던지는 아카데믹한 형식적 질문보다는 삶을 통찰하는 눈으로 막힌 벽들을 부숴버리는 강밀한 질문; 어떤 학적·예술적·정치적 업적을 쌓고 지워지지 않을 명예를 얻으려는 욕망이 아니라, 벽들에 막히고 패인 홈들에 갇힌 삶의 흐름을 모든 방향으로 자유롭게 흐르도록 하려는 욕망 등등 말입니다. 이 모든 것을 통해 삶의 변환을, 낡은 사유와 체제의 전복을, 삶의 방식의 혁명을 시도하려고 한다면, 그걸 무어라 부르든 무슨 상관이겠습니까? 반대로 바로 이런 것을 사유하기 위해서 전쟁기계란 개념도, 유목주의란 개념도 필요했으며, 이렇게 사용되는 한에서만 그것은 제대로 사용하는 것이 됩니다.

13장 | 포획장치와 자본주의: 다시, 국가와 혁명에 관하여

13

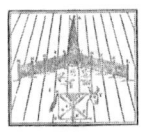

포획장치와 자본주의:
다시, 국가와 혁명에 관하여

《천의 고원》의 열세 번째 고원은 포획장치를 다루고 있습니다. 포획장치는 대체로 국가장치와 결부되어 있기 때문에, 이 장에서는 국가장치의 문제를 이론적으로나 역사적으로 상세하게 다루고 있습니다. 이 장의 내용은 크게 다섯 부분으로 나뉘어 있지요. 먼저 국가의 두 가지 극에 대해서 이야기하고, 예견-방지 메커니즘과 국가장치의 관련을 다룹니다. 그리고 단순한 교환의 배치와 구별되는 스톡(stock)의 배치와 결부된 경제적 과정으로 포획을 정의하고 있습니다. 그리고 다양한 국가 유형들에 대한 역사적 분류가 시도되고, 그에 이어서 현대자본주의의 문제들을 자본주의 공리계와 결부하여 다루고 있습니다.

이 장은 앞의 전쟁기계에 관한 장과 더불어 명제의 형식으로 씌어져 있습니다. 그런데 처음 제시되는 명제에 명제 1이란 번호 대신에 명제 10이라는 번호를 붙여놓았습니다. 앞장에서 전쟁기계가 명제 9로 끝났지요? 이는 앞장과 계속하여 이어지는 것임을 표시하고 있습니다. 하지만 문제와 공리, 명제의 다층적 복합체의 형식을 취했던 앞장과 달리 여기서는 오직 명제만 5개 제시되어 있습니다. 게다가 여기서의 '명제'는 명제라는 말에 전혀 부합하지 않는 형식으로 씌어져 있습니다. 그것을 일단 보면 이렇습니다.

명제 10. 국가와 그 극들
명제 11. 어느 것이 일차적인가?
명제 12. 포획
명제 13. 국가와 그 형태들
명제 14. 공리계와 오늘의 상황

말만 '명제'지, 실제로 명제의 형식에 값하는 건 하나도 없습니다. 모두 다 명사구로, '제목'이라고 말하면 딱 좋은 문구들이고, 그나마 문장으로 되어 있는 하나의 '명제'는 의문문입니다. 물론 저자들이 명제가 무언지 몰라서 그렇다고 말하면 아무 문제가 없겠지만, 그렇게 말하기엔 이들이 알고 사용하는 수학적 지식은 도가 많이 지나치지요. 앞장에서도 그랬지만, 이는 확실히 명제의 형식 자체에 대한 희롱처럼 느껴진다고 해야 더 적절할 듯합니다. 어쨌든 분명한 건, 동일한 명제의 형식임에도 불구하고 앞장과도 매우 다른 서술형식을 취하고 있다는 점인데요. 이는 "전쟁기계와 국가장치가 거대한 두 개의 의인화된 배치로서 서로 매우 밀접한 관계를 갖지만, 또한 전혀 다른 본성을 갖는 것"이라는 점(MP, 639; II, 302~303)을 표현하려는 것으로 보이기도 합니다.

1. 국가의 두 극들
1) 마법사-황제와 판관-사제

앞장에서 뒤메질의 신화학에 대해 언급하면서 "정치적 주권은 두 개의 머리를 갖는다"는 명제를 말했지요? 바루나(Varuna)와 미트라(Mitra)의 쌍, 오딘(Odin)과 티르(Tir)의 쌍, 우라누스(Uranus)와 제우스(Zeus)의 쌍이 그것입니다. "한 극은 무서운 마법사-황제의 극인데, 그는 포획·굴레·속박·매듭·올가미에 의해 작동"합니다. "마법사-황제들은 외눈박이 인간으로, 먼 거리에서 외눈으로 포획하고 방사하는 리듬"이라고 합니다(MP, 528~29; II, 210~11). "다른 한 극은 판관-사제-왕인데 그는 조약·협정·계약으로 작동"합니다. 왕-판관들은 외팔이 인간으로, 자신들의 한 팔을 권리와 기술, 법과 도구의 요소로서 치켜듭니다. 한편 전쟁의 기능은 정치적 주권 내지 국가장치에 외부적이고, 그런 만큼 그 두 개의 극과도 거리가 멀다고 했지요. 즉 전쟁의 신인 인드라(Indra)나 토르(Tor) 등은 앞의 두 신과 다른 존재로 등장한다고 했지요.

여기서 외눈박이(눈)가 얼굴-기호라는 표현적 지층의 상관자라면, 외팔이(손)는 손-도구라는 내용적 지층의 상관자지요(MP, 528~29; II, 210~11). 앞서 3장에서 내용과 표현에 관해 이야기하면서 나왔던 거지만, 얼굴과 기호가 표현적인 지층을 표시하는 짝이었다면 손과 도구는 내용적인 지층과 관계되는 짝이었습니다. 물론 전자는 기호에 대해서만, 후자는 도구에 대해서만 배타적으로 상응한다는 뜻은 아닙니다. 이 두 극은 정치적 주권 내지 국가가 작동하는 두 가지 상이한 양상을 표시하는 것입니다.

가령 여러분도 '나는 한국인이야'라는 생각을 무심결에 갖고 있어, 축구경기가 벌어지면 한결같이 훌륭한 선수가 있고 멋진 플레이를 보여주는 브라질 팀이 아니라 허구한 날 깨지기만 하는 한국 팀을 응원하는 것이며, 누군가 일본인과 결혼한다고 하면 당혹하거나 경멸하는 심정으로 "저런, 일본인과 결혼하다니……"라는 말을 떠올리는 겁니다. 일본인과 직접 원수진 일도 없을 뿐만 아니라, 사실 한번 만나거나 접촉한 적이 없는 사람인데도 말입니다. 이처럼 우리는 '한국인'이라는 기호를 통해 언제부턴지도 모르게 마술적인 포획의 올가미에 사로잡혀 있습니다. 이게 안 되면 국가는 대중을 '국민'으로 만들 수 없습니다.

다른 하나는 법과 계약에 따른 것입니다. 가령 우리는 20세가 되기 전엔 선거권이나 피선거권이 없습니다. 하지만 누구도 이에 대해 항의하지 않습니다. 왜냐하면 법에 그렇게 정해져 있기 때문이지요. 또 좋아하는 사람이 여러 명이어도 그 모두와 결혼하려고 하지 않습니다. 그 역시 법과 계약에 따른 것이기에 누구나 당연하게 여깁니다. 하지만 잘 생각해보면 우리는 그런 계약을 한 적이 없고, 그런 법을 만드는 데 동의한 적도 없다는 걸 알 수 있습니다. 그것은 이 나라의 '국민'으로 태어나자마자 동의한 것으로 간주되는 마술적 포획과 굴레가 작동하기 때문이지요. 이런 점에서 두 개의 양상 내지 방식은 대개는 결합하여 작동하게 마련입니다. 얼굴-기호와 손-도구라는 두 극이 서로 보완하면서 국가장치를 작동시키는 겁니다.

앞서 말했듯이, 이 두 극을 갖는 국가는 전쟁이라는 사안에 항상 관여되어 있습니다. "마법의 황제는 자신의 소유가 아닌 전쟁인들을 파견하고, 포획에 의해서 이 전쟁인들을 자신에게 봉사하도록 만든다. ……한편 "판관-왕은……전쟁에 법을 부여하고, 법을 위한 장을 펼치고, 법을 원리로 만들고, 법 위에 규율을 부과하고, 법을 정치적 목적에 종속시킨다. 그는 전쟁기계를 군사제도로 전환시키고, 국가장치를 위해 영유한다."(MP, 529; II, 211) 그런데 여기서 저자들은 "전쟁인은 국가의 기호와 도구, 외눈박이와 외팔이에 대해서 보석과 무기를 대립시킨다"(MP, 530; II, 212)고 말하지요. 이것은 보석이 전쟁기계의 표현형식이라는 앞서의 명제를 잊지 않았다면 쉽게 이해할 수 있는 말이지요.

여기서 국가장치의 두 지층이, 다시 말해 얼굴과 손이 '외눈박이'와 '외팔이'로 표시된 것은, 그것의 신체가 불구라는 것, 다시 말해 정치적 주권이란 절단된 신체를 갖고 있다는 것을 보여주려는 것입니다. 국가장치는 그 안에서 모든 것을 절단할 뿐만 아니라, 스스로가 이처럼 절단돼 있습니다. 국가장치는 절단과 죽음을 다른 모든 것에 우선하게 만듭니다. 이것은 국가장치가 노동과 그밖의 다른 것들을 포획하기 때문입니다. 즉 국가장치는 생산자가 포획장치 안에서 노동하게 하기 위해, **자립적-자율적으로 노동할 조건을 제거하고** 없애버립니다. 자기 수족만으론 결코 일할 수 없고 자기 몸뚱이만으로는 결코 살아갈 수 없는 불구자로 노동자의 신체를 절단해버린다는 겁니다. 그래야만 그들은 좋든 싫든, 착취와 수탈을 당하더라도 노동하지 않을 수 없을 것이며, 자본가의 뜻에 따라 노동하게 될 테니까 말입니다. 요컨대 사지를 절단하여 불구로 만드는 것은 포획장치가 작동하기 위한 전제라는 겁니다.

맑스가 《자본》 1권의 말미에서 훌륭하게 예증하듯이, 자본주의의 이른바 '본원적 축적'은 이를 아주 잘 보여줍니다. 멀쩡하게 농사짓는 사람들을 토지에서 쫓아내고 그들이 가진 생산수단을 탈취해버리는 것이 바로 '본원적 축적'의 요체였지요. 토지에서 쫓겨난 농민들, 이들은 사실 강제로 사지가 절단된 사람들입니다. 이들은 멀쩡히 평화롭게 농사짓고 잘 살아가던 사람들이었지만, 토지와 생산수단을 빼앗김으로써 이제는 싼 임금에 공장에서 하기 싫은 일을 할 수 없이 하게 되는 거지요. 맑스의 말대로 자본주의의 전제가 되는 "이중의 의미에서 자유로운 노동자"란 신분과, 토지로부터 '해방'된, 다시 말해 토지를 잃은 노동자의 출현을 뜻하는 겁니다. 신분에서 탈코드화되고 토지에서 탈영토화된 노동의 흐름이 자본의 흐름과 접속할 때 자본주의가 탄생합니다.

    이는 우리의 경우도 마찬가지였습니다. 식민지 조선에 일본의 자본가가 들어와서 공장을 세웠을 때, 그들은 자신의 공장에서 일하려는 노동자를 찾을 수가 없었지요. 왜냐하면 토지조사사업으로 토지의 점유권 내지 사용권을 법적으로 부정하고 소유권을 일원화했지만, 농민들은 다시 변형된 소작인으로서 지주와 관계를 맺거나 소농민으로 남아 있었기 때문이지요. 그래서 일할 사람을 찾기 위해서 모집인들이 시골을 빙빙 돌면서 사람들을 모았어요. 특히 부모에게 면포를 준다든가 하는 방법으로 젊은 여자들을 모아선 도시의 공장으로 데려갔지요. 물론 그 와중에 여자들을 접대부 등으로 일본에 팔아먹은 놈들도 많았다고 하니, 이런 일은 어디 가나 '인간'이 있는 곳에선 항상 있게 마련인 모양입니다. 아마 '인간'들만 이런 걸 보면 그들 역시 '인간'이어서 그런 것이겠지만 말입니다. 어쨌든 이렇게 사람들을 찾아나서야 했던 것은 그 당시 조선의 농민들이 충분히 불구가 되지 않아서 그랬던 것이라고 할 수 있습니다.

한편 누가 강제하지 않아도 일거리를 찾아 열심히 몰려다니는 지금의 우리들은 그런 의미에서 충분히 불구인 것이 분명합니다. 영어도 배우고 컴퓨터도 배우고, 취직 전부터 취직과 '성공'에 필요한 일이라면 무엇이든 하려는 것은, 자신의 **능력의 결핍**을 그만큼 심하게 느끼기 때문이지요. 능력의 결핍, 그것은 불구의 징표지요. 이처럼 자본주의는, 그리고 국가라는 포획장치는 멀쩡한 사람들을 불구로 만들어야 성공적으로 작동할 수 있습니다.

그래서 이 책은 말합니다. 국가장치는 이미 무능화된, 절단된, 선천적으로 결함 있는 외눈박이와 외팔이 인민을 요구한다고 말입니다. 이런 점에서 좀비의 신화—우리에게는 강시(僵屍)라는 살아 있는 사자(死者)의 신화—는 노동의 신화지 전쟁의 신화가 아니라고 말입니다. 노동은, 착취는 언제든 불구자 없이는 불가능합니다. 반면 전쟁은 불구자로는 불가능합니다. 심지어 강력한 조직에 편입되어 있을 때에도 각자가 독자적으로 움직일 수 있을 때에만 전쟁은 가능하지요. "전쟁에서 절단은 피하기 힘든 '결과'로 나타나지만, 국가장치와 노동의 조직화에서 절단은 시작하기 위한 필요조건, 전제조건을 이루는" 것이지요(MP, 530; II, 212). "국가장치는 기저에서나 정상에서나 이미 무능화된, 이미 절단된, 사산된, 선천적으로 결함이 있는 외눈박이와 외팔이 인민을 요구한다."(MP, 530; II, 212)

2) 국가는 전쟁기계를 어떻게 포획하는가

그러면 국가에 의한 포획은 어떻게 이루어지는가? 이는 거꾸로 포획이 이루어지려면 앞서 말한 두 개의 극이 모두 필요하다는 것을 보여줍니다. 만약 제국적 내지 전제적(專制的)인 극만이 있다면, 즉 마법사-황제의 극만이 있다면, 이는 그 외부에서 발생한 전쟁기계와 직접적으로 대결하거나 최소한 대등한 상대자가 되어야 합니다. 포획을 한다고 해도 그것은 이미 외부성을 드러내고 그것을 끌어들인 것임을 감출 수 없습니다. 따라서 포획은 일시적이고 상대적인 것이 됩니다. 여기선 포획이 어떤 마술적인 힘도 발휘하지 못합니다. 유혹이나 힘에 의한 포섭만이 있을 뿐이지요.

그렇지만 계약과 법적인 극, 즉 사제-판관의 극만이 있다면, 이는 전쟁기계를 포획할 수 없습니다. 왜냐하면 전쟁기계나 전쟁인은 계약과 같은 코드화/탈코드화에 의해 작동하는 게 아니라 영토화/탈영토화에 의해 작동하기에, 달리 말하면 법이나 계약에 매이지 않고 얼마든지 그것을 위반하며 작동하기에, 그것으로는 전쟁기계를 포획할 수도, 포섭할 수도 없습니다.

두 개의 극이 동시에 작동하는 한에서만 전쟁기계나 전쟁인을, 혹은 비국가적 요소를 국가적인 것으로 처음부터 포획할 수 있습니다. 이 경우 어떤 수단에 의한 것이든, 황제와 제국의 극이 포획 내지 포섭한 것은 그 반대편에 있는 법과 계약의 형식에 의해 항상-이미 자연적으로 정당한/합법적인 것으로 나타나고, 포획을 가능하게 했던 힘이나 권력, 폭력 등의 요소는 전면에서 사라지며, 폭력이나 강제는 항상-이미 존재하는 것처럼 보이는 계약과 법을 위반함으로 인해 작용하는 것으로 나타납니다. 역으로 계약과 법에 따르는 모든 것은 그 반대 극에 있는 제국적-황제적 극의 권력의 지배 아래 들어가지만, 그것은 법적이고 계약적인 자연성을 획득하게 됩니다. 신화학자들의 말처럼 전쟁기계가 두 개의 극 사이에 있다고 한다면,

그것은 전쟁기계를 하나의 극에서 다른 극으로 이행하게 하는 인과적 요인이란 의미가 아니라(MP, 531 ; II, 213) 바로 이런 의미에서입니다.

이처럼 두 개의 극은 국가가 포획장치로서 작동할 수 있게 해주는 기본적인 구성단위(unité de composition, 조성의 통일성)를 이룹니다. 따라서 국가의 조직방식이나 그 '진화'의 양상이 어떠하든 간에 이 두 개의 극이 모두 필요하다는 겁니다. 저자들은 국가의 이러한 구성단위가 바로 포획을 정의하게 한다고 말합니다. "국가의 이러한 본질 내지 통일성〔단위〕을 '포획'이라고 부른다면, '마술적 포획'이라는 말이 상황을 적절히 묘사한다고 말해야 하는데, 왜냐하면 포획은 언제나 이미 이루어진 것이요 전제되는 것으로 나타나기 때문이다."(MP, 532 ; II, 213) 가령 국가가 자행하는 수많은 폭력이 '폭력'으로 나타나지 않고, 국가가 행하는 수많은 착취와 수탈이 '착취'와 '수탈'로 나타나지 않는 것은 바로 이런 이유 때문이지요.

그런데 포획이 이처럼 마술적이어서 어떤 특정한 원인을 갖지 않는 것처럼 보인다면 이러한 포획이나 포획장치(국가장치)는 어떻게 설명되어야 하는가? 이것이 다음의 주제지요. 하지만 우리는 국가장치의 발생을 설명하는 많은 입론들이 있었음을 알고 있습니다. 전쟁이나 폭력이 국가 발생의 원인이라고 하기도 하고, 사유재산이나 화폐가 그렇다고 하기도 하며, 치수사업과 같은 '공적 기능' 때문에 국가가 발생했다고 하기도 합니다. 하지만 저자들은 이 모두가 동어반복일 뿐이라고 말합니다.

먼저 폭력이나 전쟁과 같은 요인들이 국가를 발생하게 했다는 주장은 저자들이 보기엔 틀린 것입니다. 왜냐하면 국가란 홉스의 말처럼 전쟁 상태를 종식시키고 안정된 질서를 유지하기 위해 만들어진 것이고, 따라서 전쟁은 국가를 저지하는 요인이지, 국가를 만들어내는 요인은 아니기 때문입니다. 심지어 전쟁을 수행하는 과정에서 국가적 권력의 집중이 발생한다고 가정하는 경우에도, 거기에는 이미 국가의 두 극 가운데 적어도 한 부분이 국가로서 존재할 때에만 국가가 됩니다. 다시 말하면 전쟁기계가 국가장치가 되려면 국가장치가 이미 있어야 하는 거지요. 이는 앞서 전쟁기계와 전쟁의 문제를 다루면서 자세하게 살펴본 바 있지요?

다음으로, 거대한 관개(灌漑)사업 같은 '공적 기능'을 수행하기 위해 국가가 발생했다는 주장은, 아시아적 생산양식이나 고대 제국에서 전제군주나 국가가 어떻게 나타났는가를 설명하면서 주로 제기되었지요. 하지만 그것은 그런 대규모 공공사업에 국가가 전제된다는 것을 말할 뿐, 국가가 그로 인해 발생했다는 것을 증명하는 건 아닙니다. 즉 국가가 이미 존재하지 않았다면 그런 대규모 공공사업을 불가능하다는 것입니다. 따라서 국가는 그런 사업 이전에 이미 존재하고 있어야 합니다.

사유재산 역시 마찬가지입니다. 재산/소유(property)라는 게 먼저 존재해야만 사유재산도 있을 수 있습니다. 그런데 재산/소유는 소유관념 이전의 '소유'인 공유(재산)에서 벗어나 특정인에 귀속되는 것입니다. 따라서 논리적으로나 역사적으로나 공유재산 없이 사유재산은 있을 수 없습니다. 그런데 공유재산만 있다면 사적 소유, 사적 재산이 발생할 수 없지요. 공동체의 공유재산 안에서 사적인 점유는 있을 수 있지만 사적 소유라는 것은 나타날 수 없지요. 그런데 사적 소유가 없다면 공동체 안에서 '잉여'가 발생한다 해도 그것은 공유재산의 연장이기에 공유재산의 확대를 가져올 뿐 사유재산이 될 순 없습니다. 사적 소유가 발생하려면 자연적이고 무개념적인 '공유'에서 벗어나 무언가를 개체(집단이든 개인이든)에 귀속시키는 체제가 존재해야 합니다. 이는 공동체마저 개체로서 포섭하는 국가가 존재하는 경우에 해당합니다. 따라서 사적 소유는 국가를 전제하지, 그것을 야기하지 않습니다.

화폐도 그렇습니다. 뒤에서 다시 이야기하겠지만 화폐 역시 국가의 과세를 전제합니다. 맑스의 '가치형태론'의 도식을 빌려 말하자면, 화폐가 상품들의 일반적 등가물이 되기 위해서는 그것의 척도적 위치를 실질적으로 뒷받침해주는 국가적 '보증'이 있어야 합니다. 또한 화폐가 교환의 일반적 매개물로서 자리잡기 위해서는 그것이 실제로 일반적 등가물이 되는 현실적 과정이 필요하지요. 조세가 바로 그 과정을 담당했습니다. 어느 경우나 화폐가 교환 과정에서 발생한 것이 아니라 그 외부에서 발생했으며, 그 외부란 다름 아닌 '국가'를 의미한다고 할 수 있습니다. 요컨대 화폐는 국가를 이미 전제한다는 것입니다.[1]

이처럼 통상 거론되는 대부분의 발생적 요인들은 이미 국가의 존재를 전제하고 있습니다. 그렇기 때문에 저자들은 "우리는 항상 완전한 형태로 세계에 등장하는 국가, 일거에 발생하는 국가, 조건이 없는 '원국가(Urstaat)'라는 관념으로 다시 되돌아가게 된다"고 말하고 있습니다(MP, 532; II, 214). 원국가의 개념은 앞장에서 이미 말씀드린 바 있지요? 처음부터 존재하는 것으로서의 국가, 하지만 아

---

[1] 이진경, 〈가치형태론에서 재현의 문제〉, 《문화과학》, 2000년 겨울호, 69쪽 이하 참조.

직 문턱을 넘지 않은 국가가 그것입니다. 원시사회를 포함해서 처음부터 존재하기에 마술적 포획이 가능하지만(그래서 저자들은 국가 없는 자급자족적 원시공동체란 민속학자들의 몽상이라고 말합니다. MP, 535; II, 217), 적어도 원시사회에선 예견-방지 메커니즘으로 인해 아직 문턱을 넘지는 않은 국가, 그게 바로 원국가지요. 원시사회에도 국가는 존재하지만, 거기서 "공동체들은 국가에 의존하지 않으며, 다만 복잡한 네트워크 속에서 국가들과 공존한다"는 겁니다(MP, 535; II, 217). 하지만 국가의 문제, 국가 발생의 문제, 혹은 원국가의 문제는 좀더 자세히 다루어야 할 주제입니다.

2. 어느 것이 일차적인가?

명제 11은 어느 것이 일차적인가를 묻고 있습니다. 좀더 쉽게 표현하면, 어느 것이 먼저인가를 따지는 것이라고 하겠습니다. 잉여와 스톡 가운데 어느 것이 일차적인가, 농촌과 도시 가운데 어느 것이 먼저인가, '원시사회'와 국가 중에 어느 것이 먼저인가 하는 것입니다. 하지만 먼저 극한과 문턱이란 개념에 대해 말하고 시작해야 할 듯합니다.

1) 극한과 문턱

원국가나 국가의 예견과 저지 메커니즘이란 주제는 앞장에서 다룬 바 있기에, 극한과 문턱 개념 역시 이미 다룬 셈이지요. "이게 마지막이야!"라는 술꾼의 말도 기억하시지요? 언제나 "이것만 마시고 술을 끊을 거야!" 하고 마시지만, 그걸로 끝나지 않지요. 하지만 정말 어느 순간, 마시는 술잔이 정말 마지막이 되는 경우가 있습니다.

이처럼 그 잔이 정말로 '마지막 잔'이 됐을 때는 먹고서 쓰러져 병원에 실려간다든지, 수용소 신세를 지겠지요. 그러면 음주(飮酒)의 배치에서 벗어나서 치료의 배치, 병원의 배치 혹은 '수용소의 배치'로 들어가게 됩니다. 따라서 "이게 마지막이야"라는 말은 언제나 적어도 끝에서 두 번째 잔이지, 마지막 잔은 아닙니다. 마지막 잔은 그로 하여금 환자나 알코올 중독환자로서 인생을 시작하게 하는 잔이지요.

배치의 문턱을 넘어서 다른 배치로 들어가게 하는 첫 잔이 바로 마지막 잔이요, '최종적인(ultime)' 잔입니다. 이는 두 배치 사이의 '문턱(seuil)'이라고 할 수 있습니다. 그 직전의 잔은 아직 배치의 문턱을 넘지 않은 것이고, 그래서 '끝에서 두 번째(pénultième)' 잔이라고 하는 겁니다. 이처럼 '마지막'이라고 하지만, 아직은 배치의 문턱을 넘지 않은, 그 직전의 잔을 저자들은 '극한(limite)'이라고 정의합니다(MP, 546; II, 226~27). 그런데 "이걸로 끝이야!" 하지만, 그걸로 끝나지 않지요. 필경 다시 잔을 들게 될 겁니다. 그런 과정은 다시 반복될 것이고, 그런 의미에서 술꾼의 배치 안에 계속하여 남아 있는 셈이지요. '작심삼일'이라는 말은 이런 경우를 지칭하는 것이라고 하겠습니다.

요컨대 극한은 끝에서 두 번째 것으로, 필연적인 재시작을 포함하는 반면, 문턱은 최종적인 것으로, 불가피한 변화를 표시합니다. '끝에서 두 번째 잔'이 음주의 배치에 남아 있게 만드는 극한이라면, 문턱을 넘어 최종적인 잔을 드는 것은 그로 하여금 더 이상 음주의 배치 안에 남아 있기 어렵게 하며, 다시 잔을 드는 행위를 반복하기 어렵게 합니다. 거기서 깨어나면 치료 과정, 혹은 수용 과정이 그를 기다리지요. 그래서 재시작은 중단되고 불가피한 변화가 나타납니다. 그래서 '문턱'이지요.

극한과 문턱이라는 이 재미있는 개념은 아직은 문턱을 넘지 않은 국가로서 '원국가'라는 개념을 이해하는 데도 중요합니다. 권력의 집중이 극한을 향해 나아가지만 아직 문턱을 넘지 못한 국가, 그게 바로 이들이 말하는 원국가지요. 또한 이는 나중에 한계주의자들이 말하는 '최후의 것'과 관련하여 '교환의 배치'와 '스톡의 배치'를 구분하게 해주는 개념이니, 잘 기억해두세요.

2) 잉여와 스톡

자, 다시 "어느 것이 먼저인가"로 넘어갑시다. 먼저 잉여와 '스톡(stock)'입니다. 일단 스톡이란 말부터 정리해두고 시작합시다. 이후 자주 쓰이는 단어니까요. 경제학에서 스톡이란 플로우(flow)의 대개념입니다. 가령 두 사람이 갖는 부를 비교하는 데는 두 가지 방법이 있습니다. 하나는 **어떤 시점**(가령 2001년 10월 10일 현재)에 두 사람이 갖고 있는 재산이 얼마나 되는지, 갖고 있는 집의 가격이나 보증금, 혹은 그가 갖고 있는 증권이나 저축 등의 양을 비교하는 것입니다. 다른 하나는 일정 기간, 가령 2001년 일 년 동안 그가 획득한 소득의 양을 비교하는 겁니다. 전자가 스톡에 의한 비교라면 후자는 플로우에 의한 비교지요. 예를 들어 A는 연봉이 4천만 원인데 저축한 재산이 별로 없고 집도 5천만 원짜리 전세에 살고 있는 반면, B는 연봉은 천 5백만 원인데 물려받은 2억 원짜리 집이 있다고 합시다. A는 플로우인 소득은 B보다 많지만 스톡은 반대로 B가 훨씬 많지요.

그래서 플로우는 종종 '유량(流量)'으로 번역되고 스톡은 '저량(貯量)'으로 번역됩니다.[2] 이는 기업의 부를 비교하는 경우에도 동일하게 사용되고, 국가 단위의 부를 비교하는 데도 동일하게 사용됩니다. 가령 어떤 시점에서 한 기업이 소유한 자산이 스톡이라면, 그 기업이 일정 기간 벌어들인 총수익과 지출한 비용의 차(순이익)는 플로우입니다. 그래서 일정 시점에서의 기업의 재정 상태를 표시하는 대차대조표가 스톡을 표시한다면, 일정 기간 발생한 수익과 비용의 차를 표시하는 손익계산서는 플로우를 표시한다고 할 수 있습니다.

하지만 주의할 점은 저자들 또한 흐름(플로우)이란 개념과 스톡이란 개념을 사용하지만, 이처럼 대개념으로 사용하지는 않는다는 것입니다. 분명한 건 이 책에서 플로우라는 개념은 경제학적 의미로 사용되지 않으며 일반적인 '흐름'이라는 의미로 사용될 뿐이고, 이 부분에서 '스톡'이란 개념은 반복하여 사용되지만 플로우와 대비하여 사용되지 않습니다. 그런 만큼 스톡의 개념 자체도 필경 경제학에서 통상 사용하는 것과 다르게 됩니다.

저자들이 여기서 사용하는 '스톡'은 소비나 '단순한' 교환에 사용되지 않고 비축되는 재화를 지칭합니다. 다시 말해 소비할 것도 아니고, 소비할 다른 것과 바꿀 것이 아닌데도 버리지 않고 비축해 두는 것이 저자들이 사용하는 스톡 개념입니다. 예컨대 자신이 경작

---

(2) 이를 '축적'이라고 번역하는 것은 부적절합니다. 통상 accumulation의 번역어인 축적은 맑스에 따르면 "잉여가치가 자본으로 전화되는 것"이고, 그럼으로써 자본이 확대재생산되는 것을 표시하는 개념입니다. 스톡 내지 저량은 이런 '전화'나 축적, 확대의 의미를 내포하지 않으며, 단지 어느 시점에서 자산이나 부의 규모를 표시하는 개념일 뿐입니다.

할 것도 아니고, 다른 것과 교환할 것이 아닌데도 소유하고 있는 토지를 들 수 있습니다. 하지만 좀더 넓은 의미에서는 직접적인 소비에 사용되지 않고 비축되는 재화를 뜻하기도 합니다. 내년에 뿌릴 씨앗으로 비축해둔 곡물이 그것입니다.

뒤에서 보겠지만 이러한 스톡이 나중에 포획의 기초가 되지요. 스톡이 잉여가치 포획의 기초라는 겁니다. 하지만 이런 스톡은 잉여가 이미 존재해야 있을 수 있지 않은가 하는 의문이 당연히 제기될 수 있습니다. 가령 농민의 수확에서 잉여가 없다면 대체 어떻게 스톡이 가능하겠느냐는 겁니다. 그래서 통상적인 맑스주의에서는 생산력 발전이 수확의 증가로 이어지고, 그 수확에서 당장 소비하지 않아도 될 잉여생산물이 존재하게 될 때, 그것이 스톡이 되고 재산이 되며 사적 소유를 낳는다고 말하지요.

그러나 바로 여기서 저자들은 '어느 것이 먼저인가'를 진지하게 다시 묻습니다. 왜냐하면 씨앗으로 사용할 곡물의 스톡이 없다면 농작물의 경작은 불가능하기 때문입니다. "아마도 처음에는 우연히 이루어졌을 이종교배, 그리고 선별(sélection)을 가능하게 한 것은 경작되지 않은 씨들의 스톡이고, 상이한 영토들로부터 유래하는, 상대적으로 길들여진 동물들의 스톡이다. 이러한 이종교배와 선별이 농경과 소규모 동물 사육을 발생시킨다."(MP, 534; II, 215)

앞서 생산력과 잉여에 의해 스톡을 설명하는 입론에서 우리는 원시인은 '생산력이 낮아서' 자신이 먹고살 것을 획득하는 데 모든 시간을 투여해도 모자랐다는 식의 생각과 만나게 됩니다. 과거, 머나먼 원시시대를 생산력 발전에 따른 진화의 역상(逆像)으로 떠올리는 거지요. 그러나 먹을 것을 구하기 위해 하루 종일 일하는 동물은 없습니다. 그런데 진화론에 따르면(!), 그 당시에도 가장 '진화된' 동물이었을 인간이, 즉 원시인이 특별히 하루 종일을 일해야 간신히 먹고살 수 있을 거라는 가정을 할 이유가 어디 있을까요? 인류학자들이 찾아낸 수많은 '원시사회'에는 차라리 '미개하게' 빈둥대며, 배고프면 그때 비로소 움직이는 그런 사람들이 살고 있지요.

역으로 스톡으로서 잉여가 의미가 없을 때, 다시 말해 무언가 비축한 재화가 특별한 의미를 갖기에 될 수 있는 한 많이 비축해두려는 그런 사회가 아니라면, 그래서 사용하고 소비하면 그걸로 끝인 사회라면 직접 사용하고 소비할 정도의 물량 이외의 잉여를 생산한다는 것이 어떻게 가능할까요? 아니, 잉여를 생산할 이유가 대체 어디 있을까요? 시간이 남는다고 해도, 혹은 힘이 남아돈다고 해도 대체 잉여를 뭐하러 생산하겠습니까? 할 이유가 없지요. 쓸 만큼을 구했다면 그것으로 족한 거지요. 앞장에서 돌도끼를 쓰는 부족에게 10배의 생산성을 가진 쇠도끼를 주었을 때, 그들은 그것으로 기존 생산량의 10배를 생산하는 게 아니라 일하는 시간을 10분의 1로 줄였다는 것을 예로 든 적이 있지요? 이유는 분명합니다. 기존의 생산량이면 충분한데, 도구가 좋다고 10배를 생산할 이유가 어디 있겠습니까?

실제로 그런 사회에서는 직접 필요한 양 이상으로 곡물이나 육류를 채취하는 것을 비윤리적인 것으로 간주하여 비난하기도 합니다. 그것은 자연을 이유 없이 소모하는 것이고, 그것이야말로 삶의 토대인 자연을 쓸데없이 갉아먹는 것이란 점에서 나쁜 짓이라는 겁니다. 다시 말해 원시인의 '게으름', 혹은 한가로움은 생산력 부족 때문이 아니라, 잉여가 무의미하고 불가능한 이런 배치와 결부되어 있다는 겁니다. 그래서 클라스트르의 말대로 원시사회가 지금보다 훨씬 노동시간이 짧았다는 말이 오히려 설득력을 가질 수 있는 겁니다.

그렇다면 잉여는 어떻게 발생했을까? 시간이 남고 힘이 남아도, 혹은 생산력이 남아도, 자신이 소비할 것을 생산하는 데 그쳤다면, 대체 잉여는 어떻게 발생했을까? 사실 잉여라는 것은, 사용하지 않을(효용이 없는) 물건의 비축이 또 다른 이득을 가져다 줄 수 있는 배치 속에서만 생산될 수 있습니다. 다시 말해 잉여는 스톡이 실제 이득을 가져다줄 수 있는 어떤 가능성을 가질 때 생산할 이유가 있다는 겁니다. 따라서 "스톡이 잠재적 잉여를 전제하는 것이 아니라, 반대로 잉여가 스톡을 전제하는 것"이라고 말할 수 있습니다(MP, 534; II, 216).

이런 맥락에서 저자들은 제이콥스(Jane Jacobs)를 인용합니다. 즉 농업은 스톡의 배치를 함축하는 도시에서 기원하며, 도시의 곡물 스톡에서 발생하는 이종교배와 잡종화가 농업에서 결정적이었다는 겁니다. "농업이 스톡을 전제하는 것이지 그 반대가 아니다."(MP, 534; II, 216) 어느 것이 먼저인가? 농업 내지 농촌이 아니라 도시가 먼저라는 겁니다. "시골이 점진적으로 도시를 창조하는 것이 아니라 도시가 시골을 창조한다."(MP, 534; II, 216)

잉여생산물과 국가의 관계 또한 마찬가지입니다. 사실 자연경제를 의미하는 채취활동은 자연재해로 인해서 굶어죽을 위험을 안고 있지요. 이는 단지 '유예된 소비'를 뜻하는 저장(경제학자들이 말하는 '저축=유예된 소비'란 정의를 떠올리지 않길!)으로 해결할 수 없는 불안을 포함합니다. 아마도 고대인들에게 농사 내지 농경이란 이런 자연재해의 극복을 의미하는 방책으로 받아들여졌을지도 모르겠습니다. 그래서인지 고대적인 신화, 국가의 기원에 관한 신화에서는 통상 농사법을 알려주는 신이 국가와 더불어 등장하고, 동시에 자연재해의 상징과 결부된 괴물들이 등장합니다. 예를 들어 중국사가인 마스페로(H. Maspéro)는 《고대 중국(*La Chine antique*)》이라는 책에서 이렇게 쓰고 있습니다.

> 때로는 [중국] 동부의 전설에서 보이듯이 개간의 역경은 사전에 극복되어야 할, 죽여버리지 않으면 안 되는 괴물로서 의인화되기도 한다. 어느 지방의 전설에서나 한결같이 첫번째 내려온 상제의 특사는 일이 너무나 어려워서, 과업 완수에 실패하고, 두번째 내려온 특사가 겨우 목표를 달성한다는 사실로써 그 일이 여간 어려운 일이 아님을 강조하고 있다.[3]

농경이 가능하려면 사실 적절한 경작지가 개간되어야 합니다. 그리고 이것은 개인이 할 수 있는 일이 아니지요. 어디나 공동체, 공동생산조직이 있어야 하지요. 더구나 농업공동체가 만들어지고 협업에 의한 생산력의 비약이 있으려면, 적절하게 편제될 수 있는 다수의 경작지가 전제되어야 하고, 공동경작을 위한 여러 가지 작업이 필요합니다. 그것은 직접적인 소비대상, 즉 효용성을 추구하는 것과는 다른 종류의 활동을 이미 요구하고 있는 것이지요. 이 역시 직접적인 사용만이 목적인 배치, 혹은 교환조차 소비와 사용을 위해서만 이루어지던 배치에서는 불가능한 일입니다.

---

[3] 마스페로, 김선민 역, 《고대 중국》, 까치, 1995, 42쪽.

따라서 농경은 직접적인 '효용'을 추구하는 것을 벗어나 스톡이 존재하는 그런 배치를 이미 전제한다고 할 수 있지요. 이것은 국가의 발생과 결부된 천지창조 신화가 농경의 도입을 공통적으로 포함하고 있다는 점에서, 혹은 적어도 제국적인 국가장치나 농경민족의 경우 그렇게 각색하고 있다는 점을 통해서도 드러납니다. 다시 마스페로를 읽어봅시다.

> 중국인들이 동남아시아 전 민족에 공통된 고대의 천지창조 전설을 지역적 특색에 따라 각색하면서 천지개벽 때 신과 영웅들이 어떻게 땅 위를 정돈하여 인간이 살 수 있게 했는가를 하나하나 설명했던 것이다. 동시에 다른 영웅들은 농경을 최초로 소개하고 있다. 신적인 사람인 전조(田祖)라는 영웅은 사람들에게 논밭을 개간하는 법을 가르쳤고, 후직(后稷)은 가장 귀중한 곡식 씨앗을 건네주었다. 사람의 몸에 소의 머리를 한 신농(神農)은 쟁기를 만들고 땅을 가는 법을 가르쳤다.[4]

국가의 창시자나 창시신이 농사 짓는 법을 가르치는 이런 내용은 수많은 신화들에서 반복해서 나타나지요. 이는 국가와 농업의 관계에 대한 역사적 증명은 아니지만, 국가와 농경의 관계를 신화적 양상으로 보여주는 것임은 분명합니다. 국가의 기원이 되고 국가의 왕이 될 인물이라면, 의당 사람들에게 농경의 기술을 가르치고 조직할 능력이 있어야 했다는 겁니다. 다시 말해 농경이 발전해서 국가가

---

(4) 같은 책, 43쪽.

세워진 것은 아니라는 겁니다. 그래서 저자들은 말합니다. "국가는 농업도, 야금업도 사전에 갖지 않는 수렵-채취인의 환경 속에서 직접적으로 설립된다고 할 수 있다. 농업·목축업·야금업을 창조하는 것은 바로 국가다. 국가는 처음에는 자신의 토양 위에서 이 일을 수행하고, 그 뒤에는 주위의 세계에 그것들을 부과한다. ……국가가 [농경적] 생산양식을 전제하는 것이 아니라, 반대로 국가가 [농경적] 생산을 하나의 '양식'으로 만든다."(MP, 534; II, 216)

어느 것이 먼저인가? 생산양식이 아니라 국가가 먼저고, 농업이 아니라 국가가 먼저며, 잉여가 아니라 국가가 먼저라는 겁니다. 이는 다른 모든 것에 대해서도 유사하게 말할 수 있습니다. "국가를 전제하는 것은 글(écriture)뿐만 아니라 말하기나 언어도 마찬가지다."(MP, 536; II, 217) 국가는 어디서나 전제되는 것이라는 겁니다. 그래서 클라스트르처럼 원시공동체들의 자급자족·자립·독립·선재(先在)를 주장하는 것은 민속학적 몽상일 뿐이라고 말합니다. "이 공동체들이 필연적으로 국가들에 의존하는 것이 아니라, 복잡한 네트워크 속에서 국가들과 공존한다는 것이다. '처음부터' 원시사회들은 서로 간에 가까운 범위의 관계뿐만 아니라 원거리 관계도 갖고 있었고, 이러한 관계들이 국가를 경유했다고 하는 것은 사실처럼 보인다. 비록 국가가 원시사회들을 부분적이고 국지적으로만 포획했다고 해도 말이다."(MP, 536; II, 217)

따라서 어느 것이 먼저인가, 어느 것이 일차적인가 하는 데 대한 들뢰즈/가타리의 대답은 분명합니다. 잉여보다 스톡이, 농업보다 도시가, 잉여나 생산양식보다 국가가 먼저라는 겁니다. 따라서 국가는 처음부터 존재하는 것으로 나타나고, 그래서 니체가 말했던 '원국가'의 가설을 지지해야 할 듯하다고 합니다.

3) 예견-방지 메커니즘

앞의 장에서 저자들은 클라스트르의 "국가에 반하는 사회"를 인용하여 국가를 저지하거나 격퇴하는 메커니즘으로서 전쟁에 대해 언급했지요. 거기서 이미 국가를 저지하는 메커니즘은 국가가 없이는 불가능하다는 점에서 이중의 난점에 대해 말한 바 있습니다. 국가에 반하는 메커니즘은 국가의 존재를 전제하는데, 국가가 존재한다면 국가 저지 메커니즘은 이미 실패하고 무의미해진다는 난점 말입니다. 하지만 이는 국가적인 권력의 집중이 하나의 극한을 향해 치달리는 경향과 그것을 저지하는 메커니즘의 존재를 설정한다면, 논리적 난점은 사실 큰 의미가 없습니다. 논리적 난점은 언제나 이런 식이지요. 그에 따르면 예컨대 수영을 배우는 건 불가능합니다. 왜냐하면 수영을 못하면 물에 들어갈 수 없는데, 물에 들어가지 않고선 수영을 배우지 못하기 때문입니다. 그러나 그렇다고 해서 이 논리적 난점 때문에 수영을 배우길 포기한다면 그건 아주 어리석은 일일 겁니다.

저자들은 여기서 다시 국가 저지 메커니즘에 대해 설명합니다. 그런데 지금까지 '국가'가 항상-이미 존재한다는 것을 충분히 보았습니다. 이를 원국가라는 개념으로 표시한다면, 이제 원국가라는, 극한을 향해 나아가지만 아직 문턱을 넘지 못한 국가의 존재를 가정하고 논의를 시작할 수 있습니다. 즉 그러한 국가는 언제나 이미 존재했다는 겁니다. 국가 없는 자급자족적 원시사회는 없었다는 거지요. 하지만 원시사회는 그러한 국가가 문턱을 넘지 않도록 만드는 메커니즘 또한 항상 작동시키고 있었다는 겁니다. 뿐만 아니라, 그러한 메커니즘이 국가를 예견하고 극한에 이르도록 추동하는 메커니즘과 다르지 않다는 의미에서 국가의 예견-방지 메커니즘이라고 말합니다.

여기서 '항상-이미 존재하는 국가'란, "일단 출현한 다음 주위의 수렵·채취인의 세계에 대해 다시 작용하는" 그런 국가가 아닙니다. 그런 국가라면, 그것은 이미 하나의 장치로 확립된 국가, 이미 문턱을 넘은 국가를 미리 상정하고 그것이 다른 것을 만들어냈다고 말하는 것이 될 겁니다. 그런 국가가 존재한다면, 국가의 성립을 저지함으로써만 존속할 수 있는 원시사회들은 파괴되거나 소멸되고 만다는 겁니다.

현재의 맥락에서 구석기나 신석기 국가가 일단 출현한 다음 주위의 수렵·채취인의 세계에 대해 다시 작용한다고 말하는 것은 적절하지 않다. 국가는 원시사회들이 격퇴해버리는 현재적(ac-tuelle) 극한으로서, 혹은 원시사회들이 그리로 수렴되지만 그 사회들이 파괴되지 않고는 도달할 수 없는 점(그 점에 도달하는 순간 원시사회들은 파괴되어버리는 수렴점)으로서 출현 이전에 이미 작용하는 것이다.(MP, 537; II, 218)

하지만 사태가 그런 국가를 향해 진행되는 것을 피할 순 없는 듯합니다. 생산을 위해서든, 아니면 전투를 위해서든 간에, 이미 비축되어 있는 스톡이 있어야 하고, 이미 집중된 권력이 있어야 하기 때문입니다. 그러나 그러한 권력으로 원시사회, 원시사회의 집단들이 수렴된다면, 그것들은 국가장치에 종속된 조직이 되거나 국가장치 앞에서 파괴되고 말기 때문에, 극한에 이르게 되면 반대 방향으로 작용하는 발산적 메커니즘을 작동시켜 그러한 수렴점을 뒤로 밀어내어 도달을 연기시킨다는 겁니다. "원시사회들은 국가의 방향으로 나아가는 벡터, 그것을 격퇴하는 메커니즘, 그리고 접근함에 따라 다시 밀려나고 밖으로 밀려나는 그런 수렴점을 동시에 가지고 있다. 격퇴하는 것은 예견하는 것이다."(MP, 537; II, 218)

따라서 '원국가'란 이처럼 극한에 이르자마자, 혹은 문턱에 이르기 전에 국가화의 수렴점을 연기시키거나 발산적 파동으로 그것을 격퇴하는 메커니즘과 항상 대면하고 있는 국가인 셈이지요. 그렇기 때문에 그것은 국가를 향한 벡터와 그것을 격퇴하는 메커니즘, 그리고 계속하여 격퇴되고 밀려나며 연기되는 수렴점(문턱)을 동시에 포함하고 있다고 할 수 있습니다. 따라서 국가적 수렴의 예견과 그것의 발산 내지 격퇴가 이런 국가, 이런 사회에 동시에 공존하고 있다고 하는 거지요.

이를 들뢰즈/가타리는 이렇게 다시 서술하고 있습니다. "일단 출현하게 되면, 국가는 수렵인-채취인에게 반작용을 미치고, 농업·목축업·확대된 분업 등을 부과한다. 국가는 원심적 혹은 발산적 파동이라는 형태로 작용한다. 그러나 출현하기 이전에 이미 국가는 수렵·채취인의 수렴적 내지 구심적 파동이라는 형태로 작용하고, 이 파동은 기호들의 전도 내지 국가의 출현을 기록하는 바로 그 수렴점에서 스스로를 소멸시킨다."(MP, 537~38; II, 218~19) 그것은 "최후의 것에 대한 평가를, 예견을 구성하는 극한으로 만드는 것이고, 그 최후의 것이 문턱 내지 최종적인 것(새로운 배치)이 되지 못하게 격퇴하는 것"입니다(MP, 548; II, 228).

4) 두 개의 문턱

이러한 국가와 결부된 문턱으로 저자들은 두 개의 상이한 유형을 구별하여 제시합니다. 도시와 국가가 그것입니다. "도시와 국가가 아무리 보완적이라고 하더라도 동일한 것은 아니다. '도시혁명'과 '국가혁명'은 동시에 일어날 수 있지만 혼동되어선 안 된다. 두 경우 모두 중앙권력이 있지만 동일한 형상을 띠진 않는다."(MP, 538; II, 219)

도시와 대비되는 유형으로서 '국가'란 브로델이 '영토적 국가'라고 했던 것으로, 뒤에 '국민국가' 형태로 일반화되었던, 전국적 영토를 갖는 그런 국가를 지칭합니다. 이러한 대비가 우리로선 낯선 것처럼 보일 수 있는데, 이는 한국의 역사나, 인접해 있는 중국의 역사가 모두 영토적 국가 형태를 취하고, 도시란 국가 내부에 있는 것이기에 양자를 대비시키는 게 부적절한 느낌을 주기 때문입니다. 하지만 유럽의 경우에는 고대나 중세는 물론, 일부 지역에서는 19세기에 이르기까지 영토적 국가가 지배적이지 않았고, 도시들은 독립적인 국가를 이루거나 도시동맹체 형태의 '국가'를 이루며 광범위하게 존재했다는 점을 잊지 말아야 합니다. 거기서 도시란 영토적 국가 못지 않게 독자적인 국가 유형으로 존재했다는 겁니다. 그럼 그 두 가지 유형의 국가는 어떻게 다른가?

먼저 도시에 대해서 저자들은 이렇게 쓰고 있습니다. "도시는 길(route)의 상관물이다. 도시는 단지 유통과 순환의 함수로만 존재한다; 도시는 순환 위의 뚜렷한 점이며 순환을 창조하고 순환에 의해 창조된다. 그것은 들어오고 나감에 의해 정의된다; 무언가가 도시로 들어와야 하고 도시 바깥으로 나가야 한다."(MP, 539; II, 219~20) 스톡의 생산과 유통, 순환, 그것이 바로 도시를 하나의 포획장치로, 국가장치로 구성하는 직접적인 요인입니다. 이를 위해 도시는 영주의 장원이나 농촌과 구별되는 경계를 만들고, 그러한 유통과 순환의 경로들을 통해 다른 도시와 자신을 연결합니다. 도시가 길의 상관물이라는 것은 이런 의미에서지요.

따라서 도시를 특징짓는 것은 "간-일관성(trans-consistance)이라는 현상, 하나의 네트워크(reseau)"라고 합니다(MP, 539; II, 220). 각각의 도시들은 고유한 일관성(완화된 의미의 통일성)을 갖고 있는데, 이는 하나의 도시만으로 고립된 채라면 무의미하고 존속 불가능한 것입니다. 다른 도시와의 연결과 스톡의 순환, 유통이 도시의 존립에 결정적인 요인입니다. 도시에는 무언가가 "들어오고 나가야" 한다는 말은 바로 이것을 의미합니다. 그리고 이런 의미에서 도시는 언제나 밖으로 나가는 흐름을, 탈영토화의 선을 내포하고 있다고 할 수 있습니다. 물론 안으로 들어오는 흐름, 재영토화의 선 또한 내포한다고 하겠지만 말입니다. 따라서 각 도시마다의 '일관성'의 문턱들을 연결하는 간-일관성과, 길들의 망으로 표상되는 유통 내지 순환의 네트워크가 길의 상관물인 도시를 특징짓는다고 하겠습니다.

국가는 다른 방식으로 진행됩니다. "그것(국가)은 내-일관성(intra-consistance)이라는 현상이다. 그것은 함께 공명하는 점들을 만드는데, 이 점들은 필경 도시-극들만이 아니라 대단히 다양한 배열(ordre)의 점들로서, 지리적·민족적·언어적·도덕적·경제적·기술적 특수성들이 매우 다양한 점들이다. 그것은 도회지가 시골지방과 공명하도록 만든다. 그것은 지층화에 의해 작동한다; 달리 말해 그것은 수직적·위계적 집계를 형성하고, 이 집계는 수평선들을 깊이의 차원으로 걸어놓는다. 국가는 이런저런 요소들을 취하지만 이는 그 요소들과 다른 요소들과의 관계들ㅡ[국가에] 외적이지만 그 안에 거주하는ㅡ을 단절시킴으로써만, 그 관계들을 완만하게 하거나 통제함으로써만 그렇게 할 뿐이다; 국가가 자기 자신의 순환을 가진다면, 그것은 일차적으로 공명에 의존하는 내적 순환(circuit)이며, 네트워크의 나머지로부터 스스로를 고립시키는 회귀의 지대다."(MP, 539~40; II, 220)

도시가 다른 도시와의 사이에서 수평적인 연결과 순환의 망을 짜는 방식으로 만들어지고 작동할 수 있다면, 영토적 국가는 그 영토 내부에 존재하는 다양한 영역과 지대 들을 통합하여 하나의 '일관성'을 만들어낼 때 비로소 유의미하게 작동할 수 있습니다. 하나의 언어에 다른 모든 지방언어들이 공명하게 만들고, 하나의 민족적 정체성에 다양한 지역적·지리적 습속들을 공명하게 만들고, 하나의 시장, 하나의 경제로 국지적인 시장과 경제를 통합하는 등등으로 말입니다. 그렇기 때문에 다양한 점들, 다양한 부분들을 통일하는 중심과 그에 동화되어야 하는 주변이 있게 되고, 통합은 높은 곳과 낮은 곳의 위계를 포함하여 이루어집니다.

국가에도 순환과 유통이 존재하지만, 이는 도시 간에 이루어졌던 것과 달리 영토 내부에서 이루어지는 순환이고, 네트워크를 형성하지만, 외부로부터 자신만의 영토를 분리하여 만들어지는 네트워크를 형성합니다. 이는 중상주의자들이나 리스트(F. List) 같은 보호무역론자들을 떠올려본다면 쉽게 이해할 수 있을 겁니다. 여기서도 탈영토화는 존재하지만, 이는 국경을 따라 구획된 영토 안에서 이루어지며, 그 영토적 통합의 결과라는 점에서, 영토화에 의해 제한되는 탈영토화란 점에서 도시의 그것과 다릅니다.

이 두 개의 국가적 포텐셜(potential, 잠재적 형태로 존재하는 국가)과 "국가에 반하는 원시사회"의 관계에 대해 저자들은 이렇게 요약합니다. "거기에는 두 개의 포텐셜 같은 것이 존재하는데, 전자는 두 개의 수평적 선분에 공통되는 중심점을 예견하며, 후자는 직선에 외적인 중심점을 예견한다. 원시사회들은 권력의 형성을 결여한 것이 아니다; 그 사회들은 다수의 권력구성체들을 가지고 있기조차 했다. 그러나 잠재적인 중심점들이 결정화되지 못하게 하고 일관성을 띠지 못하게 하는 것은, 바로 권력구성체들이 좀더 상위의 점에서 함께 공명하고, 공통의 점에서 양극화되는 것을 방해하는 메커니즘들이었다. 즉 원환들은 동심원적이지 않고, 두 선분은 소통하기 위한 제3의 선분을 요구한다. 이것이 원시사회가 도시-문턱도, 국가-문턱도 건너가지 않았다는 의미다."(MP, 540; II, 221)

5) 자본주의와 예견-방지 메커니즘

저자들은 원시사회에서의 국가의 예견-방지 메커니즘을 도시에서의 자본주의에 대해서도 적용할 수 있다고 말합니다. 이는 자본주의의 발생에 관해서, 혹은 이른바 '자본주의 이행논쟁'이라는, 이미 '정리'된 지 오래인 논의와 관련해 흥미로운 논점을 포함하고 있기 때문에 좀더 자세히 살펴볼 필요가 있습니다.

우리는 중세의 도시들이 자본주의의 발생지였다는 점을 잘 알고 있습니다. 그리고 도시의 매뉴팩처를 통해 형성된 '부르주아지'가 새로운 자본주의적 계급을 형성했다는 것을 잘 알고 있습니다. 여기서 상인자본에서 근대적 부르주아지의 원형을 찾는가, 아니면 매뉴팩처 자본가에게서 그것을 찾는가 하는 것이 스위지(P. Sweezy)와 돕(M. Dobb) 간의 논쟁으로 시작되었던 '자본주의 이행논쟁'의 중심 테마였지요.[5] 결과는 알다시피 생산이 유통보다 일차적이라는 말로 거칠게 요약될 수 있는 명제를 근거로, 유통에서 이윤을 얻었던 상인자본이 아니라 생산자본인 매뉴팩처 자본가가 근대적 자본주의의 모태가 되었다는 것으로 끝이 났습니다. 이러한 입론은 정치경제학의 역사를, 일종의 '상업자본주의'와 결부되는 중상주의가 아니라, 가치 생산과 노동의 일반성을 포착했던 애덤 스미스에서 시작한다고 보는 입론과도 무관하지 않습니다.

그러나 여기에서 저자들은 도시가 과연 자본주의를 만들어낼 수 있었던가에 대해 근본적인 의문을 던지고 있습니다. 도시의 부르주아가 자본의 집적을 이룰 수 있었으며, 자본주의적 시장의 발전에 중요한 역할을 했다는 건 두말할 것도 없습니다. 그러나 '이행논쟁'에서도 지적된 것처럼, 사실 이런 시장이나 상인자본은 고대의 시장에서도 발견될 수 있지만 그것만으론 결코 어디서도 자본주의를 형성하지 못했습니다.

12세기 무렵부터 만들어지기 시작해 15세기에 화려하게 꽃피었던 중세도시들은, 일단 상인이든 매뉴팩처든, 도시의 외부, 특히 농촌에 대해서 배타적인 태도를 갖고 있었고, 생산자본의 규모가 어

---

(5) M. 돕, 이선근 역, 《자본주의 발전연구(Studies in the Development of Capitalism)》, 광민사, 1980; M 돕 외, 김대환 편역, 《자본주의 이행논쟁(Transition from Feudalism to Capitalism: A Symposium)》, 광민사, 1980 참조.

떠하든 대부분은 도시 간의 거래를 통해서 특별이윤을 획득하고 있었습니다. 특히 많은 부를 집적할 수 있었던 대상인 가문들은 공간적 거리의 차이를 이용한 무역을 통해 거대한 이윤을 획득할 수 있었지요.

그런데 만약 시장이 도시 외부에 있는 모든 지역으로 확산된다면 어떻게 될까요? 당연히 그 모든 특별이윤은 축소될 것이고, 경쟁이 격화되면서 이윤 자체가 감소할 것은 불보듯 뻔한 일입니다. 더구나 도시인들은 농민들에게 자신의 상품을 과잉이윤과 세금까지 붙여서 팔며 그들을 착취했는데, 자본주의적 요소들이 농촌으로 확산되면 그것 역시 불가능해질 것이 분명하지요. 따라서 도시인들은 도시에서 새로이 피어나기 시작한 자본주의적 요소들이 도시 밖으로 확장되고 확산되는 것을 가로막았던 겁니다. 길드나 다양한 도시의 특권적 단체들이 이를 가로막고 방해했다는 것은 유명한 사실입니다.

자본주의는 상업과 결부된 요소나, 시장과 결부된 생산요소들이 도시 밖으로 확장되어 탈영토화되고 탈코드화된 노동의 자유로운 흐름과, 역시 탈코드화되고 탈영토화된 자본의 흐름이 형성되고 그것이 서로 결합되는 경우에 비로소 현실적으로 가능해집니다. 그러나 생산자들 때문이든 상인들 때문이든, 도시들이 자본주의를 예견했던 것은 사실이었지만, 도시의 성벽을 넘어 자본주의가 일반화된 흐름을 형성하며 발전하는 것을 가로막고 격퇴하지 않고서는 그렇게 할 수 없었습니다. 따라서 도시는 자본주의를 예견했지만, 필경 격퇴하는 방식으로만 예견했다는 거지요.

도시들은 자본주의를 창조하지 못했다. 비생산적이고 시골에 대해 무관심했던 금융적·상업적 도시들은 탈코드화된 흐름들의 일반적 통접을 방해하지 않고는 재코드화를 수행하지 않았다. 그 도시들이 자본주의를 예견했던 것이 사실이더라도, 그것들은 자본주의를 격퇴하지 않고서는 예견하지 못했다. 그들은 이 새로운 문턱을 건너지 못했다.(MP, 541; II, 222)

그렇다면 자본주의는 어떻게 성립될 수 있었던가? 그건 도시가 아니라 앞서 '국가'라고 말했던 영토적 국가를 통해서였다고 저자들은 말합니다. "최종적으로 자본주의가 승리한 것은 도시 형태가 아니라 국가 형태를 통해서다. 자본주의는 서구의 국가들이 탈코드화된 흐름들의 공리계에서 실현 모델이 되었을 때, 그리고 그런 방식으로 국가들이 도시들을 다시 종속시켰을 때 발생했다."(MP, 541; II, 222) 이른바 '절대왕정'이라고 간주되는 영토적 국가가 이러한 역할을 했다고 할 수 있을 겁니다. 중상주의자들이 이들 절대주의국가의 '경제학'을 형성했다는 것을 잘 알려진 사실입니다. 중상주의자들은 국가적 부의 개념을 경제정책의 중요한 문제로 제기하면서 그와 더불어 국가적 규모에서 상업과 시장의 발전을 중심과제로 제기했지요. 지금의 맥락에서 보자면, 그것은 전국적 시장의 형성과 결부된 이론적 요소였다고 하겠습니다.

이런 점에서 저자들은 도시라는 제한된 영역을 넘어서 자본의 흐름을 일반화하고, 또한 생산자를 생산수단에서 분리하는 이른바 본원적 축적을 행했던 절대주의시대의 영토적 국가가 오히려 자본주의의 형성에 결정적인 역할을 수행했다고 말하고 있는 셈입니다. 이러한 전국적 시장이 근대적 '민족', 아니 정확하게 말해 근대적 '국민'의 형성에 결정적인 역할을 했다는 것 또한 잘 알려져 있습니다. 스탈린이 국민적 시장의 형성이라는 것을 민족국가 형성에 결정적인 요소라고 이야기하는 것도 이런 맥락에서 이해할 수 있습니다.

이처럼 '예견-방지 메커니즘'을 원시사회뿐만 아니라, 맥락은 다르지만 도시에서도 발견할 수 있다면, 이는 다른 영역으로도 확대될 수 있지 않을까 싶습니다. 가령 맑스는 《자본》 3권에서, 리카도(Ricardo)가 말했던 '이윤율의 경향적 저하'에 대해 말하면서, 그것을 상쇄하는 요인에 대해서 이야기합니다. 간략히 설명하면, 자본주의적 생산이 발전하면 할수록 산 노동에 비해서 죽은 노동의 비율이, 노동자들에 비해서 기계들의 비율(맑스는 가변자본에 대한 불변자본의 비율로 표시되는 이 비율을 '유기적 구성'이라고 정의합니다)이 훨씬 커지게 됩니다. 이처럼 유기적 구성이 커지면 이윤율은 그것에 반비례하기 때문에 이윤율이 저하되는 경향이 있습니다.

사실 이걸 발견했던 것은 리카도였지요. 그는 여기서 자본주의의 '종말'을 추측합니다. 즉 그처럼 이윤율이 저하된다면 이윤율은 0에 수렴할 것이고, 그 경우 자본은 투자하고 생산할 이유가 없어질 것이기에, 생산은 중단되고 일종의 '절대적 안정 상태'가 도래하리라는 염세적인 예견을 제시했지요. 자본주의의 종말, 혹은 생산의 종말이 그렇게 도래하리라는 겁니다.

반면 맑스는 이윤율의 저하 경향이 분명히 하나의 법칙임을 인정하지만, 동시에 그것을 상쇄하는 요인들이 있음을 지적합니다. 예를 들면 자본의 축적이 진행됨에 따라 유기적 구성이 커지면, 동시에 자본 단위당 생산되는 상품의 양이 많아지고, 그러면 개별 상품의 가치는 저하되지 않겠습니까? 가령 생산규모가 커짐에 따라 컴퓨터나 텔레비전의 가격이 내려가는 것을 생각해보면 됩니다. 그러면 만약 경제학자 식으로 말해서 '다른 조건이 동일하다면' 먹고살기 위해 필요한 상품의 가치도 내려갈 겁니다. 그러면 지불해야 할 임금 비용이, 다시 말해 산 노동을 재생산하는 비용(가변자본)이 줄어들지요. 이 경우 '다른 조건이 동일하다면' 이윤율은 증가합니다. 따라서 전체적으로 이윤율이 저하할지 증가할지를 한 가지 경우로 정할 수는 없습니다. 이처럼 이윤율의 저하를 상쇄하는 요인들이 있기 때문에, 이윤율은 계속하여 저하하지도 않으며 결코 0에 이르지 않습니다.

사실 이윤율 저하 경향이라는 것은 이윤에 의한 생산의 한계를 입증하는 것으로 읽을 수 있습니다. 그래서 리카도가 자신의 희망과 반대로 추론했듯이, 자본주의 종말에 이르는 어떤 지점을 예견하고 예시한다고도 할 수 있습니다. 이는 자본의 축적이 진행되면 될수록 생산의 사회화가 확대되고, 이윤에 의해서가 아니라 사회화된 다른 목적에 의해서 생산이 이루어지는 어떤 문턱과 같은 것을 '예견'하게 하는 듯합니다. 그러나 자본주의 종말을 꿈꾸었던 맑스는 오히려 다양한 상쇄요인들에 의해 이윤율 저하로 표시되는 그런 경향이 반복하여 격퇴되고 있음을 지적합니다. 다시 말해 이윤율 저하 경향이란, 새로운 배치의 문턱을 격퇴하는 방식으로만 예견하는, 자본주의의 극한을 표시하는 법칙이라고 할 수 있다는 겁니다(이는 자본주의가 비자본주의적 영역으로 진출하여 제국주의적 세계체제를 형성하는 방식에 관해서도 마찬가지로 말할 수 있을 듯합니다. 이는 일찍이 로자 룩셈부르크 등이 자본주의 붕괴론을 도출했던 논리와 관련된 것이기도 한데, 각자 한번 추론하여 적용해보세요).

3. 포획

1) 포획이란?

지금까지 포획장치의 발생적 계기에 대해 보았습니다. 그렇지만 아직 '포획'이란 개념에 대해선 정의한 적이 없으며, 설명한 적이 없습니다. 포획(capture)에 대해 대체 어떻게 설명할 것인가? 이는 포획이 발생하는 지점이 어디인가를 봄으로써 포착할 수 있을 겁니다.

물건을 직접 사용하는 것은 물론, 상품이나 노동, 가치 등의 개념이 전제되지 않은 가장 원초적인 의미의 교환은 그 자체만으론 '착취'나 포획을 포함하지 않습니다. 교환이 어떤 직접적인 이득을 주기 때문에 이루어지는 것이라면, 이는 물건의 직접적인 사용과 근본적으로 다르지 않다고 할 수 있습니다. 그런데 교환을 통해 어떤 사용할 물건을 얻는 게 무의미할 때, 손에 남은 물건을 계속 갖고 있을 이유가 없습니다. 대개 버리고 말지요. 가령 김치를 갖고 있는데, 달라는 사람도 없고, 나도 더 먹을 일이 없을 때, 그걸 비축해둘 이유는 없다는 겁니다.

그런데 교환에서 아무런 추가적인 '이득'을 얻을 수 없음에도 불구하고 버리지 않고 비축한다면, 그때 비축되는 것을 '스톡'이라고 할 수 있겠지요. 그리고 아무런 직접적 효용이 없는데도 어떤 물건을 비축한다면, 그런 비축 자체가 직접적인 효용과는 무관한 어떤 이익이나 이유가 있음을 뜻합니다. 이런 효용 없는 물건의 비축이 이익이나 욕망의 대상이 되게 만드는 것은 무엇일까? 그것은 비축되는 물건이 교환과는 다른 종류의 배치 안에 있음을 뜻합니다. 이 배치의 이름을 '포획'이라고 합니다. 그렇다면 포획이란 배치는 저

효용 없는 물건의 비축이 어떻게 이득이 되게 만드는가? 그 이득은 어떤 것이며 어떻게 추출되는가? 여기서 포획에 대한 '경제학적' 질문이 성립됩니다. 이 절은 바로 포획의 경제학적 메커니즘에 대한 이론을 제시하고 있습니다. 그렇지만 우리는 먼저 '단순한' 교환의 배치에서 다시 시작해야 합니다.

2) 교환과 스톡

우리에게 익숙한 '교환'이란 개념은 이미 상품과 가치라는 개념을 전제하고 있습니다. '가치'가 있다는 것은, 따라서 '가치'라는 개념을 전제하고 있다는 것은, 어떤 물건을 직접 소비하고 남은 여분을 버리지 않고 남겨두어야 할 이유가 있다는 것을, 아니 소비와 무관하게 생산할 이유가 있다는 것을 이미 전제하고 있음을 뜻합니다. 이는 그 물건이 이미 스톡으로 비축되어야 할 대상으로 정의되고 있음을 뜻하는 거지요. 이러한 관념으로는 스톡 없는 상태, 스톡이 발생하지 않는 배치를 이해할 수 없으며, 그런 만큼 그것과 달리 스톡이 유의미하고 항상 발생하는 배치를 충분히 이해할 수 없습니다. 그래서 '포획'을 다루는 이 절은 "스톡·노동·상품 같은 관념에 준거하지 않으면서 상이한 원시집단들 간의 '교환'을 개념화하는 것이 가능할까?" 하는 질문으로부터 시작하고 있습니다.

여기서 저자들은 멩거(C. Menger)나 제번스(W. Jevons), 뵘-바베르크(E. Böhm-Bawerk) 등이 창안한 '한계주의(marginalism)'의 논법을 끌어들이며 시작합니다. 여기서는 개인적인 물품의 소비와 사용마저 어떤 선택이 끼어들면 '교환'이라고 부르기 때문에, 그리고 객관적인(따라서 비축할 이유가 충분한) 가치 개념이 없기 때문에, 차라리 가장 추상적인 수준에서 교환을 다룰 수 있다는 점이 그것을 끌어들이는 이유지요(하지만 그들의 경제학 이론을 끌어들이는 것은 아니며, 반대로 그것을 빈약하기 짝이 없다고 비판하고 있으니, 특별히 경제학적 '경계'의 눈으로 쳐다볼 필요는 없습니다. '파레토 최적ophélimité' 역시 마찬가집니다).

알다시피 '한계주의'란 한계효용에 의해 재화의 가치를 규정하는 입론을 통칭합니다. 한계효용이란 개념은 아마 고등학교 때에 들어본 적이 있을 겁니다. 하지만 기억이 안 나시죠? 먼저 '한계(margin)' 내지 '한계분'이라는 말은, 있는 것에 더해지거나, 있는 것에서 감해지는 것을 뜻합니다. 말 그대로 '한계', 끄트머리에서 나타나는 변화를 표시하지요. 한계효용이란 효용의 증가 내지 감소를 뜻합니다.

예를 들어 물을 먹을 때, 처음 한 잔을 먹을 때의 효용이 가령 a_1이라고 하면, 두 잔째 먹을 때의 효용 a_2는 a_1보다 작을 게 분명합니다. 세 잔째는 a_2보다 더 작을 거고요. 한 네 잔쯤 되면 효용은 거의 없을 것이고, 그래도 계속해서 더 먹어야 한다면, 이때 물은 분명히 고통을 수반하게 될 것입니다. 물고문이 시작되는 거지요. 저처럼 물을 아주 많이 먹는 사람이라도 말입니다. 이 경우 물의 효용은 0이 되거나 '음수'가 되는 거지요. 이처럼 하나 더 먹을 때(사용할 때) 효용이 늘어나는 부분을 한계효용이라고 하지요. 그리고 보다시피 먹는 양이 하나씩 늘어감에 따라 한계효용은 점점 줄어듭니다. 이를 '한계효용 체감의 법칙'이라고 하지요.

한계주의에선 교환을 이러한 한계효용으로 설명합니다. 내가 주려는 물건의 한계효용보다 교환해서 받을 물건의 한계효용이 더 크다면 교환이 이루어질 것이란 겁니다. 예를 들어 A, B 두 집단이 있는데, A는 쌀을 갖고 있고, B는 호미를 갖고 있다고 합시다. A는 쌀은 많이 있지만 호미 또한 필요합니다. 그럼 쌀을 주고 호미를 얻으려 하겠지요. B도 마침 쌀이 필요해서 호미를 주고 쌀을 얻으려고 합니다. A에게 호미가 하나도 없다면, A는 많은 쌀을 주고서라도 호미를 얻으려 할 겁니다. 하지만 호미 수가 늘어남에 따라 쌀 아까운 생각이 들 거고, 점점 조금씩 주려고 하겠지요. 나중에 10개의 호미를 얻었다고 하고, 그것으로 호미는 더 필요없다고 합시다. 그러면 이제 A는 호미를 얻기 위해 더 이상 쌀을 주지 않으려고 할 겁니다. 이것으로 교환은 '마지막' 인 거지요. 이때 '마지막' 혹은 '한계' 라는 것은 최종적인 것이 아니라 오히려 끝에서 두 번째 것, 마지막 직전(avant-dernière)의 것입니다. 즉 외관적인 교환이 교환자들에 대한 호소력을 상실하기 이전의 마지막 것입니다. 그런 점에서 교환은 마지막 구매물(A에겐 호미)의 최종적 효용이 마지막 판매물(A의 쌀)의 효용보다 클 때까지 지속되고, 그런 한에서 그것들은 교환의 배치 안에 있게 됩니다.

만약 10개째 호미를 얻으면서 쌀 반 되를 주었다고 합시다. 여기서 10개째의 호미와 쌀 반 되는 끝에서 두 번째 지점을 표시하겠지요. 이 교환에서 A가 갖고 있는 쌀 한 되의 가치는 호미 2개라고 할 수 있습니다(호미의 가치는 역으로 쌀 반 되가 되겠지요). 왜냐하면 쌀 한 되에 호미 3개 이상을 주면 당연히 교환할 것이지만, 1개를 주겠다고 하면 교환하지 않을 것이고, 2개라면 교환할 것이기에, 쌀 한 되의 가치는 교환 가능한 가장 작은 값인 2개(끝에서 두 번째 것)라는 겁니다. 지금 '값' 이나 '가치' 라는 말로 부른 한계효용은 이처럼 두 집단의 교환이라는 배치 안에서 결정됩니다. 쌀이 아무리 중요하고 소중한 것이라고 해도 이 배치 안에서는 한 되에 호미 2개의 가치를 가질 뿐입니다.

이걸로 교환이 끝났다면(다른 교환 가능성은 없다고 가정합시다), 이제 각자는 남은 것을 어떻게 처분해야 할까요? A는 쌀로 밥을 하든 떡을 하든 사용해야 합니다. B는? 쓸 일이 막막할 겁니다. 짐이 되기 시작하겠지요. 없애버려야겠지요. 없애버리지 않을 거라면 비축을 하겠지요. 이처럼 교환이 더 이상 아무런 '이득'이 되지 않을 때, 비로소 스톡의 비축이 시작됩니다. 땅에 심기 위한 씨앗으로 쓰기 위한 것이든, 다른 일에 쓰기 위한 것이든. "문턱은 외관상의 교환이 이제 더 이상 이익이 없는 순간을 표시한다. 우리는 스톡의 비축이 시작되는 것은 바로 이 순간이라고 생각한다."(MP, 548; II, 228)

이처럼 교환이나 직접적인 소비 이외의 일(스톡의 비축)이 시작된다는 것은, 교환과는 다른 배치로 들어간다는 것을 뜻합니다. 물론 이후의 사용이나 교환을 위해 저장을 하는 것은 교환의 배치 안에 있는 것이기에, 배치의 변화를 야기하지 않습니다. 그것은 교환의 배치 안에서 '탄력성'을 크게 하는 행위일 뿐이지요. 교환에 의한 이득이 사라진 연후에 발생하는 스톡의 저장은 그와는 근본적으로 다릅니다. 그것은 차후에 교환이 불가능한 경우에도 각각의 집단이 비축하는 것을 뜻하기 때문입니다.

그렇다면 소비의 효용이나, 교환의 이득이 없는데도 스톡으로 비축하는 이유는 무엇일까? 그것은 적어도 교환과는 다른 방식으로 획득할 어떤 이득이 있기 때문일 겁니다. 땅에 뿌려서 증가된 수확을 얻으려는 것이든, 많은 사람들을 불러 그들 손에 들려 땅을 파헤치게 하려는 것이든 말입니다. 이처럼 스톡의 비축은 교환과는 다른 방식으로 무언가 이득을 얻기 위해 행해집니다. 그런데 그 이득이란 스톡을 소유한 자(그게 개인이든 집합체든)에게 귀속될 것입니다. 바로 여기가 '포획'이 이루어지는 지점입니다. 따라서 스톡의 비축이란 포획의 배치를 표시하는 지점이라고 할 수 있습니다. 단, 기후나 만약의 사태를 대비한 비축은, 앞서 말했듯이, 이러한 스톡의 비축보다는 차후의 소비나 교환을 위한 '저장'에 가깝습니다. 스톡이 되는 것은 다른 방식의 이득 가능성, 다른 종류의 욕망 가능성(désirabilité)을 담지하고 있을 때입니다.

반면 원시집단들에서는 많은 경우 직접적인 소비나 교환의 이득을 넘어서 비축되는 스톡을 제거했다고 해요. 그게 바로 스톡을 통해서 집중되고 집적되는 부와 권력을 격퇴하고 그런 권력의 집중이 국가장치화되는 것을 막는 방법이었다는 거지요. 이게 바로 앞서 국가의 예견-방지 메커니즘에서 말했던 것임은 모두 잘 아실 겁니다. 국가의 예견-방지 메커니즘은 이처럼 포획의 문턱을 물리치는 메커니즘이기도 하다고 할 수 있습니다.

3) 포획장치

스톡의 소유와 비축에, 교환의 이득과는 다른 종류의 이득을 제공하는 것은 포획이 가능하게 하는 메커니즘, 포획장치의 메커니즘입니다. 그렇다면 포획은 어떻게 이루어지며, 포획장치는 어떻게 작동하는가? 단적으로 말하면 '직접적 비교(comparaison)'와 스톡의 소유에 기초한 '독점적 영유(appropriation/Aneignung)'가 바로 포획장치를 형성하고 작동하게 하는 방식입니다. 굳이 대비하자면 이 두 가지 방식은 앞서 포획장치의 두 가지 극과 상응하는 듯이 보인다는 것을 알 수 있습니다. 마술적 굴레의 작동과, 계약이라는 '공정성'의 게임이 순서를 바꾸어 다시 나타난 것처럼 보입니다.

특히 여기서 논리적으로 일차적인 것은 '비교'입니다. 다음의 문장은 이와 관련하여 포획의 논리를 요약해서 보여주고 있습니다. "스톡 배치에서의 법칙은 공간적 공존의 법칙이고 상이한 영토들의 동시적 착취와 관련된다. 혹은 착취가 연속적일 때는 작동기간의 연속이 하나의 동일한 영토에 담지된다. 각 작동기간 혹은 착취기간의 틀 속에서 계열적 반복의 힘은 대칭의 권력, 반영의 권력, 전면적 비교에 의해 대체된다."(MP, 549; II, 228)

사실 '독점적 영유'는 스톡을 독점적으로 소유하고 있다는 사실을 근거로 하여 이루어지는 '영유'요 '탈취'니까, '착취'라는 개념만큼이나 포획이라는 개념을 이해하는 데 아무런 문제가 없습니다. 따라서 독창적이랄 것도 없습니다. 그러나 저자들이 포획의 논리를 설명하는 데서 일차적 기능을 하는 것은 직접적 비교고, 그것이 포획 개념의 독창성을 구성합니다. 그리고 그것이 일차적이기 때문에, 포획은 비대칭적이고 불공정한 강탈이 아닌, 공정한 대칭적 과정으로 나타나게 됩니다.

저자들에 따르면 스톡은 세 가지 측면을 가집니다. 먼저 영토와 대비되는 토지(씨앗을 포함해서)라는 스톡이 있습니다. 그리고 활동에 대비되는 노동이, 아니 정확하게 말하면 죽은 노동으로서 도구(노동수단)가 있고, 교환에 대비되는 화폐라는 스톡이 있습니다(MP, 555; II, 233). 그리고 각각의 스톡에 대해 지대 · 이윤 · 세금이라는 세 가지 포획의 양식이 대응합니다. 그리고 이 포획의 세 형태를 맑스가 비판했던 '삼위일체의 정식'에 비유하지요. 즉 지대·이윤·임금이 근대경제학에서 이야기하는 삼위일체 정식이었다면, 저자들은 포획의 삼위일체 정식을 지대·이윤·세금이라는 세 가지 양식으로 보았습니다.[6] 그리고 이 세 가지 양식은 고대 제국의 경우에는 토지의 상급 소유권을 갖고 있는 전제군주, 대규모 프로젝트를 추진하는, 대개는 국가관리인 '기업가', 그리고 조세와 가격의 통제자라는 '인물'로 수렴되고, 자본주의라면 지주, 자본가, 조세 및 물가 통제권자라는 세 '인물'로 수렴됩니다. 이 인물은 "권력의 세 가지 자본화, '자본'의 세 가지 분절과 같은 것"이라고 합니다(MP, 555; II, 233). 따라서 포획장치의 요소들을 다음과 같이 요약할 수 있습니다.

> 포획의 방식: 직접적 비교와 독점적 영유
> 스톡의 세 측면: 토지, 연장, 화폐
> 포획의 세 양식: 지대, 이윤, 과세
> 권력의 세 측면(세 가지 자본화): 지주, 자본가, 조세 및 물가 통제권자

이 요소들로 구성되는 복잡한 배치가 바로 '포획장치'라는 거대한 기계입니다. 포획장치를 구성하는 요소들과 작동방식들을 총괄적으로 요약하면 다음과 같이 도해할 수 있습니다.

---

(6) 이 부분의 번역은 수정되어야 합니다. "그것[포획장치]은 세 가지 양식으로 기능하는데, 이는 스톡의 세 측면인 지대·이윤·과세에 상응한다"고 되어 있는데(MP, 555;II, 233), "그것은 스톡의 세 측면에 대응하는 세 가지 양식—지대·이윤·과세—을 통해 기능한다"가 되어야 정확합니다. 즉 스톡의 세 측면은 토지·연장·화폐고, 그에 상응하는 포획의 양식은 지대·이윤·과세라는 겁니다.

```
        ┌ (영토와 구별되는) 토지              ┐
        │  a) 토지들의 직접적 비교, 차액지대   │ 지대
        │  b) 토지의 독점적 영유, 절대지대    ┘ 토지 소유자
        │
        │  (활동과 구별되는) 노동             ┐
  스톡  ┤  a) 활동의 직접적 비교, 노동       │ 이윤
        │  b) 노동의 직접적 영유, 잉여노동   ┘ 기업가
        │
        │  (교환과 구별되는) 화폐             ┐
        │  a) 교환대상의 직접적 비교, 상품    │ 세금
        └  b) 비교수단의 독점적 영유, 통화 발행┘ 은행가
```

4) 지대의 포획

이제 각각의 스톡들이 어떻게 포획을 수행하는지 검토해봅시다. 여기서 사용되는 포획의 논리에 모델을 제공하는 것은 맑스의 지대 이론입니다. 그러니 맑스의 지대론을 먼저 간략히 살펴봅시다.

맑스는 라살레(Lassalle)가 기초한 독일 사회민주당 강령을 비판한 유명한 글(〈고타 강령 비판〉)에서 "모든 가치는 노동의 산물이다"라는 명제를 비판한 바 있습니다. 가령 상이한 토지에 종류와 양이 같은 씨앗을 뿌리고, 동일한 시간 동안 동일한 노동을 투여했을 때조차도 그 토지의 토양이 어떠한가에 따라 아주 다른 수확을 하게 되지요. 이때 두 토지에서 만들어지는 수확량의 차이는 무엇에서 기인하는가? 당연히 토양의 차이에서 기인하지요. 덧붙이자면 기후·바람·햇빛 등의 차이 또한 무관하지 않습니다. 경제학적이고 인간

학적인 가치 개념을 사용하는 경우에조차도, 그것은 단지 인간 노동의 산물일 뿐만 아니라 자연의 산물이기도 하다는 거지요. 그런 점에서 맑스는 "노동이 가치의 아버지라면 자연은 가치의 어머니"라고 말합니다.

이런 발상이 바로 지대에 관한 이론의 직접적 기초가 됩니다. 예를 들어 동일한 면적의 토지 A, B, C가 있다고 해봅시다. 여기에 같은 씨앗을 뿌립니다. 그리고 똑같은 노동을 투여해 농사를 짓습니다. 그런데 그 해 가을, 각각의 토지에서 쌀이 10가마(A), 11가마(B), 12가마(C) 나왔다고 가정합시다. 동일한 크기의 토지에 동일한 노동의 양을 투여했지만 A보다 B에서는 1가마, C에서는 2가마가 더 생산된 겁니다. 1가마, 2가마로 각각 표시되는 바로 이 차이가 토지와 자연에 의해 만들어진 것입니다.

차액지대란 바로 이런 산출량의 차이와 관련되어 있습니다. 가령 10가마를 생산한 토지 A가 모든 토지 중 가장 열등한 토지(최열등지)라고 합시다. 그럼 B의 소유자는 A보다 1가마를 더 갖게 되었고, C의 소유자는 2가마를 더 갖게 되었지요? 이것이 바로 차액지대예요. 각각의 토지의 산출량과 최열등지의 산출량의 차액이 바로 차액지대라는 겁니다. 이는 투여한 노동과 무관하게 토지라는 스톡 덕분에 얻게 되는 이득이지요. 토지라는 스톡에 대응되는 포획의 양태로서 지대는 이처럼 **토지 상호 간의 직접적 비교**를 통해서 차액의 형태로 획득됩니다.

이 경우 최열등지 A의 소유자는 아무런 지대도 얻지 못했습니다. 그런데 토지를 소유한 다른 지주들은 모두 일정 정도 지대를 획득했는데, 자신은 그러질 못했으니 지대가 없다는 사실에 그대로 앉아 있을 수 있을까요? 사태를 좀더 명확히 하기 위해 이 토지들을 소유자가 직접 경작하지 않고 다른 사람에게 빌려주었다고 합시다. 실제로도 이런 일이 훨씬 많지요?

만약 지대를 토지의 추가적인 산출능력만큼만 정확하게 받는다고 하여, B의 지주에겐 1가마, C의 지주에겐 2가마를 주고, 최열등지인 A의 지주에겐 하나도 주지 않는다고 가정해봅시다. A의 지주로선, '내가 미쳤어? 아무런 대가도 없이 토지를 빌려주게?' 하는 생각을 당연히 할 것이고, 자신이 토지의 소유자인 만큼 일정한 대가를 지대로서 받고자 요구할 겁니다. 말 그대로 토지-스톡을 소유하고 있다는 사실만으로도, 그게 최열등지라고 해도 지대를 요구하는 게 훨씬 더 현실에 가깝지요. 그래서 최소한 2가마는 지대로 받아야겠다고 한다고 합시다. 어쩌겠습니까? 토지를 누군가 소유하고 있고, 그게 지주라면, 그래서 그가 지대를 안 주면 안 빌려주겠다고 하면, 농사를 지으려는 사람으론선 2가마를 안 줄 수가 없겠지요.

바로 이것이, 지주가 **토지를 독점적으로 소유하고 있다는 사실을 근거로 영유하는 지대**인데, 이를 맑스는 '**절대지대**'라고 부릅니다. 소유권이 절대적 권리로 되어 있는 사회에서 발생하는 지대란 의미로 이해하면 기억하기 쉬울 겁니다. 그런데 그 경우 B의 지주도 1가마의 지대로 만족할 리 없겠지요? '내 땅은 더 좋은데, 내가 왜 요것만 받아?' 당연히 A가 소유자로서 요구하는 2가마에, 토지의 질 때문에 추가로 발생한 지대 1가마를 더해 3가마를 받으려고 할 겁니다. 마찬가지로 C는 소유에 따른 2가마의 지대에, 토지의 질에 따른 차액지대 2가마를 더해서 4가마를 받으려고 할 거고요. 즉 여기서 B가 받는 지대는 2가마(절대지대) + 1가마(차액지대) = 3가마고, C가 받는 지대는 2가마(절대지대)+2가마(차액지대)=4가마지요.

이는 남을 빌려준 게 아니라 자신이 직접 경작한 경우에도 동일하게 적용됩니다. 다시 말해 지대란 이처럼 토지를 소유하고 있다는 사실에서 발생하는 것이지, 그걸 빌려주었다는 사실에서 발생하는 게 아닙니다. 즉 지대라는 포획물(포획의 양태)은 **토지라는 스톡을 소유함으로써** 영유하는 거라는 겁니다. 토지의 직접적 비교에 의한 이득의 영유, 토지의 독점적 소유에 의한 이득의 영유가 바로 토지라는 스톡과 관련된 두 가지 포획의 양태입니다.

그런데 여기서 절대지대 없는 차액지대의 영유를 생각할 수 있을까요? 그건 불가능합니다. 왜냐하면 토지를 빌려주었을 경우에 분명하게 드러나듯이, 차액지대를 지주가 달라고 요구할 수 있는 것은 자신이 소유자라는 사실 없이는 불가능합니다. 토지의 독점적 영유권이 없으면 지대라는 것 자체가 정의될 수 없다는 말이지요. 따라서 우리는 논리적으로는 차액지대를 통해서 토지-스톡의 포획에 접근했지만, 현실적으로는 **절대지대가 차액지대의 필요조건**이라고 할 수 있지요. 즉 토지소유에 의한 절대지대의 영유 없이 차액지대를 비교하는 건 현실적으로 무의미한 짓이란 겁니다. 따라서 이렇게 말해야 합니다. 절대지대 없는 차액지대는 없으며, 차액지대는 절대지대를 전제한다. 이를 저자들은 다음과 같이 요약하고 있습니다.

토지는 두 개의 탈영토화의 잠재성(potentialité)을 가진다. 〔첫째,〕 토지의 질적 차이들은 서로 비교될 수 있으며, 이는 양적 관점에서 착취 가능한 토지의 부분들 간에 어떤 대응을 만들어내게 된다. 〔둘째,〕 착취되는 토지들 전체는, 그것 외부의 황무지와 달리, 토지의 소유자들을 고정하는 독점이라는 관점에서 영유 가능하다. 두 번째 잠재성은 첫번째 잠재성을 조건짓는다[필요조건이다]. 대지를 영토화함으로써 영토는 양자 모두를 격퇴했지만, 이제는 스톡 덕분에, 영토의 탈영토화에 의해 양자 모두 농업적 배치들 속에서 실행된다. 비교되고 영유되는 토지는 그들 외부에 위치한 수렴의 중심을 영토들로부터 되찾아낸다. 토지는 도시의 아이디어다.(MP, 550~51; II, 229~30)

5) 이윤의 포획

다음으로 이윤이라는 포획 양태를 살펴보도록 합시다. 여기서는 노동이 바로 포획의 대상이란 점에서, 잉여가치로 착취를 개념화했던 맑스의 논지와 상응하는 부분입니다만, 설명하는 방식이나 설명의 층위가 다르지요. 즉 노동력의 가치와 구매된 노동력을 사용해서 생산하는 가치의 차이가 잉여가치고, 잉여가치는 이윤과 지대, 이자라는 현상적 형태를 취한다는 것이 맑스의 논지였지요. 여기서는 노동의 비교와 노동의 독점적 영유로써 포획이 설명되었고, 그것은 이윤과 동일한 층위에서 발생하는 '현상'의 층위에 자리잡고 있습니다.

여기서 포획의 조건이 되는 스톡은 '도구'인데, 맑스 식으로 표현하면 생산수단이지요. 앞서 포획에 관련된 개념들을 요약하여 보여주는 도식에서 두 번째 스톡을 '활동과 대비되는 노동'이라고 했는데, 이는 바로 '(스톡으로) 비축된 노동'이란 뜻이고, 맑스 식으로 말하면 '죽은 노동'이라고 할 수 있습니다.

사실 **활동**이란 자유로운 행동으로서, 그 자체로는 어떤 가치도 갖지 않고(정확하게 말하면 어떤 가치도 생산하지 않고), 결과를 두고 비교할 수 있는 것도 아닙니다. 가령 어떤 소설가가 글을 쓰는 활동에는, 때론 돈을 벌기 위해(원고료를 받기로 계약하고) 쓰는 경우도 있지만, 어떤 대가도 생각하지 않고 넘치는 표현욕을 적어나가는 경우도 있으며, 어떤 단상을 적어가는 경우도 있고, 사소한 메모를 하는 경우도, 사적인 일기를 쓰는 경우도 있을 겁니다. 이 활동들은 그 자체로 각각 중요한 활동이므로 어느 것이 다른 것보다 '가치 있다'고 무조건 말할 순 없지요.

소박한 의미의 '비교' 또한 다양할 수 있어서, 때론 하루치 소설을 쓰는 것보다 잠시 단상을 적는 게 더 중요한 경우도 있고, 때론 연인에게 편지를 쓰는 게 어떤 원고를 쓰는 것보다 더 중요할 수도 있습니다. 물론 이는 여기서 말하는 그런 '비교'가 아닙니다. 여기서 말하는 비교란 경제적인 의미에서 비교를 가능하게 해주는 하나의 척도에 의해서 이루어지는 것이고, 그것에 의해 활동의 결과를 직접, 혹은 미리 예상해서 양화(量化)하는 것입니다. 거칠게 말해, 어떤 게 얼마나 더 돈이 되는가 하는 것이 여기서 말하는 경제적 가치의 비교지요. 따라서 '가치'라는 개념이 바로 포획방식인 비교에 대응한다고 할 수 있습니다. 이 경제학적 가치란 사람들이 '가치 있다'고 하는 것들 가운데 '돈이 되는 것'만을 가려, '돈이 되는 정도'를 양화하여 계산한 것입니다.

이러한 비교의 메커니즘이 수립되면, 이제 앞서 소설가의 활동은 '가치를 생산하는 활동(생산적 활동)'과 가치를 생산하지 않는 활동(비생산적 활동)으로 구분되게 됩니다. 돈을 받을 수 있는 것을 산출하는 활동이 바로 가치를 생산하는 활동이요 생산적 활동이지요. 이런 활동을 '노동'이라고 합니다. 혹시 노래방에서 노래하는 것을 '노동'이라고 생각하는 사람이 있나요? 그건 생산하는 활동이, 노동이 아닙니다. 노는 활동이고, 비생산적 활동이며, 비노동이지요. 그런데 만약 돈을 벌기 위해 무대에서 노래하는 합창단원의 노래라면 어떨까요? 그건 분명히 생산적 활동이고 노동입니다. 맑스도 비슷한 예를 들어 말한 적이 있습니다. 집에서 아이를 위해 의자를 만들어 주는 것은 생산적 활동(노동)이 아니지만, 공장에서 임금을 받으면서 의자를 만드는 것은 생산적 활동이요 노동입니다. 집에서 하는 빨래는 노동이 아니지만, 세탁공장에서 하는 빨래는 노동입니다.[7]

맑스에 따르면, 이런 구분은 그 활동이 잉여가치를 생산하는가 여부에 의해 구별된다고 합니다.[8] 여기서 잉여가치를 생산하는가 여부는 '자본가'에게 고용되어 있는가 여부와 동일한 의미고, 실제로는 '누군가'에게 고용되어 있는가, 다시 말해 누군가에게 돈을 받고 하는가 여부를 뜻하는 말입니다. 하지만 '돈을 받고 일한다'는 것을 좀 더 근본적으로 본다면, **활동 자체가 돈에 의해 비교 가능한 무언가**로, '가치를 갖는 무언가'로 된다는 사실을 뜻합니다. 이처럼 '노동'이란 개념 자체에는 반드시 '가치'라는 개념과 '비교'라는 행위가 전제되어 있음을 알 수 있습니다. 그렇다면 이제 비축된 노동으로서, 죽은 노동으로서 생산수단뿐만 아니라, 가치화(Verwertung)되어 비교 가능한 것이 된 활동인 '노동' 자체가 바로 '잉여가치를 생산하는 활동'으로서, 포획과 결부되어 있다는 것을 잘 알 수 있습니

(7) 맑스, 편집부 역, 《잉여가치학설사》, 1권, 아침, 1989, 169쪽 이하.
(8) 맑스, 〈직접적 생산과정의 제결과〉, 김호균 편역, 《경제학 노트》, 이론과실천, 1988, 106~110쪽.

다. 앞서 요약 도식에서 두 번째 스톡란에 도구가 아니라 '노동'이라고 쓴 것은 이런 이유도 있습니다. 들뢰즈와 가타리는 이렇게 쓰고 있습니다.

    스톡은 활동들의 비교와 노동의 독점적 영유(잉여노동)라는 관점에서 노동이라는 또 하나의 상관물을 가진다. 다시 한번, 스톡으로 인해 '자유행동'이라는 유형의 활동들은 노동이라고 불리는 공통적이고 동질적인 양에 종속되고, 비교되고, 연계된다. 노동은 스톡과 관련을 맺을 뿐만 아니라(그것이 스톡의 구성이든, 보존이나 재구성이든, 혹은 활용이든), 노동 그 자체가 비축된 활동이다.(MP, 551; II, 230)

    이제 비교 가능한 활동으로서 '노동'에서 포획의 메커니즘을 보는 것은 쉽습니다. 앞서 차액지대를 설명한 논리를 그대로 적용할 수 있기 때문입니다. 반복하자면, 동일한 조건에서 동일한 '돈'을 주고 동일한 시간을 노동하게 했을 때, A, B, C가 생산한 결과가 똑같을 순 없겠지요? 가령 가장 적게 생산한 A가 (생산에 사용한 재료, 도구의 감가상각비 등을 모두 제하고) 책상을 5개 만들 시간에 B는 6개를, C는 7개를 생산했다고 하면, B와 C를 고용한 사람은 A를 고용한 사람보다 비교만으로 각각 1개, 2개를 더 획득한 셈입니다. 하지만 A를 고용한 사람이 5개 모두를 A에게 준다면 "고용할 이유가 뭐 있겠냐" 하고 반문할 것이고, 따라서 그 중 2개를 자기가 이윤으로 갖겠다고 한다면, 나머지는 거기에 각각 1개, 2개를 더한 것을 이윤으로 포획할 수 있겠지요.

여기서 앞의 것이 활동을 노동화함으로써 포획하는 것이라면, 뒤의 것은 돈을 준 고용자가 노동을 독점적으로 영유할 권리에 의해 포획하는 것입니다. 그런데 사실 5개의 의자는 가장 '열등한' 노동력을 가진 노동자가 노동하여 생산한 것이므로, 노동자가 가져야 마땅한 것입니다. 고전 경제학자가 '노동의 가치'라고 표현했던 것, 맑스가 '노동이 추가로 생산한 것'이란 의미에서 '가치생산물'이라고 불렀던 것이 그것입니다. 하지만 고용주는 자신의 독점적 영유권에 의해 2개를 착취한 것이고, 그런 의미에서 이는 분명히 '잉여가치'를 뜻합니다. 의자 2개를 생산한 노동은 '잉여노동'이라는 겁니다. 이는 '가치생산물'에서 공제되는 자본가의 몫이라는 점에서 맑스가 말하는 '잉여가치' 개념에 상응합니다.

하지만 포획은 이러한 잉여가치의 착취에서 끝나지 않습니다. 앞서 보았듯이 B와 C의 경우에는 A보다 추가로 생산한 분량인 의자 1개와 2개를 각각 더 빼앗긴 겁니다. 이는 노동자 B, C의 직접적인 능력에 기인하는 경우도 있을 것이고, 자본가가 노동강도를 높이거나 노동의 방식을 바꿈으로써 나타나는 경우도 있을 겁니다. 이 중 일부는 맑스가 말한 상대적 잉여가치에 속하겠지만(노동방식의 변화로 인한 생산성 증가의 산물인 경우), 다른 경우는 그에 포함되지 않습니다. 그것은 착취에 추가되는 이득이란 의미에서 일종의 과잉착취분을 표시합니다.

여기서 주목할 점은, **노동의 포획**은 단지 잉여가치의 착취뿐만 아니라 노동을 가치화함으로써 나타나는 '노동' 자체를 포함한다는 것입니다. 뒤집어 말하면, **노동 자체가 바로 포획을**, 혹은 좀더 익숙한 단어를 쓰면 '**착취**'를 함축한다는 것입니다. 따라서 '정당한 노동의 대가'를 모두 다 받는 경우에도 포획은 이루어지고 있는 것이고, 그런 점에서 일종의 '착취'는 그대로 남아 있다는 겁니다. 다시 말해 이는 '잉여가치'는 착취지만, '가치'는 정당한 것으로 간주하는 우리의 통념을 비판하고 있는 겁니다. 잉여가치뿐만 아니라 가치 자체도 항상-이미 포획이요 착취라는 것입니다.[9)]

또 하나 주의해야 할 것이 있습니다. 앞서 지대에서도 보았지만, 절대지대가 차액지대의 필요조건이고 그것의 현실적 전제였지요. 마찬가지로 독점적 영유권에 기초한 잉여노동의 포획이 없다면, 비교에 따른 차이를 고용주가 포획할 순 없습니다. 즉 잉여노동이 노동의 현실적 필요조건이고, 노동의 현실적 전제라는 겁니다. 요컨대 잉여노동 없는 노동은 없으며, 노동은 항상-이미 잉여노동을 전제하고 있다는 겁니다. 그래서 들뢰즈/가타리는 이렇게 말합니다.

> 노동이 잉여노동으로부터 선명하게 분리될 때조차, 양자는 독립적인 것으로 존재할 수 없다. 이른바 필요노동이 있고, 잉여노동이 있는 게 아니기 때문이다. 노동과 잉여노동은 엄격하게 동일한 것이다. 즉 노동은 활동들의 양적 비교에 적용되고, 잉여노동은 (이제 더 이상 토지 소유자가 아니라) 기업가에 의한 노동의 독점적 영유에 적용된다. 앞서 보았듯이 노동과 잉여노동이 구분되고 분리될 때조차, 잉여노동의 속성을 갖지 않는 노동은 없다. 잉여노동은 노동을 초과하는 노동이 아니다. 역으로 노동은 잉여노

[9)] 이는 가치법칙은 착취법칙이라는 네그리의 테제와 매우 근접한 것처럼 보입니다. 이에 대해서는 네그리, 윤수종 역, 《맑스를 넘어선 맑스(*Marx Beyond Marx*)》, 새길, 1994, 90쪽 이하 참조.

동으로부터 공제된 노동이고 잉여노동을 전제하는 노동이
다.(MP, 551; II, 230)

6) 세금의 포획

세 번째는 화폐라는 스톡을 통한 세금의 포획입니다. 이는 교환
자체에서 발생하는 포획을 다루고 있습니다. 즉 노동 내지 노동생산
물의 직접적인 비교를 통해 포획이 이루어졌듯이, 화폐를 통한 교환
대상의 직접적 비교를 통해, 다시 말해 상품화를 통해 포획이 이루
어진다는 것이고, 비교수단인 화폐의 발행권을 독점적으로 영유하
고 있다는 사실을 통해 또 다른 포획이 발생한다는 겁니다. 하지만
이는 화폐란 단순히 상품의 교환수단이고 지불수단이라는 경제학적
통념에 머물러 있는 한 납득하기 힘든 얘기일 겁니다.

이러한 화폐적 통념을 정당화하기 위해 빈번하게 인용되는 게 맑
스의 이른바 '가치형태론'의 도식들이지요. 그래서 화폐란 가장 단
순한 물물교환, 그러한 물물교환의 확대, 그에 따른 일반적인 등가
물의 발생을 순차적으로 따라가서, 결국 그 일반적 등가물이 금으로
되고 금이 주화로 바뀌고 주화가 지폐가 되는 것을 통해 탄생하는
것이라고들 말하지요. 그리고 이것이 실제 역사적으로 진행된 과정
이라고들 말하지요.

그러나 물물교환이 발달해서 화폐가 만들어졌다는 것은 역사적
으로 타당하지 않을 뿐만 아니라, 화폐가 존재할 때의 교환과 그렇
지 않은 '단순한' 교환을 동일시하는 것이란 점에서 논리적으로도
타당하지 않습니다. 가격기제가 일반적인 메커니즘으로서 존재하지
않는 경우의 교환은 그런 가격기제가 존재하는 경우의 교환과 전혀

다른 양상으로 진행됩니다. 가령 '거리'라는 공간적 격차를 이용한 상업적 이익(예컨대 원격지 무역의 특별이윤)은 하나의 가격기제가 작동하지 않는 시장 사이에서만 가능합니다.[10] 단일한 화폐가 통용되는 시장 안에서의 교환과, 그렇지 않은 시장 사이에서 벌어지는 교환 역시 동일할 수 없습니다.

그런데 베버에 따르면, 화폐란 교환수단 이전에 채권/채무의 '지불수단'으로서 먼저 탄생했다고 합니다. "화폐는 '국정적(國定的) 지급수단'과 일반적 '교환수단'의 역할을 해왔다. 역사적으로 보면 이 두 가지 기능 중 전자, 즉 국정적 지급수단의 기능이 더 오래된 것이었다. 이 단계에서 화폐는 교환되지 않는 화폐였다. 교환되지 않는 화폐란 무엇인가? 교환이 없는 경제에서도 화폐는 하나의 경제에서 다른 경제로, 교환에 기초를 두지 않고 지급될 수 있는 지급수단으로 필요할 수도 있음을 말한다. 예를 들면 조공이나 수장에게 보내는 증여물, 결혼시의 납폐(納幣), 신부 지참금, 살인벌금, 속죄금, 벌금 등은 전형적인 경우로, 지급수단으로 납입되는 것이다."[11]

좀더 근본적으로 말하면, 화폐란 물물교환을 통해 발생할 수 없습니다. 화폐란 누군가에 의해 표시된 '가치'를 지급하겠다는 **보증이 없으면** 성립되지 않기 때문입니다. 그 누군가란 교환대상을 갖고 있는 모든 사람들이 따를 수밖에 없는 초월적 권력과 결부되어 있지

---

(10) 그래서 폴라니는 시장이란 개념조차 일반적인 가격기제가 있는 근대의 그것과, 그것이 없는 경우가 근본적으로 다르다는 것을 보여줍니다. 이러한 다양한 시장의 양상에 대해서는 폴라니, 박현수 역, 《인간의 경제(The Livelihood of Man)》, Ⅰ·Ⅱ, 풀빛, 1983; 폴라니, 박현수 역, 《거대한 변환(The Great Transformation)》, 민음사, 1991 참조.
(11) 베버, 조기준 역, 《사회경제사》, 삼성출판사, 1988, 253쪽.

요. 요컨대 화폐란 **국가**에 의해 발행되고 국가에 의해 유통되는 것이지, 시장에서 자연발생적으로 발생하는 것이 아니란 겁니다.

실제로 화폐가 만들어져 사용되었던 것은 일차적으로 국가 간 교환이라는 대외시장의 영역에서였고, 이 대외 교역시장은 대내시장과 본질적으로 다른 것이었습니다. "시장은 주로 경제의 내부에서 기능하는 제도가 아니고 제도 밖에서 기능하는 제도다. 시장은 원격지 교역의 회동장소다. 본래의 국지적 시장은 거의 중요성이 없다. 더구나 원격지 시장도, 국지시장도 본질적으로 비경쟁적이어서, 어떤 경우에도 지역적 교역, 이른바 국내적 시장을 창출하는 압력은 거의 없다."[12]

다른 한편, 자국 내부에서 통용되는 화폐의 발행은 시장경제의 발전의 산물이라기보다는 경제에 대한 통제권을 장악하려는 국가의 필요에서 비롯되었다고 할 수 있습니다. 가령 중국의 진이나 한대의 고대제국에서 화폐의 발행이 바로 그런 목적에서 비롯되었다고 합니다.[13] 다른 사례인데, 가령 10세기경 고려왕조는 최초의 화폐인 건원중보를 발행하지만, 상인들조차 이에 대해 별다른 관심을 보이지 않아, 유통수단으로서의 기능을 전혀 하지 못한 채 사장되고 말았다고 합니다. "백성들이 돈을 사용하는 것이 유리함을 알게 된" 것은 숙종조인 12세기였다고 해요.[14] 이는 화폐가 시장에서 넘치는 교환의 열기에 의해 자연발생적으로 창출된 것이 아니라, 반대로 국

---

(12) 폴라니,《거대한 변환》, 79쪽.
(13) 이성규,《중국 고대제국 성립사 연구》, II, 일조각, 1984.
(14) 사회과학원 고전연구실 엮음, 리민규/리의섭 역,《北譯 高麗史》, 제2책, 신서원, 1991, 33~34쪽.

가에 의해 발행되었지만 시기상조로 인해 시장에서 통용되지 못한 경우가 있음을 보여주고 있지요.

국가가 발행한 정식 화폐가 아니라 단순한 '일반적 등가물'로, '일반적 교환수단'으로 기능하던 '화폐'가 사용되는 경우도 있었지만, 이 경우 '화폐'는 하나의 영역 안에서도 결코 단일하지 않았다고 해요. "예를 들면 언제 어디서든 조개화폐로는 여자를 매수할 수 없었지만 가축으로는 매수할 수 있었으며, 이에 비해 작은 거래에서는 조개화폐가 사용되었다."[15] "고대 바빌로니아에서 화폐는 보편적 현상이었다. 그러나 그것은 [일반적 교환수단이 아니라] 특정 목적의 화폐였다. 즉 곡물은 임금, 지대, 조세 등의 지불에 널리 쓰인 대체물이었다. 은은 물물교환과 기본 물자재정에 사용되는 일반적인 가치척도였다. ……티브족(族)의 경우……식량과 수공예품은 가장 낮은 서열[의 화폐]에 속했다. 가축, 노예, 청동제 봉이 그 위에 온다. 아내로서 소유할 수 있는 여자가 최상급에 해당된다."[16]

이처럼 다양한 화폐가 사용되고 있을 때, 국가는 어떻게 하나의 단일한 화폐체계를 수립할 수 있을 것인가?[17] 혹은 좀더 확장해서 말한다면, 화폐가 다양한 교환수단을 모두 포괄할 수 있는 단일한

---

(15) 베버, 앞의 책, 254쪽.
(16) 폴라니, 《인간의 경제》, I, 167쪽.
(17) 고대 중국, 특히 전국시대의 경우에는 지역에 따라 화폐가 주조되었고, 그에 따라 사적인 주조, 즉 사주(私鑄) 또한 적지 않았다고 합니다. 하지만 한대에 이르면서 국가화폐를 정착시키기 위해 사주를 근절시키려는 시도가 반복하여 행해졌고, 제국적 국가를 확립한 무제 때에 이르면 주조권을 국가가 완전히 장악하였다고 합니다. 이후 여러 가지 '개혁'과 곡절, 혼돈이 있었지만, 화폐 주조권의 국가독점이라는 원칙은 지켜졌다고 합니다(정하현, 〈황제 지배체제의 성립과 전개〉, 《강좌 중국사 I: 고대 문명과 제국의 성립》, 지식산업사, 1989, 243쪽).

척도로서 작동할 수 있는가? 예컨대 기사들이 쓰는 칼과 농부들이 쓰는 쟁기를 어떻게 비교할 수 있을까? 물론 화폐로 환산하면 비교할 수 있겠지요. 그러나 그것은 화폐가 다른 질의 교환대상을 이미 동질화하여 비교 가능하게 하는 기능이 있음을 전제로 하고 있는 겁니다. 거꾸로 화폐는 대체 그토록 다른 질을 갖는 것들을 어떻게 동질화하여 비교 가능한 것으로 만들 수 있었느냐는 겁니다.

여기서 저자들은 국가의 세금이 바로 그것을 가능하게 했다고 대답합니다. 이들은 코린트 국가를 분석한 에두아르 빌(Edouard Will)의 책을 빌려 이야기합니다. 거기서 화폐가 일반적 등가기능을 하게 되었던 것은 세금을 통해서였는데, 먼저 국가는 토지개혁을 하면서 부자들의 토지를 뺏어서 빈민들에게 나누어주었답니다. 그리고 추방자들의 재산을 통해서 금속의 스톡을 비축하고, 이를 화폐로 만들어 빈민들에게 주어 토지의 구 소유자에게 보상하도록 했다고 합니다. 그리고 구 소유자들로 하여금 그 화폐로 세금을 지불하게 했다고 합니다. 이렇게 하여 화폐는 국가의 손에서 빈민의 손으로, 구 토지 소유자의 손으로, 그리고 다시 국가의 손으로 되돌아오는 한 번의 순환을 완수하고, 이를 통해 화폐와 재화, 용역 간의 등가물로서의 위치를 획득하게 되었다는 겁니다.

여기서 국가가 발행한 화폐가 유효하게 되는 것은 국가가 세금을 그것으로 받았기 때문입니다. 그게 아니었다면 부자에게 지불된 금속들은 화폐로서, 토지를 보상해주는 일반적 등가물로서 기능할 수도, 다른 어떤 것의 등가물로도 기능할 수 없었을 겁니다. 그저 국가가 발행한 상징물에 머물렀겠지요. 반면 국가가 세금을 부과하고 그것을 화폐로 받는 한, 화폐는 누구든 '받을 만한 물건'이 될 수 있으며, 이것이 화폐로 하여금 교환수단과 지급수단으로서의 '일반성'을 획득할 수 있게 해주었던 것이지요. 이로 인해 교환수단은 국지성을 넘어서는 일반성을 획득할 수 있었다는 겁니다. 이런 점에서 세금이야말로 상이한 교환대상, 상이한 노동, 상이한 질 들 간의 불가능해보이는 등가성을 확립하게 하는 결정적인 요소였던 것입니다.[18]

일단 화폐가 등가물로 작용하는 체제가 만들어지면 화폐는 교환대상으로 만들어진 생산물에 대해서 초월적 권력을 행사할 수 있게 됩니다. 화폐화할 수 없는 것은 무가치하게 되고 말지요. 그것은 팔 수 없는 물건, 그래서 직접 소비하지 않는다면 무가치한 물건을 뜻하는 거지요. 여기서 우리는 척도로서의 화폐가 어떤 권력을 발휘하는지를 어렵지 않게 이해할 수 있습니다. 아무리 열심히 일해서 멋진 의자를 만든다 해도, 그것이 화폐의 세계에 들어갈 수 없다면 상품이 될 수도, 또 유통될 수도 없다는 거지요. 화폐화될 수 있다는 것은 어떤 교환대상이 상품의 세계로 들어가기 위한 입장권이고, 모든 상품 소유자들이 자신의 상품으로 꾸는 꿈입니다. 그것을 니체식으로 말하면, 상품들에게는 일종의 '피안의 세계'지요. **상품 세계의 이데아, 바로 그것이 화폐지요.** 그런 점에서 화폐는 상품 세계를 하나로 묶어줄 뿐만 아니라 통합자의 역할도 하고 있습니다. 실제로

---

(18) 중국의 고대제국에서 화폐의 유통에 중요한 역할을 한 것 또한 여러 가지 부(賦)를 화폐로 납부하게 한 것이었다고 합니다. "수입의 측면에서 살펴볼 때, 국가는 제부(諸賦)를 화폐로 납부케 하여 화폐의 유통을 부양하였다. 부의 전납(錢納)은 전국부터 전한까지 화폐경제의 호황을 이루는 데 핵심적인 계기가 되었던 것인데, 이밖에도 자벌(貲罰)의 전납, 염철의 전매와 균수(均輸), 평준법(平準法)을 통한 화폐의 구득도 수입 측면에서 고려되어야 한다. ……지출의 측면에서는 관리의 봉록, 상사(賞賜), 관용물자의 구입 등이 검토될 수 있겠다."(정하현, 앞의 책, 241~42쪽)

도 현실의 가치가 화폐에 복속되어 있지요.[19]

화폐 발행자로서 국가, 혹은 시장의 관리자로서 국가는 이제 **상품화하려는 시도 자체**에 대해 세금을 부여합니다. 시장에서 상품을 판매하고 영업행위를 하기 위해선 **시장에 들어올 입장료인 세금을 내야** 합니다. 모든 종류의 영업을 하려는 자는 세무서에 신고해서 영업을 허가받거나, 영업하려는 의도를 신고하여 이후 발생하는 이득에 대해, 아니 매매하는 상품의 양에 대해 일정한 세금을 내야 합니다. 노동력을 상품화하려는 자 또한 상품을 다루려는 한 세금을 내야 합니다. 국가는 소득이 발행하는 모든 경우를 상품-시장을 통과한 것으로 간주하여 소득세를 부과합니다. 이 모두가 바로 상품화 자체에 대해서 부과되는 것이고, 상품화 자체를 대상으로 일정한 이득을 포획하는 것입니다.

여기서 포획의 논리는 앞서의 지대의 논리와 똑같지는 않습니다. 오히려 모든 종류의 상품에 일률적으로 붙이는 세금의 형태를 취하고 있습니다. 양화된 비교의 세계에 들어가는 모든 출입자에게 일방적으로 부과되는 것이지요. 이를 좀더 확실하게 보여주는 것은 간접세입니다. 이른바 '부가가치세'나 '소비세'와 같이 상업 행위자가 아니라 개별 상품 자체에 일률적으로 부과되는 간접세는 세금이 포획하는 것이 바로 **상품화 자체**라는 것을 잘 보여줍니다. 그것은 상품화 자체와 항상 보조를 같이하며 상품화 능력을 포획하는 메커니즘입니다. 상품화하려는 자는, 그것을 판 결과 이익이 얼마나 되는지

---

(19) 이에 대해서는 이진경, 〈화폐와 허무주의: 화폐의 권력에 관한 맑스의 이론〉, 《진보평론》, 2000년 여름호 참조.

에 상관없이 일단 먼저 누구나 내야 하는 세금, 바로 그것이 상품 내지 상품화 자체를 포획하는 포획의 양태입니다.

다른 한편, 비교수단인 화폐 발행의 독점적 수단을 점유하고 있다는 사실로 인해 이루어지는 포획은 은행가와 거기서 화폐를 빌리는 사람의 관계를 통해서 이해할 수 있습니다. 가령 화폐를 가진 은행가의 입장에서는 무수한 사업가와 기업가, 자본가 등이 어떤 상품-아이템을 들고 와 돈을 빌려달라고 했을 때, 자신이 독점적으로 점유하고 있는 화폐에 대한 일정량의 이득을 제공할 것을 요구합니다. 이자가 그것이지요. 이런 점에서 **이자란 화폐의 사용에 부과되는 일종의 '세금'** 인 셈입니다. 하지만 이는 비교에 기인하는 포획이라기보다는 **독점적 영유에 기초한 포획**이라고 해야 적절합니다. 이것이 요약적 도식에서 세금이라는 포획의 양태 밑에, 포획하여 이득을 취하는 자, 권력자의 이름을 '은행가'라고 적어둔 이유일 겁니다.

또한 국가는 이와 독립적으로 화폐의 추가적 발행을 통한 이득을 포획할 수 있습니다. 가령 하나에 10,000원 하던 상품이, 화폐를 추가로 발행한다고 해서 즉각 값이 올라 11,000원 하는 일은 일어나지 않습니다. 시간이 어느 정도 지나서 그 화폐들이 충분히 유통된 이후에야 화폐가치는 떨어지고 상품가격은 올라가게 되지요. 따라서 그 사이에 추가로 발행된 화폐로 발행자인 국가는 이미 원하던 바를 충분히 포획한 것이고, 그 포획의 여파가 충분히 전파된 연후에야 비로소 물가는 오르게 되지요. 그 사이에 상품 소유자들은 판매를 하였건 하지 않았건 간에 **국가가 화폐를 추가로 발행한 순간 이미 일정한 분량을 포획당한 겁니다.** 물가가 오른다는 것은 상품 소유자가 포획당한 것이 상품 구매자인 소비자에게 전가된다는 것을 뜻합니다.

이는 전쟁이나 사치 등의 이유로 화폐를 마구 발행했던 절대왕정 국가나, 아니면 경기 진작이나 재정적인 이유로 화폐를 발행하는 현대의 국가들이 거의 일상적으로 사용하고 있는 방법이지요. 특히 화폐를 금으로 바꾸어주겠다는 지급보증인 태환 가능성을 포기한 이후 이러한 추가적 화폐의 발행은 급할 때면 쉽게 찾게 되는 정책수단이 되어버렸지요. 다양한 양상의 인플레이션이 아니더라도 물가가 지속적으로 상승한다는 것은 모두 잘 아는 사실이지요. 이는 세 번째 형태의 포획이 항상적으로 이루어지고 있음을 뜻하는 겁니다.

7) 포획장치의 추상기계

마지막으로 저자들은 슈미트(Bernard Schimtt)의 모델을 들어서 화폐를 중심으로 한 포획장치의 작동방식을 설명하고 있습니다. 슈미트는 《안티 오이디푸스》에서도 빈번히 인용된 사람인데, 맑스와 케인스의 영향을 강하게 받은 스위스의 경제학자로서, 케인스주의자가 흔히 그러하듯이 화폐의 문제에 관심을 집중하고 있습니다. 이탈리아인인 알바로 첸치니(Albaro Cencini)와 함께 작업하기도 했는데, 양자적(量子的) 시간 개념을 통해 포획을 설명하려 했지요. 그래서인지 첸치니는 자신의 저작에 '양자이론적 접근'이란 부제를 달기도 했지요.[20] 포획의 메커니즘은 다음의 네 가지 항목으로 요약됩니다. 화폐의 발행과 결부된 앞서의 이야기를 염두에 두고 본다면

---

[20] A. Cencini, *Money, Income and Time: A Quantum-Theoretical Approach*, Pinter Publishers, 1988.

이해하긴 어렵지 않을 겁니다.

① 미분할된, 영유되지도, 비교되지도 않은 흐름 A(화폐의 창조)
② 흐름은 분배되고 분할되지만, 생산자들은 아직 분배된 것을 소유로 획득하지 않는다(분배된 집합 B).
③ 임금에서 구매력의 파생, 분배된 집합 B와 실물재화의 집합 C의 조응, 비교 확립.
④ 실물재화와 조응하는 비교의 집합 B′, 그런데 B′ < B

사실 여기서의 핵심은 "실질임금은 항상 명목임금보다 작다"는 명제로 요약할 수 있습니다. 이유는 앞서 보았듯이 중앙은행의 화폐 발행이나, 은행에서 신용의 창조 형태로 이루어지는 유통 화폐량의 증가로 인한 것이지요. 하지만 포획은 받은 화폐를 사용할 때 발생하는 것이 아니라 **화폐를 발행하거나 창조하는 순간**에, 혹은 화폐를 지급하는 순간에 이미 발생한다는 겁니다. 화폐를 추가로 발행하자마자 물가가 상승하진 않지만, 사실은 바로 그때 이미 포획이 이루어진다는 점을 상기한다면 이는 쉽게 이해할 수 있을 겁니다. "('부자'에 의한) 이 영유는 사후적으로 이루어지는 것이 아니다. 즉 그것은 명목임금에 포함되어 있는 동안 실질임금으로부터 빠져나간다. 영유는 '소유 없는 분배'와 '상응 및 비교에 의한 전환', 둘 사이에 있고, 둘 사이로 삽입된다."(MP, 557; II, 235)

재화의 흐름은 창조되고 분할되지만, 생산자들은 그 분배된 것을 아직 소유한 것이 아니지요. 그들은 나중에, 물가가 오른 연후에 그것을 구매하게 됩니다. 따라서 분배받은 임금으로 구매할 수 있는 실물재화를 C라고 하면(이를 비교 가능한 수치로 바꾼 것을 실질임금 B´라고 합시다), 이는 애초에 주어진 명목임금 B보다 항상 작다는 겁니다. 즉 B´<B라는 겁니다. "설사 구매력이 주어진 기간에 생산된 모든 대상에게 유용하다고 가정하더라도, [화폐로] 분배된 집합[=명목임금]은 사용되거나 비교되는 집합보다 항상 크다. 이는 직접생산자가 단지 분배된 집합의 일부분만을 전환할 수 있음을 의미한다. 실질임금은 명목임금의 일부분일 뿐이다. 마찬가지로 '유용한' 노동은 노동의 일부분일 뿐이고, '활용된' 토지는 분배된 토지의 일부분일 뿐이다. 이윤, 잉여노동, 혹은 잉여생산물을 구성하는 이러한 차이 혹은 초과분을 포획이라고 부를 것이다. '명목임금은 모든 것을 포괄하지만, 임금 소득자는 그들이 재화로 전환하는 데 성공하는 소득만을 보유한다. 그들은 기업이 빨아들이는 소득을 상실한다.'"(MP, 556~57 ; II, 234~35)

여기서 독점적 영유와 직접적 비교라는 두 가지 포획방식은 복합되어 함께 작용하고 있습니다. 그리고 그 결과는 **누구도 포획당한 것이 없는 채 포획이 이루어지는 포획의 마술성**이 '공정성'의 규칙과 한 치의 어긋남도 없이 이루어지고 있다는 것입니다. "모든 것은 사실상 '빈민'에게 분배된다고 말할 수 있다. 그러나 빈민은 이 이상스러운 경주 과정에서 전환에 실패한 모든 것을 강탈당하게 된다. ……슈미트가 말했듯이 도둑도 희생자도 존재하지 않는데, 왜냐하면 생산자는 자신이 가지지 못한 것, 그리고 **획득할 기회가 없는 것을 상실할 뿐이기 때문이다**."(MP, 557 ; II, 235) 슈미트의 이 도식은, 부정은 있지만 수탈은 없는 포획의 마술적 성격을 보여주고 있다는 겁니다.

8) 포획장치와 폭력

이러한 포획의 양상은 국가적 폭력의 마술적 성격과 매우 동형적인 양상을 보여줍니다. 즉 국가적 폭력은 포획과 마찬가지로 항상 처음에, 사전에 일어나기 때문에, 그것이 폭력이라는 사실을 정확하게 지적하기 힘듭니다. 포획당하면서도 그것이 포획임을 지적하기 힘든 것처럼 말입니다. 빼앗기는 줄도 모르는 채 빼앗기는 것, 그게 바로 포획의 마술적 성격이고, 폭력이 행사되지만 폭력인 줄 모르는 것, 그게 바로 국가적 폭력의 마술적 성격입니다. 그래서 들뢰즈/가타리는 맑스가 이른바 '본원적 축적'이라는 것에 대해 서술했던 것을 상기시키며 이렇게 말합니다. "반드시 국가를 통해 작동하는 폭력, 자본주의에 선행하는 폭력, '본원적 축적'을 구성하여 자본주의 생산양식 그 자체를 가능하게 만드는 폭력이 있다."(MP, 558; II, 236) 자본주의 생산양식 안에서 누가 도둑놈이고 누가 희생자인지를 말하기 어렵게 하는 것이 바로 이것입니다.

하지만 들뢰즈/가타리는 자본주의만 그런가 하고 다시 질문합니다. 그래서 본원적 축적에 관한 맑스의 분석을 자본주의 이전의 생산양식, 애초에 스톡과 포획이 시작되었던 배치인 농경적 생산양식에까지 확대적용해야 한다고 말합니다. 농경적 생산양식에도 또한 이른바 '본원적 축적'이 있다고, 폭력을 수반하는 스톡의 본원적 축적이 있다고 말입니다. 따라서 이렇게 일반화하여 말할 수 있습니다. "포획장치가 수립될 때마다 본원적 축적이 존재한다. 여기에는 아주 특별한 폭력이 수반된다. 폭력이 행사되는 대상을 창출하거나 창출하는 데 기여하는 그런 폭력이, 그 자체로 전제가 되는 그런 폭력이."(MP, 559; II, 236)

포획이란 일종의 국가적인 폭력을 통해서 어떤 것들을 스톡으로 전환시키고, 포획장치를 만들어가는 것입니다. 포획이 발생해서 국가장치가 구성되는 것이 아니라, **포획장치를 구성하는 국가장치가 항상 선행했던** 것입니다. 하지만 우리가 염두에 두어야 할 것은 이와 관련한 폭력의 상이한 체제가 있다는 점입니다. 이것은 약간의 비교가 필요합니다.

따라서 저자들은 상이한 폭력의 체제를 구분해야 한다고 합니다. 첫번째로 투쟁(lutte)이 있습니다. 원시적 폭력의 체제지요. 한 방 대 한 방 식의 폭력, 둘이 맞붙어 싸우는 식의 처절한 폭력입니다. 두 번째는 전쟁입니다. 전쟁기계와 관련된 폭력의 체제지요. 적어도 본질적으로 국가장치에 반하는 폭력의 동원과 자율화를 내포하는 것입니다. 하지만 전쟁기계는 사실 전쟁을 목적으로 하지 않는다는 것을 앞의 장에서 충분히 보았지요? 그것은 매끄러운 공간을 만들 뿐이고, 그것을 가로막는 한에서 국가장치의 폭력에 반하는 폭력을 행사할 뿐이지요. 따라서 이는 사실 근본적으로 국가장치의 수립에 반하는 폭력이고, 국가장치의 수립 자체가 항상-이미 하나의 폭력인 한, 폭력에 반하는 그런 폭력입니다.

세 번째는 범죄라는 폭력입니다. 이것은 가질 '권리'가 없는 무언가를 소유하려는, 즉 포획할 '권리'가 없는 무언가를 포획하려 한다는 점에서 불법적인 폭력입니다. 네 번째로, 국가의 치안과 같은 합법적인 폭력 내지 포획은 이와 정반대의 폭력입니다. 준 적이 없었던 것을 빼앗는 폭력이지요. 이것들은 포획할 권리를 구성하면서 동시에 포획을 해버리는 것들이지요. 애초에 빼앗을 권리를 만들어가지고 시작하기에, 모든 빼앗는 행위를 스스로 정당화하는 폭력이고,

빼앗기 전부터 항상-이미 빼앗는 폭력입니다. 그래서 그것은 '원초적(본원적)'이며, 단순한 '자연현상'으로 나타나지요. 결과에 대해 국가는 그 어떤 책임도 지지 않지요. 단지 국가는, "우리는 폭력적인 것에 대해서만 폭력을 행사할 뿐이다"라고 말하고, "우리는 평화를 위해서 폭력을 행사할 뿐이다"라고 말하면서 폭력을 행사합니다. 한 건의 테러를 응징하기 위해 엄청난 민중들을 죽이는 거대한 폭력과 전쟁이 "평화를 위한 권리"로, "폭력을 응징하고 그것을 방지하기 위한 정당한 조치"로 선언됩니다. 국가적 폭력이 마술적 포획의 극과 법-계약의 극 사이에 있다고 하는 말이나, 포획장치가 마술적 포획의 극과 법-계약의 두 극을 갖는다는 말이 다르지 않다는 것은 바로 이런 의미에서기도 합니다.

4. 국가와 그 형태들

우리는 이 장의 처음에서 원국가와 국가 저지 메커니즘을 갖는 원시사회에 대해서 보았고, 그 다음에 교환의 배치를 넘어서 스톡의 배치로 넘어가면서 포획장치로서 국가가 작동하는 양상을 보았습니다. 농경적 생산양식과 확대된 의미의 '본원적 축적'에 대해서 말했던 것은 바로 이런 초기적인 포획장치로서 국가에 대한 것이었지요. 그렇다면 이제 이렇게 성립된 국가장치에는 어떠한 형태들이 있는지, 혹은 어떠한 형태로 진화 내지 변화를 하게 되는지가 해명되어야 합니다. 그래서 이 절은 다음과 같은 질문으로 시작하고 있습니다. "국가의 출현 이후 그것은 어떻게 진화하는가? 그러한 진화나 변화의 요소는 무엇이고, 진화된 국가들과 고대 제국국가 사이의 관계는 무엇인가?"(MP, 560; II, 237) 이 질문을 통해서 역사상 나타난 국가의 형태들에 관한 일종의 '유형학'이 시도되고 있습니다.

1) 제국적 고대국가

국가의 첫번째 형태는 제국적 고대국가입니다. 여기서 제국적 고대국가란 로마 제국이 아니라 초기 이집트의 제국이나, 아니면 한 무제에 의해 확립된 중국의 제국적 국가에 더 가깝습니다. 제국적 고대국가는 이른바 관개사업이든 아니면 다른 대규모 공공사업이든, 여러 가지 '국가적 사업'을 통해 다양한 영토를 하나의 제국으로 통합하고 통일함으로써 성립되며, 그런 만큼 그러한 통일성의 지표들을 각각의 영토에 심어나갑니다. 국가의 이름, 혹은 황제의 이름으로 요약되는 단일한 코드 체계를 통해 각각의 영역들을 통합하는 것입니다. 그리고 그 황제는 대개 신이나 하늘과 동일시되거나 하늘의 뜻을 대신하는 존재로 간주됩니다. 중국의 황제가 이른바 '천자(天子)'로 불렸던 것은 이를 잘 보여준다고 하겠습니다. 즉 그는 사적인 개인이 아니라 하늘의 뜻을 지상에 펼치는 인물인 것입니다.

따라서 고대국가는 초코드화에 의해 작동된다고 할 수 있습니다. 그러나 이러한 경우에도 "고대국가는 국가로부터 탈주하는 대량의 **탈코드화된 흐름들을 해방하면서 초코드화한다**"(MP, 560; II, 238)고 할 수 있습니다.[21] 그 이유는 통합된 상이한 지역들에 존재하는 다양한

---

(21) 이때 '탈코드화'란 소통이론에서처럼 코드화된 메시지를 해독하는 과정이 아니라, 코드 자체를 해체하고 코드로부터 탈주하는 것을 뜻합니다. "'탈코드화'는 코드가 해독되는(compris) 흐름의 상태를 의미하는 것이 아니라, 좀더 근본적(radical) 의미에서 더 이상 그 자신의 코드에 포함되지(compris) 않는 흐름의 상태, 그 자신의 코드로부터 탈주하는 흐름의 상태를 의미한다."(MP, 560; II, 237~38)

코드들을 해체(탈코드화)하여 제국적인 단일한 코드로 통합(초코드화)해야 하기 때문이지요.[22] 이전의 원시 부족사회에서는 같은 '국가' 안에서도 부족이나 종족마다 다른 코드들을 갖고 있었습니다. 다른 신분의 체계, 다른 사회조직과 운영의 체계, 다른 지위의 체계가 있었던 거지요. 제국이 수립된다는 것은 이 전체를 제국 안에 포괄한다는 것이고, 제국에 귀속시킨다는 것을 뜻합니다.

중국 최초의 제국은 아마도 이름 그대로 시황제(始皇帝)의 제국인 진(秦)나라일 겁니다. 진시황은 중국을 통일한 뒤, 군현제(郡縣制)를 도입하여 이전에 제후들이 통치하던 영토를 제국의 영토로 행정적으로 통합했으며, 도량형과 화폐를 통일하였고, 이전에 진나라가 사용하던 것으로 문자를 통일했습니다. 비록 오래 가진 못했지만, 이러한 조치들은 제국을 수립하기 위해 필요한 최소한의 것이었음을 보여줍니다. 이는 다시 중원을 통일하는 한(漢), 특히 실질적인 통치능력을 갖는 제국을 수립한 한의 무제에 이르러 좀더 강한 양상으로 다시 반복됩니다. 그는 종족이나 부족들을 제국적 질서에 복속시키고, 그들을 세금과 화폐로써 통합했지요. 뿐만 아니라 도량형을 통일하고 연호를 정하였으며, 역(曆)을 만들어서 '시간'을 통일시키려고 했지요. 이로써 그는 영토적 차원에서뿐만 아니라 시간

---

(22) 따라서 초코드화(surcodage)는 어떤 코드에 다른 코드가 덧씌워지는 '덧코드화'가 아닙니다. 반대로 조금 뒤에 보겠지만, 그것은 단일한 코드로 다양한 코드를 통합하는 코드화의 한 양상이며, 그런 만큼 필연적으로 '탈코드화(décodage)'를 수반합니다. 예를 들어 제국적 코드화는 부족이나 혈통 단위의 코드에 제국의 코드를 덧씌우는 게 아니라, 이전의 코드를 탈코드화하여 제국적 코드로 재코드화(recodage)하는 것입니다. 나중에 자세히 보겠지만, 공리계화하는 것이 코드화와 다른 것임에도 불구하고, 그것 역시 어떤 공리들로 다른 모든 것을 통합한다는 점에서 일종의 초코드화라고 하는 것도 이런 맥락에서 이해할 수 있습니다.

적 차원에서도 하나의 제국적 통합성을 확보하고자 한 셈이지요.

이처럼 연호나 역, 도량형, 문자 등과 같은 제국적 기표는 **제국적 초코드화의 징표**라고 할 수 있습니다. 그리고 영토적인 동시에 기표적인 그 제국적인 틀 안에서 제국적인 '백성', 제국의 인민을 만들어가지요. 그래서 각각의 국지적인 독자성은 부차적인 것이 되어 전제군주의 기표를 통해 초코드화됩니다.

이로써 국지적으로 존재하던 다양한 코드들은 하나의 제국적 코드로 초코드화되지만, 동시에 그것은 국지적인 코드들에서 벗어나는 많은 흐름을 수반하지요. 이는 제국적 초코드화가 탈코드화를 필연적으로 수반한다는 점에 기인할 뿐만 아니라, 제국의 코드가 전체를 강하게 사로잡기에는 제국의 영토가 너무 넓었고, 그 코드들이 작용하는 영역 또한 매우 제한적이었다는 데 기인한다고 하겠지요. "한편으로 원시적 코드들이 자체적으로 조절되기를 그치고 상급의 심급에 종속될 때, 원시공동체들에 의해 상대적으로 코드화되었던 흐름들은 탈주의 기회를 발견한다. 그러나 다른 한편으로 고대국가의 초코드화가 그것으로부터 빠져나가는 새로운 흐름들을 가능하게 하고 [흐름의 누출을] 촉진시킨다."(MP, 560; II, 238)

하지만 초코드화가 탈코드화를 야기하는 것이 단지 코드 간의 대체라는 의미에서 그런 것만은 아닙니다. "국가는 자신의 관료제로부터 탈주하는 독립적 노동자의 흐름, 특히 광산과 야금업에서 이런 독립적 노동자의 흐름 없이는 대규모 노동들을 창조할 수 없다. 국가는 탈주하는 화폐의 흐름들, 다른 권력으로 되는 것에 영향을 주고 양육하는 화폐의 흐름들, 특히 상업과 은행업 없이는 과세의 화폐 형태를 창조할 수 없다. 그리고 무엇보다도 국가와 더불어 성장하고 국가의 장악을 넘어 통과하기 시작하는 사적 영유의 흐름 없이는 공공재산의 체계를 창조할 수 없다."(MP, 560; II, 238)

이것은 단순히 이전에 있었던 원시적인 코드들의 탈코드화를 말하는 것일 뿐만 아니라, 초코드화하는 동시에 야기되는 **새로운 종류의 탈코드화**를 말하는 것입니다. 그래서 필요하다면, 예를 들어서 야금업, 광산업, 채취업을 할 수도 있다는 것이지요. 이런 경우에 그 당시 쓸 수 있는 광물(주로 철과 관련된 것들)은 여기서 저기로 옮겨 다닐 수 있어야 했지요. 광물을 찾아다녀야 했던 야금술사가 그렇습니다. 일반 농민들처럼 토지에 매여 있다면, 그는 광맥이나 광물을 찾아다닐 수 없으며, 광물의 흐름을 따라가면서 광물을 가공하고 도구와 무기를 생산할 수 없을 겁니다. 따라서 그는 이제 국가가 비축한 스톡으로 먹고살면서 일하는 새로운 흐름을 형성하게 됩니다. 상인도 마찬가지지요. 제국적 국가에서는 상인이나 장인들이 모두 국가에 고용된 자라는 사실은 이와 무관하지 않습니다.

이와 연관하여 저자들은 강한 의미에서 '사유재산'이 과연 어떻게 출현할 수 있었는지를 질문하고 있습니다. 아마 어떤 분은 그거야 공동체 사회에서 잉여생산물이 발생하고, 그것을 지배계급이 '사취'하면서 발생한 거 아닌가 하고 말할지도 모르겠습니다. 혹은 지금까지의 강의를 잘 따라오신 분이라면, 그건 스톡이 발생하면서, 그 스톡을 소유하거나 '사취'할 수 있었던 사람이 생겨나면서 발생한 거 아니냐고 하실 수도 있겠습니다. 그러나 문제가 그리 간단하지 않습니다.

앞의 대답은 전통적인 맑스주의의 도식을 따르고 있는 셈인데, 앞서 잉여생산물은 이미 잉여생산이 유의미하고 가능한 어떤 배치를 전제한다고 말했던 것을 기억한다면, 대답이 될 수 없음을 알 수 있을 겁니다. 더구나 '사취'한다는 것은 이미 무언가를 사적으로 소유할 수 있다는 것, 다시 말해 사유재산이 존재한다는 것을 전제하고 있는 게 아닐까요? 이는 뒤의 대답 역시 대답이 못 된다는 것을 보여줍니다. 스톡에 의해 발생한 잉여나 이득은, 스톡이 사유재산이 아닌 한, 다시 말해 공유재산인 한 그 잉여 역시 사유재산이 될 수 없기 때문입니다. 스톡이 공동체나 국가에 귀속되어 있을 때에는 그로 인한 잉여 역시 공동체의 재산이 되거나 국가의 재산이 되지, 사유재산이 되지 못하기 때문이지요.

그렇기 때문에 사유재산은 전제군주 측에서도, 또 공동체적 소유에 자율성을 결박당한 농민 측에서도 발생하기 어렵습니다. 게다가 공동체의 형태에 자신의 실존과 소득을 기초하고 있는 공무 수행원이나 관리들조차도 그것을 이용하고 영유할 권리가 없습니다. 다만 관리할 뿐이지요. 귀족들의 경우도 마찬가지입니다. 귀족들이 작은 군주는 될 수 있을지 모르지만, 결코 사적 토지 소유자는 될 수 없다는 것입니다. 심지어 노예들조차도 공동체 혹은 공적 기능에 소속되어 있기에 사적 소유자가 될 수 없습니다. 그렇다면 어떻게 사적 소유 혹은 사유재산이 나타날 수 있었을까요?

여기서 들뢰즈/가타리는 헝가리의 중국학자 퇴케이(Tökei)를 인용합니다. 퇴케이는 이렇게 묻습니다. 사유재산이 존재할 수 있으려면 초코드화하는 국가에 속하는 동시에 국가를 비롯한 어떠한 공동체에서도 자유로운 새로운 종류의 사람들이 존재해야 하는데, 이 새로운 종류의 사람들, 국가에 속하지만 동시에 국가적 공동체에서 자유로운 이러한 사람들은 과연 누구인가? 초코드화하는 제국 속에서 구성되지만, 필연적으로 배제되고 탈코드화되는 사람들이 있을 수 있는가?

이에 대한 퇴케이의 답은 '해방된 노예'였습니다. '자유노예'라는 거지요. 분명히 노예의 신분이고 국가에 속해 있지만 해방되어 있고 자유롭다는 점 때문에, 그들은 어떠한 것도 소유할 수 있었다는 거지요. 그래서 이들이 소유한 재산은 국가나 공동체에 귀속되지 않는 그런 위치를 갖게 되고, 그런 점에서 사유재산은 이들을 통해서만 발생할 수 있었다고 합니다. "사유재산의 최초의 씨를 뿌리고, 무역을 개발하고, 야금업과 더불어 일종의 사적 노예제를 만들어 스스로 새로운 주인이 된 것은 바로 이들이었다."(MP, 561; II, 238)

여기서 자유노예란 어떤 나라에 존재했던 특수한 신분 형태도, 특별한 사례도 아닙니다. 그것은 국가 내부에 존재하는 '배제된 자(l' Exclu)'를 표시하는 집합적 인물의 이름입니다.[23] 이는 반드시 제국적 국가 안에만 있었던 것은 아니지요. "이 흐름들은 포획장치의 상관물이다."(MP, 561; II, 239) 가령 폴라니는 '은행'을 뜻하는 단어로 '벤치'를 뜻하는 '뱅크(bank)'(지금도 독일어 방크Bank는 정확하게 이 두 가지 의미로 사용되지요)라는 말이 사용된 연원에 대해 말하면서, 고대 그리스에서 화폐를 다루는 사람들이 바로 해방된

---

(23) 폴라니는 고대세계의 교역자들로 중매인형의 상인인 탐카룸 외에 거류외인, 외국인을 들고 있습니다. "거류외인형 교역자는 어떤 공동체에 사는 외부인이다. 그들 중에는 토지를 잃은 유랑민 출신도 있다. 추방자나 정치적 망명자, 유민, 도망범죄자, 도망노예, 포로가 된 용병 들의 무리다. 그들의 직업은 소교역자 내지 작은 배의 선주거나, 상터에서 조그만 점포를 갖고 환전상이나 고리대금업자 노릇을 하기도 했다."(폴라니, 《인간의 경제》, I, 134쪽)

노예였고, 이들은 지역의 한구석에서 벤치에 앉아서 돈을 빌려주는 일을 했다고, 다시 말해 은행업의 원시적 형태를 이루었다고 말합니다.[24] 그들은 '해방' 되었지만 안정된 직업을 가질 수 없었던 존재였고, 그래서 이들을 보는 시선은 돈을 빌려쓰는 사람조차도 경멸의 색조를 띠고 있었다고 합니다. 그것은 일단 화폐를 통해 돈을 버는 일에 대한 경멸이었겠지만, 더불어 그 일을 하는 사람들이 당시의 사회조직에서 배제된 자들이었다는 점과 무관하지 않을 겁니다.

이러한 자유노예, 아니 좀더 정확하게 말하면 초코드화에 수반되어 발생하는 탈코드화된 흐름이야말로 국가 형태의 '진화'에 중요한 요인이라고 합니다. 여기에는 자유노예뿐만 아니라 화폐·노동·재산과 같은 다른 요소들의 탈코드화된 흐름이 포함됩니다. '국가 형태의 진화 요인'에 대해 앞서 던졌던 질문에 대한 일차적인 답은 바로 이것입니다. 포획장치 그 자체가 초코드화하는 동시에 야기할 수밖에 없는 탈코드화된 흐름들이, 그것과 국가장치와의 관계 양상에 따라서 상이한 국가 형태들을 발생시킨다는 것이지요. 탈코드화된 것에 의해서 국가장치가 진화되고 변화된다는 것입니다. 권력은 탈주선에 의해 정의된다는 9장의 명제를 이런 맥락에서 다시 인용해도 좋을 것입니다.

이것은 초기 제국적 국가에서 새로운 변화의 요소였습니다. 이것

---

(24) "주로 항구에 거주한 아테네의 거류외인은……대개는 교역에 종사하여 재화의 매매에서 이득을 취하여 생활재료를 얻고 있었다. 선주나 교역자의 일 외에 거류외인은 또 '은행가'로서 시장에 있는 그늘 벤치에서 주화를 감정하거나 환전하는 천한 일에 종사하고 있었다. ……일반적으로 그들은 이윤을 추구할 수 있었으며, 그러한 동기는 하급신분에나 어울리는 것으로 여겨지고 있었다." (폴라니, 《인간의 경제》, I, 134~35쪽)

이 제국적 국가의 상업이나 수공업적인 어떤 '전문화된 신체'를 이루기 때문입니다. 전문화된 신체란 무엇인가? 앞서 제국적 국가에서는 야금술사나 장인, 상인 등이 그렇다고 했지요. 장인이나 상인이란 말을 들으면 아마도 여러분은 서양의 중세도시와 장인, 상인들을 떠올릴 텐데, 사실 고대 중국의 경우 서양보다 훨씬 먼저 많은 장인이나 수공업자가 활동하고 있었습니다. 그것은 그들을 수용할 수 있는 방대한 양의 곡물과 부의 비축(스톡)이 있었기에 가능한 일이었지요. 반면 중세의 서양에서 장인이나 수공업자가 국가장치나 봉건제로부터 자유로운 신분이었던 것에 비해, 중국과 같은 동양에서 그들은 국가에 고용된 신분, 일종의 '공무원' 내지 '국가인'이었다고 해요.

전문화된 신체로서 장인이나 상인, 이런 것들을 구성하거나 유지하기 위해서는 농경적인 생산에서 소비되거나 교환되지 않는 스톡의 비축이 당연히 필요했습니다. "이 모든 조건들이 충족되고 국가장치가 발명된 곳이 아프로-아시아(Afro-asie)와 동양이었다."(MP, 562; II, 239) 이집트와 중국을 말하려는 걸까요? 그러나 국가장치가 전문화된 신체를 발명하여 거대한 스톡을 가지고 운영하던 식의 동양적·제국적 방식은 그것의 초코드화 능력에 의해 거꾸로 궁지에 처하게 됩니다. 상인이나 장인들에 대한 국가의 장악력이 너무 강해서 탈코드화된 상업이나 수공업의 흐름이 만들어지기 어려웠기 때문입니다. "국가의 초코드화는 지배계급을 위한 대외무역의 독점적 영유와 더불어 수공업자 및 상인 모두를 포함하는 야금업자들을 엄격한 경계 내에, 강력한 관료적 통제하에 두었고, 그 결과 농민들 자신이 국가의 혁신으로부터 별다른 이득을 보지 못했다."(MP, 562;

II, 239)

　반면 서양, 특히 에게 해 지역의 국가들은 "동양권에 포섭되기에는 너무 멀었지만 교역을 할 정도의 거리는 되었으며, 그들 스스로 잉여를 비축하기엔 가난했지만 동양의 시장을 무시하기에 충분할 정도로 멀거나 가난하진 않았"습니다(MP, 562; II, 239). 따라서 그 자체만으론 스톡을 비축할 수 없었기에 상업도, 수공업도, 혹은 사유재산의 축적도 불가능했지만, 그리 멀지 않은 곳에 이용할 수 있는 스톡이 있었던 겁니다. 그런데 그들은 동양의 상인이나 장인들처럼 국가에 소속되어 있지 않았고, 국가에 의해 직접 통제되지 않는 존재였습니다. 그 스톡을 가진 국가의 통제력이 미치기엔 어려운 거리에 있었던 거지요.

　이런 에게 해 국가들은 동양에서의 스톡들과의 교환을 통해 자신들의 스톡을 새로이 형성할 수가 있었습니다. 그래서 서양은 스톡을 재생산하지 않고서도 거기서 이득을 얻을 수 있었다고 해요. 이로 인해 상인이나 장인들의 자율성이 더욱 커질 수 있었지요. 즉 국가로부터 훨씬 자유로울 수 있었고, 더 탈코드화될 수 있었다는 겁니다. "더구나 동양의 초코드화 그 자체는 상인들에게 원격지 역할을 할당했다. 따라서 에게 해 인민들은 스스로를 위해 농업적 스톡을 구성할 필요없이 동양의 농업 스톡을 이용할 수 있는 상황에 처했던 것이다."(MP, 562; II, 239)

　이처럼 동양과 달리 서양에서 그들은 국가에 의해 비축된 스톡에 의존하지 않으면서 쉽게 인근의 스톡을 이용할 수 있었기에, "농민들이 동양만큼, 혹은 그 이상으로 열악하게 착취당했음에도 불구하고 장인과 야금업자 들은 좀더 자유로운 지위와 다양한 시장을 향유하면서 새로운 '계급'을 미리 준비할 수 있었던" 거지요. 또한 이것은 "많은 야금업자들과 상인들이 동양에서 에게 해 세계로 이동"하게 된 요인이기도 했습니다(MP, 562; II, 239~40).

이처럼 저자들은 고고학자 차일드(G. Childe)의 논지를 따라, 동양과 서양에서 국가와 스톡의 역사를 상관적으로 설명하면서, 서양과 에게 해 국가들은 처음부터 제국적인 국가 틀이 아니라 그것을 넘나드는 초국민적인 경제체제 속에 포함되어 있었다고 하는 차일드의 결론을 인용하고 있습니다. "동양에서 초코드화되었던 흐름은 서양에서는 탈코드화되는 경향 속에 있었던 셈이고……[그로 인해] 초코드화에 따른 코드의 잉여가치는 흐름의 잉여가치로 변환되었던 것이다."(MP, 562~63; II, 240)

코드의 잉여가치란 원래 코드화에 의해 규정된 것 이외에 다른 방식으로 이용되어 획득할 수 있는 어떤 이득을 말합니다. 오르키데는 말벌의 움직임을 탈코드화하여 그것이 갖고 있는 코드의 잉여가치를 획득하며, 바이러스는 포유류의 유전자 코드에 침투하여 그것의 잉여가치를 이용합니다. 좀더 쉬운 예를 들자면, 가령 선생은 학생에게 가르치게 규정(코드화)되어 있고, 학생은 공부하는 신분으로 코드화되어 있지만, 간단한 심부름을 시키는 데서부터 크게는 논문을 대신 쓰게 한다든지, 심한 경우 성적 '영유'에 이르기까지 원래 코드에 없는 활동에 이용할 수 있습니다. 이것이 코드의 잉여가치지요. 또 회사의 영업사원은 거래처의 담당자에게 돈이나 선물을 주기도 하고 비싼 술집에 가서 술대접을 하기도 하지요. 이것 역시 원래 코드(규정)엔 없는 것으로, 어떤 코드의 잉여가치를 획득하기 위해 준비된 코드의 잉여가치를 제공하는 것이지요.

위의 경우로 다시 돌아가면, 거기서 코드의 잉여가치란 제국의 스톡 가운데서 외부, 특히 원격지에 있는 상품과의 교환을 위해 사용되는 잉여분, 제국적 코드의 할당과 사용에서 벗어날 수 있는 잉여분을 뜻합니다. 한편 흐름의 잉여가치란 탈코드화되어 어떤 것으로도 이용되거나 교환될 수 있는 잉여분을 뜻합니다. 코드의 잉여가치가 흐름의 잉여가치로 변환되는 데 중요한 것은 탈코드화된 상품이 화폐와 교환되는 것입니다. 화폐와 교환됨으로써 이제 상품은 특정한 용도나 제한된 이용 가능성에서 벗어나 일반화된 이용 가능성을 얻게 되고, 그럼으로써 어떤 것으로도 사용될 수 있는 잉여가치, 흐름의 잉여가치로 변환됩니다(이런 의미에서 자본주의는 모든 잉여가치를 흐름의 잉여가치로 변환하여 착취하고 이용하는 체제라고 할 수 있습니다).

2) 진화된 제국의 국가적 극

지금까지 우리는 저자들을 따라, 혹은 고고학자 차일드를 따라 동양의 제국적 고대국가와 에게 해 인근의 서양 사이에서 발생한 스톡과 잉여의 흐름을 따라왔습니다. 이는 제국적 고대국가와 다른 새로운 부와 스톡이 형성되는 계기가 되었습니다. 그리고 그것은 이제 서양에서 스톡과 결부된 새로운 포획장치의 발생, 새로운 국가 형태의 발생으로 이어지게 됩니다.

초코드화를 통해 성립된 국가의 공적 영역이 지배했던 동양의 제국적 국가와 달리, 서양에서는 상인과 수공업자 들의 자유로운 이동이 보장되는 가운데 이른바 '공적 영역' 이 만들어졌습니다. 제국적 국가의 경우에 상인이나 장인들의 활동영역은 확실히 국가적 업무

였고, 사적이지 않은 것이었으며, 따라서 충분히 '공적 영역'이었습니다. 이와 상대하고 접촉하는 서양의 상인들과 장인들 또한 '공적 영역'에 속하는 것이라고 하기에 충분했습니다. 하지만 동시에 서양의 상인들은 그 공적-국가적 성격과 무관한 '사적 성격'을 갖는 사람들이었지요. 그래서 동양에서 '공적 영역'이란 제국적 초코드화와 결부된 특별한 영역이었지만, 서양에서 그것은 상인이나 장인들의 사적 영유의 장이 됩니다. "공적 영역은 더 이상 재산의 객관적 성격을 특징짓지 않는 대신 이제 사적인 영유를 위한 공유된 수단이 된다. 이는 근대세계를 구성하는 공적인 것과 사적인 것의 혼합들을 낳는다."(MP, 563; II, 240)

이는 가령 서양의 중세도시 내지 도시국가의 경우를 보면 명확히 드러납니다. 12세기 이후 본격적으로 출현하기 시작한 독립된 도시들을 주도했던 것은 상인과 장인 들이었지요. 그들은 자신들의 활동, 즉 상업과 수공업 활동의 자유를 위해 영주로부터 도시의 독립을 획득했고, 그것이 이후 도시적인 국가 형태의 모태가 되지요. 이들 도시는 나중에 베네치아 공화국이나 토스카나 대공국처럼 그 자체가 도시국가로 발전하기도 하고, 한자 동맹처럼 도시동맹체 국가로 발전하기도 합니다.

여기에서 국가의 형성 계기나 형성 형식은 그것이 상인이나 장인들의 활동을 보장하는 것을 일차적인 목적으로 합니다. 처음에는 '우애협회' 등의 명칭을 갖는 조직이 만들어지고 그것이 도시의 운영을 좌지우지하지만, 나중엔 그것이 모두 길드 등으로 불리는 배타적이고 특권적인 이익단체로 바뀌지요. 배타적 특권의 정도는 다르지만, 이는 사실 도시국가 형태를 벗어난 근대국가에서도 마찬가지로 존재했지요. 근대적 의회란 사적인 이익들이 충돌하고 타협하면서 사적 영유에 부합하는 법적 형식을 만들어내는 곳인데, 바로 이것이 사적인 이해관계에 법적이고 보편적인 공공성의 형식을 부여하는 장치라는 것을 보여줍니다.[25]

이런 점에서 개인 내지 가족적 활동에 관계된 것은 '사적인 것'이고, 다른 사회적 관계 내지 국가적 영역과 결부된 것은 '공적인 것'이라는 상식적인 관념은 사실 지극히 피상적인 것이라고 할 수 있습니다. 이는 이미 근대 이전부터 이른바 '공적 영역'이 '사적 이익과 이해를 추구하는 공동의 형식'이란 점을 보지 못하고 있을 뿐만 아니라, 이러한 혼합이 근대에 이르러 사적인 것의 공공화로 이어지고 있음 또한 보지 못하고 있기 때문입니다.

이 책의 저자들이 일차적으로는 진화된 제국이나 자치도시, 봉건체제 등에서, 그리고 이후에 근대국가에서 마찬가지로 나타난다고 보는 사적인 것과 공적인 것의 이러한 혼합과 혼성을, 아렌트(H. Arendt)는 근대에 이르러 나타나는 것으로 보는데, 이는 적어도 근대국가에서 공적인 것과 사적인 것의 도착(倒錯)과 혼합을 아주 설득력 있게 설명해주고 있습니다.[26] 그는 주로 고대 그리스에서 폴리스와 오이코스의 구별에 주목하면서 이렇게 말합니다. 고대 그리스에서 '오이코스(oikos)'란 '가정'이나 '집'을 뜻하는 말로서 '사적

---

(25) 물론 이런 국가가 중세의 자치도시나 도시국가에 국한된 것만은 아닙니다. 저자들은 이처럼 "사적인 것의 이 새로운 공적 영역을 처음 발전시킨 것은 동양과 서양의 진화된 제국들이었다"고 하면서 로마 제국이 그런 경우라고 언급합니다. 더불어 봉건체제와 자치도시 또한 이런 경우로 동등하게 언급하고 있습니다(MP, 564; II, 241).
(26) 아렌트, 이진우 외 역, 《인간의 조건(The Human Condition)》, 한길사, 1996, 80쪽 이하.

인 영역'을 뜻하는 것이었고, 이와 대립되는 '정치', 즉 '폴리스(polis)'는 타인들의 삶, 공동의 삶에 관한 문제를 다루는 '공적인 영역'을 뜻한다고 했습니다. 거기서는 나의 돈벌이, 이익, 이해관계는 오이코스에 속하며, 가족이나 노예 역시 오이코스에 속합니다. 다시 말해 먹고사는 것과 관련된 경제(economy에서 eco-는 oikos에서 나왔습니다)나 소유 등에 관계된 것들은 전부 오이코스, 즉 사적 영역에 속한다는 것이지요.

반면 공적 영역인 정치는 사적 영역과 달리 경제나 오이코스와 확연하게 대립되는 것이었고, 따라서 거기서는 사적인(!) 이해관계를 추구하거나 경제에 관해 토론해서는 안 되었습니다. 가족에 속하는 여성이나 어린이, 노예가 정치에 참여할 수 없었던 것도 이와 동일한 이유에서였다고 하지요.

하지만 근대에 이르면 사적인 것들을 공공화하는 관계, 사적인 것들이 공적인 영역들을 장악하는 상황이 나타납니다. 정치의 장으로서 의회는 사적인 이해관계들이 서로 대립하고 타협·조정하면서 각자가 자신에게 유리한 법적 조건을 공공화·보편화하는 영역이 되었고, 심지어 경제마저 공적 영역에 속하는 것이 됩니다. 보이지 않는 시장의 손이 통제하는 경제가 사회적 질서 전체를 대변하는 것이 되고(특히 애덤 스미스), 시장마저 사적 영역이 아닌 공적 영역에 속하는 것이 됩니다.

이리하여 본질적으로 사적인 것(사적인 이해관계!)이 정치 영역들을 장악하게 되고 그러면서 공적인 것과 사적인 것은 섞여버렸습니다. 그리고 사적인 것들이 공적인 것들을 장악하게 됩니다. 흔히 시민사회니 시민운동이니 하는 것조차, 사실은 사적인 이해관계의 공공화라는 현상에서 멀리 떨어져 있지 않습니다. 이를 아렌트는 '사회'의 탄생이라고 말합니다. "중요한 것은 무슨 일을 하든 간에 사회의 모든 구성원이 자신의 활동을 주로 자신과 자기 가족의 생계 유지수단으로 파악한다는 것이다. 단지 살기 위해서 상호의존한다는 사실이 공적인 의미를 획득하고, 단순히 생존에 관련된 활동이 공[적인 것]으로 등장하는 곳이 '사회'다."[27]

이는 조금 전에 '공적인 것과 사적인 것'에 대한 저자들의 논의와 적절하게 잇닿아 있습니다. 이렇게 되면서 공적인 것이 사적인 것의 수단이 됩니다. "국가란 부르주아의 공동의 문제를 처리하는 집행위원회다"라는 〈공산당 선언〉의 테제는 이런 맥락에서 좀더 강하게 해석되어야 합니다.

다시 이 책으로 돌아갑시다. '진화된 제국' 등의 경우, 국가가 이러한 의미의 '공적 영역' 형태와 결부된 것으로 '진화'되면서, 이전에는 집합적이고 신분적이었던 그런 관계가 이제는 소유자 사이의 사적이고 인격적인 의존관계, 그리고 소유자와 비소유자 사이의 사적이고 인격적인 의존관계가 됩니다. 상인들 간의 계약이나, 상인이 장인에게 주문하여 생산하는 식의 계약이 전자(소유자 간의 관계)에 속한다면, 봉건 영주와 농민 간의 관계나 도시에서 장인과 직인 간의 관계, 혹은 도시인과 농민 들과의 관계 등은 후자(소유자와 비소유자 간의 관계)에 속합니다. 이러한 관계들이 공동체적 관계들과 병존하거나 그것을 대체하게 됩니다.

그에 따라 법(droit)은 주관적이고 통접적이고 상례적인(topique)

---

(27) 아렌트, 앞의 책, 99쪽.

것이 된다고 합니다(MP, 563; II, 240). 다시 말해 보편성과 객관성의 형식을 취하는 근대적 법과 달리 인격적인 의존관계에 기초하기 때문에, '누구인가'에 따라 다른 양상의 규칙들이 분배되게 마련이고, 그에 따라 이런 국가의 법을 '주관적'이라고 한 것이지요. 여기선 다른 경우들에 적용하는 데 일종의 '기준' 역할을 하는 대표적인 사례들이 법적 보편성을 대신하기에 '상례적'이라고 한 것입니다. 아마도 '관습법'이라고 하는 게 이런 법적 형식과 가까운 것이 아닐까 싶습니다.

통접적이라고 했던 것은, 다양한 경우들이 갖는 개별적 고유성을 추상하여 하나의 형태로 통합하거나, 아니면 탈형식화된 하나의 흐름으로 통합하는 것을 뜻합니다. "이는 국가장치가 새로운 과제에 직면하기 때문이고, 그 과제가 이미 코드화된 흐름을 초코드화하기보다는 그 자체로 탈코드화된 흐름들의 통접을 조직하는 것이기 때문이다."(MP, 563; II, 240) 아마도 부와 재화의 흐름을 제국적인 방식으로 초코드화하는 대신에 상품화하는 방식으로 탈코드화하는 것이 이에 해당될 수 있을 텐데, 그렇지만 자본주의에서처럼 일반화된 통접을 수행하지는 않는다는 점을 추가해두어야 합니다. 그리고 이런 국가에서는 "제국적 기표의 작동이 주체화 과정에 의해 대체되고, 기계적 노예화는 사회적 예속의 체제에 의해 대체"되었다고 합니다(MP, 563; II, 240). 기계적 노예화와 사회적 예속은 뒤에서 다시 나오기에 그때 이야기하기로 하지요.

앞서 말했듯이 이러한 국가는 로마 같은 '진화된 제국', 서양 중세의 자치도시, 봉건적 체제 등의 다양한 형태를 취합니다. 그런데 "주체화·통접·영유는 탈코드화된 흐름들이 계속해서 흐르고 탈주하는 새로운 흐름들을 부단히 발생시키는 것을 막을 수 없다"고 합니다(MP, 564; II, 241). 여기서 국가장치는 탈코드화된 흐름들과 함께 있어야만 기능할 수 있기 때문이지요. 그러나 이러한 흐름들이 서로 모이면서 함께 흐르는 것을 방치하진 않습니다. **흐름의 통접은 국지적인 것에 머물고, 통접적인 일반화는 상례적인 것 이상으로 나아가지 않지요.** 중세도시에서 자본주의적 요소들의 발흥이 도시의 성벽을 넘지 않았고, 상업과 자치제 또한 그와 다르지 않았던 것을 앞서 보았듯이 말입니다.

따라서 이 진화된 형태의 국가에서 탈코드화된 흐름이 일반화된 흐름의 통접으로, 자본주의로 나아가리라는 추론은 그 자체론 불가능합니다. 이것이 "자본주의가 중국에서, 로마에서, 비잔틴에서, 중세에서, 일정 순간에 시작될 '수도 있었다는', 즉 자본주의를 위한 조건들은 실존했지만 실행되지 않았거나 심지어 실행될 수 없었다는 역사가들의 인상을 설명해준다"고 말합니다(MP, 564; II, 241).

3) 근대 국민국가

그렇다면 자본주의 내지 자본주의국가는 어떻게 가능했던 것일까? "그것이 실현되기 위해서는 탈코드화된 흐름의 **전체적 적분[통합]**이, 선행의 장치들을 범람하고 뒤엎는 **일반화된 통접 전체**가 있어야 한다"는 게 저자들의 대답입니다. 국지적인 통접, 상례적인 통접, 이런 것들을 가지고는 안 된다는 겁니다. '전체적'이고 '일반화된'이란 말을 특별히 강조할 필요가 있는 것은 이런 국지적 통접과 구별하기 위해서지요. "이 새로운 사회적 주체성은 단지 탈코드화된 흐름들이 그들의 통접들을 넘쳐흐르고, 국가장치들이 더 이상 돌이킬 수 없는 탈코드화 수준을 획득하는 한에서만 형성될 수 있다"(MP, 565; II, 242)는 겁니다.

《자본》 1권의 '본원적 축적'에 관한 장에서 맑스는 자본주의란 한편으로는 '자유로운 노동자'의 축적이, 다른 한편으로는 '일반화된 부'의 축적이 결합할 때 비로소 시작할 수 있었다는 것을 보여줍니다. 신분적인 코드로부터 해방되어 어떤 일이든, 또 누구를 위한 일이든 할 수 있으며, 가장 중요한 생산수단이었던 토지로부터 분리되어 다른 어떤 일이든 하지 않으면 안 되는 무산자들이 바로 전자지요. 일반화된 부란, 영주의 토지든 지주의 토지든, 혹은 상인의 상품이든 수공업자의 생산물이든, 어떤 것도 서로 교환되고 등치될 수 있는 부와 재화의 흐름이 되는 것을 뜻합니다. 이 책 역시 동일하게 말합니다.

> 한편으로 노동의 흐름은 더 이상 노예나 농노로 정의되어서는 안 되며, 벌거벗은 자유로운 노동자가 되어야 한다. 다른 한편으로 부는 화폐 거래나 상인의 부, 혹은 토지와 연관된 부로 정의되어서는 안 되며, 순수하게 동질적이고 독립적인 자본이 되어야 한다.(MP, 565; II, 242)

앞서 부의 탈코드화된 흐름이란 영주의 봉토, 지주나 교회의 토지, 상인의 화폐와 상품처럼, 상이한 지층에 속해 있는 부들이 서로 교환될 수 있고 서로 분할되어 뒤섞일 수 있는 것으로 동질화되는 것을 의미합니다. 나아가 이러한 재화들이 단지 '일반화'되고 탈코드화되는 것만으로는 충분하지 않습니다. 그것은 누군가에 의해서든 집적되어 누적되어야 합니다. "탈코드화된 흐름의 전체적 적분〔통합〕"이 있어야 한다는 것은 이런 의미에서지요.

그런데 여기서 'integration'이란 말을 '통합'이라는 통상적 번역 말고 '적분'이라는 수학 용어로 번역한 것은 그저 멋으로 그런 것만은 아닙니다. 다시 맑스를 빌리지요. 맑스는 자본을 '자기증식하는 화폐'라고 정의했고, 이를 $G + \Delta G$라는 공식으로 요약한 바 있습니다. 여기서 자본을 화폐와 구별해주는 것은 기왕의 G에 추가되는 성분인 ΔG입니다. 이것이 바로 자본에 고유한 힘과 권력을 정의해주는 성분입니다. 자본의 운동방향을 규정하는 성분이 바로 그것이지요. 이는 화폐에 부가되는 '미분적 성분'이라고 할 수 있습니다.

반면 본원적 축적에 관한 장에서 맑스가 말했듯이, '일반화된 부의 집적'으로서 자본이란 다양하고 이질적인 부의 요소들을 '자본'으로 동질화하고 일반화하여 하나의 부로 합친 것입니다. 이런 의미에서 그것은 분명히 일반화된 부의 '적분/통합'이라고 말할 수 있습니다. 그것은 자본에 포함된 미분적 성분의 '적분'이란 의미에서, 그 집적량의 크기에 상응하는 권력의 요소를 잠재적으로 내장하는 그런 통합이란 의미 또한 포함합니다.

다시 자본주의의 발생으로 돌아가면, 앞서 말한 두 가지 탈코드화된 흐름이 하나로 결합될 때 비로소 자본주의가 발생합니다. "보편적 주체 및 대상 일반을 서로에게 제공하면서 자본주의를 구성하는 것은, 한 번의 타격 속에서의 추상적 통접이다. 자본주의는 동질화된 부의 흐름이 동질화된 노동의 흐름과 조우하여 그것과 결속될 때 형성된다."(MP, 565; II, 242) 여기서 '한 번의 타격'이라고 한 것은 아마도 본원적 축적에서 국가에 의해서 행해진 폭력을 지칭하는 것 같습니다. 동질화된 부의 흐름과 동질화된 노동의 흐름이 하나로 결속될 때 자본주의는 발생한다는 겁니다. 이를 저자들은 자신들이 말하는 "탈코드화된 흐름들의 일반적 공리계"의 발생과 동일한 의미라고 말합니다.

이러한 두 가지 탈코드화된 흐름의 결속이 없는 한, 광범위한 부의 축적도, 탈코드화된 거대한 노동력도 자본주의의 발생으로 이어지지 못합니다. 중세도시의 거대한 상업적 부나, 한국의 역사를 연구하면서 종종 말하는 이른바 '자본주의의 맹아'는 그것의 양적 크기가 아무리 커지고 그로 인해 직접 고용한 직공의 수나 상업적 영향력의 범위가 아무리 확대된다고 하더라도, 그 자체만으론 자본주의로 이어진다고 말할 수 없는 것은 바로 이 때문입니다.

이렇게 자본주의적 '결합'의 선이 그려지기 시작하면서 이제 사유재산은 그 자체로 직접적이고 무매개적인 권리가 됩니다. 재화와 소유자 간의 관계에 중요한 변화가 나타나게 되며, 이를 표현하는 새로운 법적 형식이 출현하게 됩니다. 이전의 제국적 고대국가나 황제 내지 왕이 통치하는 국가, 혹은 봉건국가에서는 소유가 언제나 국가나 왕, 혹은 영주나 공동체 등과 결부되어 코드화되어 있었기에, 그것을 점유하여 경작하고 이용하는 자가 소유권을 갖지 못했습니다. 대개 토지의 소유권은 왕이나 영주들이 갖고, 직접 생산자인 농민들은 점유권 내지 사용권만을 가질 뿐이었지요.

봉건적 지대는 대개 점유자인 생산자가 소유자인 영주나 왕에게 수확량의 일정분을 바치는 것이었지요. 그래서 통상 왕이나 영주 등 지배계급의 소유권을 '상급 소유권'이라고 하고, 농민들의 점유권을 '하급 소유권'이라고 하며, 하나의 토지에 대해 두 사람이 소유하는 이런 관계를 '이중소유권'이라고 부르지요. 따라서 법은 모든 사람에게 적용된다고 언급하는 '보편성의 형식'을 취할 수 없었고, 다만 상례적인 경우에 준하는 것이 관례나 관습의 형태로 법적 규칙을 형성하게 되었던 거지요.

하지만 이중소유권이 해체되고 토지나 재화와 사람 간의 직접적이고 일원적인 관계가 수립되면서 사태는 달라집니다. 법은 이제 원칙적으로 모든 경우에 해당되며, 모든 사람들에 대해 동일하게 적용되는 보편적 형식을 향해 나아가게 됩니다. 근대적 법은 로마의 상례적인 법과 달리 공리적인 형식을 취하게 됩니다. '공리'란 관련된 정리들 전체에 동등하고 동일하게 적용되는 최소한의 보편규칙이고, 다른 정리들이 기초해야 하는 최상위 규칙이지요. 하위법은 상위법에 따라야 하고, 그 상위법은 근대적 일물일권주의(一物一權主義)에 기초한 몇 가지 규칙을 통해 구성됩니다. 이런 식으로 법은 하나의 공리적 질서에 따라 만들어지고 배열되지요. 근대법의 기원으로 간주되는 프랑스 민법이 그 대표적인 경우입니다. 더불어 저자들은 공리적 법은 피지배계급에 대한 **명령문의 형식이 아니라** 객관적이고 서술적인 문장으로 씌어지고, **완벽하고 포화된 합리적 체계를** 형성하는 듯이 가장하며, 새로운 공리들이 **추가될 수 있는** 방식으로 만들어진다는 점을 지적하고 있습니다(MP, 566; II, 243).

이 문턱에 이르면 경제가 '공적 형식'을 취할 뿐만 아니라, 정치나 그밖의 심급에서 분리하여 독립되는 현상이 나타납니다. 정치나 국가와 같은 것들을 매개로 하지 않고 직접적으로 소유자와 소유물 간의 관계가 설정되면서, 그 관계가 펼쳐지는 활동이 별개의 독립성을 갖게 되고, 그에 따라 정치로부터 분리된 영역이 되는 것입니다.

시장은 '보이지 않는 손'에 의해 통제되기 때문에 정치의 개입 없이 훌륭하게 작동하니, 국가는 경제에 간섭하지 말고 "그냥 내버려두라(Laissez faire!)"고 하는 자유방임주의와 애덤 스미스 식의 경제이론이 그것을 아주 잘 보여줍니다.

여기에는 경제로 하여금 정치의 영토적 제한과 독립적으로 확대되게 하는 탈영토화의 벡터가 내포되어 있었습니다. 그래서 맑스는 〈공산당 선언〉에서 "자본에게는 국경이 없다"고 말했고, 이 책은 "자본주의는 처음부터 국가에 고유한 탈영토화를 무한히 능가하는 탈영토화의 힘, 국가를 넘어서는 탈영토화의 힘을 동원해왔다"(MP, 566; II, 243)고 말합니다. 이런 것은 국가를 넘어서는 탈영토화의 양상을 표현하는 것처럼 보입니다.

이는 "모든 제한과 속박을 넘쳐흐르는 보편적 코스모폴리탄적인 에너지"를, 혹은 세계적 공리계를 구성합니다. "대외교환을 통해 국경을 가로질러 유통하고, 국가들의 통제를 벗어나고, 다국적인 전 세계적 조직을 형성하고, 정부 결정들에 간섭받지 않는 사실상 초국가적 권력을 이루고 있는 이른바 국적 없는 화폐대중(masse monétaire, 통화량)"(MP, 566; II, 243)이 그것입니다. 주식시장과 외환시장 등의 '화폐시장'을 드나드는 이러한 거대한 국제 금융자본이 얼마 전 동남아 경제위기나 한국의 외환위기에 결정적 역할을 했다는 것은 잘 아시는 바일 겁니다. 이런 의미에서 "자본주의는 국가 없이 지낼 수 있는 경제적 질서를 발전시킨다고 할 수 있다"고 합니다(MP, 567; II, 243~44).

그러나 국경을 "넘어선다는 것이 없어도 좋다는 것을 뜻하는 것은 아님"(MP, 568; II, 244)을 잊어선 안 됩니다. 앞서 본 것처럼, 자본주의가 도시 형태보다는 영토적 국가 형태를 통해서 진전되었다는 점에서 자본주의의 과거는 영토적 국가와 긴밀하게 결부되어 있습니다. "맑스에 의해 서술된 근본적 메커니즘들의 기초(식민체제, 공공부채, 근대적 조세체계와 간접과세, 산업보호주의, 무역전쟁 들)는 도시에서도 준비될 수 있었지만, 도시들은 그들이 국가들에 의해 영유되는 한도 내에서만 축적·가속화·집중의 메커니즘들로 기능한다."(MP, 568; II, 244) 지구촌화(globalisation) 같은 현상과 자유무역주의체제의 강요는 미국이나 자본주의 선진국의 보호장벽과 나란히 진행되며, 더욱이 노동시장의 면에서 국경의 벽은 이전 어느 시대보다도 강하고 높은 것이 또한 그렇습니다. 따라서 "국가의 고유한 탈영토화는 자본의 탈영토화를 조절하고 보완적 재영토화를 제공한다"고 할 수 있습니다(MP, 568; II, 244).

이런 극단적인 경우에서 다시 벗어나서, 일반적으로 자본주의에서 국가에 대해 저자들은 이렇게 말합니다. "노동과 자본이 자유롭게 유통하는 생산자들의 집단, 달리 말해 외부적 장애물이 없다는 원칙 아래 자본의 동질성과 경쟁이 실행되는 생산자들의 집단"이 "국가의 '유물론적' 결정요인"이지만, "자본주의는 그것이 유효하게 실행되기 위해서라도 독립적 자본의 흐름의 수준에서처럼 노동의 흐름의 수준에서도 국가들의 새로운 힘과 새로운 법을 항상 필요로 했다"고 말입니다(MP, 568; II, 244).

그래서 저자들은 자본주의 공리계의 실현 모델이 국민국가라고 말합니다. 공리계와 실현 모델 이야기는 조금 뒤에 하겠습니다. 어쨌든 국가 없는 자본주의가 아니라, 세계화라는 탈영토화의 벡터를 작동시키고 있을 때조차도 자본주의는 '국민국가'라는 영토적 국가를 실현 모델로 한다는 겁니다. "국가가 자본주의 공리계의 실현 모델이 되는 것은 그 모든 변종을 가진 국민국가 형태 속에서다."(MP, 570; II, 246) 여기서의 '국민(nation)'은 이런 흐름들의 토대 위에서 구성되고, 그에 조응하는 영토와 인민에게 일관성을 부여하는 근대국가와 불가분합니다. 그리고 "토지와 산업적 토대를 형성하는 것이 〈자본(Capital)〉의 흐름이듯이, 인민을 형성하는 것은 벌거벗은 노동의 흐름이다. 국민은 바로 집단적 주체화의 작동이고, 근대국가는 예속화 과정으로서 그것[집단적 주체화]에 조응한다"는 겁니다 (MP, 570; II, 246).

4) 공리계와 실현 모델

국가가 자본주의 공리계의 실현 모델로 봉사한다고 했지요. 여기서 잠시 '실현 모델'이란 말과 '공리계'라는 말에 대해서 좀더 분명하게 설명할 필요가 있습니다. 이는 다음 절에서 현대자본주의와 혁명에 대한 '강령적'(?) 입장을 서술하면서 저자들이 자주 사용하는 개념이기 때문입니다.

먼저 수학적인 의미에서 공리계란 알다시피 몇 개의 공리에 의거해 추론할 수 있는 정리들의 체계화된 집합입니다. 공리계의 모델이 되었던 유클리드 기하학의 경우, 몇 개의 정의와 5개의 공리에 의거하여 다양한 정리들을 추론하여 체계를 만들지요. 여기서 공리들은 오랫동안 '자명하다'고 간주되었던 일반적인 명제들이고, 공리계 안의 어디서나 유효하게 이용될 수 있는 명제들입니다. 더불어 이 공리계에는 필요하다면 새로운 공리가 추가되거나 제거될 수 있고, 어떤 공리가 다른 것으로 대체될 수도 있습니다. 예컨대 유클리드 기하학에서 평행선 공리를 다른 것으로 바꿀 수도 있고, 집합론의 공리계에 연속체 가설이나 선택공리를 넣을 수도 있고 뺄 수도 있습니다. 정리와 달리 공리는 다른 공리들로부터 독립성을 갖고 있기에 그렇습니다. 그리고 그런 식으로 공리가 추가되거나 대체되면 정리들의 내용은 전반적으로 달라지게 됩니다.

실현 모델이란 말은 공리계를 형식화하는 경우에 필요합니다. 형식주의로 유명한 수학자 힐베르트(D. Hilbert)는 기하학이나 수학에서 직관적인 내용이 엄격한 수학적 추론에 방해가 된다고 생각했지요. 그래서 점, 선, 면 등처럼 직관적 내용을 포함하는 단어나, 교차한다, 평행하다 등과 같은 서술어들을 모두 내용이 배제된 형식적 기호로 바꾸려고 했습니다. 그래서 점, 선, 면 대신에 가령 x, y, z 등과 같은 기호를, 교차한다, 평행한다 대신에 A, B 등과 같은 기호를 사용한다는 겁니다. 그러면 기호들 간의 형식적으로 정합적인 공리계가 구성될 수 있을 것이고, 그 추론에서 직관적인 내용 때문에 오류를 범할 가능성이 사라질 거라고 생각한 거지요.

그러나 이런 기호들의 정합적 체계는 그 자체론 아무 내용이 없기 때문에, 그것을 사용하려면 적합한 단어로 다시 바꾸어야 합니다. 그런데 힐베르트는 기호들의 형식적 관계가 모순이 없다면 점, 선, 면 대신에 책상, 의자, 컵을 x, y, z 자리에 써넣어도 그 관계는 유효할 것이라고 믿었습니다. 물론 A, B를 적당한 다른 말로 바꾸어야겠지만 말입니다.

그러나 알다시피 그렇게 될 경우 어이없는 문장들의 집합이 만들어집니다. 가령 고래, 상어, 문어를 x, y, z 자리에 써넣고, A를 '~보다 길다', B를 '~보다 짧다'라고 대체한다면 어떨까요? 기호들의 관계가 아무리 정합적이어도 이걸로 만들어진 문장이 자동적으로 정합적일 리는 없습니다. 더구나 그 정합성은 이제 수학이 아니라 동물학에 의해 판단해야 할 문제가 되지요. 어쨌든 형식화된 공리적 체계에서 기호를 적절한 단어로 바꾸어넣는 것을 수학에서는 '해석'이라고 하고, 그렇게 만들어진 실제적인 모델을 공리계의 '실현 모델'이라고 부릅니다.

자본주의를 하나의 공리계로 본다는 것은, 가령 교환의 공리(모든 상품은 등가교환된다), 소유의 공리(모든 재화의 처분권은 한 사람의 소유자에게 귀속된다), 가치의 공리(모든 상품은 노동시간에 의해 정의되는 가치를 갖는다), 노동의 공리(일하지 않는 자는 먹지도 말라), 시장의 공리(가격은 수요와 공급의 균형점에서 결정된다), 생산의 공리(최소한의 비용으로 최대한의 생산물을 생산하는 것이 가장 생산적이다) 등등의 공리들이 때론 이것들이, 때론 저것들이 모여서 구체적인 경제의 양상을 규정하고 만들어내는 체계로 본다는 것을 뜻합니다. '정치경제학'이나 통상 '경제학'이라고 불리는 부르주아 경제학은 대개 이런 공리계 안에서 가능한 모델들을 만드는 게임을 하고 있는 거지요.

생산 부문이나 공장, 노동시장 등은 이런 공리계가 실제로 작동하는 일종의 '실현 모델'인 셈입니다. 국가가 실현 모델로 봉사한다는 말도 이런 맥락에서 이해하면 될 겁니다. 나중에 나올 것이지만, 공리계의 실현 모델들은 각각의 체계 안에, 필요와 조건에 따라 새로운 공리를 추가하거나 제거하는 방식의 가변성을 갖습니다. 가령 사회민주주의는 자본주의의 통상적 공리계에서 실업의 공리(노동의 공리)를 바꾸거나, 아니면 복지의 공리(국민들의 최소한의 생활을 국가가 보장해주어야 한다)를 추가한 경우라면, 이른바 '신자유주의'는 케인스주의적 체계에서 복지의 공리 등을 제거한 경우라고 할 것입니다.

그런데 어떤 사회, 가령 자본주의를 하나의 공리계로 정의하는 것과 코드화된 체계로 정의하는 것은 어떻게 다른가? 여기서 저자들은 공리계를 모든 종류의 코드나 코드화와 분명히 구별하고 있습니다. "공리계란, 그 본성을 특정화(特定化)하지 않은 채 아주 다양한 영역에서 동시에 직접적으로 실현되는 순수하게 기능적인 요소나 관계를 그 자체로 다루는 것이다. 반면 코드란, 그 영역이 상대적[제한적]이며, 질적인[양화되지 않은] 요소들 간의 특정화된 관계를 언표하며, 초월적이고 간접적인 방식으로만 상위의 형식적 통일성에 도달(초코드화)할 수 있을 뿐이다."(MP, 567; II, 244)

가령 중세도시에서는 상업이나 교환조차 공리계처럼 일반화되지 않았습니다. 즉 상인들은 원격지 무역에 대해서는 초과이윤을 크게 붙였고, 상인 간의 거래나 수공업자와의 거래에서는 대체로 시장의 규칙에 따랐지만, 농민들에게는 초과이윤을 붙여서 팔았고 그들의 생산물을 가치 이하로 싸게 구입했습니다. 이 경우 상이한 교환의 규칙이란 제한된 영역에서 상인들이 맺는 특정화된 관계를 표시해주는 것이란 점에서 공리가 아니라 일종의 '코드'지요.

봉건제 하에서 사람들의 관계 또한 특정화되어 있습니다. 영주와 기사의 관계는 영주와 농민의 관계와 전혀 다르게 코드화되어 있고, 기사와 농민 내지 농노의 관계 또한 이와 다르게 특정하게 코드화되어 있습니다. 신분과 결부된 법이 이를 표현해주지요. 한국의 예를 들면, 심지어 한 가족 안에서 적자와 서자도 상이한 신분으로 특정화되어 있었지요. 더구나 홍길동처럼 어머니가 하인 신분인 경우, 아버지를 아버지라고도 부를 수 없는 특정한 코드가 제도적으로 존재하고 있었습니다. 여기서도 코드들은 각 영역의 특정한 관계에 따라 만들어지고, 그렇기에 그 영역에선 아무리 일차적인 규칙도 그곳을 벗어나면 적용되지 않지요. 인간이라는 이름으로 사람들의 관계가 보편적인 동등성을 획득하게 된 것은 이러한 모든 특정한 신분적인 코드들을 제거(탈코드화)하여 공리계적 성격을 얻게 되었음을 뜻합니다.

한편 공리계 역시 단일한 공리가 다양한 영역에서 공통된 규칙으로, 초월적 규칙으로 군림하고 있다는 점에서 '초코드화'의 일종이라고도 할 수 있습니다.[28] 어른이나 아이나, 내국인이나 외국인이나, 농촌이나 도시나, 취업자나 실업자나 동일하게 "일하지 않는 자는 먹지도 말라"는 노동의 공리가 적용된다는 것은 하나의 규칙이 초월적 코드의 자리를 차지하고 있음을 잘 보여줍니다. 하지만 여기서 이 규칙은 '코드'처럼 제한된 영역이나 제한된 대상을 갖지 않으며 어디서나 그리고 누구에게나 동일하게 직접적으로 적용됩니다.

이처럼 공리계가 초코드화의 일종이긴 하지만 모든 초코드화가 공리계를 구성하거나 공리계처럼 작동하는 것은 아닙니다. 가령 고대제국에서 황제체제로의 초코드화는 다양하고 이질적인 코드들을 해체하여 황제와 결부된 하나의 코드에 의해 통합하고 복속시키지만, 이 경우에는 귀족들처럼 질적인 차이들을 위계적 형태로 황제 아래 포섭한다는 점에서, 동질화하고 보편화하는 공리계의 초코드화와

---

[28] 공리계가 모든 종류의 형식을 추상하는 추상기계와 다른 것은 바로 이 때문입니다.

다릅니다.

앞서 자본주의의 공리계와 실현 모델에 대해 잠시 언급했지요? 그런데 실현 모델은 그것이 동일한 공리계의 실현 모델이라도 때론 동형성을 갖기도 하지만 때론 이형성을 갖기도 하고 다형성을 갖기도 합니다. 가령 상품자본, 생산자본, 화폐자본은 상이한 질을 갖고 상이한 방식으로 다루어집니다. 예를 들어, 화폐자본과 달리 상품자본은 물건이 팔리지 않는 공황 같은 때에는 파괴되거나 바다 속에 던져지게 되고, 생산자본은 불황시에는 굴러가지 않는 고철더미가 되기도 합니다.

하지만 거꾸로 바로 그런 모습에서 자본으로서의 동형성을 발견할 수도 있을 겁니다. 창고에 쌓인 물건을 남을 주는 게 아니라 바다에 처넣는 것은 "팔아야 하고 증식해야 한다"는 상품과 자본의 공리 때문이고, 공장이 놀게 되는 것 자체는 "돈으로 증식되어 돌아올 수 없다면 생산하지 않는다"는 자본의 공리 때문이니까요. 이처럼 상이한 질을 갖고 상이하게 다루어지지만 이들은 모두 자본으로서 동형성을 갖습니다. "실현 모델들이 가변적이라 하더라도 그들이 유효하게 실행되는 공리계와 관련해서는 동형적이다"(MP, 568; II, 245)는 말은 이런 맥락에서 이해할 수 있을 겁니다.

공리계가 다형성은 물론 이형성조차 포괄할 능력을 갖는다는 것은 가령 시장이나 국가와 관련해서 이렇게 이야기할 수 있습니다. 첫째, '세계체제론'을 주장하는 사람들이 자주 말하듯이, 넓은 의미에서 하나의 세계시장만이 존재한다고 할 때, 그리고 세계시장을 통해서 국가들이 관계할 때, 그리고 그 세계시장이 자본주의적인 세계시장이라고 할 때, 심지어 자본주의의 공리계와 이형성을 갖고 있는 사회주의국가조차도 동형적이라는 것입니다(MP, 569; II, 245). 왜냐하면 사회주의도 자본주의적인 세계시장 안에서 교역과 무역을 하는 한, 물물교환을 하거나 사회주의적 분배원리에 따라 거래할 순 없기 때문이지요. 당연히 사회주의국가도 그 안에서는 상품으로 내놓고 이윤을 극대화하려는 원리에 따라 거래를 하게 됩니다. 부분적이겠지만, 생산조차 이러한 목적에 의해 이루어지게 되기도 할 겁니다. 따라서 자본주의적 세계시장에서 작동하는 공리계는 사회주의라는 이형적 체제조차도 포괄한다고 할 수 있지요.

둘째로, 일반적인 생산관계로서의 자본은 매우 용이하게 비자본주의적 생산양식의 구체적 부문들을 포괄하고 통합할 수 있습니다(MP, 569; II, 245). 이는 이전에 종속이론이나 이른바 '생산양식 접합이론' 등에서 많이 지적했던 것이지요. 노예적인 노동방식으로 운영되는 브라질의 플랜테이션 농장이나, 십장이 노동자를 모으고 관리하면서 자본과 계약하여 일하는 도시의 이른바 '비공식부문', 아니면 아예 미국의 노골적이고 극한적인 노예제 등이 자본주의와 나란히 공존하면서 자본에 의해 초과착취당하고 있지요. 이렇게 상이한 종류의 비자본주의적인 생산양식을 포괄하고 통합할 수 있다는 점에서 자본주의는 '다형적이다'라고 할 수 있습니다. 이는 비자본주의적 요소를 착취하여 이윤을 극대화하려는 자본의 공리에 따른 것입니다.

그러나 관료적인 사회주의국가들은 자본의 증식을 위해서 자유주의와 무역을 하는 것이 아니기 때문에 근본적으로 자본주의와 다르다고 할 수 있습니다. 오히려 그것은 공리계를 넘어서는 능력을 만들기 위한 목적을 갖고 있지요. 결국은 자본주의를 넘어서는 사회주의의 경제적 능력을 극대화하려는 데 목적이 있다는 거지요. 물론 교역을 위해서는 자본주의적인 공리계 속으로 들어가는 것이 불가피하지만, 그럼에도 불구하고 자본주의와는 전혀 다른 이질성이 있는 거지요. 하지만 자본주의는 그것조차 하나의 세계시장이라는 형태로 포괄한다는 것입니다. 물론 반대로 사회주의권이 그렇듯이, 자본주의적 공리계를 넘어서는 '능력'의 집합을 형성하려는 목적에서 자본주의와 결합되는 경우도 이런 범위에 들어갈 수 있을 겁니다("이것이 제공하는 기회를 우리는 왜 자꾸 묵시록적으로 사유하려는 것일까?" MP, 569; II, 245)

따라서 단일한 세계시장으로 인해 초래되는 불가피한 동형성으로 국가나 생산양식의 문제를 동일화하거나 호환적인 것으로 취급하는 것("어떤 것이든 그게 그거다")은 그 이형성과 다형성을 보지 못한다는 점에서 잘못된 것이라고 하겠습니다. 이른바 서구의 민주주의국가를 특권화하거나(그것이 다른 지역에 수립하거나 지원하는 전제정과의 보완성을 생각해보세요), 전체주의라는 이유로 자본주의의 전체주의국가와 사회주의의 그것을 동일시하는 것도 마찬가지 이유로 잘못된 것이지요.

5) 기계적 노예화와 사회적 예속화

마지막으로 들뢰즈/가타리는 '기계적 노예화'와 '사회적 예속화' 개념의 차이를 부가해두고 있습니다. 간단히 설명하지요. 먼저 '기계적 노예화'란 "인간이 그 자체로 인간 상호 간에, 혹은 인간과 다른 것들(동물, 도구 들)과 함께 구성되는 기계의 구성요소가 될 때, 그리고 상급의 단위의 통제와 지휘 아래 놓이게 될 때, 〔기계적〕

노예화가 존재한다"고 합니다(MP, 570, II, 246). 물론 여기서 '기계'라는 개념이 대개 복사기, 기관차, 책상 등과 같은 것으로 표상되는 18세기의 기계론적(mécanique) 기계가 아니라, 하나의 계열을 이룸으로써 어떤 배치의 부품이 되는 모든 것, 혹은 그렇게 하여 만들어진 집합체임은 분명합니다.

그런데 여기서는 기계적 노예화를 고대제국에서 나타나는 '거대기계(mégamachine)'와 관련하여 말하고 있습니다(이 거대기계 개념은 도시사가인 멈포드L. Mumford에게서 차용한 것입니다). 피라미드를 만드는 제국적 거대기계, 혹은 관개사업에 동원되는 이른바 아시아적 생산양식의 전제적 거대기계 등이 그것입니다. 이 경우 일하는 인간은 도구나 동물을 부리고 '사용하는' 존재가 아니라, 기계의 일부로서 작동하는 존재란 의미에서 기계적 노예화라고 불리는 겁니다. 이는 특히 고대의 거대기계의 경우 '사회적 기계'와 상관적입니다.

반면 일하는 인간이 도구나 동물, 기계를 부리고 작동시키며 사용하는 존재로서 관계할 때를 '사회적 예속화'라고 부르고 있습니다. 기계의 노예가 아니라 기계에 예속된 존재라는 의미에서 '예속화'라고 하는 것이며, 그 기계들은 사회적 기계가 아니라 기술적 기계일 뿐이고, 따라서 예속이 발생하는 범위는 기술적 기계와 인간의 결합을 포괄하는 사회적 층위라는 점에서 '사회적' 예속화라고 말한 듯합니다. 여기서 인간은 기계의 구성요소가 아니라 노동자나 사용자가 되겠지요. 물론 이런 노예화와 예속화의 구별이 어떤 것은 인간적이고 어떤 것은 덜 인간적이라는 얘기와는 아무 상관이 없다고 강조하고 있습니다.

"고대 노예제, 그리스 로마의 노예제, 그리고 봉건적 농노제가 이미 예속의 절차들이었다"고 해요(MP, 571; II, 246). 동력기계의 발명이 기술적 기계 자체의 발전을 야기하면서, 그 기계 자체의 독립성과 체계성을 강화했기 때문에 노동자를 기계에 예속된 상황의 극한으로 몰고갑니다. 즉 그것은 기계적 노예화가 아니라 사회적 예속화를 가져온다고 해요. 노동자를 노동하려는 의사를 스스로 팔 수 있는 존재로 만들고, 기계에 예속되지만 기계를 사용하는 주체로 표상하는 자본주의가 그와 나란히 갑니다. 이 경우 노동자는 기계와 관련된 언표 주체일 뿐이고, 실질적으로 그 언표 주체를 '말'로 삼아 움직이는 것은 언표행위의 주체인 자본가지요.

하지만 여기서 이른바 인간중심주의, 다시 말해 휴머니즘은 언표 주체인 노동자와 그 대상인 기계를 확실하게 구획해줌으로써 노예화와 구별되는 예속화에 최소한의 위로를 제공하는 것처럼 보입니다. 비록 노동자가 기계에 예속되어 움직이긴 하지만(자본가에 의해 움직여지는 게 아니라!) 노동자는 인간이지 기계가 아니라는 위안 말입니다. "임노동 체제는 인간 존재의 예속을 전례없는 지점으로 몰고가서, 여전히 인간주의적 외침 속에서 정당화되고 있는 특이한 잔혹을 전시한다: 아냐, 인간은 기계가 아냐, 우리는 그들을 기계로 다루지 않아, 우리는 확실히 가변자본을 불변자본과 혼동하지 않아······."(MP, 571; II, 247)

이러한 구분은 사실 기묘하게도 '주체'에 관한 통상적인 표상과 위험스레 잇닿아 있다고 보입니다. 기계의 구성 부분인가, 기계의 사용자인가 하는 구분이 특히 그렇습니다. 그럼에도 불구하고 이 두 가지 개념을 제시하는 것은 최근의 자본주의에서 나타나는 어떤 양상을 개념화하기 위해서인 듯합니다.

앞서 자본주의와 동력기계는 사회적 예속화를 '발전'시켰지만, 기계의 제3세대라고 할 수 있는 사이버네틱 기계나 정보적인 기계들은 이른바 '인간적 요소'라고 할 수 있는 것을 기술적 기계 자체의 일부분으로 포함하고 있다는 점에서 "일반화된 노예화 체제를 구성하는 세 번째 시대를 형성한다"고 합니다(MP, 572; II, 247). 여기서 기계와 인간의 관계는 '사용'이 아니라 내적이고 상호적인 소통에 기초하고 있다는 겁니다.

이 책보다 나중에 씌어진 것이지만,《푸코》에서 들뢰즈는《말과 사물》에서 푸코가 말했던 '인간의 죽음'에 대해 언급하지요. 즉 그는 '인간의 죽음' 이후의 인간이란, 인간과 기계를 분리하는 인간중심주의적 경계를 넘어선 새로운 인간의 출현을 예고하는 것이라고 해석합니다. 간단하게 말해 그는 "실리콘과 인간의 결합"에서 새로운 '인간'의 출현을 보고 있습니다. 이는 방금 말한 사이버네틱 기계나 정보적 기계가 함축하는 인간적 요소뿐만 아니라, 여러분처럼 이미 컴퓨터 없이는 글을 쓸 수 없게 되었고, 인터넷 없이는 사고하기 어려워진 사람들, 일종의 사이보그라고 해야 할 사람들을 포함하고 있다고 해도 좋을 겁니다.

이 경우 노동자 개개인이 더 주체화된다고 할 수 있는가 없는가를 둘러싼 논란, 가령 노동 과정과 포디즘, 토요티즘(Toyotism) 등과 관련해서 제기되는 논란은 제쳐둡시다. 하지만 이 제3 형태의 기계적 노예화 체제는 고대적 체제와 달리 인간적 요소의 적극성을 요구하고 있다는 점에서 "더 많은 주체화"와 나란히 가는 그런 노예화 체제라는 것을 강조하고 있습니다. 어쨌든 이러한 새로운 노예화 체제에서 인간과 기계의 경계는 모호해지고, 그에 따라 작업체제가 변하며, 잉여가치의 생산은 인간이 하는 것이라기보다는 차라리 양자의 결합체로서 기계가 하는 것이고, 이런 점에서 잉여가치 자체가 "기계적으로 된다"고 말하고 있습니다. 이는 가치와 잉여가치에 대한 개념 자체가 바뀌어야 한다는 점을 시사하고 있습니다.

TV와 관련해 예를 들어 이야기하고 있는 부분은 아주 재미있습니다. 우리가 통상 생각하듯이 TV를 사용하고 소비하는 존재인 한 ("TV를 만들어주시는 시청자 여러분……."), 우리는 TV라는 기계에 예속되어 있는 거지요. 이 경우 TV는 모니터 안에서 말하는 언표행위의 주체와, "내가 사용한다"고 착각하는 언표 주체 사이를 연결해주는 매체에 불과합니다. 그러나 실질적인 프로그램을 포함하는 기계로서 TV는 시청자들의 반응과 태도 등에 관한 정보를 끊임없이 수합하고 피드백하여(가령 시청률 조사, 모니터링 등등) 프로그램을 만들게 하고, 또한 시청자는 TV에서 나오는 정보들, 가령 화장이나 옷의 스타일, 광고, 행동방식 등등을 통해서 자신의 행동과 삶을 만들어갑니다. 이 경우 프로그램을 만드는 제작진이나 그것을 소비하는 시청자는 TV를 사용하는 게 아니라 TV-기계의 '입구'와 '출구'로서 TV-기계에 포함된 부품입니다. 따라서 제작진이나 시청자는 이미 TV 기계의 일부로서 TV에 노예화되어 있다고 할 수 있습니다 (MP, 573; II, 248).

이런 맥락에서 본다면 TV를 보는 것도 잉여가치를 생산하는 것이고, 따라서 시청자도 착취당하는 '사회적 노동자'의 일부라는 네그리(A. Negri) 같은 사람의 주장은 훨씬 더 이해하기 쉬울 겁니다. 이는 인간과 기계의 개념은 물론, 생산이나 노동, 가치와 잉여가치, 착취 등에 관한 개념 전체에 대해 근본적으로 다시 사유해야 하는 문턱을 우리가 지나고 있다는 것을 시사해준다고 하겠습니다.

5. 공리계와 현재의 상황

마지막으로 '공리계와 현재의 상황' 입니다. 제목을 대신하는 '명제' 인 이 문구는 더욱더 어이가 없습니다. 어디서든 이런 식의 '명제'를 보신다면 제게 꼭 연락을 주세요. 이런 경우가 또 있을 수 있다는 걸 확인한다면, 그것 또한 놀랄 만한 일이니 말입니다. 어쨌든 제목 자체가 매우 '선정적' 이지요? 마치 80년대 '운동권' 문헌에서 이른바 '정세분석' 을 한다면서 사용했던 익숙한 문구지요. 다만 현재의 상황이라는 말이 '공리계' 와 접속하고 있어서 단순한 상투구 냄새는 전혀 없지만 말입니다. 여기서 사용하는 '공리계' 라는 말이 자본주의와 밀접하다는 것은 이미 충분히 말했지요. 즉 그 말의 실질적 의미는 그 뜻은 보기보다 운동권 풍의 '상투구' 에 훨씬 가깝다는 것을 알 수 있습니다. 실제로 씌어져 있는 내용 또한 저자들의 정치적 입장을 준-'강령적' 형식으로 제시하고 있는 듯하다는 점 또한 인상적입니다. 전쟁기계와 포획장치를 다룬 12, 13장이 들뢰즈/가타리의 역사적 유물론, 혹은 강한 의미에서의 '정치학' 의 실질적인 요체를 보여주고 있다면, 특히 이 부분은 이 책의 실질적인 정치적 결론에 해당되는 부분이라고도 할 수 있겠습니다.

들뢰즈/가타리가 보는 오늘의 세계, 현재의 상황으로 들어가기 전에 두 개의 개념에 대해 미리 간략하게 설명해야 할 듯합니다. 하나는 이 절의 마지막에 자리잡고 있는 '결정 불가능한 명제' 라는 개념이고, 다른 하나는 소수자와 관련하여 집중적으로 다루어지는

'가산집합' / '비가산집합' 이라는 개념입니다.

먼저 '결정 불가능한 명제'를 봅시다. 이 개념은 수학자 괴델(K. Gödel)이 1931년 증명한 '불완전성의 정리'에서 사용된 것입니다. 이것은 완전성, 결정 가능성이란 개념과 대립적인 개념이지요. 앞서 잠시 언급했던 수학자 힐베르트는 모든 수학을 형식적인(직관적 내용을 제거하여 기호로 대체된) 공리계로 정리할 것을 주장했습니다. 앞서 점, 선, 면 대신 책상, 의자, 컵으로 해도 좋도록 기호로 바꾸어 정리하려는 입장에 대해 이야기했지요? 이를 '공리주의'라고 부릅니다. 그런데 칸토어(G. Cantor)의 무한집합론은 집합론 전체, 아니 수학 전체를 위기로 몰아넣을 역설의 출현으로 끝났습니다. 이 위기에 대처하기 위해 수학의 기초를 검토하는 이른바 '수학기초론'이 탄생했지요. 논리주의 · 형식주의 · 직관주의의 세 파가 그 가장 중요한 진영을 형성했는데, 당시 수학계의 주류는 러셀(B. Russell)과 프레게(G. Frege), 화이트헤드(N. Whitehead) 등의 논리주의와, 힐베르트의 형식주의였습니다.

특히 힐베르트는 수학의 기초를 확인하고 확고하게 하기 위해, 형식적 공리계로 정돈된 수학적 체계의 진리성을 증명하는 일종의 메타수학적 방법을 제시했습니다. 공리계 자체의 '완전성'과 '무모순성'을 증명하는 것이 그것입니다. '완전성'이란 간단히 말하면 공리계 안의 어떤 명제도 **공리들만으로** 참인지 거짓인지를 결정할 수 있음을 뜻합니다. 공리계 안의 모든 명제들의 참 · 거짓을 공리만으로 충분히 결정 가능할 때, 그 공리계를 '완전하다'고 말합니다. 역으로 말해, 공리들만으로 공리계 안의 어떤 명제가 참인지 거짓인지를 **결정할 수 없을** 때, 그 공리계는 '불완전하다'고 하고, 바로 그 명제를 '결정 불가능한 명제'라고 합니다. 무모순성이란, 말 그대로 공리계 안에 있는 명제들 상호 간에 모순이 없음을 뜻하고, 그때 그 공리계를 무모순이라고 말합니다.

그런데 괴델은 형식적 공리화의 방법을 그대로 따라가면서 두 가지 명제를 증명했습니다. 하나는 "자연수론을 포함하는 모든 형식적 체계에는 결정 불가능한 명제가 있다(즉 모든 형식적 공리계는 불완전하다)"는 것이고, 다른 하나는 "자연수론을 포함하는 모든 형식적 체계의 무모순성은 증명될 수 없다"는 것입니다. 그래서 이를 괴델의 '불완전성의 정리'라고 부르는데, 이는 앞서 형식적 공리화의 방법이나 형식주의적 기초론 전체가 완전히 폭파되는 '결정적'(!) 사건이었습니다.[29]

결정 불가능한 명제란 어떤 것인가? 가령 칸토어의 집합론에 포함된 것으로 '연속체 가설'이란 게 있습니다. 자연수의 집합의 수(농도)를 알렙 제로($\aleph_0$)로 표시하고, 실수의 농도를 $2^{\aleph_0}$로 표시하는데, 칸토어는 이 두 수 사이에 다른 수가 없다고 생각했습니다. 그런데 아무리 해도 이를 증명할 수 없어서 '가설'로 남겨두었는데, 나중에 미국의 수학자 코헨(P. Cohen)이 집합론의 형식적 공리계에서 이 가설의 참·거짓을 결정할 수 없다는 것을 증명했습니다. 즉 연속체 가설은 집합론의 형식적 공리계에서 결정 불가능한 명제라는 것을 증명한 겁니다.

좀더 알기 쉬운 것으로, 유클리드 기하학에 평행선 공리가 있습

---

(29) 사세한 건 수학사 책이나 집합론을 다룬 책을 참조하시거나, 아니면 제가 쓴 몽상적 책을 참조하세요.(이진경, 《수학의 몽상》, 푸른숲, 2000, 8장).

니다. 많은 사람들이 그 명제는 자명한 공리보다는 '정리'에 가깝다는 생각을 가졌고, 그래서 앞의 네 개의 공리만으로 그걸 증명하려고 애를 썼습니다. 그러나 실제로는 누구도 그걸 증명하는 데 성공하지 못했습니다. 반대로 그 명제를 부정한 다른 명제(평행선이 많다, 평행선이 없다)를 추가해서 새로운 기하학이 만들어질 수 있다는 것이 발견되었고, 그렇게 만들어진 공리계는 유클리드 기하학이 무모순인한 역시 무모순이라는 것이 증명되었습니다. 요컨대 유클리드의 네 개의 공리로 만들어지는 공리계에서 평행선의 공리는 '결정 불가능한 명제'라는 겁니다.

그런데 결정 불가능한 명제는 사실 공리계의 어떤 공리로도 증명이 안 되지만 반박도 안 되기에 모든 공리에서 독립적입니다. 따라서 결정 불가능한 명제를 **새로운 공리로 추가하여** 새로운 공리계를 구성하는 게 가능합니다. 평행선 공리가 결정 불가능하기에, 그것을, 혹은 그것의 부정을 공리로 채택해서 새로운 기하학적 공리계를 만들 수 있다는 겁니다. 그러나 괴델의 정리는 그렇게 결정 불가능한 명제를 새 공리로 채택하여 공리계를 만들어도 거기에는 또 다른 결정 불가능한 명제가 있을 수 있음을 함축합니다. 아무리 공리를 추가하더라도 결정 불가능한 명제는 또다시 나타납니다. 이런 점에서 공리의 추가로 공리계가 포화 상태에 이르는 경우는 없다는 것을 알 수 있습니다. 이는 나중에 '포화'에 대해 말할 때, 다시 나올 겁니다.

이처럼 결정 불가능한 명제는 공리계의 불완전성을 보여줄 뿐만 아니라, 공리계 안에서 탈주선을 봉쇄하는 것의 불가능성을 보여주는 것이라고도 할 수 있습니다. 이는 또한 모든 공리계가 그 외부를 포함하고 있다는 것, 다시 말해 외부를 향해 열려 있다는 것을 보여줍니다. 새로운 결정 불가능한 명제를 찾아내고 그것을 또 하나의 공리로 추가하면 기존의 공리계를 새로운 것으로 변형시킬 수도 있다는 겁니다.

다른 한편 어떤 공리계에서도 '공리'란 결정 불가능한 명제일 수 있음을 뜻하기에, 그것을 제거하는 것도 가능합니다. 이 경우 빈약한 공리계가 만들어지거나, 아니면 공리계의 구성이 불가능해질지도 모르는 일입니다. 사실 유클리드의 제5 공리를 바꾼 기하학은 들어봤지만, 그게 없는 기하학이 있다는 얘기는 못 들어봤으니 말입니다. 거기다 공리를 하나 더 제거해 세 개로 줄인다면 기하학이 불가능한 그런 상태가 될지도 모르겠습니다. 자본주의 공리계를 빈약하게 하거나 해체하는 것이 공리의 제거라는 이런 방법으로 가능할지 어떨지는 모르겠습니다만, 가능한 상상의 영역이 없진 않을 듯하네요.

다음, 가산집합과 비가산집합입니다. 가산집합이란 "셀 수 있는 집합"입니다. 가령 자연수의 집합은 무한집합이지만 하나 하나 셀 수 있는 집합입니다. 센다는 건 1, 2, 3, 4…… 하고 번호를 붙이는 것입니다(그래서 가산집합을 '가부번〔可附番, 번호를 붙일 수 있는〕집합'이라고도 번역합니다). 따라서 자연수의 집합은 말 그대로 셀 수 있는 집합이고 가산집합입니다. 그러니 '비가산집합'이란 "셀 수 없는 집합"입니다. "셀 수 없는 집합"이란 1, 2, 3, 4…… 하고 번호를 하나씩 붙여가는 게 불가능한 집합이고, 따라서 자연수와 일대일 대응을 시키는 게 불가능한 집합입니다. 칸토어는 정수나 유리수의 집합이 가산집합이라는 것을 증명했습니다. 이 말은 정수의 '수'(농도)나 유리수의 '수'가 자연수의 '수'와 같다는 것을 의미합니다. 이상하다고요? 어, 이건 유명한 건데. 자세한 건 집합론에 관한 책이나 제가 쓴 《수학의 몽상》을 참조하세요.

반면 실수의 농도는 자연수와 일대일 대응이 불가능하다는 것, 다시 말해 1, 2, 3, 4…… 하고 번호를 붙이는 게 불가능하다는 것 또한 칸토어가 증명했습니다. 다시 말해 실수의 집합은 비가산집합이라는 거지요. 그런데 비가산집합에는 실수만 있을까요? 아닙니다. 얼마든지 많습니다. 실수보다도 큰 비가산집합이 무한히 만들어질 수 있습니다. 이 방법은 나중에 소수자가 어째서 비가산집합인지 이해하는 데 필요하니 좀더 이야기하지요.

먼저 유한집합에서 생각해봅시다. 부분집합이 뭔지는 아시죠? 그런데 부분집합의 개수를 세는 방법을 혹시 아시나요? 예를 들어 {1, 2, 3, 4}라는 집합이 있다고 합시다. 원소가 모두 4개죠? 그럼 이 집합의 부분집합의 수는 모두 몇 개지요? 맞습니다. 2^4개지요. 그럼 원소가 n개인 집합의 부분집합의 수는 2^n개지요. 그런데 n이 1 이상이면 언제나 $n<2^n$이지요? 즉 원래 집합의 원소의 수보다 부분집합의 수가 항상 많습니다. n이 클수록 그 차이는 더 크지요. 그런데 이는 무한집합인 경우에도 마찬가지입니다. 그렇다면 가산집합인 자연수를 갖고 만들 수 있는 부분집합의 수는 분명히 자연수의 수보다 많겠지요.[30] 따라서 그것은 비가산집합입니다.

여기서 유심히 보아둘 것은 존재하는 어떤 요소(원소)들의 접속

---

[30] 자연수의 농도가 $\aleph_0$이고, 그것으로 만들어지는 부분집합의 수가 $2^{\aleph_0}$인데, 후자는 실수의 집합의 농도와 같습니다. 그리고 $\aleph_0 < 2^{\aleph_0}$ 또한 증명되어 있습니다.

내지 연결들을 통해 만들어지는 계열들의 수는 그 원소들로 만들 수 있는 **부분집합의 수와 동일하다**는 사실입니다. 예를 들어 집합 {1, 2, 3, 4}의 원소로 만들 수 있는 계열이란, 가령 1-2-3, 2-3, 1-3-4 등과 같은 것인데, 이를 {1, 2, 3}, {2, 3}, {1, 3, 4}로 표시한다면, 원래 집합의 원소로 만들 수 있는 부분집합과 동일하다는 걸 알 수 있지요. 따라서 어떤 집합의 원소보다, 그 원소들을 연결(접속)하여 만들 수 있는 계열의 수는 항상 많습니다($n < 2^n$).

이는 무한집합으로 확장하면 가산집합과 비가산집합의 차이와 같은 차이가 됩니다. 즉 존재자들에 비해 존재자들의 접속을 통해 이루어지는 생성(되기)은 그 폭이 훨씬 더 다양하고 훨씬 더 많은 가능성들을 갖고 있다는 겁니다. 다수자(majorité)가 어떤 척도적인 요소들의 집합이라면, 다수자가 구성요소들을 추가하여 수를 늘리는 것은 무한히 진행되어도 가산집합을 넘지 않지만, 소수자는 그와 다른 요소들의 **다양한 접속**을 통해 정의되는 만큼, 무한히 진행될 경우 그 확장 가능성을 가산집합에 담을 수 없다는 것입니다. 다수자가 가산집합임에 비해 소수자는 비가산집합이라는 말은 바로 이런 의미입니다.

이제 다시 책으로 돌아갑시다. 이 절은 7개의 항목으로 구분되어 있는데, 일단 첫째 항목으로 들어가기 전에 들뢰즈와 가타리는 '공리계'와 정치학의 근접성에 대해 말하면서 '공리계'의 특징을 세 가지로 요약하고 있습니다. 첫째, "공리계는 자신의 암중모색, 실험, 직관의 양식을 가지고 있다."(MP, 576; II, 251) 가령 독립적인 어떤 공리들이 추가될 수 있는가, 또 어느 정도까지 추가될 수 있는가, 아니면 공리들이 제거될 수 있는가 등의 '실험'입니다. 하지만 이는 가능한 실험의 폭이나 양상이 이미 충분히 제약된 범위와 형식 안에 제한되어 있다는 것을 보여줍니다. 둘째, "이른바 결정 불가능한 명제들에 직면하고, 통제 불가능한 상급의 능력들과 필연적으로 대결[조우]하는 것이 공리계의 성격이다."(MP, 576; II, 251) 유클리드 기하학의 공리계가 평행선 공리와 관련된 '결정 불가능한 명제'와 근 2천 년을 대결해왔다는 것은 잘 알려져 있으며, 모든 수학의 기초가 되리라고 여겨졌던 집합론의 공리계가 연속체 가설과 같은 결정 불가능한 명제를 피해갈 수 없었다는 것은 앞서 이야기했지요.

마지막으로, "공리계들은 과학의 첨점을 구성하지 않는다"고 합니다(MP, 576; II, 251). 공리계란 발견의 형식이나, 어떤 해결해야 할 문제를 풀기 위한 추구의 형식이 아니라, 발견된 것을 정리하고 체계화하는 형식이고, 체계 안에 담을 수 없는 것('모순적인 것')을 찾아내서 배제하는 형식이며, 특이한 것을 체계 안에 담을 수 있는 방식으로 코드화하는 형식이기 때문입니다. 즉 공리계화하는 것은 과학적 발견을 치고 나가는 '첨점'이 아니라 "오히려 정지시키는 점이고 재질서화며, 물리학과 수학에서는 탈코드화된 기호계적 흐름들이 모든 방향으로 탈주하지 못하게 막는" 점이라는 겁니다(MP, 576; II, 251).

1) 추가와 제거

들뢰즈/가타리가 자본주의를 하나의 공리계로 본다는 것은 앞서 말했지요? 그래서 예컨대 교환의 공리, 소유의 공리, 가치의 공리, 노동의 공리, 시장의 공리, 생산의 공리 등에 대해 제 식으로 간단히 요약해서 말씀드렸습니다. 어디 이뿐이겠습니까? 화폐의 발행이나 통화량 조절에 관한 '화폐의 공리', 이윤율과 이윤량에 의해 자본의 투자를 규제하는 '투자의 공리' 등등 더 많은 공리가 있을 겁니다. 수학적인 집합론을 공리계로 만드는 데도 17개 이상의 공리가 필요했는데, 자본주의야 어떻겠습니까?

그런데 앞서 말한 것처럼 자본주의의 공리계는 정치적·경제적 상황이나 계급투쟁, 전쟁 등의 조건에 따라 새로운 공리를 추가하거나, 아니면 있던 공리를 제거하거나 하는 일이 비일비재합니다. "자본주의 속에는 좀더 많은 공리들을 부단히 추가하려는 경향이 존재한다. 1차 대전이 종식된 후 세계 대불황과 러시아 혁명이 결합되면서 야기한 영향은 자본주의로 하여금 공리들을 배가시키도록 강요하였고, 노동계급, 실업, 노동조합 조직, 사회제도, 국가의 역할, 대외 및 국내시장들을 다루는 새로운 공리들을 발명하도록 강요하였다. 케인스 경제학과 뉴딜은 공리의 실험실이었다. 2차 대전 이후에도 새로운 공리들을 창조한 예로서 마샬 플랜, 원조 및 대부 형태들, 통화체계(통화제도)의 변형 등이 있다."(MP, 577; II, 252)

새로운 공리를 하나 추가하면 공리계 전체는 크게 달라집니다. 물론 자본주의의 기본적인 공리들이 그대로 존속하며 작동하고 있다는 점에서, 다시 말해 '자본주의라는 점에서' 별 차이가 없다고 말할 수도 있습니다. 근본주의적 입장에서 본다면 그렇다고 할 수 있습니다. 부분적인 개량이나 개선, 혹은 그것을 통한 위기의 타개책에 불과하다고 할 수도 있습니다. 그러나 노골적인 테일러주의적 축적체제와, 대량생산·대량소비를 짝으로 하는 포드주의적 축적체제는 "자본주의라는 점에서는 동일하지만" 그렇다고 이 양자가 동일하다는 사실만을 본다면 적어도 변화하는 현실에 대해 올바로 파악할 가능성이 없다는 건 분명합니다. 그런 축적체제의 변환은 분명히 사람들의 삶을 바꿀 뿐만 아니라, 계급적인 대립의 양상이나 전략의 변화를 반드시 수반할 것이기 때문입니다.

여기서 구체적인 축적체제에 대해 분석하거나 언급할 여유는 없습니다. 다만 공리를 추가하려는 경향과 제거하려는 경향을 구별해서 분류하거나 대비하는 것 정도는 가능할 듯합니다. 먼저 경제학적으로 볼 때, 국가가 시장에 적극적으로 개입하고 통화량이나 이자율, 유효수요의 창출 등을 위한 적극적 개입을 주창하는 케인스주의적 입장이 공리의 추가를 통해 자본주의의 고전적인 계급대립이나 불황 등에 대처하고자 하는 입장이라면, 반대로 '보이지 않는 손'인 시장기제의 작용을 강조하고 국가의 재정적인 개입을 반대하며, 실업이나 복지 문제에 대해 부정적인 태도를 갖고 있는 대처리즘이나 레이거노믹스 등등의 '신자유주의'는 기왕에 추가된 공리를 제거하는 방향으로 나아갈 것을 주창하는 입장이라고 할 수 있습니다.

다른 한편 저자들은 사회민주주의와 전체주의를 대비하여 설명하고 있습니다. "국가의 매우 일반적인 극인 '사회민주주의'는 투자 영역과 이윤의 원천의 영역과 관련하여 공리들을 추가하고 발명하는 경향에 의해 정의될 수 있다. ……이 경우 흐름들은 주도적인 공리들의 배가(倍加)에 의해 지배된다. 반대의 경향 또한 자본주의의 일부다. 즉 공리들을 철회하고 제거하려는 경향이 그것이다. 이는 지배적 흐름을 조절하는 작은 수의 공리에만 의존하며, 다른 흐름들은 파생적이고 결과적인 지위만을 부여받거나(이들은 공리들 뒤에 도출되는 '정리들'로 정의된다), 혹은 정반대로 국가권력의 난폭한 개입을 배제하지 않는, 길들여지지 않은 상태로 남아 있게 된다. 국가의 '전체주의적' 극은 이렇게 공리들의 수를 제한하는 경향을 체현하고, 대외 부문의 배타적 촉진에 의해 작동한다. 가령 자본의 대외적 원천에 대한 호소, 식량과 원자재의 수출을 목표로 하는 산업들의 발흥, 국내시장의 붕괴가 그것이다. 전체주의국가는 최대국가(maximum d'Etat)가 아니라, 비릴리오의 정식에 따르면, 무정부적-자본주의라는 최소국가(l'Etat minimum)다."(MP, 578; II, 252)

한편 파시즘은 전체주의와 약간 다르다고 해요. 그것은 국내시장의 붕괴와 공리 수의 축소라는 점에서는 전체주의적 극과 일치하지만, 대외 부문의 촉진을 대외자본이나 대외시장에 의한 것이 아니라 전쟁경제에 의지한다는 점에서 다르며, 또한 국내시장에 대한 공리의 증식을 수반한다는 점에서 케인스주의와 근접하는 듯이 보이지만, 이 증식은 "동어반복적 내지 허구적 증식, 제거에 의한 배가"라는 점에서 다르다고 합니다.

2) 포화

알다시피 '포화'란 가득 차는 것입니다. 더 넣을 수 없는 상태, 더 넣으면 황소 흉내 내던 개구리 배처럼 "뻥!" 터져버릴 듯한 상태, 혹은 더 넣어도 녹지 않는 '포화용액'과 같은 상태 말입니다. 여기서의 포화는 자본주의의 포화에 관한 것입니다. 무얼 더 넣는가? 짐작하셨겠지만, 새로운 공리를 추가하는 것입니다. 계급투쟁에 따른 것이든, 경제적 상황에 따른 것이든, 아니면 전쟁이나 정치적 상황에 따른 것이든, 새로이 추가할 공리들이 나타나고, 그것을 기존의 공리계에 추가해넣는 거지요. 이 경우 더는 넣을 수 없는 그런 '포화 상태'가 자본주의에 있을 수 있는가? 즉 더 넣는다는 것이 개구리 배처럼 "뻥!"하며 자본주의가 폭파되는 결과로 귀착될 수 있는가? 혹은 공리의 추가로 자본주의와 다른 체제로 넘어가는 일이 있을 수 있는가?

답은 "그런 일은 없다!"입니다. 자본주의 공리계에 포화란 없다는 겁니다. 마치 수학에서 형식적 공리계에 결정 불가능한 명제를 공리로 추가해도 새로운 결정 불가능한 명제가 계속해서 나타나듯이, 자본주의 공리계 역시 공리를 더는 담을 수 없는 포화 상태에는 이르지 않는다는 거지요. 다시 말해 "자본주의에서 포화는 상대적"이란 겁니다. 체계의 포화로 인해 자본주의가 도치/전복되는 일은 발생하지 않는다는 겁니다. 공리를 아무리 추가해도 얼마든지 추가될 여지가 있어서, 가령 사회민주주의적인 체제에 몇몇 공리를 더 추가한다고 해도 사회주의적 내지는 공산주의적인 체제로 갈 수는 없다는 거지요.

저자들은 이런 발상을 '이윤율 저하경향'과 그 상쇄요인에 관한 맑스의 서술에서 찾아냅니다. 앞서 말했지요? 자본의 유기적 구성이 커지면 이윤율은 저하하지만, 그것을 상쇄하는 요인이 있기에 낮은 이윤율로 인해 리카도가 예견했던 불행한 사태, 즉 생산이 중단되는 사태는 발생하지 않는다고 했지요. 요컨대 이윤율 저하경향은 자본주의적 생산의 극한을 표시하는 법칙이지만, 그것은 상쇄요인을 통해 끊임없이 그 극한을 바꾸고 치환하는 방식으로 존속한다는 겁니다.

자본주의는 정녕 하나의 공리계지만, 그것은 내재적(immanent) 법칙 이외에는 아무런 법칙들도 갖지 않는다. 우리는 자본주의가 우주의 극한들, 자원과 에너지의 극단적 극한과 직면한다고 믿는 것 같다. 그러나 자본주의가 직면하는 것은 자기 자신의 극한들(현존 자본의 주기적 감가)이 전부다. 즉 자본주의가 철회하고 치환하는 것은 자기 자신의 극한들(좀더 높은 이윤율을 갖는 새로운 산업에서 새로운 자본의 형성)이 전부다. 자본주의는 자기 자신의 극한들과 부딪치고 동시에 그것들의 자리를 바꾸며, 그것을 더욱 멀리 갖다 놓는다.(MP, 579; II, 253)

여기서 "공리들의 숫자를 제한하려는 전체주의적 경향이 극한들과의 충돌에 상응한다면, 반대로 사회민주주의적 경향은 극한들의 자리바꾸기에 상응한다"고 합니다. 공리를 제한하려는 경향으로 인해 자본주의는 계급투쟁 등에 부닥치고, 그로 인해 공리의 추가를 통해 해결하는 경향이 역으로 생겨나지요. 이는 자본주의의 극한을 더 멀리 갖다 놓는 것으로 귀착됩니다. 어쨌든 이런 점에서 이 양자는 서로 연계된 보완적 운동을 구성한다고 할 수 있습니다.

이러한 이야기는 자본주의의 제도 안에서 새로운 법이나, 아니면 멀리 나가는 경우 새로운 공리를 추가하려는, 이전에 베른슈타인(E. Bernstein)의 이른바 '개량주의'로부터 근자의 '유로코뮤니즘' 내지 '민주적 사회주의' 등에 이르기까지 반복되어 나타났던 사회민주주의적 경향들에 대한 비판으로도 읽힐 수 있을 듯합니다. 공리의 추가를 통해서 사회주의 내지 공산주의로 이행할 수 있다는 이들의 입론을, 로자 룩셈부르크는 벽돌을 하나씩 '제거'해서 자본주의라는 거대한 건물을 허물려는 무망한 시도라고 비판했다면, 이들은 공리의 '추가'를 통해 자본주의를 포화 상태로 밀고가려는 무망한 시도라고 비판하는 셈입니다.

그러나 이런 얘기가 공리를 추가 내지 제거하려는 투쟁이 무의미하다는 것을 뜻하거나, 그에 대해 무관심한 자세를 취하는 것을 뜻하는 건 결코 아닙니다. "공리 수준의 투쟁을 향해 무관심한 자세를 취하는 것은 잘못이다. ……자본주의 공리계의 부단한 재조정, 달리 말해 추가(새로운 공리들을 언표하는 것)와 제거(배타적 공리들을 창조하는 것)는 그저 기술-관료들에게 일임해선 안 될 투쟁의 대상이다. 사실 모든 면에서 노동자의 투쟁들은 파생적 명제들을 내포하는 자본주의 기업들의 틀을 넘어선다(débordent)."(MP, 579; II, 253) 공리의 추가나 제거로 자본주의가 전복되는 것은 아니라고 해도, 그를 위한 투쟁은 언제나 자본주의적 기업의 틀을 넘쳐흐르게 마련이고, 이로 인해 '뜻밖의' 사태로 진행될 수 있다는 생각입니다.

문제는 공리의 추가로 만족하고 자족하는 것이며, 노동자계급의 투쟁을 그런 한계 안에 제한하고 가두려는 것이지, 공리를 추가 내지 제거하려는 투쟁이 아니라는 겁니다. 이는 이미 엥겔스가 영국 노동운동의 '노동귀족'화 경향(기술-관료제!)에서, 그리고 레닌이 경제투쟁의 근본적 한계에 대해서 누차 반복했던 강력한 비판에서도 그대로 나타나는 바지요. 이 항목의 마지막 문장에서 저자들은 다시 이렇게 말하고 있습니다. "[대중운동의] 생동하는 흐름들의 압력, 그들이 제기하고 부과하는 문제들의 압력은, [공리들의] 전체주의적 축소들에 반하여 투쟁하기 위해서, 또 [공리들의] 추가를 추월하고 가속하며 그것들을 올바로 방향짓기 위해서, 나아가 **기술관료적 왜곡을 방지하기 위해서 공리계 속에 행사되어야 한다.**"(MP, 579~80;

II, 254)

한편 자본주의 안에서 추가되는 모든 공리는 자본주의가 당면한 위기의 극복에 기여한다는 의미에서 '자본주의의 만회'라고도 볼 수 있습니다. 개선을 위한 모든 투쟁, '좋은' 공리의 추가나 '나쁜' 공리의 제거를 위한 모든 운동을 냉소에 부치게 하는 이런 허무주의적 관념을 저자들은 확연하게 '나쁜 개념'이라고 선을 긋습니다.

사실 이런 관점에서 보기 시작하면 어떤 투쟁도 자본주의의 발전에 기여할 수밖에 없고, 따라서 무용할 수밖에 없습니다. 예를 들어, 영국의 차티스트 운동을 생각해보지요. 맑스 또한《자본》1권에서 자세하게 서술하고 있듯이, 그들은 노동시간의 단축을 위해서 싸웠고, 그 결과 노동시간을 12시간으로, 10시간으로 단축시킬 수 있었지요. 그런데 역설적으로 이것이 거꾸로 자본주의가 발전하는 계기가 되었다고 보는 얘기를 누군가에게서 들은 적이 있습니다. 노동시간의 법적인 단축으로 인해 노동시간을 늘려서 획득할 수 있는 착취의 가능성에 명확한 한계가 발생하게 되고 절대적 잉여가치가 줄어드니까, 자본가들은 좋든 싫든 이제 상대적 잉여가치를 착취하는 방식으로, 즉 노동생산성을 높이는 데 투자하게 된다는 겁니다. 그 결과 이른바 '외연적 생산'에서 '내포적 생산'으로 생산방식이 바뀌고, 그것이 새로이 자본주의가 발전하는 계기를 이루었다는 겁니다.

나중에 기회가 있다면 분명히 하고 싶은 것이지만, 당시 역사적 사태가 실제로 진행된 과정은 이러한 설명과는 다릅니다. 그러나 이는 접어두고, 앞서의 설명이 맞다고 해봅시다. 바로 그것은 노동자의 투쟁이 자본주의적 생산의 발전에 기여함으로써 그것의 '만회'에 기여했다는 식의 설명을 보여주지요. 즉 "노동자들이 열심히 투쟁해서 노동시간을 줄여 자본주의를 발전시켰다"는 기묘한 결론으로 이어지게 됩니다. 그러나 이는 결과에 의해 과정을 설명하는 전형적인 '목적론적 설명'이고, 헤겔이 잘 보여주듯이 이런 방식의 설명에 따르면, 모든 것은 '목적'을 만드는 데 봉사하는 것(이른바 '이성의 책략')이 됩니다. 노동운동은 자본주의 발전을 '위한' 것이 되고, 맑스주의 또한 자본주의 발전을 '위한' 것이 되며, 러시아 혁명 또한 자본주의 발전을 '위한' 것이 되고, 사회주의체제의 붕괴 역시 자본주의 발전을 '위한' 것이 됩니다.

하지만 이런 식의 설명은 금세 뒤바뀔 수 있습니다. 목적을 바꾸어버리면 되거든요. 제국주의전쟁은 1917년 러시아 혁명을 가능하게 했기에 사회주의혁명을 '위한' 것이 되고, 자본가계급의 착취는 노동자계급을 자극하여 혁명으로 나서게 했기에 사회주의혁명을 '위한' 것이 되고, 자본의 축적도 본원적 축적도 모두 사회주의혁명을 '위한' 것이 됩니다. 목적론에서는, **목적으로 주어진 것에서 벗어난 어떤 외부도 허용하지 않기 때문에**, 모든 것을 그 하나의 목적을 위해 봉사한 것으로 만들 수 있기 때문입니다. 소쩍새의 울음이나 먹구름 속의 천둥은 국화꽃을 피우기 위해 봉사한 것이 되고, 이런 식으로 모든 걸 주어진 목적에 봉사한 것으로 만들어버릴 수 있지요. 이건 잘 쓰면 시가 되지만, 대개는 턱없는 말장난에 지나지 않지요.

3) 모델과 동형성

다음은 모델과 동형성·이형성·다형성에 관한 것입니다. 앞서 나왔던 것이니 간단히 보지요. 일단 요지는 이겁니다. "원칙상 중심의 동형성이 있고, 관료주의적 사회주의국가들에 의해 부과되는 이형성이 있으며, 제3세계국가들에 의해 조직되는 다형성이 있다."(MP, 581~82; II, 255)

첫째, 중심에서의 동형성입니다. "원칙적으로 모든 국가들은 동형적이다. 즉 국가들은 유일한 외부적 세계시장의 하나의 함수로서 자본의 실현 영역들이다."(MP, 580; II, 254) 단일한 세계시장을 가질 때 사회주의도 역시 동형적이라는 얘기 기억하시죠? 그러나 동형성이 동질성은 아닙니다. 동질성은 국가가, 통합된 단일한 국내시장을 향한 경향이 있을 때만 가능합니다. 자본주의적 전체주의국가와 사회민주주의국가는 동형성이 있지만 이질성을 갖는 것이지요. 동질적이지 않다는 거예요. 이와 관련하여 일반적으로 다음과 같은 규칙이 성립된다고 말합니다.

이 점에 관한 일반적 규칙들은 다음과 같다. 일관성, 전체성(l' ensemble), 혹은 공리계의 통일성은 자본에 의해 하나의 '권리' 혹은 (시장을 위한) 생산관계로 정의된다; 공리들 각각의 독립성은 결코 이 전체성과 모순되지 않으며, 자본주의 생산양식의 부분들(division) 및 부문들(secteurs)로부터 파생된다; 추가와 공제라는 두 극을 가진 모델의 동형성은 각각의 경우에 국내시장과 대외시장이 어떻게 분배되어 있는가에 의존한다.(MP, 580; II, 254)

여기서 저자들은 세 가지 층위를 구별하지요. 공리계의 통일성, 공리들 각각의 독립성, 공리의 추가와 제거가 그것입니다. 공리들 각각의 독립성이나 공리의 추가·제거는 공리계의 전체성 내지 통일성을 말하는 것과 결코 모순되지 않습니다. 사회민주주의와 전체주의는 자본주의적 공리계라는 전체성 내지 통일성과 모순되지 않습니다. 그것은 자본주의 생산양식의 부분이나 부문들로부터 파생되기 때문입니다. 심지어 사회주의조차 그 통일성 안에 포괄하지 않습니까?

한편 추가와 공제라는 두 극을 가진 모델의 동형성이 각각의 경우에 국내시장과 대외시장이 어떻게 분배되어 있는가에 의존한다는 말은 앞서 전체주의와 사회민주주의를 통해 말한 것을 염두에 두면 쉽게 이해할 수 있을 겁니다. 국내시장에 집중하는 것이란 가령 유효수요를 창출하는 정책과 같은데, 여기에 주목하는 것이 케인스주의라면, 반대로 대외시장에 집중하면서 국내시장을 착취하는 것은 박정희 식의 개발독재국가가 흔히 채택하는 것으로, 외자를 들여다 값싼 노동력을 이용해(이는 국내시장의 빈약함을 뜻합니다) 상품을 생산하여 외국에 내다파는 것이 대표적인 경우일 겁니다.

둘째, 자본주의와 사회주의의 이형성입니다. 본질적으로 자본주의국가와 사회주의국가 간에는 동형성이 없으며 이형성이 있을 뿐입니다. 심지어 사회주의국가가 세계시장에 참여하는 것조차 전혀 다른 목적을 가지고 한다는 점에서 이형적이라는 거지요. 그래서 "생산양식이 자본주의적이지 않을 뿐만 아니라 생산관계가 〈자본(Capital)〉이 아니기 때문에(오히려 그것은 〈계획Plan〉이다), 진정한 이형성이 존재한다"(MP, 580; II, 254)고 말하고 있습니다. 사회주의에서 '계획'의 중요성에 대해서는 따로 말하지 않아도 좋겠지요? 일찍이 엥겔스가 생산의 무정부성에 반하는 '계획성'을 사회주의의 중요한 요건으로 제시한 이래, 사회주의국가에서 경제운영의 가장 중심적인 개념으로 자리잡았던 것이 바로 이 '계획'이었지요.[31]

셋째, 남북 간의 다형성입니다. 이는 이 책이 출판될 당시 한참 '뜨고 있던' 종속이론 내지 세계적 축적론 등의 영향이 보이는 부분인데, 특히 '세계적 규모에서의 축적'에 대해 분석한 아민(S. Amin)의 명제가 중요하게 인용됩니다. 아민은 자본주의에서 축적이란 일국적인 것이 아니라 세계적인 규모에서 이루어지며, 중심부에서의 축적은 주변부의 착취와 수탈을 전제하며, 그것을 통해 이루어진다고 주장했지요. 즉 "주변부의 공리들은 중심부의 공리와 다르다"는 겁니다. 그러나 공리들의 이러한 차이와 독립성은, 거꾸로 세계적인 규모에서 이루어지는 자본주의적 축적의 상이한 부분이었을 뿐이고, 따라서 전체적인 공리계의 일관성에 오히려 부합한다는 것이 바로 세계적 규모의 축적이란 개념이 뜻하는 것이었다고 할 수 있습니다. 즉 "제3세계의 다형성은 식민화의 대체물을 제공하는 공리로서, 부분적으로는 중심부에 의해 조직"된다는 것입니다(MP, 581 ; II, 255).

따라서 "여기서도 민중운동이 이 모든 내재성의 장 안으로 들어가는 것이 애시당초 실패할 운명을 갖고 있다고 생각하는 것이나, 민주주의적이고 사회민주주의적인 '좋은' 국가가 있고 그 반대 극단에 사회주의국가가 있다고 가정하는 것이나, 혹은 역으로 모든 국가가 마찬가지라거나 동질적이라고 믿는 것은 어리석은 짓이다"는 것이 이 항목의 결론입니다(MP, 582 ; II, 255~56).

(31) 이에 대해서는 짜골로프 외 편, 윤소영 역,《정치경제학 교과서》, II, 새길, 1990 등 참조.

4) 능력(puissance)

네 번째로 다루는 항목은 능력입니다. 프랑스어 쀠상스(puissance)는 '현재화된 권력'을 뜻하는 뿌부아르(pouvoir)와 구별하여 잠재적인 것으로 존재하는 것을 지칭하기에 '능력'이라고 주로 번역했는데, 여기서는 주로 전쟁기계나 금융적·산업적·군사기술적 복합체 등과 관련된 능력 내지 '권력'을 지칭하기 위해 이 단어를 사용하고 있습니다. 아마도 국가와 상응하는 pouvoir와 구별하여 이 단어를 사용한 것으로 보이는데, 전쟁기계의 경우에도, 항상 제도화된 형태로 현재화되어 존재하는 국가적 권력과 달리, 전쟁이라는 제한되고 '특수한' 경우에만 현재화되는 잠재력으로서(하지만 현실적인 것으로서) '전쟁능력'을 갖고 있기에 이 개념을 사용하고 있는 듯합니다. 사실 이런 점에서 보자면 '전쟁권력'이란 말은 확실히 부적절해보이지요?

이 소절을 시작하는 문장을 봅시다. "공리계는 반드시 자신이 취급할 수 있는 능력보다 우월한 능력, 달리 말해 그 공리계의 모델들로 봉사하는 집합체들의 능력을 풀어놓는다(dégage)고 가정하자." 공리계와 '능력'에 관한 이 가정은, 프롤레타리아를 만들어낸 부르주아지를 "자신이 통제할 수 없는 악령을 저승에서 불러낸 마법사"의 곤혹에 비유했던 〈공산당 선언〉의 유명한 문장을 생각나게 합니다. 공리계는 지극히 다양하고 미시적인 영역에 이르기까지 자신의 '법칙(공리)'을 작동케 하고, 바로 이것이 그 어떤 코드화된 권력보다 효과적으로 탈코드화된 흐름을 포획하고 통제할 수 있는 이유였지요. 그런데 그것은 공리계를 코드화하기보다는 탈코드화하고, 탈코드화된 흐름에 직접 작용하기 때문이며, 일종의 초코드화라고 할 때조차 사실은 탈코드화된 양상으로 펼쳐진다는 이유 때문이었습니다.

그렇지만 동시에 그것은 자신이 작용하며 만들어낸 것들에 대해 엄격한 외연을 부과할 수 없으며, 외적인 통제력을 행사하거나, 그것들을 어떤 하나의 권력으로 통합할 수 없음을 뜻하는 것이기도 합니다. 따라서 공리계가 만들어낸 어떤 결과물이 공리계가 다룰 수 있는 능력이나 범위를 벗어나는 사태를 막을 수 있는 방법은 없는 것처럼 보입니다. 맑스는 이를 프롤레타리아트에게서 발견했다면, 들뢰즈와 가타리는 다른 곳에서도 그것을 발견합니다. 그것은 바로 전쟁기계입니다.

국가의 포획 아래 전쟁기계가 전쟁만을 목적으로 하게 되는 것을 앞의 장에서 지적했지요. '현존함대'나 CIA 등과 같이 국경의 범위를 넘어선 이 전쟁기계들은 '전쟁'이라는 목적 자체를 위해 국가나 정치를 움직이게 한다는 점도 보았습니다. 이렇게 될 때, 전쟁기계는 자본주의 공리계가 다룰 수 있는 범위를 이미 충분히 넘어선 것으로 볼 수 있습니다. "우리는 이 능력이 파괴의 능력, 전쟁의 능력, 서로 연속되어 있는 금융적 · 산업적 · 군사기술적 복합체들 속에 체현된 능력임을 즉시 깨닫는다."(MP, 582; II, 256)

사실 자본주의가 종종 경제위기나 공황의 탈출구로 전쟁을 야기한다는 것은 이미 수많은 맑스주의 '경제학자'들이 지적한 바입니다. 그렇지만 그것은 정확하게 자본주의 공리계의 특정한 '공리' 때문이었습니다. 이윤의 공리, 축적의 공리 등과 같은 공리 말입니다. 이는 **자본의 논리에 따른 전쟁**이란 말과 다르지 않습니다. 그러나 전쟁 자체를 목적으로 하며, 전쟁이란 목적을 위해 국가장치나 정치를 장악하여 움직이는 사태는 이미 자본의 논리에서 확실히 벗어난 것이며, 자본주의 공리계의 통제 가능한 범위를 벗어난 어떤 것입니다.

한편으로 전쟁은 명백히 자본주와 동일한 운동을 따른다. 즉 불변자본의 비율이 점차 증가하는 것과 마찬가지로, 전쟁은 점점 더 '물자전'이 되는데, 여기서 인간은 예속화의 가변자본으로 표상되기보다는 차라리 기계적 노예화의 순수한 요소로 표상된다. 다른 한편으로, 그리고 특히나, 공리계에서 불변자본의 중요성이 증가함에 따라 기존 자본의 평가절하와 새로운 자본의 형성은 이제〔산업적·금융적·군사기술적〕복합체들로 구현되는 전쟁기계를 관통하는 리듬과 규모를 띠게 된다.(MP, 582; II, 256)

이것이 앞서 클라우제비츠를 원용해 '절대적 전쟁'이라고 불렀던 것, 즉 정치를 다른 수단에 의한 전쟁의 계속으로 만드는 그런 절대적 전쟁의 흐름을 풀어놓으며, 심지어 평화, 세계질서마저도 그러한 흐름 속에서 전쟁기계가 만들어내고 유지해야 할 목표가 되는 전도가 발생합니다. 전쟁이 전쟁기계의 물질화(matérialisation)가 아니라, 반대로 전쟁기계 자체가 물질화된 전쟁이 되는 겁니다(MP, 583; II, 257). 국가가 전쟁기계를 재구성하지만 그 전쟁기계의 목적에 봉사하는 '부품'이 되는 전도 말입니다.

5) 포함된 제3항

포함된 제3항이란 말은 상당히 모호합니다. 아마도 공리계에서 결정 불가능한 명제로 이어지는 논지의 전체 방향으로 보건대, 이 말 역시 수학적인 의미를 내포한 것으로 사용하고 있는 듯합니다. 수학에서 이 말은 배중률의 부정과 관련되어 있습니다. 배중률은 동일률과 모순률을 보충하는 논리학의 원리인데, A면 A고 A가 아니면 ~A지, 이도 저도 아닌 중간은 없다는 것이지요. 있으면 있는 거고 그렇지 않으면 없는 거지, 그 중간은 없다는 것이고, 맞으면 맞는 거고 그렇지 않으면 틀린 거지, 그 중간(제3항)은 없다는 겁니다. 이는 수학이나 논리학의 상식이고 기본법칙입니다.

그러나 19세기 말에 수학자들은 그렇게 말하기 힘든 경우를 찾아냈습니다. 원주율을 표시하는 π의 값을 계산하다가 소수 몇 번째 자리인가에서 999999라는 수의 배열이 나타났는데, 그 이후의 π값에 그런 수의 배열이 포함되어 있을까요? 그래요, 그럴 가능성은 거의 없습니다. 그러나 π는 무한히 계속되는 무한소수인데 "없다"고 어떻게 단언할 수 있을까요? 그럴 수도 없지요. 따라서 있다고도 할 수 없지만 없다고도 할 수 없는 사태가 존재한다는 것이 이로써 드러납니다. 이는 무한집합에서 배중률이 적용될 수 없는 경우가 수학적으로 존재한다는 것을 뜻하는 것입니다. 특히 직관주의자들이 이를 매우 중요하게 여겼지요.

잠깐 말난 김에 덧붙이자면, 이는 무한집합에 제한되지 않습니다. 예를 들어보지요. 고등학교 때 수학을 포기한 분이 아니라면 다 아시겠지만, 전체집합(U)의 여집합은 공집합입니다($U^c = \phi$). 다시 말해 공집합은 전체집합에 포함되지 않습니다($\phi \not\subset U$). 그러나 공집합은 모든 집합의 부분집합입니다. 따라서 공집합은 전체집합의 부분집합이고 전체집합에 포함됩니다($\phi \subset U$). 이는 앞서 말한 것과 모순됩니다. 다시 말해 공집합은 전체집합에 포함된다고도, 포함되지 않는다고도 할 수 있습니다. 이는 유한집합의 경우를 포함하는 집합론의 가장 기초적인 영역에서 배중률은 물론 모순률에 어긋나는 '역설'이 존재한다는 것을 보여줍니다.

여기서 저자들은 아마도 중심과 주변, 선진국과 후진국, 북과 남이라는 이항성을 넘어서는 또 다른 중간을 말하려는 뜻에서 이 말을 사용한 것 같습니다. 그것은 제2세계나 중진국이라는 모호한 개념이 아니라, 선진국 안에 존재하는 '후진국', 중심부 내부에 존재하는 주변부, 제1세계 안에 존재하는 제3세계라는 명확한 현상을 지칭하는 겁니다. 사실 중심부 내부에서도 '내부적 제3세계'라고 부르는 '내부적 주변부'라는 것이 광범위하게 만들어집니다. 그래서 가령 최고의 선진국인 미국의 경우에도 내부적 제3세계라고 할 수 있을 만한, 어떤 제3세계 못지 않게 비참한 생활을 하는 부분이 매우 광범위하지요.

혹은 공리계 내부에 있는, 그러나 공리계에 포섭될수록 더욱더 탈코드화하는 흐름을 지칭하려는 것으로도 보입니다. "탈코드화된 흐름들이 중심의 공리계 속으로 더 많이 진입할수록, 공리계가 계속 포섭해나갈수록 그것들은 중심으로부터 더 많이 탈주하는 경향이 있고, 주변을 위해 특수한 공리들을 제공함에 의해서도 공리계가 해결하거나 통제할 수 없는 새로운 문제들을 제시한다."(MP, 585; II, 258)

특히나 "세계경제의, 혹은 공리계의 대표들에게 고통을 안겨주는 네 개의 주요한 흐름"이 있다고 하면서, "질료-에너지의 흐름, 인구의 흐름, 식량의 흐름, 도시의 흐름"을 들고 있습니다(MP, 585; II,

258). 가령 식량은 지금 생산되는 것만으로도 지구의 전 인구가 먹기에 충분한 양이라고 하지요. 그러나 아프리카나 제3세계의 빈민들은 물론, 선진국 내부에 존재하는 주변부에서도 먹는 문제를 해결하지 못한 주민들이 매우 넓게 존재하지요. 하지만 "사회민주주의마저도 확실히 빈곤에 허덕이는 모든 주민을 국내시장으로 통합하려고 하지 않는다"는 것이 실제 현실입니다. 공리계에 의해, 다시 말해 가치의 공리와 노동의 공리에 의해 이들은 공리계 내부에 포섭된 현상이지만, 바로 그렇기에 자본주의의 공리계로부터 탈코드화된 흐름을 형성하게 됩니다. 계급적인 분절과 절단, 이를 위한 전체주의와 사회민주주의의 결합이 존재하지만, 근본적으로 이러한 흐름들과 공리계 사이의 대립은 더욱 강화된다는 것이 저자들의 생각입니다.

6) 소수자들

"우리의 시대는 소수자의 시대가 되고 있다."(MP, 586; II, 259) 소수자란 수가 적은 사람이 아니란 것은 이미 누차 말했습니다. 그것은 다수자의 척도적 규정에서 벗어난 자들이고, 이런저런 공리로부터 편차 내지 격차를 갖고 분리되는 자들이지요. 간단히 말해 소수자란 다수자에서 벗어난 자들, 다수자가 아닌 자들입니다. 백인이 지구상의 다수자라면, '비백인' 내지 백인에서 벗어나려는 자들은 모두 소수자지요.

가령 다수자는 "35세 이상의 내국인 남성 숙련 노동자" 등과 같은 몇 가지 중심적인 규정의 나열로 정의됩니다. 이 기준에 따르면, 소수자는 35세 미만인 자 모두, 외국인 노동자 모두, 여성 모두, 비노동자 모두, 비숙련 노동자 모두입니다. 누구는 이 요건들 가운데 하나를, 누구는 여러 개를 갖고 있겠지요. 어쨌든 분명한 건, 다수자는 몇 가지 규정을 모두 갖고 있는 자들이고, 다수자를 규정하는 여러 요건들의 공통부분(교집합)에 속하는 자들입니다. 반면 소수자는 그 공통부분(교집합)을 뺀 나머지 전체지요.

예를 들어 순수한 백인이란 어떤 사람일까요? 피부가 하얀 사람? 아닙니다. 가장 엄격하게 말한다면, 그 선조대에 단 한 명도 아시아인이나 흑인, 혹은 인디언이나 히스패닉 등 비백인이 끼어들지 않은 그런 사람을 말합니다. 이런 사람은 아마 유럽이나 미국을 통털어도 그리 많지 않을 겁니다. 이 정도는 아니라 해도, 실제로 많은 사람들이 혼혈되어 살아가는 미국에서 '백인'이라는 범위에 들어가기는 결코 쉽지 않습니다. 왜냐하면 겉보기엔 분명 백인이지만 사실은 아시아인이나 히스패닉과의 혼혈이거나, 아니면 4대조 할아버지가 흑인이었다거나 등등과 같은 일이 비일비재하기 때문이지요. 그래서 순수한 백인 혈통임을 입증하기 위해서는 몇 대조 이상 거슬러 올라갈 때, 양가 부모가 모두 백인이어야 한다는 식의 법적 규정이 있다고 하더군요. 백인 자격을 얻기가 이토록 어려운 거라고 해요. 반면 비백인이 되는 건 아주 쉽습니다. 가장 넓게 보자면, 선조대에 단 한 명만 비백인이 있어도 그 후손은 모두 비백인이 되기 때문입니다.

백인이라고 하는 것이 사실은 이런 다수적 규정들 전체를 모두 가져야만 하기 때문에, 어느 하나라도 빠져나가면 이 사람들은 기본적으로 소수자가 될 수밖에 없겠지요. 다시 말해서 백인들을 규정하는 집합들이 쭉 있을 때 이것에서 벗어나는 어떤 것들의 조합만으로도 소수자는 정의될 수 있습니다. 이런 것들로 만들어지는 부분집합 전체가 소수자들을 정의해줄 수 있는 최대 영역이 되는 겁니다. 앞서 가산집합과 비가산집합 개념에 대해 설명했지요? 어떤 규정에 따라 원소를 나열할 수 있을 때, 그것은 가산집합입니다. 따라서 '백인'이란 집합은 아무리 많아도, 그래서 무한히 많다고까지 하는 경우에도 어떤 규정에 따라 원소를 나열할 수 있는(셀 수 있는) 가산집합일 뿐입니다. 반면 비백인이란 그 모든 규정에 부정어를 붙인 뒤, 그것들로 만들 수 있는 모든 부분집합 전체입니다. 따라서 그것은 원소를 나열하거나 셀 수 없는 집합, 비가산집합입니다.

좀더 쉬운 예를 생각해볼까요? 가령 지구에 사는 생물 가운데 인간은 명백히 '다수자'지요. 인간중심주의(humanism)를 떠올릴 것도 없습니다. 모든 동물이나 식물, 광물이 인간을 위하여 있다고 간주하여 마음대로 사용하며, 한 사람의 인간을 위해선 수없이 많은 동물을 죽여도 정당한 것으로 간주되지 않던가요? 16세기에 아메리카 인디언으로 인해 촉발된 이른바 '인간' 논쟁은, 인간으로 규정되지 않는다면 아무리 인간과 비슷하게 생겼다고 해도 '노예'로 사용하는 것이 정당하다는 생각이 전면에 드러나 있습니다.

그런데 인간이란 종의 '수'는 어떤가요? 40억이니 얼마니 하는데, 심지어 무한히 많다고 해도 인간이란 규정에 맞는 개체들을 하나씩 나열하며 수를 셀 수 있을 겁니다. 인간에 대한 소수자인 '비인간'은 어떻습니까? 수를 셀 수 있을까요? 세려면 고양이도 넣어야지, 파리도 넣어야지, 뱀도 넣어야지, 은행나무도 넣어야지, 돌멩이도 넣어야지, 컴퓨터도 넣어야지 등등 한이 없습니다. 물론 넣어야 할 개체의 명단이 확실하게 제한되면 혹시 수를 세는 게 가능할 수도 있습니다. 그러나 일단 '인간'이 아닌 것의 명단 자체가 분명하게 제한될 가능성은 없습니다. 확정된다고 해도, 가령 상이한 것들이 섞여서 만들어지는 새로운 개체(변이체)가 얼마든지 있을 수 있습니다(부분집합들). 따라서 '비인간'이라는 규정은 마치 수학에서 '실수의 집합'과 같은 연속체처럼 수를 셀 수 있을 가능성이 없습니다. 정확하게 비가산집합이지요.

어디서든 동질성을 통해 정의되는 것은 다수자처럼 가산적입니다. 반면 이질성과 혼혈성에 의해 정의되는 것은 모든 규정 가능한 혼합 전체를 포괄하기에, 모든 규정 가능한 부분집합 전체를 포함하게 되어 비가산집합을 형성합니다. 즉 소수자는 접속과 생성으로 인한 다양화/배가(multiplication)에 의해서 구성되고, 다수자의 요건을 변형시키고 그것의 변이체를 만듦으로써 구성됩니다. 그것은 변이와 탈주의 선 위에 있기에 비가산적이라고 할 수 있습니다.

이런 점에서 소수자는 예기치 않은 생성/되기를 향해 열려 있는 존재라고 할 수 있고, 그렇기 때문에 "비록 소수자는 단일한 성원으로 구성될 때조차 비가산적인 것의 능력을 행사한다"고 할 수 있습니다(MP, 588; II, 260~61). 쉽게 말해 "어디로 튈지 모르기 때문"입니다. 거꾸로, 바로 그렇기 때문에 소수자의 능력은 비가산적인 능력, 접속과 생성 능력, 혼성의 능력, 예측하지 못했던 새로운 선을 생성하는 능력에 의해 측정된다고도 말할 수 있겠습니다. 어떤 소수자의 능력이란 새로운 생성의 선들에 의해, 이질적인 것들을 새로이 접속하는 능력에 의해서 정의된다는 겁니다.

이는 소수자들의 투쟁이 다수자들의 지배를, 혹은 공리계의 한계를 넘어선다는 것을 뜻하는 것으로 보입니다. 그래서 저자들은 투표, 낙태, 직업을 위한 여성들의 투쟁, 지역자치를 위한 투쟁 등처럼 공리적 수준에서 벌어지는 모든 소수자들의 투쟁이 '결정적'이라고 말하고 있습니다. 나아가 이 투쟁들은 공존하는 또 다른 전투의 지표임을 보여주는 징표들을 언제나 갖고 있다고 하면서 다음과 같이 쓰고 있습니다. "사람들이 자신들의 문제를 스스로 정식화하겠다고 요구할 때, 그리고 최소한 좀더 일반적인 해결책을 찾아낼 수 있는 특수한 조건들을 결정하겠다고 요구할 때, 아무리 [투쟁의] 요구가 온건하더라도, 그것은 공리계가 더 이상 수용할 수 없는 하나의 점을 보여준다."(MP, 588; II, 261)

이런 점에서 '자율주의(autonomia)'의 문제가 중요해집니다. 자신의 문제를 스스로 찾아내고, 자신의 힘으로 그것을 풀어가고자 하는 것, 공동의 규율을 스스로 만들어가고 그것으로써 삶을 스스로 만들어가는 것, 그리하여 자본주의적 공리계와 다른 삶의 방식을, 그런 삶의 지대를 만들어가는 운동을 자율주의라고 정의한다면, 이는 분명히 자본주의 공리계의 틀을 이미 충분히 넘어서는 그런 지점들을 만들어내고 그것을 촉발하며 증식되도록 할 것입니다.

물론 늘 그렇듯이 이런 생각에는 '무정부주의'라는 통상적 비난이 따라다니기 십상입니다. 무정부주의 비판에 대해, 그것은 새로운 다수자로서, 새로운 권력자로서 사회의 중심에 자리잡겠다는 그런 발상이라는 식으로 맞대응하진 맙시다. 그러나 통상 무정부주의에 대한 비판에 나란히 쫓아다니는 무정부 상태 대 질서/조직의 대립이나, 집권화 대 분권화의 대립은 별로 중요한 문제가 아닙니다. "중요한 것은 가산집합들의 공리계에 맞서는 비가산집합들에 관한 문제의 계산 내지 개념이다. 그런 계산은 자기 자신의 구성들·조직들, 심지어 중앙집권화조차도 가질 수 있다."(MP, 588; II, 261) 즉 소수자운동에서도 중요한 것은 집권화냐 분권화냐가 아니라, 그런 비가산집합적인 생성을 계속 만들어낼 수 있는가의 여부라는 겁니다. 그리고 바로 여기서 중요한 것은 그것이 "국가나 공리적 과정을 통해 진행하는 것이 아니라 소수자의 순수한 생성을 통해 진행"되어야 한다는 겁니다. 어떤 일반적 권리나 시민적 권리와 같은 개념들로 소수자운동을 담아낼 수 없는 것은 아마도 이런 이유 때문일 겁니다. 소수자운동이 '시민' 운동이 되기 어려운 것도 바로 이런 이유 때문일 겁니다.

7) 결정 불가능한 명제

마지막으로 결정 불가능한 명제에 관한 것을 봅시다. 지금까지 충분히 보았듯이, 자본주의는 자신의 모델로 복무하는 가산집합 속에서 실행됨과 동시에, 그 모델들을 가로지르고 혼란시키는 비가산집합들을 필연적으로 만들어냅니다. 이것은 방금 전에 우리가 다수자/소수자 이야기에서, 공리계에 새로운 공리를 추가함에도 불구하고 끊임없이 새로운 문제들이 야기되는 것과 관련해서 이야기했습니다. 물론 자본주의 공리계 안에 어떤 소수자 문제를 '통합'하여, 그 안에서 '처리' 할 수도 있을 겁니다. 그러나 그것은 그렇게 통합된 것 안에서 또 다른 소수자를 발생시킵니다. 통합하려는 선을 가로지르거나 비껴가는 또 다른 선들이 그어지기 때문입니다. '비가산집합'의 원소들이 수를 세며 붙이는 번호의 선을 비껴가거나 가로지르듯이 말입니다. "일반적으로 말해서 소수자들은 심지어 공리들·법령들·자치·독립을 수반하더라도, 통합(intégration)에 의해서는 그들의 문제에 대한 해결책을 얻지 못한다."(MP, 589 ; II, 262)

혹은 아예 어떤 소수자를 '소멸' 내지 '절멸' 시킬 수도 있겠지요. 그러나 기아를 해결하기 위한 단체들이 기아를 제거하는 만큼 그것을 배가시키는 것처럼, 소수자의 '소멸' 내지 '절멸'은 또 다른 소수자를 만들어냅니다. 굶는 민중을 모두 죽여버린다고 해도 또다시 굶는 민중이 생겨나는 것이 바로 자본축적의 일반적 법칙이니까 말입니다.(대체 자본주의 공리계 안에서 기아 문제의 해결이 어떻게 가능하겠습니까? 그것은 자본주의의 가장 근본적인 공리 자체와 충돌하고 대립한다는 점을, 다시 말해 기아의 생산이 자본축적의 일반적 법칙이라는 것을 맑스는 《자본》에서 확실하게 증명한 바 있습니다.[32])

이처럼 '소멸'이나 '통합'을 통해 문제가 근본적으로 해결 불가능한 것은 자본주의의 심층적인 법칙 때문입니다. 자본축적의 일반 법칙처럼 자본주의 공리계에서는 결코 제거할 수 없는 공리들, 혹은 그 공리계 안에서 필연적으로 만들어지는 뜻밖의 선들 때문이지요. "자본주의는 자신의 극한들을 끊임없이 설정했다간 다시 [더 먼 곳에] 재설정하곤 하지만, 그 공리계로부터 벗어나 모든 방향으로 향하는 흐름들을 촉발함으로써만 그렇게 한다. 자본주의는 오로지 그 모델들을 가로지르고 혼란시키는 비가산적인 집합들을 구성하는 가운데서만 자신의 모델들로 봉사하는 가산적인 집합들 속에서 실행된다. 자본주의는 탈영토화되고 탈코드화된 흐름들이 더 멀리 나가게 하지 않고서는, 그것들을 재영토화하여 모델들로 결속시키는 공리계를 벗어나게 하지 않고서는, 새로운 〈대지(Terre)〉의 윤곽을 그리는 '접속' ─ 이 접속은 절멸을 위한 전쟁이나 전면적 공포로서 평화 아니

---

[32] 맑스, 김수행 역, 《자본론》, 1권, 비봉출판사, 1989, 807쪽 이하.

라 오직 혁명적 운동(흐름들의 접속, 비가산집합의 구성, 모든 사람들의 소수자-되기)만을 목적으로 하는 전쟁기계를 구성한다—으로 진입하게 하지 않고서는, 이 탈영토화되고 탈코드화된 흐름들의 '결속'을 실행하지 않는다."(MP, 590; II, 263)

이처럼 저자들은 소수자와 소수자운동에 대해서 매우 중요한 위치를 부여하고 있습니다. 소수자가 비가산집합이라는 것은 자본주의 공리계에서 그런 위치를 부여하는 데 결정적인 이유가 되고 있는 거지요. "소수자들이 혁명적이라면, 그 이유는 그들이 전 세계적 공리계에 도전하는 심층의 운동을 가져오기 때문이다."(MP, 589; II, 262)

여기서 소수자라는 개념에 대해 약간 부연하자면, 소수자는 통상 거론되는 것처럼 주변인이 아닙니다. 주변인은 배제되고 '소외된' 사람들로서 다수자들의 요건을 갖지 못한 사람들입니다. 흑인도, 외국인 노동자도, 여성도, 빈민도 일차적으로는 모두 주변인일 수 있습니다. 주변인은 다수자의 요건을 갖지 못한 '상태'에 의해, 현재 상태에 의해 정의되는데, 대개는 '출세' 내지 '성공'의 형태로 다수자가 누리는 것을 얻고자 하기 십상입니다.

반면 소수자란 자신이 결여한 권력이나 지위 등을 개인적으로, 혹은 제도적으로 얻고자 하는 것이 아니라, 다수자를 정의하는 척도 자체를 거부하고 그와는 다른 방향의 삶을 생성해가는 사람들입니다. 남성이 향유하는 권력을 평등하게 나누어가지려 하기보다는, 남성적 척도는 물론 그와 짝하는 여성들의 척도에서 벗어난 삶을 살고자 하는 여성들(및 남성들), 백인이 누리는 지위를 선망하거나 백인의 차별에 반하여 흑인 중심의 역차별을 만드는 게 아니라, 흑백의 대립을 가로지르는 새로운 삶을 만들어내는 흑인들(및 비흑인들)이 그 예라고 할 수 있지요. 그래서 소수자란 생성/되기에 의해 정의된다고 하는 것이며, 그렇기에 소수자는 '비가산적 집합'을 이룬다고 하는 것입니다. 여성들도 여성-되기를 해야 하고, 흑인들도 흑인-되기를 해야 한다는 말이 바로 그것입니다.

그리고 이런 점에서 노동자 또한 소수자와 대립되는 범주가 아닙니다. 자본주의에서 노동자는 기본적으로 다수자인 자본가와 대비되는 **소수자**였습니다. 노동운동은 분명히 그런 **소수자운동으로서** 시작했던 겁니다. 그러나 노동운동이 발전하면서 노동자 조직은 제도적으로 안정된 위치를 획득하게 되었고, 그런 한에서 또 하나의 다수적인 위치를 점하게 되었던 거지요. "35세 이상의 내국인 남성 숙련 노동자"와 같은 기준, 혹은 제도화된 노동조합에 속한 노동자 등은 또 하나의 다수적 위치를 확보한 결과 만들어진 다수자의 척도가 되었던 거지요.

그것은 필경 그로부터 벗어난, 혹은 배제된 다른 노동자와 비노동자들을 소수자로 만들어냅니다. 비숙련 노동자, 비정규직 노동자, 여성 노동자, 외국인 노동자, 35세 미만의 청년 노동자, 혹은 대규모 노동조합에 속하지 못한 노동자, 그리고 실업자를 비롯한 수많은 비노동자 등등이 새로운 소수자의 집합을 형성하게 됩니다. 엥겔스가 노동귀족에 대해 비판한 것도, 레닌이 경제주의나 노동조합주의에 대해 비판한 것도, 따지고 보면 제도적이고 안정적인 지위를 확보했거나 그걸 확보하려는, 이미 '**다수자**'가 되어버린 **노동자와 노동운동에 대한 비판**이었고, 그런 의미에서 그것은 정확하게 소수적인 노동자에 대한 문제 설정이나 노동운동의 소수화(devenir-mineur)라는 문제 설정과 묵시적으로 연결되어 있다고 할 수 있지 않을까요? 노동운동이 민중운동의 '지도력'을 획득해야 한다고 하는 그들의 요구 또한 소수자운동의 접속('연대' 내지 '동맹'이라고 해도 좋습니다)에서 노동운동이 주동적이고 능동적으로 개입하라는 요구는 아니었을까요?

그래서일까요? 저자들은 노동자와 소수자의 관계에 대해서 이렇게 말하고 있습니다.

> 소수자의 능력, 특수성의 능력은 프롤레타리아 속에서 자신의 형상 내지 보편적 의식을 발견한다. 그러나 노동계급이 획득된 지위에 의해서만 스스로를 정의하는 한, 혹은 이론적으로 정복된 국가에 의해 정의되는 한, 그것은 단지 '자본'으로서, 자본의 일부(가변자본)로서 나타날 뿐이고, 자본의 계획/구도(plan)를 떠나지 못한다. 그 계획/구도는 기껏해야 관료적인 것이 될 뿐이다. 반대로 대중이 끊임없이 혁명적으로 되고 가산적인 집합들의 지배적 균형을 파괴하는 것은, 오직 자본의 구도를 떠남으로써이고, 끊임없이 거기서 벗어나는 것에 의해서다.(MP, 589; II, 262)

정확하게 두 가지가 명시되어 있지요. 첫째, 소수자와 프롤레타리아를 대립시키는 게 아니라 양자의 접속을 주장할 뿐만 아니라, 프롤레타리아가 바로 소수자들의 보편적 형상, 보편적 의식을 담지하고 있다는 것입니다. 이는 프롤레타리아를 소수자로서 정의하고 있는 것이면서 동시에 소수자의 혁명적 연대에서 프롤레타리아의 위상에 대해 말하고 있는 것입니다.

이와 관련해서 지적할 것은 소수자운동에 여성운동이나 동성애 운동 등을 대응시키고, 이와 대립되는 지점에 노동운동을 위치지우는, 이른바 일부 '신좌파'의 태도는 매우 부적절한 것이라는 점입니다. 제도화된 노동운동만큼이나 제도화된 여성운동은 다수적 성격을 가질 수 있지요. 중요한 것은 노동운동이나 소수자운동이나 하는 배타적 이접의 문제가 아니라, 노동운동을 포함한 어떤 운동도 소수화되어야 한다는 것이며, 특히나 노동운동이 소수화되어야 한다는 것입니다.[33] 여성도 소수적인 의미에서 여성화되어야 하고, 흑인 또한 소수적인 의미에서 흑인화되어야 한다는 말처럼, 노동자 역시 소수적인 의미에서 프롤레타리아화되어야 합니다. 더욱이 프롤레타리아가 소수자의 보편적 형상이라는 것은, 그들이 자본주의사회의 대표적인 소수자인 것만큼이나 소수적 운동의 생성과 횡단적 접속에서 주동적이고 적극적인 역할을 해야 한다는 것을 함축한다고 할 것입니다.

둘째, 그러기 위해서는 프롤레타리아가 획득된 지위에 의해 다수자가 된/되는 사태에서 벗어나야 하며, 그와 동일한 이유에서 국가권력의 획득과 새로운 지배계급이 되는 것(이것이야말로 스스로 가장 중심적인 다수자의 지위, 지배자의 지위를 점하겠다는 것을 뜻합니다)에 의해 혁명을 정의하지 않아야 한다는 것입니다. 그것은 자본의 구

---

(33) 이는 민주적인 노동운동이 점차 제도화의 안정성을 얻고 있는 한국의 경우에 더욱더 중요하다고 생각합니다. 가령 얼마전 한국통신의 비정규직 노동자들이 500일을 넘게 투쟁하는데 정규직 노동조합에서 한 번도 동참은커녕 지원방문조차 한 적이 없다는 사실이나, 민주노총이 외국인 노동자들의 문제에 별다른 적극적 관심을 갖지 않고 있다는 사실은 이런 사태의 징후적 사례라고 할 수 있을 겁니다.

도, 자본의 평면에서 벗어나지 못하는 것이고, 또 다른 형태의 자본(가변자본!)으로서 남게 된다는 것을 뜻하기 때문입니다.

저자들은 이렇게 다시 말합니다. "소수자의 중심문제는 자본주의를 분쇄하는 것이고, 사회주의를 다시 정의하는 것이며, 전쟁 이외의 수단으로 세계적 전쟁기계에 반대할 수 있는 전쟁기계를 구성하는 것이다."(MP, 590; II, 262) 아마도 "자본의 구도/평면을 벗어나는 것", 같은 말이지만 "가변자본으로서" '노동' 하고 가치화된 활동을 하는 자로서의 위치에서 벗어나는 것이 그것과 긴밀히 연관되어 있을 겁니다. 하지만 그것의 의미는 하나로 제한될 수 없을 것입니다.

저자들의 말대로 "'노동거부' 국가가 무엇이 될는지 아는 것은 어려운 일"임이 분명합니다. 그러나 그것은 그 방향이 모호하고 비현실적이어서가 아니라 비가산집합을 형성하는 소수적 생성의 선들이 워낙에 많기 때문이고, 예측 불가능한 것들로 발산할 광범위한 가능성을 포함하고 있기 때문입니다. 다양한 소수적 운동, 소수자들의 횡단적인 접속, 자본주의를 분쇄하기 위한 다양한 탈코드화된 흐름의 접속과 결속, 그것 앞에 열린 길이 그토록 많기 때문입니다.

저자들은 다만 "자본주의적 공리의 자동화와 관료적 계획화"에 반대하면서 문제들 사이의 횡단적 접속에 의해 작동하는 다양한 구성의 다이어그램들이 있을 수 있음을 지적하고 있습니다(MP, 590; II, 263). 아마도 그 횡단과 접속의 드넓은 지대, 비가산적인 가능성의 지대에서 결정 불가능한 명제들이, 자본주의 공리계의 외부들이 끊임없이 생성되길 기대하고 있는 것처럼 보입니다. 하지만 여기서 결정 불가능한 것이란 단지 결과의 불확실성이나 예측 불가능성을 뜻하는 건 아닙니다. 그건 차라리 탈주선을 따라 공리계로부터 끊임없이 이탈하는 흐름의 불가피한 공존에 관한 것이고, 공리계의 결속과 통합에 반하는 모든 혁명적 접속에 관한 것입니다. 그렇기에 "결정 불가능한 것은 무엇보다도 혁명적 결정의 싹과 장소"(MP, 590~91; II, 263)라고 하는 것이겠지요.

이렇게 유목론에서 포획장치로 이어지는 장대한 고원의 한쪽 끝에 도달했습니다. 이로써 되기/생성의 철학은 혁신적 역사학으로, 또는 혁명적 정치학으로 확실하게 변이되었습니다. 소수자를 전면에 내세운 이 혁명적 정치학에서 여러분은 무엇을 보셨나요? 노동운동의 중심성을 부정하고 미세한 문제에 한없이 몰두하는 이른바 '포스트주의자'의 '미시(!)'-정치학인가요? 혹은 노동운동을 거부하고 여성과 흑인, 동성애자 등의 소수자운동을 지지하며 모든 방향으로 탈주하라고 선동하는 무책임한 무정부주의인가요? 아니면 뜻밖이긴 하지만 수많은 기이한 개념들을 이리저리 현란하게 구사한 끝에 결국에는 프롤레타리아를 앞세운 전통적 혁명 개념에 도달한, 가면을 쓴 평범한 맑스주의인가요?

아시겠지만, 어느 경우든 들뢰즈와 가타리는 쓴웃음을 짓거나 어이없는 표정을 지을 겁니다. 혹은 격분하며 욕을 할지도 모르겠습니다. 이른바 '포스트주의자'―들뢰즈와 가타리는 동의하지 않는 명칭이지만―의 책에서 프롤레타리아를 전면에 내세운 맑스적인 혁명적 정치학을 발견하는 것이 이토록 어려운 것일까요? 이른바 니체주의자의 책에서 소수적 운동에 맑스적 혁명성을 뒤섞고 합금하여 새로운 정치학을 생성하려는 시도를 이해하는 것이 이토록 어려운 것일까요? 탈주선을 그리는 욕망 위에다 혁명을 올려놓고 그 욕망의 자율적이고 강력한 추동력에 의해 낡은 사회의 전복을 꿈꾸는 것이 이토록 어려운 일일까요? '정치경제학'의 낡은 개념들에서 맑스의 문제의식을 끄집어내 유목민의 전차에 싣고 달리며 도시의 홈 패인 공간 안에 새로운 매끄러운 공간을 창조하는 것이 이토록 어려운 일일까요? 새로운 삶의 방식을 창안하고 그것을 통해 새로운 세계를 창조하는 것은, 혹은 인간중심주의의 틀을 벗어나 낡은 인간의 껍데기를 깨고서 스스로를 끊임없이 넘어서는 새로운 '인간'을 창조하는 것이 이토록 어려운 일일까요?

이 새로운 혁명이론을 이해하기 위해선 차라리 혁명이란 개념을 내버리는 것이 필요한지도 모릅니다. 이 새로운 맑스주의를 이해하기 위해선 차라리 맑스주의란 관념을 내버리는 것이 필요한지도 모릅니다. 이 새로운 생성의 정치학을 이해하기 위해선 정치학이란 관념을, 아니 정치라는 관념을 내버리는 것이 필요한지도 모릅니다. 그리고 가만히 가슴을 기울여보세요. 그들이 말하는 것을 '느껴' 보세요. 그들이 야기하는 촉발을 느껴보시고, 이 책이 갖고 있는 감응을 느껴보세요. 아마도 그들의 말이 들리는 순간, 아니 그들의 감응이 전달되는 순간, 우리는 이미 변용된 신체의 눈으로 세상을 보고 있음을 알 수 있을 겁니다.

어찌 되었건 이 변이체, 이 기이한 '정치학'이 대체 무엇을 뜻하는 것인지에 대해 한마디로 명확하고 뚜렷하게 말하기는 쉬운 일이 아닐지도 모릅니다. 그래서 제가 이런 식으로 요약하고 마무리하려는 것인지도 모릅니다. 그것은 아마도 그것을 어떻게 사용할 것인가

하는 데 달린 문제일 것이고, 따라서 공은 이제 우리에게, 혹은 제가 이렇게 슬쩍 떠넘김으로써 여러분에게 넘어간 셈이라고 할 수 있을 듯합니다. 이 장대한 고원이 여러분들로 하여금 역사와 정치, 혁명과 운동, 그리고 삶과 이론을 새로이 사유하는 데 커다란 촉발제가 될 수 있다면 들뢰즈/가타리와 함께 말하는 저 또한 더없이 기쁠 겁니다.

14장 | 매끄러운 공간, 홈 패인 공간

14

매끄러운 공간, 홈 패인 공간

이제 마지막 14장으로 넘어왔습니다. 결론은 따로 강의하지 않을 것이기 때문에, 이번이 실제로는 마지막 강의입니다. 이 장은 '매끄러운 것(le lisse)'과 '홈 패인 것(le strié)'을 개념화하고 있는 고원입니다. 사실 이 개념들은 이미 유목론에 관한 고원에서 나왔던 거지요. 이 장에서는 이를 좀더 일반화해서 매끄러운 것과 홈 패인 것의 특징과 둘 사이의 관계, 그리고 상호 간의 이행을 세밀하게 다루고 있습니다. 그리고 두 가지 대비되는 공간의 모델들을 다양한 영역에서 찾아 제시하고 있지요.

앞서 들뢰즈와 가타리는 유목이란 이동이 아니라 매끄러운 것을 통해 정의되는 반면, 국가장치란 모든 것에 홈을 파는 기능을 통해 정의된다고 말한 바 있는데, 이런 점에서 매끄러움과 홈 패임은 유목과 정착, 전쟁기계와 국가장치의 구별을 정의하는 '본질적 요소'

들이라고 할 수 있습니다. 그런데 이 두 공간 사이에는 혼합과 이행, 반전이 발생합니다.

> 매끄러운 공간과 홈 패인 공간―유목민의 공간과 정착민의 공간―전쟁기계가 전개하는 공간과 국가기구에 의해 설정된 공간―은 같은 성질의 것이 아니다. ……그리고 두 공간이 사실상 뒤섞여서만 존재한다는 것을 상기해야만 한다. 매끄러운 공간은 항상 홈 패인 공간으로 번역되며 그것에 의해 횡단되고 있다. 홈 패인 공간은 매끄러운 공간으로 항상 반전되며 회귀하고 있다.(MP, 592~93; II, 264)

따라서 이 두 공간을 구별하는 것이 중요하며, 또한 그 둘 간의 단순하지 않은 상호관계에 대해선 세심한 관찰이 필요합니다. "두 공간 간의 단순한 대립. 복잡한 차이. 사실상 혼합된 것, 그리고 하나로부터 다른 하나로의 이행(passage). 완전히 다른 운동에 따라, 때로는 매끄러운 것에서 홈 패인 것으로, 때로는 홈 파임에서 매끄러운 것으로의 이행을 야기하는 완전히 비대칭적인 혼합의 원리."(MP, 593; II, 265) 바로 이런 것을 보아야 한다는 거지요.

이 장에서 제시되는 것이 앞의 장들에서 다룬 것과 많이 중복되지만, 거기서 전혀 다루어지지 않은 고유한 것이 하나 있습니다. 그것은 두 공간과 결부하여 '선'의 문제를 다루는 것입니다. 추상적 선과 유기적 선이 그것인데, 이로써 유목민의 예술에 접근할 수 있는 지점이 마련된다고 보입니다. 또한 그것은 저자들이 반복하여 강조하는 '추상'과 추상기계를 이해하는 데에도 중요합니다.

앞서 들뢰즈와 가타리는 점과 대비되는 선의 개념을 미시정치의 중심으로 끌어들인 바 있고, 점과 선 가운데 어떤 것이 우위를 갖는 가를 통해서 유목적 공간과 정착적 공간을 특징지운 바 있습니다. 이러한 추상적 선에 관한 개념은, 그것의 모태가 된 것으로 보이는 보링거(W. Worringer)의 경우에도 그랬듯이,[1] 예술을 미메시스(Mimesis, 모방)라고 정의해온 서구의 오래된 미학적 전통을 깨는 첨점이기도 합니다. 이런 점에서 이 장에서 펼쳐지는 선에 관한 이론은 매우 흥미롭고 중요한 것이라고 할 수 있습니다.

저자들은 보링거를 인용하면서, 감정이입충동과 관련된 선을 '유기적 선'이라고 부르고, 추상충동과 관련된 선을 '추상적 선'이라고 부릅니다. 그리고 이러한 두 가지 선의 대비 속에서, "예술은 추상적 선에서 시작한다"는 테제를 제기하고 있습니다. "추상적 선은 출발점에 있다. ······구상적인 것은 그 자체로 '예술의지'에 귀속되지 않는다. ······구상적인 것, 혹은 모방이나 재현[표상]은 선이 이런저런 형식을 가질 때, 그 선들이 갖는 어떤 특징으로부터 생겨난 결과다."(MP, 621 ; II, 289) 이는 구상적 선은 추상적 선의 일부, 그것의 특수한 경우일 뿐이라고 주장하고 있는 것입니다.

더불어 저자들은 이 추상적인 선을 이집트의 기하학적 선과 달리 일차적으로 유목적인 선으로 이해합니다. 이는 적어도 《추상과 감

---

[1] 보링거, 권원순 역, 《추상과 감정이입(Abstraktion und Einfühlung)》, 계명대 출판부, 23쪽 등. 보링거는 독일의 미술사가인데, 《추상과 감정이입》(1906)은 그의 박사학위 논문입니다. 이 책에서 저자는 "어떤 미적인 대상들을 향유한다는 것은 무엇인가?"라는 질문에 대해 당시 립스(T. Lipps)나 뵐플린(H. Wölfflin)처럼 심리학주의적인 입장과는 다른 방식으로 대답하고자 했습니다. 여기서 그는 예술에서 일차적이고 근본적인 것은 감정이입충동이 아니라 추상충동이라고 보았습니다. 이로써 그는 주관주의미학에서 벗어나 예술을 설명할 수 있다고 보았습니다.

정이입》에서 보이는 보링거의 생각과는 다른데, 보링거가 나중에 쓴 저작인 《고딕의 형식문제》에서는 추상적 선을 고딕의 선에서 본다는 점에서 저자들은 좀더 자신들의 생각과 근접하다고 봅니다. 거기에는 고딕과 유목민의 친연성에 대한 저자들 나름의 생각이 바탕에 깔려 있기 때문입니다. 동일한 것은 아니지만, 간단한 방증을 위해서는 '야만인'인 고트족(고딕이란 형용사의 어원이지요)과 '야생인'인 유목민의 인접성을 상기시킬 수도 있을 겁니다.

어쨌든 예술의 역사를 다루는 서양의 미학사 전부가 다 플라톤이나 아리스토텔레스 이래 '미메시스' 개념을 반복해왔는데,[2] 여기서 저자들은 그와 전혀 다른 관점에서 예술을 파악하려는 혁신적인 시도를 하고 있습니다. '추상' 이라는 개념에 대해서는 앞서 반복하여 언급했지만, 공통된 형식을 찾아내서 일반화하는 전통적 '추상' 개념과 달리 저자들은 모든 형식을 제거하는 '탈형식화'로서 추상 개념을 사용하고 있고, 그래서 '추상기계'라는 개념 역시 두 가지가

---

(2) 대표적인 것은 아우얼바흐, 김우창·유종호 역, 《미메시스》, 민음사, 1987 및 1991. 통상적인 어법과 달리 '객체에의 동화'라는 의미를 미메시스라는 개념에 부여하려는 노력에도 불구하고 아도르노(T. Adorno) 또한 이러한 미메시스 개념에서 벗어나지 못하고 있습니다. 그는 인간이 자신을 자연과 비슷하게 함으로써 자연의 힘에서 벗어나려는 태도를 미메시스라고 규정하여 미메시스 개념을 예술의 경계를 벗어나 인간의 행동 일반에 관한 개념으로 확장합니다. 이는 이성이 대상을 폭력적으로 대상화하면서 자연의 지배를 시도하는 것과 반대로, 대상을 있는 그대로 인식하는 것이란 점에서 긍정적 계기를 포함하며, 예술은 이런 미메시스적 행동이란 점에서 철학에 필요한 미메시스적 계기를 제공할 수 있다고 보지요. 그리곤 결국 합리적 미메시스를 성취할 수 있는 예술과, 미메시스적 합리성을 획득해야 하는 철학이 진리라는 이름으로 수렴되어야 한다고 봅니다. 여기에는 그가 좋아하는 복잡한 '변증법'이 개재되어 있긴 하지만, 모방으로서 미메시스, 미메시스로서 예술을 보는 점에서는, 그리고 그것을 진리와 연결시킨다는 점에서는 전통적 견해와 다르지 않다고 할 수 있습니다(호르크하이머·아도르노, 김유동 역, 《계몽의 변증법(Dialektik der Aufklärung)》, 문예출판사, 2001, 33쪽 이하; 문병호, 《아도르노의 사회이론과 예술이론》, 문학과지성사, 1993, 136~42쪽 및 185쪽 이하 참조).

있을 수 있지만, 모든 형식을 탈형식화해서 흐름 그 자체로, 그래서 '일관성의 구도'로 이어지는 그런 추상기계의 개념을 저자들이 강조하고 있다는 것 또한 거듭 이야기했습니다. 예술을 모방이나 재현, 혹은 '구상'이 아니라 '추상'이라고 본다는 것은 이러한 추상 개념과 깊이 결부되어 있습니다.

말이 난 김에 미리 이야기해두자면, 사실 이는 커다란 논란거리를 포함하고 있는 테제입니다. 일단 예술은 '모방'이라고 보는 오래된 전통적 견해 전반에 대한 비판이기에, 더욱이 한국처럼 리얼리즘의 '전통'―전통? 정말일까요?―이 강한 나라에서라면 커다란 도발로 느껴질 수 있는 그런 비판이기에 그렇고, 가령 르네상스 이래 대개는 미 개념조차 '비례'라는 수학적이고 형식적인 개념으로 정의해온 서양의 전통과 반대로 '탈형식화'를 통해 예술을 이해하려는 것이기에 더욱더 그렇습니다.

반면 제가 아는 한에서는 예술마저 '도(道)'로, 즉 탈형식화된 흐름 그 자체로 귀착시키는 한국이나 동양에서는, 난(蘭)을 치든 산을 그리든, 무언가를 재현하고 모방한다는 생각보다는 흔히 '득도(得道)'라고 불리는 어떤 '경지에 이르는 것'을 꿈꾸지요. 그리고 그려진 것을 통해서도 무언가를 재현하거나 모방하려하기보다는 흔히 '기(氣)'라는 말로 요약되는 '힘'을 표현하려고 합니다. 그렇기에 동양에서는 이러한 저자들의 주장을 이해하기가 훨씬 쉬울 수도 있을 듯합니다. 이에 대해서는 할 말이 더 있지만, 나중에 추상적 선 문제를 다루는 곳에서 다시 하기로 하지요.

이제 여기서 들뢰즈/가타리는 홈 패인 것과 매끄러운 것을 대비하는 여섯 가지 상이한 '모델'을 제시합니다. 하지만 이 경우 '모델'이란 말은 구체화되어야 할 어떤 구조도 아니고, 본떠서 따라야 할 규범도 아니며, 존재하는 것들 속에서 발견되는 어떤 공통성이나 동형성도 아닙니다. 다만 그것은 매끄러운 것과 홈 패인 것을 구별하여 보여주는 두드러진 예들일 뿐이며, 그 두 가지가 어떻게 뒤섞이고 서로 다른 것으로 이행하는지, 어떻게 하나가 다른 하나를 이용하는지 등을 보여주기 위한 사례일 뿐입니다.

1. 기술적 모델

제일 먼저 가장 쉽고 간단한 예로 '기술적 모델'을 보여줍니다. 직물(tissu)과 펠트(feutre), 뜨개질과 패치워크(patchwork) 등이 그것입니다. 직물(tissu)은 흔히 보는 천에 해당되지요. 날실과 씨실이 각각 평행선을 그리며 서로 직각으로 교차하면서 천을 구성하지요. 반면 펠트는 양털 같은 것을 압착하거나 열을 가하든지 해서 만들어내지요. 펠트는 유목민들이 추위를 막기 위해 동물의 털을 이용해서 만들어낸 것('유목민의 발명품')인데, 텐트 같은 이동식 주택인 전포(氈包)—흔히 '파오'라고 하지요? 이는 중국어(包)인데, 몽골어로는 '겔', 러시아어로는 '유르트'라고 합니다—에서 나뭇살로 만든 얼개 위에 동물가죽과 더불어 둘러치는 일종의 모포 같은 것입니다. 유럽의 '신사'들이 쓰고 다니던 '펠트모자'에서도 볼 수 있지요.

여기서 직물이 홈 패인 공간을 이룬다면, 펠트는 매끄러운 공간을 이룹니다. 먼저 직물을 통해 홈 패인 공간의 몇 가지 특징을 보면 다음과 같습니다. "첫째, 그것은 두 종류의 평행적 요소에 의해 구성된다. 가장 단순한 경우에 수직적이고 수평적인 요소가 있다. 그리고 둘은 꼬여서 수직으로 교차한다. 둘째, 이 두 종류의 요소는 다른 기능을 갖고 있다. 하나는 고정되고, 다른 하나는 고정된 것의 위아래를 가로지르면서 이동한다. ……막대와 실, 날줄과 씨줄. 셋째, 이 종류의 홈 패인 공간에서는 반드시 적어도 한 면이 한계지어지면서 닫혀 있다. 직물에서 길이는 무한할 수 있지만, 날줄의 틀에 의해 결정된 폭은 무한할 수 없다. 왕복운동의 필연성은 닫힌 공간을 함축하고 있다(원형 혹은 원통형의 형상은 그 자체가 막혀 있다). 마지막으로, 이 종류의 공간은 반드시 앞면과 뒷면을 갖는 것으로 보인다. 날실과 씨실이 성질, 수, 밀도에서 엄밀히 같을 때조차도, 직조법은 한 면을 매듭지음으로써 뒷면을 재구성한다."(MP, 593~94; II, 265)

하지만 압축에 의해 만들어지는 엉킨 섬유, 유목민의 발명품인 펠트는 직물공간과 대비되는 매끄러운 공간을 이룹니다. "펠트는 대체로 무한하고 열려 있으며, 모든 방향으로 무제한적이다. 그것은 앞면도, 뒷면도, 중심도 갖고 있지 않다. 그것은 고정되고 움직이는 요소들을 지정하지 않고, 배정하지 않으며, 오히려 연속적 변이를 분포시킨다."(MP, 594; II, 265)

물론 이렇게 이 두 개의 명확한 대비선이 항상 유지되어 홈 패인 것은 언제까지나 홈 패여 있고, 매끄러운 것은 매끄럽게 고정되어 있지는 않습니다. 항상 엉킴과 섞임이 있고, 그 때문에 중간에 있는 다른 모델들을 끌고 들어갑니다. 예를 들면, 직물이긴 하지만 그것을 짜는 방식이 전혀 다른 뜨개질과 크로셰(crochet)라는 것이 있습니다. 뜨개질은 대바늘 두 개를 가지고 짜는 것이고, 크로셰는 갈고리 달린 바늘 하나로 짜지요. 뜨개질에서 바늘은 선형석인 홈 패인 공간을 만듭니다. 가로, 세로가 비슷하게 수평적인 두 개의 선이 교차하면서 서로 직교하는 직물을 짜나가지요. 반면 크로셰는 모든 방향으로 열려진 공간을 뽑아냅니다. 하지만 하나의 중심을 갖고 있다는 점에서 펠트에 비해서 '덜 매끄러운(?)' 편이지요. 아마 시작할 때 중심 매듭을 만들어 떠나가기 시작하지요?

또 자수나 패치워크도 서로 다른 것으로 구별됩니다. 패치워크(patchwork)는 퀼트(quilt)와 비슷한 것 같은데, 퀼트는 헝겊 조각들을 서로 이어 붙여서 천이나 옷 등을 만드는 것이지요? 자수가 중심 주제나 모티프를 갖고 있다면, 퀼트나 패치워크는 조각조각을 이어서 만들기 때문에, 무한하고 연속적인 직물이 한없이 추가될 수 있다는 점에서 매끄러운 공간을 구성한다고 할 수 있습니다. 퀼트나 패치워크는 다양하고 이질적인 천조각들이 연결되고 결합되는 것이란 점에서, 매끄러운 공간이라고 말할 때의 '매끄러움'이 고르게 짜여진 동질성이 아니라, 이질적인 것들이 결합되어 울퉁불퉁한 채 공존하는 것임을 보여줍니다.

'매끄러운'이라는 말이 내포하는 '문법의 환상' 때문에, 매끄러운 공간에 대해 얘기할 때 직물 표면의 매끄러움을 떠올리기 쉽습니다. 하지만 사실은 그 반대가 더 그 개념에 가깝습니다. 동질성은 홈 패인 공간이 극한에 다다랐을 때 획득됩니다. 데카르트 공간과 같은 것이 그렇지요. 퀼트나 패치워크처럼 이질성을 통해서 정의되어야 하는 것이 '매끄러움'입니다. 저자들은 리만(Riemann)적인 다양체가 바로 그런 경우라고 말합니다. 그것은 데카르트 공간과 달리 각각의 부분마다 각이한 곡률을 갖는 이질적 부분들의 연속체지요.

2. 음악적 모델

여기서 음악적 모델을 특히 매끄러운 공간의 모델이라고 한 것은 앞서 10장이나 11장에서 '음악-되기'나 음향적 배치로서 리토르넬로를 다룰 때 나왔던 현대음악의 예들을 염두에 두고 있습니다. 먼저 음악에서 홈 패인 공간이란, 일정한 간격을 두고 절단된 소리들의 분포를 뜻합니다. '음악적 소리'와, 종종 '소음'이라고 불리는 비음악적 소리의 이항적 분할이 그 사이에서 만들어집니다. 대표적인 것이 평균율이지요. 도·레·미·파·솔·라·시·도. 동일한 간격(평균화된 간격)으로 주파수들이 고르게 절단되어 음악적 소리로 정의되고, 두 음 사이의 간격(interval)에 의해 어울리는 음정(interval)과 어울리지 않는 음정, 안정된 음정과 불안한 음정 등의 관계가 정의됩니다. 그리고 이 '음악적으로 어울리는' 소리들 밑에는 으뜸음 내지 근음(根音)이라고 불리는 단일한 중심이 있습니다. 그리고 바로 이러한 음들이 고전적인 의미에서 음들의 사용을 규제하는 '척도'가 됩니다.

이처럼 절단과 간격 들이 일정한 단위들로 분할되어 표준화된 방식으로 배열될 때, 그 배열과 분포의 원리를 '모듈'이라고 합니다. 건축을 공부하시는 분들은 르 코르뷔지에(Le Corbusier)가 제창한 모듈에 대해서 잘 알고 계실 겁니다. 사람의 키(183cm!)를 기준으로 일정한 규칙(피보나치 수열)에 따라 치수들을 배열한 것을 그는 '모듈러(modulor)'라고 불렀지요. 그 치수에 따라 문의 가로와 세로, 창문의 폭과 너비, 가구의 여러 길이를 절단하여, 주택을 대량생산할 수 있게 하려는 게 그의 아이디어였지요.[3] 방금 말한 평균율도

---

(3) 르 코르뷔지에, 박경삼 역, 《모듈러: 르 코르뷔지에의 비례론(Le Modulor)》, 안그라픽스, 1991.

그와 동일한 원리에 따라 주파수들을 절단하여 음악가들이 사용할 수 있는 소리로 규정합니다. 이는 평균율이나 서양의 음계가 아니어도 음계가 일정한 간격으로 정의되는 곳은 어디나 있는 홈 패인 공간입니다.[4]

반면 음악에서 매끄러운 공간이란 그런 정해진 간격 없이 소리들이 모이고 흩어지는 그런 것을 통해 정의됩니다. 일전에 바레즈(E. Varèse)의 〈이온화〉라는 음악을 들었던 것 기억하시나요? 거기선 가령 사이렌 소리를 사용하지요. 그러나 그것은 소방차나 구급차 소리 같은 어떤 구체적인 소리를 따다 쓰기 위한 것이 아니라, 두 음 사이의 모든 음역의 주파수를 통과하며 오르거나 내려가는 소리를 만들기 위해 사용되었습니다. 이런 소리는 바이올린 같은 현악기로 글리산도(glissando)를 할 때, 혹은 가야금이나 해금으로 '농현'을 할 때도 마찬가지로 만들어집니다.

여기서는 모든 주파수의 소리가 다 음악적 소리로 사용될 수 있습니다. 이는 서양 현대음악에서는 전자음악의 발전을 통해서 더욱 확산되었지요. "음들이 절단 없이 통계적으로 분포되는 것"이라고 저자들이 표현한 것을 글자 그대로 음악적으로 실행했던 사람이 있었지요. 그리스의 작곡가 크세나키스(I. Xenakis)가 그 사람인데, 그는 음을 입자로 간주하여 그 음들의 유체적인 흐름을 만드는 방식으

---

(4) 르 코르뷔지에는 《모듈러》의 모두(冒頭)에서 "완전히 새롭고 좀더 완벽에 가까운 도구로 음악적 구성(작곡)에 엄청난 신선감을 불어넣어준" 평균율을 언급하면서, 자신의 주제를 이렇게 요약하고 있습니다. "시각적인 영역, '길이의 문제'에서 우리의 문명은 아직까지 음악이 도달한 단계에 이르지 못했다는 사실을 우리는 과연 얼마나 알고 있는가?"(르 코르뷔지에, 앞의 책, 16~17쪽) 이는 그가 제창한 모듈러라는 비례체계가 평균율을 모델로 하고 있다는 것을 명확하게 보여줍니다.

로 작곡을 했습니다. 그래서 그는 음들의 흐름을 조직하는 데 유체역학의 법칙을 사용했고, 소리의 동학을 구성하는 데 통계역학을 사용했습니다. 여기서 그는 복합적인 수많은 글리산도를 통해 음의 변화를 만드는 방법을 사용하기도 하는데, 가령 1954년 만들어진 〈메타스타시스(Métastasis)〉라는 곡이 그렇습니다. 한편 동시에 건축가이기도 했던 그는 1958년 브뤼셀 박람회에서 르 코르뷔지에와 함께 필립스 관(Philips館)을 지었는데, 그것의 건축적 형태를 표현하는 작품으로 〈메타스타시스〉를 함께 발표해서 큰 반향을 일으켰지요.

하지만 이 두 가지 공간은 많은 경우 섞입니다. 가령 한국의 음악처럼 농현을 항상 수반하는 경우에도, 사실은 다섯 개의 음으로 하나의 '옥타브'를 이루는 '음계'가 전제되어 있는데, 이는 두 가지 상이한 공간이 섞이고 교차하는 경우라고 할 수 있습니다.

3. 해양적 모델

홈 패인 공간과 매끄러운 공간의 차이를 점과 선 등을 통해 구별한 적이 있지요? 다시 한번 말하자면, 홈 패인 공간에서 선이나 궤적(trajet)은 점에 종속되는 경향이 있습니다. 서울, 부산을 잇는 경부선, 이런 식으로 말입니다. 그 경우, 하나의 점에서 다른 점으로 가는 여행은 그 경로가 단축되면 될수록 좋은 것이 됩니다. 그래서 대개 직선이 그 점들을 연결하지요. 직선이 중요한 선이 됩니다. 철도 그렇고, 도로도 그렇고, 우리의 일상적인 동선도 그렇습니다. 두 점 사이에 풀밭이나 산디밭이 있다면 그걸 가로질러 직선으로 가려고 하지요.

반면 매끄러운 공간에서 점은 선의 일부고, 선에 따라 다른 의미를 갖는 통과점일 뿐입니다. 여기서는 시작점과 끝점이 아니라, 가는 경로 자체를 중요하게 여기지요. 따라서 "매끄러운 공간에서 선은 벡터, 방향이지, 차원 혹은 척도적 규정이 아니다"라고 하는 거지요(MP, 597; II, 268). 매끄러운 공간은 차원적(dimensionnel) 혹은 척도적이라기보다는 방향적(directionnel)입니다. 그래서 매끄러운 공간은 형태화되고 지각된 사물에 의해 채워지기보다는, 사건 혹은 특개성(héccéité)의 원리로 채워지는 거지요. 사막에서 모래언덕의 변화나 바람의 방향으로 길을 찾아가는 대상인들, 알래스카에서 얼음들의 모습이나 두께, 바람 등을 보면서 길을 찾는 에스키모들, 혹은 표지판도 없는 바다 위에서 물결과 바람, 냄새 등으로 길을 찾는 필리핀의 해상부족, 이들은 모두 '이곳'이 어디인가를 말해주는 특개성(thisness)에 따라 움직이는 사람들입니다.

또한 매끄러운 공간은 여기는 누구의 것이라고 표시함으로써 소유하고 점유하는 공간이 아닙니다. 그러기 위해선 정확한 구분선을 그어야 하는데, 이는 점들에 종속된 선들이며 척도로 기능하는 선들이지요. 매끄러운 공간은 소유의 공간이라기보다는 각각의 '이곳'마다 고유한 느낌을 주는 '감응(affect)'의 공간이고, 멀리서 눈으로 휘둘러보고 파악하는 시각적·광학적 공간이라기보다는 직접적인 느낌을 통해 느끼게 되는 촉각적 공간입니다.

홈 패인 곳에서는 형식이 질료를 조직하는 반면에, 매끄러운 곳에서는 소재가 힘을 표현하거나 힘의 징후로 복무합니다. 거기서는 거리조차도 척도적·외연적이라기보다는 내포적 혹은 '내공'적이고 강도적인(intensive) 공간입니다. 어떤 형식에 갇히지 않은, 혹은 정형화된 형식을 깨는 붓의 획 하나로 강밀한 힘을 표현하는, 난

(蘭)을 치는 화선지가 그것입니다.

바다는 전형적인 매끄러운 공간입니다. 번지수를 매길 수도 없고, 점을 표시할 수도 없으며, 누구의 소유가 될 수도 없는 공간, 오직 방향을 가리키는 나침반만으로 찾아가며, 물결과 냄새, 날아가는 새들, 바람 등을 통해 '이곳'이 어디인가를 판단하면서 항해를 해야 하는 공간이지요. 그러나 바로 그렇기 때문에 바다는 가장 먼저 엄밀한 홈 패임의 요구에 직면했다고 합니다. 위도와 경도로 표시되는 데카르트적인 좌표가 바다에 덮어씌워지고, 그 좌표를 통해 '우리 바다'와 '남의 바다', '공동해역' 같은 것이 정해집니다.

그런데 바다에서 이루어진 이러한 홈 패임은 육지의 기능과는 별 상관이 없이 만들어졌습니다. 그것은 육지의 기능보다는 원양항해의 결과였습니다. 경로를 벗어날 위험이 적고, 벗어나도 크게 위험하지 않은 연안항해와 달리, 원양항해는 일단 길찾기도 어렵거니와, 자칫 길을 잃으면 생사를 건 위험에 빠질 가능성이 크지요. 따라서 원양항해를 하기 위해선 정확한 해도(海圖)가 필요했습니다. 사실 14~15세기의 대부분의 해도는 해안선을 따라 만들어졌습니다. 그려져 있는 해도들을 보면 위치나 모양 등이 정확하지 않은 경우가 많다고 하지요. 다만 방향이나 지표들, 혹은 항해의 궤적들을 대강 알 수 있게 되어 있을 뿐입니다. 더불어 연안의 근해는 자주 익숙하게 드나들던 곳이었던 만큼, 항해의 경험이나 몇 가지 감응만으로 '이곳'이 어디인지 하는 특개성을 포착할 수 있었을 것입니다.

하지만 대개는 상업적인 이유에 의해, 혹은 아직 가보지 못한 '황금의 땅'을 찾아가려는 욕망들이 강하게 부상하면서 원양항해의 필요성이 커졌을 겁니다. 여기에 크게 기여한 것은 콘스탄티노플에서 수입된 프톨레마이오스(Ptolemaios)의 《지리학》이지요. 그것은 구획된 공간 안에서 거리와 형태를 정확하게 재현하는 방법을 알려주었는데, 이는 나중에 투시법의 발전과 더불어 메르카토르 도법 같은 다양한 지도를 제작할 수 있게 해주었습니다. 이후 위선과 경선으로 척도화된 좌표 상에서 바다나 육지를 재현하는 지도들이 만들어졌습니다. "별과 태양의 정확한 관찰에 기초한 일련의 계산으로 획득한 점, 알려져 있거나 알려지지 않은 지역을 격자화하는 자오선과 평행선, 경선과 위도 들이 교차하는 지도"(MP, 598; II, 269)가 바다에 홈을 파는 데 결정적인 역할을 했다고 합니다.

앞서 말했듯이, 이전에 경도에 의한 구획이 있기 전에, 바다의 바람과 물결, 색과 소리에 기초한 경험적이고 복합적인 유목적 항해가 존재했습니다. 거기선 특개성에 의한 포착이 중요한 역할을 했지요. 이전에도 위도는 있었지만 그것만으로는 위치를 확인할 수 없었고, 각각의 해도(海圖)도 제각각의 틀과 스타일을 갖고 있어서, 하나로 연결하거나 통합할 수 없었기에 '일반적인 번역 가능성'을 갖지 않았습니다. 그런데 점과 새로운 지도를 통해서 이제 모든 바다를, 그게 멀든 가깝든, 하나로 통합하고 연결하여 단일한 척도로 거리와 방향, 형태 등을 계산할 수 있게 된 겁니다. 이로써 방향적인 것들이 차원적인 것에 포개지거나 종속됩니다.

그리하여 이젠 "여기가 어디인가"는 "위도 38도, 경도 27도" 등과 같이 데카르트 좌표로 표시할 수 있게 되고, "어디로 갈 것인가"는 "그 지점에서 북북서 방향으로 2해리를 가라"는 식으로 대답하게 되지요. 이는 이제 바다 위에서의 움직임이 척도적이고 차원적인 두 가지 성분(위도/경도)으로 분해되는 것을 뜻합니다. 이로써 바다는 정확하게 홈 패인 공간이 된 것입니다. 나아가 매끄러운 공간의 전형인 바다는, 이런 홈 패는 방법을 통해서 다른 모든 매끄러운 공간에 홈을 파는 방식의 전형을 제공하게 됩니다. 이젠 사막도, 하늘도, 성층권도 마찬가지 방식으로 홈 패인 공간이 됩니다. 지구의 둘레를 도는 인공위성이 좌표화된 하늘에서, 좌표화된 지표면의 어떤 곳도 정확하게 사진을 찍을 수 있다는 것은 잘 아시겠지요?

홈 패임이 끝난 후 바다는 우선 '현존함대'에 의해서, 그 다음으로는 전략잠수함의 끊임없는 운동에 의해 점유된 일종의 매끄러운 공간을 다시 제공한다. 그리고 모든 눈금을 둘러싸고 국가보다 더 불안정한 전쟁기계를 위해 봉사하는 새로운 유목주의를 발명하고 그 홈 패임의 극한에서 바다를 재구성한다. 그래서 바다, 그리고 대기, 성층권은 다시 매끄러운 공간이 되지만, 그것은 가장 기묘한 전환에 의해 홈 패인 공간을 좀더 완벽하게 제어하는 것을 목적으로 한다.(MP, 599; II, 270)

매끄러운 공간의 특징 가운데 하나가 한 점 한 점 위치를 점하고 옮겨가는 게 아니라, 동시에 공간 전체를 점유하는 방식으로 나아가는 것임을 유목론에서 말했지요? 바람처럼 날랜 기마병 몇 명만으로 적들이 있는 공간 전체를 장악하여 적을 박살내는 몽골인들의 전술을 예로 들었지요. 아무 곳에서나 불쑥 끼어들고 솟아오르는 바둑판의 경우도 그렇습니다. 비슷하게, 이제는 홈 패인 이후 전략잠수함이나 항공모함, 혹은 미사일이나 인공위성 등에 의해 어느 위치든 미사일을 쏘아보낼 수 있게 된 바다나 성층권 또한 '동시에 공간 전체를 점유한다'는 의미에서 매끄러운 공간이 된 것이 분명합니다. 그것이 바로 홈 패임의 극한에서 매끄러운 공간으로 재구성된 바다와 성층권이지요. 그렇다면 이제 매끄러운 공간이 곧바로 '좋은 공간'을 뜻하는 것은 아님을 아시겠지요?

바다를 통해 매끄러운 공간이 홈 패인 공간으로 이행하고, 또 역으로 새로운 양상이지만 매끄러운 공간으로 다시 이행하는 것을 보았습니다. 이처럼 두 가지 공간은 섞이고 이행하며 포섭하고 장악합니다. 하지만 섞인다고 해서, 혹은 홈 패임의 극한에서 재구성된 바다처럼 매끄러운 공간이 "좋은 것일 수도 있고 나쁜 것일 수도 있다"고 해서, 두 가지를 구별하지 못한다면 아무것도 사유할 수 없습니다. 둘을 개념적으로 구별해야 할 뿐만 아니라 그 둘의 섞임의 양상에 대해서도 잘 이해해야 합니다. 그러면 우리는 심지어 가장 홈 패인 공간조차 매끄러운 공간으로 만드는 방법을 찾아낼 수 있을지도 모릅니다.

사실 조금 전의 예처럼, 매끄러운 공간인 사막과 바다, 초원에서 홈 패인 채 거주하는 것이 가능하며, 그런 점에서 바다나 사막을 두고 매끄럽다고 하는 것만으로는 적절하지 않을 겁니다. 방랑하는 검객으로 사막에 살지만 실제로는 홈 패인 채 거주하는 〈동사서독〉의 구양봉 같은 인물이 그렇습니다. 그는 사랑의 상처와 결부된 어느 한 점에 삶과 사유가 고착되었으며, '해결사'라는 직업 탓인지 오직 돈에 의해서만 움직이고 행동합니다. 달걀 몇 개로 동생의 원수를 갚아달라는 여인의 끈질긴 부탁을 그는 끝내 거절하며, 그것을 들어준 홍칠이란 인물을 가혹하게 처리합니다. 즉 그는 매끄러운 공간 안에 살지만 사실은 그 안에 스스로 홈을 파고 있는 것이며, 스스로 판 그 홈 안에 갇혀 살고 있는 겁니다. 그는 유목의 공간 안에서 정착민으로 살아가고 있는 것입니다. 그는 자신이 사랑하던 여인이 죽은 후에도 이렇게 혼자말합니다. "예전에는 산을 보면 그 너머에 무엇이 있을지 궁금했다. 하지만 이젠 그렇지 않다."

거꾸로, 가장 홈 패인 공간인 도시에서조차 매끄러운 방식으로 거주하는 것이 가능할 수 있습니다. 〈허공에의 질주〉라는 영화에서 주인공 '마이클'의 가족이 그렇습니다. 베트남 전쟁이 한창일 때, 폭탄연구소에 폭탄을 던진 부부의 가족인데, 이들은 도시 안에서 탈주선을 그리고 있습니다. 전형적인 홈 패인 공간 안에서, 어느 방향으로든 향할 수 있는 선을 그리고 있는 거지요. 하지만 탈주자는 도망자나 도주자가 아니며, 유목민은 떠돌이가 아닙니다. 이들은 옮겨간 곳에서 또다시 조합을 만들거나 환경운동을 조직합니다. 탈주선을 그릴 뿐만 아니라, 도시의 패인 홈을 흘러넘치는 다른 흐름을 흐르게 하고, 홈통과도 같은 파이프에 구멍을 뚫어 다른 사람들로 하여금 탈주케 하고 있는 겁니다.

결국 중요한 것은 사막이 매끄러운 공간인가, 도시가 홈 패인 공간인가가 아닙니다. 매끄러운 공간은 홈이 패이게 마련이고, 반대로 홈 패인 공간 또한 매끄러운 공간으로 사용할 수 있기 때문입니다. 중요한 것은 매끄러운 공간에선 매끄러운 공간에 적합한 삶과 실천을 창안해야 하며, 홈 패인 공간에선 홈 패인 공간에서 다시 매끄러운 공간을 만들어 살아가는 삶과 실천을 창안해야 한다는 것입니다. 이런 점에서 동일한 공간을 흘러가는 상이한 두 가지 여행이 있다고 할 수 있습니다. 이 두 종류의 여행을 구별해주는 것은 "측정 가능한 혹은 척도적인 운동량이나, 단지 마음속에 있을 법한 어떤 것이 아니라 공간화의 양식, 공간에서의, 공간에 대한 존재방식"(MP, 602; II, 272)입니다.

유목민은 움직임에 의해 정의되지 않는다는 말을 했지요? 유목민은 이주민이 아니란 거지요. 그들이 움직이지 않는다는 것은 황량해진 공간을 떠나지 않는다는 의미였지요. 정착민들은 자신이 사는 곳이 불편해지면 다른 곳으로 떠납니다. 이주민 역시 자신이 이용하던 공간이 황량해지면 다른 곳으로 떠납니다. 그러나 유목민은 그 황량한 공간에 달라붙어 그 공간 안에서 살아가는 방법을 창안합니다. 즉 그들은 도망가지 않습니다. "제자리에서 유목하기", 앉은 채 하는 여행, 차라리 이것이 유목민의 역설적 정의에 더 부합한다는 것은 이런 뜻에서지요.

4. 수학적 모델

두 가지 공간의 수학적 모델은 앞서 자주 나왔던 두 가지 다양체에 관한 것이기도 합니다. "척도적 다양체와 비척도적 다양체, 외연적인 다양체와 질적인 다양체, 중심화된 다양체와 비중심화된 다양체, 수목적인 다양체와 리좀적인 다양체, 수적인(numériques) 다양체와 평평한(plates) 다양체, 차원적인 다양체와 방향적인 다양체, 군중(masse)의 다양체와 무리(meute)의 다양체, 크기의 다양체와 거리의 다양체, 절단의 다양체와 주파수의 다양체, 홈 패인 다양체와 매끄러운 다양체."(MP, 604; II, 274) 이것이 모두 대비되는 다양체의 짝들입니다. 홈 패인 다양체와 매끄러운 다양체, 바로 그것이 이 다양한 다양체의 짝들에 대응하는 것이라고 할 수 있습니다.

여기서 저자들은 러셀과 메이농(Meinong)이 구별했던 크기와 거리 개념이 이에 상응한다고 말합니다. 크기란 10등분하면 각 부분이 정확하게 1/10이 되는 그런 것입니다. 10미터짜리 끈을 열로 쪼개면 각각은 1미터짜리 끈이 되고, 또 그중 하나를 열로 쪼개면 각각은 10센티미터짜리 끈이 됩니다. 따라서 여기서도 2센티미터는 정확하게 1센티미터의 두 배고, 10센티미터는 1센티미터의 열 배입니다. 저자들에 따르면 러셀 등이 '거리'라고 부른 것은 이와 다릅니다. 예를 들어서, $20°C$는 $10°C$의 두 배일까요? 수는 2배지만 두 배 덥다고 할 수 있을까요? 가령 $20°C$는 $68°F$고 $10°C$는 $50°F$이죠. 이때 알다시피 숫자만으로도 $68°F$는 $50°F$의 두 배가 아닙니다. 절대온도로 표시하면 $20°C$는 293K고, $10°C$는 283K예요. 이 경우 차이는 화씨로 표시한 것보다 더 작아지지요.

좀더 근본적으로 보자면, 사실 온도계는 숫자 간에 등간격을 가정하고 있는 정수로 표시되어 있지만, 가령 $0°C$에서 $1°C$로 올라갈 때와, $1°C$에서 $2°C$로 올라갈 때, 정말 온도(따뜻한 정도)가 똑같이 올라간다고 할 순 없습니다. 예컨대 환자의 체온이 $38°C$에서 $1°C$ 올라가는 것과, $39°C$에서 $1°C$ 올라가는 것은 결코 동일한 변화가 아닙니다. 그건 다만 온도에 따른 수은주(길이! '크기'!)의 변화가 동일함을 뜻할 뿐이지요. 이처럼 등간격으로 분할되어 있어도, 실제로는 각각의 간격이 결코 동질적이지 않다는 것입니다. 이를 러셀과 메이농은 '크기'와 구별해서 '거리'라고 했다는 겁니다.

베르그송(H. Bergson) 역시 《의식에 직접적으로 주어진 것에 관한 에세이》에서 아킬레스와 거북이의 역설을 들어서 이와 비슷한 말을 하지요.[5] 대신 그는 각각의 부분이 아무리 분할되어도 동질적인 '연장'과, 이와 달리 분할될 때마다 상이한 질을 갖는 '지속(durée)'이라는 말로 구분했고, 전자가 양적·수적인 다양체라면, 후자는 질적인 다양체라는 점에서 근본적으로 다르다는 점을 강조했지요.[6] 이처럼 매끄러운 공간에 서식하는 것들은 분할될 때마다 그 본성이 달라지는 다양체라는 의미에서 '매끄러운 다양체'라고 할 수 있습니다.

좀더 현실적인 예를 들 수도 있습니다. 가령 운동장을 100미터 달리는 것과, 산을 100미터 오르는 경우를 비교해보세요. 운동장은 각각의 부분을 최대한 동질화하려고 하지요. 따라서 각각의 1미터를 거의 동질적인 공간으로 만들려고 합니다. 땅을 고르고, 표면도 최대한 다지고 해서 말입니다. 그러나 산을 오르는 100미터는 각각의 걸음마다 다른 길을 딛지요. 낙엽이 쌓인 평지와 바위가 깔린 오르막길, 얼음이 남아 있는 내리막 길 등등 모든 부분이 상이한 발걸음을 요구하지요. 그래서 운동장을 42.195킬로미터 달리는 것과, 코스마다 난이도가 다른 마라톤 코스를 달리는 것은 결코 같을 수가 없지요.

그런데 달리는 사람 입장에선, 심지어 운동장을 달리는 것도 걸음마다 다릅니다. 1000미터만 되어도, 처음 20미터야 누구나 가뿐하게 달리지만, 마지막 20미터는 가쁜 숨을 몰아쉬며 떨어지지 않는 발을 간신히 떼어놓습니다. 단거리 선수 아킬레스와 장거리 선수 거

---

(5) 베르그송, 정석해 역, 《시간과 자유의지(*Essai sur les données immédiates de la conscience*)》, 삼성출판사, 1988, 99~102쪽.
(6) 같은 책, 79쪽 이하.

북이가 시합을 한다면, 100미터 달리기에서 아킬레스가 이겼다고
해서, 10000미터 달리기에서도 자신이 이길 게 분명하니 뛰어볼 필
요도 없다고 한다면 거북이는 아킬레스에게 속는 것입니다. 또 100
미터를 13초에 뛰었으니 10000미터는 1300초에 뛸 거라는 말을 믿
는다면, 이 역시 속는 것입니다. 이는 달리기 시합은 걸음마다 다른
'거리'를 달리는 것이고, 질적인 다양체 내지 매끄러운 공간과 결부
되어 있음을 뜻하는 것입니다.

앞서 일단 매끄러운 공간이라고 했던 사막 · 스텝 · 바다 혹은 얼
음사막이라면, 아무리 숫자로 계산한다고 해도, 이런 유형의 다양체
라는 사실은 분명합니다. 그것은 비척도적이고 비중심화되고 방향
적인 공간입니다. 반대로 베르그송은, 수는 크기 간의 복잡해지는
관계를 표현하는 척도적 다양체의 상관물이라고 봅니다. 반면 지속
은 질적인 것이어서 순수 이질성이 매순간 상이한 양상으로 공존하
는 것이라고 하지요. 베르그송은 수를 공간과 결부시키고, 지속을
시간과 결부시킵니다. 그래서 베르그송에게 공간이란 양적 다양체
가 되고, 시간 내지 지속은 질적 다양체가 되지요.

물론 이는 베르그송이 데카르트적인 공간을 염두에 두고 있어서
그렇습니다. 가령 풍수지리적 관념을 가진 사람에게 공간이란 결코
양적이고 동질적이고 척도적인 다양체가 아니라 질적이고 이질적이
고 비척도적인 다양체일 겁니다. 혹은 바슐라르(G. Bachelard)처럼
공간을 현상학적 체험의 대상으로 정의하는 경우에도 공간은 결코
양적 다양체가 아니라 질적 다양체가 될 겁니다.[7] 이런 점에서 공간

---

[7] 바슐라르, 곽광수 역, 《공간의 시학(La Poétique de l' espace)》, 민음사, 1990.

자체를 양적 다양체라고 간주하는 것에는 동의하기 어려운 이유들이 많이 있는 셈입니다.

수를 무조건 양적 다양체로 간주하는 것도 동의하기 힘든 경우가 많습니다. 물론 통상 계산하는 데 사용되는 기수는 모두 하나의 단위원을 갖고 그를 통해 구성되는 척도를 갖고 있으며, 각각의 수 사이의 간격은 동일하다고 가정됩니다. 저자들도 수에 관한 베르그송의 논의에 대해, 그것이 기수에 관한 한 동의합니다. "사실 수는 척도적인 다양체의 상관물이다. 즉 크기는 수들에 의거함으로써만 공간에 홈을 팔 수 있으며, 역으로 수는 크기 간의 점증하는 복잡한 관계를 표현하는 데 사용되며, 그것으로써 홈 패임을 강화하고 그것이 모든 질료와 함께 하는 이상적인 공간을 상기시킨다. 그러므로 척도적인 다양체의 모태 안에서 기하학과 산술, 기하학과 대수학 사이에는 어떤 상관관계가 있는데, 이것이 다수적(majeure) 과학을 구성한다."(MP, 604~605; II, 274~75)

그러나 앞서 유목민의 수적 조직에 대해 말할 때 보았던 수들이나, 아니면 축구선수의 백넘버나, 몇 사단 몇 대대 몇 중대 등처럼 군대의 조직에 붙이는 수들, 혹은 심지어 첫째, 둘째와 같은 서수조차도 결코 동질적·척도적 다양체는 아닙니다. 1등과 2등의 간격이 2등과 3등의 간격과 같을 리는 없으니까 말입니다. 따라서 수란 모두 홈 패인 공간과 결부된 양적 다양체라고 말해선 곤란합니다. "수는 그 자체로 매끄러운 공간에 분배되고, 분할될 때마다 매번 그 성질을 변화시키며, 그 각각은 크기가 아닌 거리를 나타내는 단위를 변화시킨다. 세어진 수(le nombre nombré)가 홈 패인 공간에 속하는 것과 같이, 서수적이고 방향성이 있으며 유목적이면서 분절된 수, 세는 수(le nombre nombrant)는 매끄러운 공간에 속한다."(MP, 605; II, 275)

지금까지 우리는 척도적 다양체와 대비되는 비척도적 다양체의 고유한 양상을 보았습니다. 이는 단일한 척도를 갖지 않는 것들이 어떻게 서로 다른 것과 섞여 그것의 일부가 되는지와 결부된 것이었습니다. 이는 매끄러운 공간이 갖고 있는 하나의 특징입니다. 이제 또 하나의 중요한 양상을 보아야 합니다. 그것은 "두 가지 결정인이 취하는 동일한 상황이 그것들 간의 비교를 배제하는 경우"와 결부되어 있습니다.

예를 들면 온도와 압력이 함께 관여하여 만들어진 두 개의 상태나 상황을 과연 비교할 수 있을까요? 티베트나 안데스 같은 고산지대를 오를 때, 가령 고도와 경사도가, 오르는 데 드는 에너지를 결정한다고 합시다. 고도가 낮은 곳보다는 높은 곳이 더 힘들 것이고, 경사도도 마찬가지로 비교할 수 있습니다. 그러나 고도는 낮은 지대지만 경사도가 크고 험한 경우와, 고도는 높지만 거의 평지와 같은 경우라면 어떻게 비교할 수 있을까요?

그렇습니다. 결코 쉽지 않습니다. 온도와 압력을 비교할 순 없는 일이고, 고도와 경사도를 비교할 순 없기 때문이지요. 그런데 부분마다 이질성을 특징으로 하는 매끄러운 공간은 언제나 이처럼 상이한 요인들의 복합효과에 의해 국지적인 특개성을 갖습니다. 그런데 만약 이처럼 두 가지 요인이 결정하는 경우에조차, 두 개의 상황을 비교할 수 없다면, 매끄러운 공간에서는 아무것도 비교할 수 없는 것일까요? 어떤 비교 가능성이나 측정 가능성도 없는 것일까요?

들뢰즈와 가타리는 "있다"고 대답합니다. 리만 공간의 경우가 바로 그렇다고 하지요. 리만 공간에서는 각각의 부분들이 이질적이지요. 여기서 저자들은 로트망(A. Lautman)을 인용하고 있습니다. "리만 공간에서는 모든 종류의 동질성이 배제된다. 각각[의 부분]은 무한히 근접하는 두 점 사이의 거리의 제곱을 정의하는 표현형식에 의해 특징지어진다."(MP, 606; II, 275)

2차원 유클리드 공간에서 두 점 간 거리(ds라고 씁시다)의 제곱은, 아시겠지만, 다음과 같습니다.

$$ds^2 = (x_1 - x_2)^2 + (y_1 - y_2)^2$$

간단히 쓰기 위해서 $(x_1 - x_2)^2$을 dx^2, $(y_1 - y_2)^2$을 dy^2이라고 쓰면 거리(의 제곱)를 구하는 공식은 다음과 같습니다.

$$ds^2 = dx^2 + dy^2 \quad\quad —— (1)$$

그런데 이는 x축, y축이라는 두 축이 서로 직교하는 좌표계에서만 성립하지요. 그런데 만약 다음과 같이 삐딱하게 만들어진 좌표계라면 어떨까요?(〈그림 14.1〉)

두 축은 직선이 아니고, 그나마 직교하지도 않습니다. 당연히 유클리드 공간에서 사용되는 거리 공식을 사용할 수 없습니다. 그렇지만 두 점 간의 거리가 아주 작다면 어떨까요? 미분에서 사용하는 무한소적인 크기를 갖는 두 점 간의 거리는 좌표계가 저렇게 삐뚤어져 있어도 똑바른 좌표계와 거의 동일해서 그 편차는 무한소에 가까울 겁니다. 그 경우에는 편차는 무한소일테니, 앞서 본 거리(의 제곱)

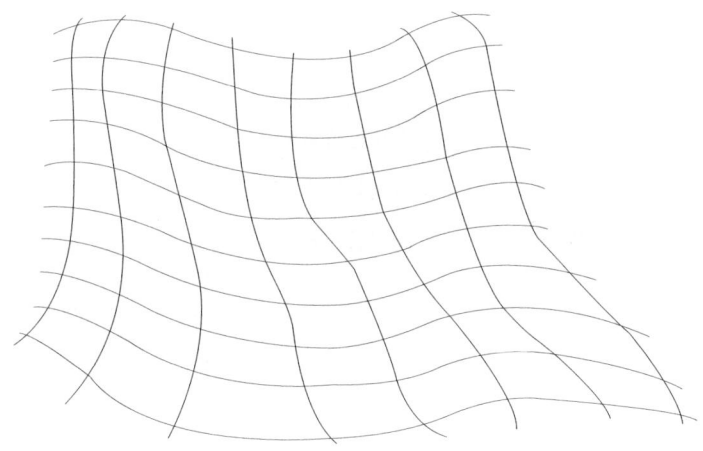

〈그림 14.1〉 '삐뚤어진' 좌표계

공식을 그대로 사용할 수 있지 않을까요? 그러나 그 거리가 조금 더 커지는 경우를 생각해보면 알겠지만 x축 방향으로 편차가 만들어지는 정도를 dx^2에 곱해주어야 하고, y축 방향으로 편차가 생기는 정도를 dy^2에 곱해주어야 합니다. 다른 쪽 방향도 마찬가지지요. 그리고 x와 y가 함께 만나는 항에 대해서도 고려해주어야 합니다. 즉 $dxdy$라는 항이 나타나며, 여기에도 또 다른 상수를 곱해주어야 합니다. 그래서 이 경우를 일반적으로 표시하면 (2차원인 경우) 다음과 같이 됩니다.

$$ds^2 = A \cdot dx^2 + B \cdot dxdy + C \cdot dy^2 \quad - (2)$$

이처럼 국소적인 점들을 포괄하는 좌표계를 '국소좌표계'라고 부릅니다. 거리(의 제곱) 공식 (2)는 이런 국소좌표계에서 거리를 구하는 일반적인 방법을 알려줍니다. 이 국소좌표계와 거리 공식은 가우스(Gauss)가 창안한 것이어서, 가우스 좌표라고 불립니다. 그런데 리만은 지금은 2차원으로 제한되어 있는 국소좌표계를 n차원으로 일반화하는데, 가령 x, y, z의 세 변수로 표시되는 경우(3차원)에는 거리의 제곱을 표시하는 공식은 이렇게 표시됩니다.

$$ds^2 = g_{11}\,dx^2 + g_{12}\,dxdy + g_{13}\,dxdz \\ + g_{21}\,dydx + g_{22}\,dy^2 + g_{23}\,dydz \quad —— (3) \\ + g_{31}\,dzdx + g_{32}\,dzdy + g_{33}\,dz^2$$

여기서 g_{ij}는 각각의 국지적인 조건에 따라 부가되어야 할 상수입니다. 낯선 모습이 좀 당황스럽지요? 적응이 잘 안 되면 그냥 그림이다 생각하고 보세요. 이 공식 (3)에서 $g_{11}=g_{22}=g_{33}=1$이고, 다른 g들이 모두 0인 경우, 거리 제곱은 유클리드 공간에서의 거리 제곱을 표시하는 공식과 같게 됩니다. g_{ij}의 값이 이와 다르게 되면 그것은 유클리드 공간과 다른 공간의 거리(제곱)를 구하는 공식이 되지요. 이런 식으로 리만의 이 공식은 다양한 종류의 공간에서 거리 제곱을 구하는 일반적인 방법을 알려줍니다. 즉 모든 종류의 공간(다양체)에서 거리 제곱을 구하는 방법이란 것입니다. 그래서 이 일반화된 거리 제곱의 공식을 '리만 계량(Riemann metric)'이라고 부르고, 거기에 등장하는 계수인 g_{ij}들의 묶음을 '기본 텐서'라고 부릅니다.

뒤집어 말하면, 리만 계량 (3)에 보이는 g_{ij}값들을 어떻게 주는가에 따라 상이한 양상의 공간이 만들어지는 거지요. 그 g_{ij}는 상이하고 이질적인 공간에서 각각의 국지적 조건에 따라 정해집니다. 이렇게 정해지면, 이질적인 공간을 비교 가능하게 해주는 기준이, 이질적인 요소들 간의 관계를 보여주는 ds^2의 값이 정해지지요. "각각 [의 부분]은 무한히 근접하는 두 점 사이의 거리의 제곱을 정의하는 표현형식에 의해 특징지어진다"는 말은 바로 이런 뜻입니다.

이러한 논의에 의거해서 저자들은 매끄러운 공간의 두 가지 특징을 이렇게 요약합니다. "한편으로, 서로의 일부분을 이루는 결정인이 크기와는 상관없이 포함된 거리 내지 배열된 차이로 소급될 때가 그것이다. 다른 한편, 하나를 다른 것의 일부로 만들 수 없는, 결정인들이 척도와는 무관하게 오직 주파수나 누적의 과정에 의해 연결될 때가 그것이다. 이것이 매끄러운 공간의 노모스(nomos)의 두 측면이다."(MP, 606; II, 276)

그러나 이러한 특징을 갖는다고 하더라도, 앞서 자주 말했던 것처럼 두 공간의 상호이행은 거의 피할 수 없는 것처럼 보입니다. 먼저 매끄러운 공간에서 만들어지는 기하학이나 유목적인 수는 왕립 과학에게 새로운 기하학과 대수학을 위한 영감을 제공하겠지요. 반면 홈 패인 공간에서 작동하는 척도는 좋든 싫든 매끄러운 다양체가 제공하는 낯선 자료를 자신의 척도적 형식으로 번역하고 변환해야 합니다. 가령 리만 계량은 이질적인 것들의 겹침을 통해 만들어지는 다양체가 제공하는 자료들을 계산 가능하게 해주는 척도적 형식이 됩니다.

번역하는 것은 부차적인 행동이 아니다. 그것은 의심할 바 없이 매끄러운 공간을 종속시키고 초코드화하고 척도화하는 조작이고, 매끄러운 공간을 중성화하는(neutralizer) 조작이며, 또한

매끄러운 공간에 번식·확장·굴절·재생·자극의 환경을 부여
하는 조작으로, 이런 환경이 없다면 매끄러운 공간은 저절로 사
멸해버릴 것이다. 그것은 매끄러운 공간이 호흡하고 일반적인 표
현형식을 찾아내기 위해 필요한 가면과 같은 것이다.(MP, 607; II,
276)

그러나 이러한 이행은 사실 비대칭적입니다. 매끄러운 공간을 통
과한 창조적 발상이 '과학'이 되기 위해선 홈 패인 공간을 통과해야
하고, 그 공간의 척도적 형식과 공리적 요구를 피할 수 없기 때문입
니다. 소수적 과학은 다수적 과학, 왕립과학에 영감을 제공하지만,
다수적 과학은 소수적 과학에 과학화하고 척도화할 것을 요구하기
때문입니다.
  그리고 매끄러운 다양체를 홈 패인 다양체로 번역하는 두 가지
방법을 예로 들고 있습니다. 하나는 강밀도를 외연적인 양으로, 더
일반적으로는 '거리의 다양체'를 계량하고 홈을 파는 '크기의 체
계'로 번역하는 방법입니다. 다른 하나는 매끄러운 공간의 리만적
단편을 유클리드적 체계로 통합하기 위해 사용하는 것인데, 평행하
지 않은 선을 평행선으로 다루기 위해서 무한소적 거리로 홈을 파는
방법입니다. 리만 계량이라고 불리는 저 거리 제곱의 공식은 후자에
속하는 대표적인 경우라고 하겠지요.
  이제 저자들은 프랙탈한 기하학을 통해서 매끄러운 공간의 일반
적인 결정요인을 몇 가지 찾아내고 있습니다. 프랙탈 기하학에서 말
하는 한없이 구부러지는 선, 직선이라곤 하나도 남지 않는 그런 선
이야말로 유클리드 기하학의 직선이나 척도가 통하지 않는 기하학

을 구성한다고, 그리고 1.2618 등과 같은 소수로 표시되는 차원수는 차원의 개념이 x, y, z축처럼 척도로 기능하는 데서 벗어나 무한히 바뀌며 꺾이는 방향성의 정도를 표시한다고 보기 때문인 듯합니다. 프랙탈 기하학에 대해서는 앞서 리좀에 대해 설명하는 곳에서 자세하게 말했기 때문에[8] 여기선 다만 저자들의 결론을 읽어보기로 하지요.

(1) 차원수가 정수고 방향이 일정한 집합은 모두 홈 패인 것 혹은 척도적인 것이라고 부를 수 있다. (2) 비척도적인 매끄러운 공간은 1 이상의 분수 차원을 갖는 선, 또는 2 이상의 분수 차원을 갖는 면을 구성함으로써 만들어진다. (3) 분수의 차원은 말 그대로 방향적인 공간의 지표다(접선은 없으며, 방향의 연속적 변이만이 있다). (4) 매끄러운 공간은 그 공간 속을 통과하는 것, 혹은 공간 속에 기입되어 있는 것 이상의 보충적인 차원을 갖지 않는 것으로 정의되는데, 이런 의미에서 매끄러운 공간에는 예컨대 선이 여전히 선으로 있으면서 면을 채우는 평평한 다양체가 있다. (5) 세는 수 내지 비정수(非定數)의 부정확하지만 엄밀한 형식 아래, 공간 자체와 그 공간을 점유하는 것은 동일화되는 경향이 있으며, 동일한 능력을 갖는 경향이 있다(계산 없는 점유). (6) 이러한 무정형의 매끄러운 공간은 이웃관계의 누적에 의해 만들어지는데, 이때 각각의 누적은 '생성'에 고유한 식별 불가능성의 지대를 징의한다(선 이상이시만 평면 이하, 입체 이하지만 평면 이상).(MP,

---

[8] 이 책의 1권 1장, 98쪽 이하 참조.

609; II, 278)

5. 물리적 모델

　물리적 모델에서 다루는 중심 개념은 '노동' 과 '자유활동' 입니다. 이거라면 사실 앞서 포획장치를 다루는 고원에서 나왔던 것입니다. 그렇지만 이 개념이 물리학에 연결된다는 것은 저도 이 고원에 와보고서야 알았습니다. 불어로는 '노동' 을 뜻하는 'travail' 를 영역본에서 labour보다는 work라고 번역한 것은, 물리학에서도 work(일)란 개념이 사용되는 것을 염두에 둔 것 같은데, 그리 적절한 것으로 보이진 않습니다. 왜냐하면 영어의 work는 독일어의 Werk, 프랑스어의 oeuvre에 상응하는 단어인데, 모두 다 '작업' 이란 의미를 가지며, 더불어 그런 작업을 통해 만들어진 결과물, 다시 말해 '작품' 이라는 의미를 동시에 함축하고 있지요. 작가나 사상가의 '저작' 이나 예술가의 '작품' 을 뜻하는 단어인데, 이는 예술과 기술이 분리되기 이전, 창조와 작업이 분리되기 이전에 장인들의 활동을 지칭하던 단어 같습니다.

　반면 travail는 고문기구를 뜻하는 말에서 연원했다고 하지요. 독일어 Arbeit나 영어의 labour는 이와 상응하는 단어로 보이는데, 이런 어원은 창조적인 활동으로서의 작업보다는, 참고 견디는 고통스런 활동을 지칭하는 데 사용되었던 말임을 보여주고 있는 듯합니다. 아렌트는 이러한 두 개념의 상이한 혈통에 대해서 매우 자세하게 설명하여 개념화한 적이 있으니 더 관심이 있으신 분은 참조하시기 바랍니다.[9]

　일단 지금까지 상이한 모델들을 관통하는 홈 패인 것의 특징이 여기서도 반복됩니다. "직각으로 교차하는 두 계열의 평행선으로, 그 하나인 수직선들은 고정적인 것 내지 상수의 역할을 하는 반면에, 다른 하나인 수평선은 변수의 역할을 한다."(MP, 609; II, 278) 씨실과 날실, 화음과 선율, 경도와 위도가 그것입니다. 이 두 계열의 평행선들의 "교차가 좀더 규칙적이 될수록, 홈 패임은 더 단단하게 되고, 공간은 보다 동질화되는 경향이 있다. 이런 의미에서 동질성은 처음부터 매끄러운 공간의 특징이 아니라 반대로 홈 패임의 극단적 결과다."(MP, 609; II, 278) 요컨대 동질성이란 모든 부분, 모든 방향으로 홈 패인 공간의 극한적 형식이라는 것인데, 가장 단적인 예로는 데카르트 공간을 들 수 있습니다.

약간 옆으로 새는 이야기지만, 데카르트 공간에서는 모든 점이 어떤 이질성도 갖지 않습니다. 그게 산 위에 있든 도시 한가운데 있든, 혹은 바다 위에 있든 간에 말입니다. 또 모든 선은, 그게 길이든 건물이든 혹은 나무줄기든 동일한 선일 뿐입니다. 좌표로 표시되는 공간상의 위치만이, 그리고 그 위치를 직선으로 연결하는 '거리'(여기서는 **크기**를 의미하는 것으로서, 길이라고 하는게 더 나을 듯합니다) 만이 살아남습니다.

반면 이전의 공간은 그렇지 않았습니다. 가령 그리스인들은 장소(topos)로서 공간 개념을 갖고 있었어요. 각각의 사물들은 자기 자신의 자리가 있다는 거지요. 그래서 흙은 물에 가라앉고, 불은 공기 위로 올라간다고 믿었습니다. 그게 바로 자기 자리를 찾아가는 '운동'인 거지요. 조화와 질서, 우주를 뜻하는 '코스모스'란 자기 자리

---

(9) 아렌트, 《인간의 조건》, 134쪽 이하.

를 찾아가는 그런 운동으로 특징지어졌습니다.[10] 이때 각각의 장소(topos)는 서로 환원 불가능한 이질성들을 갖는 것이었습니다.

그리스뿐입니까? 서양 중세의 지도에는 언제나 중심에 예루살렘이 있었지요. 반면 아시아와 아프리카의 변방에는 식인종의 모습이나 괴물의 모습이 그려져 있기 일쑤였습니다. 여기서도 공간은 중심과 주변이 보여주듯이, 결코 동질적일 수 없는 그런 것이었지요. 조금 전에 말했지만, 풍수를 보는 지관(地官)에게도 공간은 결코 동질화될 수 없는 것이었지요. 땅의 기운이 다 달라서 좋은 땅과 나쁜 땅이 있고, 부자가 될 땅이 있고 패가망신할 땅이 있으니 말입니다. 한국의 대통령 후보치고 유명한 지관의 눈을 빌리지 않은 사람이 없다고 하지요. 그걸 보면 공간은 이질적이라고 생각하는 사람이 단지 지관만은 아닌 듯합니다. 그러나 데카르트 공간은 이 모든 질들을 전부 추상하여 위치로 양화시킵니다. 극단적인 동질화의 공간이지요. 척도적인 공간이고요.

수평선과 수직선으로 만들어지는 홈 패인 공간처럼, 제국의 경우에도 직각으로 교차하는 '도시국가'의 등방형(等方型)의 모델이 있고, 이와 달리 어떤 중심을 통해 강하게 통합되는 '제국'의 수직적인 모델이 있습니다. 도시의 형태를 짜는 데서도 이런 두 가지 유형은 항상 발견되는데, 이 경우에는 격자형의 도로망과 방사형의 도로망이 서로 상이한 두 가지 유형에 대응하는 듯합니다. 반면 여기서 벗어나면서 매끄러운 공간을 만드는 방법 또한 두 가지 형상이 있을

---

[10] 이는 아리스토텔레스의 영향 아래 있었던 중세말의 '역학'에서도 그대로 나타난다고 합니다. 이에 대해서는 A. Koyré, *Etudes Galiléennes*, 菅谷曉 譯, 《ガリレオ 硏究》, 法政大學出版局, 1988, 9~49쪽 참조.

수 있습니다. 하나는 직선에서 벗어나는 클리나멘의 선이고, 다른 하나는 동시에 모든 방향으로 향하면서 공간 전체를 동시에 점하는 소용돌이의 형상이 그것인데, 이 또한 앞서 유목론에 관한 장에서 충분히 설명했으니 이만 하지요.

사실 이 고원에서 들뢰즈/가타리가 하고자 하는 이야기는 노동의 모델과 국가장치에 관한 것입니다. 먼저 물리학적 '일'과 사회적 노동 모델에 관한 이야기부터 하지요. 저자들에 따르면, 19세기에 이르러 일에 관한 물리-과학적 모델과, 노동력 내지 추상적 노동(동질적이고 척도화된 노동)에 관한 사회-경제학적 개념의 정교화가 동시에 이루어졌다고 합니다. 그런 만큼 전자를 다루는 물리학과 후자를 다루는 사회학이 발생적인 친근성을 갖고 있다고 말하고 있습니다.

이는 이른바 사회학의 '시조'로 간주되는 콩트(A. Comte)가 명시적인 사례를 제공해줍니다. 그는 사회 자체의 질서와 발전을 다루는 '학'을 만들면서 그 이름을 무엇으로 할까 고심하다가 '사회물리학'으로 하려고 결심했다고 해요. 간만에 '전공' 얘기를 하려니 쑥스럽네요. 사실 저는 개인적으로 콩트라는 사람을 잘 모르지만, 그다지 호감을 갖기가 힘들었습니다. 그의 이름을 들으면 교과서적 공식대로 '실증주의의 창시자'란 말이 떠오르기보다는, 과학을 신의 자리에 놓고는 이전에 신을 숭배하듯이 과학을 종교적 태도로 숭배하려는 성직자의 모습이 떠오르고, 이처럼 '사회학'이란 말이 만들어진 배경에 대해 들으면서는 자신의 '창조적 업적'에 어떤 이름을 붙일까 한참을 고심하던 과대망상적 성격이 떠오르는 듯해서 말입니다. 게다가 그가 창안했다는 사회학은 사회를 다루는 학이지만 일차적으로 사회적 질서와 진화적 '발전'이란 관점에서 다루는 일종의 '국가학'이라는 생각까지 들어서 더 그렇습니다.

다시 돌아가지요. 그런데 이 양반이 '사회물리학'이라고 작명을 해놓고 보니, 당시에 케틀레(Quételet)라는 통계학자가 그런 제목으로 이미 책을 써서 출판한 뒤였다고 해요. 그래서 안타깝지만 '사회학'이란 이름으로 변경을 했던 것인데, 그것이 거꾸로 나중에 대학의 제도 안에 자리잡게 되면서 하나의 분과로 성공하기 적합한 이름이 되었던 것 같습니다. 아마 '사회물리학'이라고 했으면 '철학'이니 '경제학'이니 '정치학'이니 하는 것과 대응하는 하나의 일반적 분과명으로 되기 어려웠을 게 분명합니다.

여하튼 콩트의 '사회물리학'이 보여주듯이, 그 시기에 사회학과 물리학이 친근했던 것은 분명히 사실이었다고 보입니다. 저자들은 이를 개념적 관계로까지 추적하고 있습니다. 그들은 이렇게 말합니다. "사회가 노동의 경제적인 척도를 제공했다면, 물리학은 노동의 '역학적 화폐(monaie mécanique)'를 제공했다. 임금체제는 그 상관자로서 힘의 역학(mécanique des forces)을 갖는다. 물리학이 [이때만큼] 사회적이었던 적은 없었다. 왜냐하면 두 경우 모두 **표준 인간에 의해 일률적인 방식으로 들어올리고 끌어당기는 힘의 일정한 평균치를 정의하는 것이 문제였기 때문이다.**"(MP, 611 ; II, 280)

확실히 '힘의 역학'은 고전경제학자들이 찾아냈던 '노동가치'나, 맑스가 말하는 '추상적 노동'이란 개념과 매우 긴밀한 관계를 갖고 있습니다. 노동이란 맑스의 말대로 "노동력의 사용가치"고, 그 자체는 질적인 것이지 양적인 것이 아닙니다. 어떤 노동인가는 물론, 누가 어떤 힘으로 노동하는가에 따라 아주 다른 결과를 만들어낼 수 있지요. 제가 한 시간 톱질하는 것과, 목수가 한 시간 톱질하는 것은 해보나마나 그 차이가 지대할 겁니다. 그렇지만 목수 또한 설렁설렁 일할 때와 시간에 쫓기며 정신없이 일할 때 그 결과가 같을 리 없습니다. 노동강도나 노동방식, 숙련의 정도 등에 의해 노동의 산물이 크게 달라진다는 거지요.

그런데 이래 가지고는 "이거 만드는 데 몇 시간 걸렸으니, 그 가치가 얼마다" 하는 식의 '노동가치' 개념이 성립될 수 없습니다. 어느 정도 차이는 있겠지만, 그래도 대략 평균적인 것에 기초해서 표준적인 힘, 표준적인 노동강도, 표준적인 숙련도 등을 가정할 수 있을 때에만 노동시간은 '가치의 척도'가 될 수 있습니다. 이는 물리학의 문제, '힘의 역학'이라는 일종의 '역학'의 문제임이 분명합니다. 이런 표준적인 기준이 유효하게 성립되어야만 역으로 노동강도나 생산성 등을 비교하는 것도 가능해집니다. 맑스 또한 노동강도의 차이는 동일한 노동강도로 환원해서 계산할 수 있다고 보았지요.

이때 물리학이나 사회학, 두 경우 모두 표준인간에 의해 일률적인 방식으로 들어올리고 끌어당기는 힘의 일정한 평균치를 정의하는 것이 문제입니다. 이것은 노동력이라는 개념에서 더욱 분명해집니다. 바로 이런 것들이 노동 모델을 형성합니다. "모든 활동(activité)에 노동-모델(modèle-Travail)을 부과하는 것, 모든 행위(acte)를 가능한 노동 내지 잠재적 노동으로 바꾸는 것, 자유활동을 훈육하는 것, 또는 (결국은 마찬가지지만) 자유활동을 단지 노동과 관련해서만 존재하는 '여가'로 밀어넣는 것."(MP, 611; II, 280)

이런 의미에서 노동-모델은 국가장치의 근본적인 일부분이기도 합니다(MP, 611; II, 280~81). 스미스는 《국부론》이라는 책에서 노동시간이나 분업에 대해 이야기하기 위해 핀 공장의 예를 들었지요.

한 사람이 핀 열 개 만드는 데 열두 시간 걸린다면, 열두 명이 열두 시간 일하면 핀을 120개 만들 수 있겠지만, 핀 만드는 공정을 열두 개로 나누어 그것을 열두 사람이 나누어 하게 하면 그 시간 안에 몇 백 개의 핀이 만들어진다는 식의 예가 나오지요. 하지만 여기서 노동 생산성을 비교하는 것은 동질화할 수 있는 노동이나 노동자를 전제해야만 가능합니다.

그런데 추상노동 개념의 전제인 '표준적 인간' 내지 '평균적 인간'은 대체 어떻게 탄생했을까요? 저자들에 따르면 이는 스미스의 핀 공장이 아니라 국가의 공공노동에서, 혹은 군대의 조직화에서 탄생한 것이라고 합니다. 전쟁기계를 국가적 건설현장과 공장에서의 노동-모델에 복속시키는 것은 18~19세기 국가장치가 전쟁기계를 영유하는 새로운 수단이었다는 겁니다(MP, 612; II, 281).

이와 반대로, 미국 인디언의 경우는 노동의 조직화를 이해하지도, 그것에 적응하지도 못했다고 해요. 아니, 노동력을 파는 행위, **대가를 받고서 일을 하는 것을 받아들이려 하지 않았다고 해야 정확할 겁니다.** 왜냐하면 미국인들이 말하는 '놀고 먹는다'는 의미에서 아무런 일도 하지 않으려 한 것이 아니기 때문입니다. 반대로 다른 이들을 위해 위험하고 어려운 일을 하는 것을 영예롭게 여기고 좋아합니다. 바로 그렇기에 '노동'을 치욕으로 여겼으며 노동을 거부했던 것입니다.

이와 관련된 인디언들의 목소리를 직접 들어보는 것도 좋을 듯합니다. 산티 수우족의 오히예사('동쪽에서 온 사람'이란 뜻이랍니다)의 말입니다. "진짜 인디언은 재물이나 노동을 중요하게 여기지 않는다. 힘닿는 대로 능력껏 남에게 베풀면 된다고 생각하기 때문이다. 인디언들은 위험하거나 어려운 일에 뽑히는 것을 오히려 영예롭게 여기며, 보상을 바라는 것을 수치로 생각한다."[11] 이들은 모두는 아니라 해도 많은 경우 농사조차 지으려 하지 않았습니다. 네바다 주의 한 인디언은 이렇게 말합니다. "우리 젊은이들은 앞으로도 농사를 짓지 않을 것이다. 흙에 매여 일하는 이들은 꿈을 꾸지 못하기 때문이다. 지혜는 오직 꿈 속에서만 온다."[12] 파이우트족의 워보카는 이를 좀더 강하게 표현합니다. "당신은 나더러 땅을 갈아엎으라고 한다. 그러면 내가 칼을 들고 어머니의 가슴을 찢어도 좋단 말인가? 그렇게 한다면 대지는 내가 죽을 때 편히 쉴 수 있는 품이 되어주지 않을 것이다."[13] 테톤 수우족의 추장 스탠딩 베어는 노동이란 개념에 자연을 '정복'하려는 발상이 내포되어 있음을 지적하며 이렇게 말합니다.

라코타 사람들에게 황무지란 없다. 자연은 위험스런 곳이 아니라 평화스런 곳이요, 금지된 곳이 아니라 친밀한 곳이기 때문이다. ……인디언은 인간과 인간을 둘러싼 환경 간의 조화를 굳게 믿는 데 반해, 백인들은 환경을 다스리려고 한다. 모든 사람을 사랑하고 함께 나누기에 인디언은 적당한 만큼만 필요한 것을 얻으면 그만이다. 하지만 백인들은 두렵기 때문에 정복을 하고야 만다. 인디언들에게 세상은 사랑으로 가득 찬 곳이다. 하지만 백인

---

(11) 켄트 너번 외 편, 이현숙 역, 《흙 한 줌 물 한 모금의 가르침: 아메리카 인디언의 지혜》, 씨앗을 뿌리는 사람, 1999, 57쪽.
(12) 같은 책, 64쪽.
(13) 같은 책, 19쪽.

들에게 세상은 죄와 추함만이 가득 찬 곳이다.[14]

따라서 그들이 노동을 거부했던 것은, 그들이 게을러서도 아니고, 일해서 먹고 산다는 생각이 없어서도 아니며, 자연을 이해하지 못해서도 아닙니다. 반대로 이상의 말만으로도 그들이 노동을 거부한 것에는 심오한 '철학적인' 이유가 있었음을, 삶과 자연을 보는 근본적으로 다른 생각과 믿음이 있었음을 보여줍니다. 인디언을 '토벌'하고 그들의 땅을 빼앗았지만 그들을 노동자로 사용할 수 없었던 미국인들은 결국 다른 노동자를 구해야 했습니다. 흑인이 그 희생자였습니다. "미국인들이 그 많은 흑인을 노골적으로 들여올 수밖에 없었던 것은, 조직화된 노동을 하기보다는 차라리 죽으려고 했던 인디언을 노예로서 이용할 수 없었기 때문이다."(MP, 612; II, 281)

  미국인이 아니어서 안됐지만, 이와 무관하지 않은 재미있는 이야기가 있습니다. 캐나다 정부의 한 경제개발 담당 관리가 이누이트족('에스키모')의 마을에서 주민들에게 노동과 능률의 가치를 설명하다 시간의 소중함을 알려주기 위해 "시간은 금이다"라는 말을 했다고 해요. 통역하던 인디언은 갑자기 튀어나온 이 말에 적지 않게 당황했다고 합니다. 그래서 잠시 고심하다가 이렇게 말했다고 해요. "시계는 비싸다."[15]

  알다시피 자본주의에서 노동과 시간의 관계를 가장 잘 보여주는 말은 "시간은 금이다"라는 문장이지요. 이는 일차적으로 자본가가

---

(14) 같은 책, 104쪽.

돈을 주고 노동시간을 사는 형식으로 임금계약이 이루어지기 때문이지요. 이론적으로도 노동가치론은 노동시간을 '가치'의 객관적 척도로 삼고 있지요. 그러나 인디언들은 '아메리카'의 새 주인들께서 그렇게 애를 써서 가르쳐도 '시간'의 소중함을 이해하지 못했다고 합니다. 실제로 이누이트족의 언어에는 시간을 가리키는 단어가 없으며, 적어도 우리가 흔히 사용하는 추상화되고 조직화된 의미의 시간을 나타내는 말이 없다고 합니다.[16] 그러니 노동과 관련해 '시간의 소중함'을 가르칠 언어적 수단이 없었던 셈이지요. 아니 그보다, 시간의 소중함에 대해 따로 생각하지 않았음을 그들의 언어 자체가 보여주는 것이지요. 이는 일차적으로는 시간에 쫓기며 노동하거나 노동하게 하는 그런 삶이 없었기 때문이라고 해야 하지 않을까 싶습니다.

요컨대 노동의 물리-사회적 모델은 국가장치에 속하며, 국가장치가 두 가지 이유에서 발명한 것이라는 것이 저자들의 주장입니다. 즉 "첫째, 노동은 오직 잉여의 구성과 더불어서만 출현하므로, 스톡 없는 노동은 없다. 따라서 (말 그대로의) **노동은 잉여노동과 더불어서만 출현한다**"는 것입니다(MP, 612; II, 281). 포획장치에 대한 장에서 본 것처럼, 노동은 활동을 비교함으로써 이득을 획득하는 포획방식이지만 이는 그저 비교함으로써 발생하는 것도 아니고, 아무나 비교하여 획득하려는 것도 아닙니다. 그것은 노동하게 한 대가를 지불하려는 자인 자본가가 비교하는 것이고, 그 비교의 이유는 잉여가치의

---

(15) 맥도날드, 〈이누이트족의 시간〉, 에코 외 저, 김석희 역, 《시간박물관(*The Story of Time*)》, 푸른숲, 2000, 90쪽.
(16) 같은 책, 90쪽.

획득에 있습니다.

따라서 잉여노동 없는 노동, 잉여가치 없는 가치는 없습니다. 또한 노동하게 하는 대가로 지불하는 스톡 없이는 그런 일은 일어나지 않습니다. 맑스는 스미스의 생산적 노동 개념에 대한 비판을 통해서, '생산적 노동'이란 자본에 의해 고용되어 잉여가치를 생산하는 노동을 의미한다고 말한 바 있지요.(《잉여가치학설사》, I권).

그런데 이는 좀더 엄격하게 따져본다면, 노동이란 개념의 정의 자체와 결부되어 있음을 알 수 있습니다. 집에서 음악을 듣고 녹음을 하거나 그것을 편집하는 것은 노동이 아니지만, 월급을 받으며 스튜디오에서 노래를 듣고 선곡하거나 편집하는 것 등은 분명 노동입니다. 집에서 아이를 위해 자전거를 고쳐주는 것은 노동이 아니지만, 월급을 받고 남의 자전거를 고쳐주는 것은 노동입니다. 자본주의에서 노동이란 이처럼 '자본'이라고 불리는 스톡을 통해서, 그것의 일부를 대가로 받고 수행하는 활동을 지칭합니다. 그렇다면 자본주의 이전의 노동에 대해서 이렇게 정의할 수 있습니다. **노동이란 다양한 형태의 스톡을 대가로 받고 수행하는 활동**이라고 말입니다. 따라서 노동의 물리-사회적 모델은 반드시 스톡의 비축과 포획장치를 전제하며, 그것에 속한다고 할 수 있습니다.

다음으로 "둘째, 노동은 시·공간의 홈 패임의 일반화된 조작, 자유활동의 종속, 매끄러운 공간의 파기를 수행하며, 국가의 본질적인 사업과 전쟁기계의 정복에서 자신의 기원과 수단을 발견한다."(MP, 612; II, 281) 가령 원시부족들이나 인디언들에게 시간이란, 담을 수 없는 것과 마찬가지로 아낄 수도 없고, 아껴 쓴다는 것도 생각할 수 없는 것입니다.[17] 시간은 말 그대로 자연과 동일한 리듬을 따라 흘러가는 것일 뿐이지요. 더구나 정해진 시간 동안에 어떤 행동을 동일하게 반복해야 한다는 것은 이해할 수 없는 일이었을 겁니다. 작업의 흐름이 흐르는 홈이 되어버린 공장의 공간 역시 마찬가지일 겁니다.

여기서 시계가 수행한 역할은 지대하지요. 이는 공간화된 시간으로 시간을 동질화하고 양화하는데, 이것이 근대 물리학과 과학의 발전에서 매우 결정적인 역할을 했지요.[18] 이젠 집에서 쉬고 사람들과 모여 노래하고 춤추는 자유로운 활동조차, 그에 할당된 특정한 공간에서 주어진 시간에 맞추어 시작하고 끝내야 합니다. 그것은 삶의 방식의 지반 자체를 홈 패인 공간으로 만들어버린 셈이지요. 시간만 돈인 것이 아니라, 모든 것이 시간으로, 따라서 돈으로 환원되고 ('가치척도의 기능'으로서 화폐!), 역으로 돈이 되는 한에서만 어떤 것도 가치를 가질 수 있으며, 돈이 된다면 어떤 것도 가치를 갖는 극단적인 홈 패인 공간이 만들어집니다.

그런데 마치 바다의 홈 패임의 극단에서 '현존함대'나 전략잠수함 등이 다시 매끄러운 공간을 구성했듯이, 자본은 이런 홈 패임의 극단에서 새로이 매끄러운 공간을 구성합니다. 맑스가 《자본》에서 보여주었듯이, 자본주의에서는 필요노동과 잉여노동이 시간적 내지 공간적으로 분리되기를 그칩니다. 이 경우 잉여노동은 필요노동과

---

(17) 이런 태도의 '기이함'에 대해서 원시부족이 느끼는 당혹과 비판에 대해서는 투이아비, 유혜자 역, 《빠빠라기》, 동서고금, 2000에 아주 흥미롭고도 통렬하게 표현되어 있습니다. 시간은 물론 돈과 자연 등 모든 문명인의 삶의 문제에 대해 '원시인'이 보는 기이함과 낯섦이 아주 재미있게 그려져 있으니 꼭 한번 읽어보세요.
(18) 이에 대해서는 이진경, 《근대적 시·공간의 탄생》, 푸른숲, 2002(개정판), 224~41쪽 참조.

구별되어 어떤 가시적인 형태로 국지화될 수 없게 됩니다.

사실 맑스가 대비하여 보여준 것처럼, 노예제 사회에서는 필요노동조차 잉여노동으로 나타납니다. 봉건제의 경우에는 자기를 위해 생산하는 것과 타인을 위해 생산하는 것이 공간적으로나 시간적으로 명료하게 분리되어 있습니다. 반면 자본주의에서는 자신이 '노동의 대가'를 받고 노동하는 것으로 진행되기에 잉여노동조차 필요노동으로 나타나게 됩니다. "[근대의 경우처럼] 재생산을 위해 필요한 시간과 '착취된' 시간이 시간상으로 분리되기를 그쳤을 때, 그 둘을 대체 **어떻게 구별**할 수 있을 것인가?"(MP, 613; II, 282) 잉여가치와 필요노동이 국지화될 수 없다는 말은 바로 이런 사태를 뜻하는 거지요.

저자들은 이것이야말로 자본주의에 대한 분석에서 맑스의 근본적 공헌이라고 말합니다. 이는 자신들이 말하는 새로운 잉여가치 개념을 예견한 것이라고 하지요. 왜냐하면 일단 필요노동과 잉여노동의 국지적 구별이 불가능해진 것처럼, 불변자본과 가변자본의 구별이 곤란해지는 지점이 생겨나기 때문입니다. 가령 과학자나 기술자가 새로 창안한 공식이나 기술의 '가치'를, 그것을 창안하고 실험한 데 걸린 시간으로 환원될 수 있을까요? 아니, 길게 잡아 임상실험을 마치기까지 투여된 자본의 양으로 환원될 수 있을까요? 그럴 수 있다면 자본을 투자해 특허권을 따낸 기술은 이제 죽은 노동으로서 불변자본의 일부가 될 겁니다. 그러나 정말 그럴까요? 그 정도의 '가치'밖에 갖지 않을까요?

차라리 간단한 공식 하나는 불변자본에 끼어서 그것과 생사를 함께 하는 과학자의 산 노동이라고 할 순 없을까요? 과학자의 연구에

'평균적인 생계비' 이상의 임금을 주는 것은 그 때문이 아닐까요? 그렇지만 그 평균 이상의 임금(가변자본)이 그 공식의 '가치'에 충분히 상응한다고 할 수 있을까요?《해리 포터》같은 베스트셀러 소설의 '가치'가 과연 작가가 공부하고 자료를 수집하여 집필한 노동시간으로 환원될 수 있을까요? 아니면 그것은 다른 책의 가치, 다른 상품의 가치의 일부를 초과이윤이나 특별잉여가치 형태로 '수탈' 한 것이라고 해야 할까요?

지적 소유권이니 특허권이니 하는, 소프트웨어나 콘텐츠웨어에 대한 권리에 자본이 유례없이 강한 '관심'과 집요한 추적을 아끼지 않는 것은 이와 무관하지 않을 겁니다. 앞의 장에서 사이버네틱과 정보적 기계화 등의 발전으로 인해 새로이 나타난 '기계적 노예화'에 대해서 말한 바 있는데, 이는 지금 말한 것과 더불어 점점 더 불변자본과 가변자본의 구별을 어렵게 하는 게 아닐까요? 그렇다면 소프트웨어나 콘텐츠웨어, 지적 소유권 등에 대한 자본의 집요한 공세는 **가변자본조차 불변자본의 일부로 흡수하고 통합하려는 자본의 집요한 노력**을 뜻하는 것이라고 해야 하지 않을까요?

네그리는 이를 다른 방식으로 좀더 적극적으로 말합니다. 그는 자본의 사회적 유통 · 소통 · 순환, 혹은 커뮤니케이션의 발전과 같은 것 때문에 생산이 공장에서만 이루어지는 것이 아니며, 착취 또한 공장에서만 이루어지는 게 아니라고 합니다. 사회 전체가 잉여가치를 생산하는 공장이 되고, 사회 전체가 잉여가치를 착취하는 장이 된다고 하지요. '사회적 공장'이라는 개념은 그래서 나온 거지요. 그래서 이제는 노동자는 물론, 자본의 순환과 유통에 기여하는 모든 사람이, 학생이나 주부까지도 잉여가치를 착취당하는 '사회적 노동자'가 된다고 합니다. 열심히 광고를 '봐주는' TV 시청자나 인터넷 사용자도 그런 경우의 대표적 사례인데, 실제로 광고를 봐주는 조건으로 일정한 액수의 돈을 주기까지 하는 인터넷 사이트들이 있다는 것은 이러한 사태를 아주 잘 입증해주고 있습니다.

이런 맥락에서 저자들은 말합니다. "이 새로운 조건에서 모든 노동은 잉여노동이다. 심지어 잉여노동은 노동을 경유하지 않기도 한다. 잉여노동, 총체적인 자본주의적 조직화는 점점 더 물리-사회적 노동 개념에 상응하는 시-공간의 홈 패임을 경유하지 않게 된다. 오히려 잉여노동 그 자체를 통해서 인간의 소외는 일반화된 '기계적 노예화'로 대체되는데, 여기서 사람들은 어떤 노동과도 무관하게 잉여가치를 제공하기도 한다(어린이·은퇴자·실업자·TV 시청자 등). 사용자 자신이 피고용인이 되는 경향이 있을 뿐만 아니라, 자본주의는 노동량에 대해 작용하기보다는 이동양식, 도시 모델, 미디어, 레저 산업, 지각방식 내지 감각방식, 모든 기호계를 작동시키는 복합적인 질적 과정에 대해 작용한다."(MP, 613~14; II, 282)

이런 식으로 모든 공간, 모든 시간이 잉여가치 착취의 장이 됨에 따라 "자본에 의한 홈 패임의 끝에서 이런 식으로 일종의 매끄러운 공간이 만들어지"게 됩니다(MP, 614; II, 283). 이제는 노동시간과 쉬는 시간, 레저 시간 같은 것들의 구별도 없어지면서 모두가 잉여가치 생산의 장이 된다는 점에서 '매끄러운 공간'이 된다는 것이지요.

예전에는 공장이라는 홈 패인 공간을 구성하는 데 전력했다면, 이제는 공장의 안과 밖이 모두 착취의 공간이 된다는 점에서 공장의 홈 패임 자체가 사라지게 되는 것입니다. 그래서 공장을 짓지 않고도, 혹은 특정한 공간에 착취하러 가지 않고도 실제 착취가 일어나게 된다는 것이지요. 매끄러운 공간이 되어버렸습니다. 물론 홈 패임은 여전히 존속합니다. "확실히 홈 패임은 가장 완벽하고 엄밀한 형식으로 살아남는다(그것은 수직적으로만이 아니라 모든 방향으로 작동한다). 그러나 홈 패임은 주로 자본주의의 국가적 극으로, 다시 말해 자본의 조직화에서의 근대적 국가장치의 역할로 환원된다." (MP, 614; II, 283)

반면 새로이 '매끄러운 자본'이 그와 나란히, 혹은 그것을 비끼듯이 겹치면서 자신의 새로운 장을 차지합니다. "통합된(intégré)(차라리 통합하는intégrant) 세계자본주의의 보완적이고 지배적인 수준에서, 새로운 매끄러운 공간은 자본이 노동의 인간적 성분이 아니라 기계적 성분에 기초하여 '절대적' 속도에 도달하는 곳에서 생산된다. 다국적 기업은 일종의 탈영토화된 매끄러운 공간을 만드는데, 거기서는 교환의 극만큼이나 점유의 지점이 홈 패임의 고전적인 경로로부터 아주 독립적인 것이 된다."(MP, 614; II, 283) 따라서 현대자본주의의 분석과, 그것에 대처하는 전략의 창안에서 "본질적인 것은 오히려 홈 패인 자본과 매끄러운 자본의 구별이며, 전자가 영토와 국가, 심지어 다른 유형의 국가조차 넘나드는 복합체를 통해 후자를 낳는 방식"이라고 합니다(MP, 614; II, 283).

이는 현대자본주의의 새로운 면모에 대한 매우 창의적이고 혁신적인 사유의 지점들을 제공합니다. 제 느낌에, 사실 이러한 분석은 앞서 언급했던 이탈리아 사상가 네그리의 영향을 크게 받은 부분으로 보입니다. 여기서는 아니지만 실제로 네그리의 저작이 그의 동료였던 트론티(M. Tronti)의 저작과 더불어 13장의 기계적 노예화에 대해 언급하는 부분에서 직접 인용된 바도 있습니다. 이러한 분석은 자본주의의 이른바 '정치경제학'에 관심을 가진 분들이 좀더 구체적으로, 혹은 더욱 새로이 밀고나가야 할 것일텐데, 아마도 네그리의 다른 저작들이 이와 접속될 수 있는 '고원'이 될 수 있지 않을까 생각합니다.[19]

6. 미학적 모델

매끄러운 공간의 미학적 모델에 대해 말하면서 저자들은 그 특징을 세 가지 정도로 요약하고 있습니다. 첫번째는 원거리 상과 대비되는 근거리 상, 두 번째는 광학적 공간과 대비되는 촉감적 공간, 세 번째는 구체적 선 내지는 구상적(具象的) 선과 대비되는 추상적 선입니다.

1) 근거리 상과 촉감적 공간

첫번째의 근거리 상과 두 번째의 촉감적 공간은 아주 밀접한 관계에 있습니다. 근거리 상이란 '가까이서 보인 상'이지요. 반대는 물론 원거리 상이지요. 이런 차이는 영화에서 쉽게 찾아볼 수 있습니다. 접사(接寫)가 근거리 상에 가깝다면, 원사(遠寫)는 말 그대로 원거리 상에 가깝습니다. 카메라가 가까워지면 화면에 등장하는 것들은 적어지고, 화면에 남은 것의 형태는 커집니다. 그러나 접사(클로즈업)가 단지 이처럼 크기를 크게 해서 자세히 보여주려는 것이

---

[19] A. Negri, *The Politics of Subversion*, Polity Press, 1989; 윤수종 역,《맑스를 넘어선 맑스》, 새길, 1994; 윤수종 역,《야만적 별종(*Anomalie sauvage*)》, 푸른숲, 1998; 네그리·하트, 윤수종 역,《제국(*Empire*)》, 2001, 이학사; 이원영 역,《디오니소스의 노동(*Labor of Dionysus*)》, I·II, 1996, 갈무리; 가타리·네그리, 조정환 역,《미래로 돌아가다》, 갈무리 등 참조.

아니란 건 여러분이 더 잘 아실 겁니다. 화면에 얼굴만 남았을 때, 그것은 얼굴을 자세히 보여주려는 게 목적이 아니라, 얼굴의 표정을 주변의 풍경과 독립시켜 얼굴 자체를 풍경화(風景化)합니다. 그럼으로써 이젠 얼굴은 특정한 감정적 감응을 야기하여 감정-이미지를 형성합니다. 즉 접사는 원거리 상의 시각적 이미지를 근거리 상의 감응적이고 감정적인 이미지로 바꿉니다.

그런데 만약 접사에서 좀더 나아간다면 어떻게 될까요? 얼굴은 입이나 코, 아니면 볼로 축소되고, 가령 볼의 표면은 더욱 자세하게 비춰지면서 이젠 형태나 형상이 사라지고 구멍이 숭숭 뚫린 기이한 질감적이고 촉감적인 표면으로 바뀔 겁니다. 알란 파커(Alan Parker)가 감독한 〈핑크 플로이드의 벽〉이란 영화 초입에 이런 화면이 등장하지요. 카메라가 이동하지만 대체 무엇인지 알 수 없는 이상한 질감적 표면만이 이어집니다. 다른 모습으로 바뀌지만 그게 무언지 알기 힘듭니다. 어느 지점에서 카메라가 멀어지고, 그럼에 따라 비추고 있는 것이 손가락과 그 사이에 끼인 담배라는 게 드러납니다. 그럼으로써 촉감적 이미지는 다시 시각적 대상, 시각적 형태로 바뀌게 됩니다. 역으로 과잉접사에서는 시각적 형태가 없기에, 혹은 알아볼 수 없기에, 이미지는 촉감적이고 질감적인 것이 되는 것처럼 보입니다. 형태나 윤곽선이 있다면, 우리의 시선은 그 형태나 윤곽에 사로잡혀 그 질감적 상을 금세 놓쳐버리게 될 겁니다. 클로즈업된 카메라가 멀어지면 우리의 시선이 다시 얼굴 주위의 배경과 풍경으로 돌아가듯이 말입니다.

과잉접사를 통해 단순한 시멘트벽은 클레 그림과 같은 질감적 표면으로 바뀔 수도 있고, 우리의 볼은 달리 그림 같은 느끼하고 미끈대는 에로틱한 표면으로 바뀔 수도 있습니다. 그 표면에서는 시선이 형태를 그리는 선이나 윤곽선을 따라 가지 않습니다. 대신 표면이 제공하는 질감을 느끼게 되지요. 마치 그 표면을 손으로 만지는 듯한 질감을 말입니다. 이를 저자들은 '눈으로 만진다'는 말로 표현하고 있지요. 또한 그 표면에서 시선은 어디에서든 어느 방향으로도 향할 수 있습니다. 형태의 선이나 윤곽선이 만드는 홈이 사라지고 모든 방향으로 동시에 움직일 수 있는 그런 표면, 그런 공간이 만들어지는 겁니다. 저자들은 이를 '절대적 국지'라고 말하면서 '상대적 포괄'과 대비하고 있습니다. 이 모든 것이 하나씩 다시 등장할 겁니다.

영화에서 촉감적 상을 만드는 것이 반드시 근거리화하는 방법만 있는 것은 아닙니다. 반대로 과잉원사 또한 형태들을 무화시키면서 일종의 촉감적이고 질감적인 상을 만들 수 있습니다. 물론 이때의 과잉은 인물이나 사물의 형태가 하나의 점이 될 정도로 '멀리 가는' 것이란 점에서 쉽게 사용될 수 있는 것은 아니지만 말입니다. 타르코프스키의 영화 〈솔라리스〉의 마지막 장면을 그 예로 들 수 있습니다. 주인공은 아버지가 있는 집으로 '돌아오고' 아버지가 있는 집 안에는 비가 내립니다. 그 비를 따라 카메라가 올라가면서 그들이 있는 곳이 대륙이 아니라 바다 위에 떠 있는 섬임을 보여줍니다. 이미 인물이나 집들은 보이지 않습니다. 섬이 보이지만 수평선은 없습니다. 하지만 아직은 바다와 섬의 형상이 남아 있습니다. 더 멀리 가야 합니다.

그렇게 카메라는 더 멀어지고 섬은 거대한 솔라리스의 바다 위에 있는 하나의 작은 점처럼 되고 맙니다. 그래도 카메라는 더 올라갑니다. 수평선도 사라지고 전체를 둘러싸고 포괄하는 윤곽선도 사라집니다. 수평선 없는 바다, 물결의 흐름이 어떤 표면의 질감을 표현하는 그런 모습이 된 바다가 등장합니다. 일렁이는 잔주름으로 가득 찬 질감의 면 하나만 남습니다. 사실 이 정도면 과잉원사가 촉감적 화면을 만드는 걸 보여주는 데 충분합니다. 하지만 타르코프스키의 카메라는 더 올라갑니다. 이제 바다와 카메라 사이에 구름이 끼어들지요. 그리곤 자막이 올라가기 시작합니다. 이런 식으로 어떤 형태나 형상을 갖는 것들이 전부 사라져버리면서 바다와 대기라는 우주적인 그 흐름, 대기와 우주의 물결 같은 것으로 표현되는 어떤 촉감적인 공간의 일부가 되는 걸 통해서, 대자연 속에, 그 물결 속에 일부로서 존재하는 우리들의 모습을 보여주려는 것이었을까요?[20]

영화의 예는 근거리 공간과 촉감적 공간을 매끄러운 공간의 특징으로 부각시키는 이유를 대략이나마 이해할 수 있게 해줍니다. 저자들은 이렇게 말합니다. "그림은 떨어져야 보이지만, 가까이서 그려진다. 마찬가지로, 작곡가는 듣지 않는다고들 한다. 즉 청취자는 떨어져서 듣는 반면, 작곡가는 가까이서 듣는다. 더욱이 독자는 긴 기억을 갖는 것으로 추정되는 반면, 작가는 짧은 기억으로 쓴다. 자신의 방향, 자신의 표시, 자신의 상호결합이 연속적으로 변이한다. 그것은 조금씩 조금씩(de proche en proche, 직역하면 '가까이에서 가까이로') 움직인다."(MP, 615 ; II, 284)

---

[20] 이 영화에 대해서는 이 책의 마지막 장인 '무아의 철학과 코뮤니즘'에서 다시 말할 것입니다.

제가 그림을 그리거나 작곡을 하진 않지만 글은 많이 쓰는데 글에 대해서는 이 말이 맞다는 생각을 해요. 경우에 따라 정도 차가 있겠지만, 가령 글쓰기 전에 맑스의 책을 많이 읽었을 때는 맑스 식의 사유에 따라 쓰게 되는 것은 물론 문체마저도 맑스 식으로 쓰게 되고, 들뢰즈 책을 읽었을 때는 들뢰즈 풍으로 쓰게 되는 느낌이 있더 군요. 반면 오래 전에 읽은 책은 아무리 좋아서 읽었던 것도 기억도 잘 안 나거나 기껏해야 간접적인 영향을 미치게 마련이지요.

다시 돌아가면, 이러한 근거리 상과 촉감적 공간이라는 특징은 사막이나 바다, 초원 같은 매끄러운 공간에 상응합니다. 풍경을 보는 원거리 상은 허연 지평선이나 수평선을 볼 수 있을 뿐이지만, 근거리 상은 차라리 각각의 '이곳'마다 갖고 있는 질감이나 촉감 같은 감응을 통해 포착하지요. "사막, 스텝, 얼음, 바다와 같은 순수한 접속의 국지적 공간이 그러하다. 종종 이야기되는 것과 반대로, 이런 공간에서 사람들은 멀리서 보지 않을 뿐만 아니라, 멀리서 그것[그 공간]을 보지도 않으며, 그 '정면에(en face)' 있지도 않으며, '그 안에(dedans)' 있지도 않다([차라리] '그 위에sur' ……있다). 방향은 일정하지 않으며 일시적인 섭생(végétations), 점유(occupations), 완급(précipitation)에 따라 변한다."(MP, 615; II, 284)

반면 홈 패인 공간에 대해서는 이렇게 말합니다. "홈 패인 공간은 원거리 상의 요구에 의해 정의된다. 방향의 일정함, 관성적인 좌표(repèves)의 교환에 따른 거리의 불변성, 주위환경에서의 흡수에 의한 상호결합, 중심화된 투시법(perspective)의 구성."(MP, 616; II, 285) 클로즈업된 얼굴에서 풍경을 만드는 원거리 상으로 멀어지면, 얼굴은 이제 주위환경으로 흡수되어 풍경의 일부가 되고, 시선은 마

〈그림 14.2〉 몽골의 암각화

치 중력이나 관성의 작용인 양 무의식적으로 대상들을 연결하는 보이지 않는 선을 따라가며 소실점으로 모입니다. 늘어선 대상들은 소실선과 각 점을 잇는 선의 비례관계에 의해 정해진 거리를 확보하게 되지요.

근거리 상이란 결국 관성적이고 습관적인 형태를 보이지 않게 함으로써 표면의 질감을 가시화하는 것이며, 투시법의 '보조선'들을 따라 시선을 하나의 중심으로 모으는 방향에서 벗어나 자유롭게 모든 방향으로 흘러 넘칠 수 있게 하는 것입니다. 눈은 이제 광학적이라기보다는 촉감적인 기능을 부여받게 되지요. "이것은 마음으로 만지지 않고는 볼 수 없으며, 눈으로 보아도 마음이 손가락이 되지 않고는 볼 수 없는 동물성"이라고 합니다(MP, 616; II, 284).

저자들은 유목민의 예술이 그렇다고 말합니다. 혹시 몽골 지방의 곳곳에 널려 있는 암화화(대개는 사슴을 그린 경우가 많아서 녹석鹿石이라고도 하지요)을 본 적이 있나요? 전에 몽골의 암각화를 다룬 책이 나와서 본 적이 있는데, 다행히도 탁본의 도판뿐만 아니라 돌에 새겨진 모습을 컬러로 찍은 사진이 많아서 이런 느낌을 충분히 느낄 수 있었습니다.[21] 돌의 표면이나 그려진 그림의 표면은 물론, 그림을 그리고 있는 선들마저도 촉감적이고 질감적임을 느끼기에 충분했는데요. 아마 실제로 보았다면 더욱더 그랬겠지요? 아마 암각화의 윤곽선을 안 보이게 해서 보여준다면, 클레 같은 화가의 추상화와 같은 느낌을 주기에 충분했을 듯하더군요.

이와는 다른 것으로서, 그루쎄가 스키타이나 흉노의 유목민 예술

---

[21] 김정배 외, 《몽골의 암각화》, 열화당, 1998.

에 대해서 쓴 부분도 간접적이나마 이런 차이를 보여주는 듯합니다. "초원예술의 뒤틀림·구부림·모호함 등은 한편으로는 아시리아나 아케네메스, 다른 한편으로는 한대(漢代)의 동물의 고전주의적 표현과 너무 다르다. 아시리아인과 아케네메스인은 한나라 때의 중국인들처럼 단순하고 넓은 배경에서, 서로 쫓고 쫓기며 으르렁거리는 그런 동물의 모습을 그리고 있다. 반면에 스키타이든 흉노든, 초원의 장인은 그들의 작품 속에서 서로 죽을 때까지 물어뜯으며 뒤엉켜 있는 동물의 격투장면을 보여주고 있다. 마치 그것은 칡덩굴이 얽혀 있는 것과 같은 모습을 띠고 있다. 그들의 예술은 표범, 곰, 맹금류 그리고 그리핀에게 잡힌 말이나 사슴의 **찢어진 사지나 완전히 뒤틀린 희생물의 몸뚱이로 표현되는** 극적인 예술이다."[22]

들뢰즈/가타리처럼 유목주의를 '찬양'하는 입장에서 쓴 책도 아니고, 유목민에 대한 통상적 관점에서 자유로운 책이 아님에도 불구하고, 그루쎄 자신 역시 한나라나 아시리아 등의 제국적 그림과 흉노나 스키타이의 유목적 그림의 차이가 너무도 크다는 것을 분명하게 명시하고 있습니다. 어때요? 읽는 것만으로도 고깃덩어리들, 피가 흐르는 고깃덩어리들이 눈앞에서 만져지는 것 같은 기분이 들지 않습니까? 원래 작품이 책에 없어서, 그루쎄가 묘사하는 그림을 볼 수 없다는 게 안타깝지만, 어쨌든 여기서 씌어진 문장만으로도 동물의 격투장면은 어떤 배경을 두고서 멀리서 그려진 구경거리라기보다는, 아무런 배경도 그려지지 않은 채 단지 피가 튈 듯한 격렬한 감응을 야기하는 근접촬영에 가깝고, 그래서 찢어진 사지와 몸뚱이의

---

(22) 그루쎄, 《유라시아 유목제국사》, 53쪽.

만져질 듯한 모습이 그려지는 듯합니다.

2) 포괄성과 국지성

포괄성(globalité)은 많은 부분들을 자기 안에 담는 것이고, 국지성(localité)은 어떤 제한된 부분에 머물러 있는 것을 뜻합니다. 포괄성은 부분들을 자기 안에 포함하는 만큼 국지적이라기보다는 전반적이고 전체적이며, 이런 의미에서 국지적인 것과 대립됩니다. 그래서 가령 자본에 의한 세계의 '지구촌화(globalisation)'는 특정한 지역적(local) 제한을 수립하는 '지방화(localisation)'와 반대되는 의미로 사용되지요.

앞서 매끄러운 것은 근거리적이고 촉감적이라고 했지요. 따라서 이는 많은 것을 담는 포괄성을 갖지 않으며, 반대로 각각의 부분들이 갖는 특개성에 주목하는 만큼 '국지성'을 갖는다고 할 수 있습니다. 반면 홈 패인 것은 원거리 상이고 다양한 것들을 풍경의 일부분으로 포함하고, 수평선이나 윤곽선 안에 담는다는 점에서 '포괄성'을 갖는다고 할 수 있습니다.

그러나 매끄러운 것과 홈 패인 것이 국지적인 것과 포괄적인 것이라는 통상적 대립을 그대로 반복하지는 않습니다. 왜냐하면 매끄러운 것에서 중요한 점은 그것이 어떤 국지적 부분에 집착한다는 것이 아니라, 형태나 윤곽선의 홈을 넘어서 모든 방향으로 동시에 나아갈 수 있기 때문입니다.

홈 패임과 매끈함은 포괄적인(le global) 것과 국지적인(le local) 것처럼 단순하게 대립하지는 않는다. 왜냐하면 어떤 경우에는 포괄적인 것이 아직도 상대적인 반면에, 다른 경우에는 국지적인 것이 이미 절대적이기 때문이다. 시선이 근접한 경우, 공간은 시각적이지 않으며, 오히려 눈 자체가 촉감적이고 비광학적 기능을 갖는다. 어떠한 선도 하늘과 땅을 분리시키지 않으며, 동일한 실체로 이루어져 있다. 여기에는 수평선도, 배경도, 투시법도, 극한도, 윤곽선이나 형식도, 중심도 없다.(MP, 616; II, 285)

어떤 부분을 점하고 있지만 모든 방향으로 동시에 나아갈 수 있으며, 사실은 이미 모든 방향을 동시에 점하고 있는 것이란 점에서, 이러한 국지성은 국지성과 통상 짝지어지는 상대성(어느 한 방향이라는, 상대적인 부분이란 의미에서)을 벗어나 **절대성**을 갖고 있으며, 그런 점에서 이미 그 자체로 '전체'라고 해도 좋을 겁니다. 그래서 저자들은 이러한 국지성을 '절대적 국지성'이라고 부르며, 매끄러운 공간에 달라붙어 그 전체를 점유하며 나아가는 유목민을 '절대적 유목민'이란 말로 표현합니다. "절대적인 유목민은 한 부분에서 다른 부분으로 이동하는 국지적 통합으로 존재하며, 방향의 결합 및 방향 변화의 무한한 계속을 통해 매끄러운 공간을 구성한다. 그것은 생성 그 자체, 진행 과정(processus)과 일체가 된 하나의 절대다. 그것은 이행의 절대자로서, 이는 유목적 예술에서는 자신의 시현(manifestation)과 일치한다. 여기서 절대자는 국지적인데, 이는 장소가 한계를 갖지 않는다는 바로 그 이유 때문이다."(MP, 617; II, 285)

반면 홈 패인 공간의 포괄성은 이와 대비되는 '상대적 포괄성'입니다. 시야에 들어온 것을 담지만 특정한 것만을 특정한 방식으로 담기 때문입니다. 보이는 것을 보이는 형태만으로, 소실점을 향해 모이는 보조선 안에 담는다는 점에서 상대적이고, 시선은 소실점을 제외한다면 제한된 것, 제한된 형태만을 볼 수 있다는 점에서 상대적입니다. 물론 이런 상대적 포괄성은 그것을 가능하게 해주는 어떤 절대적인 것을 요구합니다. 포괄되는 것을 배열하기 위해서 절대적인 것을 요구하는 거지요. 수평선이나 그 위에 자리잡고 있는 소실점, 혹은 그것을 통해 풍경 전체를 감싸는 '배경'이 그것입니다. 저자들은 이를 〈포괄하는 것(l' Englobant)〉이라고 부르고, 이것에 의해 둘러싸이고 담기는 것을 '포괄되는 것(englobé)'이라고 합니다. "여기서 절대적인 것은 수평선이나 배경, 다시 말해 '포괄하는 것'으로서, 이것 없이는 어떤 포괄적인 것 내지 포괄된 것도 존재하지 않는다. 상대적인 윤곽 내지 형식이 등장하는 것은 이 배경 위에서다."(MP, 617 ; II, 285)

따라서 여기에서는 절대적인 것은 포괄되는 어떠한 부분도 아니며, 따라서 어떤 국지성도 갖지 않습니다. 물론 포괄된 것 속에도 절대적인 것이 나타날 수 있지만, 그것은 중심이나 소실점처럼 명확하게 설정된 특권적인 장소에서만 나타납니다. 사실 투시적인 풍경에서 시선이 모든 곳으로 동시에 향할 수 있는 유일한 점은 바로 소실점밖에 없으며, 그런 이유로 이 점은 '국지적인 절대성'을 갖습니다. 그러나 이는 국지적인 부분들이 절대성을 갖는 것(절대적 국지성)과 반대로, 오직 예외적이고 특권적인 중심에게만 그 절대성이 국지화되어 있다는 점에서 국지적 절대성을 가질 뿐입니다.

바로 이 포괄하는 것으로서 수평선이나 국지적 절대자로서 소실점은 형태의 배열이나 시선의 흐름을 통합하고 각각을 하나의 유기

〈그림 14.3〉 미켈란젤로, 카피톨리네 언덕의 캄피돌리오 광장과 세 개의 건물

〈그림 14.4〉 뒤페락의 투시도

〈그림 14.5〉 뒤페락, 카피톨리네 광장 평면도

적 풍경의 일부가 되게 만드는 홈으로 기능하며, 화면 안에 홈을 파는 중심입니다. 풍경화를 그릴 때 투시법에 익숙한 사람들은 일단 수평선을 그리고 소실점을 정한 뒤에 소실점으로 모이는 보조선들을 긋고 시작하지요. 그 선 안에다가 건물이나 사람, 나무 등을 그려 넣습니다. 때로는 삐딱하게 놓여서 그런 배열의 '조화' 와 '통일성'을 위협하는 것이 있다면, 과감하게 그 선 안에다 맞추어 넣거나 아니면 아예 빼버리기도 합니다.

실제로 이와 결부된 사례를 찾을 수 있는데, 미켈란젤로가 만든 카피톨리네(Capitoline) 언덕의 캄피돌리오(Campidoglio) 광장과 그것을 둘러싼 세 개의 팔라초(palazzo)를 그린 뒤페락(Dupérac)의 투시도가 그것입니다. 〈그림 14.3〉에서 보이듯이, 미켈란젤로는 세 개의 건물을 일부터 사다리꼴을 이루게 삐딱하게 놓았습니다. 이는 광장의 타원과 언덕 끝에서 시작되는 허공과 어울려 공간 전체를 매우 역동적인 것으로 만드는 배치지요.

뒤페락 또한 세 건물이 '삐딱하게' 놓여 있음을 잘 알고 있었습니다. 그가 그린 평면도는 분명히 이런 양상을 묘사하고 있습니다. 그러나 그는 이 모습대로 투시도를 그리지 않았습니다. 알다시피 이를 정면에서 본다면 앞의 두 건물을 잇는 선들은 하나의 소실점에서 모이지 않게 됩니다. 군대말로 "각이 안 나온다"고 하나요? 그래서 뒤페락은 투시도를 그리면서 각이 나오게, 소실점에 건물을 잇는 선들이 정확하게 모이도록 건물들을 돌려놓았습니다(!).

매끄러운 공간을 이루는 사막이나 하늘, 바다 등은 이러한 풍경 안에서 바로 '포괄하는 것' 의 역할을 합니다. 즉 상대적 포괄성 안에서 절대적인 것이 됩니다. 그것은 사막이나 하늘, 바다가 지평선 내지 수평선이 되는 방식으로 이루어집니다. 포괄되는 것들을 둘러싸는 배경이 되는 겁니다. "사막, 하늘 또는 바다, 대양, 무한한 것은 우선 포괄하는 것의 역할을 하고 수평선이 되려는 경향이 있다. 대지는 이렇게 둘러싸이고 포괄되며, 부동의 균형을 유지하면서 하나의 형식(une Forme)을 가능하게 하는 이러한 요소에 의해 '기초지어진다(fondée).'"(MP, 617; II, 285)

이런 식으로 수평선이 되고 중심이 된 '포괄하는 것'은 이제 매끄러운 공간에 홈을 파는 역할을 하게 됩니다. "이 역할은 아직 [남아 있을지 모르는] 매끄러운 것으로 존속하는 것이나 척도화되지 않은 것을 이번에는 혐오스러운 가장 깊숙한 곳 속에, 시체의 안치소 안에 처박아넣는 것이다."(MP, 617; II, 286) 이런 점에서 우리는 상대적 포괄자 안에 포섭되는 매끄러운 공간과, 매끄러운 공간 그 자체를 혼동해서는 안 됩니다. 덧붙이자면, 이와 마찬가지로 절대적인 것을 추구하는 거대한 종교 또한 사막과 같은 매끄러운 공간을 필요로 합니다. 그러나 이는 모든 것을 노모스에 대립되는 절대화된 법에 귀속시키기 위해서지요. 이 경우 사막 내지 '절대'는, 사실은 매끄러운 공간이 아니라 홈 패인 공간 안에서 포괄자로 기능하는 절대고, 법과 신이라는 상대적 포괄자 안에 모든 것을 가두기 위한 '국지적 절대'로 기능할 뿐이란 점에서, 지평선이나 수평선과 비슷한 위상을 갖는다고 할 수 있습니다.

3) 구상적 선과 추상적 선

이제 선의 문제를 다루는 곳으로 넘어가야 합니다. 구상적·구체적 선과 추상적 선의 대립이 홈 패인 공간과 매끄러운 공간 사이에 있습니다. 하지만 그러기 전에 잠시, 구체적인 논지의 차이에도 불구하고 이러한 개념이 크게 빚지고 있는 보링거(W. Worringer)의 생각을 간단하게나마 언급하면서 시작해야 할 듯합니다.

보링거는 20세기 초반에 활동했던 미술사가였지요. 박사학위논문이었던 《추상과 감정이입(*Abstraktion und Einfühlung*)》(1908)에서 보링거는 자신이 서 있는 입지점을, 감정이입을 통해 예술을 이해하는 립스(T. Lipps) 식의 주관주의 미학과, 목적·소재·기술의 세 가지 '물질적' 변수를 통해 예술을 이해할 수 있다고 보았던 젬퍼(G. Semper)의 유물론적 미학 모두와 대비되는 제3의 지점임을 분명히 하고 있습니다. 그리고 그 자리에 아주 가까이 빈 학파의 창시자인 리글(A. Riegl)이 있으며, 그가 창안한 '예술의지(Kunstwille)'—니체가 말하는 권력의지와 매우 유사한 느낌의 개념이지요?—라는 개념에 대해 아주 높이 평가하고 있습니다.

립스가 말하는 감정이입충동은 비록 많은 경우에 발견된다고 하더라도 "시대와 장르를 불문하고 항상 예술적 창조의 전제라는 가설은 유지될 수 없다"는 겁니다.[23] 또한 젬퍼가 말한 요인들은 창조를 위해 넘어서야 할 난관이며 '마찰'이지, 예술을 창조하게 하는 요인은 아니라는 겁니다. "모든 예술작품은 그 가장 내면적인 본질에 따르면 선험적으로 존재하는 절대적 예술의지의 객관화"며, 이런 의미에서 예술의지란 "대상과 창작방법과 무관하게 그 자체로 존립하는 의지로서 활동하는 잠재적 욕구"라고 말합니다.[24]

하지만 보링거의 책에서 좀더 주요하고 결정적인 것은 리글에게

---

[23] 보링거, 권원순 역, 《추상과 감정이입(*Abstraktion und Einfühlung*)》, 계명대 출판부, 17쪽.

서 끌어온 이 개념보다는 추상충동과 예술에 관한 명제입니다. 먼저 보링거는 예술이란 모방충동이 아니라 추상충동에 의해 창조된다고 주장합니다. "엄밀한 의미에서 예술이라고 불려질 것은 모든 시대에 있어서 어떤 심리적 욕구의 만족을 구한 것이었지, 순수한 모방충동의 자기만족이나 그 자연원형의 모사에 대한 유희적 즐거움을 구한 것은 아니었다."[25]

이는 예술의 발생이나 관념, 역사 모두를 모방이나 모사, 미메시스(Mimesis)라는 개념을 통해 파악하던 대부분의 주류적인 미학이나 예술이론가들의 입장과 보링거가 크게 갈라서는 지점입니다. 그리고 **모방충동과 감정이입충동**을 인간과 외부적 현상 간의 친화성이나 유사성을 확인하려는 것이라는 점에서 매우 밀접한 것으로 보았지요. 이러한 충동은 대상과 자신을 **동일화함으로써** 발생하는 '쾌감'을 지향한다는 점에서 항상 "유기적인 것을 향하고 있다"고 봅니다.

반면 추상충동은 외부적 현상으로 인해 야기되는 인간의 커다란 내적 불안에서 비롯되는 것이며, 가령 '공간공포' 같은 것이 그러한 불안의 예라고 합니다. 자기 앞에 펼쳐진 공간에서 일어날 예측 불가능한 사태에 대한 불안 같은 것이 그가 말하는 공간공포예요.[26] 추상충동은 그 불안한 외부의 사물이나 공간에서 불명료한 세계상을 제거하고 거기에 필연성과 합법칙성을 부여하고자 하는 충동이라고 합니다. "이러한 추상적 합법칙적 형식은 이것에 의해서 인간이 세계상의 무한한 혼돈 상태에 직면해서 평정을 얻을 수 있는 유

---

(24) 같은 책, 19쪽.
(25) 같은 책, 23쪽.
(26) 같은 책, 27쪽.

일한 최고의 형식"이라는 겁니다.[27] 이런 추상충동은 감정이입충동과 달리 유기적인 것이 아닌 무기적인 것을 지향하고, 자아를 통한 향유가 아니라 자아를 버리고 몰입하게 하며, 모방하기보다는 변형시키는 방식으로 작용한다고 해요. 따라서 추상적 선은 유기적인 것, 유기적인 선과 대립된다고 하지요.

보링거는 세계에 대한 불안에서 추상충동을 도출하기 때문에, 외부의 현상에 대해 거리감이 있고 그것의 합법칙성에 대해 무지할수록 추상충동은 더욱더 강하다고 봅니다. 그리고 이러한 추상충동에 의해 만들어지는 추상적인 선 가운데, 원시 내지 야만적 예술의 선이나 고딕적인 선을 포함하기는 하지만, 가장 극적이고 완성된 형태는 고대 이집트의 기하학적 선이라고 하지요. 추상충동이 불안을 극복하기 위해 합법칙성을 추구하는 만큼, 합리적이고 합법칙적인 선인 기하학적 선이 가장 추상적인 선이라고 보는 것은 어쩌면 자연스런 것처럼 보입니다(물론 이 입장은 나중에 《고딕의 형식문제》에서[28] 달라져서 고딕적인 선의 중요성을 부각시키기도 합니다).

이 책에서 들뢰즈/가타리는 예술이란 일차적으로 모방이 아니라 추상이며, 따라서 추상적 선에서 출발한다는 명제를 적극적으로 받아들이고 있습니다. "예술이 추상적인 선에서 시작한다는 것은 사실이다."(MP, 620; II, 288) "추상적 선이 출발점이다."(MP, 621; II, 289) 들뢰즈/가타리는 이런 논지를 좀더 분명히 하기 위해 인류학자 르루아-구랑(Leroi-Gourhan)의 문장을 인용합니다. "선사예술

---

(27) 같은 책, 31쪽.
(28) W. Worringer, *Formprobleme der Gotik*, 中野勇 譯, 《ゴシック美術形式論》, 岩崎美術社, 1968.

은 추상적인 것에서, 전구상적(前具象的)인 것에서 시작한다. ……
예술은 처음부터 추상적이며, 기원에서부터 추상적인 것 이외의 다른 것일 수 없었다."(MP, 620; II, 288에서 재인용) 형태를 그리는 구상적인 것 내지 구체적인 선과 대비하여 추상적 선의 중요성에 대해 강조하는 것도 이런 이유에서지요. 그리고 그것이 유기적인 선과 대립된다는 논지에 대해서도 전적으로 공감을 표시하고 있습니다.

그러나 저자들은 추상이란 개념 자체에 대해선 보링거와 근본적으로 다른 생각을 갖고 있습니다. 물론 보링거가 추상은 '공통성의 추출'이라는 통념에 전적으로 기대고 있는 것은 아닙니다만, 불안을 극복하기 위한 **합법칙성**의 개념에 중심을 두고 있다면, 들뢰즈/가타리는 추상을 **변형**이요 **탈형식화**라고 이해하고 있습니다. 따라서 추상적 선이란 기하학적 선이 아니라 자연적이고 구상적인 형태를 벗어나는 선이고, 재현적인 선을 변형시키는 선입니다. 그렇기 때문에 들뢰즈/가타리에게 추상적 선은 직선이나 기하학적 선이 아니라 오히려 곡선이고 비기하학적 선입니다. "선사예술이 완전한 예술이라면, 그것은 바로 비직선적이지만 추상적인 선을 솜씨 있게 다루고 있기 때문이다."(MP, 620; II, 288)

추상은 공간공포나 불안과도 아무 상관이 없습니다. 그것은 어디서나 일차적으로 존재하는 탈주선이고 '클리나멘'(말 그대로 '벗어나는 선'입니다!)이며, 의식적인 변형인 경우에조차 니체적인 의미에서 그 자체로 즐거운 '놀이'일 뿐입니다. 그리고 바로 이런 추상적인 선은 유기적인 선이나 기하학적 선에 의해, 구상적인 선에 의해 사로잡히지 않았던 원시인이나 선사시대의 예술에서, 혹은 유목민의 예술에서 잘 나타난다고 하지요.

보링거는 유목민의 예술에서 나타나는 식물장식에 대해 이렇게 말하고 있습니다.

기하학적 양식이 부여하는 것이 생명 없는 물질의 **형성법칙**이지, 현상으로서 외면적으로 나타나는 그대로의 물질 그 자체는 아닌 것처럼, 식물장식이 부여하는 것은 본래 식물 그 자체가 아니라 그 외면적 형상의 합법칙성이다. …… 기하학적 양식과 똑같이 원칙적으로 자연원형과의 관계를 단절하고 있는 이 장식양식은 후세에 이르러 비로소 자연주의에 접근하게 되었다. …… 순수장식, 다시 말해 추상적 형상이 나중에 자연주의화된 것이지, 자연물이 나중에 양식화된 것이 아니라는 것이다. …… 원초적인 요소는 자연원형이 아니라 그로부터 추상된 법칙이다.[29]

여기서 보링거는 추상적 선과 자연주의적·모방적 선의 관계에 대해 아주 단호하게 말하고 있습니다. 물론 이미 말했듯이 여기서도 추상적 선을 '물질적 형성법칙'에 연결하고 있긴 하지만, 적어도 기하학적인 선을 통해 보링거가 예술에 대해 '반(反)자연주의적' 입장을 갖게 된 것은 분명합니다.

한편 유목민의 예술에 대해서 그루쎄는 이렇게 말합니다. "…… 대부분의 스키타이 예술에서 동물형상은 오로지 장식적인 효과를 위해서 형식적이고 기하학적인 양식으로 만들어졌다. …… 그런데, 때로 동물형태 양식화는 너무도 완전해서 사슴·말·곰·호랑이 등

---

(29) 보링거, 《추상과 감정이입》, 78~79쪽.

의 머리 부분에서 사실주의적인 흔적이 남아 있긴 해도, 장식된 동물을 식별하려면 아주 곤란함을 느낄 수밖에 없다. 그것은 그들 상호 간에 서로 복잡하게 뒤섞이고 교차되어 있고, 예상할 수 없을 정도로 너무나 많이 변형되어 있다." 가령 "사슴뿔, 말의 갈기, 심지어 고양이과 동물들의 발톱 같은 것은 그 동물의 크기보다 두 배 정도 크게, 굳어진 형태로 그려졌다. 말의 윗입술은 달팽이 집처럼 말려 올라가 있다."[30]

물론 그루쎄 역시 추상적 선은 기하학적 선이라는 통념에서 전혀 벗어나지 못했기 때문에, 모방이나 모사, 자연주의 내지 사실주의적 묘사와 근본적으로 다른 변이의 선이고, 너무도 변형시켜버린 선임을 말하는 순간에도 췌언처럼 '기하학적'이라는 말을 덧붙여 놓았습니다.

앞서 몇 개 보긴 했지만, 다른 많은 몽골의 암각화에서 사슴의 뿔은 소용돌이처럼 빙빙 말려 있거나 다른 사슴의 그것에 직접 이어져 있지요. 사람과 사슴, 마차 등이 마구 뒤얽혀 있습니다. 어이없을 정도의 과장된 변형이 예외 없이 거의 모든 암각화에서 발견되는데, 보다시피 어느 것도 기하학과는 아무런 상관이 없습니다. 왜냐하면 기하학의 강력한 직선도, 혹은 잰 듯이 그려진 원주도 보이지 않으며, 어떠한 대칭성도 보이지 않습니다. 정규적인 직선이나 곡선도 없습니다. 이것이 원시인 내지 유목민의 추상적인 선입니다.

확실히 이런 점에서 추상적인 것과 기하학적인 것을 동일시하지 않는 것은 매우 중요합니다. 추상적인 선을 식선적인 것이나 기하학

---

(30) 그루쎄, 앞의 책, 52쪽.

적 선으로 환원하는 것 자체가, 그리고 구상적이지 않은 선은 전부 일종의 기하학적으로 양식화된 선이라고 보는 것 자체가, 자신들의 예술과 수학의 기원이 이집트임을 믿고 있으며, 미조차도 '비례'에 의해 정의할 정도로 기하학에 사로잡혀 있는 서구적인 편견입니다. 이런 의미에서 저자들은, 추상적인 것은 기하학적인 것이 아니라 유목적인 것이며, 그러한 유목민의 추상적 선이 바로 매끄러운 공간을 정의하는 또 하나의 중요한 특징이라고 함으로써 이러한 편견과 분명하게 선을 긋고 있습니다.

그렇지만 《고딕의 형식문제》에서 보링거는 이런 생각에서 좀더 멀리 나아가 있습니다. 그는 '미학' 자체가 서구의 고전적 형태에 기초하고 있다는 점에서 이미 그 자체로 유럽의 고전적 예술을 특권화하고 있음을 지적하며, 고전적 예술사의 일면성을 넘어서고자 합니다. 이는 통상적인 '미' 내지 '아름답다(schön)'라는 말과 거리가 먼 북유럽의 고딕 예술을, 비고전적인 유럽 예술을 고전적 미학의 편견에서 해방시키기 위한 것이기도 합니다.[31]

여기서 먼저 보링거는 인간과 외부세계 간에 관계를 설정하는 전형적 양상에 따라 원시인과 고전인, 동방인으로 나눕니다. 원시인의 예술이 생명으로 요약되는 자연의 생성과 변화에 대한 불안으로 인해 생명과 분리된 경직된 추상적-무기적 선을 특징으로 한다면, 고전인은 인간과 세계의 친화성에서 출발하기에, 세계를 의인화하는 현세적 범신론과 모든 것을 유기화하는 감정이입충동을 특징으로 한다고 봅니다. 반면 동방인은 해탈을 향한 추구 속에서 감각적 세

---

(31) W. Worringer, 《ゴジック美術形式論》, 21~26쪽.

계의 무상성과 우연성을 넘어선 추상적 선과 평면화된 형태를 추구한다고 하지요.[32] 추상충동과 감정이입충동이란 개념이 여기선 이처럼 추상적 선과 유기적 선의 차이로 대비되고 있습니다.

나아가 역사적 명칭인 고딕을 넘어서 북방의 장식예술이나 유럽 전역에 퍼져 있던 로마네스크 양식 등으로까지 고딕 개념을 확장하며, 거기서 기이하고 부자연스럽게 끊임없이 구부러지는 선의 운동을 통해, 혹은 고딕 교회의 상승성을 통해 어떤 초감각적 흥분을 표현하고자 하는 충동을 발견합니다. 이것이 한편으로는 선을 기하학에서 벗어나게 하며, 다른 한편으로 돌이라는 재료를 탈물질화하여 마치 돌 아닌 어떤 것인 양 만들어버린다고 하지요.[33] 그러면서 고전예술에서 사용되는 대칭성과 달리 고딕에서는 반복을 통해 무한을 향한 끝없는 선의 증식을 사용했다고 합니다. 이는 추상적 선을 사용하면서도 생명력으로 충만한 예술을 창조했다고 보며, 그런 만큼 고딕은 동방과 고전의 중간지대에 있었고, 거기서 새로운 종류의 종합을 성취했다고 보지요.[34]

이는 유럽의 고전적 미학을 벗어나려는 시도임에도 불구하고, 그리고 구상적이고 유기적인 것에 대해 추상적인 것이 갖는 고유성을 살려내려는 훌륭한 시도였음에도 불구하고, 원시인과 고딕을 양끝으로 하는 새로운 종류의 진화적인 방향성을 부여하고 있으며, 더불어 고딕의 북방성과 독일적 성격을 강조함으로써(사실 전성기의 고딕은 지극히 프랑스적인 것이지요), 눈에 거슬릴 정도의 강한 민족주

---

(32) 같은 책, 30~48쪽.
(33) 같은 책, 55~59쪽.
(34) 같은 책, 78~79쪽.

의를 전면에 부각시키고 있어서 동의하기 힘든 과장이 있습니다.

그렇지만 그가 여기서 비판하고 있는 고전적인 '미학'이나 '예술'에 대한 관념은 우리 또한 고스란히 그에 사로잡혀 있는 것이기도 하다는 점에서, 유럽적인 미학 내지 예술사로부터 벗어나는 데 중요한 계기를 내포하고 있다고 할 수 있습니다. 유기적 통일성, 모방과 감정이입, 구상과 재현적 형식 혹은 기하학적 형식, 대칭성 등을 상대화하는 보링거의 이른바 '고딕적 범주'들은 이런 점에서 매우 중요한 의미를 갖고 있습니다.

들뢰즈와 가타리는 여기서 보링거의 논리에 크게 의존하면서도 가장 결정적인 점에서 그의 논지를 변형시키고 비판함으로써 추상 자체에 대해 전혀 다른 방식으로 접근하게 해주고 있습니다. 마치 인도의 수행자를 떠올리게 하던 '동방인'이라는 모호한 관념이 아니라, 유목민이라는 명확한 관념을 부각시킨 것은 따로 말하지 않아도 좋을 것입니다. 유목민의 선은 그 자체로 기하적이진 않지만, 전혀 다른 의미에서 추상적이라는 것, 그것은 복수적인 방향을 갖고, 점과 형상 및 윤곽 사이를 통과한다는 것, 그것은 또 형상적인 것에 머물지 않고 변형시키고, 사실적인 흔적을 볼 수 있다고 해도 그것을 묘사하지 않는다는 것, 그리고 그러한 선은 점들로 환원되지도 않는다는 것이 그것입니다. 사이를 통과하는 선이라는 말은 바로 이런 의미로 이해할 수 있습니다.

좀더 나아가서 볼 때, 사실 기하학적인 선이 형상과 관련해서 일정한 관계를 맺는다는 것을 볼 필요가 있습니다. 즉 기하학적 선 자체 또한 어떤 점에서는 추상적 선보다는 구상적 선에 더 가까운 것 아닌가, 마치 수학자들이 19세기 말~20세기 초에 기하학에서 직관적인 내용을 몰아내려고 푸닥거리를 벌였을 때, 그들이 쫓아내려고 했던 것이 과연 이것 아니었을까 하는 것입니다.

예를 들면, 후기의 칸딘스키(W. Kandinsky) 같은 경우에는 이런 기하학적 선을 일정한 형상을 묘사하는 것으로 활용했습니다. 그가 후기에 《점·선·면》이라는 책을 쓰면서 점·선·면의 속성을 살폈던 것은 점·선·면과 같은 기하학적 도형의 형상적이고 표상적인 기능을 연구하기 위해서였습니다. 운명 교향곡 1악장의 유명한 "빠-빠-빠 밤~"이란 동기에다가 원 세 개와 삼각형 형상이 합쳐지는 선을 붙인 원을 합쳐서 대응시켰던 것은 이런 관심을 아주 잘 보여줍니다 (〈그림 14.6〉).

〈그림 14.6〉

V. Symphonie Beethovens. (Die ersten Takte.)

〈그림 14.7〉
무용가의 사진과 그것을 묘사한 선

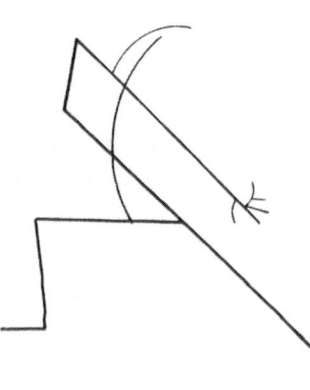

이것만이 아닙니다. 그는 사람들의 움직임과 동작의 형상을 그린 기하학적 선의 조합을 통해서 묘사할 수 있다고 생각했습니다. 보시다시피 오른쪽에는 무용가의 동작이 있고, 그 옆에는 이것을 묘사한 선이 있습니다(〈그림 14.7〉). 이 선들은 기하학적인 선이지만, 동작과 형상을 묘사하는 지극히 재현적이고 구상적인 선이지, 결코 추상적인 선이 아닙니다. 아, 물론 이것으로 기하학적 선의 구상적 성격을 증명했다고 생각하진 맙시다. 문제는 '용법'이고 배치니까 말입니다. 다만 기하학적 선과 추상적 선의 무조건적 동일시는 이런 예를 통해서도 부적절하다는 것을 보여줄 수 있다는 생각입니다.

그렇다면 이제 우리는 추상적 선과 구상적 선이 섞이고 겹쳐지거나 하는 관계에 대해서 보아야 합니다. 여기서 중요한 것은 추상적 선이 추상화의 역할을 대신하는 글의 출현과 더불어, 그리고 그러한 글을 만들고 관리하는 제국적 국가장치의 출현과 더불어 **구상화되는** 경향이 있다는 점입니다. 역으로 몽골인이 문자를 갖고 있지 않았으며, 문자를 만드는 데도 별 관심이 없었다는 것은 이와 연관해서 보면 매우 의미심장해보입니다. 몽골 제국이라는 역설적인 '제국'이 만들어지고 다른 국가들에 대한 통치가 중요한 문제가 되면서 문자를 다루는 사람들을 끌어들여 재상으로 활동하게 했다는 것도 그렇습니다.

글과 그림, 추상적 선과 구상적 선의 이러한 관계에 대해 말하면서 들뢰즈/가타리는 어린이들이 글씨를 배우면 그림을 그리지 못하게 된다는 것을 지적하고 있는데, 매우 설득력 있는 말이라고 생각합니다. 제가 제 주변에서 직접 경험한 것이기도 합니다만, 글씨를 일찍 배운 아이들은 그림을 잘 못 그립니다. 그림을 그리라고 하면 글씨로 대체하거나, 대충 그려놓고 글씨로 이것은 '성', 이것은 '자동차' 등을 알 수 있게 표시합니다. 자유로운 선을 그리라고 해도 글씨의 일부분임이 분명한 굳은 선들을 그립니다.

여기서 한자는 매우 독특한 경우를 보여주는 듯이 보입니다. 그것은 그 자체로 그림에서 글자로 추상화된 것이지요. 아마도 《주역》이나 오행적(五行的)인 사유에서 글자가 다양한 종류의 힘과 상징을 내포한다고 보는 것은 이와 무관한 것이 아닐 듯합니다. 또 동양의 그림에는 그림 한 구석에 그림과 결부된 시구 등을 한자로 표시해두는 경우가 많은데, 이는 그려진 대상의 재현적 형태에 비해 그것을 통해 표현하고자 하는 추상적인 어떤 것에 관심이 많았던 것에서 연유하는 것으로 보이며, 이 경우 그림은 그것이 떠맡아야 할 추상성의 부담이 줄고 오히려 구상적인 면을 전담하는 방식으로 '발달'하는 경향이 있는 것으로 보입니다. 추상적인 것은 글자가 맡고 구상적인 것은 그림이 맡는 방식의 이원성이 발생하지요. 문인화의 경우 그림에 비해 글씨가 더욱 승한 것은 이와 무관하지 않을 듯합니다.

여기서 우리는 화가 이응로의 '문자추상' 시리즈에 대해 언급하지 않을 수 없습니다. 동양화가로 시작했던 이응로는 초기부터 동양화에 추상적 선과 추상적 '형상'을 도입함으로써 추상에 대한 관심을 충분히 보여준 바 있습니다. 특히 중기에 그린 '문자추상'은 애초에 그림에서 시작된 문자인 한자를 다시 '추상'함으로써 문자가 아닌 그림으로 변형시키고 있습니다. 이는 그림과 글자에 구상과 추상의 이원성을 할당하는 그런 태도를 근본에서 뒤엎어버리는 전환이요 추상입니다.

그림을 추상하여 글자가 된다는 사고는 그림과 글자의 이원적인

〈그림 14.8〉
이응로, 〈문자 추상〉

〈그림 14.9〉
이응로, 〈인간 추상〉

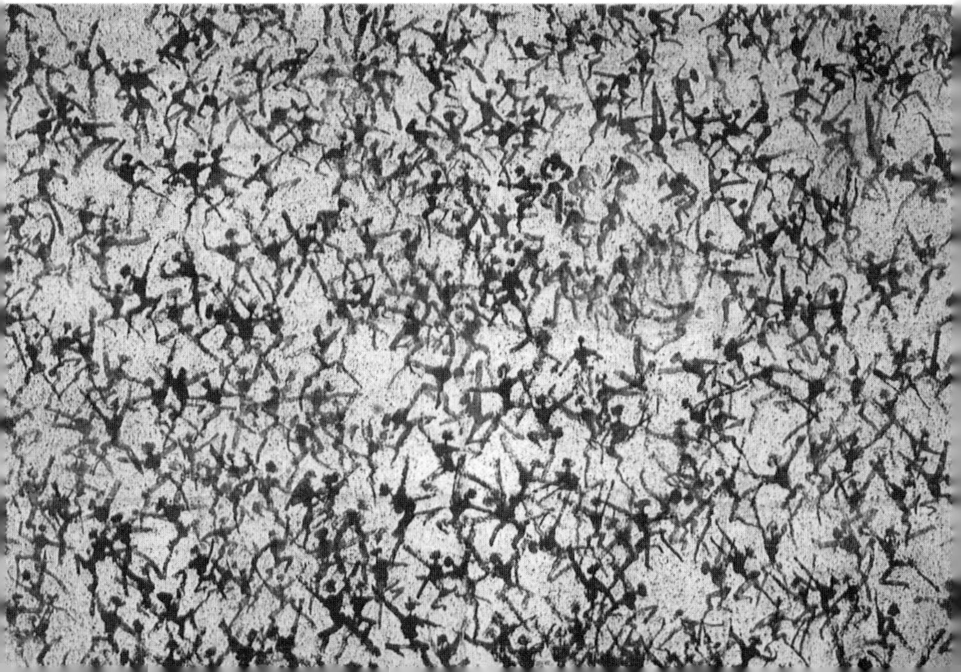

경계선을 불변의 것으로 고정하며, 추상이란 개념 역시 형상의 '제거'라는 의미로 고정하게 됩니다. 그러나 이응로는 문자를 추상(!)하여 그림으로 되돌림으로써 그림/글자와 구상/추상의 경계를 허물고 있을 뿐만 아니라, 문자에서 그림으로 가는 추상을 통해 추상이 단순히 형상의 제거가 아니라는 것을 분명하게 해주고 있습니다. 그렇다고 문자를 추상하는 것이 문자를 원래의 그림으로 되돌리는 것이 아니라, **또 다른 종류의 추상적 선을 그리는 것이란 점을 보여줌**으로써, 추상을 글자와 그림의 이원성에서 벗어난 변형의 과정으로 재정의하고 있습니다.

하나 더 추가하자면, 후기에 이응로는 인간을 군상으로 만드는 연작을 통해 일종의 '인간추상'을 그리고 있습니다. 인간의 형상을 그리지만 그것을 개개 인간의 외부에서 형성되는 거대한 흐름으로 그림으로써 인간을 통해 (인간이 아니라) **흐름을 그린다**는 점에서 그것은 구상화가 아니라 분명히 추상화이며, '문자추상'과 동일한 의미에서 정확하게 '인간추상'이라고 할 수 있다는 말이지요. 거기서 우리가 보는 것은 인간이라기보다는 중생(衆生) 내지 대중이지요.

다시 글자와 제국으로 돌아갑시다. 아마도 제국적인 국가가 만들어지고 글자가 사용되기 시작한다면 추상적인 선이 해야 했던 많은 것을 글씨가 하게 될 겁니다. 그래서 저자들은 이렇게 말합니다. "이런 이유에서 우리는 지극히 다양한 유형의 제국적 선, 이집트적 직선, 아시리아(내지 그리스)의 유기적 선, 중국의 초현상적이고 에워싸는(englobante) 선이 이미 추상적 선을 변질시켰으며, 그것을 매끄러운 공간에서 떼어내고 그것들에 **구상적인** 어떤 가치들을 부여했다고 믿는다."(MP, 620~21; II, 288~89)

여기서 아까 말했던 포괄하는 선(둘러싸는 선), 윤곽선, 혹은 배경을 이루는 수평선 등이 이러한 **제국적 선**과 매우 긴밀한 관련이 있다고 말할 수 있을 겁니다. 이런 식으로 추상적 선은 정착민 예술의 제국적인 선과 상호작용하고 영향을 주고받습니다. 그것은 서로 대립할 때조차 유목민 예술의 독창성과 환원 불가능성을 포함하여 나타나고 있었다고 해요.

그리고 바로 이런 점에 비추어볼 때, 추상적 선은 구상적·구체적 선과 대립되지 않는다고 말할 수 있습니다. 마치 아까 칸딘스키의 경우에 기하학적 선이 지극히 묘사적인 구상적 선이 되었던 것처럼, 혹은 제국적 선에서 추상적 선이 배경을 형성하는 수평선이나 에워싸는 선이 되었던 것처럼, **추상적 선이 특정한 양상으로 사용되는 경우 구상적인 선이 그려진다고 말할 수 있다는 겁니다**. "구상적인 것 혹은 모방이나 표상은 선이 이런저런 형식을 가질 때, 그 선들이 갖는 어떤 특징으로부터 생겨난 결과다."(MP, 621; II, 289) 즉 구상적 선은 추상적 선이 어떤 조건하에서 구상적인 기능을 수행할 때 나타나는 것이라는 겁니다.

그러나 그 반대의 경우는 성립되지 않습니다. 구상적 선은 이미 어떤 형태와 형상을 그리는 한에서만 구상적이기 때문에, 구상적인 선이 특정한 조건에 따라 추상적인 선이 되었다고는 말할 수 없는 비대칭성이 두 선 사이에 있다는 거지요. 이는 추상적 선의 일차성과 '일반성'을 함축하고 있는 말인 셈입니다. 이런 점에서 **구상은 추상과 대립되지만 추상은 구상과 대립되지 않는다고** 할 수 있습니다. 추상적 선은 구상적 선이라는 '대립물'이 출현하기 이전에, 대립과 무관하게 이미 존재했기 때문입니다.

이는 추상과 모방의 관계에 대해서도 동일하게 적용된다고 할 수 있습니다. 다시 한번 보링거의 말을 들어봅시다.

[동물장식에서] 이 동물 모티프는 순수하게 장식적-선적인 방향에서, 즉 자연원형을 떠나서 발전했다. [물론] 예컨대 용문양이나 뱀문양이라는 명칭은 우리가 처음부터 어떤 자연원형을 전혀 염두에 두지 않았다고 한다면 오해를 야기할 것이다. ……[그러나 그 경우에도] 모방되는 것은 자연의 원형이 아니라, 예컨대 눈과 코, 부리와의 관계라든가, 머리와 동체의 관계라든가, 날개와 신체의 관계라든가 하는 동물의 일정한 형상적 특질인 것이다. 이러한 관계와 동물형상의 특징으로 예술가는 **선적 형태에 대한 자신의 어휘를 풍부하게 했던** 것이다. 이 경우 자연원형에 대한 기억이 이미 직접적인 역할을 하지 않았다는 것을 입증하는 것은, **여러 가지 다른 동물들에서 추상된 잡다한 모티프가 손쉽게 결합되었**다는 사실이다. 자연주의화가 일어남에 따라 처음으로 이러한 형상은 장식의 모든 분야에 나타나는 전설적 동물이 된 것이다. ……[즉 그것은] 선적-추상적 경향의 순수한 산물인 것이다.[35]

여기서 보링거는 모방을 하는 경우에도 그것이 원형 그 자체를 정확히 재현하고자 하는 것이 아닌 한, 오히려 추상적 선의 어휘를 다양하고 풍부하기 하기 위해 차용한 것으로 보아야 한다는 것을 말해주고 있습니다. 여러 가지 다른 동물에서 차용한 모티프들의 혼합

---

(35) 보링거, 《추상과 감정이입》, 81쪽.

이 그것을 입증한다는 겁니다. 그런 혼합의 결과 만들어진 수많은 형상들이 용이나 봉황, 그리핀 등과 같은 '상상의 동물' 내지 '전설적 동물'이 된 것조차 추상적 선을 구상적 형상으로 포착하려는 '자연주의화'가 발생한 뒤의 일이라고 합니다. 즉 '자연주의화' 이후에 자연적 형상을 변형하고 추상하려는 '욕망'이 상상의 동물을 만들어낸 것이란 겁니다. 모방이나 구상적 선은 결코 추상적 선을 설명할 수 없지만, 추상적 선은 특정한 역사적 조건 속에서 추상적 선의 특수한 형상으로서 구상적 선을 설명할 수 있습니다. 이러한 비대칭성을 통해 추상적 선의 일차성은 쉽게 증명됩니다.

하지만 이것을 접어둔 상태에서, 다시 말해 추상과 구상, 추상과 모방이 서로 대립되는 개념이라고 가정하고서라도 꼭 말해두어야 할 것이 있습니다. 서구의 근대예술에서 나타나는 정확히 재현적인 상이나, 정반대로 재현적 성분을 찾을 수 없는 20세기 예술의 순수한 추상적 선들은 각각의 선들의 고유성을 보여주는 것이라고 가정하여 제쳐둡시다. 문제는 형태를 변형시키는 선, 혹은 이런저런 형상이 뒤섞여 만든 혼합적인 형상의 선일 겁니다.

가령 몽골 암각화의 형상을 보고, 추상의 일차성을 주장하려는 사람은 "저게 어디 사슴이냐", "대체 저런 사슴을 본 적이 있느냐"고 말할 겁니다. 반면 모든 예술에서 모방과 재현을 발견할 수 있다고 생각하는 사람은 반대로 "아무리 변형시켰지만 저것 역시 사슴을 그린 것임은 분명하지 않은가" 하고 말할 겁니다. 실제로 소비에트 미학의 영향 아래 있었던 몽골 문헌은 암각화의 그 추상적 그림에서도 '위대한 리얼리즘 정신의 승리'를 발견합니다.[36] 정말 놀라운 발견입니다! 아마도 그들은 문어처럼 생긴 화성인의 모습을 보

〈그림 14.10〉
침시안족의 북의 가죽에 그린 그림

〈그림 14.11〉
트린기스족의 댄스용 치마의 그림

〈그림 14.12〉 콰키우틀족의 가면에 그려진 그림

고서도 똑같이 말할 겁니다. "저게 화성인의 모습을 모방한 건 아니지만, 문어의 머리와 사람의 손과 발 등을 모방한 것이고 재현한 것이다", "그것이야말로 진정 위대한 리얼리즘 정신, 위대한 미메시스 충동의 승리"라고 말입니다(이는 단지 소련만의 문제가 아닙니다. '모방'과 미메시스로 예술이나 '진리'를 이해하는 서구 예술이나 학문의 전통이 이러한 관념과 근본적으로 같은 선 위에 있습니다).

사실 이렇게 보기 시작한다면 모방 아닌 것이 어디 있겠습니까? 이런 식으로 리얼리즘은, 아니 서구 예술이론은 미메시스와 모방을 '증명' 해온 것이지요. 아마도 그들은 UFO라고 불리는 비행접시에서도 접시를 모방한 위대한 리얼리즘 정신을 발견할 것이며, 언젠가 안드로메다 성운의 어떤 별에서 문명의 자취를 발견하는 날, 그 어딘가에 남겨진 벽화에서도 뱀이나 바퀴벌레 등과 같은 동물의 모습을, 그 영원한 미메시스의 흔적을 찾아낼 것입니다. 인류사뿐만 아니라 우주사 전체를 관통하는 저 위대한 미메시스 충동! 여기서 대체 누가 숙연해지지 않을 수 있겠습니까!

그러나 뱀의 배에다 사람을 그린 것도 미메시스고 모방일까요? 차라리 반대 아닌가요? 뱀인지 아닌지 모르게 만들고, 사람이지만 사람 아닌 것으로 만드는 방법 말입니다. 그런 식의 조합은 뱀을 변형시키는 방법이고 독수리를 변형시키는 방법 아닐까요? 〈그림 14.12〉는 대체 무엇을 모방한 것일까요? 뱀? 머리가 양 끝에 있는 건 접어둡시다. 그렇지만 꼬리도 없고 대신 뿔이 난 저걸 뱀이라고 할 수 있나요? 두 머리 사이에 있는 건 또 뭐지요? 저 그림을 사람

---

(36) D. 마이달 외, 김구산 역, 《몽고 문화사》, 동문선, 1991.

을, 원시인의 모습을 모방한 거라고 하면 안 될까요? 아니면 뿔이 난 걸로 봐서 악마라고 하면 안 될까요? 하지만 인디언에게는 악마가 없었지요. 〈그림 14.11〉은 뭘 모방한 것으로 보이지요? 곰? 저런 곰 보셨어요? 어디가 곰을 닮았다는 거죠? 다리도 없고 허리도 없는데. 머리는 아프리카 토인처럼 보이고, 곰 얼굴 같은 그림은 배에 가서 붙었는데 말입니다. 차라리 배에다 문신을 한 토인이라고 할까요? 아니면 무슨 배를 모방한 건 아닌가요? 양 끝에 앵무새 머리를 모방한 장식을 달고 배의 꼭대기엔 큰 풍선을 단 배. 〈그림 14.10〉이 무얼 모방한 건지는 여러분이 생각해보세요.

어떤 것도 그것과 연결되는 다른 것과의 관계가 달라지면 다른 것이 됩니다. 벽과 문과 자물쇠는 연결되는 방향만 달라져도 침실에서 감옥으로 바뀌지요. 그런데 지금 간단히 본 이런 그림들처럼 저렇게 상이한 동물의 부분들이 엉뚱하게 연결된다면, 그게 곰대가리라고 해도 곰대가리일까요? 만약 엄지손가락은 사람 같은데, 검지는 지렁이처럼 흐물거리고 중지는 쇠꼬챙이처럼 뻣뻣하고 약지는 주걱처럼 편편한 손이 있다면, 그리고 손가락 사이에 구멍난 물갈퀴가 있다면 그 각각의 손가락은 '모방'한 것라고 해도, 이것들이 모여 만든 손은 대체 무엇의 손일까요? 이것도 모방일까요? 손가락은 모방이고 손은 모방이 아니라면, 손가락은 '미메시스'에 속하지만 손은 그렇지 않단 말일까요?

일단 논란을 팽팽한 채로 그냥 둡시다. 다만 이렇게 물어봅시다. 왜 누구는 저걸 보면서 뱀도 아니고 사람도 아닌 다른 무엇이라고 보는데, 왜 누구는 이건 뱀의 모방이고 저건 사람 얼굴의 모방이야 하며 모방된 부분만을 보는 걸까요? 누구는 전체를 봐서 그렇고 누구는 부분을 봐서 그런 걸까요? 비행기 날개를 자동차에 붙이면 그게 비행기 날개일까요? 악어에게 뜯긴 손 대신에 갈고리를 단 후크 선장의 '저것'은 아직도 갈고리일까요? 차라리 손이라고 하는 게 더 낫지 않나요?

이처럼 상이한 부분들로 저렇게 뜯어맞춘 형상에서 오직 동일한 부분형태의 모방과 재현을 보게 하는 것은 대체 무엇일까요? 그것은 아무리 다른 형상에서도 동일한 것을 발견하려는 의지 아닐까요? 그래서 전체가 안 되면 손과 발로 쪼개서 동일한 것(모방, 미메시스)을 찾아내고, 손으로도 안 되면 손가락으로 쪼개서 다시 동일한 것을 찾고, 손가락으로도 안 되면 손가락 마디마디를 잘라서 다시 동일한 것을 찾는 식으로, 결국은 동일한 것, 모방된 최소 형상이 나타날 때까지 쪼개고 잘라서라도 동일한 것, 동일성을 찾아내려는 의지가 아닐까요? 그렇다면 예술을 모방이나 미메시스라고 보는 입장은, 존재하는 모든 것에서 동일성을 찾아내고 확인하려는 그런 의지를 표현하고 있는 것은 아닐까요?

반대로 뱀의 머리와 사람의 머리가 섞인 형상에서 뱀도 아니고 사람도 아닌 것을 본다면, 다시 말해 뱀과도 다르고 사람과도 다른 것을 본다면, 그것은 비슷한 것 속에서도 **차이를 보고, 차이를 찾아내려는 의지를 표현**하고 있는 것은 아닐까요? 그렇다면 모방이라는 개념과 추상 내지 변형이라는 개념 중 어느 하나를 편들지 않고 그저 팽팽하게 내버려둔 상태에서조차, 우리는 거꾸로 모방과 미메시스 관념에서 동일성의 의지, 동일화하려는 의지를 보게 되는 반면, 추상과 변형의 관념에서는 차이화하려는 의지를 보게 되는 것은 아닐까요?

다시 이 책으로 돌아갑시다. 저자들은 지금까지 추상적 선과 구상적 선에 대해 말하면서, 전자가 매끄러운 공간의 특징이라는 것, 후자는 반대로 홈 패인 공간에 속한다는 것을 충분히 보여주었습니다. 그런데 선이 단일하게 사용되는 것이 아닌 한, 많은 선들이 어떻게 사용되는가에 의해 매끄러운 것과 홈 패인 것을 또 구별할 수 있습니다.

횡단선이 대각선에, 대각선이 수평선과 수직선에, 그리고 수평선과 수직선이 점(심지어 그것이 잠재적인 경우에도)에 종속되는 체계를 가정하자. (선의 수가 얼마가 되든) 직선적 내지 단선적인 이런 종류의 체계는 공간에 홈이 패이고, 선이 윤곽을 그리게 되는 형식적인 조건을 표현한다. 이러한 선은, 그것이 특정한 사물을 표상하고 있지 않더라도, 그 자체로 표상적이며 형식적이다.(MP, 621; II, 289)

예전에 베를린에 있을 때, '이집트 박물관'에 간 적이 있었습니다. 훔치고 뜯어다놓은 물건들이 진열된 그리 크지 않은 박물관이었지만, 그때 인상적이었던 것 가운데 하나가 조각상을 만들다 중단된 돌덩어리였습니다. 어떤 것은 귀퉁이에 칼질을 해서 둥그런 얼굴에 가까이 간 것도 있었고, 어떤 것은 네 귀퉁이에 간신히 칼질한 흔적이 있을 뿐인 것도 있었습니다. 그런데 어떤 것이든 네모난 돌에다 **수평선·수직선으로 짜여진 격자**가 그려넣어져 있었다는 점은 공통적이었습니다. 그 격자 안에 머리의 윤곽선을 그려넣고선, 그 윤곽선을 따라 '칼질'을 하여 조각상을 만들었다는 겁니다.

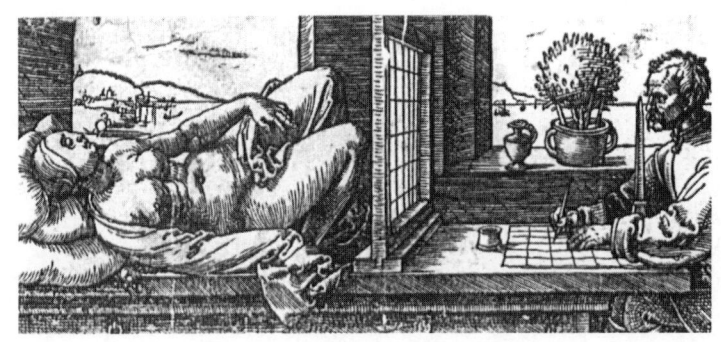

〈그림 14.13〉 뒤러의 판화 중 격자-투시법(《나부를 그리는 화가》)

 돌멩이에 격자를 그리고, 격자에 따라 윤곽선을 그리고, 그 윤곽선 안에 다른 부분들을 그리는 식으로 그림을 그리고, 그 윤곽선을 따라 파내려가는 것. 이런 점에서 이집트 조각은 기하학적 선을 가질 뿐만 아니라, 직선들의 홈 패인 공간 안에서 새겨지고 있었다고 할 수 있을 듯합니다. 즉 그 조각상에서 형태는 윤곽으로, 윤곽은 격자로, 격자는 수평선과 수직선으로, 그리고 그 격자 안에서 윤곽이 그려지는 중심으로 환원되는 홈 패인 선들의 체계를 아주 잘 보여준다는 겁니다.
 〈그림 14.13〉에 보이는 뒤러의 판화도 인상적이지요? 투시법적으로 그림을 그리는 법을 묘사한 것인데, 인상적인 표정의 나부가 모델로 있고, 그 앞에는 세상을 보는 창인 격자틀이 있습니다. 격자 안에, 격자화된 그 홈 패인 공간 안에 세상을, 나부를 집어넣는 거지요. 그리고 그림을 그리는 판에도 똑같이 격자가 그려져 있습니다. 아마도 화가는 격자틀에 들어 있는 나부의 윤곽선을 화판에 있는 격자 안에 옮겨놓을 겁니다. 실제로 서양의 화가들은 이런 격자틀을

14. 매끄러운 공간, 홈 패인 공간 | 695

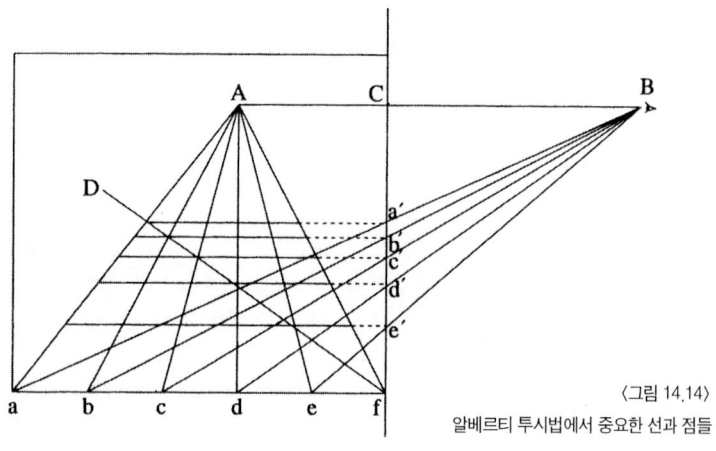

〈그림 14.14〉 알베르티 투시법에서 중요한 선과 점들

〈그림 14.15〉 세를리오, 〈비극의 무대〉

많이 이용했는데, 예를 들어 화가 출신 영화감독인 그리너웨이(P. Greenerway)의 〈영국식 정원 살인사건〉이라는 영화를 보면, 거기 등장하는 중요인물인 화가가 이 격자틀을 들고 다니면서 그림을 그리는 모습을 자주 볼 수 있습니다.

알다시피 투시법에서 사용되는 모든 사선은 사실은 수평선상에 있는 한 점 A로 모이는 평행선들이지요. 〈그림 14.14〉에서 점 A는 흔히 '소실점'이라고 불리지만, 1435년 《회화론》이란 책을 통해 투시법을 이론화했던 알베르티(L. B. Alberti)는 그것을 '중심점'이라고 불렀습니다.[37] B와 a, b, c 등을 연결한 선이 화면을 표시하는 선 Cf와 만나는 점 a′, b′, c′ 등에서 수평선과 평행한 선을 그으면 그것이 거리가 멀어짐에 따라 사물의 형상이 축소되는 단축비율의 기준이 됩니다. 이렇게 해서 비록 사다리꼴처럼 보이지만 사실은 엄격한 격자가 화면 상에, 아니 그림을 그리는 화가의 눈에 새겨지게 됩니다. 〈그림 14.15〉는 그러한 격자로 가득 찬 투시법적 공간을 보여주고 있습니다.

이런 식으로 만들어지는 투시법적 공간은 사방팔방이 격자로 가득 찬 홈 패인 공간의 극단적인 경우라고 하겠습니다. 클레의 그림 〈투시법으로 그려진 방〉(〈그림 14.16〉)은 투시법적인 선들로 가득 찬 방과 그 방 안을 가득 채우고 있는 투시법적 선들, 그리고 그 선들 사이에 갇혀 있고 끼여 있는 사람이나 형상들을 보여줌으로써, 그 선들이 강력한 홈 패인 공간을 만들고 있다는 것을 말해주고 있

---

[37] 이 두 개념은 결코 동일한 것이 아닌데, 이에 대해선 이진경, 〈투시법과 공간표상: 근대적 표상공간의 탄생〉, 《건축문화》, 1999년 11월호 참조.

〈그림 14.16〉 클레, 〈투시법으로 그려진 방〉

습니다.

반대로 매끄러운 선의 경우에는 이렇습니다. 거기서는 선들이 "아무것도 제한하지 않으며 어떤 윤곽도 그리지 않는 선이고, 이것은 더 이상 점에서 점으로도 이행하지 않고 점 사이를 통과하며, 수평선과 수직선에 대해서 끊임없이 기울어지며, 항상적으로 방향을 바꾸면서 대각선에서 벗어난다. 이러한 선은 외부도 내부도 없고, 형태도 배경도 없이, 시작도 끝도 없이 변화하며(mutante), 연속적인 변이체(variation)처럼 생생한 선이다. 이러한 선이야말로 진정 추상적인 선이며 매끄러운 공간을 그린다."(MP, 621 ; II, 289)

또 하나 홈 패인 선의 체계를 형성하는 요소로 중요한 것이 있습니다. 그것은 **대칭성**입니다. 대칭성은 선의 자유로운 사용을 불가능하게 합니다. 어떤 선도 대칭적인 짝을 동반해야만 하고, 선의 위치나 움직임 또한 하나를 그으려는 순간 이미 대응되는 선의 위치나 움직임을 고정합니다. 정해진 위치를 벗어나는 모든 선을 **불합리**하고 부적절한 것으로 간주하게 하지요. 따라서 "직선적인 체계가 반복을 제한하고, 그것의 무한한 진전을 가로막으며, 반사상 내지 별모양으로 중심점과 방사적 선들의 유기적 지배를 유지하는 것이 바로 대칭"입니다(MP, 621 ; II, 289). 반면 저자들은 대칭과 반복을 대비시키고, 반복과 고딕적인 선을 병치합니다. 즉 고딕적 선은 "형식이 아닌 표현능력을, 형식으로서의 대칭성이 아니라 능력으로서의 반복성을 지닌다"(MP, 621 ; II, 289)는 것입니다.

대칭성이 가장 강하고 중요한 미적 원리가 되었던 것은 이른바 '르네상스'의 예술에서였습니다. 특히 건축에서 이는 아주 중요한 원리의 자리를 확고하게 갖고 있었는데, 그래서 르네상스인들은 정

〈그림 14.17〉 브라만테, 〈템피에토〉

사각형과 원형의 평면을 즐겨 사용했고, 성당 평면에 사용되는 십자가의 형상조차 한 쪽이 길다란 라틴 십자보다는 사방이 같은 길이를 갖는 그리스 십자를 선호했습니다. 그래서 사방 어디서 보든 동일하게 이상적인 형상이 보이도록 만드는 것이 르네상스 건축의 외부공간을 짜는 가장 중요한 원칙이 됩니다. 브라만테(Bramante)의 〈템피에토(Tempieto)〉(〈그림 14.17〉)는 이런 원칙이 가장 잘 구현된 대표적인 건축물이지요.

가령 르네상스의 실질적인 최초의 건축론을 썼던 알베르티는 신전의 이상적인 건축적 형상으로서 원형에 대한 찬미로 《건축론》을 시작하고 있습니다. 그는 자연 그 자체는 모든 형태 중에서 원형을 특히 좋아한다고 하면서, 원 이외에 다른 기본적인 기하학적 형태를 제시하는데, 4각형·6각형·10각형·12각형이 그것입니다. 이는 모두 원주의 균등분할에 의해 만들어지는, **최고의 대칭성을 가진 도형**들이지요.[38] 알베르티는 미란 "더 나빠지지 않고선 무언가가 더 해질 수도 없고 빼질 수도 없는 비례관계"라고 정의하는데, 여기 있는 그대로 무언가를 추가하거나 빼거나 하면 나빠지는 그런 완벽성의 상태를 그는 이상화하고 있는 겁니다. 반복, 무언가가 계속해서 추가될 수 있다는 것, 이 모두는 알베르티에겐 이미 현재의 상태가 불완전하고 미적이지 않은 비례관계에 속한다는 것을 증명하는 것일 뿐이지요.

반면 고딕 성당은 반복에 의해 미적 효과를 만들어냅니다. 내부

---

[38] R. Witkower, 이대암 역, 《르네상스 시대의 건축원리(Architectural Principles in the Age of Humanism)》, 대우출판사, 1997, 21쪽.

〈그림 14.18〉 아미엥 성당 내부

〈그림 14.19〉 르 망스 성당

도 그렇고 외부도 그렇습니다. 기둥과 천장은 일정한 리듬을 이루면서 반복되고, 기둥 머리를 잇는 뾰족 아치도, 원형의 키스톤(Keystone)으로 모이는 천장의 베이먼트(bayment)도 모두 반복적으로 배열되어 있습니다. 외부공간도 다르지 않습니다. 외벽을 구분하며 늘어선 버트리스(butress)는 내벽과 동일한 리듬으로 반복되며 배열되어 있고, 그 위에서 마치 다리라도 되는 듯 위쪽의 외벽을 향해 올라가는 늑골(flying butress)도, 그것을 위에서 누르며 선 소첨탑(pinacle)도 그렇습니다. 정면(façade)의 문도, 문을 둘러싼 조각상들도, 벽을 기어오르는 리브(rib)들도, 창문의 형상도 모두 다 반복에 의한 리듬감을 통해 미적 효과를 야기합니다. 반복되며 배열되는 어떤 요소들도 새로이 추가할 수 있으며, 그러한 추가는 무한히 진행되어도 괜찮을 듯이 보입니다.

물론 바로 이 점으로 인해 이들 성당에는 야만족인 고트족의 이름에서 기인하는 '기괴하다'는 뜻을 갖는 '고딕'이란 형용사가 붙었지요. 고딕 성당이 미적이고 예술적인 작품이라는 생각을 했던 사람들은 19세기 중반에 이르기까지 별로 없었다고 하지요. 19세기 중반에 위고 같은 낭만주의자들이 고딕 성당의 아름다움을 비로소 발견했다고 하는데, 실제로 위고는 고딕 성당 자체가 중요한 역할을 하는 소설을 썼지요. 꼽추 쿠아지모도가 종지기로 등장하는 소설 《노트르담 드 파리》(우리말로는 《노트르담의 꼽추》라고 되어 있지요)가 그것인데, 소설의 제목은 흔히 '노트르담 성당'이라고 불리는 파리 성당의 정식 명칭이지요.

하지만 고딕 성당이 건축적이고 예술적인 구조를 갖고 있다는 것을 설명했던 것은 고딕에 매료된 건축사가 비올레-르-뒤(Viollet-Le-

Duc)였습니다. 그러나 그가 고딕의 예술성을 발견한 것은 지극히 아이러니컬하게도 고딕 성당에 존재하는 '미적이고 합리적인 비례구조'를 입증하는 방식을 통해서였습니다. 알베르티에 의해 정의된 고전적인 미의 관념 안으로 고딕 성당의 구조를 끼워맞춤으로써 고딕 성당의 예술성을 '증명'했던 거지요. 이는 그러한 고전적인 비례-미의 관념이 서구의 미적 의식에 일종의 강박증(!)이 되어 있음을 보여줍니다. 아마 원이나 황금비에 가까운 형태구조를 갖고 있음을 보여줄 수 있다면, 드라큘라의 앞니나 쿠아지모도의 손톱이라도 예술 작품이요 미적 대상임을 증명(!)할 수 있을 겁니다. 어쨌든 비올레-르-뒥을 통해 고딕에 고유한 미적 요소들은 그럼으로써 사라지고 기하학적 미의 개념에 의해 재단되어버리게 되었다는 점에서, 고딕은 탈-고딕화되는 방식으로 미적 대상이 되었다고 말해야 할 듯합니다.

마지막으로 저자들은 추상적 선의 개념을, 추상을 특징으로 하는 서구의 현대예술을 통해서 좀더 일반적인 양상으로 정의하려고 합니다. 현대예술에서 추상적인 선이란 대체 무엇인가? 들뢰즈와 가타리는 물감 뿌리기로 유명한 폴록(J. Pollock)의 추상표현주의에 대해서 한 미술사가가 설명한 정의를 인용해 말합니다. 즉 "다방향적이고, 안과 밖을 갖지 않고, 형식도 배경도 갖지 않고, 아무것도 한정하지 않고, 윤곽을 그리지 않는, 얼룩이나 점들 사이를 지나는 선이고, 매끄러운 공간을 채우는, 근접한 촉감적이고 시각적인 질료를 뒤섞는 선이며, '관찰자의 눈을 끌어당기기는 하나 눈에 계속적으로 머물 어떤 장소도 제공하지 않는' 그런 선"(MP, 624; II, 291)이 바로 그것이라는 겁니다. 하지만 저자들은 좀더 간결한 말로 추상적 선에 관한 정의를 내리고 있습니다. "어떠한 윤곽도 그리지 않고 어떠한 형식을 제한하지도 않는, 가변적인 방향의 선."(MP, 624; II, 291) 간단하지요?

정말 끝으로, 이제 홈 패인 공간과 대비되는 매끄러운 공간의 실천적인 의미에 대해 언급하면서 이 장을 마치고 있습니다. 우리도 그 말을 인용하면서 마칠까 합니다.

홈 패임과 매끈함의 작용에서 우리의 관심을 끄는 것은 바로 이행(passage) 내지 조합(combinaisons)이다. ……물론 매끄러운 공간 자체가 해방적인(libératoire) 것이 아님은 분명하다. 하지만 투쟁이 변화하고 치환되는 것은 바로 거기서고, 생명이 자신의 쟁점을 재구성하고, 새로운 장애물과 대면하며, 새로운 스타일을 창안하고, 상대를 변용시키는 것도 바로 거기서다. 물론 매끄러운 공간이 우리를 구하는 데 충분하다고 믿어서는 안 된다.(MP, 624~25; II, 292)

이렇게 짧지 않은 강의가 끝났습니다. 가능한 천 개의 고원, 아니 무수히 많은 고원 가운데 겨우 열서너 개를 넘어왔을 뿐인데도, 많은 시간이 흘렀고, 많은 공간을 거쳐온 느낌입니다. 듣는 여러분이 더 길고 힘들게 느껴졌을지, 아니면 말하는 제가 더 길고 힘들게 느껴졌을지는, 제가 여러분의 느낌을 갖지 못하고 여러분이 제 느낌을 갖지 못하니 알 수 없겠지요. 하지만 이미 앞서 말했듯이, 말로 하지 않아도 알 수 있는 서로 간의 변화를 야기하는 촉발/변용(affection)이 있었고, 그에 따른 '감응(affect)'이 있었기에 여러분은 제가 애를 썼다는 것을 잘 알 것이고, 저 또한 여러분이 애를 썼다는 것을 잘(!) 알고 있습니다. 우린 그렇게 만났던 것이고, 그 만남들을 통해서 서로가 변한 겁니다. 스피노자 식으로 말하면 다른 양태가 되고, 또 다른 양태가 되고 한 겁니다. 여러분이 다른 양태로 되고, 또 그것으로 인해 여러분이 만나는 많은 사람들, 여러분과 만나는 모든 것들이 또 다른 변용의 촉발을 받아 새로운 걸음을 걷게 되길 빕니다.

어쨌든 긴 여정을 통과한 셈이고, 그 여정은, 흔히 여행이 그러하듯이 마치 가랑비에 옷 젖듯이 알지 못한 사이에 우리 자신의 감각과 느낌, 사유방식과 관념 들에 어느새 스며들어 있을 것이라고 생각합니다. '아직도 무슨 소린지 잘 모르겠다'고 생각하시더라도, 흘려들은 몇 번의 방송만으로도 어느새 많이 익숙해진 노랫가락처럼, "나도 모르는 새 내게 가까이 다가와 있으려니" 하시며 스스로 위안을 삼으세요. 공연히 열심히 강의한 저를 탓하지 마시구요.

15장 | 무아의 철학과 코뮌주의

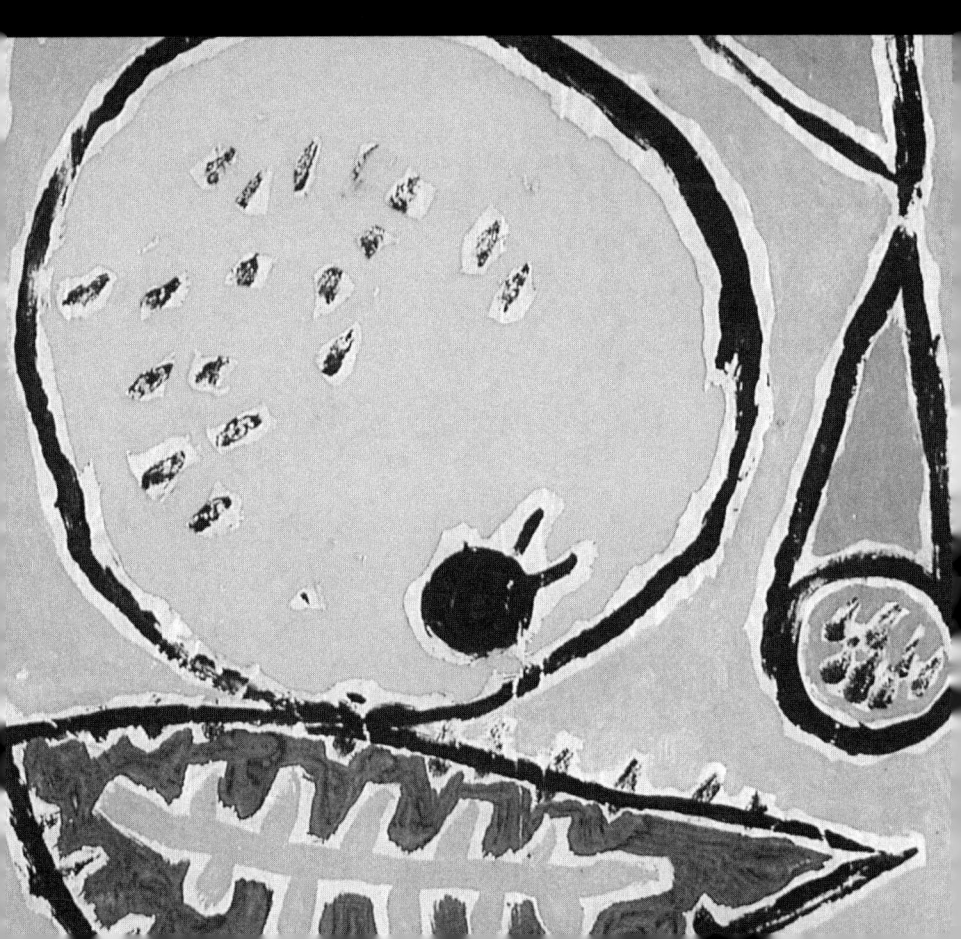

15

무아의 철학과 코뮌주의

……모든 사람의 적―자아……[1]

모든 법이 다 빈 모습인 연기[諸法空相]란 '나'를 중심으로 하는 생각이 없어진 것입니다. 제법(諸法)이 공상(空相)이란 '함께 사는 아름다움인 연기의 삶'만 있다는 것입니다. ……
'나'가 사라지면서 '함께'라는 것이 살아나는 것……[2]

---

(1) 헬레나 노르베리-호지, 김종철 외 역,《오래된 미래(Ancient Futures: Learning From Ladakh)》, 녹색평론사, 2002(증보판), 105쪽.
(2) 정화,《함께 사는 아름다움》, 시공사, 1998, 310쪽.

1. 경이: "무엇이 과학자들을 당혹하게 하는가?"

"무엇이 과학자들을 당혹하게 하는가?" 〈솔라리스〉가,[3] 혹은 솔라리스가 던지는 이 첫번째 질문에 답하기 위해선 그 반대의 질문에서 시작해야 한다: "무엇이 과학자들을 당혹하지 않게 하는가?" 왜냐하면 과학자들은 전혀 이해할 수 없는 어떤 현상이나 사태 앞에서도 놀라지 않으며 당혹해하지 않기 때문이다.

이 영화 역시 그렇게 시작한다. 수십 년을 끌면서도 별다른 성과를 남기지 못한 솔라리스 연구 프로젝트의 '정리'를 위해 솔라리스로 떠날 크리스의 집으로 아버지의 친구가 찾아오는 것으로 영화는 시작된다. 솔라리스 초기 탐사단의 한 사람이었고, 실종자를 찾아 솔라리스에 아주 가까이 다가갔던, 그래서 솔라리스에서 벌어지는 지극히 기이한 현상을 직접 목격할 수 있었던 이 일급 조종사는 자신이 과학자와 행정가가 모인 중앙의 한 위원회에서 증언했던 기록을 크리스의 가족들에게 보여준다. 그가 발견한 것은 전혀 이해할 수 없을 정도의 기이한 현상이어서, 그것을 자세히 관찰하여 증언하지만, 기록물에 등장하는 어떤 과학자도—물론 행정가도—그 놀라운 사실에 대해 전혀 놀라지 않는다. 이 얼마나 놀라운 일인가! 그러나 역시 과학자(심리학자)인 크리스도 그의 증언에 대해, 그리고 화를 내면서까지 그것이 진실임을 설파하는 그의 발언에 대해 전혀 놀라지 않는다. 이 역시 얼마나 놀라운 일인가! 그리고 그 이야기를 보는 우리도, 그 이야기를 전해듣는 여러분 중 누구도 그런 사실 앞

---

[3] 〈솔라리스〉는 폴란드의 SF 작가 렘(S. Lem)의 동명의 소설을 기초로 만든 타르코프스키(A. Tarkovsky)의 영화다.

에서 전혀 놀라지 않을 것이다. 이 얼마나 놀라운 일인가!

나무들이 동물로 변하고, 동물이 사람의 모습으로, 더구나 그걸 보는 자신의 모습으로 변하는 저 놀라운 현상에 대해, 그들은 또 우리는 어째서 이토록 놀라지 않을 수 있는 것일까? 물론 나나 여러분이나 놀라지 않는 방법에 대해서는 잘 알고 있다. 즉 그것은 착각이거나 착시 현상, 혹은 환각이라고, 그렇지 않으면 거짓말의 혐의마저 있는 공상이라고 간주하는 것이다. 증언의 기록에 등장하는 과학자들의 반응도 그것이었고, 과학자 크리스의 반응도 그것이었으며, 여러분의 반응 또한 그것일 것이다. 하지만 우리가 이해할 수 없는 것이라면, 아무리 두 눈으로 똑똑히 보고 테이프 리코더로 똑똑히 녹음되었다고 해도 환각이나 착각 등의 믿을 수 없는 것으로 간주하는 태도야말로 정말 놀라운 것이 아닐까?

하이데거가 지적한 바 있다지만,[4] 그리스 시대에 과학/기술을 뜻하던 '테크네(techne)'란 사실 놀라움과 경이에 결부되어 있는 개념이었다. 일 년이 지나면 정확히 저 자리로 다시 돌아오다니, 저 별의 운행은 놀랍지 않은가? 같은 모양, 같은 크기를 갖는 것인데, 나무로 된 건 물에 뜨고 돌로 된 건 가라앉으니 이 또한 놀랍지 않은가? 등등. 이러한 경이가 대체 왜 그럴까 하는 질문을 낳았던 것이고, 바로 이것이 세상의 운행에 대해, 우주의 질서(cosmos)에 대해 이해할 수 있게 해주었던 시동력(始動力)이었던 셈이다.

반면 근대의 과학자들은 다르다. 그들은 세상의 모든 것이 자신들이 알고 있는 법칙에 따라 운행된다고 생각하며, 그것에 따라 이

---

[4] 박찬국, 〈현대기술문명의 본질과 위기에 대한 하이데거의 사상〉, 《시대와 철학》, 제4호, 44쪽.

해하려고 한다. 그러나 거기에 들어맞지 않는 일이 어떻게 일어나지 않을 수 있을 것인가? 이 경우 그들은 놀라움과 경이로 그것을 보면서 "왜 그럴까?"라고 질문하지 않는다. 다만 아무리 끌어맞추려고 해도 맞지 않는 그 현상이 반복하여 나타난다면, 그것에 대해 불안해하기 시작한다. 그래서 때론 그것을 사소한 것, 예외적인 것으로 밀치며 시야에서 지워버리고, 때론 머지않아 설명될 것으로 유예하여둔다. 그리고 아예 법칙이나 개념에서 벗어나는 것이 나타나면, 환상이나 환각, 착시로 '설명'하거나(대체 무얼 설명했다는 걸까?), 미신이나 신비주의적 공상으로 간주하여 비난한다. 이런 점에서 그들은 어떤 일에도 놀라지 않을 준비가 되어 있는 셈이다. 그렇지만 그건 마치 놀람을 어떻게든 피하고 모면하려는 집요한 노력처럼 보인다. 왜냐하면 놀라운 현상을 눈앞에서 지워버리고, 진실에서 몰아내며, 거짓과 착각으로 만듦으로써 '비놀람'의 세계에 안주하고 비당혹의 세계 안에 안주하고 안심하려는 것이기 때문이다.

하지만 이 영화에서 과학자들은 놀라고 당혹한다. 그 당혹의 정도가 너무도 강밀해서, 크리스의 친한 친구고 우수한 물리학자인 개버리언은 그가 도착했을 때 이미 자살해버렸다. 조종사의 증언에 전혀 놀라지 않았고, 진실임을 강변하는 그의 주장을 쉽게 조소해버릴 수 있었던 크리스도 놀라며, 그것을 통해 과학적 사유에 익숙해 있는 우리도 놀란다. 무엇이 저 과학자들을 당혹하게 한 것일까? 무엇이 과학에 대해 확신하고 우주정복을 꿈꾸는 조종사를 한없는 당혹 속으로 몰아넣었으며, 무엇이 그 조종사마저 비웃었던 크리스를 더없는 당혹 속으로 몰아넣었는가?

이해할 수 없는 사태를 미신이나 착각으로 간주하는 것은 아주 쉬운 일이다. 그러나 그것이 가령 강한 신념을 가진 과학자의 바로 옆에 직접 다가온다면 어떻게 될까? 가령 과학자는 '유령' 앞에서 놀라지 않을까? 아니, 이건 '터무니없는 얘기'니 접어두고 다시 묻자. 과학자들은 악몽에 놀라지 않을까? 과학적으로 터무니없는 사건이 자신의 눈앞에서 직접 벌어질 때, 그들은 전혀 놀라지 않을 수 있을까?

'손님들'로 지칭되는 새로운 사건으로서 솔라리스는 그것을 연구하기 위해 우주정거장에 거주하고 있는 과학자들에게 극도의 불안을 수반하는 극한적 놀라움을 야기한다. 마치 말로만 듣던 유령을 직접 대면하게 된 아이들과도 같은. 이 경우, 심지어 이해될 수 없는 사실조차 미래의 이해로 미루어둠으로써 불안을 제거하던 이전의 모든 개념이나 관념, 법칙은 아무 짝에도 쓸모없는 것이 되고 만다. 또한 이해할 수 없는 어떤 것도 미신이나 환각으로 간주하던 치사하지만 편리한 '과학주의'도 힘을 쓰지 못한다. 그것은 자신들의 신체로 직접 닥쳐오는 새로운 사건이고, 자신의 신체, 자신의 행동에 직접 연결되는 실재적 사태기 때문이다. 여기서 솔라리스란 과학자들의 모든 양식(良識, bon sens)을 벗어나는 사건이고, 모든 종류의 '알음알이'를 벗어난 사건인 것이다. 그것이 어떤 것에도 당혹하지 않는 이 과학자들을 극도의 당혹 속으로 몰아간 것이다. 양식이 파괴되는 곳에서, 새로운 의미를 찾는 시도가 행해지기 시작한다.[5]

(5) G. Deleuze, *Logique du sens*, Minuit, 1969, 93~94쪽.

2. 인식: "레아는 누구인가?"

우주정거장에 도착한 크리스는 두 가지 방식으로 놀란다. 먼저, 그는 있어야 할 것이 없음에 놀란다. 그를 마중한 사람은 아무도 없었고, 우주정거장 전체는 마치 인적이 끊긴 폐허마냥 빈 채로 쓸쓸하다. 친한 친구 개버리언은 죽고 없었고, 헤매다가 찾아낸 쉬나우트 박사는 나중에 다시 오라며 돌려보낸다. 사르토리우스 역시 그를 피하기는 마찬가지다. 다음에는 없어야 할 것이 있음에 놀란다. 쉬나우트 박사 방의 한구석에 감추어져 있는 사람의 팔, 사르토리우스 박사의 방에서 감추던 끝에 튀어나온 난쟁이, 그리고 우주정거장을 딸랑거리는 방울소리를 내며 돌아다니다 개버리언의 시신이 있는 냉동실에서 사라져버린 반라의 여인. 그가 아는 한 그곳에는 개버리언, 쉬나우트, 사르토리우스 세 사람만이 있어야 했던 것이다. 하지만 정작 놀란 것은 당혹과 피로 속에서 깊이 들었던 잠이 깨면서다. 방 안, 어슴푸레 미명이 스며든 그 밀폐된 공간의 저편 창가 의자에 앉아 있는 여인이 있다. 10년 전에 죽은, 자살할 때 사용한 주사바늘 자국마저 그대로 갖고 있는 그의 아내가 침상의 자신을 향해 다가와 포옹하고 함께 눕는 것이다!

자신을 남편으로 알고 그렇게 대하는, 오래 전에 죽은 아내 레아와 똑같이 생겼고 똑같이 행동하는 그 여인을 끔찍한 비명소리와 함께 우주선에 실어 '보내버리고' 돌아온 크리스에게 쉬나우트 박사가 알려준다. 그 여인은 '손님'이라고, 솔라리스에 조사를 위해 X선을 다량으로 쏘아보낸 뒤 우주정거장 안에 출현하기 시작한 솔라리스의 손님이라고. 하지만 그것은 크리스 자신의 마음속에 있던 존재가 눈앞에 나타난 것이란 점에서, 자기 마음의 손님이기도 한 셈이다. 따라서 그의 마음속에 레아가 있는 한, 그 여인은 다음날 아침 영락없이 그 자리에 그 모습 그대로 나타나서 그에게 다가와 안긴다. 이 여인은 대체 누구인가? 이 여인은 인간인가 아닌가? 거듭하여 나타나는 이 여인 '들'이 동일하게 남편으로 대하는 크리스는 대체 누구인가?

냉정하고 철저한 과학자 사르토리우스는 확신을 갖고 답한다. 그는 레아의 손가락을 찔러 얻은 피의 성분을 분석한다. 마치 솔라리스를 분석하기 위해 솔라리스에 X선을 쏘았던 것과 동일한 태도로(이런 방법을 '분석적 방법'이라고 부르는데, 데카르트에 의해 17세기 초 명료하게 정식화된 바 있으며, 근대과학 전반을 특징짓고 있는 방법이다). 그의 답은 '명료하고 뚜렷하다'. 그 여인의 신체는 '중성미자'로 이루어져 있어서, 원자로 이루어진 인간의 신체와 전혀 다른 성분을 갖고 있다는 것이고, 따라서 그 여인은 '인간'이 아니며, 크리스의 아내도 아니라는 것이다. 그리고 추가한다. "당신이 허락한다면 이 여인을 해부해보고 싶소." 그렇다. 과학은, 우리는 이렇게 사유하고 판단하고 행동한다. 우리는 그리 길지 않은 기간 동안 이러한 사유와 인식이 알아낸 거대한 성과에 대해서, 적어도 그 성과의 거대함에 대해서는 아주 잘 알고 있다. 과학 없이, 혹은 '과학적'이라는 관형어 없이 대체 누가 사유하고 말할 수 있단 말인가?

반면 크리스는 무언가 달라졌다. 그는 과학자로서의 '합리성'을 잃고 이렇게 대답한다. "그는 나의 아내요. 나는 그를 사랑하오." 여기서 그의 분석적 사고는 정지된 것이 분명하다. '손님' 레아를 자신의 아내로 느끼고 그에 대한 사랑을 확인하는 크리스의 태도는,

사르토리우스의 분석적 사고의 결과와 정면으로 대립한다. 그런데 우리는 확실히 과학과는 거리가 먼 이런 판단에 대해 사르토리우스처럼 '비과학적'이라는 한마디 말로 자르며 비웃지 못한다. 반대로 어쩌면 더 타당하다고 느끼는지도 모른다. 왜 그럴까?

짐 끄는 말은 경주마와 더 가까울까, 아니면 짐 끄는 소와 더 가까울까? 할머니 품 안의 고양이는 개와 가까울까, 호랑이와 더 가까울까? 과학자라면 주저할 아무런 이유가 없다. 짐 끄는 말은 말이고, 호랑이와 고양이는 같은 고양이과에 속하기 때문이다. 그러나 그 동물이 우리에게 주는 느낌(affection)으로 보자면, 짐 끄는 말은 짐 끄는 소와 다를 바 없고, 그에 비하면 경주마는 전혀 다른 느낌의 감응(affect)을 갖는다. 고양이는 개처럼 애완용 동물이고, 호랑이는 그와 달리 맹수다. 생물학과는 무관한 이런 판단이 유아적인 것이고, 따라서 잘못이고 거짓이라고 말할 수 있을까? 그 동물들의 힘이나 능력, 행동학적 습속, 신체적 강밀도의 분포를 보아도 마찬가지다. 그러고 보면 호랑이를 고양이과에 집어넣은 분류학자의 도식처럼 유치하고 인간중심적인 것이 또 어디 있을까?

이런 의미에서 스피노자는 변용/촉발(affection)에 의한 사고와 분류를 제안한 바 있다. 그에 따르면, 호랑이와 사자는 개 목 고양이과로서 한데 묶이는 게 아니라 '맹수'로서 한데 묶이는 것이며, 고양이는 '애완동물'로서 (호랑이, 사자가 아니라) 개와 한데 묶이는 것이 적절하다는 것이다. 늑대 울음소리와 같은 변용/촉발을 야기하는 조플린(J. Joplin)의 목소리는 차라리 늑대소리라고 해야 적절하다는 것이다(이는 흉내 내지 모방과는 다른 것이다). 집과 재산을 지키려는 일념으로 하루종일 건물에 드나드는 사람들을 체크하고

문을 잠그며, 드나드는 모든 이를 두려움과 불안을 갖고 경계하고 감시하는 사람을 '개'라고 보는 것은 단지 감정적 욕설만은 아니라는 것이다.

확실히 이 점에서 크리스는 하나의 문턱을 넘었다. 즉 자기 앞의 여인이 아내와 동일한 모습에 동일한 느낌, 동일한 변용을 야기한다면, 그리고 아내로서 동일한 관계를 실행한다면, 그것은 아내라고 하기에 충분하다는 것이다. 그의 판단도, 그의 사랑도 헛된 착각이나 유치한 동정이 아니라는 것이다. 분석적 사유와 대비되는 이러한 변용적(affective) 사유가 과학자가 살아가는 세계와 아주 상이한 세계, 상이한 삶을 만들어내리라는 것은 의심의 여지가 없다.

3. 존재: "솔라리스란 무엇인가?"

이 영화 전체에서, 등장하는 거의 모든 인물들이 일관해서 던지는 명시적인 질문은 이것이다: "솔라리스란 무엇인가?" 바다와도 같이 일렁이며 때론 이런저런 형상들을 만들지만 어떤 형상에도 고정되지 않는 거대한 '액체적' 행성, 동시에 뇌와 비슷한 세포구조를 갖고 있으며, 사유하고 판단하며 행동하는 거대한 '물질', 따라서 모든 것을 만들어내지만, 그 만들어진 모든 것을 자신 안에 포함하고 있는 하나의 거대한 실체. 스피노자라면 오히려 쉽게 말할 수 있을지도 모른다. 그것은 생산적인 능력을 갖고 모든 것을 산출해내는 신적인 실체며, 동시에 그것에 의해 만들어진 개체 전체를 포괄하고 있는 실체로서 자연이며 신이라고. 다시 말해 능산적(能産的)인 자연(natura naturans)이자 소산적(所産的)인 자연(natura naturata)인 자연이요, 그런 자연과 다를 수 없고 그와 분리될 수 없는 신이요 실체(substance)라고.[6] 그런 점에서 그것은 지구에서 멀리 떨어진 외계에 있지만, 사실은 지구 자체, 혹은 지구를 포함하는 우주 전체로서의 자연이며, 우리가 사는 세계 자체기도 하다고. 솔라리스란 저 멀리 떨어진 어떤 곳, 우리와 무관한 어떤 외계에 존재하는 것이 아니라 바로 우리가 사는 이 세계, 우리도 그 안에 포함되는 위대한 자연 그 자체라고.

영화의 모두에서 증언하던 조종사가 보았다는 것은 이 생산적 능력으로서 솔라리스가 만들어내는 다양한 형상과 개체의 일부였으며, 그렇게 만들어내는 능력 자체였던 것이다. 개버리언이나 쉬나우트가 접했으며, 아내의 형태로 크리스를 찾아왔던 저 '손님'들 역시 모든 생산적 능력 전체를 포괄하는 솔라리스의 '소산'이고 그런 한에서 솔라리스의 일부다. 그러나 동시에 그 손님들을 만들어낸 것은 기억이나 소망, 꿈이나 희망 등의 형태로 크리스나 쉬나우트 등이 갖고 있던 것이고, 그런 만큼 그것들은 그들 자신이 만들어낸 것이다. '손님' 레아는 다른 누구도 아닌 크리스 자신이 산출한 것이고, 방울을 끌며 다니는 여인은 개버리언이 산출한 것이며, 난쟁이는 사르토리우스 자신이 산출한 것이다. 확실히 이 점에서 산출되는 모든 것은 내 자신이, 내 자신의 '마음'이[7] 만든 것이다. 그게 과거에 죽은 아내든, 악마의 꼴을 한 동료든, 매끈한 몸매를 한 요부든. "거울 앞에 중국인이 서면 중국인이 나타나고 오랑캐가 서면 오랑캐가 나

(6) 스피노자, 강영계 역, 《에티카》, 서광사, 1990, 1부 정리 29의 주석(47~48쪽), 정리 31(48~49쪽).
(7) 여기서 '마음'이란 물질이나 신체와 대비되는 정신이나 영혼이 아니라, 차라리 무언가 하고자 하는 의지요 욕망이란 점을 추가해두어야 한다.

타난다."《벽암록(碧巖錄)》》 그렇다면 이런 산출적 능력으로서 이들 역시, 심지어 그들 자신은 불안과 두려움에 떨면서 솔라리스와 적대하고 있음에도 불구하고, 저 능산적인 자연 솔라리스의 일부인 것은 아닌지?

  그러나 때로는 재물에 끌리고 때로는 사랑에 끌리며, 또 때로는 명예에 끌리고 때로는 혁명에 끌리기도 하는 나의 마음이야말로 재물을 둘러싼 관계의 소산이고, 사랑을 둘러싼 관계의 소산은 아닐까? 레아가 크리스의 소산이라면, 그만큼 크리스의 마음 역시 죽은 아내와 10년 전 삶의 소산이다. 그렇다면 그것을 딱히 '나의' 마음, '크리스의' 마음이라고 부를 이유는 대체 무엇일까? 차라리 '나의 마음'이라고 부르는 것은 그런 수많은 삶의 흔적들, 그런 흔적으로 남은 욕망과 집착, 슬픔과 기쁨, 쾌락과 고통의 다른 이름이 아닐까? 그렇다면 레아 역시 크리스가, 그의 욕망이, 그의 마음이 만들어낸 것일까? 그의 마음에 새겨진 채 지워지지 않았던 과거의 기억, 그 기억을 구성하는 그의 아버지, 어머니, 대지를 덮은 하얀 눈, 작은 불꽃이 흰 연기를 피우는 장작불, 브뤼겔(P. Bruegel)의 그림처럼 나무들 사이로 보이는 적막하게 얼어붙은 개천, 함께 걷던 언덕길 등등의 무한한 것들이 한데 어우러져 만들어낸 것이 아닐까? 무한이 이어지는 사물의 연쇄와 연기(緣起), 그것이 바로 솔라리스와 반응하여 밤새 레아를 만들어낸 것이 아닐까? 그렇다면 '크리스의' 욕망, '나의' 마음이라고 부를 만한 것이 과연 있기나 한 것일까? 차라리 나의 마음조차 내 안에 있는 것이 아니라, 내 밖에 있는 저 무한한 세계와 함께 있는 것은 아닐까? 그렇다면 레아를 산출해내고 난쟁이를 산출해내고 '방울소녀'를 만들어낸, 일체를 만들어내

〈그림 15.1〉〈새덫이 있는 겨울풍경〉

는 마음이란, 이미 시방(十方)으로 삼세(三世)로 무한히 이어진 무수한 마음들의 집합이고, 순간순간의 물결과도 같은 그런 마음들 전체를 포함하는 거대한 바다로서의 마음[海印], 솔라리스가 아닐까?

一中一切多中一 일중일체다중일
一卽一切多卽一 일즉일체다즉일
一微塵中含十方 일미진중함시방
一切塵中亦如是 일체진중역여시
無量遠劫卽一念 무량원겁즉일념
一念卽時無量劫 일념즉시무량겁

九世十世互相卽 구세십세호상즉
仍不雜亂隔別成 잉불잡난격별성[8]

4. 윤리: "솔라리스의 '손님'들은 상인가 벌인가?"

레아를 비롯한 솔라리스의 '손님'들은 그것을 납득할 수 없었던 우주선의 과학자들로선 너무도 불편한 대상이다. 언제 어디서 나타나는지도 모르고, 또 내일 아침이면 무엇이 나타날지도 모르며, 그들이 어떻게 행동할지도, 자신들에 대해 어떤 태도를 갖고 있는지도 모른다. 그것은 '자신의' 마음이 작용하여 나타나는 것이지만, 무엇이 나타날 것인지, 어떻게 될 것인지에 대해 아무것도 모르고, 아무것도 예측할 수 없다. 그들은 이 손님들에 대해 아무것도 모른다. 왜냐하면 그중 '어느 것'에 대해 크리스가 자신의 아내라고 말하고 그렇게 대한다 해도, 그들은 그것을 받아들일 수 없으며, 크리스 역시 자신들처럼 그 손님에 대해 아무것도 모르고 있다고 생각할 뿐이기 때문이다. 그들로선 이처럼 견디기 힘든 대상은 없다. 따라서 그들에게 이 손님들이란, 자신들이 솔라리스에게 X선을 방사한 대가로 주어지는 징벌이다. 그들로선 손님들의 존재 자체가 인정할 수 없는 대상이고, 불편하고 불안케 하는 저주인 것이다. 쉬나우트도, 사르토리우스도 그렇게 생각한다.

이는 레아로 나타난 첫번째 손님의 존재를 용인할 수 없었던 크리스에게도 마찬가지였을 것이다. 그래서 그는 레아의 비명소리와

---

[8] 의상, 〈법성게(法性偈)〉; 정화, 《마음 하나에 펼쳐진 우주: 의상 조사 법성게 강의》, 법공양, 2000.

함께 우주선에 태워 어두운 허공으로 날려보낸다. "발사에 의한 이혼."[9] 그의 눈앞에 나타난 그 여인은, 그가 받아들일 수 없는 한, 한갓 전혀 이해할 수 없는 유령이거나 '모조인간'일 뿐이다. 혹은 자신의 슬프고 고통스런 과거를 '상기시키는' 상(像)일 뿐이다. 따라서 그 여인은 그로 하여금 여러 가지 중첩된 방식으로 고통을 느끼게 하는 '징벌'이다.

그러나 그가 '손님'들에 관해 알게 되고, 그 여인을 아내 레아로 받아들이게 되면서 사태는 달라진다. 그는 다른 과학자들처럼 그 여인에 대해 아무것도 모르는 게 아니라, 그 여인의 성격은 물론, 그 여인 자신도 모르는 과거의 행적까지 알고 있으며, 그 여인을 어떻게 대해야 하는지도 알며, 어떻게 행동할지도 대충은 예측할 수 있다. 그리고 그는 그 여인을 진심으로 사랑할 수 있게 된다. 그는 잃어버렸던, 그리고 아직도 그리워하던 자신의 아내를 다시 찾은 것이다. 이 경우 레아는 더 이상 징벌이 아니며, 반대로 '상'이라고 해야 할 존재가 된 셈이다. 물론 쉬나우트나 사르토리우스는 자신의 동료 과학자의 이러한 행동을 전혀 이해할 수 없으며, 차라리 더욱더 곤혹스런 것이긴 하지만 말이다.

어쨌든 여기서 이미 솔라리스는 또 하나의 질문을 던지고 있는 것이다: "이 손님들은 징벌인가 포상인가?" 크리스는 이 질문에 대해 명확하게 답하고 있는 셈이다. 그들은 징벌도 아니고 포상도 아니라고. 다만 그것을 받아들일 수 없는 사람들에게 그것은, 자신의 마음속에서 바라던 것일 경우에조차 아주 견디기 힘든 징벌이겠지만,

---

(9) 렘, 강수백 역, 《솔라리스》, 시공사, 1996, 110쪽.

그것을 받아들이고 긍정할 수 있는 사람에게 그것은, 행복을 주는 포상일 수 있는 것이라고. 그것은 자신의 마음이, 자신의 욕망이 만들어 낸 대상이기에 말이다.

이게 어디 〈솔라리스〉의 공상적 공간 안에서뿐이랴. 우리 역시 우리 눈앞의 존재들에 대해 때론 얼마나 힘들어하고, 때론 얼마나 고통스러워하는가? 마치 그것이 자신에게 내린 운명의 저주라도 되는 듯이. "지옥은 바로 타인들이다."[10] 그러나 프로이트도 잘 지적한 바 있듯이,[11] 마음을 열고 그를 받아들일 수 없게 되는 순간, 가장 사랑하는 사람이 가장 밉고 증오스런 존재가 된다. 언제나 '나'에게 이롭고 좋은 것에 대해서는 '선'이요 '복'이며 '상'이라고 생각하고, 그 반대의 경우가 되면 그것은 '악'이요 '화(禍)'며, '벌'이라고 생각하는 것이 우리가 사는 세상의 인지상정이 아니던가.

확실히 독을 먹으면 나의 신체는 해체되고 죽어버리기에, 그것은 나에게 '나쁜 것'이고,[12] 길을 잃고 헤매는 나의 길을 막으며 나타나는 가시밭은 나에게 '나쁜 것'이며, 느닷없이 끼어드는 자동차는 나에게 위협이고 '나쁜 것'이다. 하지만 레아는 크리스에게 행복을 주기 위해 나타난 것이고 상이 되기 위해 존재하는 것인가? 난쟁이나 '방울소녀'는 사르토리우스나 개버리언을 당혹하게 하기 위해, 그들

---

(10) 이 말은 부조리한, 하지만 애초부터 주어지는 일종의 절대인 실존을 체험하는 사르트르의 비명과도 같은 외침이다(조르주 뿔레, 김기봉 외 역, 《인간의 시간(Etudes sur le temps humain)》, 서강대출판부, 1998, 619쪽에서 재인용).
(11) 프로이트, 〈자아와 이드〉, 박찬부 역, 《쾌락원칙을 넘어서》, 열린책들, 134~38쪽; 프로이트, 〈전쟁과 죽음에 대한 고찰〉, 김석희 역, 《문명 속의 불만》, 71~72쪽 등.
(12) 스피노자, 앞의 책, 4부, 정리 38, 39 및 증명; 들뢰즈, 박기순 역, 《스피노자의 철학(Spinoza: philosophie pratique)》, 민음사, 1999, 83~83쪽.

을 벌주기 위해 나타난 것인가? 말해보라, 당신 앞에 가로놓인 저 강, 저 가시밭은 당신의 발길을 막기 위해 존재하는 것인가? 얄밉게 끼어드는 저 자동차는 급한 당신의 갈 길을 막으려고 끼어드는 것인가? 왕가뭄 마른 하늘에 내리는 비는 당신이 농사 지으라고 내리는 것인가?

이러한 분별 없이, 대상을 있는 그대로 받아들이는 것은 얼마나 힘든 일인지, 그리고 그런 일은, 있을 수만 있다면 또 얼마나 감동적인 것인지. 세상이나 대상, 사태를 '있는 그대로', 여여(如如)하게 받아들이는 것. 정말 "산은 산이요 물을 물일 뿐"인 것이다. 스피노자나 니체가 그토록 강조하는 '긍정의 철학'이란 바로 이런 것이 아닐까? 노자가 말했던 '무위(無爲)의 철학'이란 바로 이런 것이 아닐까? 조주(趙州)가 말했던 '지극한 도'란 바로 이런 것이 아닐까? "지극한 도는 어렵지 않으니, 다만 가려 선택하지 않을 뿐이라(至道無難 唯嫌揀擇)."

하지만 좋은 것과 나쁜 것, 상과 벌을 가리고 분별하며 살아야 하는 우리들에게, 지극히 간단한 저 '지극한 도'란 지극히 어려운 것임에 틀림없다. 아마도 그 '도'를 깨치지 못한 우리를 위해 솔라리스는 근사적(近似的)인 하나의 윤리학적 명제를 제안하고 있는 것처럼 보인다: "모든 것을 받아들일 수 있는 자에게 모든 것은 포상이며, 어떤 것도 받아들일 수 없는 자에게 모든 것은 징벌이다." 따라서 세상을 행복하게 사는 방법, 다시 말해 언제나 상과 같은 존재와 함께 사는 방법은 간단하다. 이질적인 것들을 향해, 나와 다른 모든 차이를 향해, 따라서 가능한 모든 것을 향해 자신의 마음을 열고, 그것을 상(賞)으로, 적어도 자신과 상생(相生) 가능한 것으로 받아들이는 것이 그것이다. 들뢰즈가 말하는 '차이의 철학'이란 바로 이런 게 아닐까?

그것은 단지 생각을 바꾸는 문제가 아니라, 사실은 실천과 삶의 방식을 바꾸는 문제고, 그것이 이루어지는 관계를 바꾸는 문제다. 옆에 있는 사람뿐만 아니라 멀리 떨어져 있는 사람도, 사람뿐만 아니라 '환경/매개(milieu)'라는 이름으로 공동의 삶을 구성하는 나무도, 땅도, 돌멩이도, 건물도, 기계도, 물도, 공기도 서로 상생할 수 있는 관계를 만들어내는 것. 요컨대 모든 것과 상생할 수 있는 관계를 만들어내려는 이러한 윤리학을 '상생의 윤리학'이라고 부르자. 그렇다면 나와 '나를 위한' 대상·환경이 아니라 나와 더불어, 혹은 나·너 없이 더불어 하나의 코뮨적 존재를 구성하는 실천의 방침으로서 코뮨주의(commune-ism)란, 이러한 상생의 윤리학이 아니라면 대체 무엇일 수 있을까? 함께 어울려 사는 새로운 삶의 방식을 창조하는 '구성적 실천'의 정치학이 과연 이와 다른 것일까?

이질적인 것에 대해 열린 이러한 코뮨적 실천을 우리는 '코뮨주의의 외부성'이란 말로 개념화한 바 있다. 그리고 이를 익숙한 것, 전통적인 것, 그래서 편안한 것을 특징으로 하는 '공동체주의', 동질성을 전제하는 '공동체주의'와 대비한 바 있다.[13] 외부와의 만남과 접속을, 그에 의한 차이의 생성을 '여여하게' 긍정하면서 동질성을 갖는 별도의 '나'나 '우리'를 고집하지 않고, 반대로 모든 외부와의 만남을 통해 새로운 상생적인 관계의 생성을 추구하는 이런 코뮨주의 개념에서 우리는 '차이의 철학'과 '무아의 철학', 그리고 '코뮨

---

(13) 이에 대해서는 이진경, 〈공동체주의와 코뮨주의〉, 《문학과경계》, 2001년 겨울호 참조.

주의의 정치학'이 합류하는 잠재적 지대를 발견한다. 그리고 바로 이런 맥락에서 우리는 일종의 극한적 개념으로서 '절대적 코뮨주의'에 대해 정의할 수 있다. 그것은 무한한 요소들로 구성되며 '절대적 상생'으로 정의되는 무한한 존재 그 자체다. 상생도 상쟁도 모두 사라지는 절대적 극한.

반대로 '절대적 개인주의' 역시 정의될 수 있다. 그것은 모든 것을 '나를 위한' 정도에 의해 호오(好惡)의 선(線)을 따라 위계화하고, 오직 그러한 원칙 아래서만 관계를 맺고 실천하는 극한적 개인주의다. 그것은, 그 '나'가 다른 위치로 한순간 이동하는 것만으로도, '나를 위하여'의 극한적 상충으로 인해 어떤 것과도 상생할 수 없는 절대적 상쟁의 세계를 구성한다. 여기서는 누구도 경각의 이익을 다투는 무한한 상쟁과 징벌, 저주 속에서 살아야 한다. 그러나 그건 스스로 초래한 것이기에 누구도 구원해줄 수 없는 징벌이요 저주다. 근대의 극한, 혹은 자본주의의 극한.

5. '나'의 죽음, 혹은 인간의 죽음

레아는 죽는다. 그것도 크나큰 고통 속에서 여러 번 죽는다. 그리고 사랑하는 크리스의 곁을 떠나 자청하여 사라져버린다. 여기서 솔라리스는 우리에게 다시 묻는다. "무엇이 이 여인을 큰 고통 속에서 여러 번 죽게 만들었는가? 무엇 때문에 이 여인은 스스로 사랑하는 사람의 곁을 떠나 사라져버렸는가?"

그러나 레아의 고통 이전에 그 여인은 다른 사람의 고통이다. 과학자로서, 다른 손님과 마찬가지로 그 여인을 받아들일 수 없는 쉬나우트나 사르토리우스, 혹은 크리스의 고통, 크리스가 그 여인을 받아들이지만, 손님을 아내로서 받아들이는 동료를 통해서 쉬나우트 등에게 주었을 고통. 이들에게 '손님' 레아는 존재한다는 사실 자체가 고통인 그런 존재다.

한편 레아 역시 존재와 더불어 주어진 고통 속에 산다. 인간이 아니라는 고통, 크리스의 아내가 아니라는 고통, 그리고 자신의 존재가 다른 사람들을 고통스럽게 한다는 사실이 주는 고통. 레아는 그 여인 자신에게도 존재 그 자체가 고통인 그런 존재다. 그래서 그 여인은 고통 속에 죽는다. 한 번은 영문도 모르는 채 사랑하는 사람에 이끌려 우주의 심연 속으로 '발사' 됨으로써 처절한 비명 속에 죽는다. 다른 한 번은 자신이 냉정한 과학자 사르토리우스말대로 인간이 아니며 크리스의 아내도 아니라는 사실을 견디지 못해 액체산소를 마시고 자살한다.

그러나 그것으로 그치지 않는다. 솔라리스의 거울에 비친 크리스의 마음이 그대로인한 그 여인은 되살아난다. 고통은 더욱더 심각해지고, 점점 더해가는 고통 앞에서, 레아는 자청하여 다른 모든 손님들과 더불어 사라져버린다. 자신으로 인해 고통스러워하는 사람들을 위해, 그리하여 자신에게 더없는 고통을 주었던 사람들을 위해, 사랑하는 사람의 곁을 떠나 스스로 사라짐을 선택한 것이다.[14] 이로써 고통의 인과적 연쇄는 중단되고, 사태는 '평화'를 되찾는다. 함께 사는 사람들을 위해 '나[我]'를 버리는 이 반-주체적 행동은, 역사를 이끄는 어떤 영웅들의 죽음 못지 않게 장엄하고 위대하다. "나를 버리고 가마."

자신의 존재로 고통스러워하는 사람들, 그러나 따지고 보면 자신을 그토록 고통스럽게 만들었던 그 사람들을 위해 스스로 크리스와의 고통스런 이별을 감내하며 사라지는 레아. 그 사라짐과 물러남의 의미는 무엇인가? 자신의 존재가 고통의 원인일 때, 스스로 사라짐으로써 고통을 제거하는 극한적 사례를 통해 상생의 윤리학의 한 경계를 보여주려는 것일까? 아니면 상생적 세계란 그처럼 나[我]를 버리는 무아의 실천을 통해서만 가능하리라는 것을 보여주려는 것일까? 혹은 함께 만들어내는 상생적 세계, 코뮨적 세계에는 이미 '나'가 없다는 것을 보여주려는 것일까? 내가 사라짐으로써 만들어지는 상생, 레아가 받아들인 그 역설적 상생은 상생의 윤리학의 하나의 극한이다.

그런데 레아는 어디로 갔는가? 레아는 자신의 신체도, 자신의 영혼도, 그 어떤 형상도 잃고 솔라리스의 저 능산적인 세계 속으로 되돌아갔을 것이다. 그러나 루이스 캐럴의 고양이도 사라지면서 웃음을 남기는데, 잠시지만 그토록 강밀한 '죽음'을 선택한 사람이 사라지면서 다만 숄 하나 남기고 만다는 게 대체 어떻게 가능할까? 누구보다 그 여인은 자신을 고통으로 느끼던 사람들의 마음속에 강렬한 흔적을 새겨두었을 것이 분명하다. 고통을 주는 손님의 하나로서가

(14) 여기서 우리가 "인류의 구원을 위해서는 누군가의 희생을 필요로 한다"는 이른바 '타르코프스키 식'의 테마를 반드시 떠올릴 이유는 없다. 모두를 위하여 자신을 버리는 이러한 행동에서, 그는 기독교적 전통에 따라 예수의 죽음을, '희생'과 대속(代贖)을 상기시키고 싶겠지만, 기독교적 신의 초월성에서 벗어나 솔라리스로서, 스피노자적 자연의 내재성(immanence) 안에서 사유하려는 우리로서는 레아의 죽음에서 자신을 버림으로써, 아집(我執)과 아상(我相)을 버림으로써 상생적인 세계를 산출하는 무아(無我)의 윤리학을 떠올린다. 예수가 스스로 기꺼이 선택한 죽음도 이런 것이 아니었을까? 비록 니체 말처럼 바울에 의해 유대적 원한의 정신으로 곡해됨으로써, 혹은 납득할 수 없는 '희생'으로 오해됨으로써 예수 이후 누구도 예수를 이해하지 못하게 되었다고 할 때(니체, 《안티그리스도》), 그들이 이해하지 못한 것, 그것은 바로 이것이 아니었을까? 또한 이것이 바로 구조주의 및 포스트구조주의 이후 상식이 되어버린 '주체의 죽음'이라는 철학적 테마의 실천적이고 실질적인 의미는 아니었을까?

아니라, 자신을 고통으로 느끼던 이들을 위해 스스로 사라져간 감동적인 인물로. 또한 자신을 사랑하던 남자에게라면, 자살한 아내가 아니라 전혀 다른 사랑의 방식을, '주체도 대상도 없는 사랑'을 보여준 위대한 여인으로. 따라서 레아는 사라졌지만 사라지지 않았다. 아니, 애시당초 사라질 누군가가 따로 존재했던 게 아니었다고 해야 할 것이다. 왜냐하면 애시당초 그는 크리스의 마음속에 있었고, 크리스의 마음이 만들어낸 것이기 때문이다.

죽은 것은 레아만이 아니다. 훌륭한 물리학자인 개버리언 역시 죽었다. 어쩌면 가장 먼저 솔라리스의 '의미'를 파악했다고 할 수 있는 그는 자살했다. 왜 죽었을까? 동료들이 이해할 수 없었던 그 죽음의 의미는 무엇일까? 레아의 죽음을 통해서, 그리고 죽지는 않았지만 죽음과도 같은 열병 속으로 끌려들어갔던(죽었던!) 크리스를 통해서 개버리언이 죽었던 이유를 알 수 있다. 그것은 아마도 저 거대한 지식이라는 성과를 통해 신앙과도 같은 확신을 주었던 '과학'이라는 이름의 분석적인 사고가, 그리고 그렇기에 이제는 모든 것을 과학의 법정에 세워야 한다는 독단적 사고방식이, 그것을 비껴선 솔라리스의 저 당혹스런 힘 앞에서 죽은 것이다. 또 그것은 '인간'이라는 이름으로 다른 모든 것을 경멸하고 비난하며 무시하던, 그리고 모든 것이 인간이라는 판관(判官) 앞에 서야 하며 그 처분(가령 '해부'와 같은!)에 따라야 한다는 사고방식이, 자신에게 고통을 주는 '인간'들조차 싸안으면서 그들을 위해 스스로 죽을 수 있었던 솔라리스의 위대한 포용능력 안에서 죽은 것이다.

크리스 말대로 개버리언이 '양심의 가책'으로 인해 죽은 것이고, '수치심'으로 인해 죽은 것이라면, 결국 그것은 '인간'이란 이름으로 행해졌던 '비-인간'에 대한, 아니 자연 자체에 대한 모든 억압과 가해(加害)의 한없는 수치심으로 죽은 것이다. 그것은 한 사람의 과학자의 죽음일 뿐만 아니라, 모든 것의 중심에 자리잡고 있으며, 모든 것을 그 이름으로 밀어붙이고 모든 것을 그 이름으로 정당화하던 '인간'의 죽음인 것이다.[15] 그것은 인간이라는 특권적인 이름을 내던지고 레아가 '돌아간' 그곳, 솔라리스로, '자연'으로 돌아간 것이다.

레아를 받아들인 크리스 역시 레아를 따라 '인간'의 문턱을 넘은 그곳으로 간다. 따라서 그는 지구로, 다시 '인간'으로 돌아가지 않는다. '고향'이란 이름으로 우리를 유혹하는 인간의 대지로, 이전의 영토로 되돌아가기엔 그는 너무 멀리 나아간 것이다.[16] 그가 '돌아간' 곳, 그곳은 솔라리스의 바다 한가운데다. 얼어붙은 강가에 나무들이 늘어선 곳, 레아가 있고, 개가 달려오고, 아버지가 있는 조그만 섬. 그것은 알다시피 그의 마음이 만드는 세상, 아니 그의 마음 자체다.

따라서 그는 아무 곳으로도 돌아가지 않으며, 돌아갈 필요가 없다. 그곳은 자기 마음속에 있기 때문이고, 어디에나 있기 때문이다. 그것은 돌아가지 않는 돌아감이다. 우주를 사로잡은 저 분석적 사유

---

(15) 니체가 말한 '신의 죽음'을 푸코는 이러한 '인간의 죽음'으로 이해한다(푸코, 이광래 역, 《말과 사물(Les Mots et les choses)》, 민음사, 1986, 390쪽; 들뢰즈, 권영숙·조형근 역, 《들뢰즈의 푸코(Foucault)》, 새길, 199쪽). 들뢰즈는 그것을 '자아의 소멸'—無我!—로 해석하는데(Deleuze, Différence et répétition, Minuit, 81쪽), 이러한 맥락에서 양자는 근본적으로 동일한 것으로 보인다.
(16) 이 점은 때묻지 않은 자연, 고향과도 같은 원초적 자연, 따라서 우리가 되찾고 돌아가야 할 기원에 대한 루소(J.J. Rouseau) 식의 자연주의와 스피노자의 자연주의가 근본적으로 다른 점이다. 우리는 이미 '자연주의=기계주의'라는 기괴한 공식을 스피노자의 '일반화된 자연주의'와 들뢰즈/가타리의 '일반화된 기계주의'를 통해서 확인한 바 있다. 이제 스피노자주의자가 된 크리스는 '우주'를 향해 열리는 절대적 탈영토화의 선을 탄다.

의 오만함과, 세상을 재단하던 독단적 분별지심을 던지고〔無爲〕, 위대한 자연의 품속으로, "스스로 있는 그대로 그렇게 존재"하며, 모든 것이 생성되고 또 소멸되는 솔라리스로 돌아간다. 절대적인 생성의 세계 속으로. 그는 이제 다투고 떠나온 아버지 앞에, 다툼의 원인이었던 최초의 솔라리스 증인 앞에, 아니 솔라리스 앞에 절할 수 있다. 이전에 솔라리스-레아 앞에서 그럴 수 있었던 것처럼. 그것은 긍정이다. 사물을 있는 그대로 긍정하는 것, 여여하게 받아들이는 것이다. 절대적 긍정, 혹은 무위자연(無爲自然).

브뤼겔의 그림 같은 적막한 강가, 그 그림처럼 얼어붙은 나무들 옆을 천천히 크리스가 걷는다. 그리고 저 멀리서 그를 반기며 개가 달려온다. 그 개가 온 길 저편에 집이 있고, 그 집 안에는 아버지가, 떠나왔던 일상적 삶이 있다. 그러나 그 집 안에는 비가 내리고, 그 비를 더듬어 올라가듯 카메라가 올라간다. 섬이 보이고, 그 섬을 둘러싼 바다가 보인다. 솔라리스의 바다, 대자연의 품안이다. 그리고 거기서 카메라가 더 멀어지면 조그마해진 섬과의 사이에 구름들이 한가롭게 끼어든다. 카메라는 더 멀리 간다. 더욱더 간다면 아마도 솔라리스가 있는 행성이 담길 것이고, 더 멀리 가면 그 행성을 섬처럼 둘러싼 우주의 '바다'가, 그리고 더 멀리 가면 그 바다 저편에 한 가로이 떠 있는 지구가 시야에 들어올 것이다. 솔라리스, 그 전체가 바로 솔라리스인 것이다.

찾아보기

주제어 찾아보기 / 인명 찾아보기

1. 주제어 찾아보기

[ㄱ]

가면 82, 607, 640, 690
가산집합 572, 575~77, 597,
 599, 600
가우스 좌표 638
가치 49, 76, 113, 261, 297~99,
 300~02, 304, 308, 353, 361, 449,
 499, 502~08, 512, 513, 516~18,
 520, 521, 523, 528, 529, 561, 562,
 570, 578, 595
가치의 공리 561, 578, 595
가치의 척도 647
가치형태론 481, 522
가치화(Verwertung) 518, 520, 606
간-일관성(trans-consistance) 496
간결성(sobriété) 285, 286
감염(contagion) 54, 77, 79, 82, 103,
 209
감응(affects) 40, 41, 43, 59, 60,
 66~68, 70~76, 78, 79, 81~84, 88,
 90~92, 102, 105, 107, 112~14,
 116, 117, 125, 138, 164, 174, 175,
 183, 193, 196~99, 205, 258, 367,
 410~14, 420, 422~25, 427, 433,
 434, 436, 608, 624, 625, 659, 662,
 666, 706, 717
감정(sentiment) 60, 80, 81, 130, 279,
 410~13, 420, 422, 423, 427, 615,
 659, 672~74, 676, 679, 680, 688,
 717
강도적인(intensive) 624
강밀도(intensité) 35, 37, 38, 40~43,
 55, 84, 108, 167, 171, 180, 183,
 185, 192~94, 196, 205, 373, 383,
 411, 640
강밀도와 욕망 37
강밀도의 분포 35, 38, 41, 42, 66, 73,
 183, 186, 191, 193, 194, 717
강밀하게-되기(devenir-intense) 24
개-되기 67~69, 73~75, 77, 79, 81,
 90, 92, 183, 191
개별성(individualité) 55, 196, 201
개체화 원리 55, 196
거대기계(mégamachine) 339, 567
거리의 다양체 630, 640
거리의 열정(Pathos der Distanz) 298
게릴라전 389, 427, 449, 450, 463
〈겨울나그네〉 248
결연(結緣)관계(alliance) 76, 83, 84,
 85, 86
결연/연대 77~79, 83, 85, 86, 366
결정 불가능한 명제 571~75, 578,

1. 주제어 찾아보기 | 735

582, 593, 600, 606
경이 710~12
경작 341, 377, 386, 456, 485, 486,
　489, 514, 515, 555
경제주의 603
계급 300, 455, 499, 539, 543, 545,
　555, 556, 579, 580, 581, 583, 584,
　586, 595, 604, 605
《계몽의 변증법》 616
계약 59, 311, 333, 360, 362, 473,
　474, 478, 510, 517, 535, 550, 565,
　651
계열화(mis en série) 35, 36, 40, 54,
　64, 65, 69, 72, 81, 191, 250, 251,
　433~37
계통(phylum) 45, 61, 401, 430,
　433~39, 441, 445, 446, 463
계통도 437, 439
〈고대 강령 비판〉 512
《고대 중국》 489, 543, 525
고대국가 392, 536, 538, 546, 555
《고딕의 형식문제》 616, 674, 678
고원(plateau) 23~25, 37, 50, 52, 57,
　107, 108, 118, 155, 157, 168, 171,
　182, 195, 202, 204, 213~15, 217,
　226~29, 258, 259, 261, 293, 294,
　463, 465, 471, 607, 609, 613, 642,
　645, 658, 705

고전주의 269, 270~72, 281, 665
공(空) 42, 93, 185, 190, 342
공동체 329, 405, 443, 480~82, 489,
　491, 538~41, 550, 555, 725
공리 294~96, 309, 310, 337, 347,
　348, 350, 353, 366, 367, 431, 444,
　445, 537, 556, 559~65, 572, 574,
　575, 577~85, 587~91, 594, 595,
　599, 600, 601, 606, 640
공리계 347, 348, 462, 471, 472, 501,
　537, 555, 557~66, 571~75,
　577~79, 582, 584, 587~92, 594,
　595, 598, 599, 600~02, 606, 607
《공산당 선언》 550, 557, 590
공안(公案) 351
공유재산 480, 481, 540
공적 기능 336, 479, 480, 540
과세 481, 511, 538, 558
교환 173, 305, 328, 329, 331, 332,
　361, 471, 481, 484~86, 489,
　504~10, 512, 522~27, 535, 543,
　544, 546, 553, 557, 561, 562, 565,
　578, 657, 662
교환의 공리 561, 578
구도(plan) 33, 35, 38, 42, 43,
　54~57, 87, 88, 93, 94, 123, 124,
　137, 152, 156, 165~69, 175, 176,
　178, 180~87, 190, 194, 195,

202~09, 213, 257~59, 327, 346,
463, 604, 606, 617
구멍 뚫린 공간(espace troué) 440,
441, 443, 445
구상적(具象的) 선(ligne concrète)
615, 672, 681, 683, 687~89, 694
구성의 구도(plan de composition)
87, 156, 165, 167, 169, 181, 182,
184, 205
구조 60~65, 74, 81, 97, 148, 150,
151, 154, 157, 158, 170, 203~06,
208, 239, 344, 389, 455, 618, 704,
718
〈구조 1a〉 165
구조적 상동성(相同性) 54
구조주의 31, 54, 63, 74, 728
구체음악(musique concrète) 145,
148, 149
국가 80~82, 120, 177, 293, 294,
296~99, 301~08, 311, 312,
316~18, 320~22, 326~34,
336~42, 345, 348~50, 352~58,
360~66, 371, 381, 386~93, 395,
397, 398, 400~03, 407~09, 423,
426, 429, 440, 441, 451, 453, 454,
456~66, 471~79, 480~82, 484,
485, 488~98, 501, 502, 509, 524,
526, 528, 529, 530, 533~48,
550~52, 554~59, 561, 564~66,
579~81, 587~92, 600, 604~06,
614, 627, 644, 646, 648, 652, 657,
683, 686
국가 유형들 471
국가 저지 메커니즘 334, 337, 338,
492, 535
《국가에 반하는 사회》 492
《국가와 혁명》 301, 390, 471
국가장치(appareil d'Etat) 80, 294,
295, 301, 303~07, 309~12,
318~23, 327, 328, 330~32, 338,
339, 358, 360, 363~67, 380, 381,
385~87, 389~92, 394, 397, 398,
400, 402, 423, 426~32, 435,
440~44, 447~51, 453, 454~59,
461~66, 471~75, 477, 479, 480,
490, 494, 496, 509, 534, 535, 542,
543, 551, 552, 591, 613, 645, 648,
651, 657, 683
국가적 포텐셜(potential etatiqne) 498
국가적인 폭력 301, 534
국민국가 330~32, 392, 495, 552,
558, 559
《국부론》 648
국지성(localité) 332, 527, 666~68
국지적 절대(absolu local) 379, 380,
382, 388, 670, 671

군중(masse)의 다양체 630
권력의지(Will zur Macht) 43, 672
극한(limite) 85~87, 118, 120, 121,
124, 148, 165, 169, 181, 183, 194,
195, 209, 257, 274, 337, 338, 350,
352, 353, 437, 438, 462, 482~84,
492~94, 503, 565, 568, 582, 583,
601, 620, 627, 628, 643, 667, 713,
726, 728
근거(Grund) 26~30, 33, 65, 116,
344, 360, 362, 363
근거리 상(vision rapprochée) 658,
659, 662, 664
근본적인 비약(grund satz) 29
글리산도(glissando) 143, 146, 147,
163, 164, 283, 622, 623
기(氣) 66, 100, 206, 257, 342, 617
기계(machine) 46, 96, 106, 108, 110,
148, 165, 184, 190~93, 198, 206,
263~66, 281, 282, 287, 290, 294,
300, 315, 339, 419, 428, 430,
433~39, 502, 511, 551, 566~71,
592, 657, 725
기계권(mécanosphère) 184, 439
기계론(mécanisme) 265, 266, 439,
567
기계적 계통(phylum machinique)
430, 433, 434, 436~39, 441, 445,
446
기계적 노예화(asservissement
machinique) 551, 566~69, 592,
655, 656, 658
《기계적 무의식》 227, 228, 266
기계주의(machinisme) 184, 282, 439,
730
기념비적 역사 408
기억(souvenir) 44~57, 65, 73, 78,
85, 88, 93, 172, 186, 203, 205, 358,
372, 387, 406, 661, 662, 688, 719,
720
〈기억의 천재 푸네스〉 45
기초존재론 31
기하학주의 395, 397
기호 44, 130, 168, 315, 398, 413,
423~25, 452, 473~75, 494, 560,
561, 572, 578, 656
꼬마 한스 69, 71

[ㄴ]

나르시시즘 60
《나부코》 138, 273
남근 68, 98, 126, 127, 130~32
남비콰라 족 324
남성중심주의 76, 94, 118, 138

낭만주의　269, 272~74, 276, 278~81, 703
내-일관성(intra-consistance)　496
내공(intensité)　66, 185, 194, 423
내공적인(intensive)　193, 624
내부배치(intra-agencement)　236
내부성(intériorité)　311, 313, 339, 361, 365, 413
내용의 형식　108, 156, 295, 296, 311, 444
내재성(immanence)　33, 42, 163, 178, 204, 205, 209, 589, 728
내재성의 철학　33, 207, 209
내재적(immanent)　42, 178~80, 183~85, 188, 204, 205, 207~09, 261, 582
내재적 차이　178, 179, 180
내적 상동성(homologies internes)　64
내적 환경(milieu interne)　238
〈4개의 리듬 연구〉　150
노동　249, 334, 335, 413, 415, 417~20, 422, 423, 425~29, 475~77, 499, 500~5, 510, 512, 513, 516, 518, 519~22, 527, 532, 538, 542, 553, 554, 558, 568~70, 584, 606, 642, 645, 646~52, 654, 655~58
노동-모델(modéle-Travail)　647, 648

노동가치/노동의 가치　520, 646, 647
노동가치론　651
노동거부　606
노동귀족　584, 603
노동운동의 소수화(devenir-mineur)　603
노동의 공리　561, 563, 578, 595
노동조합주의　603
노모스(nomos)　316, 356, 375, 376, 380, 386, 451, 459, 639, 671
노얀(noyan)　401~03
《노트르담 드 파리》　703
농현(弄絃)　283, 622, 623
〈늑대인간〉　79, 130
능력(puissance)　40, 41, 47, 48, 59, 63, 73, 82, 84, 85, 92, 93, 112, 123, 125~28, 155, 170, 175, 180~83, 185~89, 192~95, 228, 245, 254, 261, 262, 266~69, 303~08, 323, 327, 344, 387, 388, 403, 410, 411, 424, 425, 433, 450, 461, 477, 490, 514, 520, 528, 537, 543, 564~66, 578, 590, 591, 598, 604, 641, 649, 699, 717~19, 729
능산적(能産的)인 자연 (natura naturans)　719
〈니벨룽겐의 반지〉　247, 273
《니체와 철학》　43

1. 주제어 찾아보기 | 739

[ㄷ]

다다이스트 278, 303
다르칸(dargan) 401
다선적(multilinéaire) 체계 56
다양체(multiplicité) 54, 55, 78, 79, 81, 82, 84, 85, 181, 356, 620, 630
다양화/배가(multiplication) 598
〈다이아모르포시스(Diamorphoses)〉 163, 164
다형성(polymorphie) 564, 566, 586, 587, 589
대리/보충(supplément) 452~54, 463
대선율(對旋律)/대위적인 선율 218, 223
대위법(contre-point) 250, 251, 270, 271
대지적 힘 237
대항-기억(contre-mêmoire) 47
대항사유(contre-peneée) 364, 365
데카르트 공간 367, 369, 620, 643, 644
데카르트 좌표 392, 626
도(道) 42, 93, 189, 206, 342, 617
도구 168, 171, 189, 206, 325, 335, 347, 412~20, 422, 423, 425~27, 434, 473~75, 487, 510, 516, 519, 539, 566, 567, 622

도덕 47, 335, 342, 362, 421, 496
도래할 민중(un peuple à venir) 287, 288, 365
도시 31, 46, 318, 319, 330~32, 341, 354, 373~75, 377, 385, 386, 388, 392, 408, 431, 444, 451, 452, 455~57, 476, 482, 488, 491, 495~502, 516, 543, 547, 548, 550~52, 555, 558, 562, 563, 565, 567, 594, 608, 629, 643, 644, 656
도시 동맹체 330, 331, 392, 495, 547
도시국가 330~32, 392, 451, 547, 548, 644
도편추방(Ostracism) 298, 299
독점적 영유(appropriation/Aneignung) 509~12, 515, 516, 519~21, 529, 532, 543
《돈 키호테》 53
돈오(頓悟) 88
돌연변이 39, 76, 240, 337
동맹 300, 329~31, 357, 361, 392, 425~28, 495, 547, 604
동물-되기(devenir-animal) 23, 24, 54~60, 65~69, 72~76, 78, 81~83, 85, 87~93, 100~03, 106, 107, 110, 114, 117, 119, 120, 136, 174, 175, 187, 209, 213, 215, 285, 387

《동물기》 83
〈동방불패〉 125
〈동사서독〉 47, 133, 134, 372, 628
동양의 의학 200
《동의보감》 201
동일률 593
동일성/정체성(identitié) 34
동일화(identification) 143, 173, 279, 566, 641, 673, 694
동질성(hamogénéité) 558, 587, 598, 620, 636, 643, 725
동형성(isomorphie) 60, 62~64, 260, 363, 448, 564, 566, 586~88, 618
되기(devenir)/됨(devenir) 23~26, 31~39, 42~44, 47, 48, 50~59, 65, 66~79, 81~103, 106, 108, 110, 111, 113~25, 128, 136, 137, 149, 152, 155~57, 164, 165, 168, 169, 172~76, 178, 181~84, 186, 187, 191, 205, 209, 210, 213~15, 226, 227, 229, 239, 262, 285, 290, 387, 412, 538, 577, 598, 602, 603, 607, 621
오르기테의 말벌-되기 545
되기의 문턱(seuil) 85, 93
되기의 블록(bloc) 52, 53, 77, 78, 81, 89, 92, 94, 100, 101, 107, 136, 137, 152, 155, 156, 164, 165, 174, 175
되기의 이웃지대 52
〈두 대의 피아노와 타악기를 위한 소나타〉 141
DNA 240
디스파르스(Dispars) 355, 356
《디오니소스의 노동》 658
뜨개질 618, 619

[ㄹ]

러시아 혁명 426, 579, 586
레닌주의 301
로고스(Logos) 356, 360
로마네스크 양식 679
르네상스 374, 617, 701
리듬 103, 107, 129, 140, 142, 144~47, 149, 150, 155, 158, 166, 167, 214, 215, 217~19, 221~25, 227, 228, 231, 237~39, 241~43, 245, 247, 248, 251, 263, 273, 274, 276, 289, 387, 400, 473, 592, 653, 703
리듬적 인물(personnage rithmique) 222~25, 247
리만 공간 638~40
《리바이어던》 84
리비도(libido) 64

리좀(rhizome) 32, 33, 70, 77, 358, 437, 641
리좀적인 다양체 79, 630
리토르넬로(ritornello) 44, 107, 108, 155, 156, 175, 209, 213, 215~18, 221~23, 225~32, 236, 237, 243, 248, 249, 251~54, 257, 263, 271, 286, 288, 290, 621

[ㅁ]

마술적 포획 320, 360, 474, 479, 482, 535
마왕 248
마음(心) 209
마이크로폴리포니(micropolyphony) 166
마주침의 유물론 344
《말과 사물》 569, 730
말려들어가는 것(in-volution) 78
《맑스를 넘어선 맑스》 521, 658
맑스주의 280, 390, 344, 486, 539, 586, 591, 607, 608
망각능력 47
망탈리테(mentalité) 246
매개적 환경(milieu intermédiaire) 238
매끄러운 것(le lisse) 203, 613, 614, 617~19, 666, 671, 694
매끄러운 공간(espace lisse) 80, 356, 357, 366, 367, 377, 380~85, 387, 389, 399, 429, 441~45, 450, 451, 453~55, 458, 462, 463, 534, 608, 613, 614, 618~20, 622~25, 627~29, 632~35, 639~43, 645, 652~54, 656~58, 661, 662, 667, 671, 672, 678, 687, 694, 699, 704, 705
매끄러운 다양체 630, 632, 639, 640
매끄러운 자본 657
〈메모리스(Memories)〉 45
〈메타스타시스(Métastaseis)〉 159~64, 623
〈멕베스(Macbeth)〉 138
명목임금 531, 532
모던 269, 280~82, 284
모듈 621
모듈로르(modulor) 621, 622
모든-사람이-되는-것(devenir-tour-le-monde) 121
모방 56, 63, 65, 74, 75, 99, 101, 102, 105~08, 110, 173, 261, 262, 271, 366, 615~17, 673, 674, 676, 677, 680, 687~89, 691~93, 717
《모비딕》 54, 84, 86~88
모순률 593, 594

모호(fuzzy) 집합 254
〈목소리와 관현악을 위한 코로(Coro)〉 143
목적론 265, 586
목적론적 구도 204
몰적 성분(compasantes molaire) 51, 111, 113, 114, 118, 120, 124, 137
몰적구성체(formation molaire) 51, 97, 111~14, 118, 120, 128, 210
몰적인 다수성 56
몽골 319, 321, 372, 384~86, 388, 402~06, 409, 417, 425, 445, 450, 452, 455, 456, 458, 463, 464, 618, 627, 664, 683, 691
몽골의 암각화 663, 664, 677, 689
무기 288, 289, 302, 303, 323~25, 347, 367, 401, 410~20, 422~27, 430~34, 461, 475, 539
무리(meute) 630
무리의 다양체 630
무모순성 572~74
무아(無我)의 윤리학 728
무아의 철학 661, 709, 726
무위(無爲) 423, 724
무위자연(無爲自然) 731
무의식 31, 63, 64, 73, 131, 203, 204, 227, 228, 246, 266, 406, 664
무정부주의 297, 364, 390, 599, 607

무정부주의자 301, 390
《물질과 기억》 44
물질성(coporéité) 437~40, 446, 447
미메시스(Mimesis) 56, 63, 110, 615, 616, 673, 691~93
미분 43, 322, 345, 350, 353, 376, 554, 636
〈민요 선율에 의한 세 개의 론도〉 140
민족주의 331, 680

[ㅂ]

바둑 312~17, 627
바로크(barock) 115, 215, 223, 270, 272, 374
《바로크와 경건성》 246
박물학 44, 54, 60, 61, 267
박자 150, 154, 221~23, 262, 274, 283
반-기억(contre-meémoire) 43, 44, 47, 53, 56
반-의미적 기호 398
반-폭력(counter-violence) 301
반복(répétition) 23, 27, 31, 32, 34, 48, 54, 63, 107, 108, 113, 139, 143, 178, 195, 215~19, 221~28, 231, 236~39, 241, 244, 271, 278, 285, 288, 309, 316, 343, 419, 483, 510,

581, 583, 653, 666, 679, 699, 701, 703, 712
반복강박 48, 49
반음계주의(chromatisme) 141
발전의 구도 203, 205, 206, 208
《방법에 반대하여》 364
방향적 성분 230~32, 236~38, 243, 376
방향적인 다양체 630
〈배를 끄는 사람들〉 199
배중률 97, 593, 594
배치(agencement) 40, 48, 51, 56, 67~75, 122, 123, 175, 186, 190~92, 196, 199, 205, 207, 209, 213, 215, 222, 225~27, 230, 232, 236~38, 243, 249~61, 263~67, 269, 270~73, 276, 278, 280~85, 287, 288, 290, 294, 296, 300, 303, 312, 315, 317, 336~38, 388, 401, 404, 407, 409, 419~23, 425, 426, 428, 430~33, 435~38, 441, 450, 457, 466, 471, 472, 483, 484, 487~90, 494, 503~05, 507, 508~11, 516, 533, 535, 539, 567, 621, 670, 683
〈백발마녀전〉 134
밴드 79, 82~85, 326, 339, 346
범기하학(pan-geometry) 355

법 311, 312, 318, 381, 474~78, 535, 548, 549, 550, 551, 555, 556, 558, 562, 583, 585, 596, 600, 671, 709
〈법성게(法性偈)〉 42, 721
베르그송주의 44, 52, 54, 66, 73
《벽암록(碧巖錄)》 88, 719
변양(變樣, modification) 43
변용/촉발(affection) 411, 717
변용적(affective) 사유 717
변조(modulation) 142, 144, 145, 148, 149, 278, 281, 282
변주(variation) 131, 140, 216, 218, 219, 223, 236, 237, 247, 251, 264
변환(transformation) 37, 54~56, 64, 78, 79, 85, 87, 100, 121, 122, 136, 145, 148, 162, 173, 176, 178, 179, 183, 186, 188, 192, 194, 205, 207~09, 225, 226, 228, 231, 233, 240, 241, 251, 252, 259, 260, 268, 318, 322, 337, 357, 446, 465, 523, 524, 535, 546, 580, 639
변환능력 192, 194, 195, 268
별종(anomal) 54, 78, 82, 84~86, 103, 658
보로로 족 335
복지의 공리 561, 562
본래면목(本來面目) 135, 136
본원적 축적 476, 501, 533, 535, 553,

554, 586
볼셰비키 426
부동(不動)의 동자(動子) 28
부속 환경(milieu annéxé) 238
북미 인디언 143, 305
분류학 39, 40, 117, 196, 200, 267, 434, 436, 717
분석적 방법 715
〈분위기(Atmosphère)〉 31, 57, 132, 166, 167, 199
분자-되기 54~57, 85, 87~89, 92~94, 110, 111, 113, 124, 136, 172, 209, 213
분자의 기억 56, 93
분점(分占, participation, 참여) 183, 184
〈불사조 교파〉 135
불완전성의 정리 572
〈브란덴부르크협주곡〉 215
블록 44, 51~53, 56, 75, 77, 78, 81, 89, 92, 94, 100, 101, 107, 108, 110, 136, 137, 146, 149, 152, 155, 156, 164, 165, 167~69, 172~76, 205, 238
비가산집합 572, 575~77, 597~99, 600~03, 606
비례관계(proportinalité)의 유비 62
비밀 56, 74, 120, 124~36, 446, 447

비백인 595~97
비율(proportion)의 유비 63
비중심화된 다양체 630
비척도적 다양체 356, 630, 635
비트세대 122
비판적 거리 226, 243, 249, 262, 279
비평행적 진화 77, 240
《빠빠라기》 653

[ㅅ]

사상의학(四象醫學) 202
사영기하학(射影幾何學) 348, 353, 354
사유재산 479~81, 539~41, 544, 555
사유학(noologie) 295, 321, 358, 441
사이(entre-deux) 97, 241
사이-배치(entre-agencement) 237, 252, 264
사이버네틱 기계 569
사회계약론 333
사회민주주의 390, 561, 580, 582, 583, 587~89, 595
사회적 노동자 570, 656
사회적 예속화(assnjetssement sociale) 566~69
사회주의 287, 301, 390, 404, 429, 565, 566, 582, 583, 586~89, 606

1. 주제어 찾아보기 | 745

산술주의 395, 397
산티 수우족 649
《삼국지》 327, 328, 421, 422
삼위일체의 정식 511
상급 소유권 511, 555
상대적 포괄성(globali re rélative) 668, 671
상생(相生) 725, 726, 728
〈새앙쥐 요제피나〉 230
생디칼리스트 301
생명 263, 265~69, 282, 436, 676, 678, 705
생산력 334, 487, 520, 585, 647, 648
생산수단 419, 476, 501, 516, 518, 553
생산의 공리 561, 578
생산적 노동 652
생성(devenir) 23~26, 43, 46, 47, 55, 87, 97, 119, 146, 177, 182, 185, 187, 205, 239, 240, 242, 297, 300, 342~46, 353, 371, 465, 577, 598, 600~03, 605~08, 642, 667, 678, 725, 731
생성의 구도 205, 206
생성의 선 97, 98, 100, 101, 113, 118, 598, 606
생성의 정치학 608
생성의 철학 23, 26, 35, 178, 209, 607
생태주의 439

〈서머 타임(Summer time)〉 102, 103
서명(signature) 236, 242~46, 403
서양의 의학 200
선(禪) 350, 366
선율 103, 139, 140, 142, 144, 146, 166, 167, 216~19, 221, 223, 225, 227, 233, 236, 243, 245, 248, 273, 274, 276, 282, 643
선율적 풍경(baysage mélodique) 222~25, 247, 248
선험적 형식 228
《성서》 26
성욕 130, 421
성전(聖戰) 381, 385
성정의 이치(理致) 207
세계체제론 564
세는 수(nombre nombrant) 399, 400, 635, 641
세어진 수(nombre nombré) 399, 634
〈세퀜자(Sequenza)〉 142, 143
소격효과 279
소비에트 319, 426, 427, 689
소산적(所産的)인 자연(natura naturata) 718
소수화 56, 603, 605
소수자 92, 93, 114, 116, 119, 339, 340, 357, 463, 571, 576, 577, 595~98, 600~07

소수적(mineure) 과학 340, 352, 357, 447, 640
소수적인 노동자 603
소실점(point de fuite) 354, 379, 380, 664, 668, 670, 697
소유 115, 117, 199, 377, 386, 392, 395, 397, 424, 443, 474, 476, 480, 481, 485, 486, 509~12, 513~16, 521, 525~27, 529, 531, 534, 539~41, 549, 550, 555, 556, 561, 578, 624, 625, 655
소유의 공리 561, 578
소재(materiel)와 힘(force) 284
소중화(小中華) 464
속도 41, 66, 72, 88, 122~24, 133, 141, 154, 155, 171, 175, 183, 192, 194, 198, 199, 207, 214, 247, 331, 346, 349, 373, 377, 378, 383~89, 413~17, 420, 422, 423, 425, 446, 450, 657
《속도와 정치》 388
〈솔라리스〉 660, 661, 710, 713~15, 718~24, 726~31
수력학적인 모델 371
수목적인 다양체 630
수용능력(capacité) 193
수적 조직 391, 393, 394, 401, 402, 634

수적인(numeriques) 다양체 632
수학기초론 572
《수호지》 301, 451
《순수이성 비판》 363
스키타이 예술 677
스키타이인 400, 424, 432
스톡(stock) 428, 433, 447, 448, 457, 471, 482, 484~88, 490, 491, 493, 496, 504, 505, 508~16, 519, 522, 526, 533~35, 539, 540, 543, 544~46, 651, 652
스파르타쿠스단 427
《스펙터클의 사회》 309, 407
CIA 321, 429, 454, 455, 591
시간 28, 30, 44, 46, 58, 86, 104, 105, 127, 131, 141, 142, 145, 152, 154, 155, 164, 167, 196~99, 201, 203, 219, 221, 227, 228, 242, 263, 270, 289, 331, 334, 335, 347, 349, 365, 369, 383, 407~09, 419, 463, 486~88, 512, 519, 529, 530, 537, 561, 585, 586, 633, 647, 648, 650, 651, 653~56, 705, 722
《시간과 자유의지》 632
〈시간의 종말을 위한 4중주〉 104, 105
시장의 공리 561, 578
〈식스 센스〉 126, 132
신농(神農) 490

1. 주제어 찾아보기 | 747

신디사이저 148, 282
신자유주의 562, 580
신체(corps) 35~38, 42, 60, 66~68,
72~76, 78, 82, 88, 96, 98, 168,
169, 171, 172, 181~84, 186,
187~96, 198~202, 210, 227, 228,
241, 242, 257, 262, 267, 294, 323,
383, 387, 402, 417, 420, 422, 438,
442, 447, 460, 475, 543, 608, 688,
713, 716, 717, 719, 723, 728
신체성의 유물론 43
신체의 경도(longitude) 55, 190~96,
201
신체의 위도(latitude) 55, 193~96,
201
〈신형장부도(身形藏府圖)〉 201
신화 63, 64, 73, 74, 81, 82, 276, 294,
295, 309, 310, 318, 360, 441, 446,
473, 477, 478, 489, 490
실루크 족 323
실업의 공리 561
실증주의 645
실질임금 531, 532
실체(substance) 26, 111, 181, 184,
196, 197, 199, 200, 238, 258, 268,
337, 438, 445, 667, 718
실현 모델 501, 558~61, 564
심연(Abgrund) 29, 30, 104, 105, 352,
727
12음기법 151, 158, 170, 208, 209, 283

[ㅇ]

아곤(Agon) 297~99
아날학파 245, 246
아메리카 원주민 82
아이-되기 24, 78, 85, 87, 89, 91, 93,
94, 96, 98, 99, 101, 110, 113, 114,
117, 120, 136
〈아이다〉 139
아케네메스 665
아파치족 325
안면성(visagéite)의 추상기계 172
안면화(visagéification) 171, 172
안타곤(Antagon) 298
RNA 240
알타이
〈앙시앙 레짐기 어린이와 가족 생활〉
245
야금술 295, 296, 430, 439~48, 539,
543
《야만적 별종(Anomalie sauvage)》
658
야생적 배치 336, 338
양성성 97, 98

양식(良識, bon sens) 28, 51, 79, 197,
199, 201, 228, 265, 271, 279, 375,
480, 491, 511, 533, 535, 565~67,
577, 587, 588, 713
〈양철 북〉 128, 129, 222, 225, 236
양태(modus/mode) 36~38, 41~43,
75, 82, 106, 181, 183, 184, 186,
205, 258, 411, 412, 438, 439, 513,
515, 516, 529, 706
〈어느 개의 연구〉 230
어린이-되기 51, 52, 54, 56, 96, 99,
111, 128, 137, 175, 213, 215, 285,
290
언표주체(sujet d'énoncé) 313, 315,
316, 568, 570
언표행위의 주체(sujet d'énonciation)
316, 568, 570
얼굴(Visage) 43, 116, 142, 162, 168,
169, 171, 172, 197, 198, 247,
473~75, 659, 664, 692~94
에를랑겐 프로그램
(Erlangen Programm) 355
에쿠메논 (Œcuméne) 339
《에티카》 214, 310, 410, 718
엑손(exon) 240
여성-되기 24, 38, 54, 56, 75, 76, 85,
87, 89, 91~94, 96, 98~101, 110,
111, 113, 114, 116, 118~20, 125,

136, 137, 175, 213, 215, 603
역학적 화폐(monaie mécanique) 646
연기(緣起) 494, 709, 720
연대기(chronology) 406, 408
연속체 가설 560, 573, 578
〈14개의 바가텔〉 140
〈15개의 헝가리 농민 노래〉 140
〈영국식 정원 살인사건〉 697
영원회귀 32, 34, 221
영토성(territorialité) 223, 236, 242,
246, 249, 250, 251, 256, 257, 260,
261, 278, 285, 294, 393, 395, 397
영토적 국가 329, 330, 495, 497, 501,
558
영토적 대위법 223, 233, 238, 246,
248
영토적 모티프 223, 233, 237,
246~48, 254
영토적 배치 226, 227, 232, 237,
251~53, 259, 263, 264, 267, 272
영토적 조직 391, 393, 394, 402
영토화 33, 195, 223, 242, 243, 249,
250, 253, 254, 257, 273, 276, 278,
287, 313, 316, 317, 386, 394, 413,
478, 498, 516
예(禮) 342, 464
예견-방지 메커니즘 471, 482, 492,
493, 498, 502, 509

1. 주제어 찾아보기 | 749

예술의지(Kunstwille) 615, 672, 673
예외적 개체 78, 82, 83, 86
오이디푸스 콤플렉스 130
오이디푸스적 동물 80~82
〈와호장룡〉 80, 230, 424
완전성 61, 62, 572
왕립과학(Sciences Royale) 310, 339~41, 348, 353~55, 357, 639, 640
외부성 294, 295, 309, 310, 312, 315, 320~22, 337, 339, 358, 365, 366, 440, 463, 478, 725
외연(extention) 40, 41, 191, 193, 373, 389, 585, 591, 624, 630, 640
외연적 다양체 630
외연적인/연장적인(extensive) 191, 383
〈요리사, 도둑, 그 아내, 그리고 그 정부〉 114
욕망의 배치 190, 294, 420~22
우연음악(musique aléatoire) 149
우주적 힘 165, 230, 281, 286
원(元) 455
원국가(Urstaat) 334, 337, 338, 481, 482, 484, 492, 494, 535
원거리 상(vision éloignée) 658, 659, 662, 664, 666
원소-되기/원소-화 57, 85, 87, 89,

93, 94, 146, 155~57, 164, 213
원시사회 297, 304, 305, 322, 326, 329, 334~38, 482, 487 488, 491~94, 498, 502, 535
원추곡선 348
원형이론 54, 63
〈윌라드〉 54, 57~59, 67, 68, 75, 77, 79, 83, 84, 87
유기적 선(ligne organique) 614, 615, 679, 687
유기체론 265~67
유기화(organisation) 422, 423, 679
유도동기(Leitmotif) 247, 272
《유라시아 유목제국사》 384, 665
유로코뮤니즘 390, 583
유목 제국 293, 321, 455, 458
유목론 23, 43, 293, 294, 463, 607, 613, 627, 645
유목민(nomade) 293, 296, 297, 319, 336~38, 340, 367~73, 375~83, 385~90, 393, 395, 397~01, 404~10, 412, 415~17, 425, 430~33, 440~48, 454, 456~59, 463~66, 608, 614, 616, 618, 619, 629, 630, 634, 664~67, 676, 678, 680, 687
유목적 공간 379, 382, 615
유목적 과학 310, 339, 340~43, 345,

346, 352, 353, 355, 356, 371, 447
유목적인 계통(phylum) 433
유목하기 630
유사성 54, 59, 61~65, 67, 74, 102, 673
유착(consolidation, 응고) 262, 263
유클리드 공간 636, 638
유클리드 기하학 348, 355, 396, 559, 573, 574, 578, 641
음가(音價) 150, 151, 158, 221, 233, 282
음고 146, 149~51, 158, 208, 236, 281, 282
음성중심주의(Phonocentrisme) 452
음악-되기 43, 44, 56, 57, 87, 94, 101, 136, 137, 152, 155~57, 164, 165, 168, 169, 172, 182, 205, 213~15, 226, 227, 229, 621
음향-화 98, 99, 100, 101, 107, 110, 136, 137, 172~74
《의미의 논리》 23, 31, 32, 343
〈의식에 직접적으로 주어진 것에 관한 에세이〉 631
의정(疑情) 352
이것임/이곳임(thisness) 378
이기(être) 34, 119
이누이트 족 650, 651
이데아 26, 28, 203, 204, 206, 343,

459, 460, 527
이슬람 근본주의자 429
이온-되기 94
〈이온화〉 145~47, 158, 261, 281, 285, 622
이웃지대(zone de voisin) 52, 91, 100, 143, 173, 175
이윤율의 저하 경향 502
이중소유권 556
이질성(hétérogénéité) 256, 258~61, 342~44, 346, 353, 356, 566, 587, 598, 620, 633, 635, 643, 644
이행(passage) 207, 225, 226, 230, 236, 238, 250~53, 256, 257, 259, 285, 346, 353, 479, 498, 499, 583, 613, 614, 618, 628, 639, 640, 667, 699, 705
이행의 성분 225, 227, 237, 256, 264
이형성(hétéromorphie) 564, 566, 586~88
이화(異化) 279
인간의 죽음 569, 726, 730
인간중심주의 106, 568, 569, 608
인도-유럽 신화 310
인디언 81, 122, 143, 144, 305, 325, 335, 405, 406, 596, 597, 648~51, 653, 692
인상주의자 302

〈일 트로바토레(Il Trovatore)〉 138,
  139, 273
일관성(consistance) 176, 182, 208,
  218, 245, 248, 253, 256~63,
  266~68, 285, 286, 341, 354, 437,
  466, 496~98, 559, 587, 589
일관성의 구도(plan de consistance)
  42, 54, 55, 57, 87, 88, 93, 94, 123,
  124, 137, 152, 156, 165, 167~70,
  175, 176, 178, 181~87, 190, 194,
  195, 202, 203, 205~07, 209, 213,
  257~59, 463, 617
일반화된 글리산도
  (glisando généralisé) 163
일반화된 기계주의(machinisme
  généralisé) 184, 282, 730
《잃어버린 시간을 찾아서》 44, 227,
  311
일자(一者) 26, 311, 437, 438
입실론-델타법 350
입자 및 파동-되기 94
입자-되기/입자-화 56, 87, 93, 149,
  167
있다/이다(être) 35
《있음에서 됨으로》 239
잉여가치 266~68, 419, 485, 486,
  516, 518, 520, 521, 545, 546, 570,
  585, 652, 654~56

잉여가치학설사 518
잉여노동 512, 519~22, 532, 651,
  652, 654, 656
잉여생산물 486, 488, 532, 539

[ㅈ]

자리바꿈인자(transposon) 240
《자본》 228, 298, 300, 331, 334, 335,
  337, 338, 391, 429, 460, 471,
  475~77, 485, 498, 499, 500~03,
  511, 518, 520, 529, 533, 546,
  551~55, 557~59, 561, 562, 564,
  565, 566, 568, 569, 571, 575,
  578~89, 591, 592, 595, 599~606,
  651~58, 666, 726
자본주의 공리계 471, 558, 559, 575,
  582, 584, 591, 592, 599, 600~02,
  606
자본주의 이행논쟁 498, 499
자성(自性) 185
자연사(natural history, 박물학) 54,
  60, 61, 63~65
자연의 구도 206
자연주의=기계주의 730
자유노예 541, 542
자유주의 정치학 178

자유행동　413, 417~20, 425, 427,
　　429, 519
자율주의(autonomia)　250, 251, 599
작용/행동(agir)　183
〈작은 별 주제에 의한 변주곡〉　236
잠행자-되기(devenir-clandestin)　120,
　　121
잡종(hybrid)　97, 366, 488
장소(topos)　643, 644
재영토화(reterritorizlisation)　49~51,
　　59, 106, 107, 138, 168~71, 181,
　　187, 193, 253, 254, 256, 260, 314,
　　377, 381, 496, 558, 601
재코드화(recodage)　313, 501, 537
〈재판을 받는 성 프란체스코〉　104
재현(représentation)　32, 180, 208,
　　217, 481, 615, 617, 626, 675, 680,
　　683, 684, 689, 691, 693
전문화된 신체　543
전음렬주의(total serialism)　145, 151,
　　157, 170
전자음악　104, 142, 145, 148, 149,
　　152, 158, 166, 281~83, 622
전쟁기계(machine de guerre)　59, 79,
　　293~97, 300~03, 305~12, 317,
　　318, 320~22, 326~28, 336~39,
　　348, 355, 358, 364~67, 381, 388,
　　389, 391, 394, 398, 402, 404, 407,
410~13, 415, 416, 419, 420, 422,
423, 425~30, 432, 441, 444,
448~55, 458~63, 465~67, 471,
472, 475, 477, 478, 480, 534, 571,
590~92, 602, 606, 613, 614, 627,
648, 652
전쟁인(homme de guerre)　307, 318,
426~29, 465, 474, 475, 478
전조(田祖)　490
전체주의　566, 580, 581, 583, 584,
587, 588, 595
절대왕권　303
절대적 국지성(localité absolue)　667,
668
절대적 전쟁　592
절대적 코뮨주의　726
절대적 탈영토화(déterritorialisation
　　absolue)　88, 137, 156, 168, 169,
　　176, 181, 186, 213, 227, 229, 230,
　　253, 257, 258, 264, 281, 382, 730
절대적 폭력　307
절대주의국가　330, 332, 501
〈점·선·면〉　169, 681
점유(occupation)　79, 346, 377, 383,
384, 386, 390, 392, 399, 417, 450,
451, 476, 480, 529, 555, 624, 627,
628, 641, 657, 662, 667
점적(ponctuel) 체계　56, 98, 202

1. 주제어 찾아보기 | 753

정규곡선 348
정신분석가 130~32
정신분석학 67, 68, 70, 78, 80, 126, 129~31
정착민(le sédentaire) 319, 368, 369, 371~73, 376, 377, 382, 386, 398, 404, 416, 425, 443, 456, 457, 614, 629, 630, 687
정착적 공간 615
〈정화된 밤〉 279
《제국(Empire)》 658
〈조류도감(Catalogue d'oeseaux)〉 104, 105
조성음악 140
조직화(유기체화)의 구도 203
존재(Sein) 27, 31
존재론적 질문 27
존재론적 차이(ontologische Differenz) 32
존재의 일어남(Ereignis) 29
존재의 철학 23, 26, 30, 31
존재의 형이상학 23, 30
존재자(Seiende) 26~29, 32, 35, 43, 577
존재적 차이(ontogische Differenz) 29
종별성(spécificité) 436
종별화(種別化, specify) 42
종차(種差) 39, 177, 196

《주역》 684
주자학(朱子學) 208, 209, 342, 464
주체의 죽음 728
주파수(fréquence) 147~49, 151, 158, 159, 165, 166, 169, 182, 205, 281, 621, 622, 639
주파수 변조(frequence modulation) 145, 148, 149, 281
주파수의 다양체 630
《죽음 앞의 인간》 246
중상주의 330, 332, 497, 499, 501
중생(衆生) 686
중성화 640
중세도시 330, 374, 499, 543, 547, 552, 555, 562
중심화된 다양체 630
중화(中華) 464, 465
지각-불가능하게-되기 24, 56, 85, 87
지구촌화(globalisation) 558, 666
지대론 512
지도학적(地圖學的) 190
지방화(localisation) 666
지불수단 522, 523
지속(durée) 108, 114, 127, 150, 152, 155, 166, 196, 339, 352, 353, 356, 394, 395, 427, 437, 441, 457, 507, 530, 632, 633
〈지저귀는 기계〉 108, 109, 227

지층화(stratification) 195, 266, 268, 294, 497
직물(tissu) 618~20
직선적 시간 개념 408
직접적 비교(comparaison) 509, 510, 511~13, 515, 522, 532
진화(évalution) 61, 62, 76~78, 158, 203, 240, 241, 270, 322, 336, 337, 434, 479, 486, 487, 535, 542, 546, 548, 550~52, 646, 680
진화론적 179, 322, 335, 336
진화적 계열 62
질료(matière)와 형식(forme) 270, 284, 356
질료적 흐름 437~39, 446, 447
질적인 다양체 630, 632, 633
집합론 347, 560, 572, 573, 576~79, 594

[ㅊ]

차액지대 512~15, 519, 521
차원수 233, 641
차원적 성분 230, 232, 233, 236~38
차원적인 다양체 630
《차이와 반복》 23, 31, 32, 178, 221
차이의 정치학 176~78
차이의 철학 32, 178, 179, 725, 726

차티스트운동 585
척도(measure) 49, 50, 52, 76, 112, 113, 116~18, 135, 178, 179, 183, 221, 261, 355, 357, 361, 392, 398, 399, 400, 481, 517, 525~27, 577, 595, 602, 603, 621, 624, 626, 630, 633~35, 639~41, 644~47, 651, 653, 671
척도적 다양체 356, 630, 633~35
척도화 626, 640, 645, 671
〈철로 연구/연습곡(Etude á chemin de fer)〉 148
체스 312, 314~16
초월성의 구도 55, 203, 204, 207, 208
초월적(transcendent) 178, 179, 180, 183, 204, 206~09, 261, 299, 303, 523, 527, 562, 563
초코드화(surcodage) 151, 443, 536, 537~40, 542, 543, 545~47, 551, 562, 563, 590, 640
촉감적 공간 378~80, 382, 658, 661, 662
촉발(affection) 33, 41, 59, 67, 183, 252, 306~08, 376, 411, 417, 427, 465, 597, 599, 601, 608, 609, 705, 706
최대국가 581
최소국가 581

최정적인(ultime) 483, 494, 507
추계적 음악(musique stochastique) 161, 207
추상(abstraction) 31, 93, 140, 163, 165, 169, 175, 207, 356, 428, 439, 459, 461, 506, 551, 554, 563, 614~17, 644, 651, 665, 673~76, 678~80, 683~86, 688, 689, 691, 693, 694, 704
《추상과 감정이입》 615, 672, 676, 688
추상기계(machine abstraite)/추상적 기계 165, 172, 175, 293, 530, 563, 614, 616, 617
추상적 노동 645, 646
추상적 선(ligne abstraite) 614~17, 658, 672, 674~79, 681, 683, 684, 686~89, 694, 704, 705
추상적인 것 675, 678, 679, 684
친자(親子)관계(filiation) 76, 77, 79
〈7인의 사무라이〉 409

카오스적 힘 237
카운터 테너(counter tenor) 95, 96, 98, 99, 114, 115
케레이트(Kereyit) 403
케식(kesig) 401, 402
케인스주의 530, 562, 580
코드의 변환(trans-codage) 240
코드화의 잉여가치(surplus valeur de code) 545, 546
코드의 여백(marge de code) 243
코린트 사회 526
콩파르스(Compars) 355, 356
쿄뮨주의(commune-ism) 300, 709, 725, 726
쿠빌라이(Qubilai) 455, 457
퀼트(quilt) 620
〈크로노크로미(Chronochromin)〉 152, 153
클리나멘(clinamen) 33, 344, 345, 376, 410, 416, 645, 675

[ㅋ]

카스트라토(castrato) 95, 96, 98, 99, 114, 115
카오스 이론 347
카오스모스(chaosmos) 241

[ㅌ]

탈영토화(déterritorialisation) 33, 48~51, 56, 57, 59, 84, 86~88, 92, 98, 99~101, 106~08, 120, 136, 137, 141, 142, 144~48, 150, 151,

155, 156, 168~76, 181, 182,
185~88, 190, 192~95, 208, 209,
213, 225, 227, 229, 230, 231, 236,
252~54, 256~65, 269, 274, 276,
281, 283~87, 290, 313, 316, 317,
377, 378, 381, 382, 392, 394,
402~04, 451, 476, 478, 496, 498,
500, 515, 516, 557, 558, 601, 602,
657, 730
탈영토화 계수 56, 172, 175, 186,
187, 193, 194, 213, 229, 377
탈영토화 능력 185, 187, 192, 194,
195
탈영토화의 정리 101, 171
탈영토화의 첨점(pointe de
déterritorialisation) 84
탈주선(ligne de fuite) 73, 80, 86, 98,
122, 123, 134, 237, 294, 296, 345,
443, 462, 463, 542, 574, 607, 608,
629, 675
탈지층화(déstratification) 266, 267,
268, 269
탈코드화(décodage) 244, 313,
316~18, 476, 478, 500, 501,
536~39, 541~46, 551~55, 563,
578, 590, 591, 594, 595, 601, 602,
606
〈터미네이터 2〉 225

테러리즘 429, 461
테무진(Temujin) 445
테일러주의 579
테크네(techne) 711
템피에토(Tempieto) 700, 701
〈토카타와 푸가 d단조 BWV.565〉 271
토템(totem) 64, 74, 80~82
토템-동물/토템적인 동물 64, 81
《톰 소여의 모험》 125
통계학(Statistics) 393, 397, 646
통접(統接 conjonction) 501,
550~52, 554
퇴행(régression) 48, 61~63, 78, 80,
322
〈투랑갈릴라 교향곡〉 148
투시법(perspective) 348, 354, 378,
379, 626, 664, 667, 678, 695, 697,
699
〈투시법으로 그려진 방〉 697, 698
투입(introjétion) 317, 413
투쟁(lutte) 289, 309, 317, 318, 320,
357, 402, 429, 534, 579, 581, 583,
584, 585, 598, 599, 605, 705
투척(projéction) 413, 415, 422
특개성(heccéité) 55, 57, 111, 112,
176, 196~202, 205, 206, 210, 378,
624~26, 635, 666
티베트 429, 635

1. 주제어 찾아보기 | 757

파동-되기 87, 89, 93, 94
파시스트 170
파시즘 197, 276, 460, 581
〈파업〉 444
파이우트 족 649
팍스 몽골리카(Pax Mogolica) 458
팔랑크스(phalanx) 300
패치워크(patchwork) 618, 620
펠트(feutre) 618~20
편위(déclinaison) 33, 344~46
포괄성(globalité) 666, 668, 671
포드주의 579
포스트모더니즘 261
포연 없는 전쟁 428, 429, 449, 450
포틀래치(potlatch) 305
포획(capture) 56, 204, 320, 327, 356, 360, 387, 416, 423, 432, 438, 471~75, 477~79, 486, 491, 504, 505, 509~13, 515~22, 528~35, 590, 591
포획장치 294, 428, 431, 457, 471, 475, 477, 479, 496, 504, 509, 510, 511, 530, 533~35, 541, 542, 546, 571, 607, 642, 651, 652
폭력 297, 299, 301, 303, 304, 307, 309, 311, 320, 389, 428, 429, 449, 478, 479, 533~35, 554, 616
폭력의 체제 354

폴리리듬적 구조 158
폴리스(polis) 316, 375, 386, 388, 548, 549
폴리포니(polyphony) 144, 166
표상 28, 54, 60, 67, 110, 129, 328, 373, 376, 452, 453, 496, 567, 568, 592, 615, 681, 687, 694, 697
표현의 형식 296, 311, 444
표현적 리듬 227, 251
표현적 자율성 262
표현주의 170, 704
풍경(paysage) 171, 222~25, 227, 247, 248, 369, 659, 662, 668, 670, 671
프롤레타리아트 390, 591
프리메이슨(Free Mason) 운동 300
〈프리페어드(prepared) 피아노를 위한 소나타〉 260
플래카드 232, 233, 243, 244, 247, 289
〈플레이아드(Pleiade)〉 163, 164
〈피아노 소나타 23번(열정)〉 272
〈핑크 플로이드의 벽〉 659
하급 소유권 555
하나-둘 형식 272
하나로 묶는 것(tenir-ensemble) 254, 257, 437
하부배치(infra-agencement) 232
한계(margin) 156, 169, 193, 329,

355, 431, 484, 503, 506, 507, 584,
585, 598, 619, 667
한계주의(marginalism) 484, 505, 506
한계효용 체감의 법칙 506
한의학 200, 201, 357
한자(Hansa) 동맹 330, 547
함입(involution) 77, 78, 82, 121
해방된 노예 541
해석학의 산술화 350
해체(déconstruction) 30, 43, 154,
303, 304, 536, 537, 556, 563, 575,
723
〈허공에의 질주〉 120, 121, 303, 308,
629
헤테로포니(heterophony) 144
혁명 120, 162, 178, 300, 301, 320,
389, 390, 404, 426~28, 449, 463,
466, 467, 471, 495, 559, 579, 586,
602~05, 607, 608, 719
현존재(Dasein) 30
형상 37, 88, 130, 162, 169, 196, 203,
206, 286, 342, 344, 346, 355, 356,
460, 495, 604, 605, 619, 645, 660,
661, 676, 677, 680, 681, 683, 684,
686~89, 693, 697, 699, 701, 703,
718, 728
형이상학 23, 26~30, 32, 33, 43
형질도입 240

호대(戶隊) 393~95, 398, 401, 450
혼성모방(pastiche) 261~62
홈 패인 것(le strié) 203, 613, 614,
617~19, 641, 643, 666, 694
홈 패인 공간(espace strié) 80, 316,
318, 357, 374, 377, 382, 387, 399,
441, 443, 608, 613, 614, 618~23,
627~29, 634, 639, 640, 643, 644,
653, 656, 662, 668, 671, 672, 694,
695, 697, 699, 705
홈 패인 다양체 630, 640
홈파기 385, 387
화두(話頭) 24, 351
화폐의 공리 579
환경 226, 237~44, 249, 263, 268,
271, 272, 308, 311, 366, 382, 391,
491, 629, 640, 649, 662, 725
환경/매개(milieu) 725
활빈당 301, 306
《황금가지》 323
《회화론》 697
효용 488, 489, 504~08
후기낭만주의 279, 280
후직(后稷) 490
훈족 389, 409
흐름의 잉여가치 545, 546
흑인-되기 23, 75, 76, 89, 93,
116~119, 603

흡혈귀 103, 209, 210, 366

힘 31, 35~38, 40~43, 57, 59, 66,
73, 75, 88, 101, 114, 138~41, 155,
156, 164, 165, 170, 173~75, 185,
187, 192~94, 197, 198, 202, 213,
222, 230, 237, 242, 250, 270, 272,
273, 276, 281, 284~86, 287, 288,
290, 298, 304, 306~09, 311, 313,
315, 320, 323, 327, 331, 356, 365,
366, 385, 410, 411, 414~16, 420,
422, 424, 425, 446, 459, 461, 478,
487, 488, 510, 554, 557, 558, 599,
616, 617, 624, 646, 647, 649, 684,
717, 729

2. 인명 찾아보기

[ㄱ], [ㄴ]

가우스(C. F. Gauss) 350, 638
거쉰(G. Gershwin) 102
관우 327, 421
괴테(W. Goethe) 247
괴델(K. Gödel) 347, 572, 573, 574
구로자와 아키라(Kurosawa Akira) 409
그루쎄(R. Grusset) 384, 394, 402, 403, 409, 445, 456, 458, 459, 665, 676, 677
그리너웨이(P. Greenaway) 114, 697
기 드보르(Guy Debord) 309, 407
김정희 230
너바나(Nirvana) 309
네그리(A. Negri) 521, 570, 655, 657, 658
네루다(P. Neruda) 143, 144
노노(L. Nono) 104, 150
노르베리-호지(H. Norberg-Hodge) 709
노자(老子) 372, 724
뉴턴(I. Newton) 349

[ㄷ], [ㄹ]

달마 351, 372
데리다(J. Derrida) 30, 43, 97, 336, 452
데모크리토스(B. Demokritos) 341, 344, 345
데자르그(G. Desargues) 348, 354, 355
데카르트(R. Descartes) 348, 354, 367, 369, 392, 396, 439, 620, 625, 626, 633, 643, 644, 715
도오켄(道元) 372
돌턴(J. Dalton) 343
돕(M. Dobb) 499
둔스 스코투스(Duns Scotus) 55, 196, 378
뒤르켐(E. Durkheim) 363
뒤메질(G. Dumézil) 294, 310, 318, 473
뒤페락(Dupérac) 670, 669
뒤프렐(E. Dupréel) 262
드뷔시(C. Debussy) 247
라모(J-P. Rameau) 270
라벨(M. J. Ravel) 219, 221, 232
라살레(Lassalle) 512
러더포드(E. Rutherford) 344
러셀(B. Russell) 572, 631

레비-스트로스(C. Levi-Strauss) 54,
  63, 64, 324, 325, 329, 335, 336
레핀(Lepin) 199
로렌스(Lawrence) 91, 198
로크(G. Locke) 333
루소(J-J. Rouseau) 106, 333, 361,
  452, 730
루터 스탠딩 베어 406
룩셈부르크(R. Luxemburg) 427, 503,
  583
르 코르뷔지에(Le Corbusier) 161,
  162, 621~23
르루아-구랑(Leroi-Gourhan) 675
리게티(G. Ligeti) 157, 165~67, 282
리글(A. Riegl) 672, 673
리만(G. Riemann) 620, 635, 636,
  638~40
리스트(J. List) 332, 497
리카도(D. Ricardo) 502, 503, 582
리프크네히트(Karl Liebknecht) 427
린네(C. Linné) 39, 436
립스(T. Lipps) 615, 672

[ㅁ], [ㅂ]

마르코 폴로(M. Polo) 455
마스페로(H. Maspéro) 489, 490

말라르메(Mallarmé) 287
말러(G. Mahler) 273, 279
맹거(C. Menger) 505
멈포드(L. Mumford) 567
메시앙(O. Messiaen) 103~07, 137,
  138, 148~50, 152~55, 157, 158,
  162, 167, 173~77, 187, 210, 249
메이농(Meinong) 631
모스(M. Mauss) 305
모차르트(W. Mozart) 236, 270
몽주(G. Monge) 354
무소르그스키(M. Mussorgsky) 274
무솔리니(B. Mussolini) 276
미켈란젤로(B. Michelangelo) 669,
  670
바그너(R. Wagner) 138, 247, 272,
  273, 276, 279, 280
바레즈(Edgar Varèse) 145, 146, 148,
  158, 164, 261, 281, 286, 622
바르톡(B. Bartók) 104, 138, 140, 141,
  144, 145, 166, 167, 274, 276, 283
바슐라르(G. Bachelard) 633
바이어슈트라스(Weierstrass) 350
바타이유(G. Bataille) 305
베르그송(H. Bergson) 44, 52~54,
  66, 73, 152, 631~34
베르낭(J-P. Vernant) 64
베르디(G. Verdi) 138, 142~44, 273,

276, 278
베르크(A. Berg) 170, 280
베르톨루치(B. Bertolucci) 289
베른슈타인(E. Bernstein) 583
베를리오즈(L-H. Berlioz) 272
베리오(L. Berio) 142~45, 167, 278
베버(M. Weber) 386, 523, 525
베베른(A. Webern) 150, 167, 170, 280, 284
베토벤(L. Beethoven) 208, 220, 233, 243, 256, 270, 272
벤야민(W. Benjamin) 307
벨라 쿤(Bela Kun) 427
보르헤스(J. Borges) 45, 53, 135
보링거(W. Worringer) 615, 616, 672~78, 680, 688
보벨(M. Vovelle) 246
뵐플린(H. Wölfflin) 615
뵘-바베르크(E. Böhm-Bawerk) 505
불레즈(P. Boulez) 104, 150, 165, 166, 208, 209, 270, 282, 284
브라만테(Bramante) 700, 701
브레히트(B. Brecht) 279, 280
브로델(F. Braudel) 331, 495
브루넬레스키(F. Brunelleschi) 354
브루크너(J.A. Bruckner) 279
브뤼겔(P. Bruegel) 720, 731
브를레(G. Brelèt) 155

블라디미르초프(Vladimirtsov) 409
비발디(A. Vivaldi) 105, 106, 175, 187, 270
비올레-르-뒤(Viollet-Le-Duc) 704

[ㅅ]

사르트르(J-P. Sartre) 32, 722
샤갈(M. Chagall) 277, 278
서극 125
세르(M. Serres) 340, 346
세스토프(L. Shestov) 364
셸링(F. Schelling) 32
소렐(G. Sorel) 301
쇤베르크(A. Schönberg) 103, 140, 150, 151, 158, 169, 170, 274, 279, 280
쇼팽(Chopin) 231
슈만(R. Schumann) 99
슈미트(Bernard Schimtt) 530, 532
슈베르트(F.P. Schubert) 248
슐렌도르프(V. Schlondorff) 222
스미스(A. Smith) 499, 549, 557, 648, 652
스칼라티(D. Scarlatti) 270
스탈린(I.V. Stalin) 332, 502
스톡하우젠(K. Stockhausen) 104

스트라빈스키(I. Stravinsky) 140, 274
스피노자(B. Spinoza) 36, 40, 41, 43,
　52, 53, 55, 57, 65, 70, 88, 106, 181,
　184, 188, 204, 207, 214, 258, 268,
　282, 310, 372, 410~12, 434, 438,
　439, 706, 717, 718, 723, 724, 728,
　730
슬레피안(V. Slepian) 67~69, 73~
　75, 77, 79, 81, 191
시튼(E. T. Seton) 83
시황제(始皇帝) 537

[ㅇ]

아도르노(T. Adorno) 616
아렌트(Hanna Arendt) 548, 550, 642,
　643
아르키메데스(Archimedes) 340, 347,
　348, 352, 354
아리스토텔레스(Aristoteles) 26, 39,
　278, 356, 452, 616, 644
아리에스(Ph. Ariès) 245, 246
아민(S. Amin) 589
아우얼바흐(Auerbach) 616
아이슬러(H. Eisler) 279, 280
알베르티(L. B. Alberti) 696, 697,
　701, 704

로트망(A. Lautman) 636
알튀세르(L. Althusser) 344, 440
야율초재(耶律楚材) 319, 403
양산박 302, 306, 328, 451
빌(Edouard Will) 526
에른스트(P. Ernst) 275, 278
에이젠슈테인(S. M. Eisenstsin) 444
에이허브(Achab) 84, 86~88
에피쿠로스(Epicuros) 32, 341, 344,
　345, 372
엘리아데(M. Eliade) 446, 447
엘리아스(N. Elias) 303
오토모 가츠히로(大友克洋) 45
왕가위(王家衛) 47, 372
왕심재(王心齋) 209
왕양명(王陽明) 209
왕용계(王龍溪) 209
우구데이(Ogodei) 455
운문(雲門) 208
울프(V. Woolf) 91
윤이상 283
융(K. jung) 54
이응로 684 686
이탁오(李卓吾) 209
임꺽정 301

[ㅈ], [ㅊ]

장길산 301
폴록(J. Pollock) 169, 704
제로니모(Geronimo) 325
제번스(W. Jevons) 505
제이콥스(J. Jacobs) 488
젬퍼(G. Semper) 672
조용필 95
조주(趙州) 112, 724
조플린(J. Joplin) 102, 103, 108, 111 115, 117, 122, 167, 174, 187
케이지(J. Cage) 149, 260
차일드(G. Childe) 545
첸치니(A. Cencini) 530
친카이(Chingai) 403
칭기스칸(成吉思汗, Genghis Khan) 293, 319, 377, 384, 393, 395 401~06, 459
칸딘스키(W. Kandinsky) 51, 169, 170 681, 687
칸토어(G. Cantor) 347, 572, 573, 575 576
칸트(I. Kant) 228, 282, 362, 363, 453
케네디(J.F. Kennedy) 321
케틀레(Quetelet) 646
케플러(J. Kepler) 384

[ㅋ], [ㅌ], [ㅍ]

코다이(Z. Kodály) 140
코베인(K. Cobain) 309
콩트(A. Comte) 58, 74, 81, 645, 646
쿠프랭(F. Couperin) 270
퀴비에(Cubier) 436
크세나키스(I. Xenakis) 104, 157~59, 161~67, 207, 282, 622
클라스트르(P. Clastre) 294, 297, 299 322, 323, 329, 334~37, 488, 491, 492
클라우제비츠(Clausewitz) 460, 592
클라인(F. Klein) 355
클레(P. Klee) 51, 78, 108, 109, 110, 227, 284~87, 660, 665, 697, 698
키에르케고르(S.A. Kierkegaard) 364
타르코프스키(A. Tarkovsky) 224, 660, 661
타타통아(塔塔統阿) 403
퇴케이(Tökei) 540, 541
파르메니데스(Parmenides) 32
파슨스(T. Parsons) 363
파이어아벤트(P. Feyerbend) 364
파커(Alan Parker) 659
포크너(W. Faulkner) 198
스위지(P. Sweezy) 499
코헨(P. Cohen) 573

2. 인명 찾아보기 | 765

폴록(J. Pollock) 169, 704
퐁슬레(J-V. Poncelet) 354
푸리에(Fourier) 300
푸코(M. Foucault) 192, 569, 730
프레게(G. Frege) 572
프로이트(S. Freud) 69~71, 129,
　131, 203, 314, 722, 723
프루스트(M. Proust) 44, 227
프리고진(I. Prigogine) 239
프톨레마이오스(Ptolemaios) 626
플라톤(Platon) 26, 183, 343, 355, 616
셰페르(P. Schaefer) 148
피카소(P. Picasso) 180, 243, 254, 256
그리너웨이(P. Greenerway) 114, 697

헨델(G. F. Handel) 270
호르크하이머(M. Horkheimer) 616
홉스(T. Hobbes) 297, 299, 328, 329
　332, 333, 361, 479
화이트헤드(N. Whitehead) 572
히치콕(A. Hitchcock) 106
히틀러(A. Hitler) 276
힐베르트(D. Hilbert) 560

[ㅎ]

하버마스(J. Habermas) 361
하이데거(M. Heidegger) 26~29,
　30~32, 53, 711
하이든 105, 106, 175, 187, 270
한영애 103, 229, 230
할러데이(B. Holiday) 102
해리스(M. Harris) 305
핸드릭스(Jimi Hendrix) 122
헤겔(G.W.F. Hegel) 31, 32, 204, 207
　361, 363, 586

노마디즘 2

1판 1쇄 발행일 2002년 12월 2일
1판 12쇄 발행일 2022년 11월 7일

지은이 이진경

발행인 김학원
발행처 (주)휴머니스트출판그룹
출판등록 제313-2007-000007호(2007년 1월 5일)
주소 (03991) 서울시 마포구 동교로23길 76(연남동)
전화 02-335-4422 **팩스** 02-334-3427
저자·독자 서비스 humanist@humanistbooks.com
홈페이지 www.humanistbooks.com
유튜브 youtube.com/user/humanistma **포스트** post.naver.com/hmcv
페이스북 facebook.com/hmcv2001 **인스타그램** @humanist_insta

편집주간 황서현 **편집** 박지홍 **디자인** 이준용 **그래픽** 김준희 **사진** 안해룡 **찾아보기** 이은실 김진희
조판 홍영아 **용지** 화인페이퍼 **인쇄** 청아디앤피 **제본** 정민문화사

ⓒ 이진경, 2002

ISBN 978-89-89899-41-9 03100
       978-89-89899-39-6 (세트)

- 이 책은 저작권법에 따라 보호받는 저작물이므로 무단 전재와 무단 복제를 금합니다.
- 이 책의 전부 또는 일부를 이용하려면 반드시 저자와 (주)휴머니스트출판그룹의 동의를 받아야 합니다.